일래스틱 스택: 비츠, 로그스태시, 일래스틱서치, 키바나

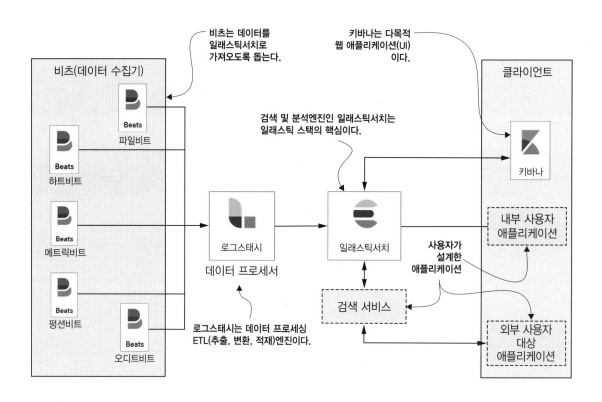

Elasticsearch IN ACTION 2/e

Elasticsearch IN ACTION 2/e

강력하고 실용적인 검색 애플리케이션 구축

마두수단 콘다 지음   최중연 옮김

i!i
에이콘

에이콘출판의 기틀을 마련하신 故 정완재 선생님 (1935-2004)

사랑하는 아버지를 기리며.
우리는 당신이 그립습니다!

사랑을 담아,

－ 콘다스

『Elasticsearch in Action』은 일래스틱서치를 최대한으로 활용하는 방안을 뛰어나고 심도 있게 다루고 있다.

— 폴 스타디그^{Paul Stadig}

일래스틱서치는 복잡한 주제이지만, 이 책은 최고의 리소스다. 강력히 추천한다!

— 다니엘 벡^{Daniel Beck}, 주리스 유한회사^{juris GmbH}

일래스틱서치를 처음 시작할 때 꼭 필요한 훌륭한 책이다.

— 탕귀 르루^{Tanguy Leroux}, 일래스틱 소프트웨어 엔지니어

최고의 일래스틱서치 책이다. 더 이상 다른 책을 찾을 필요가 없다.

— 코라이 구츨루^{Koray Güclü}

이 책은 반구조적 데이터의 도전 과제를 해결하는 데 필수적인 가이드가 될 것이다.

— 아르투르 노왁^{Artur Nowak}, 에비던스 프라임 CTO

현대 대규모 검색 시스템을 쉽게 접근하게 도와주는 초보자를 위한 가이드다.

— 센 쉬^{Sen Xu}, X(구 Twitter) 시니어 소프트웨어 엔지니어

단 일주일만에 혼란이 자신감으로 바뀌었다.

— 앨런 맥캔^{Alan McCann}, Givsum.com CTO

여러 해 동안 매닝의 『인 액션In Action』 시리즈의 엄청난 팬이었으며, 이 시리즈는 경력에 있어서 중요한 부분을 차지해왔다. 일뿐만 아니라 오픈 소스에 있어서도 실무적이고 유용하며 다양한 기술에 대해 실질적인 조언을 제공하는 방식을 좋아한다.

수년 전 일래스틱서치를 개발하기 시작한 것도 같은 맥락에서였다. 아내가 요리사가 되기 위해 공부할 때 아내를 위해 레시피 애플리케이션을 만들고자 검색 기술에 관심을 갖게 됐다. 구현한 코드를 오픈 소스로 공개함으로써 오픈 소스 세계에 첫발을 내디뎠다. 몇 년 뒤 유용하고 실용적이며 사용하기 쉬운 실질적인 검색엔진을 만들기 위해 일래스틱서치를 개발하기 시작했다.

2023년으로 빠르게 넘어가 보면 일래스틱서치가 많은 인기를 얻고 인 액션 시리즈에 포함돼 있다는 것을 보게 돼 매우 기쁘다. 지금 여러분이 손에 들고 있거나 디지털 형태로 보고 있는 바로 이 책 말이다. 이 책을 읽고 일래스틱서치에 대해 배우는 일을 즐길 것이라 확신한다. 지은이 마두Madhu는 검색과 일래스틱서치에 열정을 갖고 있으며, 이 책의 깊이와 폭, 열중하는 어조, 실습 예제에서 그 열렬한 마음이 드러난다.

일래스틱서치에 대해 배운 후, 읽은 내용을 "실제로 활용in action"하길 바란다. 결국 검색은 우리가 하는 모든 일과 모든 곳에 존재한다. 내가 그토록 오래 전에 검색에 빠져들게 된 이유이기도 하다.

— **셰이 배넌**Shay Banon, 일래스틱서치 설립자

마두수단 콘다 Madhusudhan Konda

복잡한 문제를 단순화하고, 큰 그림을 조망하며, 프로그래밍 언어와 고급 프레임워크의 새로운 영역에 뛰어드는 데 헌신하는 경험 많은 기술자다. 기술에 대한 열정은 단순한 직업이 아니라 평생에 걸친 탐험과 학습의 여정이다. 복잡한 문제를 더 간단하고 관리하기 쉬운 해결책으로 변환하는 예술에 열광하며, 끊임없이 변화하는 기술 환경에서 명확한 방향을 제시한다.

25년에 이르는 경력 동안 솔루션 아키텍트, 수석/주 엔지니어 등 다양한 역할을 맡아왔다. 그러나 언제나 프로그래밍 언어, 프레임워크, 신기술에 대한 지식을 공유하고 동료들의 이해를 도우려는 열정으로 가득했다.

크레디트 스위스 Credit Suisse, UBS, 미즈호 Mizuho, 도이치 은행 Deutsche Bank, 할리팩스 Halifax 와 같은 은행부터 브리티시 페트롤륨 British Petroleum 과 브리티시 에어웨이즈 British Airways 와 같은 에너지 및 항공 분야의 선도 기업에 이르기까지 다양한 고객을 위해 고품질 솔루션을 설계하고 제공하는 데 중요한 역할을 해 왔다.

소프트웨어 프로젝트를 시작부터 완료까지 이끌고 복잡한 비즈니스 문제를 해결하기 위한 솔루션을 설계하는 것뿐만 아니라 전략적인 로드맵, 비용 효율적인 아키텍처 및 제품 디자인을 만드는 데까지 확장한다. 전략가이자 비전가로, 멘토링과 사상 리더십을 결합한 리더십 스타일로 팀의 잠재력을 끌어내고 경계를 넓히며 영감을 주는 것으로 유명하다. 초급부터 고급까지 다양한 수준의 전문가들을 가르치고 훈련하는 것에 자부심을 느끼며, 주니어들을 멘토링하고 지도하는 데에도 열정적이다.

인상적인 경력 외에도 저명한 저자다. 자바, 스프링, 하이버네이트 생태계에 관한 책과 비디오 강좌는 많은 사람에게 호평을 받으며, 기술 세계에서 학습과 탐구 문화를 조성하려는 헌신을 더욱 부각시킨다. 열정적인 블로거로서 기술을 넘어 엔지니어의 소프트 스킬이라는 중요한 영역을 탐구하는 통찰력 있는 글을 쓰고자 항상 노력한다.

명확성과 간결함을 추구하는 복잡한 기술 개념을 소화하기 쉬운 내용으로 정제하기 위해 끊임없이 노력한다. 복잡한 아이디어를 열 살짜리 아이도 이해할 수 있는 수준으로 단순화해 모든 사람이 고급 기술에 접근하고 이해할 수 있게 하는 데 중점을 둔다.

| 감사의 글 |

책은 결코 무無에서 태어나지 않는다! 책은 헌신의 구현이며, 꼼꼼한 계획, 확고한 헌신 그리고 끊임없는 노력에 할애된 수많은 시간의 결과다. 이 과정은 가족의 끊임없는 사랑과 지원, 매닝 스태프의 팀워크와 전문성, 친구와 동료의 격려 그리고 여러분 같은 독자들의 지속적인 관심과 지원을 포함한 공동의 노력이다. 우리 모두 2년 동안 하나의 목표를 위해 헌신적이고 단호하게, 집중하고 열정적으로 함께했다. 바로 『Elasticsearch in Action 2/e』을 만들어 내는 것이었다. 그리고 우리는 해냈다!

이 여정 내내 변함없는 지원을 해준 아내 제닛 드수자Jeannette D'Souza에게 진심 어린 감사의 마음을 전한다. 그녀의 끝없는 인내심, 이해심, 격려는 긴 밤과 힘든 순간 동안 변함없는 등대였다. 그녀는 단순한 동반자가 아니라 강인함과 회복력의 기둥이 돼 이 고된 과정을 사랑과 결단력의 여정으로 변모시켰다. 이 모든 것에 대해 그리고 그녀가 모든 면에서 보여준 것들에 대해 영원히 감사할 것이다.

아울러 아들 조쉬Josh에게도 진심으로 감사의 마음을 전한다. 그의 사랑과 무조건적이고 의심 없는 지원은 이 힘든 시기에 강력한 원천이 됐다. 여름과 휴일을 놓쳤을 때의 이해와 격려가 이 책을 탄생시켰다.

이 과정 동안 반년 동안 함께 거주하며 아침 일찍 커피를 내오고 든든한 아침 식사와 맛있는 간식을 준비해 준 어머니께 깊은 감사를 바친다. 그녀의 돌봄과 사랑은 진정한 위안과 힘의 원천이 됐다.

두 형제, 조카 그리고 직계가족에게도 진심으로 감사드린다. 글쓰기에 몰두하느라 연락이 뜸해졌을 때에도 그들의 이해와 지원은 힘이 됐다. 지속적인 격려는 나의 노력에 추진력을 제공하며, 창의성의 엔진을 원활하게 작동하게 한다.

벤카트 수브라마니암Venkat Subramaniam에게 깊은 감사의 마음을 표현해야겠다. 저명한 작가로서의 그의 지위는 나와 다른 이들을 돕기 위한 그의 의지로 인해 더욱 빛났다. 벤카트는 책 초반 부분에 지혜를 더해 줬고, 독자와 진심으로 소통할 수 있는 매우 귀중한 조언을 해 줬다. 일정이 아무리 빡빡해도 항상 도울 시간을 내줬고, 그의 지원은 매우 중요했다. 이에 대해 아무리 감사해도 부족하다.

매닝 편집자인 앤디 월드런Andy Waldron의 귀중한 지도와 변함없는 지원이 없었다면 이 책을 현실로 옮기지 못했을 것이다. 그의 전문성과 격려는 이 책이 빛을 보기까지의 여정에 중요한 역할을 했다.

특별히 감사의 말을 전하고 싶은 사람은 개발 편집자인 이안 하우Ian Hough다. 그의 인내심과 편집 능력은 그야말로 비범했다. 각 장의 계획을 전략적으로 감독해 올바른 방향으로 나아갈 수 있도록 보장한 능력은 이 책을 형성하는 데 중요한 역할을 했다. 일정이 지연됐을 때에도 이해심은 칭찬할 만했다. 이안의 기여는 진정으로 귀중했다.

개발 및 교정 편집자인 프랜시스 부런Frances Buran은 책의 모든 부분에서 마법을 부렸다. 그녀는 끊임없이 글의 질을 향상시켜 모국어가 아닌 언어로 쓴 글을 지면에서 멋지게 읽을 수 있도록 만들었다.

진심으로 감사하고 싶은 사람은 교정 편집자인 티파니 테일러Tiffany Taylor다. 그녀의 언어 전문성은 책 전반에 걸쳐 문법적 정확성과 일관성을 보장하는 데 매우 귀중했다. 그녀의 세심한 노력 덕분에 이 작품의 명료성과 가독성이 크게 향상됐다. 티파니는 내 어리석고 당황스러운 여러 실수를 즉각적으로 잡아냈으며, 최종 편집을 효율적이고 효과적으로 완료했다.

이 책을 고품질의 제품으로 만들어 준 매닝의 멜레나 셀릭Melena Selic, 마리나 마테식Marina Matesic, 레베카 라인하트Rebecca Rinehart, 아리아 두치치Aria Ducic, 수잔 허니웰Susan Honeywell에게 진심으로 감사드린다. 여러분의 끊임없는 도움과 지도 없이는 이 책이 가능하지 않았을 것이다. 또한 이 책을 만드는 데 열심히 일해 주신 매닝의 제작 팀에도 큰 감사드린다.

알 크링커Al Krinker 기술 개발 편집자에게 감사드린다. 알은 각 장을 새로운 시각과 신선한 관점으로 검토해 줬다. 그럼으로써 각 장이 도착하자마자 즉시 작업에 뛰어들어 그 장이 기억에 생생할 때 그의 피드백을 검토할 수 있었다.

또한 시기적절한 기술적 피드백을 제공하고 코드를 점검하고 테스트해 준 사이먼 휴잇 Simon Hewitt과 시모네 카피에로Simone Cafiero에게도 감사드린다. 그들의 의견은 매우 귀중했다.

친구와 동료인 헤로도토스 쿠키데스Herodotos Koukkides, 세미Semi, 제이슨 다인스Jason Dynes, 조지 테오파노스George Theofanous에게도 감사를 전한다. 이름을 거론할 순 없지만 여정에서 중요한 역할을 해 준 몇몇 분들께도 진심으로 감사드린다! 진심으로 감사드린다!

가장 큰 감사의 마음을 느끼는 그룹이 있다면 그것은 틀림없이 감수자와 독자다. 그들은 이 책의 품질을 다듬는 데 중요한 역할을 했다. 다음 감수자들께 진심으로 감사를 전한다. 아담 완Adam Wan, 앨런 모펫Alan Moffet, 알레산드로 캄페이스Alessandro Campeis, 안드레이 미하이Andrei Mihai, 안드레스 사코Andres Sacco, 브루노 소니노Bruno Sonnino, 다이니우스 조카스Dainius Jocas, 단 카센자르Dan Kacenjar, 에드워드 리베이로Edward Ribeiro, 페르난도 베르나르디노Fernando Bernardino, 프란스 오일린키Frans Oilinki, 조지 오노프레이George Onofrei, 지암피에로 그라나텔라Giampiero Granatella, 조반니 코스타글리올라Giovanni Costagliola, 휴고 피게이레도Hugo Figueiredo, 자우메 로페즈Jaume López, 짐 암레인Jim Amrhein, 켄트 스필너Kent Spillner, 마누엘 R. 시오시치Manuel R. Ciosici, 밀로라드 임브라Milorad Imbra, 데일 S. 프랜시스Dale S. Francis, 무니브 샤이크Muneeb Shaikh, 폴 그레벤츠Paul Grebenc, 레이먼드 청Raymond Cheung, 리처드 본Richard Vaughan, 사이 굼마루리Sai Gummaluri, 사예프 라힘Sayeef Rahim, 세르지오 페르난데스 곤잘레스Sergio Fernandez Gonzalez, 시모네 카피에로Simone Cafiero, 시모네 스과자Simone Sguazza, 스리하리 스리다란Srihari Sridharan, 수밋 K. 싱Sumit K. Singh, 비토리오 마리노Vittorio Marino, 윌리엄 자미르 실바William Jamir Silva. 그들의 소중한 검토 의견 덕분에 이 책은 중요한 자원이 됐고, 그들의 통찰력과 관점은 없어서는 안 되는 것이 됐다.

| 옮긴이 소개 |

최중연(newpcraft@gmail.com)

엔터프라이즈 환경에서 쿠버네티스 기반 카프카와 일래스틱서치 클러스터를 제공하는 서비스를 개발 및 운영하고 있으며, 운영자 개입이 최소화되고 자동으로 관리되는 완전 관리형 서비스Full managed service 설계에 관심이 많다. 번역서로는 에이콘출판사에서 펴낸 『Kafka in Action』(2023), 『일래스틱 스택을 이용한 머신러닝 2/e』(2022), 『일래스틱 스택을 이용한 머신러닝』(2020), 『Kafka Streams in Action』(2019), 『일래스틱서치 쿡북 3/e』(2019), 『키바나 5.0 배우기』(2017), 『Elasticsearch in Action』(2016) 등이 있다.

데이터가 폭발적으로 증가하고 그 안에 감춰진 정보의 중요성이 더욱 강조되는 시대에, 데이터 검색과 분석의 효율성은 그 어느 때보다 중요한 주제가 됐다. 이러한 요구를 충족시키는 도구 중 하나로, 일래스틱서치는 놀라운 성능과 유연성으로 많은 사랑을 받고 있다.

일래스틱서치는 단순한 검색엔진 그 이상이다. 강력한 분산 처리 기능과 다양한 분석 도구를 제공하며, 실시간 데이터 처리 및 대규모 데이터 관리에 특화된 기능을 갖추고 있어 현대 데이터 중심 애플리케이션의 핵심 역할을 한다. 이번에 번역하게 된 『Elasticsearch in Action 2/e』은 기능과 활용법을 명쾌하고 실용적으로 설명하는 가이드다.

이 책은 단순한 기술 설명서를 넘어 독자들이 실제 프로젝트에서 일래스틱서치를 효과적으로 활용할 수 있도록 돕는 실질적인 사례와 조언을 제공하며, 초보자에게는 일래스틱서치의 핵심 개념과 사용법을, 경험자에게는 더 나은 활용법과 고급 기능을 탐구할 기회를 제공한다.

번역 과정에서는 원서의 내용을 최대한 자연스럽게 전달하는 데 중점을 뒀다. 특히 기술 용어의 경우 국내 독자들이 더 쉽게 이해할 수 있도록 필요한 경우 원어 발음 그대로 한국어로 옮겨 적었으며, 한국어로 번역한 일부 단어에도 원어를 병기해 이해를 돕도록 했다.

이 책이 일래스틱서치를 처음 접하는 독자뿐만 아니라 이미 사용 중인 독자들에게도 실질적인 도움을 주고, 더 나아가 검색과 데이터 처리의 새로운 가능성을 탐구하는 데 영감을 줄 수 있기를 바란다.

마지막으로 이 책이 나오기까지 노력해 주신 에이콘출판사 여러분께 깊은 감사를 드린다.

『Elasticsearch in Action 2/e』의 표지 그림은 니콜라 아르세노비치^{Nikola Arsenovic}가 19세기 중반에 제작한 크로아티아 전통 의상 앨범에서 가져온 〈크로아티아의 남자〉다.

당시에는 사람들의 옷차림만으로도 그들이 어디에 살고 있는지, 어떤 직업을 가지고 있는지 쉽게 알 수 있었다. 매닝은 수세기 전 지역 문화의 풍부한 다양성을 이와 같은 컬렉션의 그림으로 되살려 책 표지에 사용함으로써, 컴퓨터 산업의 창의성과 주도성을 기념한다.

| 차례 |

10장   풀텍스트 검색 483

이 책의 대상 독자

이 책은 일래스틱서치와 그 실용적인 응용에 대해 깊이 있는 이해를 얻고자 하는 모든 이에게 귀중한 자원이 될 것이다. 특히 다음과 같은 독자가 읽고 혜택을 얻을 수 있다.

- 일래스틱서치 분야에서 초보자이며 기본 작동 원리를 이해하고자 하는 개발자, 아키텍트, 분석가, 관리자, 프로덕트 오너
- 데이터 파이프라인에서 일래스틱서치를 구축해 실시간 데이터 분석 및 처리를 수행하고자 하는 데이터 과학자
- 대규모 데이터베이스를 유지 관리하며 일래스틱서치를 사용해 데이터 검색 효율성과 시스템 성능을 향상시키고자 하는 시스템 관리자
- 클라이언트 프로젝트에서 일래스틱서치를 추천하고 전략적인 IT 결정을 내리기 위해 이를 이해해야 하는 IT 컨설턴트 또는 기술 고문
- 일래스틱서치가 운영 효율성을 높이거나 고객에게 추가 가치를 제공하는 방법을 이해하고자 하는 기술에 정통한 비즈니스 오너
- 컴퓨터 과학, 데이터 과학 또는 관련 분야를 전공하며 빅데이터 기술을 공부하고 검색 기술에 관심이 있는 학생 및 학술 연구자
- 대규모 데이터를 처리하며 일래스틱서치를 사용해 검색 기능(풀텍스트, 퍼지, 팀 수준 검색 및 기타 복잡한 검색 기능 포함)을 향상시키고자 하는 개인
- 일래스틱서치 클러스터와 통신하는 마이크로서비스를 설계하고 개발하려는 일래스틱서치 아키텍트, 개발자 또는 분석가 지망생

이 책의 구성 방식: 로드맵

이 책은 파트로 나뉘어 있지는 않지만, 각 장은 일래스틱서치의 기능과 아키텍처를 설명하며 명확한 순서에 따라 진행된다.

- **1장**에서는 검색의 세계를 탐험하며 기본적인 데이터베이스 기반 시스템에서 오늘날 일반적인 정교한 검색엔진에 이르는 과정을 되짚어본다. 일래스틱서치의 고유한 기능, 실제 응용 사례 그리고 광범위한 채택을 강조하며, 이 강력하고 다재다능한 현대 검색엔진을 조명한다. 또한 일반 인공지능 도구의 변혁적 잠재력을 살펴보고, ChatGPT와 같은 기술이 검색 공간을 어떻게 재구성하고 미래에 정보와의 상호작용을 재정의할 수 있는지 탐구한다.

- **2장**에서는 일래스틱서치를 직접 다루며, 도큐먼트 API를 사용해 도큐먼트를 인덱싱하고 검색하는 실습을 제공한다. 패턴 매칭, 구문 검색, 철자 수정, 범위 결과, 다중 필드 검색 등 필수 검색 조건을 다루고 고급 쿼리를 소개한다. 아울러 데이터 정렬, 결과 페이지 매김, 강조 표시 등의 기능을 살펴보며, 사용자의 검색 능력을 향상시키는 방법을 안내한다.

- **3장**에서는 일래스틱서치의 아키텍처를 이해하기 쉽게 설명하며, 검색 및 인덱싱을 가능하게 하는 기본 구성 요소와 복잡한 과정을 안내한다. 역인덱스, 관련성, 텍스트 분석과 같은 검색엔진을 구동하는 기본 개념을 다루고, 클러스터링 및 분산형 일래스틱서치 서버의 작동 원리를 탐구한다.

- **4장**에서는 매핑 스키마, 데이터 타입, 매핑 API를 탐구해 일래스틱서치에서 데이터 처리를 자세히 설명한다. 매핑 스키마가 검색 정확도와 효율성을 향상시키는 방법을 살펴보고, 동적 및 명시적 매핑을 철저히 분석한다. `text`, `keyword`, `date`, `integer`와 같은 핵심 데이터 타입을 다루며 `geo_point`, `geo_shape`, `object`, `join`, `flattened` 등의 고급 데이터 타입도 다룬다.

- **5장**에서는 단일 및 다중 도큐먼트 API와 관련된 작업을 포괄적으로 논의한다. 이러한 API를 사용해 도큐먼트를 인덱싱, 검색, 업데이트, 삭제하는 실질적인 이해를 제공한다. 또한 재인덱싱 기능도 살펴본다.

- **6장**에서는 인덱싱 API를 사용한 인덱싱 작업에 중점을 둔다. 설정settings, 매핑mapping, 별칭aliases을 포함한 인덱스의 기본 구성에 대해 안내하며, 프로덕션 시나리오에 맞춘 맞춤형 인덱스를 만드는 방법을 설명한다. 인덱스 템플릿 작업을 다루고, 인덱스 템플릿 및 구성 가능한 템플릿의 메커니즘을 알아본다. 마지막으로 인덱스 수명 주기 관리에 관해 조사한다.
- **7장**에서는 텍스트 분석에 집중하며 일래스틱서치의 분석기 모듈을 사용해 풀텍스트가 토큰화되고 정규화되는 방법을 살펴본다. standard, simple, keyword, 언어 분석기 등 내장 분석기를 탐구하고, 맞춤형 분석기를 만드는 방법에 관한 지식을 제공한다.

8장에서 13장까지는 검색에 집중한다.

- **8장**에서는 검색의 기본을 이해하기 위한 기초를 다지며, 검색 요청이 처리되고 응답이 생성되는 메커니즘을 설명한다. URL 요청과 쿼리 DSL이라는 두 가지 주요 검색 유형을 소개한다. 또한 강조 표시, 정렬, 페이지 매김 같은 공통 기능을 살펴보며 일래스틱서치의 검색 기능에 대한 포괄적인 소개를 제공한다.
- **9장**에서는 구조화된 데이터를 위한 텀 수준term-level 쿼리 영역을 탐구한다. range, prefix, wildcard, fuzzy 쿼리를 포함한 다양한 유형의 텀 수준 쿼리를 자세히 설명한다.
- **10장**에서는 비구조화된 데이터를 검색하기 위한 풀텍스트full-text 쿼리를 살펴본다. 풀텍스트 검색 API를 사용하는 메커니즘을 조사하고, match 유형의 쿼리, query string, fuzzy 쿼리, simple string 쿼리 등을 포함한 다양한 쿼리를 사용한다.
- **11장**에서는 복합 쿼리의 복잡한 세계를 탐험하며, 고급 검색 쿼리를 작성하기 위한 다목적 도구로서 부울 쿼리를 강조한다. must, must_not, should, filter와 같은 조건절을 사용해 리프leaf 쿼리를 보다 복잡한 복합compound 쿼리로 구조화하는 방법을 살펴본다. 마지막 부분에서는 boosting과 constant_score 쿼리에 대한 자세한 분석을 제공한다.
- **12장**에서는 distance_feature, percolator, more_like_this, pinned와 같은 특수 쿼리를 소개한다. 각 쿼리 유형의 고유한 이점을 조사하며, 특정 위치에 더 가까운 결과를 우선시하는 distance_feature 쿼리와 유사한 도큐먼트를 찾는 more_like_this 쿼리의 기

능을 다룬다. 또한 사용자에게 새로운 결과가 있을 때 알리는 percolator 쿼리도 자세히 조사한다.

- **13장**에서는 집계를 자세히 조사한다. 합, 평균, 최솟값, 최댓값, 톱 히트[top hits], 모드[mode] 같은 통계를 생성하는 메트릭 집계를 탐구한다. 또한 버킷 집계를 사용해 집계된 데이터를 버킷 세트로 수집하는 방법도 주요하게 다룬다. 이와 더불어 파이프라인 집계를 살펴보고 도함수[derivative]와 이동 평균[moving average]과 같은 고급 통계 분석을 제공한다.

마지막 두 장은 관리 및 성능에 중점을 두고 책을 마무리한다.

- **14장**에서는 일래스틱서치를 프로덕션 환경에서 운영하기 위한 관리 측면을 다룬다. 다양한 부하에 따라 클러스터를 확장하는 방법, 노드 간 통신, 샤드 크기 조정 등을 이해하는 내용을 포함한다. 또한 스냅숏의 중요한 개념을 탐구하며, 스냅숏을 생성하고 필요한 경우 데이터를 복구하는 실질적인 예제를 제공한다. 고급 구성 및 클러스터 마스터 개념도 철저히 검토한다.
- **15장**에서는 성능이 떨어지거나 문제가 있는 일래스틱서치 클러스터를 문제 해결하는 방법을 다룬다. 검색 속도 병목 현상, 불안정하고 건강하지 않은 클러스터, 서킷 브레이커 등의 일반적인 원인을 살펴본다. 15장에서는 성능 문제를 진단하고 해결하는 데 필요한 지식을 제공해 일래스틱서치 클러스터가 원활하고 효율적으로 작동하도록 한다.

이 책에는 3개의 부록도 포함돼 있다.

- **부록 A**는 로컬 환경에 일래스틱서치와 키바나를 설치하는 실질적인 가이드다.
- **부록 B**는 데이터 전처리의 핵심 구성 요소인 인제스트 파이프라인을 살펴보고, 다양한 시나리오에서 이를 구성하고 사용하는 방법을 설명한다.
- **부록 C**는 자바, 파이썬, 자바스크립트, C# 등과 같은 클라이언트를 통해 일래스틱서치가 다양한 프로그래밍 언어와 상호 운용되는 방법을 다루며, 예제와 모범 사례를 제공한다.

예제 코드

이 책의 주요 목표 중 하나는 쉽게 실행 가능한 코드를 포함해 원활한 실습 경험을 제공하는 것이다. 여러 번의 반복 끝에 키바나에서 작성하고 실행한 모든 쿼리를 깃허브 텍스트 파일에 호스팅하기로 결정했다. 이 쿼리들은 쿼리 DSL 기반의 JSON 코드로 작성됐다. 목표는 깃허브에서 텍스트 파일을 복사해 키바나 개발자 도구 애플리케이션에 붙여넣어 즉시 실행할 수 있는 간단한 과정을 제공하는 것이다.

학습 여정을 돕기 위해, 샘플 데이터 파일과 필요한 경우 datasets 폴더에 이러한 인덱스의 매핑이 제공된다. 이 접근 방식은 실용적이고 학습자 친화적인 경험을 보장해 직접 자료와 상호작용하고 새로 습득한 지식을 적용할 수 있도록 한다.

소스 코드는 깃허브(https://github.com/madhusudhankonda/elasticsearch-in-action)와 책의 웹사이트(https://www.manning.com/books/elasticsearch-in-action-second-edition)에 있다. 폴더는 다음과 같다.

- kibana_scripts: 각 장에 대한 쿼리 DSL 스크립트
- datasets: 각 장에 필요한 매핑 및 샘플 데이터 세트
- code: 자바 및 파이썬 코드
- docker: 로컬 환경에서 서비스를 실행하기 위한 도커 파일. 예를 들어 elasticsearch-docker-8-6-2.yml은 일래스틱서치와 키바나 두 가지 서비스를 호스팅한다. docker-compose up 명령을 실행하면 도커 컨테이너에서 일래스틱서치와 키바나가 시작된다.
- appendices: 일래스틱서치 개발 속도를 감안할 때 이 책은 업데이트가 필요할 것이다. 새로운 기능은 깃허브에 있는 책의 부록으로 제공될 것이다. 새로운 릴리스가 등장할 때마다 콘텐츠를 추가 및 수정할 것이다.

일래스틱서치 릴리스는 매우 자주 발생한다. 이 책을 쓰기 시작했을 때는 버전 7.x였으며, 책이 인쇄 준비를 할 때는 8.7 버전이었다. 이 책을 읽을 즈음에는 더 많은 메이저 및 마이너 릴리스가 있을 것으로 예상된다. 새로운 릴리스가 나올 때마다 코드베이스를 업데이트하는 것은 큰 작업이 될 것이다. 코드를 계속 업데이트하려고 노력하겠지만, 여러분이 기꺼이 기여자가 돼 코드베이스를 유지 관리해 주기를 희망한다. 이 프로젝트에 기여하고 싶다면 저자

인 내게 연락하길 바란다.

이 책에는 번호가 매겨진 목록과 일반 텍스트에 포함된 형태로 많은 소스 코드 예제가 포함돼 있다. 두 경우 모두 소스 코드는 일반 텍스트와 구분하기 위해 고정 너비 폰트로 작성됐다. 많은 경우 원본 소스 코드는 재포맷됐다. 페이지 공간에 맞추기 위해 줄 바꿈을 추가하고 들여쓰기를 재작업했다. 드문 경우지만 이러한 조치로도 충분하지 않아 목록에 줄 지속 표시(➡)가 포함됐다. 또한 텍스트에서 코드가 설명될 때 목록에서 주석이 종종 제거됐다. 많은 목록에는 중요한 개념을 강조하는 코드 주석이 함께 제공된다.

북 포럼

이 책을 구매하면 매닝의 온라인 독서 플랫폼인 라이브북^{liveBook}에 무료로 접근할 수 있다. 라이브북의 독점적인 토론 기능을 사용해 책 전체 또는 특정 절이나 문단에 댓글을 달 수 있다. 개인 노트를 작성하거나, 기술적인 질문을 하고 답변을 받거나, 저자와 다른 사용자들로부터 도움을 받을 수 있다. 포럼에 접근하려면 라이브북 포럼(https://livebook.manning.com/book/elasticsearch-in-action-second-edition)으로 이동한다. 매닝의 포럼과 행동 규칙에 대해 더 알고 싶다면 매닝 포럼 안내(https://livebook.manning.com/discussion)에서 확인한다.

매닝은 독자 간 혹은 독자와 저자 간의 의미 있는 대화가 이뤄질 수 있는 장을 제공하는 데 헌신하고 있다. 이는 저자의 자발적인 (그리고 무보수) 기여로 이루어지며, 특정한 참여 정도를 약속하는 것은 아니다. 저자의 관심이 멀어지지 않도록 도전적인 질문을 해 보는 것도 좋다! 책이 출판되는 동안 포럼과 이전 토론의 아카이브는 출판사의 웹사이트에서 접근할 수 있다.

문의

이 책과 관련해 질문이 있다면 이 책의 지은이나 에이콘출판사 편집 팀(editor@acornpub.co.kr)으로 문의해 주길 바란다.

정오표는 에이콘출판사 도서정보 페이지(www.acompub.co.kr/bodk/elasticsearch-in-action-2e)에서 확인할 수 있다.

1

개요

최근 수년간 폭발적인 데이터의 증가는 검색과 분석 기능에 대한 새로운 표준을 제시하기에 이르렀다. 조직이 데이터를 축적함에 따라 "건초 더미에서 바늘 찾기"와 같은 능력이 절대적으로 중요하게 됐다. 검색뿐만 아니라 분석 기능을 사용해 데이터를 확대하고 집계할 수 있는 능력이 조직에게 있어 필수적인 요구 사항이 됐다. 최신 검색엔진과 분석엔진의 채용이 최근 10년간 기하급수적으로 증가했다. 이러한 최신 검색엔진 중 하나가 바로 일래스틱서치 Elasticsearch다.

일래스틱서치는 강력하고 유명한 오픈 소스 분산 검색엔진이면서 분석엔진이다. 일래스틱서치는 아파치 루씬 Lucene 위에 구축돼 있고 구조화된 데이터 및 비구조화된 데이터를 사용해 거의 실시간 검색과 분석이 가능하다. 일래스틱서치는 대량의 데이터를 효율적으로 처리하도록 설계됐다.

일래스틱서치는 검색 및 분석 영역에서 강력한 기능을 조직에게 제공함으로써 큰 발전을 이뤘다. 이는 검색 및 분석 사용 사례뿐만 아니라 애플리케이션 및 인프라 로그 분석, 기업 보안 및 위협 탐지, 애플리케이션 성능 및 모니터링, 분산 데이터 저장소 등 다양한 분야에 활용된다.

1장에서는 검색 영역을 전반적으로 살펴보고 전통적인 데이터베이스 기반 검색부터 현재의 최신 검색엔진과 다양하고 편리한 기능에 이르기까지 검색의 진화를 훑어본다. 그 과정에서 초고속 오픈 소스 검색엔진인 일래스틱서치를 소개하고 기능과 사용 사례 및 고객의 채택 사례도 살펴본다.

생성형generative 인공지능AI 도구들이 어떻게 검색 영역을 해체하고 혼란에 빠뜨리기 시작했는지에 대해서도 간략히 살펴본다. ChatGPT의 등장으로 AI를 수용하고 검색 영역의 리더가 되기 위한 경쟁이 시작됐다. 현재의 주요 플레이어를 소개하며, AI가 주도하는 검색엔진의 미래를 탐구하는 내용을 포함하고 있다.

1.1 좋은 검색엔진이란?

일상적인 경험 측면에서 검색엔진을 "좋은" 것으로 만드는 요소가 무엇인지 잠시 생각해 보자. 이를 이해하는 데 도움이 되도록 나쁜 검색엔진에서 겪었던 경험을 떠올려 보자.

최근 우리 가족은 밀리Milly(사진에서 보이는 아이다!)라는 강아지를 입양했다. 강아지를 키우는 경험은 처음이었기에 개 사료를 온라인에서 검색하기 시작했다. 내가 선호하는 식료품점 웹사이트를 탐색했으나 실망스럽게도 검색 결과가 내가 원하는 것과 달랐다. 결과 목록에는 "배변 봉투(개 사료를 검색할 때 가장 예상하기 힘든 결과)" 및 기타 관련 없는 제품이 포함됐다. 웹사이트에는 필터, 드롭다운, 가격대 선택기도 없었는데, 투박한 모양의 페이지 번호로 분할된 검색 결과를 보여주는 단순한 페이지였다.

식료품점에서 검색한 내용이 마음에 들지 않아서(당시 다른 검색엔진은 어떻게 구현돼 있는지 알고 싶다는 호기심이 나를 사로잡았다) 다른 식료품점에서도 검색 결과를 확인했다. 어떤 웹사이트는 반려동물용 하네스harness를 소개했지만, 또 다른 웹사이트는 아기 도시락을 포함해 더 많은 정보가 검색됐다.

검색 결과가 좋지 않았을 뿐만 아니라 이러한 슈퍼마켓의 검색엔진도 내가 입력하는 동안 추천 항목을 제공하지 않았다. dog food를 dig fod로 잘못 입력했을 때 그러한 입력을 보정하지도 않았다(추천 항목과 입력 보정에 있어서 Google에 익숙해져 있기 때문에 모든 검색엔진이 Google과 유사하기를 기대한다). 대부분은 대안이나 유사한 항목을 제안하는 데 신경 쓰지 않았으며, 일부 결과는 관련성(즉, 관련성을 기반으로 함 – 모든 검색엔진이 관련 있는 결과를 제공할 것으로 기대하지는 않기 때문에 이는 용서될 수 있다)도 없었다. 한 식료품점은 단순 검색으로 2,400개의 결과를 반환했다!

여러 슈퍼마켓에서 검색한 결과가 마음에 들지 않아 인기 있는 온라인 상점인 아마존Amazon으로 향했는데, 그곳에서 좋은 검색엔진을 만났다. 두 번째로 dog를 입력하기 시작하자 드롭다운에 추천 항목이 표시됐다(다음 그림 참조). 기본적으로 아마존에서 처음 검색하면 관련성 있는(검색하는 내용과 매우 유사한) 결과가 반환된다. 필요한 경우 추천 항목별 정렬 옵션을 사용해 정렬 순서(낮은 가격에서 높은 가격으로 또는 그 반대로)를 변경할 수 있다. 초기 검색이 수행되면 부서, 평균 고객 리뷰, 가격대 등을 선택해 다른 카테고리로 드릴다운할 수도 있다. 심지어 철자 입력을 틀리게 시도(dig food)했음에도 아마존은 개 사료(dog food)를 의미하는지 물었다. 영리하지 않은가?

현재 디지털 세상에서는 검색이 각광을 받고 있다. 조직에서는 검색엔진이 제공하는 비즈니스 가치와 이를 통해 해결할 수 있는 다양한 사용 사례를 이해하고 있기 때문에 고민 없이 검색을 채택하고 있다. 다음 절에서는 검색엔진의 기하급수적인 성장과 기술이 어떻게 최첨단 검색 솔루션의 등장을 가능케 했는지 살펴본다.

1.2 검색은 새로운 표준

데이터가 기하급수적으로 증가함에 따라(테라바이트에서 페타바이트, 엑사바이트까지) 건초 더미에서 바늘 찾기와 같은 상황에서 성공적인 검색을 가능케 하는 도구는 필수다. 한때 단순 검색으로 홍보됐던 기능은 이제 대부분의 조직의 생존을 위한 툴킷에 필요한 기능이다. 조직에서는 고객이 검색창에 입력하거나 검색 드릴다운을 탐색해 필요한 내용을 즉시 찾을 수 있도록 기본적으로 검색 기능을 제공할 것으로 예상된다.

작은 돋보기 모양의 단순한 검색창이라도 없는 웹사이트나 애플리케이션을 찾는 것이 점점 더 어려워지고 있다. 경쟁 우위에 있으려면 완전한 검색을 제공해야 한다.

오늘날 최신 검색엔진은 속도와 관련성을 추구할 뿐만 아니라, 다양한 비즈니스 및 기술 기능이 포함된 고급 기능을 제공하기 위해 노력하고 있다. 일래스틱서치는 속도와 성능을 핵심으로 해 검색 및 분석을 지원하는 최신 검색엔진 중 하나다. 일래스틱서치 같은 검색엔진을 다룰 때, 구조화된 데이터structured data와 비구조화된 데이터unstructured data 및 그에 따른 검색 변형을 접하게 될 것이다. 검색 환경을 이해하려면 이러한 데이터 타입을 숙지하는 것이 중요하다. 다음 절에서 이에 대해 간략하게 살펴본다.

1.2.1 구조화된 데이터와 비구조화된 데이터

데이터는 주로 구조화된 데이터와 비구조화된 데이터의 두 가지 형태로 제공된다. 두 범주의 근본적인 차이점은 데이터를 저장하고 분석하는 방식이다. 구조화된 데이터는 사전 정의된 스키마/모델을 따르는 반면, 비구조화된 데이터는 자유 형식이고 체계화되지 않았으며 스키마가 없다.

구조화된 데이터

구조화된 데이터는 매우 체계적이며 명확한 모양과 형식을 갖고 있으며 미리 정의된 데이터 타입 패턴에 적합하다. 정의된 스키마를 따르며 잘 구성돼 있어 쉽게 검색할 수 있다. 데이터베이스의 데이터는 데이터베이스에 저장되기 전에 엄격한 스키마를 따라야 하므로 구조화된 데이터로 간주된다. 예를 들어 날짜, 숫자, 부울을 나타내는 데이터는 지정된 형식이어야 한다.

구조화된 데이터에 대한 쿼리는 정확히 일치하는 결과를 반환한다. 즉, 검색 조건과 일치하는 문서를 찾는 데 관심이 있을 뿐, 얼마나 잘 일치하는지에는 관심이 없다. 이러한 검색 결과는 결과가 있거나 아니면 결과가 없는 이분법적이며, "아마도"라는 결과는 없다. 예를 들어 "지난달에 취소된 항공편"을 검색할 때 항공편이 "아마도" 취소될 것으로 예상하는 것은 의미가 없다. 0개 이상이 있을 수 있지만, 검색 시 "취소된 항공편과 거의 일치하는" 결과가 반환돼서는 안 된다.

문서가 얼마나 잘 일치하는지에 대해서는 걱정하지 않으며 단지 일치하기만 하면 된다. 따라서 관련성 점수(결과가 쿼리와 얼마나 밀접하게 일치하는지를 나타내는 각 결과에 부여되는 양수)가 결과에 포함되지 않는다. 전통적인 데이터베이스 검색은 지난달에 취소된 모든 항공편, 주간 베스트셀러 도서, 로그인한 사용자 활동 등을 가져온다.

> |**정의**| 관련성(relevancy)은 검색엔진의 결과가 사용자의 검색어와 일치하는 정도를 나타낸다. 이는 결과가 원래 쿼리와 밀접하게 일치하는 정도를 나타내는 메커니즘이다. 검색엔진은 관련성 알고리듬을 사용해 어떤 문서가 사용자의 쿼리와 밀접하게 관련돼 있는지(얼마나 관련성이 있는지) 결정하고 결과가 쿼리와 얼마나 밀접하게 일치하는지에 따라 각 결과에 대해 관련성 점수라는 양숫값을 만든다. 나중에 Google에서 검색할 때 검색 결과를 자세히 살펴보자. 상위 결과는 찾고 있는 것과 매우 밀접하게 관련돼 있으므로 결과 목록의 하위 항목보다 관련성이 더 높다고 말할 수 있다. Google은 내부적으로 각 결과에 관련성 점수를 할당하고, 이 점수에 따라 결과를 정렬할 가능성이 높다. 점수가 높을수록 결과의 관련성이 높아져 페이지 상단에 표시될 가능성이 높아진다.

비구조화된 데이터

반면 비구조화된 데이터는 체계가 없고 스키마나 형식을 따르지도 않는다. 사전에 정의된 구조가 없다. 비구조화된 데이터는 대부분의 최신 검색엔진에 있어서 빵과 버터나 마찬가지다. 블로그 게시물, 연구 기사, 이메일, PDF, 오디오 및 비디오 파일 등이 해당된다.

|**노트**| 구조화된 데이터와 비구조화된 데이터 외에도 반구조화된 데이터라는 또 다른 범주가 있다. 이 데이터는 구조화된 데이터와 비구조화된 데이터 사이에 위치하는데, 데이터를 설명하는 일부 메타데이터가 포함된 비구조화된 데이터일 뿐이다.

비구조화된 데이터의 경우 일래스틱서치는 대량의 비구조화된 텍스트 내에서 특정 단어^{term}나 구문^{phrase}을 검색할 수 있는 풀텍스트^{full-text} 검색 기능을 제공한다. 풀텍스트(비구조화된) 쿼리는 쿼리와 관련된 결과를 찾으려고 한다. 즉, 일래스틱서치는 쿼리에 가장 적합한 모든 도큐먼트를 검색한다. 예를 들어 사용자가 백신이라는 키워드를 검색하면 검색엔진은 백신 접종 관련 도큐먼트를 검색할 뿐만 아니라 접종, 예방 주사 및 기타 백신 관련 용어와 관련된 도큐먼트도 표시한다.

일래스틱서치는 유사성 알고리듬을 사용해 풀텍스트 쿼리에 대한 관련성 점수를 생성한다. 점수는 결과에 포함된 양의 부동 소수점 숫자이며, 가장 높은 점수를 받은 도큐먼트는 쿼리 조건과 더 많은 관련성이 있음을 나타낸다.

일래스틱서치는 구조화된 데이터와 비구조화된 데이터를 모두 효율적으로 처리한다. 주요 기능 중 하나는 동일한 인덱스에서 구조화된 데이터와 비구조화된 데이터를 모두 인덱싱하고 검색하는 기능이다. 이를 통해 두 가지 유형의 데이터를 함께 검색하고 분석하면서 다른 방법으로는 얻기 어려운 통찰력을 얻을 수 있다.

1.2.2 데이터베이스 기반 검색

구식 검색은 대부분 전통적인 관계형 데이터베이스를 기반으로 했다. 구식 검색엔진은 그림 1.1에서 볼 수 있듯이 다중 계층 애플리케이션에 구현된 계층 아키텍처를 기반으로 했다.

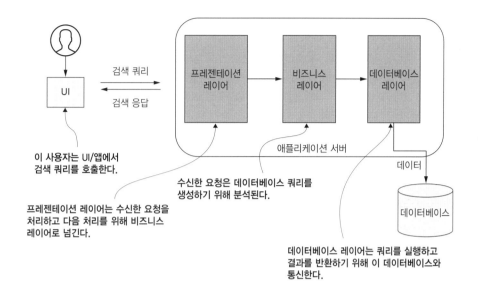

프레젠테이션
레이어

비즈니스
레이어

데이터베이스
레이어

검색 쿼리

검색 응답

UI

애플리케이션 서버

데이터

데이터베이스

이 사용자는 UI/앱에서
검색 쿼리를 호출한다.

프레젠테이션 레이어는 수신한 요청을
처리하고 다음 처리를 위해 비즈니스
레이어로 넘긴다.

수신한 요청은 데이터베이스 쿼리를
생성하기 위해 분석된다.

데이터베이스 레이어는 쿼리를 실행하고
결과를 반환하기 위해 이 데이터베이스와
통신한다.

▲ **그림 1.1** 전통적인 데이터베이스 기반 검색

where나 like 같은 절을 사용해 SQL로 작성된 쿼리는 검색의 기초를 제공했다. 이러한 솔루션이 성능이 뛰어나고 효율적인 것은 아니며, 최신 검색 기능을 제공하기 위해 풀텍스트 데이터를 검색하는 데 적합하지 않을 수 있다.

그럼에도 일부 최신 데이터베이스(Oracle이나 MySQL)는 풀텍스트 검색(블로그 게시물, 영화 리뷰, 연구 기사 등과 같은 비구조화된 텍스트에 대한 쿼리)을 지원하지만 대량의 데이터에 대해 실시간에 가까운 효율적인 검색을 제공하는 데에는 어려움을 겪을 수 있다. 더 자세한 내용은 다음 페이지에 있는 '데이터베이스를 이용한 풀텍스트 검색'을 참조한다.

일래스틱서치 같은 검색엔진의 분산 특성은 대부분의 데이터베이스에는 없는 유연한 확장성을 제공한다. 풀텍스트 검색 기능이 없는 데이터베이스를 이용해 개발된 검색엔진은 쿼리에 대한 관련 검색 결과 제공은 물론, 데이터 양의 증가에 대처하고 실시간으로 결과를 제공하는 데 어려움을 겪을 수 있다.

데이터베이스를 이용한 풀텍스트 검색

Oracle이나 MySQL 같은 관계형 데이터베이스는 풀텍스트 검색 기능을 지원하지만 일래스틱서치 같은 최신의 풀텍스트 검색엔진보다 기능은 부족하다. 데이터 저장 및 검색과 관련해 근본적으로 다르기 때문에 요구 사항 중 하나를 선택하기 전에 요구 사항에 대한 프로토타입을 만들어야 한다. 일반적으로 스키마가 변경되지 않거나 데이터 적재가 적고 이미 풀텍스트 검색 기능을 갖춘 데이터베이스 엔진이 있는 경우 이러한 데이터베이스를 기반으로 풀텍스트 검색을 시작하는 것이 합리적일 수 있다.

1.2.3 데이터베이스와 검색엔진

전통적인 데이터베이스를 기반으로 검색 서비스를 구축할 때 요구 사항이 데이터베이스에 의해 효율적이고 효과적으로 만족될 수 있는지 고려하고 이해해야 한다. 대부분의 데이터베이스는 많은 양의 데이터를 저장하도록 설계됐지만 안타깝게도 다음과 같은 여러 이유로 풀텍스트 검색엔진으로 사용하기엔 적합하지 않다.

- **인덱싱 및 검색 성능**: 풀텍스트 검색은 전통적인 데이터베이스에는 최적화되지 않은 효율적인 인덱싱과 고성능 검색 및 분석 기능을 필요로 한다. 데이터베이스는 대량의 데이터를 인덱싱하는 데 어려움을 겪을 수 있으며 결과적으로 쿼리 성능이 저하될 수 있다. 일래스틱서치나 솔라(Solr) 같은 검색엔진은 대량의 텍스트 데이터를 처리하고 거의 실시간으로 검색 결과를 제공하도록 특별히 설계됐다. 검색엔진은 처음부터 최적화된 검색 작업을 위해 설계됐기 때문에 대규모 데이터를 처리하고 인덱싱하며 전통적인 데이터베이스보다 훨씬 빠르게 검색할 수 있다. 안타깝게도 관계형 데이터베이스에는 퍼지 로직$^{fuzzy\ logic}$, 어간 추출^{stemming}, 동의어^{synonym} 등과 같은 고급 검색 기능이 부족하다.
- **검색**: 전통적인 데이터베이스를 사용한 검색은 데이터 값의 정확한 일치를 기반으로 한다. 구조화된 데이터에 대한 검색과 검색과 무관한 작업에는 적합하지만 복잡한 자연어 쿼리에는 대부분 적합하지 않다. 사용자 쿼리는 철자가 틀리거나 문법적으로 잘못 구성되거나 불완전하며 동의어나 다른 언어가 포함할 수 있어 데이터베이스가 이해하지 못할 수도 있다.

자연어 쿼리에서 사용자는 검색하는 단어를 부정확하게 사용(철자 오류)할 수 있는데, 유감스럽게도 전통적인 데이터베이스는 철자가 잘못된 사용자 입력을 지원하도록 설계되지 않았다. 이 기능은 최신 검색엔진의 퍼지 매치^{fuzzy matching} 검색 기능(유사하지만 정확히 동일하지 않은 단어 검색)에서 지원한다.

전통적인 데이터베이스는 데이터가 정규화돼 있는 경우가 많은데, 여러 테이블과 칼럼에 분산돼 있음을 의미한다. 이로 인해 단일 쿼리로는 여러 필드에 걸쳐 있는 데이터를 검색하기가 어려울 수 있다. 전통적인 데이터베이스는 풀텍스트 검색 시나리오에서 흔히 발생하는 비구조화 및 반구조화된 데이터^{semi-structured data} 유형을 처리하도록 설계되지 않았다.

- **텍스트 분석 및 처리:** 검색엔진은 전통적인 데이터베이스가 지원하지 않는 다양한 언어와 문자 집합을 처리해야 하는 경우가 많다. 검색엔진은 텍스트 분석 및 처리를 수행해 텍스트에서 의미를 추출하지만 전통적인 데이터베이스는 이러한 목적으로 설계되거나 최적화되지 않았다.

- **확장성 및 유연성:** 풀텍스트 검색엔진은 대량의 데이터와 높은 쿼리 부하를 처리하도록 설계됐다. 전통적인 데이터베이스는 대량의 텍스트 데이터를 처리할 때 확장성 문제를 겪을 수 있다.

검색엔진은 처음부터 비구조화된 데이터를 처리하도록 설계됐지만, 데이터베이스는 구조화된 데이터를 처리하는 데 최적화돼 있다. 이러한 제한으로 인해 전통적인 데이터베이스는 풀텍스트 검색엔진으로 사용하기에 적합하지 않다. 일래스틱서치, 솔라^{Solr}, 루씬^{Lucene}과 같은 풀텍스트 검색엔진 기술은 텍스트 데이터에 대한 고급 검색 기능을 제공하는 데 종종 사용한다.

> |**노트**| 많은 데이터베이스가 기능 세트에 텍스트 검색 기능을 추가했음에도 불구하고, 여전히 풀텍스트 검색엔진과 동등한 성능, 확장성 및 기능을 제공하지 못할 수 있다.

두 가지 세계를 모두 수용하는 데 방해가 될 것은 없다. 일부 사용 사례에서는 전통적인 데이터베이스와 검색엔진의 조합을 사용할 수 있다. 예를 들어 데이터베이스는 트랜잭션 목적으로 사용할 수 있고 검색엔진은 검색 및 분석용으로 사용할 수 있다. 하지만 이 책의 초점은 검색엔진, 특히 일래스틱서치다. 다음 절에서는 일래스틱서치를 소개하기 전에 최신 검색엔진의 시대를 되짚어본다.

1.3 최신 검색엔진

최신 검색엔진은 매일 새롭고 흥미로운 기능을 도입하며 끊임없이 증가하는 비즈니스 요구 사항을 충족시키기 위해 노력하고 있다. 저렴한 하드웨어와 데이터의 폭발적 증가는 이러한 최신 검색엔진들의 출현을 이끌고 있다. 현재의 검색엔진들과 그들이 제공하는 기능 및 기능성을 고려해보자. 훌륭한 최신 검색엔진이 제공해야 할 점을 다음과 같이 요약할 수 있다.

- 풀텍스트(비구조화된) 및 구조화된 데이터에 대한 최고 수준의 지원
- 입력 추천, 자동 보정, "이것을 의미하셨나요?" 추천
- 사용자의 철자 실수에 대한 용서
- 지리적 위치에 대한 검색 기능
- 수요 변동에 따라 쉽게 확장하거나 축소 가능한 확장성
- 놀라운 성능: 빠른 인덱싱 및 검색 기능
- 고가용성, 내결함성 분산 시스템을 제공하는 아키텍처
- 머신러닝 기능 지원

이 절에서는 최신 검색엔진의 고급 기능에 대해 간략하게 설명하고 다음 절에서는 일래스틱서치를 포함해 시중에 나와 있는 검색엔진 몇 가지를 소개한다.

1.3.1 기능

최신 검색엔진은 풀텍스트 검색 요구 사항을 충족하는 동시에 기타 고급 기능도 제공하도록 개발됐다. 대량의 텍스트 데이터를 인덱싱하고 검색해 사용자에게 빠르고 관련성 있는 검색

결과를 제공하도록 설계됐다(앞으로 검색엔진을 말할 때 최신이라는 단어를 더 이상 언급하지 않을 것이다).

검색엔진은 대량의 텍스트 데이터를 빠르게 인덱싱해 검색 가능하게 만들 수 있다. 이 절차는 일반적으로 텍스트 데이터를 토큰으로 나누고 각 토큰을 포함하는 도큐먼트에 매핑하는 역인덱스inverted index를 구축하는 작업을 포함한다.

검색엔진은 동의어, 어간 추출, 불용어 및 기타 자연어 처리 기술과 같은 고급 텍스트 분석 및 처리도 수행해 텍스트에서 의미를 추출하고 검색 결과를 향상시킬 것이다. 사용자 쿼리를 처리하고 관련성, 인기도 등 다양한 요소를 기반으로 검색 결과의 순위를 매길 수 있다. 높은 쿼리 부하와 대량의 데이터를 처리할 수 있으며 클러스터에 더 많은 노드를 추가해 수평적으로 확장할 수도 있다.

마지막으로 검색엔진은 데이터를 살펴보고 기업에 요약, 결론 및 인텔리전스를 제공하는 고급 분석 기능을 제공한다. 풍부한 시각화, 거의 실시간 검색, 성능 모니터링 및 머신러닝에 기반한 인사이트도 지원한다.

1.3.2 인기 검색엔진

시장에는 다양한 검색엔진이 있지만, 여기서는 아파치 루씬Apache Lucene 위에 구축된 세 종류만 언급한다. 이후 절에서는 일래스틱서치, 솔라Solr, 오픈서치OpenSearch를 살펴본다.

일래스틱서치

일래스틱Elastic의 창립자인 셰이 배넌Shay Banon은 2000년대 초 컴패스Compass라는 검색 제품을 개발했다. 이는 아파치 루씬(https://lucene.apache.org)이라는 오픈 소스 검색엔진 라이브러리를 기반으로 했다. 루씬은 자바Java로 작성된 더그 커팅Doug Cutting의 풀텍스트 검색 라이브러리다. 라이브러리이기 때문에 이를 가져와 API를 사용해 애플리케이션과 통합해야 한다. 컴패스나 기타 검색엔진은 루씬을 사용해 일반화된 검색엔진 서비스를 제공하므로 루씬을 처음부터 애플리케이션에 통합할 필요가 없다. 셰이는 결국 컴패스를 버리고 더 많은 잠재성이 있는 일래스틱서치에 집중하기로 결정했다.

아파치 솔라

아파치 솔라^{Apache Solr}는 2004년 아파치 루씬을 기반으로 구축된 오픈 소스 검색엔진이다. 솔라는 일래스틱서치의 강력한 경쟁자이고 활발한 사용자 커뮤니티를 보유하고 있으며 일래스틱서치보다 오픈 소스에 더 가깝다(일래스틱은 2021년 초 아파치에서 일래스틱 라이선스 및 Server Side Public License^{SSPL}로 변경). 솔라와 일래스틱서치는 모두 풀텍스트 검색에 뛰어나지만, 분석에 있어서는 일래스틱서치가 우위에 있다.

두 제품 모두 거의 모든 기능에서 경쟁하지만 솔라는 빅데이터 생태계에서 작동하는 대규모 정적 데이터 세트에 가장 선호된다. 물론 제품을 선택하기 위해서는 프로토타이핑과 분석 과정을 거쳐야 하지만 우수한 문서, 커뮤니티, 쉽게 시작해 볼 수 있다는 이유로 검색엔진과 처음 통합하는 프로젝트는 일반적으로 일래스틱서치를 고려하는 경향이 있다. 검색엔진을 채택하고 도입하기 전에 의도한 사용 사례에 대한 상세한 비교를 진행해야 한다.

아마존 오픈서치

2021년 일래스틱은 라이선스 정책을 변경했다. 이 라이선스는 일래스틱서치 7.11 릴리스 버전 이상에 적용되며, 오픈 소스에서 일래스틱 라이선스와 SSP의 이중 라이선스로 변경됐다.[1] 이 라이선스는 커뮤니티가 제품을 무료로 사용할 수 있도록 허용하지만 관리형 서비스 제공업체는 더 이상 제품을 서비스로 제공할 수 없다. 일래스틱과 아마존 웹 서비스^{AWS} 간에는 AWS가 일래스틱서치의 포크 버전인 "Open Distro for Elasticsearch"를 생성하고 이를 관리 서비스로 제공하면서 불협화음이 있었다. 이 불협화음이 라이선스 변경으로 이어지며, 결국 오픈서치의 탄생으로 이어졌다.

일래스틱이 오픈 소스 라이선스 모델에서 SSPL 모델로 전환함에 따라 새로운 라이선스 계약으로 인해 남겨진 공백을 메우기 위해 오픈서치(https://opensearch.org)라는 새로운 제품이 개발됐다. 오픈서치의 기본 코드는 오픈 소스 일래스틱서치 및 키바나 7.10.2 버전에서 생성됐다. 이 제품의 첫 번째 일반 공급^{General Availability} 버전인 1.0 버전은 2021년 7월 출시됐다. 오픈서치가 검색엔진 영역에서 일래스틱서치의 경쟁자가 되는 것을 지켜보자.

---

1 일래스틱은 2024년 8월 30일에 AGPL 3.0 오픈소스 라이선스를 추가해 삼중 라이선스로 변경됐다(https://www.elastic.co/kr/pricing/faq/licensing). - 옮긴이

이제 최신 검색엔진이 무엇인지와 검색 환경의 개요에 대해 어느 정도 이해했으니, 일래스틱서치 개요로 넘어가보자.

1.4 일래스틱서치 개요

일래스틱서치는 오픈 소스 검색 및 분석엔진이다. 자바로 개발됐으며, 인기 있는 풀텍스트 라이브러리인 아파치 루씬을 기반으로 구축된 초고속 및 고가용성 검색엔진이다. 일래스틱서치는 RESTful 인터페이스를 갖춘 분산 시스템을 제공해 루씬의 강력한 기능을 포함한다. 루씬은 일래스틱서치의 강력한 기반이고, 키바나는 일래스틱서치를 관리하고 작업하기 위한 관리 UI이다. 이 책 전체에서는 키바나의 코드 편집기$^{Dev\ Tools}$를 사용해 작업한다.

풀텍스트 검색은 일래스틱서치가 최신 검색엔진으로서 뛰어난 부분이다. 사용자의 검색 조건에 따라 매우 빠른 속도로 관련 도큐먼트를 검색할 수 있다. 키워드, 날짜, 숫자, 날짜 범위 등 정확한 텀$^{exact\ term}$을 검색할 수도 있다. 일래스틱서치에는 관련성, "이것을 의미하셨나요?" 추천, 자동 완성$^{auto-completion}$, 퍼지^{fuzzy}, 지리 공간 검색$^{geospatial\ searching}$, 강조 표시^{highlighting} 등과 같은 최고 수준의 기능이 포함돼 있다.

일래스틱서치는 실시간에 가까운 검색 기능을 제공하는 선두주자일 뿐만 아니라 빅데이터에 대한 통계 집계에서도 우월하다. 물론 일래스틱서치가 모든 사용 사례에 가장 적합할 수는 없으므로 제품을 수용하기 전에 사용 사례를 고려해야 한다(사용 사례에 대해 알아보려면 1.4.3절 참조). 기본적으로 일래스틱서치는 애플리케이션 성능 모니터링, 예측 분석 및 이상치 탐지, 보안 위협 모니터링 및 탐지와 같은 훌륭한 기능도 자랑한다.

일래스틱서치는 수집된 데이터에서 더 깊은 의미를 찾는 데 중점을 둔다. 데이터를 집계하고, 통계 계산을 수행하며, 데이터 내에서 인텔리전스를 찾을 수 있다. 키바나 도구를 사용해 풍부한 시각화 및 대시보드를 생성하고 다른 사람과 공유할 수 있다. 일래스틱서치는 평균, 합계, 평균값, 최빈값을 찾을 수 있을 뿐만 아니라 히스토그램 내 데이터 버킷팅 및 기타 복잡한 분석 기능을 수행할 수 있다.

게다가 데이터에 대해 지도 및 비지도 머신러닝 알고리듬을 실행한다. 모델은 이상 징후를 감지하고, 이상값을 찾으며, 이벤트를 예측하는 데 도움이 된다. 지도학습 모드에서는 모델이 학습하고 예측할 수 있도록 훈련 세트를 제공할 수 있다.

일래스틱서치는 네트워크에 있는 웹 서버의 메모리 및 CPU 사이클과 같은 성능 지표를 모니터링해 애플리케이션과 해당 상태를 관찰하는 기능도 함께 제공한다. 이를 통해 수백만 개의 웹 서버 로그를 조사해 애플리케이션 문제를 찾거나 디버깅할 수 있다. 일래스틱서치는 보안 솔루션을 구축하는 데 시간과 자원을 투자하고 있으며, 이를테면 보안 위협을 감지하고 IP 필터링, 엔드포인트 예방 등과 같은 기능을 제공한다.

1.4.1 핵심 영역

일래스틱서치를 뒷받침하는 회사인 일래스틱은 그림 1.2에서 볼 수 있듯이 주로 검색search, 관측 가능성observability, 보안security이라는 세 가지 핵심 영역에서 자리매김해왔다. 각 영역을 차례로 살펴보자.

Elastic Enterprise Search
Workplace, website, and app search

Elastic Observability
Unified logs, metrics, and APM data

Elastic Security
SIEM, endpoint, and threat hunting

▲ **그림 1.2** 일래스틱서치를 뒷받침하는 회사인 일래스틱의 핵심 응용 분야

일래스틱 엔터프라이즈 서치

일래스틱 엔터프라이즈 서치Elastic Enterprise Search 스위트는 사용자가 다양한 콘텐츠 제공업체(Slack, Confluence, Google Drive 등)에서 검색할 수 있도록 하거나 애플리케이션, 앱, 웹사이트에 검색 기능을 지원할 때 모델 및 맞춤형 검색엔진을 구축하는 데 도움을 준다.

검색은 비즈니스, 인프라, 애플리케이션 등 다양한 도메인의 수많은 애플리케이션에 깊이 통합될 수 있다. 사용자는 일래스틱서치가 지원하는 웹 애플리케이션, 일래스틱서치가 지원하는 모바일 앱, 또는 일래스틱서치를 검색 기능의 핵심으로 사용하는 서버 측 검색 서비스를 생성할 수 있다. 이 책의 뒷부분에서는 일래스틱서치를 애플리케이션의 검색 서버로 통합하는 예제를 다룬다.

일래스틱 관측 가능성

인프라에서 실행되는 애플리케이션은 주로 애플리케이션 가시성 및 모니터링에 사용되는 많은 메트릭을 생성하는데, 관측 가능성^{observability} 영역에서 일래스틱서치를 사용할 수 있다. 애플리케이션, 서버, 랙 및 모듈의 상태를 모두 모니터링하고, 기록하며, 추적하고, 경고할 수 있다. 일래스틱 도구를 사용해 대규모로 애플리케이션 관리 및 모니터링을 수행할 수도 있다.

일래스틱 보안

일래스틱은 위협 탐지 및 방지를 가능하게 하며 소스에서 악성 코드 제거, 정적 데이터 암호화 등과 같은 고급 기능을 제공하면서 보안 분야에 진입하고 있다. 보안 정보 및 이벤트 관리 SIEM, Security Information and Event Management 도구로서 일래스틱은 고급 보안 도구 세트를 통해 조직을 보호하는 역할을 하고 있다.

1.4.2 일래스틱 스택

일래스틱서치는 검색엔진의 핵심이며 소수의 일래스틱 제품이 이를 보완한다. 제품군은 일래스틱 스택이라고 하며 키바나^{Kibana}, 로그스태시^{Logstash}, 비츠^{Beats} 및 일래스틱서치를 포함한다(공식적으로는 ELK 스택이라고 불렸지만 비츠가 제품군에 도입된 후 일래스틱 스택으로 이름이 변경됐다).

네 가지 제품의 조합은 서로 다른 소스의 다양한 데이터 세트를 통합^{integrating}, 소비 ^{consuming}, 처리^{processing}, 분석^{analyzing}, 검색^{searching} 및 저장^{storing}해 엔터프라이즈 애플리케이션을 구축하는 데 도움을 준다. 그림 1.3에서 볼 수 있듯이 비츠와 로그스태시는 데이터를 일래스틱서치로 가져오고, 키바나는 해당 데이터에서 작동하는 시각적 UI다.

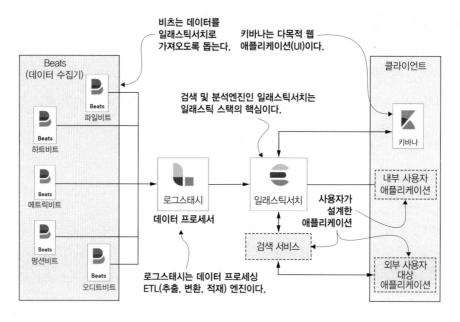

▲ **그림 1.3** 일래스틱 스택: 비츠, 로그스태시, 일래스틱서치 및 키바나

일래스틱서치의 사용 사례를 살펴보기 전에 이러한 필수 무빙 파츠$^{moving parts}$를 높은 수준에서 간략하게 살펴보자. 이 책에서는 일래스틱서치 외에 이러한 제품 스택에 대해선 논의하지 않는다.

비츠

비츠^{Beats}는 단일 목적 데이터 전송 도구로, 다양한 외부 시스템에서 데이터를 수집하고 일래스틱서치로 전송한다. 다양한 유형의 비트^{beat}를 즉시 사용할 수 있다. 여기에는 파일비트^{Filebeat}, 메트릭비트^{Metricbeat}, 하트비트^{Heartbeat} 등이 포함되며 각각 특정 데이터 소비 작업을 수행한다. 이러한 것들은 단일 목적 컴포넌트다. 예를 들어 파일비트는 파일 기반 전송을 위해 설계됐으며 메트릭비트는 중요한 시스템과 운영체제 메모리 및 CPU 정보를 위해 설계됐다. 비츠의 에이전트는 서버에 설치돼 소스에서 데이터를 수집하고 해당 데이터를 목적지로 전송할 수 있도록 동작한다.

로그스태시

로그스태시는 오픈 소스 데이터 처리 엔진이다. 여러 소스에서 발생하는 데이터를 추출하고 처리한 후 다양한 대상 목적지로 보낸다. 데이터를 처리하는 동안 로그스태시는 데이터를 변환하고 강화enrich한다. 파일, HTTP, JMS, Kafka, Amazon S3, Twitter(현 X) 및 기타 수십 가지를 포함해 수많은 소스와 대상을 지원한다. 로그스태시는 파이프라인 아키텍처를 채택해 파이프라인을 통과하는 모든 이벤트는 사전 구성된 규칙에 따라 구문 분석되는데, 데이터 수집data ingestion을 위한 실시간 파이프라인을 생성한다.

키바나

키바나Kibana는 쿼리 실행과 같은 다양한 옵션을 제공하는 다목적 웹 콘솔이다. 대시보드, 그래프 및 차트 시각화 개발 드롭다운 및 집계를 생성한다. 그러나 키바나뿐만 아니라 API를 호출하기 위해 REST 클라이언트를 사용해 일래스틱서치와 통신할 수 있다. 예를 들어 cURL, Postman 또는 네이티브 언어 클라이언트를 사용해 API를 호출할 수 있다.

1.4.3 일래스틱서치 사용 사례

일래스틱서치를 특정 사용 사례나 특정 도메인에 정확히 적용하는 일은 어렵다. 이는 검색부터 분석, 머신러닝 작업에 이르기까지 다양한 영역에 편재돼 있다. 금융, 국방, 운송, 정부, 소매, 클라우드, 엔터테인먼트, 우주 등 다양한 산업 분야에서 널리 사용된다. 조직에서 일래스틱서치를 어떤 용도로 사용할 수 있는지 개략적으로 살펴보자.

검색엔진

일래스틱서치는 풀텍스트 검색 기능을 위한 최고의 기술이 됐다. 이 제품은 풀텍스트 검색에만 국한되지 않고 구조화된 데이터 및 위치 정보 기반 검색에도 사용할 수 있다. 크게 보면 고객은 앱 검색App Search, 엔터프라이즈 검색Enterprise Search, 사이트 검색Site Search이라는 세 가지 도메인에서 일래스틱서치를 사용한다.

일래스틱서치는 앱 검색에서 애플리케이션에 대한 검색 및 분석 기능을 제공하는 백본 backbone 역할을 한다. 일래스틱서치가 뒷받침하는 검색 서비스는 고객, 주문, 송장, 이메일 등 검색과 같은 애플리케이션의 검색 요구 사항을 충족하는 마이크로서비스로 설계될 수 있다.

대부분의 조직에서 데이터는 다양한 데이터 저장소, 애플리케이션 및 데이터베이스에 분산돼 있다. 예를 들어 조직은 컨플루언스 Confluence, 인트라넷 공간, 슬랙 Slack, 이메일, 데이터 베이스, 클라우드 드라이브(iCloud 드라이브, Google 드라이브 등) 등과 통합되는 경우가 많다. 다양한 소스와의 통합을 통해 방대한 양의 데이터를 대조하고 검색하는 것은 이러한 조직에게 있어서 어려운 과제인데, 이러한 곳이 일래스틱서치가 엔터프라이즈 검색 Enterprise Search 및 데이터 구성에 활용될 수 있는 곳이다.

데이터를 축적하는 온라인 비즈니스 웹사이트가 있는 경우, 검색 기능을 제공하는 것은 고객을 유치하고 고객 만족을 유지하기 위한 필수적인 요소다. 사이트 검색은 일래스틱이 제공하는 SaaS Software-as-a-Service 제품으로, 일단 활성화되면 지정된 사이트 페이지를 크롤링해 데이터를 가져오고 일래스틱서치가 지원하는 인덱스를 구축한다. 크롤링과 인덱싱이 완료되면 사이트는 검색 기능과 쉽게 통합될 수 있다. 사이트 검색 모듈은 검색창 및 이와 관련된 코드 조각을 만드는 데도 도움을 준다. 웹사이트 관리자는 생성된 코드 조각을 홈페이지에 복사해 즉시 검색바를 활성화시킬 수 있으므로 웹사이트를 통합 검색이 완전히 작동하는 상태로 만들 수 있다.

비즈니스 분석

조직은 다양한 소스에서 엄청난 양의 데이터를 수집하며, 이러한 데이터는 종종 생존과 성공의 열쇠가 된다. 일래스틱서치는 데이터에서 추세, 통계 및 메트릭을 추출해 조직에게 운영, 판매, 매출, 이익 및 기타 다양한 특성에 대한 정보를 제공함으로써 적시에 관리할 수 있도록 도와준다.

보안 분석, 위협 및 사기 탐지

데이터 보안과 보안 위반 가능성은 조직에게 악몽이다. 일래스틱서치의 보안 분석은 조직이 애플리케이션, 네트워크, 엔드포인트, 클라우드 등 모든 정보를 분석하는 데 도움을 준다.

이러한 분석은 위협과 취약점에 대한 통찰력을 제공하고, 조직이 악성 코드 및 랜섬웨어를 탐지해 해커의 공격에 대한 위험을 완화할 수 있게 해준다.

로깅 및 애플리케이션 모니터링

애플리케이션은 애플리케이션 로그와 메트릭의 형태로 많은 데이터를 만든다. 이러한 로그는 애플리케이션 상태에 대한 통찰력을 제공한다. 클라우드와 마이크로서비스 세계의 도래로 인해 로그는 서비스 전반에 분산돼 의미 있는 분석이 번거로운 일이 됐다. 여기서 일래스틱서치는 우리의 동반자다. 일래스틱서치의 인기 있는 사용 사례 중 하나는 로그를 인덱싱하고 애플리케이션 오류 및 디버깅 목적으로 분석하는 것이다.

일래스틱서치는 강력하고 유연한 검색 및 분석 엔진이지만 모든 사용 사례에 적합한 것은 아니다. 일래스틱서치가 적합하지 않은 사용 사례와 마주칠 수 있는 문제를 간략히 살펴보자.

1.4.4 부적절한 일래스틱서치 사용

일래스틱서치가 모든 사용 사례를 만족시킬 수 있는 것은 아니다. 강력하고 유연한 검색 및 분석 엔진이지만 안타깝게도 이 도구에는 요구 사항에 맞게 선택하기 전에 고려해야 할 제한 사항이 있다. 일래스틱서치가 부적절하거나 비효율적인 솔루션이 될 수 있는 몇 가지 시나리오는 다음과 같다.

- **관계형 데이터:** 일래스틱서치는 관계가 있고 복잡한 데이터베이스 조인을 수행해야 하는 데이터의 검색에 적합한 도구가 아니다. 일래스틱서치는 복잡한 관계형 데이터 구조를 처리하도록 설계된 것이 아니다. 데이터에 관계가 많은 경우 MySQL 또는 PostgreSQL과 같은 관계형 데이터베이스가 더 적합할 수 있다. 대부분의 최신 데이터베이스(MySQL, PostgreSQL 등)도 풀텍스트 검색 기능을 제공하지만 그 기능은 일래스틱서치와 같은 최신 검색엔진만큼 고급은 아니다.
- **트랜잭션 데이터:** 일래스틱서치는 "최종적으로 일관성을 유지하는eventually consistent" 검색엔진이므로 금융 거래와 같이 즉각적인 일관성immediate consistency이 필요한 애플리

케이션에는 적합하지 않다. 이러한 유형의 사용 사례에는 기존 관계형 데이터베이스나 MongoDB와 같은 NoSQL 데이터베이스를 사용하는 것이 좋다.

- **지리 공간 데이터:** 일래스틱서치는 지리 공간 데이터에 대한 지원을 내장하고 있지만, 대규모 지리 공간 분석을 위한 가장 효율적인 솔루션은 아닐 수 있다. 이러한 사용 사례의 경우 PostGIS와 같은 전용 지리 공간 데이터베이스 또는 ArcGIS와 같은 지리 공간 분석 플랫폼을 사용하는 것이 좋다.

- **쓰기 작업이 많은 워크로드:** 일래스틱서치는 읽기 작업이 많은 워크로드를 처리할 수 있지만, 쓰기 작업이 많은 워크로드에 최적화돼 있지 않다. 대량의 데이터를 실시간으로 인덱싱해야 하는 경우 아파치 플룸Apache Flume 또는 아파치 카프카Apache Kafka 같은 엔진을 사용하는 것이 좋다.

- **온라인 분석 처리OLAP 데이터:** 대규모 데이터 세트에 대해 복잡한 다차원 분석을 수행해야 하는 경우 Microsoft Analysis Services 또는 IBM Cognos와 같은 기존 OLAP 데이터베이스가 일래스틱서치보다 더 적합할 수 있다.

- **대규모 바이너리 데이터:** 일래스틱서치는 대량의 텍스트 데이터를 처리할 수 있지만, 비디오나 이미지 같은 대규모 바이너리 데이터를 인덱싱하고 검색하는 데는 최고의 솔루션이 아닐 수 있다. 이러한 사용 사례의 경우 HDFSHadoop Distributed File System, 아마존 S3 또는 Azure Files와 같은 전용 바이너리 데이터 저장소를 사용하는 것이 좋다.

- **실시간 분석:** 일래스틱서치는 대규모 데이터 세트에 대한 실시간 검색 및 분석을 수행하는 데 적합하지만 실시간 데이터 처리 및 분석을 위한 가장 효율적인 솔루션은 아닐 수 있다. 대신 아파치 스파크Apache Spark 또는 아파치 플링크Apache Flink와 같은 실시간 분석에 특화된 플랫폼을 고려해보자.

- **지연 시간에 민감한 애플리케이션:** 일래스틱서치는 대용량 검색 및 분석 쿼리를 처리하도록 설계됐지만 대용량 데이터를 처리할 때 여전히 지연 문제가 발생할 수 있다. 밀리초ms 미만의 응답 시간이 필요한 애플리케이션의 경우 아파치 솔라Apache Solr와 같은 풀텍스트 검색엔진이나 아파치 카산드라Apache Cassandra와 같은 칼럼 기반 데이터베이스가 더 적합할 수 있다.

- **기타 유형:** 일래스틱서치는 시계열 데이터, 그래프 데이터, 인메모리 및 기타 다양한 유형의 데이터에 선호되는 솔루션이 아니다. 시계열 데이터를 저장하고 분석해야 하는 경우 InfluxDB 또는 TimescaleDB 같은 특수 시계열 데이터베이스가 더 적합할 수 있다. 마찬가지로 Neo4j 같은 그래프 데이터베이스는 그래프 데이터를 처리하는 데 도움이 될 수 있다.

일래스틱서치를 선택하기 전에 특정 사용 사례와 요구 사항을 평가하는 것이 중요하다. 다음 절에서는 일래스틱서치에 대한 일반적인 오해에 대해 논의한다. 이를 도구, 기술 및 검색 솔루션으로서의 일래스틱서치에 관한 오해를 다룰 것이다.

1.4.5 오해

일래스틱서치에 관한 가장 큰 오해는 이를 전통적인 관계형 데이터베이스로 착각하는 것이다. 일래스틱서치 설정이 쉽다고 오해하는 것도 흔한 오해인데, 실제로는 적당한 크기의 클러스터를 설정하려면 많은 조정이 필요하다. 또한 일래스틱서치는 종종 텍스트 검색에 사용되는 기술로 간주되지만 실제로는 광범위한 검색 및 분석 사용 사례에 사용될 수 있다. 다음은 일래스틱서치에 대한 몇 가지 일반적인 오해를 요약했다.

- **일래스틱서치는 설정과 관리가 쉽다:** 일래스틱서치는 설정하고 시작하는 것이 상대적으로 간단하지만 데이터가 증가하고 사용처가 늘어남에 따라 관리하고 확장하는 것이 어려울 수 있다. 모든 것이 기본적으로 잘 작동하므로 엔지니어의 삶을 편하게 해 주지만, 일래스틱서치를 프로덕션 환경으로 가져오는 데는 노력이 든다. 데이터가 증가함에 따라 구성을 조정하고 메모리를 미세 조정하고, 노드 오류를 관리하거나 클러스터를 확장해 페타바이트 규모의 데이터를 처리해야 할 수도 있다.
- **일래스틱서치는 관계형 데이터베이스다:** 일래스틱서치는 관계형 데이터베이스가 아니며 트랜잭션, 외래 키, 복잡한 조인 작업과 같은 전통적인 관계형 데이터베이스 기능을 지원하지 않는다. 예를 들어 일래스틱서치에서는 참조 무결성을 적용하거나 복잡한 조인 작업을 수행할 수 없다. 이러한 기능이 필요한 경우 MySQL 또는 PostgreSQL과

같은 입증된 관계형 데이터베이스가 확실한 솔루션이다.

- **일래스틱서치는 모든 유형의 데이터를 처리할 수 있다:** 일래스틱서치는 다목적이며 광범위한 데이터 타입을 처리할 수 있지만, 모든 데이터 타입을 똑같이 쉽게 처리하도록 설계되진 않았다. 예를 들어 실시간 데이터 처리 및 분석이나 대규모 바이너리 데이터 처리에 가장 적합한 솔루션이 아닐 수도 있다. 비디오나 이미지와 같은 대규모 바이너리 데이터를 저장하고 처리해야 하는 경우 HDFS 또는 아마존 S3와 같은 전용 바이너리 데이터 저장소를 사용하는 것이 좋다.

- **일래스틱서치는 텍스트 검색에만 사용된다:** 일래스틱서치는 텍스트 검색에 적합하지만 구조화된 데이터와 비구조화된 데이터에 대한 복잡한 분석을 수행할 수도 있다. 예를 들어 일래스틱서치를 사용하면 키바나를 사용해 집계를 수행하고, 로그 데이터를 분석하며, 데이터를 시각화할 수 있다.

- **일래스틱서치는 다른 모든 기술을 대체할 수 있다:** 일래스틱서치는 강력하고 유연한 기술이지만 모든 사용 사례에 적용되는 일률적인 솔루션이나 최선의 선택은 아니다. 예를 들어 결코 전통적인 관계형 데이터베이스를 대체할 수는 없다.

- **일래스틱서치는 다른 기술보다 항상 빠른 성능을 제공한다:** 일래스틱서치는 고성능을 위해 설계됐으며 높은 부하에서도 잘 작동할 것으로 예상 가능하다. 그러나 일래스틱서치가 할 수 있는 작업은 제한돼 있으며 성능은 주로 플랫폼 엔지니어가 이를 얼마나 잘 조정하는지에 따라 달라진다.

- **일래스틱서치는 빅데이터만 다룬다:** 일래스틱서치는 대규모 데이터 세트에서 페타바이트 규모의 데이터를 처리할 수 있지만, 몇 기가바이트 정도의 작은 데이터 세트를 처리할 때도 동일한 성능을 발휘한다. 예를 들어 일래스틱서치를 사용하면 조직의 소규모 이메일 데이터베이스나 스타트업 회사의 데이터를 큰 노력 없이 검색하고 분석할 수 있다.

이는 일래스틱서치에 대한 오해의 몇 가지 예일 뿐이다. 앞서 언급한 것처럼 일래스틱서치나 다른 기술을 선택하기 전에 특정 요구 사항과 사용 사례를 신중하게 평가해야 한다.

1.5 대중적 채택

수많은 조직에서 검색부터 비즈니스 분석, 로그 분석, 보안 경고 모니터링, 애플리케이션 관리에 이르기까지 모든 작업에 일래스틱서치를 사용하고 문서 저장소로 사용하고 있다. 이러한 조직 중 일부와 이들이 운영에 일래스틱서치를 어떻게 활용하는지 살펴보자.

우버Uber는 일래스틱서치를 사용해 승객과 이벤트 예측을 강화한다. 수백만 개의 이벤트를 저장하고, 검색하고, 거의 실시간 속도로 데이터를 분석함으로써 이를 수행한다. 우버는 과거 데이터를 고려하는 등 위치, 시간, 요일, 기타 변수를 기반으로 수요를 예측해, 우버가 승차 서비스를 원활하게 제공하도록 도움을 준다.

넷플릭스Netflix는 고객 통찰력을 내부 팀에게 제공하기 위해 일래스틱 스택을 채택했다. 내부 서비스 디버깅, 경고 및 관리를 지원하기 위해서도 로그 이벤트 분석에 일래스틱서치를 사용한다. 이메일 캠페인과 고객 운영은 모두 일래스틱서치 엔진의 지원을 받는다. 다음에 넷플릭스로부터 새로 추가된 영화나 TV 시리즈를 언급하는 이메일을 받으면, 그 간단한 이메일 뒤에 있는 캠페인 분석이 모두 일래스틱서치에서 지원된다는 점을 기억하자.

페이팔PayPal은 고객이 거래를 저장하고 검색할 수 있도록 일래스틱서치를 검색엔진으로 채택했다. 회사는 판매자, 최종 고객 및 개발자가 사용할 수 있는 분석과 함께 거래 검색 기능을 구현했다.

마찬가지로 온라인 전자 상거래 회사인 이베이eBay는 최종 사용자의 풀텍스트 검색을 지원하기 위해 일래스틱서치를 채택했다. 사용자로서 이베이의 재고를 검색할 때 일래스틱서치를 직접 사용하고 있다. 또한 회사는 분석, 로그 모니터링, 문서 저장소에 트랜잭션 데이터 저장을 위해 일래스틱 스택을 사용한다.

개발자에게 인기 있는 코드 저장소인 깃허브는 사용자에게 강력한 검색 환경을 제공하기 위해 일래스틱서치를 사용해 20억 개가 넘는 문서로 구성된 800만 개(계속 증가하고 있음)의 코드 저장소를 인덱싱한다. 마찬가지로 스택 오버플로우Stack Overflow는 일래스틱서치를 사용해 개발자에게 빠르고 관련성 있는 답변을 제공하고, 미디엄Medium, 인기 블로그 플랫폼은 일래스틱 스택을 사용해 독자 쿼리를 거의 실시간 모드로 처리한다.

1장을 마무리하기 전에 최근 트렌드인 OpenAI의 ChatGPT와 Google의 바드Bard와 같은 생성형 인공지능^{AI} 도구에 대해 언급할 필요가 있다. 개인적인 의견으로는 이러한 도구들의 도입이 검색 영역을 극적으로 변화시킬 것이다. 일래스틱서치 같은 검색엔진에 미치는 영향에 대해 논의해보자.

1.6 생성형 AI와 최신 검색

ChatGPT라는 인터넷 혁명에 대해 모르는 사람은 없을 것이다. ChatGPT는 OpenAI 팀이 2022년 11월에 개발해 출시한 생성형 AI 도구다. 25년 동안 IT 경험에 있어서 ChatGPT처럼 인터넷을 떠들썩하게 했던 기술 도구를 본 적이 없다. 기술적으로 뛰어난 도구가 대중의 손에 넘어가 이를 활용해 여행 계획을 세우고, 법적인 문서를 쉽게 요약하며, 체중 감량 계획을 세우고, 보안 및 성능 문제를 분석하며, 데이터 모델을 디자인하고, 기술을 비교하고, X CEO에게 불만 편지를 작성하는 등 다양한 방식으로 도움을 줄 수 있는 것은 정말 드문 일이다.

ChatGPT(https://chat.openai.com)는 GPT^{Generative Pretrained Transformer} 아키텍처를 기반으로 구축된 대화형 에이전트(챗봇)이다. 사용자 프롬프트를 기반으로 인간과 유사한 텍스트를 생성할 수 있다. 이는 대규모 언어 모델^{LLM}의 인스턴스다. 의미 있는 대화에 참여하면서 안전하고 관련성 있는 콘텐츠를 생성한다는 구체적인 목표를 가진 대화를 위해 설계됐다. 모델은 방대한 양의 텍스트 데이터를 제공받아 문장의 다음 단어를 예측하는 방법을 학습한다. 다양한 범위의 인터넷 텍스트를 사용해 훈련되지만, 다양한 작업에 대한 특정 데이터 세트를 사용해 미세 조정할 수도 있다. 이 과정을 통해 모델은 문법, 구두점, 구문, 세상에 대한 사실, 어느 정도의 추론 능력 등 인간 언어 텍스트의 다양한 부분과 요소들을 학습한다.

> |**노트**| LLM은 인간과 유사한 텍스트를 이해하거나 생성하도록 훈련된 대규모 모델을 가리키는 광범위한 용어다. 이러한 모델은 방대한 수의 매개변수와 광범위한 자연어 처리 작업을 처리할 수 있는 능력이 특징이다. LLM은 다양한 아키텍처와 교육 방법을 기반으로 할 수 있다.

ChatGPT가 대중에게 출시되면서 하룻밤 사이에 AI를 사용한 검색 공간에서 갑작스러운 경쟁이 나타났다. ChatGPT는 많은 산업에 혼란을 가져왔고 Google 검색에도 위협이 된다. ChatGPT와 유사한 AI 지원 도구는 앞으로 몇 년 동안 많은 산업을 혼란에 빠뜨릴 것이다. 엄청난 압력을 받고 아마도 검색 리더 지위를 유지하기 위해 Google은 대화식 생성형 AI 버전을 출시하기로 결정했는데, 바드(https://bard.google.com)라는 에이전트가 2023년 5월 공개됐다.

그 사이 Microsoft는 2019년 이후 초기 투자 30억 달러 이상으로 ChatGPT에 100억 달러를 투자하기로 약속했다. Microsoft의 엣지^{Edge} 브라우저는 빙^{Bing} 검색엔진을 통해 ChatGPT와 통합되며, 이 엔진도 2023년 5월 공개됐다. Microsoft는 AI 기반 Microsoft 365 앱을 출시해 Microsoft Word, Excel, 이메일 및 기타 도구에서 AI 에이전트를 사용할 수 있다. 메타^{Meta}의 LLaMA는 생성 AI 경쟁에서 경쟁을 시작한 또 다른 도구다.

GPT-3 및 GPT-4 모델은 수십억 개의 책, 기사, 논문, 블로그 등의 디지털 복사본을 대상으로 훈련됐으며, GPT-4 모델에는 2021년 9월까지 데이터가 제공됐다(해당 날짜 이후에는 데이터를 검색할 수 없다). 실시간 정보를 가져오기 위한 GPT-4의 인터넷 접속은 없지만, 이 글을 쓰는 동안 OpenAI는 Plus 가입자를 위한 웹 브라우저 버전의 베타 버전을 막 출시했다. 따라서 개인적으로 OpenAI의 인터넷 기반 생성형 AI 비서가 곧 일반 대중에게 제공될 것으로 기대한다.

검색 엔지니어들은 생성형 AI 에이전트가 검색 과정을 어떻게 바꿀 것인지를 포함해 근본적인 질문을 받고 있다. ChatGPT에 AI 에이전트가 어떻게 최신 검색을 보완 또는 지원하거나 검색 방향을 변경할 수 있는지 물어봄으로써 이 질문에 대답해 보려 한다. 생성형 AI 같은 도구가 검색 영역을 재구성하는 분야는 다음과 같다.

- **직관적인 검색:** 검색어는 더욱 대화적이며 직관적으로 될 것이다. GPT-4 같은 생성형 AI 모델은 자연어에 대한 고급 이해 기능을 갖추고 있어 복잡한 질의를 보다 효과적으로 해석할 수 있다. 사용자는 더 이상 특정 키워드나 문구에 의존할 필요가 없다. 그들은 다른 사람과 대화할 때처럼 단순히 질문을 할 수 있다. 이를 통해 AI가 질의의 맥락과 의도를 더 잘 이해할 수 있으므로 더욱 정확하고 관련성이 높은 검색 결과를

얻을 수 있다. 뛰어난 성능의 생성형 AI 에이전트 및 모델이 도입 및 출시되면서 일래 스틱서치 같은 최신 검색엔진이 제공하는 풀텍스트 검색 기능을 크게 재편성할 수 있는 범위가 더 넓어졌다. 이 기술이 검색 플랫폼에 점점 더 통합됨에 따라, 사용자와 개발자 모두의 검색 경험을 크게 변화시킬 몇 가지 중요한 변화를 기대할 수 있다.

- **개인화된 검색:** 생성형 AI를 통합하면 검색 결과가 더욱 개인화되고 적응력이 높아질 수 있다. 검색엔진은 사용자의 선호도, 행동, 검색 기록에서 많은 귀중한 데이터 포인트를 학습할 수 있으며, 이는 결과적으로 엔진이 개별 사용자의 요구 사항에 따라 맞춤형 결과를 제공하는 데 도움을 준다. AI가 더 많은 데이터를 수집함에 따라 사용자가 무엇을 찾고 있는지에 대한 이해를 지속적으로 개선해 점점 더 맞춤화된 검색 경험을 제공하게 된다.

- **예측 검색:** 생성형 AI는 검색엔진이 사용자 요구를 보다 적극적으로 예측하도록 할 수 있는 잠재력을 지니고 있다. AI 기반 검색엔진은 단순히 쿼리에 응답하는 대신 이전의 상호작용이나 현재의 컨텍스트를 기반으로 사용자가 관심을 갖는 정보가 무엇인지 예측할 수 있다. 이를 통해 검색 플랫폼은 관련 제안을 적극적으로 제공해 검색 경험의 가치를 높이고 사용자가 추가적인 쿼리를 실행할 필요성을 줄일 수 있다.

- **고급 검색:** 생성형 AI를 사용하면 검색엔진이 더욱 다양하고 풍부한 검색 결과를 제공할 수 있다. AI 기반 검색엔진은 쿼리의 컨텍스트와 의미를 이해함으로써 콘텐츠 요약과 관련 시각화를 생성하고 심지어 사용자의 질문에 답하는 데 도움이 되는 새로운 정보를 합성할 수도 있다. 이는 단순히 기존 콘텐츠에 대한 링크를 넘어 더욱 포괄적이고 유익한 검색 경험으로 이어질 것이다.

생성형 AI의 도입이 풀텍스트 검색 기능에 혁명을 일으켜 검색엔진을 더욱 대화적이고 개인화되고 적응력 있고 능동적으로 만들 것이라고 개인적으로 생각한다. 이는 사용자 경험을 향상시킬 뿐만 아니라 기업과 개발자가 혁신적인 검색 애플리케이션과 서비스를 만들 수 있는 새로운 기회를 제공한다. AI의 등장으로 검색 영역에서 다가오는 변화를 채택하기 위해 많은 팀들이 열심히 노력하고 있으므로 검색 영역에서 혁명적인 변화를 기대할 수 있을 것이다!

1장에서는 검색 기능을 소개하고 검색이 어떻게 수많은 애플리케이션의 필수적인 부분이 됐는지 살펴봄으로써 일래스틱서치를 사용하기 위한 토대를 마련했다. 2장에서는 일래스틱서치와 키바나를 설치하고 구성하며 실행한 다음, 몇 가지 도큐먼트를 인덱싱하고 검색 쿼리 및 분석을 실행하면서 일래스틱서치를 체험할 것이다. 기대해보자!

요약

- 검색은 새로운 표준이자 조직에서 가장 많이 찾는 기능으로 경쟁 우위를 제공한다.
- 관계형 데이터베이스를 백엔드로 사용해 구축된 검색엔진은 검색 목적을 제공하는 데 사용되지만, 최신 검색엔진에서 볼 수 있는 풀텍스트 검색 기능을 수행할 수는 없다.
- 최신 검색엔진은 다면적인 풀텍스트 검색 기능과 기본 검색부터 고급 검색과 분석 기능까지 다양한 이점을 제공하며 매우 빠른 성능을 가지고 있어야 한다. 필요하다면 테라바이트에서 페타바이트까지의 데이터를 처리하고 확장할 수도 있다.
- 일래스틱서치는 아파치 루씬을 기반으로 구축된 오픈 소스 검색 및 분석 엔진이며 자바로 개발된 고가용성 서버 측 애플리케이션이다.
- 일래스틱서치는 프로그래밍 언어에 구애받지 않는 제품으로 설계됐기 때문에 서버와의 통신은 풍부한 RESTful API를 사용해 HTTP를 통해 이뤄진다. 이러한 API는 JSON 형식으로 데이터를 수신하고 전송한다.
- 일래스틱 스택은 비츠, 로그스태시, 일래스틱서치, 키바나로 구성된 제품군이다. 비츠는 단일 목적의 데이터 전달자이고, 로그스태시는 데이터 처리 ETL(추출, 변환, 적재) 엔진이며, 키바나는 관리 UI 도구이고, 일래스틱서치는 스택의 심장이자 영혼이다.
- 일래스틱 스택은 조직이 검색, 관측 가능성observability, 보안이라는 세 가지 핵심 영역에서 경쟁력을 갖추도록 돕는다.
- 일래스틱서치는 수년간 구조화structured/비구조화unstructured 검색 및 분석 기능, 풍부한 RESTful API 세트, 스키마 없는 특성 그리고 성능, 고가용성 및 확장성 특성으로 인해 인기를 얻었다.
- AI 기반 검색이 등장했다. 생성형 AI와 ChatGPT 출현으로 검색 영역이 더 많이 탐색되고 검색이 더욱 직관적이고 예측 가능해진다.

2

시작해 보기

2장에서 다루는 내용

- 일래스틱서치를 사용해 샘플 도큐먼트 인덱싱
- 도큐먼트 검색, 삭제, 업데이트
- 기본적인 쿼리부터 고급 쿼리까지 검색
- 데이터로 집계 실행

2장에서는 일래스틱서치를 체험해 볼 것이다. 일래스틱서치는 일래스틱 회사 웹사이트에서 다운로드할 수 있는 자바 바이너리 파일이다. 서버를 설치하고 실행하면 비즈니스 데이터를 로드할 수 있으며, 이 데이터는 일래스틱서치에서 분석되고 유지된다. 데이터로 일래스틱서치를 준비한 뒤에는 해당 데이터에 대해 검색 쿼리와 집계를 실행할 수 있다.

REST 호출(cURL, Postman, 프로그래밍 SDK 등)을 호출할 수 있는 모든 클라이언트가 일래스틱서치와 통신할 수 있지만 이 책 전체에서는 키바나를 기본 클라이언트로 사용한다. 키바나는 일래스틱의 풍부한 UI 웹 애플리케이션이다. 클러스터와 데이터를 검색, 분석, 관리, 유지하는 데 도움되는 모든 부가적인 기능이 포함된 시각적 편집기다. 키바나를 통해 고급 분석 및 통계 기능, 풍부한 시각화 및 대시보드, 머신러닝 모델 등과 같은 풍부한 기능을 얻을 수 있다. 일래스틱서치는 RESTful API를 통해 모든 기능을 공개하므로 키바나 편집기에서 이러한 API를 사용해 쿼리를 구성하고 HTTP를 통해 서버와 통신할 수 있다.

2장의 샘플을 실행하려면 일래스틱서치 및 키바나가 포함된 실행 환경이 필요하다. 이러한 환경을 아직 설정하지 않았다면, 부록 A의 지침에 따라 소프트웨어를 다운로드 및 설치하고 일래스틱서치 서버와 키바나 UI를 불러온다.

> |**노트**| 일래스틱서치 및 키바나 설치는 바이너리를 다운로드하고 압축을 풀고 이를 전통적인 방식으로 로컬 컴퓨터에 설치하는 것부터 패키지 관리자, 도커(Docker) 또는 클라우드를 사용하는 것까지 다양한 형태가 있다. 개발을 시작하려면 적절한 설치 버전을 선택하자.

키바나 편집기에 전체 코드 복사

코딩 연습을 쉽게 하기 위해 저장소 루트의 kibana_scripts 폴더 아래에 ch02_getting_started.txt 파일을 작성했다. 이 파일 내용을 있는 그대로 키바나의 설치 경로에 복사한다. 각 장의 내용을 따라가면서 개별 코드 조각을 실행해 예제를 통해 연습할 수 있다.

마지막으로 메트릭^{metric}과 버킷^{bucket}이라는 두 가지 유형의 집계를 실행해 데이터를 축소하고 분석한다. 이러한 집계 유형으로 쿼리를 사용해 평균, 합계, 최솟값, 최댓값 등과 같은 측정 항목을 가져온다. 일래스틱서치와 키바나 서버를 실행했다면 이제 일래스틱서치 사용을 시작해보자.

2.1 데이터와 함께 일래스틱서치 준비

검색엔진은 아무런 기반 없이 작동할 수 없다! 쿼리를 실행해 결과를 출력하려면 입력 데이터가 필요하다. 엔진을 준비하는 첫 번째 단계는 일래스틱서치에 데이터를 덤프하는 것이다. 하지만 일래스틱서치에 데이터를 저장하기 전에, 2장에서 다룰 샘플 애플리케이션에 대해 먼저 알아보자.

예제에서는 문제 도메인과 데이터 모델에 대한 기본적인 이해가 필요하다. 온라인 서점을 만든다고 가정해보자. 분명한 것은 전체 애플리케이션을 설계하는 것이 아니고 논의할 데이터 모델 부분에만 관심이 있다. 일래스틱서치를 사용한다는 목표를 위한 전제 조건으로 다음 절에서 이 가상의 서점에 대한 세부 사항을 살펴본다.

2.1.1 온라인 서점

일래스틱서치의 기능을 시연하기 위해 온라인으로 기술 서적을 판매하는 가상의 서점을 사용해 본다. 우리가 원하는 것은 책 목록을 만들고 몇 가지 쿼리를 작성해 검색하는 것뿐이다.

> |**노트**| 2장에 제시된 코드는 책의 깃허브(http://mng.bz/2Dyw)와 책의 웹사이트(www.manning.com/books/elasticsearch-in-action-second-edition)에 있다. 데이터를 인덱싱하려면 저장소에 있는 지침을 따른다.

서점 애플리케이션의 데이터 모델은 간단하다. 표 2.1에 설명한 것처럼 title, author 등과 같은 몇 가지 속성을 엔티티로 가진 book이 있다. 정교한 엔티티를 만들어 상황을 복잡하게 할 필요는 없다. 대신, 일래스틱서치에 대한 실무 경험을 쌓는 것에 중점을 둘 것이다.

▼ **표 2.1** 책 엔티티의 데이터 모델

필드	설명	예
title	책 제목	"Effective Java"
author	책 저자	"Joshua Bloch"
release_date	출간일	01-06-2001
amazon_rating	아마존 평균 평점	4.7
best_seller	해당 책을 베스트셀러로 인정하는 플래그	true

prices	세 가지 통화로 책 단가를 포함한 내부 객체	"prices":{
		    "usd":9.95,
		    "gbp":7.95,
		    "eur":8.95
		}

일래스틱서치는 도큐먼트 데이터 저장소이므로 도큐먼트가 JSON 형식일 것으로 기대한다. 일래스틱서치에 책을 저장해야 하기 때문에 엔티티를 JSON 기반 도큐먼트로 모델링해야 한다. 그림 2.1과 같이 JSON 도큐먼트로 책을 표현할 수 있다.

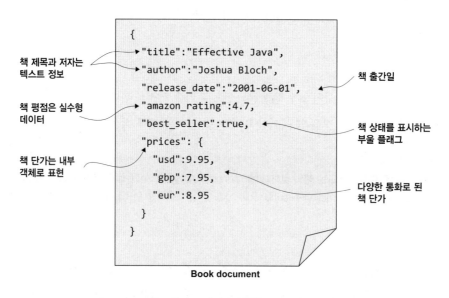

```
{
    "title":"Effective Java",
    "author":"Joshua Bloch",
    "release_date":"2001-06-01",
    "amazon_rating":4.7,
    "best_seller":true,
    "prices": {
        "usd":9.95,
        "gbp":7.95,
        "eur":8.95
    }
}
```

책 제목과 저자는 텍스트 정보

책 평점은 실수형 데이터

책 단가는 내부 객체로 표현

책 출간일

책 상태를 표시하는 부울 플래그

다양한 통화로 된 책 단가

Book document

▲ **그림 2.1** book 엔티티에 대한 JSON 표현

JSON 형식은 간단한 이름-값 쌍으로 데이터를 표현한다. 예를 들어 책 제목(이름)은 "Effective Java"이고 저자(값)는 "Joshua Bloch"이다. 도큐먼트에 추가적인 필드(중첩 객체 포함)를 추가할 수 있다. 예를 들어 prices를 중첩 객체로 추가했다.

이제 서점과 해당 데이터 모델에 대한 아이디어를 얻었으니 일래스틱서치에 책 데이터를 채워 넣어 인벤토리를 생성할 차례다. 이 작업은 다음 절에서 실행한다.

2.1.2 도큐먼트 인덱싱

서버에서 작업하려면 클라이언트의 데이터를 일래스틱서치에 인덱싱해야 한다. 현실 세계에서 일래스틱서치로 데이터를 가져올 수 있는 몇 가지 방법이 있다. 관계형 데이터베이스에서 데이터를 옮기는 어댑터 생성, 파일시스템에서 데이터 추출, 실시간 소스에서 이벤트 스

트리밍 등이 있다. 어떤 데이터 소스를 선택하든, 결국 클라이언트 애플리케이션은 일래스틱서치의 RESTful API를 호출해 데이터를 일래스틱서치에 로드하게 된다.

모든 REST 기반 클라이언트(cURL, Postman, 고급 REST 클라이언트, 자바스크립트/NodeJS용 HTTP 모듈, 프로그래밍 언어 SDK 등)는 이 API를 통해 일래스틱서치와 통신하는 데 도움을 줄 수 있다. 다행히도 일래스틱에는 그 이상의 기능을 수행하는 제품인 키바나가 있다. 키바나는 사용자가 데이터를 인덱싱하고, 쿼리하고, 시각화하고, 작업할 수 있도록 해 주는 풍부한 사용자 인터페이스를 갖춘 웹 애플리케이션이다. 이는 우리가 선호하는 선택지인데, 이 책에서는 키바나를 광범위하게 사용한다.

RESTful 접근

일래스틱서치와의 통신은 JSON 기반 RESTful API를 통해 이뤄진다. 현재 디지털 세계에서 RESTful 서비스 접근을 지원하지 않는 프로그래밍 언어를 만나게 될 가능성은 거의 없다. 프로그래밍 언어에 구애받지 않고 채택이 가능하기 때문에 실제로 JSON 기반 RESTful 엔드포인트로 노출된 API로 일래스틱서치를 설계했던 것은 현명한 선택이었다.

도큐먼트 API

일래스틱서치의 도큐먼트 API는 도큐먼트 생성, 삭제, 업데이트, 검색에 도움을 준다. 이 API는 RESTful 작업을 사용해 HTTP 전송을 통해 접근할 수 있다. 즉, 도큐먼트를 인덱싱하려면 엔드포인트에서 HTTP PUT 또는 POST(나중에 POST에 대해 자세히 설명)를 사용해야 한다. 그림 2.2는 HTTP PUT 메서드에 대한 전체 URL 형식 구문을 보여준다.

URL은 다음과 같은 여러 요소로 구성된다.

- PUT, GET, POST 같은 HTTP 액션
- 서버의 호스트 이름과 포트
- 인덱스 이름
- 도큐먼트 API 엔드포인트(_doc)
- 도큐먼트 ID
- 요청 본문

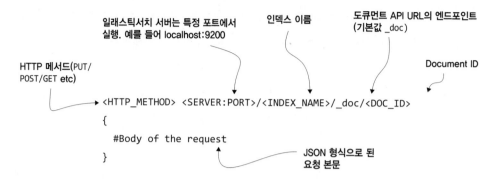

HTTP 메서드(PUT/
POST/GET etc)

일래스틱서치 서버는 특정 포트에서
실행. 예를 들어 localhost:9200

인덱스 이름

도큐먼트 API URL의 엔드포인트
(기본값 _doc)

Document ID

```
<HTTP_METHOD> <SERVER:PORT>/<INDEX_NAME>/_doc/<DOC_ID>
{
    #Body of the request
}
```

JSON 형식으로 된
요청 본문

▲ **그림 2.2** HTTP 메서드를 사용한 일래스틱서치 URL 호출 엔드포인트

일래스틱서치 API는 JSON 도큐먼트를 요청 본문으로 허용하므로 이 요청과 함께 인덱스를 생성하려는 책이 제공돼야 한다. 예를 들어 다음 코드 블록은 ID가 1인 book 도큐먼트를 books 인덱스에 인덱싱한다.

목록 2.1 book 도큐먼트를 books 인덱스에 인덱싱

```
PUT books/_doc/1
{
  "title":"Effective Java",
  "author":"Joshua Bloch",
  "release_date":"2001-06-01",
  "amazon_rating":4.7,
  "best_seller":true,
  "prices": {
    "usd":9.95,
    "gbp":7.95,
    "eur":8.95
  }
}
```

인덱스는 books이고,
도큐먼트 ID는 1이다.

요청 본문은 JSON 데이터로
구성된다.

이런 요청request을 본 적이 없었다면 다소 부담스러울 수는 있겠지만 분석해 본다면 그리 어려운 것은 아니다. 첫 번째 줄은 일래스틱서치에게 요청으로 수행할 작업을 알려주는 명령이다. book 도큐먼트(요청에 본문으로 첨부)를 books라고 부르는 인덱스(인덱스를 데이터베이스의 테이블로 상상하자. 인덱스는 모든 책 도큐먼트를 보관하는 컬렉션이다)에 넣는다고 말한다. 마지막으

70

로 책의 기본 키에 해당하는 ID는 1로 표시한다.

동일한 요청에 대해 cURL(인터넷에 노출된 다양한 서비스와 통신하는 데 일반적으로 사용되는 명
령줄 데이터 전송 도구라고 이해하자)을 사용해 book 도큐먼트를 일래스틱서치에 유지할 수도
있다. 이에 대해서는 다음에 알아본다.

cURL 사용

cURL을 사용해 일래스틱서치와 작업하고 book 도큐먼트를 books 인덱스에 인덱싱할 수
있다. 이 책에서는 cURL보다는 키바나 사용을 선호하므로 모든 코드는 키바나 코드 편집기
로 실행 가능한 스크립트 형태다. 전체 cURL 명령은 그림 2.3에 나와 있다(키바나는 전체 URL
을 숨긴다는 차이점이 있다).

▲ **그림 2.3** cURL을 사용한 일래스틱서치 URL 호출 엔드포인트

이처럼 cURL은 콘텐츠 유형, 도큐먼트 등과 같은 요청 매개변수가 제공될 것으로 기대한다.
cURL 명령은 터미널 명령(명령줄 호출)이므로 요청을 준비하는 것은 번거롭고 때로는 오류가
발생하기 쉽다.

다행히도 키바나에서는 서버의 세부 정보, 콘텐츠 유형, 기타 매개변수를 제거할 수 있으므로 호출은 그림 2.4에 표시된 것과 비슷하다. 앞서 언급했듯이 이 책에서는 키바나를 사용해 일래스틱서치와 상호작용한다.

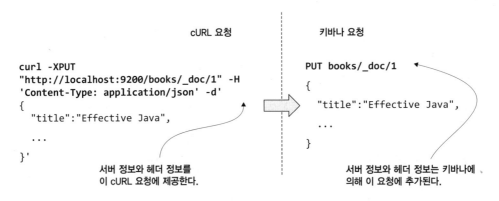

▲ 그림 2.4 cURL 명령에서 키바나 요청 명령으로 전환

이제 첫 도큐먼트를 인덱싱할 차례다. 작업과 관련된 다음 절로 이동한다.

2.1.3 첫 도큐먼트 인덱싱

키바나를 사용해 도큐먼트의 인덱싱을 위해 키바나 개발자 도구$^{Dev Tools}$ 애플리케이션으로 이동해 쿼리를 실행한다. 개발자 도구 페이지에서 많은 시간을 보내며 이 책이 끝날 무렵에는 이 페이지에 꽤 익숙해질 것이다!

일래스틱서치와 키바나가 로컬 시스템에서 실행되고 있다고 가정하고 http://localhost:5601의 키바나 대시보드로 이동한다. 왼쪽 상단에는 링크와 하위 링크가 있는 기본 메뉴가 있다. 이제 그림 2.5처럼 Management > Dev Tools로 이동한다.

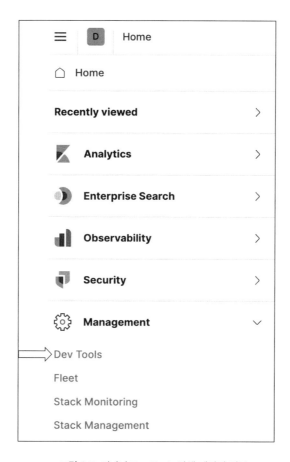

▲ **그림 2.5** 키바나 Dev Tools 탐색 페이지 접근

이 페이지에 처음 접속하는 경우라 가정하고 구성 요소에 대해 설명한다. 이 페이지로 이동하면(그림 2.6 참조) 코드 편집기가 열리고 2개의 창이 표시된다. 왼쪽 창에는 일래스틱서치가 제공하는 특수한 구문을 사용해 코드를 작성한다. 코드 조각을 작성한 후에는 페이지 중앙에 있는 재생 버튼(오른쪽을 가리키는 삼각형)을 클릭해 코드 조각과 함께 URL을 호출할 수 있다.

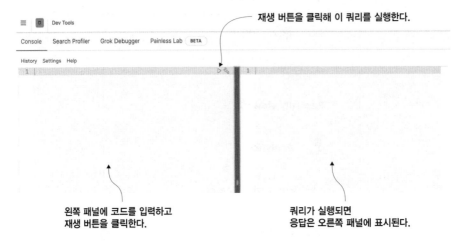

재생 버튼을 클릭해 이 쿼리를 실행한다.

왼쪽 패널에 코드를 입력하고
재생 버튼을 클릭한다.

쿼리가 실행되면
응답은 오른쪽 패널에 표시된다.

▲ **그림 2.6** 키바나의 Dev Tools 코드 편집기

키바나는 작업 준비가 완료되기 전에 일래스틱서치 인스턴스(인스턴스 세부 정보는 키바나 구성
파일에 정의)에 연결돼야 한다. 키바나는 서버 세부 정보를 사용해 코드 조각을 적절한 일래스
틱서치 URL로 래핑하고 실행을 위해 서버로 보낸다.

일래스틱서치용으로 도큐먼트를 인덱싱하기 위해 코드 조각을 생성해본다(코드는 목록 2.1
에 제공). 그림 2.7은 인덱싱 요청과 응답을 보여준다.

요청

```
PUT books/_doc/1
{
  "title":"Effective Java",
  "author":"Joshua Bloch",
  "release_date":"2001-06-01",
  "amazon_rating":4.7,
  "best_seller":true,
  "prices": {
    "usd":9.95,
    "gbp":7.95,
    "eur":8.95
  }
}
```

book 도큐먼트의 인덱싱 요청은
일래스틱서치로 전달된다.

응답

```
{
  "_index" : "books",
  "_type" : "_doc",
  "_id" : "1",
  "_version" : 1,
  "result" : "created",
  "_shards" : {
    "total" : 2,
    "successful" : 1,
    "failed" : 0
  },
  "_seq_no" : 0,
  "_primary_term" : 1
}
```

books 인덱스에 ID가 1인
도큐먼트가 생성됐다는 응답

▲ **그림 2.7** 키바나에서 도큐먼트 인덱싱(왼쪽) 및 일래스틱서치의 응답(오른쪽)

코드가 준비됐다면 재생 버튼을 클릭한다(그림 2.6). 키바나는 이 요청을 일래스틱서치 서버로 보낸다. 요청을 받은 후 일래스틱서치는 요청을 처리하고(그림 2.7) 메시지를 저장한 다음 클라이언트(키바나)에게 다시 응답을 보낸다. 편집기의 오른쪽 패널에서 이 응답을 볼 수 있다.

응답은 JSON 도큐먼트다. 그림 2.7에서 result 속성은 도큐먼트가 성공적으로 생성됐음을 나타낸다. 또한 요청이 성공했음을 나타내는 HTTP 상태 코드 "200 OK"가 표시돼야 한다. 응답에는 설명이 필요한 몇 가지 추가 메타데이터(인덱스 이름, ID, 도큐먼트 버전)가 있다. 3장에서 요청과 응답 구성 요소에 대해 자세히 알아보겠지만, 여기서는 요청과 응답 흐름을 개략적으로 설명하고 넘어간다. 그림 2.8에 전체 과정이 있다.

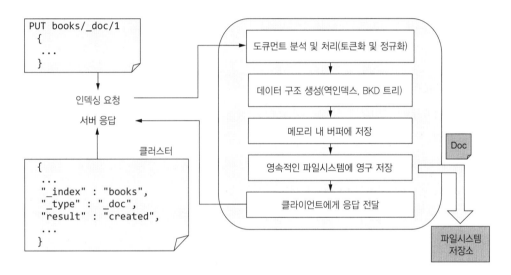

▲ **그림 2.8** 개략적인 일래스틱서치 요청과 응답의 흐름

이 흐름의 단계는 다음과 같다.

1. 키바나는 필수 입력 매개변수를 사용해 이 요청을 일래스틱서치 서버에 전송한다.
2. 요청을 받으면 서버는,
   ▫ 도큐먼트 데이터를 분석해 좀 더 빠른 접근을 위해 역인덱스(Inverted index, 검색 엔진의 심장이자 영혼인 고성능 데이터 구조)에 저장한다.
   ▫ 새 인덱스를 생성하고(인덱스를 미리 생성하지 않았다는 점에 유의) 도큐먼트를 저장한다.

- 필요한 매핑 및 데이터 스키마를 생성한다.
- 클라이언트에게 응답을 다시 보낸다.

3. 키바나는 응답을 수신하고 사용자를 위해 오른쪽 패널(그림 2.6)에 이 응답을 표시한다.

일래스틱서치를 위한 첫 도큐먼트를 인덱싱했다! 도큐먼트 인덱싱은 관계형 데이터베이스에 레코드를 삽입하는 것과 유사하다.

요청의 구성 요소

우리가 보낸 요청(PUT books/_doc/1)에는 약간의 정리가 필요하다. 이 요청은 5개 부분으로 구성돼 있으며 여기에서 빠르게 살펴본다(원한다면 지금은 이 절을 건너뛰고 나머지 장을 읽은 후 다시 돌아와도 좋다).

- **PUT 메서드:** PUT은 리소스(book 도큐먼트)를 생성하기 위해 서버에 요청을 보내고 있음을 나타내는 HTTP 동사(메서드라고도 부름)다. 일래스틱서치는 RESTful API 호출에 HTTP 프로토콜을 사용하므로 요청 URL 구문에는 PUT, POST, GET, DELETE 및 기타 표준 HTTP 메서드가 필요하다.
- **books 인덱스:** URL의 books 부분을 인덱스라고 부른다. 즉, 모든 book 도큐먼트를 수집하기 위한 버킷이다. 관계형 데이터베이스의 테이블과 유사하다. 이 books 인덱스에는 book 도큐먼트만 저장된다(books 인덱스는 book 도큐먼트만 갖고 있을 것으로 예상되지만, 이론적으로는 다른 타입도 인덱싱되는 것을 막을 수는 없다. 타입을 혼동하지 않는 것은 사용자의 책임이다).
- **_doc 엔드포인트:** 이 엔드포인트는 수행 중인 작업과 연결된 경로의 상수 부분이다. 이전 버전의 일래스틱서치(버전 < 7.0)에서는 _doc의 위치가 도큐먼트 매핑 유형으로 채워졌다. 매핑 유형은 더 이상 사용되지 않으며 _doc는 이를 URL의 일반 상수 엔드포인트 경로로 대체했다(자세한 내용은 다음에 볼 '도큐먼트 타입과 _doc 엔드포인트' 참조).
- **도큐먼트 ID:** 이 URL에서 숫자 1은 도큐먼트 ID를 나타낸다. 이는 데이터베이스 레코드의 기본 키와 같다. 사용자는 이 식별자를 사용해 도큐먼트를 검색한다.
- **요청 본문:** 요청 본문은 책 데이터를 JSON으로 표현한 것이다. 일래스틱서치에서는

모든 데이터가 JSON 형식의 도큐먼트로 전송될 것으로 예상한다. 또한 JSON의 중첩 객체 형식으로 전송된 중첩 객체도 지원한다.

도큐먼트 타입과 _doc 엔드포인트

일래스틱서치 7.x 버전 이전에는 인덱스가 여러 타입(type)의 엔티티를 보유할 수 있었다(예를 들어 books 인덱스는 책뿐만 아니라 서평, 책 판매, 서점 등도 보유할 수 있었다). 단일 인덱스에 모든 타입의 도큐먼트가 있어 복잡해졌고 필드 매핑이 여러 타입에 걸쳐 공유돼 오류와 데이터 희소성(sparsity)이 발생했다. 타입 및 관리 문제를 방지하기 위해 일래스틱은 이 타입을 제거하기로 결정했다.

이전 버전에서는 타입이 포함된 호출 URL은 〈index_name〉/〈type〉/〈id〉(예를 들어 books/book/1)와 같았다. 이 타입은 버전 7.x부터 더 이상 사용되지 않는다. 이제 인덱스는 단 하나의 타입에만 사용될 것으로 기대하며, _doc는 이 URL에 포함된 엔드포인트다. 5장에서 타입 제거에 대해 알아본다.

요점은 HTTP PUT 메서드를 사용해 ID가 1인 도큐먼트를 일래스틱서치의 books 인덱스로 인덱싱했다는 것이다. 첫 도큐먼트를 인덱싱할 때 스키마를 생성하지 않았다는 사실을 알고 있는가? API를 호출해 도큐먼트를 인덱싱했지만 일래스틱서치가 데이터를 인덱싱하기 전에 데이터 스키마를 정의하도록 요청하지 않았다.

관계형 데이터베이스와 달리 일래스틱서치는 사전에 스키마를 생성하도록 요구하지 않으며(이를 스키마리스schema-less라 부른다) 인덱싱하는 첫 도큐먼트에서 스키마를 파생시킨다. 또한 인덱스(정확히 말하면 books 인덱스)도 생성한다.

결론적으로 일래스틱서치는 개발 중에 방해 요소를 좋아하지 않으며, 모범 사례는 프로덕션 환경에서는 사전에 자체 스키마를 생성하는 것이다. 이 책을 진행하면서 이에 대해 더 자세히 설명할 것이다.

이 절에서는 도큐먼트를 성공적으로 인덱싱했다. 동일한 절차를 따르면서 몇 가지 도큐먼트를 더 인덱싱해보겠다.

2.1.4 더 많은 도큐먼트 인덱싱

앞으로 나올 예제가 작동하려면 인덱싱해야 할 도큐먼트가 몇 개 더 필요하다. 키바나의 코드 편집기로 가서 2개의 추가 도큐먼트에 대해 다음 코드를 작성하자.

```
PUT books/_doc/2                              ◀──────┐ 두 번째 책
{                                                    │ 도큐먼트
  "title":"Core Java Volume I - Fundamentals",
  "author":"Cay S. Horstmann",
  "release_date":"2018-08-27",
  "amazon_rating":4.8,
  "best_seller":true,
  "prices": {
    "usd":19.95,
    "gbp":17.95,
    "eur":18.95
  }
}
                          ┌ 세 번째 책
PUT books/_doc/3    ◀─────┤ 도큐먼트
{
  "title":"Java: A Beginner's Guide",
  "author":"Herbert Schildt",
  "release_date":"2018-11-20",
  "amazon_rating":4.2,
  "best_seller":true,
  "prices": {
    "usd":19.99,
    "gbp":19.99,
    "eur":19.99
  }
}
```

이 쿼리 목록을 실행해 books 인덱스에 인덱싱하자. 이제 인덱싱된 도큐먼트가 몇 개 있으니
해당 도큐먼트를 검색하거나 검색할 수 있는 방법을 알아본다.

2.2 데이터 검색

매우 제한적인 도큐먼트 집합에도 불구하고 서버를 준비했다. 이제 이러한 도큐먼트를 어떻
게 조회, 검색, 집계할 수 있는지 확인해볼 차례다. 다음 절부터는 쿼리를 실행하고 데이터

를 검색하는 실습을 진행한다.

재고가 있는 총 책 수량(이 경우 books 인덱스)을 알아내는 기본 요구 사항부터 시작해본다. 일래스틱서치는 이 요구 사항을 충족하기 위해 _count API를 제공하는데, 다음 절에서 보는 것처럼 매우 간단하다.

2.2.1 도큐먼트 집계

인덱스의 총 도큐먼트 수를 조회하는 요구 사항은 _count API가 충족시킨다. books 인덱스에서 _count 엔드포인트를 호출하면 해당 인덱스에 유지되는 도큐먼트 개수가 집계된다.

목록 2.3 _count API를 사용해 도큐먼트 개수 계산

```
GET books/_count          ◀──┐  책 수량 세기
```

그러면 그림 2.9에 표시된 응답이 반환돼야 한다.

```
                                          이 count 변수는 전체 도큐먼트 개수를
                                          가리킨다.
                            {
                              "count" : 3,  ◀
                              "_shards" : {
                                "total" : 1,
    GET books/_count   ══▷      "successful" : 1,
                                "skipped" : 0,
                                "failed" : 0
                              }
                            }
```

▲ **그림 2.9** _count API 호출에 대한 JSON 응답

강조 표시된 count 변수는 books 인덱스에 있는 총 도큐먼트 개수를 나타낸다. 또한 GET books1,books2/_count와 같이 쉼표로 구분된 인덱스를 추가해 동일한 API를 사용해 여러 인덱스에서 동시에 가져올 수도 있다(지금 이 쿼리를 실행하면 시스템은 books2 인덱스가 존재하지 않음을 나타내는 index_not_found_exception을 발생시킨다).

GET _count 호출을 실행해 모든 인덱스의 도큐먼트 개수를 가져올 수도 있다. 그러면 시스템 및 숨겨진 인덱스를 포함해 사용 가능한 모든 도큐먼트가 반환된다. 다음 절에서는 API

를 사용해 도큐먼트를 검색한다.

2.2.2 도큐먼트 검색

은행 계좌에 돈을 입금하는 것처럼 앞서 일래스틱서치에 도큐먼트를 인덱싱했다. 이제 은행 계좌에서 돈을 인출하는 것처럼 이러한 도큐먼트에 접근해야 한다.

인덱싱된 모든 도큐먼트에는 고유한 식별자가 있는데, 일부 식별자는 사용자가 제공하고 다른 식별자는 일래스틱서치가 생성한다. 도큐먼트 검색 작업은 도큐먼트 ID에 대한 접근에 따라 달라진다. 이 절에서 다루는 작업은 다음과 같다.

- ID가 주어지면 단일 도큐먼트 가져오기
- 일련의 ID가 주어지면 여러 도큐먼트 가져오기
- 모든 도큐먼트를 한 번에 가져오기(ID와 검색 조건을 명시하지 않을 경우)

ID가 지정된 도큐먼트 API 호출을 호출해 일래스틱서치에서 단일 도큐먼트를 가져올 수 있으며, 다른 API 쿼리(ID)를 사용해 여러 도큐먼트를 가져올 수 있다. 또한 _search API를 사용해 모든 도큐먼트를 한 번에 검색하는 방법도 살펴본다.

단일 도큐먼트 검색

기본 키를 사용해 데이터베이스에서 레코드를 가져오는 것과 유사하게, 도큐먼트 ID가 있는 하나의 일래스틱서치에서 도큐먼트를 검색하는 것은 간단하다. 이를 위해 API URL과 도큐먼트 ID를 사용해 키바나 콘솔에서 GET 명령을 실행한다. 식별자가 포함된 도큐먼트를 검색하기 위한 일반 형식은 GET <index>/_doc/<id>이다. 단일 도큐먼트를 검색하려면 ID로 1을 입력해 GET 명령을 실행한다.

목록 2.4 ID로 개별 도큐먼트 검색하기

```
GET books/_doc/1
```

이 명령이 성공적으로 실행되면 그림 2.10과 같이 코드 편집기 오른쪽에 응답이 표시된다.

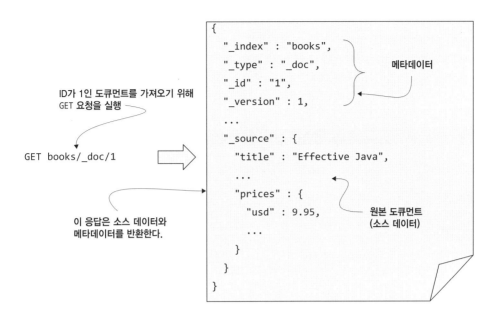

ID가 1인 도큐먼트를 가져오기 위해
GET 요청을 실행

```
GET books/_doc/1
```

이 응답은 소스 데이터와
메타데이터를 반환한다.

```
{
    "_index" : "books",
    "_type" : "_doc",
    "_id" : "1",
    "_version" : 1,
    ...
    "_source" : {
        "title" : "Effective Java",
        ...
        "prices" : {
            "usd" : 9.95,
            ...
        }
    }
}
```

메타데이터

원본 도큐먼트
(소스 데이터)

▲ **그림 2.10** ID로 책 도큐먼트 가져오기

응답에는 _source 태그 아래의 원본 도큐먼트와 이 도큐먼트의 메타데이터(index, id, found, version 등)라는 두 가지 정보가 포함된다. 모든 메타데이터가 아니라 원본 소스만 원하는 경우 _doc 엔드포인트를 _source로 변경해 쿼리를 다시 실행한다. GET books/_source/1

ID로 여러 도큐먼트 검색

식별자 집합이 제공된 도큐먼트 집합을 검색해야 하는 경우 ids 쿼리를 사용할 수 있다. 쿼리는 도큐먼트 ID 집합이 지정된 도큐먼트를 가져온다. 도큐먼트 ID 목록이 있으면 한 번에 모두 가져오는 것이 훨씬 간단한 방법이다.

하지만 한 가지 주목할 점은 도큐먼트 API를 사용해 도큐먼트를 가져오는 다른 쿼리와 달리 ids 쿼리는 검색 API, 특히 _search 엔드포인트를 사용한다는 것이다. 실제로 작동하는 모습을 살펴본다.

목록 2.5 ids 쿼리를 사용해 여러 도큐먼트 가져오기

```
GET books/_search
{
  "query": {
    "ids": {
      "values": [1,2,3]
    }
  }
}
```

쿼리의 요청 본문은 ids라는 내부 객체가 있는 쿼리 객체를 사용해 구성된다. 도큐먼트 ID는 쿼리에 배열로 제공되는 값이다. 응답은 그림 2.11처럼 성공적인 결과(hits)를 나타내며 해당 ID가 포함된 3개의 도큐먼트를 반환한다.

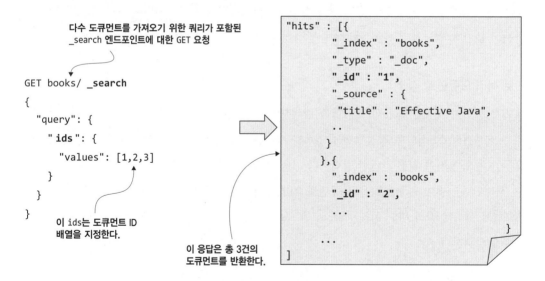

▲ **그림 2.11** _search 엔드포인트를 호출하는 ids 쿼리를 사용해 ID 집합에 해당하는 도큐먼트 검색

물론 이런 방식으로 도큐먼트를 검색하는 것은 번거롭다. 1,000개의 ID로 1,000개의 도큐먼트를 검색한다고 상상해보자! 다행히도 ids 쿼리를 사용할 필요는 없다. 대신 이 책의 뒷부분에서 설명하는 다른 검색 기능을 활용할 수 있다.

지금까지 ID를 사용해 도큐먼트를 가져오는 도큐먼트 API를 살펴봤다. 이는 정확히는 검색 기능search feature이 아니라 데이터 조회data retrieval다. 일래스틱서치는 다양한 조건과 기준에 따라 결과를 가져올 수 있는 수많은 검색 기능을 제공한다. 이 책 후반부에는 기본부터 고급까지 검색을 설명하기 위한 여러 장을 제공한다. 하지만 호기심이 많은 개발자로서 높은 수준의 검색 쿼리가 실제로 실행되는 모습을 보고 싶다. 그렇지 않은가? 검색 기능을 기반으로 한 쿼리 세트에 대해 알아보자.

모든 도큐먼트 검색

이전 절에서는 기본 _search 엔드포인트를 사용해 작업했다. 동일한 구문을 사용해 인덱스에서 모든 책을 가져오는 쿼리를 작성할 수 있다.

```
GET books/_search
```
◀── 이 URL에는 본문이
필요 없다.

이처럼 모든 레코드를 검색할 때 본문을 쿼리에 첨부할 필요가 없다(이 쿼리 구문을 설명하는 다음의 match_all 쿼리 설명 참조). 그림 2.12에 표시된 응답은 예상대로 books 인덱스에 있는 3개의 도큐먼트를 반환한다.

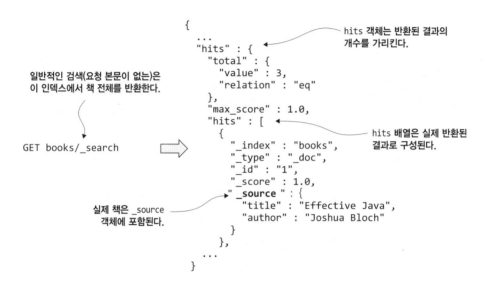

▲ 그림 2.12 검색 API를 사용해 모든 도큐먼트 검색

쿼리 구문이나 응답 필드 때문에 당황하더라도 걱정하지는 말자. 3장에서 이 개념에 대해 다룬다.

일반적인 검색은 짧은 match_all 쿼리 형식

이전에 본 GET books/_search 쿼리는 match_all이라는 특수 쿼리의 짧은 형식이다. 일반적으로 요청 본문은 목록 2.5와 같은 쿼리 절을 사용해 URL에 추가된다. _search 엔드포인트를 호출하는 동안 쿼리 본문을 생략하면 쿼리가 match_all 쿼리라는 것을 일래스틱서치에게 지시한다. 즉, 모든 항목이 일치함을 의미한다. 전체 쿼리가 여기에 표시돼 있지만, 쿼리 절 없이 모든 레코드를 가져오려는 경우에는 본문을 작성할 필요가 거의 없다.

```
GET books/_search
{
  "query": {
    "match_all": { }
  }
}
```

그러나 어떤 이유로든 모든 결과의 점수를 높여야 하는 경우 match_all 쿼리를 만들고 추가 boost 매개변수를 선언할 수 있다.

```
GET books/_search
{
  "query": {
    "match_all": {
        "boost":2          ◀─── 모든 결과는 2점으로
    }                           계산된다.
  }
}
```

중요한 점은 본문 없이 _search 엔드포인트를 호출할 때마다 그것이 match_all 쿼리가 된다는 점이다.

지금까지는 일래스틱서치의 진정한 능력을 보여주지 못하는 쿼리들만 살펴봤으며, 단순히 데이터를 가져오는 역할만 할 뿐, 복잡한 분석이나 처리를 수행하지 않았다. 경우에 따라 조건이 포함된 쿼리를 발행하고 싶을 수도 있다. 예를 들어 전체 평점이 별 4개보다 높은 특정 저자의 초판 도서를 검색하는 경우가 있다. 일래스틱서치의 진정한 힘은 검색 기능의 유연성과 깊이에 숨겨져 있다. 다음 몇 개의 절에서는 이를 개략적으로 살펴본다.

2.3 풀텍스트 검색

여러 도큐먼트를 인덱싱한 후에는 특정 조건을 충족하는 도큐먼트를 찾을 수 있는 것이 중요하다. 일래스틱서치는 풀텍스트 쿼리full-text query라고 부르는 비구조화된 텍스트를 검색하는 검색 기능을 제공한다.

2.3.1 match 쿼리: 특정 저자의 책 검색

예를 들어 서점을 방문하는 독자가 조슈아 블로크^{Joshua Bloch}가 쓴 모든 책을 찾고 싶어 한다고 가정해 보자. 매치^{match} 쿼리가 포함된 _search API를 사용해 쿼리를 구성할 수 있다. match 쿼리는 비구조화된 텍스트나 풀텍스트에서 단어를 검색하는 데 도움된다. 다음 쿼리는 조슈아^{Joshua}가 저술한 책을 검색한다.

목록 2.7 특정 저자가 저술한 책 쿼리

```
GET books/_search
{
  "query": {
    "match": {
      "author": "Joshua"
    }
  }
}
```

요청 본문에서 match 쿼리를 정의하는 쿼리 객체를 만든다. 이 쿼리 절에서는 일래스틱서치에게 인덱스 내의 모든 책에서 Joshua가 작성한 모든 도큐먼트를 매치하도록 요청한다. 보통의 영문을 읽듯이 쿼리를 읽고 그 본질을 이해해 보자.

쿼리가 전송되면 서버는 쿼리를 분석하고 쿼리를 내부 데이터 구조(역인덱스)와 매치시키고 파일 저장소에서 도큐먼트를 가져와 클라이언트에 반환한다. 이 예에서 서버는 그림 2.13과 같이 Joshua Bloch가 저술한 책 한 권을 찾아서 반환한다.

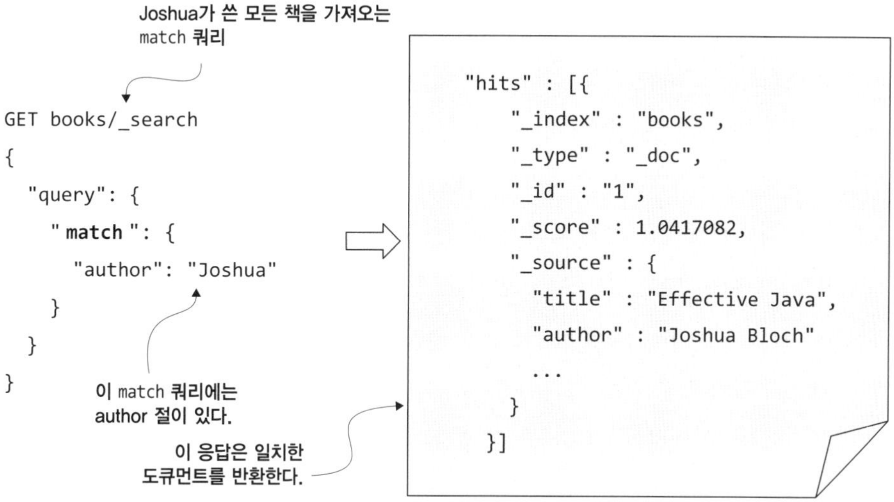

Joshua가 쓴 모든 책을 가져오는
match 쿼리

```
GET books/_search
{
  "query": {
    " match ": {
      "author": "Joshua"
    }
  }
}
```

이 match 쿼리에는
author 절이 있다.

이 응답은 일치한
도큐먼트를 반환한다.

```
"hits" : [{
    "_index" : "books",
    "_type" : "_doc",
    "_id" : "1",
    "_score" : 1.0417082,
    "_source" : {
      "title" : "Effective Java",
      "author" : "Joshua Bloch"
      ...
    }
}]
```

▲ 그림 2.13 Joshua가 쓴 책 가져오기

prefix(프리픽스) 쿼리

소문자 이름, 대소문자 혼합 이름 등과 같은 다양한 조합 검색을 사용해 목록 2.7의 쿼리를 다시 작성할
수 있다.

```
"author":"JoShUa"
"author":"joshua" (또는 "JOSHUA")
"author":"Bloch"
```

이러한 쿼리는 모두 성공하지만 단축 이름 검색은 실패한다.

```
"author":"josh"
```

이러한 정규식 쿼리를 반환하기 위해 prefix 쿼리를 사용한다. 단축된 이름을 가져오기 위해 다음과 같
이 match 쿼리를 prefix 쿼리로 변경할 수 있다.

```
GET books/_search
{
  "query": {
    "prefix": {
      "author": "josh"
    }
  }
}
```

prefix 쿼리는 텀 수준(term-level) 쿼리이므로 쿼리 값은 소문자여야 한다.

2.3.2 AND 연산자를 사용한 match 쿼리

이름을 "Joshua Doe"로 변경해 쿼리를 수정하면 어떤 결과가 나올 것으로 예상하는가? Joshua Doe가 쓴 책이 없으므로 쿼리는 어떤 결과도 반환해서는 안 된다. 그렇지 않은가? 하지만 Joshua Bloch가 쓴 책은 여전히 반환된다. 그 이유는 엔진이 Joshua 또는 Doe가 쓴 모든 책을 검색하기 때문이다. 이 경우 OR 연산자가 암묵적으로 사용된다.

연산자를 사용해 정확한 이름이 포함된 책을 검색하는 방법을 살펴보자. 저자 Joshua Schildt(Joshua의 이름과 Herbert의 성을 혼합)를 검색하는 쿼리의 예를 들어보자. 분명히 인덱스에 이 가상의 작가가 쓴 책이 포함돼 있지 않다는 것을 알고 있다. 목록 2.7에서 "Joshua Schildt"로 쿼리를 실행하면 결과적으로 책 두 권을 얻게 된다(일래스틱서치는 Joshua 또는 Schildt가 쓴 책을 검색하기 때문에). 하나는 Joshua Bloch가, 다른 하나는 Herbert Schildt가 쓴 것이다. 수정한 쿼리는 다음과 같다.

목록 2.8 가상의 작가가 쓴 책 검색

```
GET books/_search
{
  "query": {
   "match": {
     "author": "Joshua Schildt"    ◄─── 가상의 작가를 검색하면
   }                                     책 두 권이 나온다.
  }
}
```

다음 목록에서 볼 수 있듯이 이 쿼리를 조정해 operator 매개변수를 정의하고 명시적으로 AND로 설정할 수 있다. query와 operator로 구성된 객체를 author 객체에 추가해야 한다는 점에서 쿼리에 약간의 변화가 있다(단순히 필드에 쿼리 값을 제공한 목록 2.7과 달리).

목록 2.9 정확히 일치한 항목을 가져오기 위해 AND 연산자를 사용한 쿼리

```
GET books/_search
{
  "query": {
    "match": {                       이제 author 필드에
      "author": {              ◄───  내부 속성이 정의됐다.
```

```
            "query": "Joshua Schildt",     ◄── ─ 쿼리
            "operator": "AND"              ◄──── AND 연산자
        }                                         (기본값은 OR)
      }
    }
}
```

쿼리를 실행하면 결과가 나오지 않는다(Joshua Schildt가 쓴 책 없음).

같은 로직으로, Effective Java라는 정확한 제목의 책을 가져오려는 경우 그림 2.14에 코드가 나와 있다. 연산자를 변경하지 않으면 title 필드에 Effective OR Java라는 단어가 포함된 모든 책 목록이 표시된다. 두 단어를 결합하기 위해 AND 연산자를 제공함으로써 쿼리는 title 필드에 두 검색어가 모두 포함된 책을 찾는다.

```
                              GET books/_search
                              {
                                "query": {
                                  "match": {
   특정 제목으로 가져오는 match 쿼리. AND       "title": {
   연산자는 이 title(Effective와 Java)의 두 단
   어가 모두 있는 제목을 검색한다.                 "query": "Effective Java",
                                  ──► "operator": "and"
                                    }
                                  }
                                }
                              }
```

▲ **그림 2.14** AND 연산자를 사용해 제목과 정확히 일치하는 항목 가져오기

좀 더 복잡한 검색 쿼리를 실행하기 전에 한 가지 작은 작업을 수행해야 한다. 바로 더 많은 도큐먼트를 인덱싱하는 것이다. 지금까지 도큐먼트가 3개뿐이므로 의미 있는 쿼리에 대해 더 많은 도큐먼트가 있으면 도움이 될 것이다. 일래스틱서치는 도큐먼트를 대량으로 인덱싱할 수 있는 편리한 벌크 API(_bulk)를 제공한다. 잠시 돌아가서 이번에는 _bulk API를 사용해 몇 가지 도큐먼트를 더 인덱싱해 본다.

2.3.3 _bulk API를 사용해 도큐먼트 인덱싱

다양한 검색 쿼리에 대비해 도큐먼트 저장소에 더 많은 도큐먼트를 추가해야 한다. 2.1.2절에서 했던 것처럼 도큐먼트 API를 사용하면 된다. 그러나 상상할 수 있듯이 많은 도큐먼트를 개별적으로 로드하는 것은 번거로운 과정이다.

다행히도 도큐먼트를 동시에 인덱싱할 수 있는 편리한 _bulk API가 있다. 여러 도큐먼트를 인덱싱할 때 키바나 또는 cURL을 사용해 _bulk API를 실행할 수 있지만, 이 방식은 데이터 형식에 차이가 있다. 5장에서 _bulk API에 대해 자세히 설명한다. 여기서는 몇 가지 주요 내용을 간략하게 살펴본다.

> **벌크 작업은 기존 데이터를 덮어쓴다**
>
> books에 대해 _bulk 작업을 수행하면, 2장의 시작 부분에서 생성했던 기존 인덱스(books)로 인덱싱된다. 새 book 도큐먼트에는 가격, 평점 등과 같은 필드가 있다. 객체 구조는 이러한 추가 속성으로 강화되며 이전 구조와 다르다.
>
> 기존 books 인덱스를 수정하지 않으려면 새 인덱스(books_new 등)을 생성해 기존 인덱스를 재정의하지 않도록 할 수 있다. 이렇게 하려면 다음 줄을 사용해 대량 데이터 파일의 인덱스 이름을 변경한다.
>
> `{"index":{"_index":"books_new","_id":"1"}}`
>
> 맨 위의 인덱스 라인뿐만 아니라 모든 인덱스 라인이 업데이트됐는지 확인하자. _index 필드를 완전히 제거하고 URL에 "인덱스"를 추가할 수도 있다.
>
> ```
> POST books_new/_bulk
> {"index":{"_id":"1"}}
> ..
> ```
>
> 책에 있는 예제에서는 새 books 인덱스를 생성하는 대신 기존 books 인덱스를 업데이트하므로 2장의 모든 쿼리는 업데이트된 books 인덱스에서 수행된다.

이 예제에서는 깃허브(https://github.com/madhusudhankonda/elasticsearch-in-action) 및 책의 웹사이트(https://www.manning.com/books/elasticsearch-in-action-second-edition)에서 다운로드 가능한 이 책과 함께 제공되는 데이터 세트를 사용한다. books-kibana-dataset.txt 파일의 내용을 복사해 키바나의 Dev Tools에 붙여넣는다. 그림 2.15는 파일 내용의 일부를 보여준다.

```
1  POST _bulk
2  {"index":{"_index":"books","_id":"1"}}
3  {"title": "Core Java Volume I - Fundamentals","author": "Cay S. Horstmann","edition": 11, "synopsis": "Java
     reference book that offers a detailed explanation of various features of Core Java, including exception
     handling, interfaces, and lambda expressions. Significant highlights of the book include simple language,
     conciseness, and detailed examples.","amazon_rating": 4.6,"release_date": "2018-08-27","tags": ["Programming
     Languages, Java Programming"]}
4  {"index":{"_index":"books","_id":"2"}}
5  {"title": "Effective Java","author": "Joshua Bloch", "edition": 3,"synopsis": "A must-have book for every Java
     programmer and Java aspirant, Effective Java makes up for an excellent complementary read with other Java books
     or learning material. The book offers 78 best practices to follow for making the code better.", "amazon_rating"
     : 4.7, "release_date": "2017-12-27", "tags": ["Object Oriented Software Design"]}
```

▲ **그림 2.15** _bulk 엔드포인트를 사용한 도큐먼트의 벌크 인덱싱

쿼리를 실행하면 모든 도큐먼트가 성공적으로 인덱싱됐음을 나타내는 확인 메시지를 받는다.

이상해 보이는 벌크 인덱싱 도큐먼트 형식

_bulk를 사용해 로드된 도큐먼트를 자세히 살펴보면 이상한 구문을 발견할 수 있다. 다음과 같이 두 줄은 하나의 도큐먼트에 해당한다.

{"index":{"_id":"1"}}
{"brand": "Samsung","name":"UHD","size_inches":65,"price":1400}

첫 번째 줄은 실행하려는 작업(index, delete, update)(여기서는 index), 도큐먼트 ID 및 레코드가 기록될 인덱스 이름을 포함해 레코드에 대한 메타데이터다. 두 번째 줄은 실제 도큐먼트다. 5장에서 도큐먼트 작업을 논의할 때 이 형식을 다시 살펴본다.

이제 몇 가지 도큐먼트를 더 인덱싱했으므로 다시 처음으로 돌아가서 다른 검색 기능을 실험해 볼 수 있다. 여러 필드에서 단어를 검색하는 것부터 시작해본다.

2.3.4 다중 필드 검색

고객이 검색창에서 무언가를 검색할 때 검색이 반드시 하나의 필드로 제한되는 것은 아니다. 예를 들어 제목 필드뿐만 아니라 개요, 태그 등과 같은 다른 필드에서도 Java라는 단어가 나타나는 모든 도큐먼트를 검색한다고 가정한다. 이를 위해 다중 필드multi-field 검색을 활성화할 수 있다.

title과 synopsis라는 두 필드에서 Java를 검색하는 쿼리의 예를 살펴본다. 앞에서 본

match 쿼리와 유사하게 일래스틱서치는 `multi_match` 쿼리를 제공한다. 관심 있는 필드와 함께 내부 쿼리 객체에 검색어를 제공해야 한다.

목록 2.10 다중 필드에서 검색

```
GET books/_search
{
  "query": {
    "multi_match": {              ◀── 다중 필드를 검색하는
                                      multi_match 쿼리
      "query": "Java",   ◀── 검색어
      "fields": ["title","synopsis"]   ◀── 두 필드에 걸쳐
                                           검색
    }
  }
}
```

이 다중 필드 쿼리를 실행하면 Java 검색어가 포함된 결과가 title과 synopsis 필드 모두에 나타난다. 하지만 특정 필드를 기반으로 결과에 대한 우선순위를 높이고 싶다고 가정해 보자. 예를 들어 title 필드에서 Java가 발견되면 해당 검색 결과를 향상시켜 다른 도큐먼트의 우선순위를 보통으로 유지하면서 해당 검색 결과가 3배 더 중요하고 관련성이 높아지도록 만들고 싶다. 그렇게 하기 위해 (자연스럽게) 부스팅[boosting] 기능을 사용할 수 있다(사용자는 목록 상단에서 title에 검색어가 있는 도큐먼트를 보고 만족할 것이다).

관련성 점수

풀텍스트 쿼리 결과에는 개별 결과에 첨부된 _score 속성으로 표현되는 도큐먼트에 대한 숫자 점수 값이 있다. _score는 결과 도큐먼트가 쿼리와 얼마나 관련돼 있는지를 나타내는 양수 부동 소수점 숫자다. 반환된 첫 번째 도큐먼트 점수가 가장 높고, 마지막 도큐먼트 점수가 가장 낮다. 이는 관련성 점수로, 도큐먼트가 쿼리와 얼마나 일치하는지 나타낸다. 점수가 높을수록 매치 순위가 높아진다.

일래스틱서치에는 BM25(Okapi Best Match 25)라는 알고리듬이 있다. 이는 결과에 대한 관련성 점수를 계산하고 이를 클라이언트에 제시할 때 해당 순서로 정렬하는 향상된 TF/IDF(단 빈도/역 도큐먼트 빈도) 유사성 알고리듬이다.

다음 절에서는 실행 결과를 어떻게 높일 수 있는지 알아본다.

2.3.5 결과 부스팅

여러 필드에 대해 쿼리를 실행할 때 특정 필드에 더 높은 우선순위(관련성)를 부여하려고 한다. 이렇게 하면 사용자가 어떤 필드를 강화해야 하는지 명시적으로 지정하지 않더라도 최상의 결과를 제공할 수 있다. 일래스틱서치를 사용하면 필드 옆에 부스트 계수boost factor를 제공해 쿼리에서 필드의 우선순위를 높일 수 있다. 예를 들어 title 필드를 3배로 늘리려면 필드의 부스트를 title^3(필드 이름 뒤에 캐럿 기호와 부스트 계수가 온다)으로 설정한다.

목록 2.11 필드의 중요도를 높이는 multi_match 쿼리

```
GET books/_search
{
  "query": {
    "multi_match": {          ┤ 다중 필드를
                                통한 검색
      "query": "Java",
      "fields": ["title^3","synopsis"]  ◄  부스트 숫자가 뒤따르는 캐럿은
    }                                      부스트되는 필드를 표시한다.
  }
}
```

결과는 title 필드 점수의 가중치가 증가한 것으로 표시한다. 이는 점수를 높여 도큐먼트 순위를 높였다는 의미다.

예를 들어 "오늘 아침 런던 날씨는 어때요?" 또는 "으깬 감자 레시피"와 같은 문구를 검색하고 싶을 수도 있다. 이를 위해 다음에 나올 내용인 match_phrase라는 또 다른 유형의 쿼리를 사용한다.

2.3.6 문구 검색

때때로 synopsis 필드에 "must-have book for every Java programmer"라는 문구가 있는 모든 책을 찾는 것처럼 주어진 순서로 정확히 일련의 단어를 검색하고 싶다. 이를 위해 match_phrase 쿼리를 작성할 수 있다.

목록 2.12 문구 그대로 포함된 책 검색

```
GET books/_search
{
  "query": {
    "match_phrase": {            ◀── 문구가 정확히 일치(단어 순서)하는 도큐먼트를
                                      가져오는 match_phrase 쿼리
      "synopsis": "must-have book for every Java programmer"   ◀── 각 책의
    }                                                               synopsis 필드에서
  }                                                                 검색할 문구
}
```

이 쿼리는 모든 책의 synopsis 필드에서 해당 단어 시퀀스를 검색하고 Effective Java 책을
반환한다.

```
"hits" : [{
  "_score" : 7.300332,
  "_source" : {
  "title" : "Effective Java",
  "synopsis" : "A must-have book for every Java programmer and Java ...",
}]}
```

강조 표시된 부분은 찾고 있는 책을 쿼리가 성공적으로 찾아냈음을 보여준다.

결과 강조 표시

반환된 도큐먼트에서 원래 쿼리와 일치하는 텍스트 부분을 강조 표시하는 방법을 살펴본다. 예를 들어
블로그 사이트에서 단어나 구문을 검색하면 사이트에서는 일반적으로 색상이나 음영을 사용한 일종의
강조 표시와 함께 일치하는 텍스트를 표시한다. 다음 그림은 강조 표시(highlighting)가 실행되는 모습을
보여준다. 일래스틱서치의 도큐먼트 사이트에서 "match phrase"를 검색하고 있다.

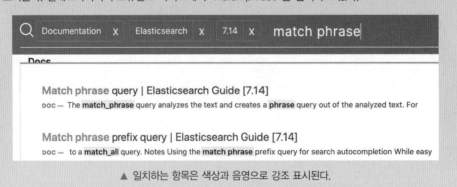

▲ 일치하는 항목은 색상과 음영으로 강조 표시된다.

강조 표시(highlighting)라는 편리한 기능을 사용해 결과에 대해 동일한 효과를 얻을 수 있다. 이를 위해 쿼리 객체와 동일한 수준의 요청 본문에 highlight 객체를 제공해 검색 쿼리를 수정한다.

```
GET books/_search
{
  "query": {
    "match_phrase": {
      "synopsis": "must-have book for every Java programmer"
    }
  },
  "highlight": {          ← 쿼리 객체와 동일한 수준의
    "fields": {             highlight 객체
      "synopsis": {}      ← 강조하고 싶은
    }                        필드
  }
}
```

highlight 객체에서 하이라이트를 적용하려는 필드를 설정할 수 있다. 예를 들어 여기에서는 synopsis 객체에 강조 표시를 설정하도록 엔진에 지시한다.

최종 결과는 다음과 같은데, 여기서 HTML 마크업 태그(em)로 강조 표시된 일치 항목은 강조된 단어를 나타낸다.

```
"hits" : [
  "_source" : {
    ...
    "title" : "Effective Java",
    "synopsis" : "A must-have book for every Java programmer
  },
  "highlight" : {
    "synopsis" : [
      "A <em>must</em>-<em>have</em> <em>book</em> <em>for</em>
<em>every</em> <em>Java</em> <em>programmer</em> and Java aspirant.."]}}
]
```

정확한 구문 검색을 위해 match_phrase를 사용할 수 있다. 하지만 구문에서 한두 단어를 빼면 어떻게 될까? 예를 들어 "must-have book Java programmer"를 검색하도록 요청하면 쿼리가 작동할까(for 및 every 단어를 제외)? 두 단어를 제거한 후 쿼리를 다시 실행하면 쿼리 결과가 나오지 않는다. 다행히 match_phrase 쿼리에 slop 매개변수를 설정해 일래스틱서치에 물어볼 수 있다. 이에 대해서는 다음 절에서 설명한다.

2.3.7 누락된 단어가 있는 문구

match_phrase 쿼리는 전체 문구, 즉 누락된 단어가 없는 문구를 기대한다. 그러나 사용자가 항상 정확한 문구를 입력하는 것은 아니다. 이를 처리하기 위해 일래스틱서치의 솔루션은 match_phrase 쿼리에 slop 매개변수를 설정하는 것이다. 이 매개변수는 검색 시 구문에 누락된 단어 수를 나타내는 양의 정수다. 다음 쿼리의 slop은 2다. 이는 쿼리가 실행될 때 최대 2개의 단어가 누락되거나 순서대로 정렬되지 않을 수 있음을 의미한다.

목록 2.13 누락된 단어가 있는 구문 매치(slop 사용)

```
GET books/_search
{
  "query": {
    "match_phrase": {
      "synopsis": {
        "query": "must-have book Java programmer",
        "slop": 2
      }
    }
  }
}
```

2.3.8 철자 오류 처리

사용자가 검색어에 잘못된 철자를 입력하는 경우가 있다. 검색엔진은 관대하기 때문에 철자 오류에도 불구하고 결과를 반환한다. 최신 검색엔진은 철자 문제를 수용하고 이를 적절하게 지원하는 기능을 제공한다. 일래스틱서치는 레벤슈타인 편집 거리 알고리듬Levenshtein edit distance algorithm을 사용해 단어 간의 유사성을 찾기 위해 꽤 열심히 노력한다.

일래스틱서치는 fuzziness 설정이 포함된 match 쿼리를 사용해 맞춤법 오류를 처리한다. fuzziness 값을 1로 설정하면 철자 오류(한 글자가 틀리거나 생략 또는 추가)를 한 번 정도는 용서받을 수 있다. 예를 들어 사용자가 "Komputer"를 검색하는 경우 "Komputer"의 철자가 틀리므로 기본적으로 쿼리는 어떤 결과도 반환해서는 안 된다. 이는 다음 match 쿼리를 작성해 수정할 수 있다.

```
GET books/_search
{
  "query": {
    "match": {
      "tags": {
        "query": "Komputer",          ◀── 철자가 틀린
                                            쿼리
        "fuzziness": 1                 ◀── fuzziness를 1로 설정해
      }                                     철자 오류 1개 허용
    }
  }
}
```

Fuzziness와 레벤슈타인의 편집 거리

퍼지 쿼리는 레벤슈타인 편집 거리라는 방법을 사용해 퍼지 쿼리와 유사한 텀(term)을 검색한다. 이전 예에서는 쿼리와 일치하는 도큐먼트를 찾으려면 문자 K를 C로 바꿔야 한다. 편집 거리는 단일 문자를 변경해 한 단어를 다른 단어로 변경하는 메커니즘이다. 퍼지 기능은 단순히 단어만 변경하는 것이 아니다. 단어와 일치하도록 문자를 삽입하고 삭제한다. 예를 들어 "Komputer"는 문자 하나만 교체해 "Computer"로 변경할 수 있다. 레벤슈타인 편집 거리에 대해 자세히 알아보려면 코드 프로젝트에 대한 이 문서(http://mng.bz/pPo2)를 확인하자.

지금까지 풀텍스트 쿼리를 사용해 비구조화된(풀텍스트) 데이터를 검색하는 방법을 살펴봤다. 풀텍스트 쿼리 외에도 일래스틱서치는 구조화된 데이터를 검색하기 위한 쿼리인 텀 수준 term-level 쿼리를 지원한다. 텀 수준 쿼리는 숫자, 날짜, IP 주소 등과 같은 구조화된 데이터를 검색하는 데 도움된다. 다음 몇 개의 절에서 이러한 쿼리를 살펴본다.

2.4 텀 수준 쿼리

일래스틱서치에는 구조화된 데이터 쿼리를 지원하기 위해 별도의 쿼리 유형인 텀 수준 쿼리 Term-level query가 있다. 숫자, 날짜, 범위, IP 주소 등은 구조화된 텍스트 범주에 속한다. 일래스틱서치는 구조화된 데이터와 구조화되지 않은 데이터를 다르게 처리한다. 구조화되지 않은(풀텍스트) 데이터는 분석analyzed되는 반면, 구조화된 필드는 있는 그대로 저장된다.

book 도큐먼트로 돌아와서 edition, amazon_rated, release_date 필드(굵게 강조 표시)를 살펴본다.

```
{
  "title" : "Effective Java",
  "author" : "Joshua Bloch",
  "synopsis" : "A must-have book for every Java programmer and Java, ...",
  "edition" : 3,
  "amazon_rating" : 4.7,
  "release_date" : "2017-12-27",
  ...
}
```

이 도큐먼트를 처음으로 인덱싱할 때 인덱스를 미리 생성하지 않기 때문에 일래스틱서치는 필드 값을 분석해 스키마를 추론한다. 예를 들어 edition 필드는 숫자(텍스트가 아닌) 필드로 표시되므로 엔진에 의해 long 데이터 타입으로 파생된다.

비슷한 로직을 사용하면 amazon_rating 필드에 소수 값이 포함돼 있으므로 float 데이터 타입으로 결정된다. 마지막으로 release_date는 ISO8601 날짜 형식(yyyy-MM-dd)으로 표현되므로 date 데이터 타입으로 판단한다. 세 필드는 모두 비텍스트 필드로 분류된다. 즉, 값은 토큰화되지 않고(토큰으로 분할되지 않음) 정규화되지 않으며(동의어나 루트 단어 없이) 있는 그대로 저장된다.

팀 수준 쿼리는 이진 출력을 만든다. 쿼리가 조건과 일치하면 결과를 가져온다. 그렇지 않으면 결과가 전송되지 않는다. 이러한 쿼리는 도큐먼트가 얼마나 잘 일치하는지(관련성)를 고려하지 않는다. 대신 쿼리에 일치 항목이 있는지 여부에 집중한다. 관련성을 고려하지 않으므로 팀 수준 쿼리는 관련성 점수를 생성하지 않는다. 다음 두 절에서 몇 가지 팀 수준 쿼리를 살펴본다.

2.4.1 term 쿼리

팀(term) 쿼리는 검색 조건에 제공된 값과 정확히 일치하는 항목을 가져오는 데 사용된다. 예를 들어 모든 3판 도서를 가져오려면 다음 목록과 같이 term 쿼리를 작성할 수 있다.

목록 2.16 제3판 책 가져오기

```
GET books/_search
{
  "_source": ["title","edition"],          ← 이 응답 도큐먼트에서는
  "query": {                                  2개의 필드만 반환
    "term": {                               ← 쿼리를 텀 수준 쿼리로
      "edition": {        ← 이 필드와 값을       선언
        "value": 3          검색 조건으로 제공
      }
    }
  }
}
```

이 쿼리는 다음과 같이 모든 제3판 도서를 반환한다(인덱스에는 Effective Java 하나만 포함).

```
"hits" : [{
  ...
  "_score" : 1.0,
  "_source" : {
    "title" : "Effective Java",
    "edition" : 3,
    ...
  }
}]
```

결과를 잘 보면 앞서 언급한 것처럼 텀 수준 쿼리는 관련성과 무관하므로 점수는 기본값인 1.0이다.

2.4.2 range 쿼리

range(범위) 쿼리는 범위와 일치하는 결과를 가져온다. 예를 들어 오전 1시에서 오후 1시 사이의 항공편을 가져오거나 14세에서 19세 사이의 청소년 목록을 찾는 경우다. 범위 쿼리는 날짜, 숫자 및 기타 항목에 적용될 수 있다. 속성을 사용해 범위 데이터를 검색할 때 강력한 동반자가 된다.

계속해서 책 예제를 사용하면 범위 쿼리를 사용해 amazon_rating이 별점 4.5개 이상, 별점 5개 이하인 모든 책을 가져올 수 있다.

목록 2.17 별점 4.5에서 5개 평점의 책을 가져오는 범위 쿼리

```
GET books/_search
{
  "query": {
    "range": {          ← 범위 쿼리 선언
      "amazon_rating": {     ← 일치시킬 범위
        "gte": 4.5,          ← gte: 크거나 같음
        "lte": 5     ← 작거나 같음
      }
    }
  }
}
```

이 range 쿼리는 평점이 4.5보다 크거나 같은 세 권의 책이 있기 때문에 세 권의 책을 가져온다(간결함을 위해 출력은 생략했다).

terms, IDs, exists, prefix 등을 포함한 몇 가지 텀 수준 쿼리가 있다. 8~10장에서 이에 대해 더 자세히 살펴본다.

지금까지 기본 조건(title 매치, 다중 필드에서 단어 검색, 최고 평점 판매자 찾기 등)을 기반으로 결과를 가져올 때 도움이 될 수 있는 쿼리를 살펴봤다. 그러나 실제로 쿼리는 생각보다 복잡할 수 있다. 예를 들어 Joshua가 저술하고 평점이 4.5 이상이고 2015년 이후에 출판된 초판 도서를 가져오는 것이다. 다행히 일래스틱서치에는 복잡한 조건 검색에 사용할 수 있는 복합compound 쿼리라는 고급 쿼리 유형이 있다. 다음 절에서 복합 쿼리의 예를 살펴본다.

2.5 compound 쿼리

일래스틱서치의 compound(복합) 쿼리는 정교한 검색 쿼리를 생성하는 메커니즘을 제공한다. 리프leaf 쿼리(지금까지 본 것과 유사한)라고 하는 개별 쿼리를 결합해 복잡한 시나리오에 맞는 강력하고 견고한 쿼리를 구축한다(여기에서는 복합 쿼리에 대해 개략적으로만 살펴보고 11장에서 자

세히 알아본다).

복합 쿼리는 다음과 같다.

- 부울(bool)
- 상수 점수(constant_score)
- 함수 점수(function_score)
- 부스팅(boosting)
- 디스정선 맥스(dis_max)

이 가운데 bool 쿼리가 가장 일반적으로 사용되므로 여기서는 bool 쿼리의 실제 작동을 살펴본다.

2.5.1 bool 쿼리

bool(부울) 쿼리는 부울 조건을 기반으로 다른 쿼리를 결합해 정교한 쿼리 논리를 만드는 데 사용된다. bool 쿼리는 must, must_not, should, filter의 네 가지 절을 사용해 검색을 구축한다. 다음 목록은 bool 쿼리의 형식을 보여준다.

목록 2.18 bool 쿼리 형식

```
GET books/_search
{
  "query": {
    "bool": {          ← bool 쿼리는
                          조건부 부울 절의 조합이다.
      "must": [{ }],   ← 도큐먼트와 조건이
                          일치해야 한다.
      "must_not": [{ }],   ← 조건이 일치하지 않아야 한다
                              (점수 기여 없음).
      "should": [{ }],   ← 쿼리가
                            일치해야 한다.
      "filter": [{ }]   ← 쿼리가 일치해야 한다
                           (점수 기여 없음).
    }
  }
}
```

이처럼 bool 쿼리에서는 must, must_not, should, filter 절 중 하나 이상을 조건으로 정의할수 있다(표 2.2 참조). 이러한 절을 조합해 하나 이상의 조건을 표현할 수 있다.

절	설명
must	must 절은 쿼리의 검색 조건이 도큐먼트와 일치해야 함을 의미한다. 긍정적인(positive) 일치는 관련성 점수를 높인다. 가능한 한 많은 리프 쿼리를 사용해 must 절을 작성한다.
must_not	must_not 절에서 조건은 도큐먼트와 일치하지 않아야 한다. 이 절은 점수에 영향을 미치지 않는다 (필터 실행 컨텍스트에서 실행된다. 컨텍스트에 대한 자세한 내용은 11장 참조).
should	should 절에 정의된 조건이 반드시 일치해야 하는 것은 아니다. 그러나 일치하는 경우 관련성 점수가 올라간다.
filter	filter 절에서 조건은 must 절과 유사하게 도큐먼트와 일치해야 한다. 유일한 차이점은 점수가 filter 절과 관련이 없다는 것이다(필터 실행 컨텍스트에서 실행된다).

요구 사항이 다음 조건을 충족하는 책을 검색하는 것이라고 가정해 본다.

- Joshua가 저술
- 평점 4.7 이상
- 2015년 이후 출간

표 2.2의 일부 절을 사용해 이러한 조건을 쿼리에 결합하려면 부울 쿼리를 사용해야 한다. 다음 절에서는 검색 조건에 대한 복합 부울 쿼리를 구성한다. 전체 검색어를 한 번에 소개하는 대신(너무 많으므로) 모든 검색어를 하나로 묶기 전에 개별 검색 조건으로 구분한다. 시작하려면 다음 절에서 저자를 가져오는 must 절을 소개한다.

2.5.2 must 절

Joshua가 저술한 모든 책을 찾고 싶기 때문에 must 절이 포함된 부울 쿼리를 생성할 수 있다. must 절 안에 Joshua가 쓴 책을 검색하는 match 쿼리를 작성한다(2.2.3절에서 match 쿼리를 살펴봤다). 코드는 다음과 같다.

목록 2.19 매치를 위해 must 절이 있는 bool 쿼리

```
GET books/_search
{
  "query": {
```

```
      "bool": {        ◀── bool 쿼리          │ must 절: 도큐먼트가
        "must": [{                            │ 조건에 일치해야 한다.
          "match": {
            "author": "Joshua Bloch"          ◀──│ Joshua가 저술한 책과 일치하는
          }                                       │ 쿼리(match 쿼리) 중 하나
        }]
      }
    }
}
```

bool 쿼리는 쿼리 객체에 포함돼 있다. 여기에는 여러 쿼리를 배열로 사용하는 must 절이 있다. 여기서는 Joshua Bloch가 쓴 모든 책과 일치한다. 쿼리는 2권의 책(Effective Java와 Java Concurrency in Practice)을 반환해야 하며, 이는 이 2권의 책이 도큐먼트 저장소에 있는 Joshua Bloch의 유일한 책임을 나타낸다.

must 절이 여러 쿼리 집합을 배열로 허용한다는 것은 무엇을 의미할까? 이는 훨씬 더 정교하게 만들기 위해 must 절에 쿼리를 추가할 수 있음을 의미한다. 예를 들어 다음 코드에는 저자를 검색하는 match 쿼리와 문구를 검색하는 match_phrase 쿼리라는 2개의 리프 쿼리가 있는 must 절이 포함돼 있다.

목록 2.20 다중 리프 쿼리가 포함된 must 절

```
GET books/_search
{
  "query": {
    "bool": {
      "must": [{                              │ 2개의 리프 쿼리로
                                         ◀──  │ 쿼리해야 한다.
        "match": {
          "author": "Joshua Bloch"      ◀──  │ match 쿼리로
        }                                     │ Joshua가 쓴 책 찾기
      },
      {
        "match_phrase": {              ◀──   │ 필드의 문구를 검색하는
          "synopsis": "best Java programming books"  │ 두 번째 쿼리
        }
      }]
    }
```

```
    }
}
```

계속해서 부정 조건을 생성하는 must_not 절을 추가해본다.

2.5.3 must_not 절

검색 조건을 개선해 보자. 평점이 4.7 미만이면 Joshua의 책을 가져오면 안 된다. 이 조건을
충족하기 위해 평점을 4.7 미만(lt)으로 설정하는 범위 쿼리와 함께 must_not 절을 사용한다.
다음 목록은 원본 쿼리의 must 절과 함께 must_not 절을 보여준다.

목록 2.21 must 및 must_not 절이 있는 bool 쿼리

```
GET books/_search
{
  "query": {
    "bool": {                                         Joshua 책을 검색하는
      "must": [{ "match": { "author": "Joshua" } }], ◀── must 절
      "must_not": [{ "range": { "amazon_rating": { "lt": 4.7}}}]  ◀──────
    }
  }
}                                                    평점이 낮은 책을 제외하는
                                                     범위 쿼리가 포함된 must_not 절
```

이 쿼리를 실행하면 Effective Java라는 책 1권만 조회된다. Joshua Bloch의 다른 책(Java
Concurrency in Practice)은 must_not 조건에 맞지 않기 때문에 목록에서 삭제됐다(평점은 4.3으
로 전제 조건 4.7보다 낮다).

   평점이 4.7 이상인 Joshua가 쓴 책을 검색하는 것 외에도 책이 태그(tag = "Software")와
일치하는지 확인하는 또 다른 조건을 추가할 수 있다. 일치하면 점수가 높아질 것으로 예상
된다. 그렇지 않으면 결과에 아무런 영향을 미치지 않는다. 이를 위해 다음 절에서 알아볼
should 절을 사용한다.

2.5.4 should 절

should 절은 OR 연산자처럼 동작한다. 즉, 검색어가 should 쿼리와 일치하면 관련성 점수가 올라간다. 단어가 일치하지 않더라도 쿼리는 실패하지 않으며 해당 조건은 무시된다. should 절의 목적은 결과에 영향을 주기보다는 관련성 점수를 높이는 데 더 가깝다.

다음 목록에서는 bool 쿼리에 should 절을 추가한다. 도큐먼트에 Software 태그가 있는 경우 검색 텍스트와 일치하려고 시도한다.

목록 2.22 관련성을 높이기 위해 should 쿼리 사용하기

```
GET books/_search
{
  "query": {
    "bool": {
      "must": [{"match": {"author": "Joshua"}}],
      "must_not":[{"range":{"amazon_rating":{"lt":4.7}}}],
      "should": [{"match": {"tags": "Software"}}]      ◀━  match 쿼리가 포함된 절을
    }                                                      사용해야 한다.
  }
}
```

이 쿼리는 이전 점수 1.9459882와 비교해 점수가 2.267993으로 증가된 결과를 반환한다(여기에서는 결과 출력이 생략됐으며 쿼리를 실행해 점수를 관찰할 수 있다).

궁금한 경우 일치하지 않는 단어(tags가 "Recipes"와 같은)를 포함하도록 쿼리를 변경하고 이 쿼리를 다시 시도하자. 쿼리는 실패하지 않지만 점수는 동일하다. 이는 should 쿼리가 점수에만 영향을 미친다는 사실을 보여준다.

흐름대로 따라가면 마지막 절은 filter이다. 이는 must 절과 똑같이 작동하지만 점수에는 영향을 주지 않는다. 다음 절에서 실제로 작동하는 모습을 살펴본다.

2.5.5 filter 절

이번에는 2015년 이전에 출판된 책을 필터링해 쿼리를 좀 더 개선해 보자. 즉, 2015년 이전에 출판된 책은 결과 집합에 표시되지 않기를 바란다. 이 목적으로 filter 절을 사용하며

filter 조건과 일치하지 않는 결과는 제외된다. 다음 쿼리는 release_date 절과 함께 filter 절을 추가한다.

목록 2.23 관련성에 영향을 주지 않는 filter 절

```
GET books/_search
{
  "query": {
    "bool": {
      "must": [{"match": {"author": "Joshua"}}],
      "must_not":[{"range":{"amazon_rating":{"lt":4.7}}}],
      "should": [{"match": {"tags": "Software"}}],
      "filter":[{"range":{"release_date":{"gte": "2015-01-01"}}}]}
    }
}
```

range 쿼리가 포함된
filter 절

이 쿼리는 Effective Java라는 단 1권의 책만 반환한다. 이 책은 bool 쿼리의 3개의 절 모두와 일치하는 인덱스의 유일한 책이기 때문이다. 키바나에서 이 쿼리를 실행하면 출력과 함께 변경되지 않은 점수가 표시된다. filter 절은 점수에 영향을 주지 않는데, 필터 컨텍스트에서 실행돼 점수가 변경되지 않는다(컨텍스트에 대한 자세한 내용은 8장 참조).

마지막으로 Joshua 제3판 책도 찾고 싶다. 이를 위해 term 쿼리를 포함하도록 filter 절을 업데이트한다.

목록 2.24 추가적인 filter 절이 포함된 bool 쿼리

```
GET books/_search
{
  "query": {
    "bool": {
      "must": [{"match": {"author": "Joshua"}}],
      "must_not":[{"range":{"amazon_rating":{"lt":4.7}}}],
      "should": [{"match": {"tags": "Software"}}],
      "filter":[
        {"range":{"release_date":{"gte": "2015-01-01"}}},
        {"term": {"edition": 3}}
      ]}
    }
}
```

filter 절의
term 쿼리

이 쿼리는 복잡한 요구 사항을 충족하기 위해 모두 함께 작동하는 풀텍스트 쿼리와 텀 수준 쿼리의 조합이다. bool 쿼리는 만능 검색 도구다. 이 툴킷에 대한 지식을 향상시키기 위해 11장에서 다양한 복합 쿼리, 옵션 및 팁을 알아보는 데 많은 시간을 할애할 것이다.

지금까지 몇 가지 검색을 구현해 표면적인 내용만 살펴봤다. 검색의 또 다른 측면은 분석이다. 일래스틱서치는 막대 차트, 히트 맵, 지도, 태그 클라우드 등을 사용해 데이터의 시각적 표현을 포함한 통계 및 집계를 도출하는 데 도움을 준다.

검색은 건초 더미에서 바늘을 찾는 데 도움이 되지만, 집계는 지난 1시간 동안의 총 서버 오류 수, 3분기 평균 책 판매량, 총 수입별 분류된 영화처럼 데이터 요약에 도움을 준다. 13장에서 집계와 기타 함수를 살펴보겠지만 여기서는 몇 가지 대략적인 예제를 살펴볼 것이다.

2.6 집계

지금까지 주어진 도큐먼트로부터 도큐먼트를 검색했다. 동전의 이면은 분석이다. 분석을 통해 조직은 큰 그림을 살펴보고 매우 높은 수준에서 데이터를 분석해 결론을 도출함으로써 데이터에 대한 통찰력을 찾을 수가 있다. 일래스틱서치에서는 분석을 제공하기 위해 집계 aggregation API를 사용한다.

집계는 세 가지 범주로 분류된다.

- **메트릭**metric **집계**: sum, min, max, avg 같은 단순 집계다. 이는 도큐먼트 데이터 집합 전체에 걸쳐 집계된 값을 제공한다.
- **버킷**bucket **집계**: 날짜, 연령 그룹 등과 같은 간격으로 분리된 "버킷"으로 데이터를 수집하는 집계다. 이는 히스토그램, 원형 차트 및 기타 시각화를 구축하는 데 도움을 준다.
- **파이프라인**pipeline **집계**: 다른 집계의 출력에 대해 작동하는 집계다.

여기서는 지표 및 버킷 집계의 몇 가지 예를 살펴볼 것이다. 그러나 파이프라인 집계 작업 포함한 자세한 내용은 13장까지 남겨둘 것이다.

검색과 마찬가지로 집계에는 _search 엔드포인트를 사용한다. 그러나 요청에는 지금까지 사용한 쿼리 객체 대신 aggs(집계의 약어)라는 새 객체를 사용한다. 일래스틱서치의 진정한 힘을 드러내기 위해 검색과 집계를 단일 쿼리로 결합할 수 있다.

집계를 효과적으로 보여주기 위해 새로운 데이터 세트인 10개국의 코로나 관련 데이터를 인덱싱해야 한다. _bulk API를 사용해 데이터를 인덱싱할 covid−26march2021.txt 파일은 책 파일과 함께 제공된다. 그 일부를 보자.

목록 2.25 코로나 관련 데이터 벌크 인덱싱

```
POST covid/_bulk
{"index":{}}
{"country":"USA","date":"2021-03-26","deaths":561142,"recovered":23275268}
{"index":{}}
{"country":"Brazil","date":"2021-03-26","deaths":307326,"recovered":10824095}
...
```

_bulk API는 10개의 도큐먼트를 새로 생성된 covid 인덱스로 인덱싱한다. 도큐먼트 ID에는 관심이 없기 때문에 시스템이 각 도큐먼트에 대해 임의의 ID를 생성하도록 한다. 따라서 {"index":{}}처럼 API의 인덱스 작업에 빈 인덱스 이름과 ID가 있다. 이제 covid 인덱스에 일련의 도큐먼트가 있으므로 메트릭 집계부터 시작해 몇 가지 기본 집계 작업을 수행해 보자.

2.6.1 메트릭

메트릭 집계는 일상 생활에서 자주 사용하는 간단한 집계다. 예를 들어 수업에 참여하는 학생의 평균 키는 얼마인가? 최소 헤지 거래^{hedge trade} 금액은 얼마인가? 영화의 총 수익은 얼마인가? 일래스틱서치는 그러한 메트릭을 꽤 많이 제공하며, 그중 대부분은 설명이 필요 없다.

실제 메트릭을 살펴보기 전에 집계 구문을 빠르게 살펴보자. 집계 쿼리는 검색 쿼리와 동일한 쿼리 DSL 구문을 사용해 작성된다. 그림 2.16은 그 예를 보여준다. 주목할 만한 점은 aggs가 amazon_rating 필드에 정의된 avg(평균) 지표를 사용하는 루트 수준 객체라는 점이다. 이 쿼리가 실행되면 집계된 결과가 사용자에게 반환된다. 몇 가지 메트릭 집계 실행을 바로 시작해 보자.

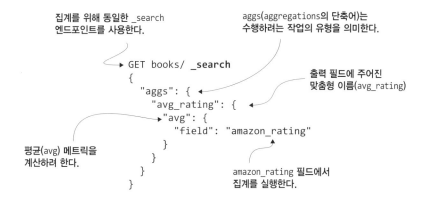

집계를 위해 동일한 _search
엔드포인트를 사용한다.

aggs(aggregations의 단축어)는
수행하려는 작업의 유형을 의미한다.

```
GET books/ _search
{
    "aggs": {
        "avg_rating": {
            "avg": {
                "field": "amazon_rating"
            }
        }
    }
}
```

출력 필드에 주어진
맞춤형 이름(avg_rating)

평균(avg) 메트릭을
계산하려 한다.

amazon_rating 필드에서
집계를 실행한다.

▲ **그림 2.16** 평점 평균 집계를 얻기 위한 DSL 구문 쿼리

총 중증 환자 수 찾기(SUM 메트릭)

다시 코로나 데이터로 돌아가 10개 국가 전체의 총 중증 환자 수를 찾고 싶다고 가정해 보자.
이를 위해 다음 합계 메트릭을 사용한다.

목록 2.26 총 중증 환자 수 가져오기

```
GET covid/_search
{
    "aggs": {
        "critical_patients": {
            "sum": {
                "field": "critical"
            }
        }
    }
}
```

aggs 객체를 이용한
집계 쿼리

집계 요청을 위한
사용자 정의 이름

sum 메트릭은 중증 환자 수를
합산한 것이다.

집계가 적용되는
필드

이 코드 조각을 사용해 집계 유형 쿼리를 생성한다. aggs는 집계 작업이라는 것을 일래스틱
서치에 알려주는 신호다. sum 메트릭은 수행하려는 집계 유형이다. 여기서 엔진에 각 국가의
수를 추가해 총 중증 환자 수를 찾도록 요청하고 있다. 응답은 다음과 같다.

```
"aggregations" : {
  "critical_patients" : {
```

```
      "value" : 44045.0
  }
}
```

총 중증 환자 수는 응답에서 보고서 이름(critical_patients)으로 반환된다. 명시적으로 제외하지 않는 한 응답은 반환된 모든 도큐먼트로 구성된다. 응답에 원본 소스 도큐먼트가 포함되지 않도록 루트 수준에서 size=0를 설정할 수 있다.

```
GET covid/_search
{
  "size": 0,
  "aggs": {
    ...
  }
}
```

이제 sum 메트릭에 대해 집계가 작동하는 방식을 알았으므로 다른 몇 가지 항목을 살펴보자.

다른 메트릭 사용

비슷한 맥락에서, 코로나19 데이터에서 모든 국가에서 가장 높은 사망자 수를 찾으려면 max 집계를 사용할 수 있다.

목록 2.27 max 메트릭 사용

```
GET covid/_search
{
  "size": 0,
  "aggs": {
    "max_deaths": {
      "max": {
        "field": "deaths"
      }
    }
  }
}
```

이 쿼리는 데이터 세트의 10개 국가 중에서 가장 높은 사망자 수를 반환한다.

```
"aggregations" : {
  "max_deaths" : {
    "value" : 561142.0
  }
}
```

마찬가지로 최솟값(min), 평균값(avg) 및 기타 메트릭을 찾을 수 있다. 하지만 이러한 기본 메트릭을 모두 함께 반환하는 통계 함수인 stats 메트릭이 있다.

목록 2.28 stats 메트릭을 사용해 모든 통계 반환

```
GET covid/_search
{
  "size": 0,
  "aggs": {
    "all_stats": {
      "stats": {          ◄——— stats 쿼리는 다섯 가지 핵심 메트릭을
        "field": "deaths"       모두 한 번에 반환한다.
      }
    }
  }
}
```

이 stats 쿼리는 count, avg, max, min, sum을 모두 한 번에 반환한다. 초기 stats 쿼리의 응답은 다음과 같다.

```
"aggregations" : {
  "all_stats" : {
    "count" : 10,
    "min" : 30772.0,
    "max" : 561142.0,
    "avg" : 163689.1,
    "sum" : 1636891.0
  }
}
```

이제 메트릭 집계가 무엇인지 알았으니 또 다른 집계 유형인 버킷 집계에 대해 간략하게 살
펴보자.

2.6.2 버킷 집계

버킷^{bucket} 집계(또는 간단히 버킷팅)는 데이터를 다양한 그룹이나 버킷으로 분리한다. 예를 들
어 연령층(20~30세, 31~40세, 41~50세)별 성인 그룹 설문 조사, 리뷰 평점별 영화, 월별 신축
주택 수 등의 그룹을 버킷에 추가할 수 있다.

일래스틱서치는 기본적으로 최소 20개 이상의 집계를 제공하며, 각 집계에는 자체 버킷
팅 전략이 있다. 또한 기본 버킷 아래에 집계를 중첩할 수 있다. 실제로 작동하는 몇 가지 버
킷팅 집계를 살펴보자.

histogram 버킷

히스토그램 버킷팅 집계는 모든 도큐먼트를 검토해 숫자 값을 나타내는 버킷 목록을 생성한
다. 예를 들어 2,500개 버킷의 중증 환자 수를 기준으로 국가를 분류하려면 다음 쿼리를 작
성할 수 있다.

목록 2.29 2,500개 단위 버킷에 중증 환자별 국가 나열

```
GET covid/_search
{
  "size": 0,
  "aggs": {
    "critical_patients_as_histogram": {          ◀── 보고서의
                                                     사용자 정의 이름
      "histogram": {                             ◀── 버킷팅 집계 유형:
        "field": "critical",          ◀──            여기서는 histogram 차트
버킷┌─ "interval": 2500
간격│  }                            집계가 적용되는
       │                                    필드
```

```
      }
    }
}
```

응답은 다음과 같으며 각 버킷에는 키와 값이 있다.

```
"aggregations" : {
  "critical_patients_as_histogram" : {
    "buckets" : [{
        "key" : 0.0,
        "doc_count" : 4
      },
      {
        "key" : 2500.0,
        "doc_count" : 3
      },
      {
        "key" : 5000.0,
        "doc_count" : 0
      },
      {
        "key" : 7500.0,
        "doc_count" : 3
      }]
  }
}
```

첫 번째 버킷에는 최대 2,500명의 중증 환자가 포함된 4개의 도큐먼트(국가)가 있다. 두 번째 버킷에는 2,500명에서 5,000명 사이의 중증 환자가 있는 3개 국가가 있다.

range 버킷

range 버킷팅 집계는 사전 정의된 범위를 기반으로 버킷 세트를 정의한다. 예를 들어 코로나 사망자 수를 국가별로 분리하고 싶다고 가정해 보자(사망자 최대 60,000명, 60,000~70,000명, 70,000~80,000명, 80,000~120,000명). 여기에 표시된 대로 해당 범위를 정의할 수 있다.

```
GET covid/_search
{
  "size": 0,
  "aggs": {
    "range_countries": {              범위 버킷팅
      "range": {                      집계
        "field": "deaths",                    집계를
                                              적용할 필드
        "ranges": [
          {"to": 60000},                      배열로 사용자 정의 범위를
                                              정의
          {"from": 60000,"to": 70000},
          {"from": 70000,"to": 80000},
          {"from": 80000,"to": 120000}
        ]
      }
    }
  }
}
```

사용자 지정 범위 집합을 사용해 범위 집계 버킷 유형을 정의한다. 쿼리가 실행되면 결과 버킷에는 사용자 지정 버킷 범위와 각 범위의 도큐먼트 수가 포함된 키가 표시된다.

```
"aggregations" : {
  "range_countries" : {
    "buckets" : [{
      "key" : "*-60000.0",
      "to" : 60000.0,
      "doc_count" : 1
    },{
      "key" : "60000.0-70000.0",
      "from" : 60000.0,
      "to" : 70000.0,
      "doc_count" : 0
    },{
      "key" : "70000.0-80000.0",
      "from" : 70000.0,
      "to" : 80000.0,
      "doc_count" : 2
    },{
```

```
      "key" : "80000.0-120000.0",
      "from" : 80000.0,
      "to" : 120000.0,
      "doc_count" : 3
    }]
  }
}
```

결과에 따르면 1개 국가에서는 최대 60,000명의 사망자가 발생하고, 3개 국가에서는 80,000~12,000명 사이의 사상자가 발생하는 등의 방식으로 출력된다.

바로 사용 가능한 통계 함수를 사용해 데이터에 대한 다양한 집계를 수행할 수 있는데, 13장에서 이러한 내용을 살펴볼 것이다.

일래스틱서치가 제공하는 기능의 겉모습만 살펴봤다. 3장에서는 훨씬 더 많은 기능을 살펴볼 것이다. 지금은 이쯤에서 마무리할 시간이다. 3장에서는 일래스틱서치의 아키텍처, 검색 메커니즘, 무빙 파츠 등을 살펴볼 것이다.

요약

- 일래스틱서치는 데이터 인덱싱을 위한 일련의 도큐먼트 API를 제공하며, 키바나의 Dev Tools 콘솔은 영구적 저장을 위한 인덱싱 쿼리 작성을 돕는다.
- 단일 도큐먼트 API를 사용해 도큐먼트를 검색하려면 ID(GET <index_name>/_doc/<ID>)가 있는 인덱스에 대해 GET 명령을 실행한다.
- 여러 도큐먼트를 검색하려면 도큐먼트 식별자를 사용할 수 있는 경우 ids 쿼리를 사용할 수 있다.
- 일래스틱서치는 기본 및 고급 쿼리를 포함해 광범위한 검색 API 세트를 제공한다.
- 풀텍스트 쿼리는 비구조화된 데이터를 검색해 관련 도큐먼트를 찾는다.
- term 쿼리는 숫자 및 날짜와 같은 구조화된 데이터를 검색해 일치하는 도큐먼트를 찾는다.
- 복합 쿼리를 사용하면 리프 쿼리를 컴파일하고 고급 쿼리 집합을 만들 수 있다. 복합 쿼리 중 하나인 bool 쿼리는 여러 절(must, must_not, should, filter)이 포함된 고급 쿼

리를 생성하는 메커니즘을 제공한다. 이러한 절은 정교한 쿼리를 만드는 데 도움을 준다.

- 검색은 주어진 조건에 따라 일치하는 도큐먼트를 찾는 반면, 분석을 사용하면 통계 기능을 제공해 데이터를 집계할 수 있다.

- 메트릭 집계는 max, min, sum, avg와 같은 일반적인 집계 결과를 가져온다.

- 버킷팅 집계는 특정 조건에 따라 도큐먼트를 다양한 그룹(버킷)으로 분리한다.

3

아키텍처

3장에서는 도큐먼트 인덱싱, 검색 쿼리 실행, 분석 기능 살펴보기 등 기본적인 일래스틱서치 기능을 다룬다. 내부에 대해 많이 알지 못한 채 간단히 서버를 다룬다. 좋은 소식은 일래스틱서치를 시작하기 위해 큰 노력을 들일 필요가 없다는 점이다. 간단한 수준에서 사용하기는 쉽지만, 마스터하는 데는 시간이 걸린다.

물론 다른 검색엔진과 마찬가지로 일래스틱서치도 기술의 달인이 되기 위해서는 심층적인 탐구가 필요하다. 즉, 이 제품은 직관적인 API와 도구를 사용해 즉시 작동하도록 설계됐으며, 사전 지식이 없어도 소프트웨어를 사용할 수 있다. 일래스틱서치의 사용하기 쉽고 실무적인 측면에 집중하기 전에 높은 수준의 아키텍처, 서버의 내부 작동, 서로 상반되는 구성 요소들을 이해하는 것이 장기적으로 도움이 될 것이다.

일래스틱서치를 효과적이고 효율적으로 사용하려는 엔지니어에게는 서버를 잘 이해하는 것이 좋다. 쿼리 결과가 예상과 다른 이유를 디버깅해야 할 수도 있다. 인덱싱된 데이터의 기하급수적인 증가로 인해 발생하는 성능 저하의 원인을 찾는 임무를 맡을 수도 있다. 메모리 문제로 인해 클러스터가 불안정해져서 오전 2시에 프로덕션 호출이 발생할 수도 있다. 비즈니스 요구 사항에 따라 애플리케이션을 다른 국가의 언어와 통합하기 위해 맞춤형 언어 분석기가 필요할 수도 있다.

엔지니어로서 비즈니스 요구에 맞게 쿼리를 미세 조정하거나 관리 기능을 조정하거나 일래스틱서치 멀티 클러스터 팜을 가동할 수도 있다. 그러한 지식을 얻으려면 3장의 내용인 내부 작동, 즉 세부 요소를 이해해 기술을 숙달해야 한다.

3장에서는 일래스틱서치의 구성 요소에 대해 설명하고 검색 및 인덱싱 프로세스가 이면에서 어떻게 작동하는지 더 잘 이해하게 된다. 역인덱스, 관련성, 텍스트 분석 등 검색엔진의 기초가 되는 기본 사항을 알아본다. 마지막으로 일래스틱서치 서버의 클러스터링 및 분산 특성을 살펴본다. 먼저 일래스틱서치 엔진이 높은 수준에서 어떻게 작동하는지 살펴보자.

3.1 개요

일래스틱서치는 개인 PC부터 기가바이트, 테라바이트 또는 페타바이트 규모의 데이터를 제공하는 컴퓨터 그룹에 이르기까지 무엇이든 실행할 수 있는 서버 측 애플리케이션이다. 이는 아파치 루씬과 함께 자바 프로그래밍 언어를 사용해 개발됐다.

자바로 개발된 고성능 풀텍스트 검색 라이브러리인 아파치 루씬은 강력한 검색 및 인덱싱 기능으로 잘 알려져 있다. 그러나 루씬은 간단히 다운로드하고, 설치하고, 사용할 수 있는 완전한 애플리케이션이 아니다. 라이브러리이므로 프로그래밍 인터페이스를 통해 애플리케이션을 통합해야 한다. 일래스틱서치는 바로 그 일을 수행한다. 즉, 루씬을 핵심 풀텍스트 검색 라이브러리로 래핑해 확장 가능한 분산형 서버 측 애플리케이션을 구축한다. 일래스틱서치는 풀텍스트 검색을 제공하기 위한 중심 요소로 루씬을 사용해 프로그래밍 언어에 구애받지 않는 애플리케이션을 구축했다.

그러나 일래스틱서치는 단순한 풀텍스트 검색엔진 그 이상이다. 다양한 사용 사례(애플리케이션 모니터링, 로그 데이터 분석, 웹 애플리케이션의 검색 기능, 보안 이벤트 캡처, 머신러닝 등)를 제공하는 집계 및 분석을 통해 인기 있는 검색엔진으로 성장했다. 고가용성, 내결함성, 속도를 기본 목표로 하는 성능이 뛰어나고 확장 가능한 최신 검색엔진이다.

은행 계좌에 돈이 없으면 쓸모가 없듯이 일래스틱서치는 데이터, 즉 일래스틱서치로 들어가는 데이터와 나오는 데이터 없이는 아무것도 아니다. 일래스틱서치가 이 데이터를 어떻게 처리하는지 잠시 살펴보자.

3.1.1 데이터 입력

일래스틱서치가 쿼리에 대한 답변을 제공하려면 먼저 데이터가 필요하다. 데이터는 여러 소스에서 데이터베이스에서 추출, 파일시스템에서 복사, 다른 시스템(실시간 스트리밍 시스템 포함)에서 로드 등 다양한 방법으로 일래스틱서치로 인덱싱할 수 있다.

그림 3.1은 세 가지 데이터 소스를 통해 일래스틱서치로 수집되는 데이터를 보여준다.

- **데이터베이스:** 애플리케이션은 일반적으로 권위 있는 기록 시스템인 데이터베이스에 데이터를 저장한다. 일괄적으로 또는 거의 실시간으로 데이터베이스에서 가져온 데이터를 사용해 일래스틱서치를 준비할 수 있다. 데이터베이스의 데이터 형태가 일래스틱서치가 기대하는 것과 정확하게 일치하지 않을 수 있으므로 일래스틱서치에 인덱싱 전에 ETL(추출, 변환, 적재) 도구(예를 들어 일래스틱 제품군의 데이터 처리 도구인 로그스태시)를 사용해 데이터를 변환하고 강화할 수 있다.
- **파일 저장소:** 애플리케이션, 가상 머신[VM], 데이터베이스 및 기타 시스템은 수많은 로그 및 메트릭 데이터를 뱉어낸다. 이 데이터는 오류 분석, 애플리케이션 디버깅, 사용자 요청 추적 및 감사에 중요하다. 물리적 하드웨어 스토리지나 AWS S3 또는 Azure 파일/Blob과 같은 클라우드 위치에 보관할 수 있다. 검색, 분석, 저장을 위해 이 데이터를 일래스틱서치로 가져와야 한다. 파일비트[Filebeat](파일에서 일래스틱서치와 같은 대상으로 데이터를 가져오는 유일한 목적을 가진 데이터 전달자) 또는 로그스태시 같은 도구를 사용해 검색, 디버그, 분석 목적으로 일래스틱서치에 데이터를 덤프할 수 있다.

- **애플리케이션:** 이베이, X, 교통 사이트(기차나 비행기), 가격/견적 엔진 같은 일부 애플리케이션은 일반적으로 실시간 데이터 스트림으로 이벤트를 내보낸다. 로그스태시 같은 일래스틱 스택 구성 요소를 사용하거나 일래스틱서치에 데이터를 게시하는 내부 실시간 스트리밍 라이브러리를 구축할 수 있고 이 데이터는 검색 기능에 사용된다.

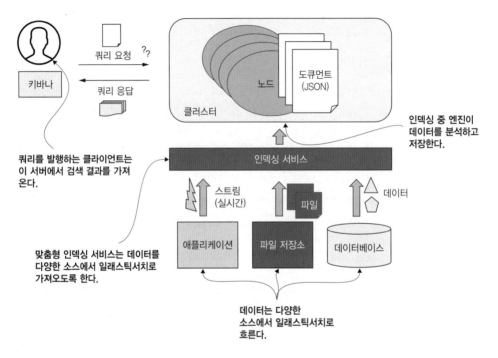

▲ **그림 3.1** 데이터와 함께 일래스틱서치 준비

일래스틱서치는 데이터가 영구 저장소에서 나오거나 실시간으로 내부적으로 분석되고 처리될 것으로 기대한다. 검색 및 분석 형태의 분석 프로세스는 데이터를 효율적으로 검색하는 데 도움된다. 일반적인 설정에서 조직은 ETL 도구를 사용해 데이터를 일래스틱서치로 전송한다. 수집된 데이터는 일래스틱서치 저장소를 통해 생성되면 검색 가능하다.

3.1.2 데이터 처리

일래스틱서치의 기본 정보 단위는 JSON 도큐먼트로 표현된다. 예를 들어 다음 목록과 같이 뉴스 기사를 잡지를 위한 JSON 도큐먼트로 생성할 수 있다.

目 목록 3.1 JSON 도큐먼트로 표현되는 일반적인 뉴스 기사

```
{
  "title":"Is Remote Working the New Norm?",
  "author":"John Doe",
  "synopsis":"Covid changed lives. It changed the way we work..",
  "publish_date":"2021-01-01",
  "number_of_words":3500
}
```

데이터 수집

관계형 데이터베이스에 데이터를 저장하는 것처럼 일래스틱서치에도 데이터를 유지(저장)해야 한다. 일래스틱서치는 최적화 및 압축 기술을 사용해 모든 데이터를 디스크에 저장한다. 일래스틱서치에는 비즈니스 데이터 외에도 스토리지가 필요한 클러스터 상태, 트랜잭션 정보 등과 관련된 자체 데이터가 있다.

바이너리(zip 버전)를 사용해 일래스틱서치를 설치한 경우 설치 폴더 아래에 data라는 폴더가 있다. 데이터 폴더는 네트워크 파일시스템으로 마운트되거나, 마운트 경로로 정의되거나, path.data 변수로 선언될 수 있다. 설치 메커니즘에 관계없이 일래스틱서치는 최적화된 파일시스템에 데이터를 저장한다.

데이터 폴더에 대해 좀 더 자세히 살펴보면 일래스틱서치는 데이터를 노드별, 데이터 타입별로 분류한다. 각 노드에는 관련 데이터가 포함된 버킷 세트가 있는 전용 폴더가 있다. 일래스틱서치는 각 데이터 타입을 기반으로 버킷 세트(일래스틱서치 용어로 인덱스라고 함)를 생성한다. 간단히 말해서 인덱스는 도큐먼트의 논리적 모음이다. 비즈니스 데이터를 보관하는 버킷이다.

예를 들어 뉴스 기사는 news라는 인덱스에, 거래는 trades라는 인덱스에 보관될 수 있으며, 영화는 classic_movies, comedy_movies, horror_movies 등과 같은 장르 기반 인덱스로 분

할될 수 있다. 특정 유형(say, cars, trades, students)의 모든 도큐먼트는 개별 인덱스에 포함될 수 있다. 요구 사항에 따라(메모리/크기 제한을 염두에 두고) 원하는 만큼 인덱스를 만들 수 있다.

일래스틱서치의 인덱스는 데이터베이스의 테이블과 같다

관계형 데이터베이스에서는 레코드를 보관할 테이블을 정의한다. 이 개념을 확장하면 일래스틱서치의 인덱스는 데이터베이스의 테이블과 동등하다. 일래스틱서치를 사용하면 스키마 없는 인덱스를 생성할 수 있다(즉, 스키마 없이는 테이블이 존재할 수 없는 데이터베이스와 달리 사전에 데이터 모델을 기반으로 하는 스키마를 생성할 필요가 없다). 이는 자유 형식 텍스트의 인덱싱에 도움이 된다.

인덱스는 도큐먼트를 샤드에 보관하는 논리적 컬렉션이다. 샤드는 아파치 루씬의 인스턴스를 실행하고 있다(메커니즘을 이해하는 것은 어려운 일이며 부담스러워 보일 수 있다. 샤드와 기타 무빙 파츠는 곧 다룰 것이므로 잠시 미뤄두자).

데이터 타입

데이터는 날짜, 숫자, 문자열, 부울, IP 주소, 위치 등 다양한 유형으로 제공된다. 일래스틱서치를 사용하면 풍부한 데이터 타입을 지원해 도큐먼트를 인덱싱할 수 있다. 매핑^{mapping}이라는 프로세스는 JSON 데이터 타입을 적절한 일래스틱서치 데이터 타입으로 변환한다. 매핑은 스키마 정의를 사용해 일래스틱서치에 데이터 필드 처리 방법을 알려준다. 예를 들어 목록 3.1의 뉴스 기사 도큐먼트에 있는 title과 synopsis 필드는 텍스트^{text} 필드인 반면, published_date는 날짜^{date} 필드이고 number_of_words는 숫자^{numeric} 필드다.

데이터를 인덱싱하는 동안 일래스틱서치는 들어오는 데이터를 필드별로 분석한다. 매핑 정의를 기반으로 한 고급 알고리듬을 사용해 개별 필드를 분석한다. 그런 다음 이러한 필드를 효율적인 데이터 구조로 저장해 데이터가 목적에 맞게 검색하고 분석할 수 있는 형식이 되도록 한다. 풀텍스트 필드는 일래스틱서치와 같은 최신 검색엔진의 핵심인 텍스트 분석$^{text analysis}$이라는 추가 프로세스를 거친다. 텍스트 분석(다음 절에서 살펴볼 것이다)은 원시 데이터를 일래스틱서치가 수많은 쿼리를 지원하면서 효율적으로 데이터를 검색할 수 있는 형식으로 변환하는 중요한 단계다.

데이터 분석

텍스트 분석 단계에서는 텍스트로 표현된 데이터가 분석된다. 텍스트는 일련의 규칙을 사용해 단어(토큰)로 분류된다. 기본적으로 분석 프로세스 중에는 토큰화^{tokenization}와 정규화^{normalization}라는 두 가지 프로세스가 발생한다.

토큰화는 일련의 규칙에 따라 텍스트를 토큰으로 나누는 프로세스다. 표 3.1에 표시된 대로 synopsis 필드의 텍스트는 공백 구분 기호로 구분된 개별 단어(토큰)로 구분된다. 이는 표준 토크나이저(사전 정의된 규칙에 따라 텍스트를 토큰으로 나누는 내장 소프트웨어 구성 요소)에 의해 수행된다.

▼ **표 3.1** 토큰화되지 않은 것과 토큰화된 synopsis 필드

토큰화되지 않은 문자열(토큰화 전)	Peter Piper picked a peck of Pickled-peppers!
토큰화된 문자열(토큰화 후)	[peter,piper,picked,a,peck,of,pickled,peppers] 참고: 토큰은 소문자로 표시됐으며 하이픈과 느낌표는 제거됐다.

예를 들어 Peter와 Peppers를 검색하면 해당 도큐먼트가 검색 조건과 일치할 것으로 기대한다. 텍스트를 토큰으로 변환하지 않고 그대로 덤프한다면 검색 조건을 일치시키기 어려울 것이다.

표 3.1의 예에서는 공백을 기준으로 단어를 분리했지만 일래스틱서치에서 사용할 수 있는 몇 가지 토크나이저 변형을 사용하면 숫자, 비문자, 불용어 등을 기준으로 토큰을 추출하는 데 도움이 될 수 있다. 공백에만 국한되지 않는다. 예를 들어 다른 방법으로 데이터를 검색하고 싶다고 가정해보자. 동일한 예시로 계속 진행하면 사용자는 다음 검색 텍스트 중 하나를 사용할 수 있다.

- "Who is Peter Piper?"
- "What did Peter pick?"
- "Has Peter picked pickled peppers?"
- "Peter Pickle Peppers"
- "Chili pickles"(검색은 이 쿼리에 대해 도큐먼트를 반환한다)

토큰화 중에 일래스틱서치는 토큰(개별 단어)을 유지하지만 이를 향상^{enhance}, 강화^{enrich} 또는 변환^{transform}하진 않는다. 즉, 토큰은 그대로 유지된다. "pickle peppers"를 검색하면 관련성 점수(검색 결과가 쿼리 조건과 얼마나 밀접하게 일치하는지 알려주는)가 약간 낮을 수 있지만, 아마도 Peter Piper 도큐먼트를 얻을 수는 있다. 그러나 "chili capsicum"을 검색하면 결과가 나오지 않을 수 있다(pepper의 다른 이름은 capsicum이다). 강화된 토큰이 없으면 해당 텍스트 검색에 쉽게 답할 방법이 없다. 따라서 이러한 토큰에 대해 작동하는 정규화라는 또 다른 프로세스가 있다.

정규화는 토큰에 대한 추가 데이터를 생성해 풍부한 사용자 경험을 구축하는 데 도움을 준다. 다음처럼 토큰을 어근 단어로 축소(어간 추출)하거나 해당 단어의 동의어를 만드는 프로세스다.

- peppers 토큰은 capsicum과 같은 대체 단어를 만들기 위해 어간이 추출될 수 있다.
- piper 토큰은 Bagpiper를 생성하기 위해 어간이 추출될 수 있다.

정규화는 또한 토큰의 동의어 목록을 작성하는 데 도움돼 사용자의 검색 경험을 다시 풍부하게 할 수 있다. 예를 들어 work에 대한 동의어 목록에는 working, office work, employment, job이 포함될 수 있고, authoring, authored, authored by는 모두 author와 관련 있다.

토큰과 함께 어근, 동의어 등이 역인덱스라는 고급 데이터 구조에 저장된다. vaccine이라는 단어의 예를 들어보자. vaccination, vaccinated, immunization, immune, inoculation, booster jab 등과 같은 여러 어근 또는 동의어에 대해 분석되고 역인덱스에 저장될 수 있다.

예를 들어 사용자가 immunization을 검색하면 vaccine이나 관련 단어가 서로 연관돼 있는 도큐먼트가 나타날 수 있다. Google에서 "where can I get immunization for covid"를 검색하면 백신과 관련된 결과가 나올 가능성이 높다. 이 검색을 시도했을 때 Google은 예상한 결과를 반환했다(그림 3.2 참조).

▲ **그림 3.2** Google의 검색 결과(예상대로)

7장에서 이 분석 단계에 대해 배운다. 데이터가 분석되면 지속성을 위해 특정 데이터 노드로 전송된다. 일반적으로 텍스트 분석^{analysis}, 저장^{persistence}, 데이터 복제^{replication} 등은 1초도 안 되는 짧은 시간 안에 수행되므로 일래스틱서치가 인덱싱된 후 1초 이내에 데이터를 사용할 준비가 된다(일래스틱서치가 보증하는 서비스 수준 협약[SLA]). 일래스틱서치에서 데이터 처리 후 다음 단계는 검색 및 분석 형태의 데이터 검색이며, 이에 대해서는 다음 절에서 알아본다.

3.1.3 데이터 출력

데이터가 일래스틱서치에 수집, 분석 및 저장된 후 검색 및 분석 쿼리를 통해 검색된다. 검색은 지정된 쿼리에 대해 일치하는 데이터를 가져오고, 분석은 데이터를 수집해 요약된 통계를 형성한다. 검색은 정확한 단어 대 단어 일치뿐만 아니라 어근, 동의어, 철자 오류 등도 찾는다. 풀텍스트 쿼리의 고급 기능은 일래스틱서치 같은 최신 검색엔진을 선호하게 만드는 요인이 됐다.

검색 쿼리가 실행될 때 필드가 풀텍스트 필드인 경우 필드가 인덱싱될 때 수행된 것과 유사한 분석 단계를 거친다. 즉, 쿼리는 해당 필드와 연결된 동일한 분석기를 사용해 토큰화되고 정규화된다. 각 토큰을 역인덱스에서 검색해 일치시키고, 일치된 결과를 클라이언트에 다시 전달한다. 예를 들어 필드가 프랑스어 분석기로 설정된 경우 검색 단계에서 동일한 분석기가 사용된다. 이렇게 하면 인덱싱하고 역인덱스에 삽입된 단어도 검색하는 동안 매치된다.

모든 애플리케이션에서와 마찬가지로 여러 빌딩 블록이 일래스틱서치 서버를 구성한다. 다음 절에서 이에 대해 설명하며, 이 책 전반에 걸쳐 광범위하게 다룬다.

3.2 빌딩 블록

2장에서는 샘플 도큐먼트를 인덱싱하고 검색을 수행한다. 그러나 인덱스, 도큐먼트, 샤드, 복제본 같은 구성 요소에 대한 논의를 나중으로 미뤘는데 그때가 바로 지금이다. 이러한 구성 요소는 일래스틱서치를 구성하며 검색엔진의 구성 요소다. 자세히 살펴보고 그 의미를 알아보자.

3.2.1 도큐먼트

도큐먼트^{document}는 일래스틱서치가 저장을 위해 인덱싱한 정보의 기본 단위다. 더 빠른 검색과 분석을 위해 각 도큐먼트의 개별 필드를 분석한다. 일래스틱서치에서는 JSON 형식의 도큐먼트를 기대한다. JSON은 최근 몇 년 동안 인기를 얻고 있는 사람이 읽을 수 있는 간단한 데이터 형식이다. 이는 데이터를 키-값 쌍으로 나타낸다(예를 들어 {"name":"John Doe"}). RESTful API를 통해 일래스틱서치와 통신할 때 일래스틱서치에 JSON 객체로 쿼리를 보낸다. 일래스틱서치는 이러한 JSON 도큐먼트를 직렬화하고 분석된 후 분산 도큐먼트 저장소에 저장한다.

도큐먼트 데이터 구문 분석

JSON 도큐먼트로 표현되는 데이터는 인덱싱 프로세스 중에 일래스틱서치에 의해 구문 분석된다. 예를 들어 그림 3.3은 student 객체에 대한 JSON 도큐먼트를 나타낸다.

이름-값 쌍

JSON 문자열 타입으로 제공된 텍스트 정보(큰따옴표로 묶은)는 일래스틱서치에서 적절한 데이터 타입(text)으로 변환된다.

JSON 문자열로 된 날짜 정보는 일래스틱서치의 date 타입으로 변환된다.

내부 객체 address는 또 다른 내부 객체 location을 포함한다.

이 location은 위도와 경도로 제공돼 일래스틱서치의 geo_point 타입과 연결된다.

▲ **그림 3.3** JSON 형식으로 표현된 student 도큐먼트

이름-값 쌍을 사용해 student의 속성을 설명한다. 이름 필드는 항상 따옴표로 묶인 문자열이며 값은 JSON의 데이터 타입(int, string, boolean 등)을 따른다. 내부 객체는 student 도큐먼트의 address 필드와 같이 JSON이 지원하는 중첩 객체로 표시될 수 있다. JSON에는 날짜 타입이 정의돼 있지 않지만, 날짜와 시간 데이터를 문자열(바람직하게는 ISO 8601 형식: yyyy-MM-dd 또는 시간 요소를 포함한 yyyy-MM-ddThh:mm:ss)로 제공하는 것이 일반적이다. 일래스틱서치는 문자열화된 날짜 정보를 구문 분석해 스키마 정의를 기반으로 데이터를 추출한다.

일래스틱서치는 JSON 파서를 사용해 인덱스에서 사용 가능한 매핑 규칙에 따라 데이터를 적절한 타입으로 역마샬링^{unmarshal}한다. 각 인덱스에는 도큐먼트가 인덱싱되거나 검색 쿼리가 실행될 때 일래스틱서치가 적용하는 일련의 매핑 규칙이 있다. 매핑에 대해서는 4장에서 자세히 알아본다.

일래스틱서치는 JSON 도큐먼트에서 값을 읽고 분석 및 저장을 위해 특정 데이터 타입으로 변환한다. JSON이 데이터 중첩(아래에 있는 다른 객체와 다시 래핑된 다음 수준 객체로 구성된 최상위 객체)을 지원하는 것처럼 일래스틱서치도 중첩된 데이터 구조를 지원한다.

관계형 데이터베이스 비유

관계형 데이터베이스에 대해 어느 정도 이해하고 있다면, 그림 3.4에 표시된 비유가 도움이 될 수 있다. 일래스틱서치는 다른 데이터베이스와 마찬가지로 저장 서버로 사용될 수 있다는 점을 기억하자(기본 저장소로 사용을 권장하지 않으며 이유는 나중에 설명한다). 일래스틱서치를 데이터베이스와 비교하고 대조하는 것이 타당하다. 그림 3.3의 JSON 도큐먼트는 관계형 데이터베이스 테이블의 레코드와도 동일하다(그림 3.4).

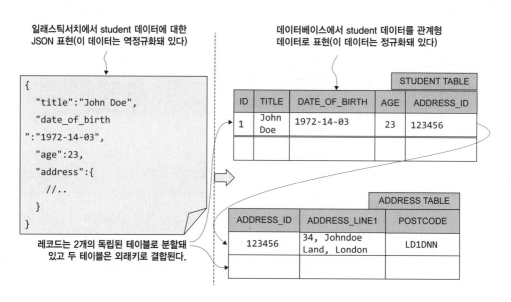

▲ **그림 3.4** JSON 도큐먼트 대 관계형 데이터베이스 테이블 구조

데이터는 이러한 구조에서 구성되고, 형식화되며, 저장되는 방식을 제외하면 거의 동일하다. 데이터베이스 구조는 관계형인 반면, 일래스틱서치의 구조는 비정규화되고 비관계형이다. 일래스틱서치의 도큐먼트는 관계가 없는 독립된 정보로 구성된다.

그림 3.4의 오른쪽에서 볼 수 있듯이 STUDENT 및 ADDRESS 테이블은 두 테이블 모두에 나타나는 외래 키 ADDRESS_ID와 연관돼 있다. 일래스틱서치에는 관계relationship 개념이 없으므로(또는 제한된 범위의 관계가 지원된다고 말할 수 있다) 전체 student 도큐먼트가 단일 인덱스에 저장된다. 내부 객체(그림 3.4의 address 필드)는 기본 필드와 동일한 인덱스에 있다.

| **노트** | 일래스틱서치의 데이터는 데이터가 다양한 형식으로 정규화되는 관계형 데이터베이스와 달리 빠른 검색을 지원하기 위해 역정규화된다. 일래스틱서치에서 어느 정도 부모-자식(parent-child) 관계를 생성할 수 있지만, 그렇게 하면 병목 현상과 성능 저하가 발생할 수 있다. 데이터가 관계형일 것으로 예상된다면 일래스틱서치가 올바른 솔루션이 아닐 수도 있다.

테이블에 여러 레코드를 삽입할 수 있는 것처럼 여러 JSON 도큐먼트를 일래스틱서치에 인덱싱할 수 있다. 그러나 테이블 스키마를 미리 생성해야 하는 관계형 데이터베이스와 달리 일래스틱서치(다른 NoSQL 데이터베이스와 마찬가지로)에서는 미리 정의된 스키마 없이 도큐먼트를 삽입할 수 있다. 스키마리스^{schema-less} 기능은 테스트나 개발 중에는 유용하지만 프로덕션 환경에서는 문제가 될 수도 있다.

도큐먼트 작업 API

일래스틱서치 전반의 표준으로서 도큐먼트 인덱싱은 명확하게 정의된 도큐먼트 API를 사용할 것으로 예상된다. 도큐먼트 API에는 두 가지 유형이 있다. 단일 도큐먼트에 대해 작업하는 것과 동시에 여러 도큐먼트에 대해 작업(일괄 작업)하는 것이다. 단일 도큐먼트 API를 사용해 도큐먼트를 하나씩 인덱싱하거나 혹은 검색하거나 다중 도큐먼트 API(HTTP를 통해 RESTful API로 노출된다)를 사용해 일괄 처리할 수 있다. 이에 대한 간략한 설명은 다음과 같다.

- **단일 도큐먼트 API**: 개별 도큐먼트에 대한 작업을 하나씩 수행한다. CRUD 관련 작업(생성, 읽기, 업데이트, 삭제)과 마찬가지로 이러한 API를 사용하면 도큐먼트를 가져오고, 인덱싱하고, 삭제하고, 업데이트할 수 있다.
- **다중 도큐먼트 API**: 여러 도큐먼트를 동시에 작업한다. 이를 통해 단일 쿼리로 여러 도큐먼트를 삭제 및 업데이트하고, 대량으로 인덱싱하고, 소스 인덱스에서 대상 인덱스로 데이터를 다시 인덱싱할 수 있다.

각 API에는 특정 용도가 있으며, 5장에서 자세히 설명한다.

도큐먼트에 관해 이야기할 때 흔히 등장하는 한 가지가 바로 도큐먼트 타입이다. 도큐먼트 타입은 더 이상 사용되지 않고 버전 8.x에서 제거됐지만, 일래스틱서치로 작업할 때 발견할 수 있으며 특히 이전 버전(버전 5.x 이하)의 일래스틱서치에서는 혼란을 줄 수 있다. 따라서 인덱스에 대해 알아보기 전에 잠시 시간을 내 인덱스가 무엇인지, 현재 상태를 살펴보자.

타입(type) 제거

저장하는 데이터에는 특정한 모양이 있다. movie 도큐먼트에는 영화와 관련된 속성이 있고, car에 대한 데이터에는 자동차와 관련된 속성이 있으며, employee 도큐먼트에는 고용 및 비즈니스 맥락과 관련된 데이터가 있다. 이러한 JSON 도큐먼트를 각각의 버킷이나 컬렉션으로 인덱싱한다. 예를 들어 영화 데이터로 구성된 movie 도큐먼트는 movies라는 인덱스에 보관돼야 한다. 따라서 Movie 타입의 도큐먼트를 movies 인덱스로, Car 타입의 도큐먼트를 cars 인덱스로 인덱싱하는 등의 작업을 수행한다. 즉, 일래스틱서치에 인덱싱하는 movie 도큐먼트에는 Movie라는 타입이 있다. 마찬가지로 모든 car 도큐먼트는 Car 타입에 속하고 employee 도큐먼트는 Employee 타입에 속한다.

버전 5.x 이전에는 일래스틱서치를 사용해 사용자가 단일 인덱스에서 여러 타입의 도큐먼트를 인덱싱할 수 있었다. 즉, cars 인덱스에는 Cars, PeformanceCars, CarItems, CarSales, DealerShowRooms, UsedCars 또는 심지어 Customers, Orders 등과 같은 타입이 포함될 수 있다. 자동차와 관련된 모든 모델을 한곳에 모아두겠다는 좋은 계획처럼 들리지만 한계가 있다.

데이터베이스에서 테이블의 열은 서로 독립적이다. 안타깝게도 일래스틱서치의 경우는 그렇지 않다. 도큐먼트 필드는 다양한 타입일 수 있지만 동일한 인덱스에 존재한다. 이는 같은 인덱스 내에서 타입이 다르다 하더라도 텍스트 데이터 타입을 갖는 필드와 날짜 데이터 타입의 필드가 같은 이름이라면 공존할 수 없음을 의미한다. 이는 루씬이 인덱스에서 필드 타입을 유지하는 방식 때문이다. 루씬은 인덱스 수준에서 필드를 관리하기 때문에 동일한 인덱스에서 같은 이름의 서로 다른 데이터 타입을 선언할 수 있는 유연성은 없다.

버전 6.0부터 인덱스당 단일 타입이 도입됐으므로 cars 인덱스는 car 도큐먼트만 포함해야 한다. car 도큐먼트를 인덱싱할 때 인덱스 이름 뒤에는 타입이 와야 한다. 예를 들어 PUT cars/car/1은 ID 1인 car 도큐먼트를 인덱싱해 cars 인덱스에 넣는다.

그러나 API는 버전 7.0.0부터 업그레이드됐다. 도큐먼트 타입은 기본 도큐먼트 타입 _doc로 대체됐다. 이는 이제 엔드포인트로서 URL의 영구적인 값이다. 따라서 URL은 PUT cars/_doc/1이다. 그림에서 볼 수 있듯이 일래스틱서치는 타입을 사용할 수 있도록 허용하지만 버전이 8.x 이전인 경우 경고(그림 오른쪽 참조)를 표시해 타입 없는 엔드포인트를 사용하도록 조언한다.

항상 각 인덱스가 하나의 특정 데이터 형태를 갖도록 데이터를 모델링하자. 도큐먼트를 인덱싱할 때 도큐먼트와 인덱스 사이에 일대일 매핑을 만든다. 즉, 하나의 인덱스에는 하나의 도큐먼트 타입만 있을 수 있다. 책 전체에서 이 원칙을 따를 것이다.

이 URL은 이 도큐먼트의 car 타입을
포함하고 있다(더 이상 사용되지 않
으며 8.0 버전에서 제거됐다).

```
PUT cars/ car /1
{
    "make":"Toyota",
    "model":"Avensis"
}
```

7.0 버전: 타입은 _doc(도큐먼트
타입은 아니다)이라는 이름의
엔드포인트로 대체됐다.

```
PUT cars/ _doc /1
{
    ...
}
```

```
#! [types removal] Specifying types in document
index requests is deprecated, use the typeless
endpoints instead (/{index}/_doc/{id},
/{index}/_doc, or /{index}/_create/{id}).

            {
    "_index" : "cars",
    "_type" : "car",
    "_id" : "1",
    "_version" : 1,
    "result" : "created",
    "_shards" : {
        "total" : 2,
        "successful" : 1,
        "failed" : 0
    },
    "_seq_no" : 0,
    "_primary_term" : 1
}
```

타입 사용은 7.x 버전까지
허용되나(이와 같이 경고를
받을 것이다), 타입을 완전히
제거하는 것이 좋다.

▲ 8 버전 이전의 타입이 지정된 도큐먼트 인덱싱을 사용할 때 경고

이제 데이터가 일래스틱서치에 저장될 JSON 도큐먼트로 제공된다는 것을 알았으므로 논리적인 다음
단계는 이러한 도큐먼트가 저장되는 위치를 찾아보는 것이다. 레코드를 호스팅하는 데이터베이스의 테
이블과 마찬가지로 인덱스라고 하는 특수 버킷(컬렉션)은 일래스틱서치에서 특정 형태의 모든 도큐먼트
를 보유한다. 자세한 내용은 다음 절에 나와 있다.

3.2.2 인덱스

저장소에서 도큐먼트를 호스팅하려면 컨테이너가 필요하다. 이를 위해 일래스틱서치는 도
큐먼트의 논리적 컬렉션으로 인덱스를 생성한다. 서류 캐비닛에 종이 문서를 보관하는 것처
럼 일래스틱서치는 데이터 도큐먼트를 인덱스에 보관한다. 단, 인덱스는 물리적 저장 장소
가 아니라 논리적인 그룹이다. 이는 샤드로 구성(또는 백업)된다. 그림 3.5는 노드당 하나의
샤드, 3개의 노드(노드는 일래스틱서치의 인스턴스)의 3개 샤드로 구성된 cars 인덱스를 보여준다.

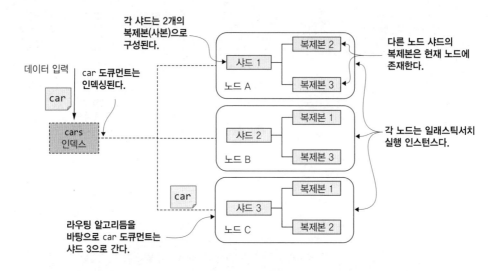

▲ **그림 3.5** 3개의 샤드와 샤드당 2개의 복제본으로 설계된 인덱스

3개의 샤드를 갖는 것 외에도 인덱스는 샤드당 2개의 복제본을 갖도록 선언되며 둘 다 다른 노드에서 호스팅된다. 이는 "샤드란 무엇인가?"라는 질문으로 이어진다.

샤드는 데이터를 저장소에 들어오고 나가는 데 있어 뒤에서 일하는 역할을 하는 아파치 루씬의 물리적 인스턴스다. 즉, 샤드는 데이터의 물리적 저장과 검색을 담당한다.

> |**노트**| 버전 7.x부터 생성된 모든 인덱스는 기본적으로 단일 샤드와 복제본으로 백업되도록 설정된다. 인덱스의 샤드와 복제본은 데이터 크기 요구 사항에 따라 구성하고 사용자 정의할 수 있다. 복제본의 수는 조정할 수 있지만, 활성화된 인덱스에서 샤드 수를 수정할 수는 없다.

샤드는 기본 샤드와 복제본 샤드로 분류될 수 있다. 기본 샤드는 도큐먼트를 보관하는 반면, 복제본 샤드(또는 단순히 복제본)는 이름에서 알 수 있듯이 기본 샤드의 복사본이다. 각 샤드마다 하나 이상의 복제본을 가질 수 있다. 복제본이 없을 수도 있지만, 이러한 설계는 프로덕션 환경에 권장되지 않는다. 실제 프로덕션 환경에서는 각 샤드에 대해 여러 개의 복제본을 생성한다. 복제본은 데이터 복사본을 보관해 시스템의 중복성을 높이고 검색 쿼리 속도를 높이는 데 도움을 준다. 다음 절에서 샤드와 복제본에 대해 자세히 알아본다.

인덱스는 여러 도큐먼트를 보유할 수 있으므로(앞서 논의한 것처럼 하나의 도큐먼트 타입만) 필요에 맞는 최적의 크기를 찾는 것이 좋다(샤드 크기에 대해서는 14장에서 알아본다). 각 인덱스는 단일 노드에 존재하거나 클러스터의 여러 노드에 분산될 수 있다. 그림 3.6의 설계(샤드 1개와 복제본 2개가 포함된 인덱스 1개)를 사용하면 인덱싱하는 모든 도큐먼트는 3개의 복사본으로 저장된다. 1개는 샤드에, 2개는 복제본에 저장된다.

> |**노트**| 인덱스를 설정하기 전에 최적의 인덱스 크기 조정을 수행해야 한다. 크기는 현재 제공해야 할 데이터와 향후 예상 크기에 따라 달라진다. 복제본은 데이터의 추가 복사본을 생성하므로 이를 고려해 용량을 생성해야 한다. 14장에서 인덱스 크기 조정을 살펴본다.

모든 인덱스에는 mappings, settings, aliases 같은 속성이 있다. 매핑^{mappings}은 스키마를 정의하는 프로세스인 반면, 설정^{settings}을 통해 샤드와 복제본을 구성할 수 있다. 별칭^{aliases}은 단일 인덱스 또는 인덱스 집합에 부여되는 대체 이름이다. 복제본 수와 같은 몇 가지 설정은 동적으로 설정할 수 있다. 그러나 샤드 수와 같은 속성은 인덱스가 작동 중일 때 변경할 수 없다. 템플릿을 생성해 새 인덱스를 구성하는 것이 이상적이다.

RESTful API를 사용해 인덱스 작업(인덱스 생성 및 삭제, 설정 변경, 닫기 및 열기, 데이터 재인덱싱 및 기타 작업)을 수행한다. 6장에서 이러한 API를 광범위하게 다룬다.

3.2.3 데이터 스트림

인덱스(movies, movie_reviews 등)는 데이터를 보유하고 수집한다. 시간이 지나면서 더 많은 데이터가 축적되고 저장되면서 규모가 커질 수 있다. 노드를 추가하면 더 많은 노드에 샤드를 분산시켜 이 문제를 완화할 수 있다. 이러한 데이터는 정기적으로(매시간, 매일, 매월) 새로운 인덱스로 롤오버될 필요는 없다. 이를 염두에 두고 다른 유형의 데이터인 시계열 데이터를 살펴보자.

이름에서 알 수 있듯이 시계열 데이터는 시간에 민감하고 시간 종속적이다. 그림 3.6에 표시된 아파치 웹 서버에서 생성된 로그의 예를 살펴보자.

```
83.149.9.216 - - [17/May/2015:10:05:03 +0000] "GET /presentations/logstash-monitorama-2013/images/kibana-search.png HTTP/1.1" 200 203023
"http://semicomplete.com/presentations/logstash-monitorama-2013/" "Mozilla/5.0 (Macintosh; Intel Mac OS X 10_9_1) AppleWebKit/537.36 (KHTML, like Gecko)
Chrome/32.0.1700.77 Safari/537.36"
83.149.9.216 - - [17/May/2015:10:05:43 +0000] "GET /presentations/logstash-monitorama-2013/images/kibana-dashboard3.png HTTP/1.1" 200 171717
"http://semicomplete.com/presentations/logstash-monitorama-2013/" "Mozilla/5.0 (Macintosh; Intel Mac OS X 10_9_1) AppleWebKit/537.36 (KHTML, like Gecko)
Chrome/32.0.1700.77 Safari/537.36"
83.149.9.216 - - [17/May/2015:10:05:47 +0000] "GET /presentations/logstash-monitorama-2013/plugin/highlight/highlight.js HTTP/1.1" 200 26185
"http://semicomplete.com/presentations/logstash-monitorama-2013/" "Mozilla/5.0 (Macintosh; Intel Mac OS X 10_9_1) AppleWebKit/537.36 (KHTML, like Gecko)
Chrome/32.0.1700.77 Safari/537.36"
83.149.9.216 - - [17/May/2015:10:05:12 +0000] "GET /presentations/logstash-monitorama-2013/plugin/zoom-js/zoom.js HTTP/1.1" 200 7697
"http://semicomplete.com/presentations/logstash-monitorama-2013/" "Mozilla/5.0 (Macintosh; Intel Mac OS X 10_9_1) AppleWebKit/537.36 (KHTML, like Gecko)
Chrome/32.0.1700.77 Safari/537.36"
83.149.9.216 - - [17/May/2015:10:05:07 +0000] "GET /presentations/logstash-monitorama-2013/plugin/notes/notes.js HTTP/1.1" 200 2892
"http://semicomplete.com/presentations/logstash-monitorama-2013/" "Mozilla/5.0 (Macintosh; Intel Mac OS X 10_9_1) AppleWebKit/537.36 (KHTML, like Gecko)
Chrome/32.0.1700.77 Safari/537.36"
83.149.9.216 - - [17/May/2015:10:05:34 +0000] "GET /presentations/logstash-monitorama-2013/images/sad-medic.png HTTP/1.1" 200 430406
"http://semicomplete.com/presentations/logstash-monitorama-2013/" "Mozilla/5.0 (Macintosh; Intel Mac OS X 10_9_1) AppleWebKit/537.36 (KHTML, like Gecko)
Chrome/32.0.1700.77 Safari/537.36"
83.149.9.216 - - [17/May/2015:10:05:57 +0000] "GET /presentations/logstash-monitorama-2013/css/fonts/Roboto-Bold.ttf HTTP/1.1" 200 38720
"http://semicomplete.com/presentations/logstash-monitorama-2013/" "Mozilla/5.0 (Macintosh; Intel Mac OS X 10_9_1) AppleWebKit/537.36 (KHTML, like Gecko)
Chrome/32.0.1700.77 Safari/537.36"
```

▲ **그림 3.6** 샘플 아파치 웹 서버 로그 파일

로그는 현재 날짜의 로그 파일에 지속적으로 기록된다. 각 로그에는 연결된 타임스탬프가 있다. 자정이 되면 파일이 날짜 스탬프와 함께 백업되고 새 날짜에 대한 새 파일이 생성된다. 로그 프레임워크는 하루가 바뀌는 시점에 자동으로 롤오버를 시작한다.

일래스틱서치에 로그 데이터를 보관하려면 주기적으로 변경 및 롤오버되는 데이터를 인덱싱하는 전략을 재고해야 한다. 매일 자정에 인덱스를 롤오버하는 인덱스 롤오버 스크립트를 작성할 수 있지만, 이는 단순히 데이터 롤오버보다 더 많은 일이 있다. 예를 들어 여러 롤링 인덱스가 아닌 단일 마더^mother 인덱스에 대한 검색 요청을 직접 수행해야 한다. 즉, 개별 인덱스를 지정하는 `GET index1,index2,index3/_search`와 같은 쿼리를 실행하고 싶지 않을 것이다. 대신 `GET myalias/search`를 호출해 해당하는 모든 인덱스에서 데이터를 반환하려고 한다. 6장에서는 이 목적을 위해 별칭을 만든다.

> |**정의**| 별칭(alias)은 단일 인덱스 또는 여러 인덱스 집합에 대한 대체 이름이다. 여러 인덱스를 검색하는 이상적인 방법은 해당 인덱스를 가리키는 별칭을 만드는 것이다. 별칭을 검색할 때 기본적으로 이 별칭으로 관리되는 모든 인덱스를 검색하는 것이다.

이는 데이터 스트림이라는 중요한 개념, 즉 시계열 데이터를 보유하는 인덱스 메커니즘으로 이어진다. 이에 대해서는 다음 절에서 설명한다.

시계열 데이터

데이터 스트림은 일래스틱서치에서 시계열 데이터를 수용하며, 여러 인덱스에 데이터를 보관하면서도 검색 및 분석 관련 쿼리를 위해 단일 리소스로 접근할 수 있게 해 준다. 앞에서 설명한 것처럼 로그, 자율주행차 이벤트, 일일 일기예보, 도시의 오염 수준, 시간별 블랙 프라이데이 매출 등과 같이 날짜 또는 시간 축에 태그가 지정된 데이터는 시간별 인덱스에서 호스팅될 것으로 예상된다. 높은 수준에서 이러한 인덱스를 데이터 스트림이라고 한다. 그 이면에는 각 데이터 스트림에 각 시점에 대한 인덱스 세트가 있다. 이러한 인덱스는 일래스틱서치에 의해 자동 생성되며 숨겨져 있다.

그림 3.7은 매일 생성되고 수집된 전자상거래 주문 로그에 대한 데이터 스트림의 예를 보여준다. 또한 주문 데이터 스트림이 날짜별로 자동 생성된 숨겨진 인덱스로 구성돼 있음을 보여준다. 데이터 스트림 자체는 배후에 있는 시계열(롤링) 숨겨진 인덱스에 대한 별칭에 지나지 않는다. 검색 및 읽기 요청은 데이터 스트림의 숨겨진 인덱스 전체에 걸쳐 있지만, 인덱싱 요청은 새(현재) 인덱스로만 전달된다.

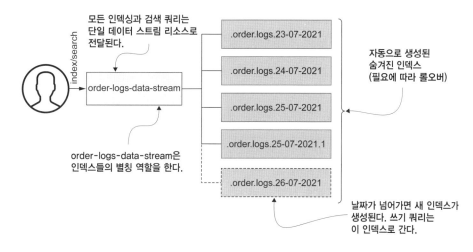

▲ **그림 3.7** 데이터 스트림은 자동으로 생성된 숨겨진 인덱스로 구성된다.

데이터 스트림은 일치하는 인덱싱 템플릿을 사용해 생성된다. 템플릿은 인덱스와 같은 리소스를 생성하는 데 사용되는 설정 및 구성 값으로 구성된 청사진이다. 템플릿에서 생성된 인덱스는 템플릿에 정의된 설정을 상속한다. 6장에서는 인덱싱 템플릿을 사용해 데이터 스트림을 개발하는 방법을 살펴본다.

마지막 두 절에서는 인덱스와 데이터 스트림이 샤드와 복제본에 분산된다는 점을 간략하게 설명하면서 이러한 구성 요소에 대해 더 자세히 살펴본다.

3.2.4 샤드와 복제본

샤드는 데이터를 보관하고, 지원하는 데이터 구조(역인덱스)를 생성하고, 쿼리를 관리하고, 일래스틱서치에서 데이터를 분석하는 소프트웨어 구성 요소다. 이는 인덱스 생성 중에 인덱스에 할당된 아파치 루씬의 인스턴스다. 인덱싱 과정에서 도큐먼트가 샤드로 이동한다. 샤드는 도큐먼트를 영속적인 파일시스템에 보관하기 위해 변경할 수 없는 파일 세그먼트를 생성한다.

루씬은 도큐먼트를 효율적으로 인덱싱하기 위한 고성능 엔진이다. 도큐먼트를 인덱싱할 때 뒤에서 많은 일이 진행되며 루씬은 이 작업을 매우 효율적으로 수행한다. 예를 들어 도큐먼트는 처음에 샤드의 메모리 내 버퍼에 복사된 다음 쓰기 가능한 세그먼트에 기록된 후 기본 파일시스템 저장소에 병합되고 마무리^{finalize}된다. 그림 3.8은 인덱싱 중 루씬 엔진의 내부 작동을 보여준다.

샤드는 가용성과 장애 조치를 위해 클러스터 전체에 분산된다. 반면 복제본은 시스템의 중복성을 허용한다. 인덱스가 작동 중이면 샤드를 재배치[1]할 수 없다. 그렇게 하면 인덱스의 기존 데이터가 무효화되기 때문이다.

샤드의 중복 복사본인 복제본 샤드는 애플리케이션에 중복성과 고가용성을 제공한다. 읽기 요청을 처리함으로써 복제본은 피크 시간 동안 읽기 로드를 분산시킬 수 있다. 복제본은 중복성 목적을 상실할 수 있으므로 해당 샤드와 동일한 노드에 함께 배치되지 않는다. 예를 들어 노드가 실패하면 샤드와 해당 복제본이 같은 위치에 있었다면 모든 데이터가 손실된다. 따라서 샤드와 해당 복제본은 클러스터의 여러 노드에 분산된다.

---

1 곧 있으면 나올 '샤드 재조정' 절에 있는 '운영 중인 인덱스는 샤드를 수정할 수 없다' 항목을 참조하라. — 옮긴이

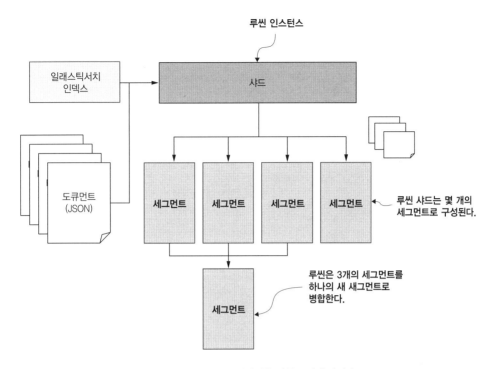

▲ **그림 3.8** 도큐먼트 인덱싱을 위한 루씬의 메커니즘

|**정의**| 클러스터는 노드의 컬렉션이다. 노드는 일래스틱서치 서버의 인스턴스다. 예를 들어 어떤 머신에서 일래스틱서치 서버를 시작하면 본질적으로 노드가 생성된다. 이 노드는 기본적으로 클러스터에 참여한다. 클러스터에는 이 노드만 있으므로 단일 노드 클러스터라고 한다. 서버의 더 많은 인스턴스를 시작하면 설정이 올바른 경우 해당 인스턴스가 이 클러스터에 합류하게 된다.

샤드 및 복제본 배포

각 샤드는 일정량의 데이터를 보유할 것으로 예상된다. 우리가 알고 있듯이 데이터는 여러 노드의 여러 샤드에 분산돼 있다. 새 노드를 시작할 때 샤드가 어떻게 배포되고 노드를 잃을 때 샤드가 감소하는지 살펴보자.

코로나 바이러스 돌연변이 데이터를 보관하기 위해 virus_mutations 인덱스를 생성했다고 가정한다. 이 인덱스에는 3개의 샤드가 제공된다(6장에서는 특정 수의 샤드와 복제본으로 인덱스를 생성하는 메커니즘을 다루고 있지만, 지금은 샤드가 배포되는 방법에 대해 계속 설명한다).

클러스터 상태

일래스틱서치는 표시기(indicator)를 기반으로 하는 간단한 신호등 시스템(traffic light system)을 사용해 언제든지 클러스터의 상태를 알려준다. 클러스터에는 다음과 같은 세 가지 상태가 있다.

- RED: 샤드가 아직 할당되지 않았으므로 일부 데이터를 쿼리에 사용할 수 없다. 이는 일반적으로 클러스터가 시작될 때 발생하며, 이 기간 동안 샤드는 과도기적인(transient) 상태다.

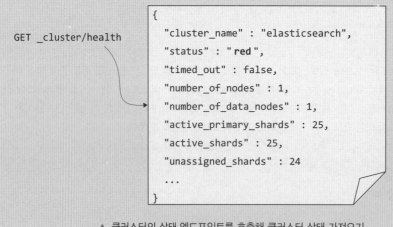

RED	모든 샤드가 할당 및 준비된 것은 아님 (클러스터가 준비 중)
YELLOW	샤드는 할당 및 준비됐으나, 복제본은 할당 및 준비되지 않음
GREEN	샤드와 복제본 모두 할당 및 준비됨

- YELLOW: 복제본이 아직 할당되지 않았지만 모든 샤드가 할당돼 작동 중이다. 이는 복제본을 호스팅하는

▲ 신호등 신호판으로 샤드의 상태 표시

노드가 실패했거나 막 시작될 때 발생할 가능성이 높다.

- GREEN: 모든 샤드와 복제본이 할당되고 예상대로 작동하는 정상적인 상태다.

일래스틱서치는 클러스터 API로 클러스터 상태를 포함한 클러스터 관련 정보를 가져온다. GET _cluster/ health 엔드포인트를 사용해 상태 표시기를 가져올 수 있다. 다음 그림은 이러한 호출 결과를 보여준다.

GET _cluster/health

```
{
  "cluster_name" : "elasticsearch",
  "status" : "red",
  "timed_out" : false,
  "number_of_nodes" : 1,
  "number_of_data_nodes" : 1,
  "active_primary_shards" : 25,
  "active_shards" : 25,
  "unassigned_shards" : 24
  ...
}
```

▲ 클러스터의 상태 엔드포인트를 호출해 클러스터 상태 가져오기

_cat API(간결하고 정렬된 텍스트 API) 호출을 사용해 클러스터 상태를 가져올 수도 있다. 필요한 경우 키바나가 아닌 브라우저에서 직접 이 API를 호출할 수 있다. 예를 들어 GET localhost:9200/_cat/health를 호출하면 서버에서 클러스터의 상태를 가져온다(localhost는 일래스틱서치 URL이 9200 포트에서 실행되는 곳이다).

첫 번째 노드(노드 A)를 시작할 때 인덱스에 대한 모든 샤드가 생성되지 않았다. 이는 일반적으로 서버가 막 시작될 때 발생한다. 일래스틱서치는 이 클러스터 상태를 RED로 강조 표시해 시스템이 비정상임을 나타낸다(그림 3.9 참조).

▲ **그림 3.9** 샤드가 아직 완전히 초기화되지 않아 엔진이 준비되지 않았으므로 RED 상태

노드 A가 나타나면 설정에 따라 virus_mutations 인덱스를 위해 이 노드에 3개의 샤드가 생성된다(그림 3.10 참조). 노드 A는 기본적으로 새로 생성된 단일 노드 클러스터에 조인한다. 3개의 샤드가 모두 성공적으로 생성됐으므로 인덱싱 및 검색 작업을 즉시 시작할 수 있다. 그러나 아직 복제본이 생성되지 않았다. 알다시피 복제본은 데이터 복사본이며 백업에 사용된다. 동일한 노드에 생성하는 것은 올바른 방법이 아니다(이 노드가 실패하면 복제본도 손실된다).

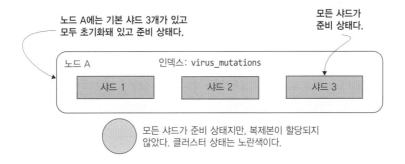

▲ **그림 3.10** 단일 노드 클러스터에 합류하는 3개의 샤드가 있는 단일 노드

복제본이 아직 인스턴스화되지 않았기 때문에 노드 A에 문제가 발생하면 데이터가 손실될 가능성이 높다. 이러한 위험으로 인해 클러스터의 상태가 YELLOW로 설정된다.

모든 샤드가 단일 노드에 있다는 사실을 알고 있으며, 이 노드가 어떤 이유로든 실패하면 모든 것을 잃게 된다. 데이터 손실을 방지하기 위해 두 번째 노드를 시작해 기존 클러스터에 합류하기로 결정했다. 새 노드(노드 B)가 생성돼 클러스터에 추가되면 일래스틱서치는 다음과 같이 원래 샤드 3개를 배포한다.

1. 샤드 2와 샤드 3이 노드 A에서 제거된다.
2. 샤드 2와 샤드 3이 노드 B에 추가된다.

이 이동은 그림 3.11에서 볼 수 있듯이 샤드를 조정해 클러스터 전체에 데이터를 배포한다.

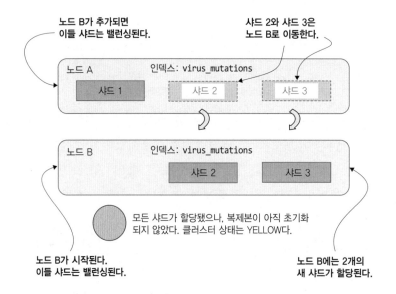

▲ **그림 3.11** 샤드가 새 노드로 밸런싱됐지만 복제본은 아직 할당되지 않았다(YELLOW 상태).

노드 B를 추가한 후 샤드가 배포되자마자 클러스터 상태가 YELLOW로 변경된다.

새 노드가 활성화되면 샤드를 배포하는 것 외에도 복제본이 초기화된다. 각 샤드의 복제본이 생성되고, 데이터는 해당 샤드에서 이러한 복제본으로 복사된다. 앞서 언급했듯이 복제본은 기본 샤드와 동일한 노드에 위치하지 않는다. 복제본 1은 샤드 1의 복사본이지만 노드 B에서 생성돼 사용할 수 있다. 마찬가지로 복제본 2와 복제본 3은 각각 노드 B에 있는 샤드 2와 샤드 3의 복사본이지만 복제본은 노드 A에서 사용할 수 있다(그림 3.12).

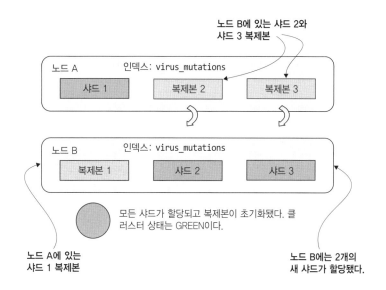

▲ **그림 3.12** 즐거운 하루! 모든 샤드와 복제본이 할당됐다.

기본 및 복제본 샤드가 모두 할당돼 준비됐다. 이제 클러스터 상태는 GREEN이다.

샤드 재조정

하드웨어 오류의 위험은 항상 존재한다. 이 예에서 노드 A가 실패하면 어떻게 될까? 노드 A가 사라지면 일래스틱서치는 복제본 1을 샤드 1로 승격해 샤드를 다시 조정한다. 그 까닭은 복제본 1은 샤드 1의 복사본이기 때문이다(그림 3.13 참조).

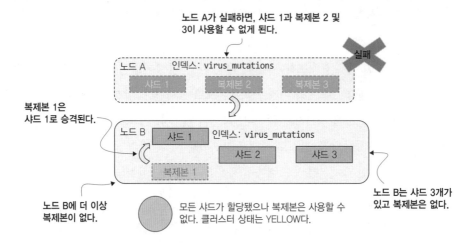

▲ **그림 3.13** 노드 실패 시 복제본이 손실(되거나 샤드로 승격)된다.

이제 노드 B는 클러스터의 유일한 노드이며 3개의 샤드를 갖는다. 복제본이 더 이상 존재하지 않기 때문에 클러스터 상태는 YELLOW로 설정된다. DevOps 팀이 노드 A를 다시 가동하면 샤드가 재조정되고 재할당되며 복제본이 초기화돼 시스템은 건강한 GREEN 상태를 달성하려고 시도한다. 일래스틱서치는 이러한 재해를 관리하고, 필요한 경우 최소한의 리소스로 운영해 다운타임을 방지할 수 있다. 이 모든 과정을 자동으로 수행하므로 운영상의 복잡한 문제에 대해 걱정할 필요가 없다.

샤드 크기 결정

일반적인 질문은 샤드 크기를 정하는 방법이다. 모든 경우에 적용되는 정답은 없다. 결정적인 결과를 얻으려면 조직의 현재 데이터 요구 사항과 향후 요구 사항을 기반으로 규모 조정시험(실사를 통해)을 수행해야 한다. 개별 샤드의 크기를 50GB 이하로 설정하는 것이 일반적이지만 샤드 크기는 최대 400GB에 달하는 경우도 있다. 깃허브의 인덱스는 각 120GB의 128개 샤드에 분산돼 있다. 노드의 힙 메모리를 염두에 두고 25GB에서 40GB 사이의 샤드를 만드는 것이 좋다. movies 인덱스가 최대 500GB의 데이터를 보유할 수 있다는 것을 알고 있다면, 이 데이터를 여러 노드에 분산된 10~20개의 샤드에 배포하는 것이 가장 좋다.

샤드 크기를 조정할 때 고려해야 할 매개변수가 하나 더 있는데 바로 힙 메모리다. 노드에는 메모리 및 디스크 공간과 같은 컴퓨팅 리소스가 제한돼 있다. 사용 가능한 메모리를 기반으로 힙 메모리를 사용하도록 각 일래스틱서치 인스턴스를 조정할 수 있다. 힙 메모리 기가바이트당 최대 20개의 샤드를 호스팅하는 것이 좋다. 기본적으로 일래스틱서치는 1GB 메모리로 실행되지만, 설치의 config 디렉터리에 있는 jvm.options 파일을 편집해 설정을 변경할 수 있다. 가용성과 요구 사항에 따라 힙 메모리를 설정하려면 JVM의 Xms 및 Xmx 속성을 조정하자.

핵심은 샤드가 데이터를 저장하므로, 적절한 크기를 정하기 위해 초기 작업을 제대로 수행해야 한다는 점이다. 크기 설계는 인덱스가 보유하는 데이터 양(향후 요구 사항 포함)과 노드에 할당할 수 있는 힙 메모리 양에 따라 달라진다. 모든 조직은 데이터를 올리기 전에 샤드에 대한 전략을 갖고 있어야 한다. 데이터 요구 사항과 최적의 샤드 수 사이의 균형을 맞추는 것이 중요하다.

운영 중인 인덱스는 샤드를 수정할 수 없다

인덱스가 생성돼 작동 중인 후에는 샤드 수를 변경할 수 없다. 인덱스를 생성할 때 일래스틱서치는 기본적으로 단일 샤드를 단일 복제본과 연결한다(버전 7 이전에는 기본값이 샤드 5개와 복제본 1개였다). 인덱스 수명 동안 샤드 수는 변경할 수 없지만 복제본 수는 인덱스 설정 API를 사용해 변경할 수 있다. 도큐먼트는 라우팅 알고리듬에 따라 특정 샤드에 보관된다.

shard_number = hash(document_id) % number_of_primary_shards

알고리듬은 샤드 수에 직접적으로 의존하므로 실시간 실행 중에 해당 수를 변경하면 현재 도큐먼트의 위치가 수정되고 손상된다. 그러면 역인덱스 및 검색 프로세스가 손상된다. 하지만 탈출구가 있다. 다시 인덱싱하는 방식이다. 필요한 경우 재인덱싱을 통해 샤드 설정을 변경할 수 있다. 재인덱싱 메커니즘에 대해서는 5장에서 자세히 알아본다.

14장에서 샤드 크기 조정에 대해 알아본다. 샤드와 복제본은 노드를 만들고 노드는 클러스터를 형성한다. 다음 절에서 이에 대해 알아보자.

3.2.5 노드와 클러스터

일래스틱서치를 시작하면 노드라는 단일 인스턴스가 부팅된다. 각 노드는 일련의 샤드와 복제본(아파치 루씬의 인스턴스)을 호스팅한다. 데이터를 보관하기 위한 논리적 컬렉션인 인덱스는 이러한 샤드와 복제본에 걸쳐 생성된다. 그림 3.14는 클러스터를 형성하는 단일 노드를 보여준다.

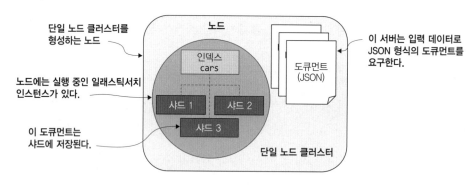

▲ **그림 3.14** 단일 노드 일래스틱서치 클러스터

동일한 시스템에서 여러 노드를 시작해 다중 노드 클러스터를 생성할 수 있지만 그렇게 하는 것은 권장하지 않는다. 복제본은 해당 샤드가 존재하는 동일한 머신에서 생성되지 않으므로 데이터가 백업되지 않는 상황이 발생한다. 그러면 클러스터가 비정상 YELLOW 상태가 된다. 동일한 시스템에서 다른 노드를 시작하려면 데이터 경로와 로그 경로가 다른지 확인하기만 하면 된다(자세한 내용은 147페이지의 '개인용 컴퓨터의 추가 노드'를 참조한다).

단일 노드 클러스터

노드를 처음 부팅하면 일래스틱서치는 일반적으로 단일 노드 클러스터라고 하는 새 클러스터를 형성한다. 개발 목적으로 단일 노드 클러스터를 사용할 수 있지만 프로덕션 수준 설정과는 거리가 멀다. 일반적인 프로덕션 환경에는 데이터 및 애플리케이션 검색 요구 사항에 따라 클러스터(단일 또는 다중)를 형성하는 데이터 노드 팜이 있다. 동일한 네트워크에서 다른 노드를 시작하면 새로 인스턴스화된 노드가 기존 클러스터에 합류한다. 단, 클러스터 .name 속성이 단일 노드 클러스터를 가리킨다. 14장에서 프로덕션 등급 설정에 대해 알아본다.

클러스터는 스케일 업(수직 확장) 또는 스케일 아웃(수평 확장)해 확장할 수 있다. 추가 노드가 부팅되면 cluster.name 속성이 동일한 한 기존 노드와 동일한 클러스터에 조인할 수 있다. 따라서 그림 3.15에 표시된 것처럼 노드 그룹은 다중 노드 클러스터를 형성할 수 있다.

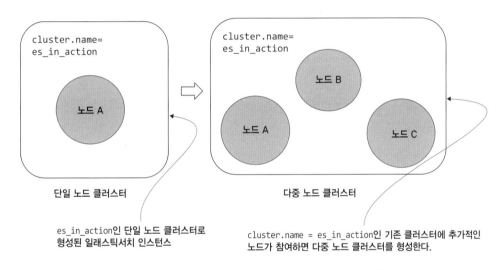

▲ **그림 3.15** 단일 노드에서 다중 노드 클러스터로의 클러스터 형성

클러스터에 더 많은 노드를 추가하면 중복성이 생기고 시스템 내결함성이 향상될 뿐만 아니라 엄청난 성능 이점도 얻을 수 있다. 더 많은 노드를 추가하면 복제본을 위한 더 많은 공간이 생성된다. 인덱스가 동작하는 동안에는 샤드 개수를 변경할 수 없다는 점을 기억하자. 그렇다면 샤드의 관점에서 노드를 추가하면 어떤 이점이 있을까? 일반적으로 데이터는 기존 인덱스에서 새 인덱스로 다시 인덱싱할 수 있다. 새 노드를 고려해 새 인덱스의 샤드 수를 구성할 수 있다.

다중 노드 다중 클러스터

일래스틱서치 서버의 인스턴스인 노드를 간략하게 살펴봤다. 앞서 언급했듯이 일래스틱서치 애플리케이션을 시작하면 본질적으로 노드가 초기화된다. 기본적으로 이 노드는 단일 노드 클러스터에 조인한다. 데이터 요구 사항에 따라 원하는 수의 노드로 구성된 클러스터를 만들 수 있다. 그림 3.16과 같이 다중 클러스터를 생성할 수도 있지만, 그렇게 하는 방법은 조직의 사용 사례에 따라 다르다.

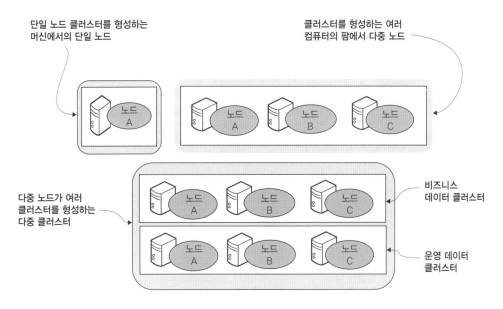

단일 노드 클러스터를 형성하는
머신에서의 단일 노드

클러스터를 형성하는 여러
컴퓨터의 팜에서 다중 노드

노드
A

노드
A

노드
B

노드
C

다중 노드가 여러
클러스터를 형성하는
다중 클러스터

노드
A

노드
B

노드
C

비즈니스
데이터 클러스터

노드
A

노드
B

노드
C

운영 데이터
클러스터

▲ 그림 3.16 다양한 클러스터 구성

조직에는 비즈니스 관련 데이터(송장, 주문, 고객 정보 등) 및 운영 정보(웹 서버 및 데이터베이스 서버 로그, 애플리케이션 로그, 애플리케이션 메트릭 등)와 같은 다양한 유형의 데이터가 있다. 모든 종류의 데이터를 단일 클러스터에 묶는 것은 드문 일이 아니지만, 언제나 모범 사례라고 할 수는 없다. 각 클러스터에 대해 맞춤형 구성을 사용해 다양한 데이터 형태에 대해 여러 클러스터를 생성하는 것이 더 나은 전략일 수 있다. 예를 들어 비즈니스에 중요한 데이터 클러스터는 더 큰 메모리와 디스크 공간 옵션이 구성된 온프레미스 클러스터에서 실행되는 반면, 애플리케이션 모니터링 데이터 클러스터는 약간 다른 설정을 가질 수 있다.

개인용 컴퓨터의 추가 노드

개인 노트북이나 PC에서 노드를 실행하는 경우 동일한 설치 폴더에서 추가 노드를 인스턴스화할 수 있다. 여기에 표시된 대로 해당 디렉터리를 가리키는 2개의 추가 매개변수인 path.data 및 path.logs 옵션을 전달해 셸 스크립트를 다시 실행한다.

```
$>cd <INSTALL_DIR>/bin
$>./elasticsearch -Epath.data=../data2 -Epath.logs=../log2
```

이 명령은 지정된 데이터 및 로그 폴더를 사용해 추가 노드를 가동한다. 이제 GET _cat/nodes 명령을 실행하면 두 번째 노드가 목록에 나타나야 한다.

각 노드는 때때로 특정 책임을 맡아 작업해야 한다. 일부는 인덱싱 및 캐싱과 같은 데이터 관련 활동에 대해 고려해야 할 수도 있고, 다른 일부는 클라이언트의 요청과 응답을 조정해야 할 수도 있다. 일부 작업에는 노드 간 통신 및 클러스터 수준 관리도 포함될 수 있다. 이러한 책임을 활성화하기 위해 일래스틱서치에는 노드가 해당 역할에 할당될 때 특정 책임 집합을 수행할 수 있는 역할 집합이 있다. 다음 절에서 노드 역할에 대해 알아본다.

노드 역할

모든 노드는 코디네이터부터 데이터 관리, 마스터가 되는 등 다양한 역할을 수행한다. 일래스틱서치 개발자는 계속해서 노드를 조작하므로 때때로 새로운 역할이 나타나는 것을 볼 수 있다. 표 3.2에는 분류할 수 있는 노드 역할이 나열돼 있다.

▼ 표 3.2 노드 역할 및 책임

역할	설명
마스터(Master) 노드	주요 책임은 클러스터 관리다.
데이터(Data) 노드	도큐먼트 지속성 및 검색을 담당한다.
수집(Ingest) 노드	인덱싱 전 파이프라인 수집을 통한 데이터 변환을 담당한다.
머신러닝(Machine learning) 노드	머신러닝 작업 및 요청을 처리한다.
변환(Transform) 노드	변환 요청을 처리한다.
조정(Coordination) 노드	이것이 기본 역할이며 유입되는 클라이언트 요청을 처리한다.

노드 역할은 다음과 같다.

- **마스터 노드:** 인덱스 생성 및 삭제, 노드 작업, 클러스터 관리를 위한 기타 관리 관련 작업과 같은 상위 수준 작업에 관여한다. 이러한 관리 작업은 가벼운 프로세스다. 따라서 전체 클러스터에는 마스터 하나면 충분하다. 마스터 노드가 실패하면 클러스터

는 다른 노드 중 하나를 마스터로 선출해 바통을 넘긴다. 마스터 노드는 도큐먼트 CRUD 작업에 참여하지 않으며 도큐먼트의 위치를 알고 있다.

- **데이터 노드:** 인덱싱, 검색, 삭제 및 기타 도큐먼트 관련 작업이 수행되는 곳이다. 이러한 노드는 인덱싱된 도큐먼트를 호스팅한다. 인덱싱 요청이 수신되면 데이터 노드는 루씬 세그먼트의 작성자를 호출해 도큐먼트를 인덱스에 저장하는 작업을 시작한다. 예상 가능하듯 CRUD 작업 중에 디스크와 자주 통신한다. 따라서 디스크 I/O 및 메모리 집약적인 작업이다.

| **노트** | 다중 티어 배포시 데이터 노드는 data_hot, data_cold, data_warm, data_frozen 역할이 사용된다. 14장에서 이에 대해 살펴본다.

- **수집**^{ingest} **노드:** 인덱싱이 시작되기 전에 변환 및 강화와 같은 수집 작업을 처리한다. 파이프라인 작업(예를 들어 Word 또는 PDF 도큐먼트 처리)을 통해 수집된 도큐먼트는 인덱싱되기 전에 추가 처리를 거칠 수 있다.

- **머신러닝 노드:** 이름에서 알 수 있듯이 머신러닝 알고리듬을 실행하고 이상 현상을 감지한다. 상용 라이선스의 일부이므로 머신러닝 기능을 활성화하려면 X-Pack 라이선스를 구입해야 한다.

- **변환 노드:** 최근 추가된 항목이다. 변환 노드는 데이터의 집계된 요약에 사용된다. 기존 인덱스를 기반으로 피벗되는 새 인덱스를 생성(변환)하기 위한 변환 API 호출을 수행하는 데 필요하다.

- **코디네이터 노드:** 역할은 사용자가 의도적으로 (또는 기본적으로) 노드에 할당하는 반면, 사용자 개입에 관계없이 모든 노드가 수행하는 특별한 역할이 코디네이터(조정자) 노드다. 이름에서 알 수 있듯이 코디네이터는 클라이언트 요청을 끝까지 관리한다. 일래스틱서치에 요청이 들어오면 이러한 노드 중 하나가 요청을 선택하고 코디네이터의 역할을 맡는다. 요청을 수락한 후 코디네이터는 클러스터의 다른 노드에 이 요청을 처리하도록 다시 요청한다. 응답을 기다린 후 결과를 수집하고 정리해 클라이언트에게 다시 보낸다. 이는 기본적으로 작업 관리자 역할을 하며 들어오는 요청을 적절

한 노드에 배포하고 클라이언트에 응답한다.

역할 구성

개발 모드에서 일래스틱서치를 시작하면 노드는 기본적으로 master, data 및 ingest 역할로 설정된다(그리고 각 노드는 기본적으로 코디네이터다. 코디네이터 노드를 활성화하거나 비활성화하는 특별한 플래그는 없다). 필요에 따라 이러한 역할을 구성할 수 있다. 예를 들어 노드 20개로 구성된 클러스터에서 노드 3개를 마스터 노드로, 노드 15개를 데이터 노드로, 노드 2개를 수집 노드로 활성화할 수 있다.

　노드에서 역할을 구성하려면 elasticsearch.yml 구성 파일에서 node.roles 설정을 조정하기만 하면 된다. 설정은 역할 목록을 사용한다. 예를 들어 node.roles: [master]를 설정하면 노드가 마스터 노드로 활성화된다. 다음 예와 같이 여러 노드 역할을 설정할 수 있다.

```
node.roles: [master, data, ingest, ml]      ◀──  이 노드에는 master, data, ingest,
                                                  machine learning이라는 네 가지 역할이 있다.
```

코디네이터 역할은 모든 노드에 제공되는 기본 역할이라고 언급한 것을 기억하자. 예제에서는 네 가지 역할(master, data, ingest 및 ml)을 설정했지만 이 노드는 여전히 코디네이터 역할을 상속한다.

　node.roles 값을 생략해 노드에 코디네이터 역할만 특별히 할당할 수 있다. 다음 코드 조각에서는 노드에 코디네이터 역할만 할당한다. 즉, 이 노드는 요청 조정 이외의 활동에는 참여하지 않는다.

```
nodes.roles : [ ]      ◀──  역할 배열을 비워두면 노드가
                            코디네이터(coordinator)로 설정된다.
```

노드를 전용 코디네이터로 활성화하면 이점이 있다. 노드는 로드 밸런서 역할을 수행하고 요청을 처리하고 결과 세트를 대조한다. 그러나 단순히 많은 노드를 코디네이터로 활성화하면 이득보다 위험이 더 클 수 있다.

　이전 논의에서 일래스틱서치가 분석한 풀텍스트 필드를 역인덱스라는 고급 데이터 구조에 저장한다고 언급했다. 모든 검색엔진(일래스틱서치뿐만 아니라)이 크게 의존하는 데이터 구

조가 하나 있다면 그것은 역인덱스다. 이제 역인덱스의 내부 작동을 살펴보고 텍스트 분석 프로세스, 저장 및 검색에 대한 이해를 확고히할 때다.

3.3 역인덱스

어떤 책의 뒷부분을 보면 일반적으로 키워드를 해당 페이지에 매핑하는 인덱스를 찾을 수 있는데 이는 역인덱스의 물리적 표현이다.

책에서 검색하는 키워드와 연관된 페이지 번호를 기반으로 페이지를 탐색하는 것과 유사하게 일래스틱서치는 검색 단어 및 도큐먼트 연관에 대해 역인덱스를 참조한다. 엔진이 이러한 검색어에 대한 도큐먼트 식별자를 찾으면 서버에 쿼리해 전체 도큐먼트를 클라이언트에 반환한다. 일래스틱서치는 그림 3.17에서 볼 수 있듯이 인덱싱 단계 동안 각 풀텍스트 필드에 대해 역인덱스라는 데이터 구조를 사용한다.

▲ **그림 3.17** 역인덱스 데이터 구조

높은 수준에서 역인덱스는 사전과 매우 유사한 데이터 구조이지만, 단어와 해당 단어가 존재하는 도큐먼트 목록이 모두 포함돼 있다. 이 역인덱스는 풀텍스트 검색 단계에서 도큐먼트를 더 빠르게 검색할 수 있는 열쇠다. 풀텍스트 필드로 구성된 각 도큐먼트에 대해 서버는 각각의 역인덱스를 만든다.

> |**노트**| Block K-Dimensional(BKD) 트리는 숫자 및 지리 형태와 같은 텍스트가 아닌 필드를 저장하기 위한 특수한 데이터 구조다.

역인덱스에 대한 약간의 이론을 배웠다. 이제 작동 방식에 대한 간단한 예를 살펴본다. greeting이라는 text 필드가 하나 있는 2개의 도큐먼트가 있다고 가정해 본다.

```
//Document 1
{
  "greeting":"Hello, WORLD"
}
//Document 2
{
  "greeting":"Hello, Mate"
}
```

일래스틱서치에서 분석 프로세스는 분석기 모듈에 의해 수행되는 복잡한 기능이다. 분석기 모듈은 문자 필터, 토크나이저, 토큰 필터로 더 세분화된다. 첫 번째 도큐먼트가 인덱싱되면 greeting 필드(text 필드)와 마찬가지로 역인덱스가 생성된다. 모든 풀텍스트 필드는 역인덱스로 백업된다. "Hello, World" 인사말의 값은 프로세스가 끝날 때까지 두 단어(hello 및 world)로 분석, 토큰화 및 정규화된다. 하지만 그 사이에는 몇 가지 단계가 있다.

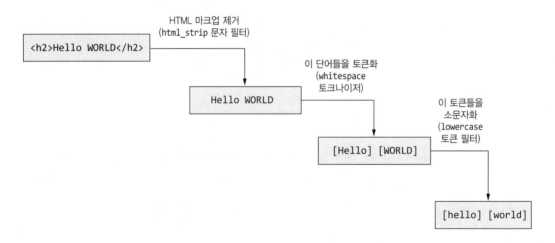

▲ **그림 3.18** 일래스틱서치가 텍스트를 처리하는 텍스트 분석 절차

전체 프로세스를 살펴보자(그림 3.18). 입력 라인 <h2>Hello WORLD</h2>는 HTML 마크업과 같은 원하지 않는 문자가 제거된다. 정리된 데이터는 공백을 기준으로 토큰(개별 단어일 가능

성이 높음)으로 분할돼 Hello WORLD가 된다. 마지막으로 문장이 [hello] [world] 토큰으로 변환될 수 있도록 토큰 필터가 적용된다. 기본적으로 일래스틱서치는 standard 분석기를 사용해 이 경우처럼 토큰을 소문자로 표시한다. 이 과정에서 구두점(쉼표)도 제거됐다. 이러한 단계 후에는 이 필드에 대해 역인덱스가 생성된다. 주로 풀텍스트 검색 기능에 사용된다. 본질적으로 이는 해당 단어가 존재하는 도큐먼트를 가리키는 키로 단어가 포함된 해시 맵이다. 이는 고유한 단어 집합과 해당 단어가 인덱스의 모든 도큐먼트에서 나타나는 빈도로 구성된다.

이전의 예제를 다시 살펴보자. 도큐먼트 1("Hello WORLD")이 인덱싱되고 분석됐기 때문에 토큰(개별 단어)과 해당 도큐먼트가 포함된 역인덱스가 생성됐다. 표 3.3을 참조한다.

▼ **표 3.3** "Hello, World" 도큐먼트의 토큰화된 단어

단어	빈도	도큐먼트 ID
hello	1	1
world	1	1

hello 및 world라는 단어는 이러한 단어가 발견된 도큐먼트 ID(물론 도큐먼트 ID 1)와 함께 역인덱스에 추가된다. 또한 이 역인덱스에서는 모든 도큐먼트에 걸쳐 단어의 빈도를 기록한다.

두 번째 도큐먼트("Hello, Mate")가 인덱싱되면 데이터 구조가 업데이트된다(표 3.4).

▼ **표 3.4** "Hello, Mate" 도큐먼트의 토큰화된 단어

단어	빈도	도큐먼트 ID
hello	2	1,2
world	1	1
mate	1	2

hello라는 단어에 대한 역인덱스를 업데이트할 때 두 번째 도큐먼트의 도큐먼트 ID가 추가되고 해당 단어의 빈도가 증가한다. 들어오는 도큐먼트의 모든 토큰은 역인덱스의 키와 매치해본 후, 토큰이 처음 등장한 경우 새로운 레코드로 데이터 구조(mate 경우처럼)에 추가된다.

이제 이러한 도큐먼트에서 역인덱스가 생성됐으므로 hello 검색이 시작되면 일래스틱서치는 먼저 이 역인덱스를 참조한다. 역인덱스는 도큐먼트 ID 1과 2에 hello라는 단어가 있으므로 관련 도큐먼트를 가져와서 클라이언트에 반환한다는 것을 나타낸다.

여기서는 역인덱스를 지나치게 단순화했지만 괜찮다. 우리 목표는 데이터 구조에 대한 기본적인 이해를 얻는 것이기 때문이다. 예를 들어 이제 hello mate를 검색하면 도큐먼트 1과 도큐먼트 2가 모두 반환되지만, 도큐먼트 2의 내용이 쿼리와 일치하기 때문에 도큐먼트 2는 아마도 도큐먼트 1보다 관련성 점수가 더 높을 것이다.

역인덱스는 더 빠른 정보 검색을 위해 최적화돼 있지만, 분석이 더 복잡해지고 더 많은 공간을 필요로 한다. 인덱싱 활동이 증가함에 따라 역인덱스가 증가하므로 컴퓨팅 리소스와 힙 공간을 소비한다. 데이터 구조를 직접 다루진 않겠지만, 이 사실은 기본 사항을 이해하는 것이 도움이 된다.

역인덱스는 관련성 점수를 추론하는 데도 도움이 된다. 관련성 점수를 계산하는 요소 중 하나인 단어(term)의 빈도를 제공한다. 한동안 관련성이라는 용어를 사용해왔으며, 이제 그것이 무엇인지, 일래스틱서치와 같은 검색엔진이 사용자에게 관련 결과를 가져오기 위해 사용하는 알고리듬이 무엇인지 이해해야 할 때가 됐다. 다음 절에서는 관련성과 관련된 개념을 알아본다.

3.4 관련성

최신 검색엔진은 쿼리 조건에 따라 결과를 반환할 뿐만 아니라 가장 관련성이 높은 결과를 분석하고 반환한다. 개발자 또는 DevOps 엔지니어라면 기술 문제에 대한 답변을 검색하기 위해 스택 오버플로우^{Stack Overflow}를 사용했을 가능성이 높다. 스택 오버플로우에서 검색하면 결코 실망하지 않는다(적어도 대부분의 경우). 쿼리에 대해 얻은 결과는 내가 찾고 있는 결과와 가깝다. 결과는 관련성이 높은 상단의 결과부터 관련성이 가장 낮은 결과의 하단으로 적절한 순서로 정렬된다. 쿼리 결과가 요구 사항을 충족하지 않을 가능성은 거의 없지만 결과가 여기저기에 있으면 스택 오버플로우로 돌아가지 않을 수도 있다.

3.4.1 관련성 점수

스택 오버플로우는 일련의 관련성 알고리듬을 적용해 사용자에게 반환되는 결과를 검색하고 정렬한다. 마찬가지로 일래스틱서치는 관련성 점수에 따라 정렬된 풀텍스트 쿼리에 대한 결과를 반환한다.

관련성은 검색 결과의 순위를 결정하는 양의 부동 소수점 숫자다. 일래스틱서치는 기본적으로 BM25[Best Match 25] 관련성 알고리듬을 사용해 반환 결과의 점수를 매기므로 클라이언트가 관련 결과를 기대할 수 있다. 이는 이전에 사용된 TF/IDF[Term-Frequency/Inverse Document Frequency] 유사성 알고리듬의 고급 버전이다(관련성 알고리듬에 대한 자세한 내용은 다음 절 참조).

예를 들어 책 제목에서 Java를 검색하는 경우 제목에 Java라는 단어가 두 번 이상 포함된 도큐먼트가 제목에 하나 또는 전혀 나오지 않는 도큐먼트보다 더 관련성이 높다. 그림 3.19의 예제 결과를 살펴보자. 제목에서 Java라는 키워드를 검색하는 쿼리에 대해 일래스틱서치에서 검색한 것이다(전체 예제는 이 책 깃허브 저장소에 있다).

```
GET books/_search
{
  "_source": "title",
  "query": {
    "match": {
      "title": "Java"
    }
  }
}
```

```
"hits" : {
    …
    "max_score" : 0.33537668,

    "hits" : [{
        "_score" : 0.33537668,
        "_source" : { "title" : "Effective
Java" }
        },
        {
        "_score" : 0.30060259,
        "_source" : { "title" : "Head First
Java" }
        },
        {
        "_score" : 0.18531466,
        "_source" : { "title" : "Test-Driven:
TDD and Acceptance TDD for Java Developers"}
        }…]
    }
```

▲ **그림 3.19** 제목 검색에서 Java 관련 결과

첫 번째 결과는 두 번째, 세 번째 결과보다 관련성 점수(0.33537668)가 더 높다. 모든 제목에는 Java라는 단어가 포함돼 있으므로 관련성 점수를 계산하기 위해 일래스틱서치는 필드 길이 표준 알고리듬을 사용한다. 첫 번째 제목(Effective Java, 두 단어 포함)의 검색어는 두 번째 제목의 검색어보다 관련성이 높다(Head First Java, 세 단어로 구성됨). max_score는 사용 가능한 모든 점수 중 가장 높은 점수이며 일반적으로 첫 번째 도큐먼트의 점수다.

관련성 점수는 사용된 유사성 알고리듬에 따라 생성된다. 이 예에서 일래스틱서치는 기본적으로 BM25 알고리듬을 적용해 점수를 결정했다. 이 알고리듬은 단어 빈도$^{Term\ Frequency}$, 역문서 빈도$^{Inverse\ Document\ Frequency}$, 필드 길이$^{Field\ Length}$에 의존하지만 일래스틱서치는 BM25 외에도 여러 알고리듬을 제공해 훨씬 더 유연하게 사용될 수 있다. 이러한 알고리듬은 유사성^{similarity} 모듈에 패키지로 묶여 있으며, 일치하는 도큐먼트 순위를 매긴다. 몇 가지 유사성 알고리듬을 살펴보자.

3.4.2 관련성(유사성) 알고리듬

일래스틱서치는 여러 관련성 알고리듬을 사용하며 기본값은 BM25다. BM25와 TF-IDF는 둘 다 도큐먼트 점수 매기기 및 순위 지정을 위해 일래스틱서치에서 사용되는 관련성 알고리듬이지만, 텀 가중치와 도큐먼트 점수를 계산하는 방법이 다르다.

- **TF-IDF**$^{Term\ Frequency-Inverse\ Document\ Frequency}$: 알고리듬은 단어 빈도^{TF}와 역도큐먼트 빈도^{IDF}를 기반으로 도큐먼트의 단어에 가중치를 할당하는 전통적인 가중치 방식이다. TF는 도큐먼트에 단어가 나타나는 횟수이고, IDF는 전체 도큐먼트 집합에서 단어가 얼마나 흔하거나 희귀한지를 측정한 것이다. 특정 도큐먼트에서 더 자주 발생하고 전체 컬렉션에서 덜 자주 발생하는 단어는 TF-IDF 알고리듬에 따라 더 관련성이 높은 것으로 간주돼야 한다.

- **BM25:** 알고리듬은 TF-IDF 알고리듬보다 개선됐다. 이는 매우 반복적인 단어가 지나치게 높은 점수를 받는 것을 방지하기 위해 단어 빈도에 대한 비선형 함수를 사용한다는 점에서 기본 알고리듬에 두 가지 중요한 수정 사항을 도입한다. 또한 긴 도큐먼트에 대한 편향에 대응하기 위해 도큐먼트 길이 정규화 요소를 사용한다. TF-IDF 알

고리듬에서는 긴 도큐먼트일수록 단어 빈도가 더 높을 가능성이 높으며, 이는 더 높은 점수로 부당한 신뢰를 받을 수 있음을 의미한다. BM25의 임무는 그러한 편견을 피하는 것이다.

따라서 BM25와 TF-IDF는 모두 일래스틱서치에서 사용되는 관련성 알고리듬이다. BM25는 단어 빈도 포화 및 도큐먼트 길이 정규화 기능으로 인해 TF-IDF보다 향상된 것으로 간주된다. 결과적으로 BM25는 더욱 정확하고 관련 검색 결과를 반환할 것으로 예상된다.

일래스틱서치는 기본값이 요구 사항에 적합하지 않은 경우 가장 적절한 알고리듬을 적용할 수 있는 유사성이라는 모듈을 제공한다.

매핑 API를 사용해 필드별로 유사성 알고리듬을 적용한다. 일래스틱서치는 유연하기 때문에 요구 사항에 따라 사용자 정의된 알고리듬도 허용한다(안타깝게도 이는 고급 기능이므로 이 책에서는 이에 대해 많이 논의하지 않는다). 표 3.5에는 기본적으로 사용할 수 있는 알고리듬이 나열돼 있다.

▼ **표 3.5** 일래스틱서치의 유사성 알고리듬

유사성 알고리듬	유형	설명
Okapi BM25 (기본)	BM25	단어 빈도 및 도큐먼트 빈도 외에 필드 길이를 고려하는 향상된 TF/IDF 알고리듬
무작위성으로부터의 발산(DFR)	DFR	실제 단어와 예상 무작위 분포 간의 차이를 측정해 검색 관련성을 향상시키는 것을 목표로 하는 Amati와 Rijsbergen이 개발한 DFR 프레임워크를 사용한다. 무작위 분포보다 관련 도큐먼트에서 더 자주 나타나는 단어에는 검색 결과 순위를 매길 때 더 높은 가중치가 할당된다.
독립성으로부터의 발산(DFI)	DFI	독립 분포에서 실제 단어 빈도 분포의 발산을 측정하는 DFR 계열의 특정 모델이다. DFI는 관찰된 단어 빈도를 상관되지 않은 임의의 단어 빈도에서 예상되는 빈도와 비교해 도큐먼트에 더 높은 점수를 할당하는 것을 목표로 한다.
LM Dirichlet	LMDirichlet	도큐먼트의 언어 모델에서 쿼리 단어가 생성될 확률을 기반으로 도큐먼트의 관련성을 계산한다.
LM Jelinek-Mercer	LMJelinekMercer	데이터 희소성을 고려하지 않는 모델에 비해 향상된 검색 결과 관련성을 제공한다.
수동	scripted	수동 스크립트를 생성한다.
부울 유사성	boolean	쿼리 조건이 충족되지 않으면 순위 요소를 고려하지 않는다.

다음 절에서는 차세대 향상된 TF/IDF 알고리듬인 BM25 알고리듬에 대해 대략적으로 살펴본다.

Okapi BM25 알고리듬

관련성 점수를 결과와 연관시키는 데에는 단어 빈도^{TF}, 역도큐먼트 빈도^{IDF} 및 필드 길이 표준이라는 세 가지 주요 요소가 관련된다. 이러한 요소를 간략하게 살펴보고 관련성에 어떤 영향을 미치는지 알아본다.

단어 빈도는 현재 도큐먼트의 필드에 검색어가 나타나는 횟수를 나타낸다. 제목 필드에서 단어를 검색하는 경우 해당 단어가 나타나는 횟수는 단어 빈도 변수로 표시된다. 빈도가 높을수록 점수가 높아진다.

3개의 도큐먼트의 제목 필드에서 Java라는 단어를 검색한다고 가정해 보자. 인덱싱할 때 단어, 해당 단어가 해당 필드(도큐먼트에서)에 나타나는 횟수, 도큐먼트 ID 등 유사한 정보로 역인덱스를 만들었다. 표 3.6에서 볼 수 있듯이 이 데이터로 테이블을 만들 수 있다.

▼ **표 3.6** 검색 키워드의 단어 빈도

제목	빈도	도큐먼트 ID
Mastering Java: Learning Core Java and Enterprise Java With Examples	3	25
Effective Java	1	13
Head First Java	1	39

Java는 ID가 25인 도큐먼트에 세 번 나타나고 다른 두 도큐먼트에는 한 번 나타난다. 검색어는 첫 번째 도큐먼트(ID 25)에서 더 자주 나타나기 때문에 해당 도큐먼트를 가장 좋아하는 것으로 간주하는 것이 논리적이다. 빈도가 높을수록 관련성이 높아진다는 점을 기억하자.

이 숫자는 검색 결과에서 가장 관련성이 높은 도큐먼트를 나타내는 매우 좋은 지표인 것처럼 보이지만 충분하지 않은 경우가 많다. 또 다른 요소인 역도큐먼트 빈도가 TF와 결합되면 점수가 향상된다.

전체 도큐먼트 집합(즉, 인덱스 전체)에서 검색어가 나타나는 횟수가 도큐먼트 빈도다. 특정 단어의 도큐먼트 빈도가 높으면 해당 검색어가 인덱스 전반에 걸쳐 공통적으로 존재한다고 추론할 수 있다. 해당 단어가 인덱스의 모든 도큐먼트에 여러 번 나타나는 경우 이는 일반적인 용어이므로 관련성이 없다.

자주 나타나는 단어는 중요하지 않다. a, an, the, it 등과 같은 단어는 자연어에서 일반적이므로 무시할 수 있다. 역도큐먼트 빈도는 전체 인덱스에서 흔하지 않은 단어에 대해 더 높은 중요성을 제공한다. 따라서 도큐먼트 빈도가 높을수록 관련성은 낮아지고 그 반대도 마찬가지다. 표 3.7은 단어 빈도와 관련성 사이의 관계를 보여준다.

▼ 표 3.7 단어 빈도와 관련성 사이의 관계

단어 빈도	관련성
더 높은 단어 빈도	더 높은 관련성
더 높은 도큐먼트 빈도	더 낮은 관련성

불용어(Stop Word)

the, a, it, an, but, if, for, and와 같은 단어는 불용어라고 부르며, stop 필터 플러그인을 사용해 제거할 수 있다. 기본 standard 분석기에는 불용어 매개변수가 활성화돼 있지 않으므로(불용어 필터는 기본적으로 _none_으로 설정됨) 이러한 단어가 분석된다. 그러나 이러한 단어를 무시해야 하는 경우에는 다음과 같이 _english_로 설정된 stopwords 매개변수를 추가해 stop 단어 필터를 활성화할 수 있다.

```
PUT index_with_stopwords
{
  "settings": {
    "analysis": {
      "analyzer": {
        "standard_with_stopwords_enabled": {
          "type": "standard",
          "stopwords": "_english_"
        }
      }
    }
  }
}
```

7장에서는 분석기 사용자 지정에 대해 알아볼 것이다.

버전 5.0까지 일래스틱서치는 TF-IDF 유사성 함수를 사용해 점수를 계산하고 결과 순위를 매겼다. TF-IDF 함수는 BM25 함수로 인해 더 이상 사용되지 않는다. TF-IDF 알고리듬은 필드 길이를 고려하지 않아 관련성 점수가 왜곡됐다. 예를 들어 다음 도큐먼트 중 검색 조건 과 더 관련이 있는 도큐먼트는 무엇이라고 생각하는가?

- 5번의 검색 단어를 포함해 100개의 단어가 있는 필드
- 3번의 검색 단어를 포함해 10개의 단어가 있는 필드

논리적으로 두 번째 도큐먼트는 더 짧은 길이에 더 많은 검색어를 포함하므로 가장 관련성이 높다는 것이 명백할 수 있다. 일래스틱서치는 추가 매개변수인 필드 길이로 TF-IDF를 강화 해 유사성 알고리듬을 개선했다.

필드 길이 표준은 필드 길이를 기준으로 점수를 제공한다. 짧은 필드에서 여러 번 나타나 는 검색어가 더 관련성이 높다. 예를 들어 긴 synopsis에 Java라는 단어가 한 번만 나타나면 유용한 결과를 나타내지 않을 수 있다. 반면 표 3.8에서 볼 수 있듯이 title 필드에 동일한 단어가 두 번 이상 나타나는 경우(단어 수가 적음) 해당 책이 Java 프로그래밍 언어에 관한 것 임을 나타낸다.

▼ 표 3.8 유사성을 수집하기 위해 다양한 필드 비교

단어	필드 길이	빈도	관련성?
Java	100단어 길이의 synopsis 필드	1	No
Java	5단어 길이의 title 필드	2	Yes

대부분의 경우 BM25 알고리듬이 적합하다. 그러나 BM25를 다른 알고리듬으로 교체해야 하는 경우 인덱싱 API를 사용해 구성하면 된다. 필요에 따라 알고리듬을 구성하는 메커니즘 을 살펴보자.

유사성 알고리듬 구성

일래스틱서치를 사용하면 기본 BM25가 요구 사항에 맞지 않는 경우 다른 유사성 알고리듬 을 연결할 수 있다. 추가 사용자 정의 없이 즉시 사용 가능한 두 가지 유사성 알고리듬인

BM25와 부울이 제공된다. 그림 3.20과 같이 인덱스 설정 API를 사용해 스키마 정의를 생성할 때 개별 필드에 대한 유사성 알고리듬을 설정할 수 있다.

> |**노트**| 유사성 알고리듬 작업은 고급 주제다. 이 절을 읽어보라고 권하지만 지금은 건너뛰고 더 자세히 알고 싶을 때 다시 읽어도 된다.

```
PUT index_with_different_similarities          두 필드로 인덱스 생성
{
  "mappings": {
    "properties": {
      "title":{
        "type": "text",
        "similarity": "BM25"              title 필드는 명시적으로 BM25
      },                                  (기본값) 유사성으로 정의한다.
      "author":{
        "type": "text",
        "similarity": "boolean"           author 필드는 boolean 유사성
      }                                   함수로 정의한다.
    }
  }
}
```

▲ **그림 3.20** 서로 다른 유사도 함수를 사용해 필드 설정

그림에서 index_with_different_similarities 인덱스는 title과 author라는 두 가지 필드가 있는 스키마를 사용해 개발되고 있다. 중요한 점은 이 두 필드에 독립적으로 연결된 두 가지 다른 알고리듬의 사양이다. title은 BM25 알고리듬과 연결되고 text는 부울로 설정된다.

각 유사성 함수에는 추가 매개변수가 있으며 정확한 검색 결과를 반영하도록 매개변수를 변경할 수 있다. 예를 들어 BM25 함수는 기본적으로 최적의 매개변수로 설정돼 있지만, 인덱스 설정 API를 사용하면 함수를 쉽게 수정할 수 있다. 필요한 경우 BM25에서 2개의 매개변수인 k1과 b를 변경할 수 있다(표 3.9에 설명돼 있다).

속성	기본값	설명
k1	1.2	도큐먼트 길이에 따른 TF 정규화 인자
b	0.75	도큐먼트 길이에 기반한 TF 정규화 계수

예를 살펴보자. 그림 3.21은 핵심 BM25 함수가 k1과 b에 대한 자체 설정으로 수정된 맞춤형 유사성 함수가 있는 인덱스를 보여준다.

```
PUT my_bm25_index          BM25 매개변수로 인덱스를
{                          구성한다.
  "settings": {
    "index":{
      "similarity":{
        "custom_BM25":{    수정된 BM25 알고리듬으로 맞춤형
          "type":"BM25",   유사도 함수를 생성한다.
          "k1":"1.1",
          "b":"0.85"
        }                  요구 사항에 기반한 k1과 b 값을 설
      }                    정한다.
    }
  }
}
```

▲ 그림 3.21 BM25 유사도 함수에 대한 사용자 정의 매개변수 설정

여기에서는 다른 곳에서 재사용할 수 있는 BM25의 수정된 버전인 맞춤형 유사성 타입을 생성하고 있다(미리 정의돼 속성에 첨부할 수 있는 데이터 타입 함수와 비슷하다). 이 유사성 함수가 생성되면 그림 3.22에 표시된 것처럼 필드를 설정할 때 사용할 수 있다.

```
PUT books/_mapping
{
  "properties":{
    "synopsis":{           몇 가지 필드(field)와 타입(type)으로
      "type":"text",       인덱스를 생성한다.
      "similarity":"custom_BM25"
    }                      이 synopsis 필드는 이제 수정된
  }                        BM25 유사도 알고리듬으로 생성됐다.
}
```

▲ 그림 3.22 사용자 정의 BM25 유사성 함수를 사용해 인덱스에 필드 생성

맞춤형 유사성 함수(custom_BM25)를 synopsis 필드에 할당해 매핑 정의를 생성한다. 이 필드를 기반으로 결과 순위를 매길 때 일래스틱서치는 제공된 맞춤형 유사성 함수를 고려해 점수를 적용한다.

> **유사성 알고리듬은 다루기 어려운 짐승이다**
>
> 정보 검색은 방대하고 복잡한 주제다. 결과 점수 매기기 및 순위 지정과 관련된 알고리듬은 고급스럽고 복잡하다. 일래스틱서치는 플러그 앤 플레이 방식으로 몇 가지 유사성 알고리듬을 제공하지만 이를 사용할 때 더 깊은 이해가 필요할 수 있다. 이러한 스코어 기능의 구성 매개변수를 조정한 후에는 가능한 모든 조합을 테스트하고 시도했는지 확인하자.

일래스틱서치가 어떻게 1초 안에 도큐먼트를 검색할 수 있는지 궁금할 것이다. 여러 샤드 중 도큐먼트가 어디에 있는지 어떻게 알 수 있을까? 핵심은 다음에 설명할 라우팅 알고리듬이다.

3.5 라우팅 알고리듬

모든 도큐먼트에는 영구적인 홈^{home}이 있다. 즉, 특정 기본 샤드에 속해야 한다. 일래스틱서치는 인덱싱 시 라우팅 알고리듬을 사용해 도큐먼트를 기본 샤드에 배포한다.

라우팅은 도큐먼트의 홈을 특정 샤드에 할당하는 프로세스이며, 각 도큐먼트는 하나의 기본 샤드에만 저장된다. 동일한 라우팅 기능을 사용해 해당 도큐먼트가 속한 샤드를 찾기 때문에 동일한 도큐먼트를 검색하는 것이 쉽다.

라우팅 알고리듬은 일래스틱서치가 인덱싱 또는 검색 중에 도큐먼트의 샤드를 추론하는데 사용하는 간단한 공식이다.

```
shard_number = hash(id) % number_of_shards
```

라우팅 기능의 출력은 샤드 번호다. 이는 도큐먼트의 ID를 해싱하고 (모듈로 연산자를 사용해) 샤드 수로 나눌 때 해시의 나머지 부분을 찾아 계산된다. 해시 함수에는 고유 ID(일반적으로 도큐먼트 ID 또는 사용자가 제공한 사용자 정의 ID)가 필요하다. 도큐먼트가 고르게 분산되므로 샤드 중 하나가 과부하될 가능성이 없다.

수식은 number_of_shards 변수에 직접적으로 의존한다. 즉, 인덱스가 생성되면 샤드 수를 변경할 수 없다. 설정을 변경할 수 있는 경우 (예를 들어 샤드 수를 2개에서 4개로 변경) 기존 레코드에 대한 라우팅 기능이 중단되고 데이터를 찾을 수 없다. 이것이 바로 일래스틱서치가 인덱스가 설정된 후에 샤드를 변경하는 것을 허용하지 않는 이유다.

데이터 증가를 예상하지 못해 데이터 급증으로 인해 샤드가 소진됐다면 어떻게 해야 할까? 모든 것이 끝난 것은 아니다. 데이터를 다시 인덱싱하는 해결 방법이 있다. 재인덱싱은 적절한 설정으로 새 인덱스를 효과적으로 생성하고 이전 인덱스의 데이터를 새 인덱스로 복사한다.

> **복제본은 운영 중인 인덱스에서도 변경될 수 있다**
>
> 인덱스가 동작하는 동안에 샤드 개수를 변경할 수는 없으나 필요하다면 복제본 개수는 변경할 수 있다. 라우팅 기능은 복제본이 아닌 기본 샤드 수에 따른 함수라는 점을 기억하자. 샤드 개수를 변경해야 하는 경우 새로운 샤드 세트로 새 인덱스를 생성하고 이전 인덱스의 데이터를 새 인덱스로 다시 인덱싱할 수 있다.

일래스틱서치의 주요 목표 중 하나는 엔진의 확장성이다. 다음 절에서는 확장 방법, 수직 및 수평 확장 작동 방식, 재인덱싱 프로세스 등 높은 수준에서 일래스틱서치의 확장성을 살펴본다. 이 논의는 14장에서 다시 다루기 때문에 여기서는 확장 솔루션의 핵심을 다루지 않는다.

3.6 스케일링

셰이 배넌과 그의 팀이 일래스틱서치를 처음부터 다시 작성했을 때 그들의 목표 중 하나는 서버를 쉽게 확장하는 것이었다. 즉, 데이터가 증가하거나 쿼리 로드가 증가하는 경우 노드를 추가하면 문제가 해결된다. 물론 수직 확장, 성능 조정 등과 같은 다른 솔루션도 있다. 필요에 따라 수평 확장과 수직 확장이라는 두 가지 기본 확장 방식이 있다. 일래스틱서치는 두 가지를 모두 지원한다.

3.6.1 스케일 업(수직 확장)

수직 확장 시나리오에서는 클라우드 공급자로부터 추가 VM을 구입하지 않고 대신 추가 메모리, CPU, I/O와 같은 컴퓨팅 리소스를 기존 시스템에 추가한다. 예를 들어 CPU 코어, 메모리 두 배 늘리기 등을 할 수 있다.

클러스터의 파워를 강화하는 또 다른 방법도 있다. 이제 여유 공간이 생겼으므로 머신에 추가 노드를 설치해 큰 용량의 단일 머신 내부에 여러 노드를 생성할 수 있다.

확장하려면 클러스터를 종료해야 하므로 기존 재해 복구[DR, Disaster Recovery] 모델을 사용하지 않으면 애플리케이션 다운타임이 발생할 수 있다. 그러면 기본 시스템이 유지 관리되는 동안 클라이언트에 서비스를 제공하는 보조 또는 백업 시스템이 나타난다.

그러나 이러한 종류의 확장에는 잠재적인 위험이 있다. 긴급 상황이나 하드웨어 오류로 인해 전체 시스템이 실패하는 경우 데이터를 호스팅하는 모든 노드가 동일한 시스템에 존재하기 때문에 데이터가 손실될 수 있다. 물론 백업이 있기 때문에 복원은 가능하지만 고통스러울 것이다. 복제본은 노드는 다르지만 동일한 시스템에서 호스팅되므로 문제가 발생한다.

3.6.2 스케일 아웃(수평 확장)

환경을 수평으로 확장할 수도 있다. 기존 머신에 메모리를 추가로 증설하는 대신, 여러 개의 새 머신(수직 확장에 사용되는 큰 용량의 단일 머신보다 리소스 파워가 낮은 VM)을 추가해 수평 확장 팜을 구성할 수 있다.

이러한 새 VM은 새 노드로 부팅돼 기존 일래스틱서치 클러스터에 합류한다. 새로운 노드가 클러스터에 합류하자마자 분산 아키텍처 엔진인 일래스틱서치는 즉시 데이터를 노드에 배포한다. 특히 Terraform, Ansible, Chef 등과 같은 최신 코드형 인프라[IaC, Infrastructure as Code] 도구를 사용하면 VM을 생성하는 것이 쉬우므로 이 접근 방식은 많은 DevOps 엔지니어링 팀에서 선호하는 경향이 있다.

3장은 여기서 마무리한다. 무빙 파츠, 하위 수준 블록, 검색 개념 등 일래스틱서치의 기본 사항을 이해하는 데 도움이 되는 가이드다. 다음 두 장에서 예제와 함께 개념과 기본 사항에 대해 자세히 설명하므로 계속 살펴보자.

요약

- 일래스틱서치는 데이터를 가져와 인덱싱할 것으로 기대한다. 데이터 소스에는 단순 파일, 데이터베이스, 라이브 스트림, X(구 Twitter) 등이 포함될 수 있다.

- 인덱싱 프로세스에서 데이터는 엄격한 분석 단계를 거치며, 이 과정에서 역인덱스와 같은 고급 데이터 구조가 생성된다.

- 데이터는 검색 API(단일 도큐먼트 검색을 위한 도큐먼트 API와 함께)를 통해 검색된다.

- 수신 데이터는 JSON 도큐먼트로 래핑돼야 한다. JSON 도큐먼트는 기본 데이터 보유 엔티티이므로 샤드와 복제본에 유지된다.

- 샤드와 복제본은 도큐먼트 유지, 검색 및 배포를 담당하는 아파치 루씬 인스턴스다.

- 일래스틱서치 애플리케이션을 시작하면 단일 노드, 단일 클러스터 애플리케이션으로 부팅된다. 노드를 추가하면 클러스터가 확장돼 다중 노드 클러스터가 된다.

- 더 빠른 정보 검색 및 데이터 영속성을 위해 일래스틱서치는 비구조화된 데이터(텍스트 정보)에 대한 역인덱스와 구조화된 데이터(날짜 및 숫자)에 대한 BKD 트리와 같은 고급 데이터 구조를 제공한다.

- 관련성은 검색된 도큐먼트 결과에 첨부된 양의 부동 소수점 점수다. 도큐먼트가 검색 조건과 얼마나 일치하는지 정의한다.

- 일래스틱서치는 단어 빈도/역도큐먼트 빈도 유사성 알고리듬의 향상된 버전인 Okapi Best Match^{BM} 25 관련성 또는 유사성 알고리듬을 사용한다.

- 요구 사항과 사용 가능한 리소스에 따라 일래스틱서치를 확장하거나 축소할 수 있다. 스케일 업하면 기존 시스템이 강화되고(추가적인 CPU나 메모리), 스케일 아웃하면 더 많은 가상 머신$^{VM, Virtual Machine}$이 가동돼 클러스터에 참여하고 부하를 분산할 수 있다.

4

매핑

4장에서 다루는 내용

- 필드 데이터 타입
- 암묵적 및 명시적 매핑
- 핵심 데이터 타입
- 고급 데이터 타입
- 매핑을 생성 및 접근하는 API

데이터는 마치 무지개처럼 다양한 "색깔"을 지니고 있다. 비즈니스 데이터는 텍스트 정보, 날짜, 숫자, 내부 객체, 부울, 지리적 위치, IP 주소 등으로 표현되는 다양한 모양과 형태를 갖고 있다. 일래스틱서치에서는 데이터를 JSON 도큐먼트로 모델링하고 인덱싱한다. 각 도큐먼트는 다양한 필드로 구성되고 각 필드는 특정 타입의 데이터를 포함한다. 예를 들어 movie 도큐먼트는 제목과 개요를 텍스트 데이터로, 개봉일을 날짜로, 총 수익을 부동 소수점 데이터로 구성할 수 있다.

3장에서는 샘플 도큐먼트를 인덱싱할 때 필드의 데이터 타입에 대해 신경 쓰지 않았다. 일래스틱서치는 각 필드와 그 안에 있는 정보 유형을 살펴봄으로써 암묵적으로 이러한 데이터 타입을 도출했다. 일래스틱서치는 관계형 데이터베이스와 달리 사전 작업을 수행할 필요 없이 스키마를 생성했다. 데이터를 검색하거나 유지하기 전에 데이터베이스에서 테이블 스키마를 정의하고 개발하는 것이 필수다. 하지만 데이터 모델에 대한 스키마를 정의하지 않고도 도큐먼트만으로 일래스틱서치를 준비할 수 있다. 스키마리스 기능은 개발자가 첫날부터 시스템을 시작하고 실행할 수 있도록 도와준다. 그러나 가장 좋은 방법은 요구 사항에 필요하지 않은 경우를 제외하고 일래스틱서치가 스키마를 정의하도록 하는 것보다 먼저 스키마를 정의하는 것이다.

일래스틱서치는 데이터를 인덱싱할 때 필드를 어떻게 처리해야 하는지에 대한 단서가 제공될 것으로 기대한다. 이러한 단서는 인덱스를 생성하는 동안 스키마 정의의 형태로 제공되거나 엔진이 허용하는 경우 암묵적으로 파생된다. 스키마 정의를 생성하는 이 과정을 매핑이라 한다.

매핑을 통해 일래스틱서치는 데이터의 형태를 이해해 필드를 인덱싱하기 전에 사전 정의된 규칙 세트를 필드에 적용할 수 있다. 일래스틱서치는 또한 텍스트 필드에 풀텍스트 규칙을 적용하기 위해 매핑 규칙 매뉴얼을 참조한다. 구조화된 필드(숫자 또는 날짜와 같은 정확한 값)에는 일반 검색에 사용할 수 있을 뿐만 아니라 집계, 정렬, 필터링 기능의 일부로 사용할 수 있는 별도의 지침 세트가 있다.

4장에서는 매핑 스키마 사용을 위한 컨텍스트를 설정하고, 매핑 과정을 알아보며, 데이터 타입으로 작업하면서 매핑 API를 사용해 정의하는 방법을 살펴본다. 일래스틱서치를 위해 인덱싱된 데이터는 명확한 모양과 형태를 갖고 있다. 데이터를 세심하게 구성하면 일래스틱서치가 완벽한 분석을 수행해 최종 사용자에게 정확한 결과를 제공할 수 있다. 4장에서는 일래스틱서치의 데이터 처리와 매핑 스키마가 방해 요소를 피하고 정확한 검색 결과를 얻는 데 어떻게 도움이 주는지 알아본다.

> **100m 달리기 또는 400m 허들?**
>
> 4장에서는 핵심 데이터 타입과 고급 데이터 타입에 관한 수십 가지 실습 예제를 다룬다. 주어진 순서대로 읽어볼 것을 권장하지만 일래스틱서치를 이제 막 시작해서 초보자를 위한 내용에 집중하고 싶다면, 4.6절은 건너뛰고 자신감이 붙고 더 자세히 알아보고 싶을 때 다시 읽어보자.
>
> 원하는 것이 400m 허들이 아닌 100m 달리기라면, 핵심 데이터 타입(4.4절)까지 읽은 후 5장으로 자유롭게 건너뛰자.

4.1 매핑 개요

매핑은 도큐먼트의 데이터 필드 및 관련 데이터 타입을 나타내는 스키마를 정의하고 개선하는 과정이다. 매핑은 인덱싱되는 데이터의 모양과 형식을 엔진에 알려준다. 일래스틱서치는 도큐먼트 지향 데이터베이스이기 때문에 인덱스별 단일 매핑 정의가 필요하다. 모든 필드는 매핑 규칙에 따라 처리된다. 예를 들어 문자열 필드는 text 필드로 처리되고, 숫자 필드는 integer로 저장되며, 날짜 필드는 날짜 관련 작업을 허용하기 위해 date로 인덱싱된다. 정확하고 오류 없는 매핑을 통해 일래스틱서치는 데이터를 완벽하게 분석해 검색 관련 기능, 정렬, 필터링 및 집계를 지원한다.

> |**노트**| 코딩 연습을 단순화하기 위해 책 저장소(http://mng.bz/OxXo)의 kibana_scripts 폴더 아래에 ch04_mapping.txt 파일을 준비해뒀다. 이 파일의 내용을 그대로 키바나에 복사한다. 해당 장의 내용을 따라가면서 개별 코드 조각을 실행해 예제와 함께 작업할 수 있다.

4.1.1 매핑 정의

모든 도큐먼트는 비즈니스 데이터를 나타내는 일련의 필드로 구성되며 모든 필드에는 하나 이상의 특정 데이터 타입이 연결돼 있다. 매핑 정의는 도큐먼트의 필드와 해당 데이터 타입의 스키마다. 각 필드는 데이터 타입에 따라 특정 방식으로 저장되고 인덱싱된다. 이는 일래스틱서치가 풀텍스트[full-text], 퍼지[fuzzy], 텀[term], 지역[geo] 등 다양한 검색 쿼리를 지원하는 데 도움된다.

프로그래밍 언어에서는 특정 데이터 타입(문자열, 날짜, 숫자, 객체 등)으로 데이터를 나타낸다. 컴파일하는 동안 시스템에 변수 타입을 알려주는 것이 일반적이다. 관계형 데이터베이스에서는 레코드를 유지하기 위해 적절한 필드 정의가 있는 테이블 스키마를 정의하며, 데이터베이스에 저장을 시작하기 전에 스키마가 존재해야 한다.

일래스틱서치는 도큐먼트를 인덱싱하는 동안 필드의 데이터 타입을 이해하고 데이터 검색을 위해 필드를 적절한 데이터 구조(텍스트 필드의 경우 역인덱스, 숫자 필드의 경우 BKD 트리 block k-dimensional tree)에 저장한다. 정확하게 구성된 데이터 타입으로 인덱싱된 데이터는 정확한 검색 결과를 제공하고 데이터를 정렬하고 집계하는 데 도움을 준다.

그림 4.1은 인덱스 매핑 스키마의 구조를 보여준다. 인덱스는 개별 필드로 구성된 mapping 객체와 properties 객체에 포함된 해당 타입으로 구성된다.

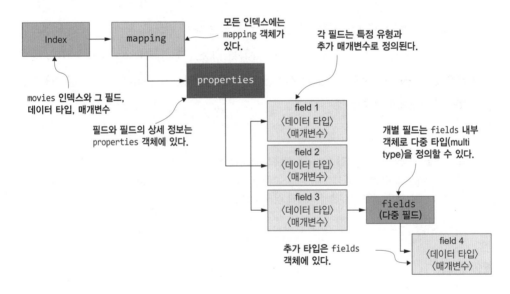

▲ **그림 4.1** 매핑 스키마 분석

4.1.2 첫 도큐먼트 인덱스 생성

스키마를 미리 생성하지 않고 도큐먼트를 인덱싱하면 어떤 일이 발생하는지 알아보자. 다음 목록과 같이 영화 도큐먼트를 인덱싱한다고 가정해 보자.

> **목록 4.1 ID가 1인 도큐먼트를 movies 인덱스로 인덱싱하기**

```
PUT movies/_doc/1
{
  "title":"Godfather",      ◀── 영화 제목
  "rating":4.9,             ◀── 영화에 부여된 평점
  "release_year":"1972/08/01"  ◀── 영화 개봉 연도
                                   (날짜 형식 참고)
}
```

이는 인덱스를 만들기 위해 일래스틱서치로 전송된 첫 번째 도큐먼트다. 도큐먼트를 수집하기 전에는 이 도큐먼트 데이터에 대한 인덱스(movies)나 스키마를 만들지 않았다는 점을 기억하자. 이 도큐먼트가 엔진에 도달하면 다음과 같은 일이 발생한다.

1. 기본 설정으로 새 인덱스(movies)가 자동으로 생성된다.
2. 이 도큐먼트의 필드에서 추론된 데이터 타입(곧 설명할)을 사용해 movies 인덱스에 대한 새 스키마가 생성된다. 예를 들어 title은 text 및 keyword 타입으로 설정되고, rating은 float로, release_year는 date 타입으로 설정된다.
3. 도큐먼트는 인덱싱돼 일래스틱서치 데이터 저장소에 저장된다.
4. 일래스틱서치는 추가 인덱싱을 위해 새로 생성된 스키마를 참조하므로 후속 도큐먼트는 이전 단계를 거치지 않고 인덱싱된다.

일래스틱서치는 필드 이름과 추가 정보가 포함된 스키마 정의를 생성하기 위해 이러한 단계를 수행할 때 배후에서 몇 가지 기초 작업을 수행한다. 매핑 API를 사용해 일래스틱서치가 생성한 스키마 정의를 동적으로 가져올 수 있다. GET 명령에 대한 응답은 그림 4.2에 나와 있다.

```
  ...
  "properties" : {
    "rating" : {"type" : "float"},
    "release_year" : {
      "type" : "date",
      "format" : "yyyy/MM/dd HH:mm:ss||yyyy/MM/dd||epoch_millis"
    },
    "title" : {
      "type" : "text",
      "fields" : {
        "keyword" : {
          "type" : "keyword",
          "ignore_above" : 256
        }
      }
    }
  }
}
```

GET movies/_mapping

rating 값이 4.9라면 실수형이므로 float로 타입이 결정된다.

release_year 값은 연도 형식(ISO 형식)이므로 date 타입으로 결정된다.

title은 텍스트 정보이므로 text 데이터 타입이 할당된다.

fields 객체는 동일한 title 필드에 대한 두 번째 데이터 타입을 가리킨다.

▲ **그림 4.2** 도큐먼트 값에서 파생된 movies 인덱스 매핑

일래스틱서치는 도큐먼트가 처음으로 인덱싱될 때 필드 값을 보고 이러한 타입으로 파생된 필드의 데이터 타입을 추론하기 위해 동적 매핑을 사용한다. 각 필드에는 특정 데이터 타입이 정의돼 있다. rating 필드는 float, release_year는 date 타입으로 선언된다. 일래스틱서치는 문자열 값("Godfather")을 기반으로 title 필드의 타입이 text임을 동적으로 결정했다. 필드가 text 타입으로 처리돼 있으므로 이 필드에 대해 모든 풀텍스트 쿼리를 수행할 수 있다.

개별 필드는 여러 데이터 타입을 나타내는 다른 필드로 구성될 수도 있다. title 필드를 text 타입으로 생성하는 것 외에도 일래스틱서치는 추가 작업을 수행했다. 즉, 필드 객체를 사용해 title 필드에 대한 추가적인 keyword 타입을 생성해 title을 다중 타입 필드로 만들었다. 다만 title.keyword를 이용해 접근해야 한다.

다중 타입 필드는 여러 데이터 타입과 연관될 수 있다. 이 예에서는 기본적으로 title 필드가 keyword 타입뿐만 아니라 text 타입에도 매핑된다. keyword 필드는 정확한 값 검색에 사용된다. 이 데이터 타입의 필드는 그대로 유지되며 분석 단계를 거치지 않는다. 즉, 토큰화, 동의어화 및 어간 추출이 수행되지 않는다. 다중 타입 필드에 대한 자세한 내용은 4.7절을

참조한다.

> **keyword 필드 분석**
>
> keyword 데이터 타입으로 선언된 필드는 noop(기능이 전혀 없는 분석기)라는 특수 분석기를 사용하며, 인덱싱 과정에서 keyword 데이터는 건드리지 않는다. 이 keyword 분석기는 전체 필드를 하나의 큰 토큰으로 뱉어낸다.
>
> 기본적으로 keyword 타입의 normalizer 속성이 null로 설정돼 있으므로 keyword 필드는 정규화되지 않는다. 그러나 german_normalizer, uppercase 등과 같은 필터를 설정해 keyword 데이터 타입에 대해 노멀라이저를 사용자 정의하고 활성화할 수 있다. 이렇게 하면 인덱스를 생성하기 전에 keyword 필드가 정규화되기를 원한다는 것을 나타낸다.

일래스틱서치가 필드 값에서 매핑을 추론하는 프로세스를 동적 매핑이라고 한다(동적 매핑은 다음 절에서 자세히 설명한다). 동적 매핑은 지능적이고 편리하지만 스키마 정의가 잘못될 수도 있다는 점에 유의하자. 일래스틱서치는 도큐먼트의 필드 값을 기반으로 스키마를 파생할 때만 가능하다. 잘못된 추론으로 인해 잘못된 검색 결과를 만들 가능성이 있는 잘못된 인덱스 스키마가 생길 수도 있다.

일래스틱서치가 필드의 데이터 타입을 파생하고 결정하며, 첫 번째 도큐먼트가 인덱싱을 위해 들어올 때 스키마가 존재하지 않는 경우 동적으로 스키마를 생성한다는 사실을 배웠다. 다음 절에서는 일래스틱서치가 타입을 결정하는 방법과 동적 매핑의 단점을 알아본다.

4.2 동적 매핑

도큐먼트를 처음으로 인덱싱하면 매핑과 인덱스가 모두 자동으로 생성된다. 스키마를 미리 제공하지 않아도 엔진은 불평하지 않으며, 이 점에 대해 일래스틱서치는 관대하다. 필드의 데이터 타입에 대해 엔진에 알리지 않아도 도큐먼트를 인덱싱할 수 있다. 그림 4.3에 표시된 필드 몇 개로 구성된 영화 도큐먼트를 생각해 보자.

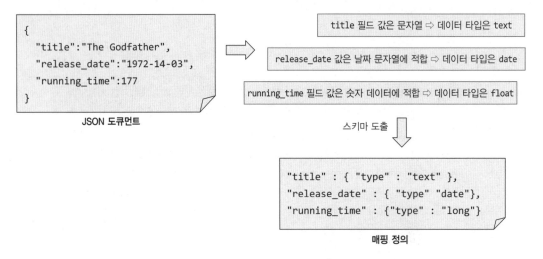

▲ 그림 4.3 인덱싱 과정에서 스키마를 동적으로 파생

일래스틱서치는 이 도큐먼트의 필드와 값을 읽고 데이터 타입을 자동으로 추론한다.

- `title` 필드 값이 문자열이므로 일래스틱서치는 이 필드를 text 데이터 타입에 매핑한다.
- `release_date` 필드 값은 문자열이지만, 값이 ISO 8601 날짜 형식과 일치하므로 date 데이터 타입으로 매핑한다.
- `rating` 필드는 숫자이므로 일래스틱서치는 이를 float 데이터 타입에 매핑한다.

매핑을 명시적으로 만들지 않고 대신 일래스틱서치가 스키마를 즉시 파생하도록 하기 때문에 이러한 유형의 매핑을 동적 매핑이라고 한다. 이 기능은 애플리케이션 개발이나 테스트 환경에서 유용하다.

일래스틱서치는 rating 필드의 데이터 타입이 float 타입인지 어떻게 알 수 있을까? 그렇다면 일래스틱서치는 어떤 타입을 어떻게 추론할까? 다음은 일래스틱서치에서 타입이 파생되는 방식에 대한 메커니즘과 규칙을 살펴본다.

174

4.2.1 타입 추론 메커니즘

일래스틱서치는 필드 값을 분석하고 해당 값을 기반으로 동등한 데이터 타입을 추론한다. 예를 들어 수신된 JSON 객체를 구문 분석하면, rating 값 4.9는 프로그래밍 언어 측면에서 부동 소수점 숫자와 유사하다. 이 "추론"은 매우 간단하다. 따라서 일래스틱서치는 rating 필드를 float 필드로 표시한다.

숫자 타입을 추론하는 것은 쉽지만, release_year 필드의 타입은 어떨까? 이 필드 값은 두 가지 기본 날짜 형식인 yyyy/MM/dd 또는 yyyy-MM-dd 중 하나와 비교돼 일치한다. 일치하면 date 데이터 타입이 할당된다.

> **동적 매핑 중 날짜 형식**
>
> 일래스틱서치는 JSON 도큐먼트의 값이 yyyy-MM-dd 또는 yyyy/MM/dd 형식으로 제공되는 경우(후자는 ISO 날짜 형식이 아니다) 필드가 날짜 타입이라고 추론할 수 있다. 그러나 이러한 유연성은 동적 매핑의 경우에만 사용할 수 있다.
>
> 필드를 명시적으로 date 타입으로 선언하는 경우(명시적 매핑 사용, 나중에 자세히 설명한다) 사용자 정의 타입을 제공하지 않는 한, 필드는 기본적으로 strict_date_optional_time 형식을 따른다. 이 형식은 ISO 날짜 형식(yyyy-MM-dd 또는 yyyy-MM-ddTHH:mm:ss)을 따른다.

이 추론은 대부분의 경우 적합하지만 데이터가 기본 트랙에서 약간 벗어난 경우에는 부족할 수 있다. 영화 도큐먼트의 release_year 필드를 생각해보자. 도큐먼트에 다른 형식(ddMMyyyy 또는 dd/MM/yyyy)의 release_year 값이 있는 경우 동적 매핑 규칙을 사용할 수 없다. 일래스틱서치는 해당 값을 date 필드가 아닌 text 필드로 간주하기 때문이다.

마찬가지로 rating 필드 값을 4로 설정해 다른 도큐먼트를 인덱싱해 보자(평점을 정수로 제공하려고 한다). 일래스틱서치는 값이 "long" 데이터 타입 규칙에 적합하므로 이 필드가 long 데이터 타입이라고 판단한다. rating 필드가 float 데이터를 호스팅해야 하지만 일래스틱서치는 적절한 타입을 결정하는 데 부족했다. 값 4를 보면 해당 필드의 데이터 타입이 long이라고 가정하고 있다.

두 경우 모두 잘못된 데이터 타입을 가진 스키마가 있다. 잘못된 타입이 있으면 애플리케이션에 문제가 발생해 필드가 데이터 정렬, 필터링 및 집계에 적합하지 않게 될 수 있다. 그러나 이 정도가 일래스틱서치의 동적 매핑 기능을 사용할 때 할 수 있는 최선이다.

데이터 가져오기 - 스키마 만들기

일래스틱서치는 도큐먼트를 기반으로 매핑 정보를 추출할 만큼 영리하기 때문에 스키마에 대해 걱정할 필요가 없지만, 상황이 잘못돼 잘못된 스키마 정의로 끝날 가능성이 있다. 잘못된 스키마를 사용하면 문제가 발생한다.

일반적으로 도메인을 잘 이해하고 데이터 모델을 안팎으로 알고 있으며 특히 프로덕션 환경이라면 일래스틱서치가 알아서 스키마를 만들도록 허용하지 않는 것이 좋다. 대신 일반적으로 매핑 템플릿을 사용해 조직 전체에 매핑 전략을 만들고 스키마를 미리 생성하는 것이 가장 좋다(6장에서 일부 매핑 템플릿을 통해 작업한다). 물론 표준 타입이 없는 데이터가 사용 사례에 포함돼 있을 경우에는 동적 매핑이 큰 도움이 될 수 있다.

지금까지 동적 매핑을 살펴봤고 이 기능이 매력적이긴 하지만 다음 절에서 설명하는 것처럼 한계가 있음을 확인했다.

4.2.2 동적 매핑의 한계

일래스틱서치가 도큐먼트 스키마를 파생시키도록 하는 데에는 몇 가지 제한 사항이 있다. 일래스틱서치는 도큐먼트 필드 값을 잘못 해석하고 적절한 검색, 정렬 및 집계 기능에 대한 필드의 적격성을 무효화하는 잘못된 매핑을 도출할 수 있다. 일래스틱서치가 어떻게 데이터 타입을 잘못 결정해 부정확하고 잘못된 매핑 규칙을 만드는지 알아보자.

잘못된 매핑 도출

숫자 데이터가 있는 필드를 제공해야 하지만 데이터가 문자열로 래핑된다고 가정하자(예를 들어 "3.14" - 따옴표가 있음에 유의하자). 안타깝게도 일래스틱서치는 이러한 데이터를 잘못 처리한다. 이 예에서는 데이터 타입이 float 또는 double이 아닌 text일 것으로 예상된다.

3장에서 살펴본 student 도큐먼트를 수정하고 student의 나이[age] 필드를 추가해보자. 나이의 데이터 타입이 숫자처럼 들리겠지만, 값을 따옴표로 묶었기 때문에 text 필드로 인덱싱한다.

```
PUT students_temp/_doc/1
{
  "name":"John",
  "age":"12"
}
```

age 변수의 값은 문자열(따옴표)로
설정된다.

첫 번째
도큐먼트

```
PUT students_temp/_doc/2
{
  "name":"William",
  "age":"14"
}
```

두 번째
도큐먼트

age 필드의 값은 따옴표로 묶여 있으므로 일래스틱서치는 이를 text 필드(숫자가 포함돼 있음에도)로 처리한다. 이 두 도큐먼트를 인덱싱한 다음에는 age를 기준으로 오름차순 또는 내림차순으로 학생을 정렬하는 검색 쿼리를 작성한다(그림 4.4 참조). 이 쿼리의 응답은 작업이 허용되지 않음을 표시할 것이다. 그 이유를 알아보자.

학생 도큐먼트의 age 필드는 text 필드로 인덱싱되기 때문에(기본적으로 동적 매핑 과정에서 모든 문자열 필드는 text 필드에 매핑된다) 일래스틱서치는 정렬 작업에서 해당 필드를 사용할 수 없다. 기본적으로 text 필드에서는 정렬 기능을 사용할 수 없다.

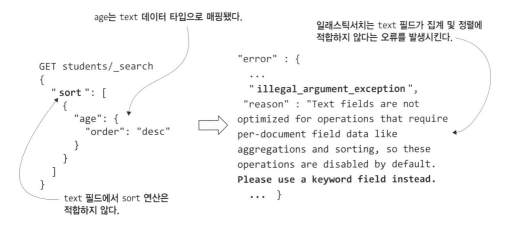

age는 text 데이터 타입으로 매핑됐다.

일래스틱서치는 text 필드가 집계 및 정렬에
적합하지 않다는 오류를 발생시킨다.

```
GET students/_search
{
  "sort": [
    {
      "age": {
        "order": "desc"
      }
    }
  ]
}
```

text 필드에서 sort 연산은
적합하지 않다.

```
"error" : {
  ...
  "illegal_argument_exception",
 "reason" : "Text fields are not
optimized for operations that require
per-document field data like
aggregations and sorting, so these
operations are disabled by default.
Please use a keyword field instead.
  ... }
```

▲ 그림 4.4 text 필드에 대한 정렬 작업으로 인해 오류가 발생했다.

text 필드를 정렬하려고 하면 일래스틱서치는 해당 필드가 정렬에 최적화돼 있지 않다는 오류 메시지를 표시한다. 이 동작을 재정의하고 text 필드를 정렬하려면 스키마를 정의할 때 fielddata를 true로 설정하면 된다.

```
PUT students_with_fielddata_setting
{
  "mappings": {
    "properties": {
      "age": {
        "type": "text",
        "fielddata": true
      }
    }
  }
}
```

조언: fielddata는 필드 데이터 캐시의 클러스터 힙 메모리에 저장된다. 필드 데이터를 활성화하면 계산 비용이 많이 들고, 결과적으로 클러스터 성능 문제가 발생할 수 있다. fielddata를 활성화하는 것보다 keyword 필드를 사용하는 것이 좋다(다음 절 참조).

keyword 타입을 사용한 정렬 수정

다행히 일래스틱서치는 기본적으로 keyword를 두 번째 타입으로 사용해 모든 필드를 다중 필드로 생성할 수 있다. 이 기본 기능을 사용하면 age 필드가 다중 필드로 태그 지정돼 데이터 타입이 키워드인 age.keyword가 생성된다. 학생을 정렬하려면 필드 이름을 age에서 age.keyword로 변경하기만 하면 된다.

목록 4.3 age.keyword 필드에 대한 정렬 쿼리 수정

```
GET students_temp/_search          ◄──── _search API를 사용해 모든
{                                         도큐먼트를 가져온다.
  "sort": [      ◄──── 정렬 함수
    {
      "age.keyword": {      ◄──────────────── age.keyword는 해당 필드의
        "order": "asc"      ◄──── 데이터를              이름이다.
      }                          오름차순으로 정렬
```

```
        }
    ]
}
```

이 쿼리는 모든 학생을 나이별로 오름차순으로 정렬한다. `age.keyword`가 정렬 함수를 적용할 수 있는 keyword 타입 필드이기 때문에 쿼리가 성공적으로 실행된다. 기본적으로 일래스틱서치에서 생성된 두 번째 데이터 타입(`age.keyword`)을 기준으로 정렬한다.

> |**노트**| 예제에서 `age.keyword`는 암묵적으로 파생되는 동적 매핑 중에 일래스틱서치에서 제공하는 기본 이름이다. 반면 매핑 스키마를 명시적으로 정의할 때 필드 생성, 이름, 타입을 완전히 제어할 수 있다.

필드를 keyword 대신 text 타입으로 처리하면 데이터가 분석되고 토큰으로 분류되면서 불필요하게 엔진에 영향을 미친다.

잘못된 날짜 형식 파생

동적 매핑의 또 다른 잠재적인 문제는 일래스틱서치의 기본 날짜 형식(yyyy-MM-dd 또는 yyyy/MM/dd)으로 제공하지 않으면 날짜 형식이 잘못 결정될 수 있다는 점이다. 영국의 dd-MM-yyyy 형식 또는 미국의 MM-dd-yyyy 형식으로 게시된 날짜는 text 타입으로 간주된다. 날짜가 아닌 데이터 타입과 연결된 필드에서는 날짜 계산을 수행할 수 없다. 이러한 필드는 정렬, 필터링 및 집계에도 적합하지 않다.

> |**노트**| JSON에는 date 타입이 없으므로 값을 디코딩하고 날짜인지 확인하는 것은 애플리케이션의 몫이다. 일래스틱서치로 작업할 때 이러한 필드에 문자열 형식("release_date" : "2021-07-28"처럼)으로 데이터를 제공한다.

동적 매핑 기능을 사용할 때 주의할 점은 일래스틱서치가 잘못된 매핑을 만들 가능성이 있다는 점이다. 필드 값을 기반으로 스키마를 준비하는 것이 요구 사항에 언제나 맞는 것은 아닐 수 있다. 따라서 일반적인 조언은 엔진의 자비에 의존하기보다는 데이터 모델 요구 사항을 기반으로 스키마를 개발하는 것이다.

이러한 제한을 극복하기 위해 대안으로 명시적 매핑을 선택할 수 있다. 여기서는 스키마를 정의하고 이를 인덱싱 과정이 시작되기 전에 생성한다. 다음 절에서 명시적 매핑에 대해 알아본다.

4.3 명시적 매핑

이전 절에서는 일래스틱서치의 스키마리스 동적 매핑에 대해 살펴봤다. 일래스틱서치는 도큐먼트를 기반으로 매핑 정보를 추출할 만큼 지능적이지만, 잘못된 스키마 정의로 끝날 수 있다. 다행스럽게도 일래스틱서치는 매핑 정의를 지시하는 방법을 제공한다.

다음은 스키마를 명시적으로 생성(또는 업데이트)하는 두 가지 접근 방식이다. 그림 4.5는 두 API를 모두 사용해 movies 인덱스를 생성하는 방법을 보여준다.

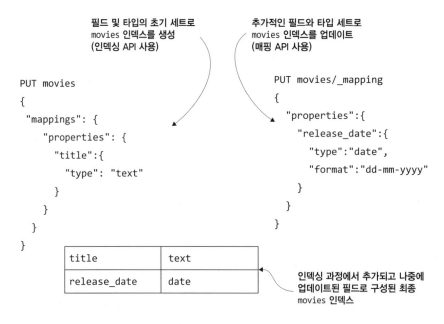

▲ **그림 4.5** 인덱싱 및 매핑 API를 사용해 스키마 생성 및 업데이트

- **인덱싱 API**: 인덱스 생성 API(매핑 API가 아니다)를 사용해 인덱스 생성 시 스키마 정의를 생성할 수 있다. 인덱스 생성 API는 필수 스키마 정의로 구성된 요청을 JSON 도큐먼트로 요구한다. 새 인덱스와 해당 매핑 정의가 동시에 생성된다.
- **매핑 API**: 데이터 모델이 성숙해짐에 따라 스키마 정의를 새로운 속성으로 업데이트해야 하는 경우가 있다. 일래스틱서치는 이 작업을 수행하기 위해 _mapping 엔드포인트를 제공하므로 필드와 해당 데이터 타입을 추가할 수 있다.

다음 절에서는 직원 데이터로 작업하는 예를 이용해 이 두 가지 방법을 살펴본다.

4.3.1 인덱싱 API를 사용한 매핑

인덱스 생성 시 매핑 정의를 생성하는 것은 비교적 간단하다. 간단히 PUT 명령 및 인덱스 이름과 함께 필수 필드와 세부 정보가 포함된 mappings 객체를 요청 본문으로 전달한다(그림 4.6 참조).

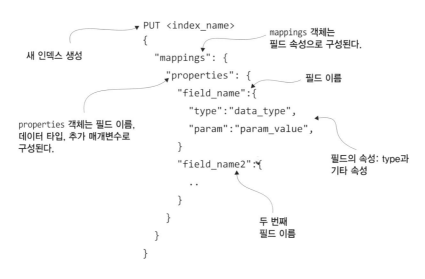

▲ **그림 4.6** 인덱스 생성 중 매핑 정의 생성

이제 매핑 API를 사용해 스키마를 생성하는 이면의 이론을 알았으므로 다음 목록처럼 직원(employee) 모델에 대한 매핑 스키마를 개발해 이를 작동시켜본다. 직원 정보는 name, age, email, address 등의 필드로 모델링된다.

매핑 API를 HTTP PUT 액션으로 호출해 이러한 필드가 포함된 도큐먼트를 employees 인덱스로 인덱싱한다. 요청 본문은 필드의 속성으로 캡슐화된다.

목록 4.4 스키마 먼저 생성

```
PUT employees
{
  "mappings": {
    "properties": {
      "name": { "type": "text" },          ← name 필드는 text 데이터
                                              타입이다.
      "age": { "type": "integer" },         ← age 필드는 숫자
                                              타입이다.
email 필드는  "email": { "type": "keyword" },   ← 추가 필드가 있는 inner
keyword                                         객체의 address 객체
타입이다.    "address": {
       "properties": {
inner        "street": { "type": "text" },
객체 속성     "country": { "type": "text" }
        }
      }
    }
  }
}
```

스크립트가 준비되면 키바나의 개발자 도구에서 이 명령을 실행하자. 오른쪽 창에 인덱스가 생성됐음을 나타내는 성공적인 응답이 표시돼야 한다. 이제 예상한 스키마 매핑이 포함된 employee 인덱스가 생겼다. 이 예에서는 일래스틱서치에 데이터 타입을 지정했다. 이제 스키마를 제어할 수 있다.

목록 4.4에서 address 필드는 street와 country 등 추가 필드로 구성된 객체 타입이다. 그러나 address 필드 타입은 다른 데이터 필드를 캡슐화하는 객체라고 말했지만 객체로 언급되지 않았다. 이는 객체 데이터 타입이 기본적으로 모든 내부 객체에 대해 일래스틱서치에 의해 추론되기 때문이다. 따라서 이를 명시적으로 언급하지 않았다. 또한 address에 래핑된 하위 필드 속성 객체는 내부 객체의 추가 속성을 정의하는 데 도움된다.

이제 프로덕션에 있는 employees 인덱스에 새로운 요구 사항이 주어졌다고 가정해 보자. 경영진은 부서, 전화번호 등과 같은 몇 가지 추가 속성을 포함하도록 모델을 확장하기를 원

한다. 이 요구 사항을 충족하려면 운영 중인 인덱스에 매핑 API를 사용해 이러한 필드를 추가해야 한다. 다음 절에서 이 토픽을 간략하게 살펴본다.

4.3.2 매핑 API를 사용해 스키마 업데이트

프로젝트가 성숙해짐에 따라 데이터 모델도 의심할 여지없이 변화할 것이다. 계속해서 직원 도큐먼트에 joining_date 및 phone_number 속성을 추가해 본다.

```
{
  "name": "John Smith",
  "joining_date": "01-05-2021",
  "phone_number": "01234567899"
  ...
}
```

joining_date는 날짜별로 직원을 정렬하는 등 날짜 관련 작업을 수행하려는 date 타입이다. phone_number는 있는 그대로 저장될 것으로 예상되므로(데이터를 토큰화하는 것을 원하지 않는다. 이에 대한 자세한 내용은 다음 절에서 설명한다) keyword 데이터 타입이 적합하다. 이러한 추가 필드를 사용해 기존 employee 스키마 정의를 수정하려면 기존 인덱스에서 _mapping 엔드포인트를 호출하고 요청 객체에서 새 필드를 선언한다.

목록 4.5 추가 필드로 기존 인덱스 업데이트

```
PUT employees/_mapping  ◀──── 기존 인덱스 업데이트를 위한
{                              _mapping 엔드포인트
  "properties": {
    "joining_date": {  ◀──── joining_date 필드는
      "type": "date",         date 타입이다.
      "format": "dd-MM-yyyy"
    },
    "phone_number": {
      "type": "keyword"  ◀──── phone_number는
    }                           그대로 저장된다.
  }
}
```

기대하는 날짜 형식

요청 본문을 자세히 살펴보면 properties 객체가 루트 수준에서 정의돼 있다. 이는 properties 객체가 루트 수준 mappings 객체에 래핑된 인덱싱 API를 사용해 스키마를 생성하는 이전 방법과는 다르다.

빈 인덱스 업데이트

빈empty 인덱스에서 스키마를 업데이트하는 동일한 원칙을 사용할 수도 있다. 스키마 매핑 없이 빈 인덱스를 생성한다. 예를 들어 PUT books 명령을 실행하면 빈 books 인덱스가 생성된다.

필수 스키마 정의를 위해 _mapping 엔드포인트를 호출해 목록 4.5의 인덱스를 업데이트한 방법과 유사하게 빈 인덱스에 대해서도 동일한 접근 방식을 사용할 수 있다. 다음 코드 조각은 추가 필드를 사용해 departments 인덱스의 스키마를 업데이트한다.

목록 4.6 빈 인덱스의 매핑 스키마 업데이트

```
PUT departments          ◀━━━  먼저 빈 인덱스를
                                만든다.
PUT departments/_mapping ◀━━━  매핑 API를 사용해
{                               빈 인덱스를 업데이트한다.
  "properties": {
    "name": {
      "type": "text"     ◀━━━  name 필드는 text 데이터
    }                           타입으로 선언한다.
  }
}
```

지금까지 추가 필드로 스키마를 업데이트하는 사례를 살펴봤다. 그런데 기존 필드의 데이터 타입을 변경하려면 어떻게 해야 할까? 필드 데이터 타입을 text에서 keyword로 변경한다고 가정해 보자. 필드를 추가한 것처럼 쉽게 매핑을 업데이트할 수 있을까? 대답은 "아니요"다. 일래스틱서치가 기존 필드의 데이터 타입을 변경하거나 수정하는 것을 허용하지 않는다. 대신 다음 절에서 설명하는 것처럼 좀 더 많은 작업을 수행해야 한다.

4.3.3 기존 필드 수정은 허용되지 않는다

인덱스가 라이브(데이터 필드가 생성되고 작동 중인)가 되면 인덱스의 기존 필드에 대한 수정이 금지된다. 예를 들어 필드가 keyword 데이터 타입으로 정의돼 인덱싱된 경우 다른 데이터 타입(keyword에서 text 타입으로)으로 변경할 수 없다. 여기에는 그럴 만한 이유가 있다. 데이터는 기존 스키마 정의를 사용해 인덱싱되므로 인덱스에 저장된다. 데이터 타입이 수정된 경우 해당 필드 데이터 검색이 실패해 잘못된 검색 경험을 초래할 수 있다. 검색 실패를 방지하기 위해 일래스틱서치에서는 기존 필드를 수정하는 것을 허용하지 않는다.

그렇다면 대안이 무엇인지 물어볼 수도 있다. 기술 요구 사항과 마찬가지로 비즈니스 요구 사항도 바뀐다. 라이브 인덱스에서 (잘못 생성됐을 수 있는) 데이터 타입을 어떻게 수정할 수 있을까?

재인덱싱^{reindex}을 사용할 수 있다. 재인덱싱 작업은 원래 인덱스의 소스 데이터에서 새 인덱스(업데이트된 스키마 정의가 있을 수 있다)로 수행한다. 아이디어는 다음과 같다.

1. 업데이트된 스키마 정의로 새 인덱스를 생성한다.
2. 재인덱싱 API를 사용해 이전 인덱스의 데이터를 새 인덱스로 복사한다. 재인덱싱이 완료되면 새 스키마가 포함된 새 인덱스를 사용할 수 있다. 읽기 및 쓰기 작업 모두에 대해 인덱스가 열려 있다.
3. 새 인덱스가 준비되면 애플리케이션이 해당 인덱스로 전환된다.
4. 새 인덱스가 예상대로 작동하는지 확인한 후 이전 인덱스를 제거한다.

재인덱싱은 강력한 작업이며 5장에서 자세히 설명한다. 이제 API 작동 방식을 간단히 살펴본다. 기존(source) 인덱스에서 대상(dest) 인덱스로 데이터를 마이그레이션한다고 가정해 보자. 목록 4.7에 표시된 대로 재인덱싱 호출을 실행한다.

> |**노트**| 이 목록은 참고용이며 예제에 사용한 인덱스는 아직 없다.

```
POST _reindex
{
  "source": {"index": "orders"},
  "dest": {"index": "orders_new"}
}
```

스키마 변경으로 인해 새 인덱스(orders_new)가 생성된 다음 이전 인덱스(orders)의 데이터가 업데이트된 선언과 함께 새로 생성된 이 인덱스로 마이그레이션된다.

> |**노트**| 애플리케이션이 기존 인덱스와 단단히 결합돼 있는 경우 새 인덱스로 이동하려면 코드 또는 구성 변경이 필요할 수 있다. 이러한 상황을 피하는 이상적인 방법은 별칭(alias)을 사용하는 것이다. 별칭은 인덱스에 부여된 대체 이름이다. 별칭을 사용하면 가동 중단 없이 인덱스 사이를 원활하게 전환할 수 있다. 6장에서 별칭을 살펴본다.

도큐먼트를 인덱싱할 때 데이터 타입이 잘못된 경우가 있다. 예를 들어 float 타입의 평점 필드는 "rating":4.9 대신 "rating": "4.9"라는 문자열로 묶인 값을 받을 수 있다. 다행스럽게도 일래스틱서치는 데이터 타입에 대해 일치하지 않는 값이 발견될 때 관대하다. 값을 추출하고 원본 데이터 형식으로 저장해 도큐먼트 인덱싱을 진행한다. 다음 절에서 이 메커니즘에 대해 알아본다.

4.3.4 타입 강제

때때로 JSON 도큐먼트에는 스키마 정의의 값과 다른 잘못된 값이 포함돼 있다. 예를 들어 정수로 정의된 필드는 문자열 값으로 인덱싱될 수 있다. 일래스틱서치는 이러한 일관되지 않은 데이터 타입을 변환하려고 시도하는 인덱싱 문제를 방지한다. 이 프로세스를 타입 강제type coercion라고 한다. 예를 들어 자동차의 age 필드를 integer 타입으로 정의했다고 가정해 보자.

```
"age":{"type":"short"}
```

이상적으로는 age를 정숫값으로 사용해 도큐먼트를 인덱싱한다. 그러나 사용자가 실수로 age 값을 문자열 타입("2")으로 설정하고 호출할 수 있다.

```
PUT cars/_doc/1
{
  "make":"BMW",
  "model":"X3",
  "age":"2"          ┐ 문자열로
                     ┘ 입력되는 정수
}
```

일래스틱서치는 오류 없이 이 도큐먼트를 인덱싱한다. age 필드에는 정수가 포함될 것으로 예상되며 일래스틱서치는 오류를 방지하기 위해 타입 변환을 강제한다. 강제 변환은 필드의 구문 분석된 값이 예상 데이터 타입과 일치하는 경우에만 작동한다. 이 경우 "2"를 구문 분석하면 숫자인 2가 반환된다.

지금까지 데이터 타입에 큰 중점을 두지 않고 매핑과 데이터 타입에 대해 많이 이야기했다. 적절한 데이터 타입으로 스키마를 설계하는 것은 검색 경험을 최적화하는 데 중요하다. 데이터 타입, 특성, 사용 시기를 이해해야 한다. 데이터베이스나 프로그래밍 언어와 달리 일래스틱서치는 거의 모든 데이터 형태와 형식에 맞는 다양한 데이터 타입 목록을 제공한다. 다음 절에서는 이러한 데이터 타입을 자세히 살펴본다.

4.4 데이터 타입

프로그래밍 언어의 변수 데이터 타입과 유사하게 도큐먼트의 필드에는 연관된 특정 데이터 타입이 있다. 일래스틱서치는 단순한 것부터 복잡한 것, 특수한 것까지 다양한 데이터 타입 목록을 제공한다. 이러한 타입 목록은 계속 늘어나고 있으므로 더 많은 타입을 알아보자.

일래스틱서치는 20개 이상의 다양한 데이터 타입을 제공하므로 특정 요구 사항에 따라 적절한 데이터 타입을 선택할 수 있다. 데이터 타입은 다음 범주로 광범위하게 분류될 수 있다.

- **단순 타입**^{simple type}: 문자열(텍스트 정보), 날짜, 숫자 및 기타 기본 데이터 변형을 나타내는 공통 데이터 타입이다. text, boolean, long, date, double, binary가 여기에 해당한다.
- **복합 타입**^{complex type}: 객체가 내부 객체를 보유할 수 있는 프로그래밍 언어의 객체 구성과 유사하게 추가 유형을 구성해 생성된다. 복합 타입을 평탄화되도록^{flatten} 만들거나 중첩해 요구 사항에 따라 훨씬 더 복잡한 데이터 구조를 만들 수 있다. object, nested, flattened, join이 있다.
- **특수 타입**^{specialized type}: 지리적 위치 및 IP 주소와 같은 특수 사례에 주로 사용된다. geo_shape, geo_point, ip와 date_range, ip_range와 같은 범위^{range} 타입이 있다.

> |**노트**| 전체 타입은 공식 도큐먼트(http://mng.bz/yQpe)에서 확인할 수 있다.

도큐먼트의 모든 필드에는 비즈니스 및 데이터 요구 사항에 따라 하나 이상의 연관 타입^{associated type}이 있을 수 있다. 표 4.1에는 몇 가지 예와 함께 일반적인 데이터 타입 목록이 나와 있다.

▼ 표 4.1 예제가 포함된 일반적인 데이터 타입

유형	설명	예
text	텍스트 정보(문자열 값)를 나타낸다. 비구조화된 텍스트	영화 제목, 블로그 포스트, 서평, 로그 메시지
integer, long, short, byte	숫자를 나타낸다.	감염자 수, 결항편, 판매 상품, 도서 순위
float, double	부동 소수점 숫자를 나타낸다.	학생 평점 평균, 매출 이동 평균, 리뷰어 평균 평점, 온도
boolean	이진 선택(true 또는 false)을 나타낸다.	영화가 블록버스터인가? 코로나19 사례가 증가하고 있는가? 학생이 시험에 합격했는가?
keyword	구조화된 텍스트를 나타낸다. 즉, 분해하거나 분석해서는 안 되는 텍스트다.	오류 코드, 이메일 주소, 전화번호, 주민등록번호
object	JSON 객체를 의미한다.	(JSON 형식) 직원 정보, 트윗, 동영상 객체
nested	객체 배열을 의미한다.	직원 주소, 이메일 라우팅 데이터, 영화 기술 팀

여기 나열된 것이 전체 데이터 타입은 아니다. 이 책은 8.6 버전 기준으로 작성됐으며 일래스틱서치에서는 거의 40가지 데이터 타입을 정의한다. 일래스틱서치는 경우에 따라 검색 쿼리를 최적화하기 위해 타입을 더 세부적으로 정의한다. 예를 들어 text 타입은 search_as_you_type, match_only_text, completion, token_count 등과 같은 좀 더 구체적인 타입으로 더 분류된다.

일래스틱서치는 또한 공간과 성능을 최적화하기 위해 데이터 타입을 계열로 그룹화하려고 시도한다. keyword 계열에는 keyword, wildcard, constant_keyword 데이터 타입이 있다. 현재 이 그룹은 유일한 패밀리 그룹이며 가까운 시일 내에 더 많은 것이 추가되기를 기대할 수 있다.

다중 데이터 타입이 포함된 단일 필드

자바나 C#과 같은 프로그래밍 언어에서는 동시에 두 가지 타입의 변수를 정의할 수 없다. 그러나 일래스틱서치는 그런 제한이 없다. 일래스틱서치는 여러 데이터 타입이 있는 필드를 표현하는 데 매우 유용하므로 원하는 방식으로 스키마를 개발할 수 있다.

가령 책의 저자가 text 타입이면서 keyword 타입이기를 원할 수도 있다. 각 필드에는 특정한 특성이 있는데 keyword는 분석되지 않는 특성이 있다. 즉, 해당 필드는 그대로 저장된다. 더 많은 타입을 가질 수도 있다. 예를 들어 author 필드는 다른 두 타입 외에 completion 타입으로 선언될 수 있다.

다음 몇 개의 절에서는 이러한 데이터 타입, 특성 및 사용법을 살펴본다. 그러나 데이터 타입을 자세히 다루기 전에 매핑 정의를 생성하는 방법을 이해해야 한다. 4.3절에서는 매핑 기능에 대해 더 자세히 설명하겠지만, 지금은 다음 절에 들어가기 위한 전제 조건으로 매핑 정의를 생성하는 메커니즘을 간략하게 살펴본다.

매핑 스키마 개발

영화 도큐먼트(목록 4.1)를 인덱싱할 때 일래스틱서치는 필드 값을 분석해 타입을 파생하면서 동적으로 스키마를 생성했고(그림 4.2), 이제 스키마 정의를 생성하려는 시점에 이르렀다. 일래스틱서치는 인덱싱 API를 사용해 이러한 정의를 생성하므로 예제를 통해 확인해보자.

각각 text 및 byte 데이터 타입을 갖는 name 및 age 필드가 있는 학생 도큐먼트를 만든다고 가정한다(다음 절에서 이러한 데이터 타입을 소개한다). 이러한 매핑 정의를 미리 사용해 students 인덱스를 생성해 스키마 생성을 제어할 수 있다. 그림에서는 왼쪽에 매핑 정의 실행이 있고 오른쪽에 정의를 가져오는 방식으로 이를 간결하게 보여준다.

```
PUT students
{
  "mappings": {
    "properties": {
      "name":{
        "type": "text"
      },
      "age":{
        "type": "byte"
      }
    }
  }
}
```

students 인덱스는 name(text)과 age(byte)로 구성된 스키마로 정의된다.

```
GET students/_mapping
```

students 인덱스에 대한 매핑을 가져온다.

```
{
  "students" : {
    "mappings" : {
      "properties" : {
        "age" : {
          "type" : "byte"
        },
        "name" : {
          "type" : "text"
        }
      }
    }
  }
}
```

students 매핑 정의

▲ 매핑 정의(왼쪽) 및 스키마 검색(오른쪽)

매핑 객체에 래핑된 필드 속성 집합이 포함된 요청을 사용해 인덱스를 생성한다. 인덱스에서 _mapping 엔드포인트를 호출해 스키마 정의를 확인한다(오른쪽에 표시됨).

이제 높은 수준에서 스키마를 생성하는 방법을 알았으므로 핵심 데이터 타입을 조사할 준비가 됐다.

4.5 핵심 데이터 타입

일래스틱서치는 text, keyword, date, long, boolean을 포함해 데이터를 나타내는 일련의 핵심 데이터 타입을 제공한다. 고급 유형과 동적 및 명시적 매핑을 이해하려면 먼저 핵심 데이터 타입에 대한 기본적인 이해가 필요하다. 다음 몇 개의 절에서는 예제와 함께 핵심 기본 데이터 타입을 살펴본다.

> |**노트**| 코드 때문에 가독성이 떨어지지 않도록 일부 예제의 코드는 깃허브(http://mng.bz/GyBR) 및 책 웹사이트(https://www.manning.com/books/elasticsearch-in-action-second-edition)에서 찾을 수 있다.

4.5.1 text 데이터 타입

검색엔진이 잘 수행해야 하는 데이터 타입 중 하나가 있다면 그것은 바로 풀텍스트 데이터 타입이다. 검색엔진 전문 용어로 풀텍스트 또는 구조화되지 않은 텍스트라고도 부르는 사람이 읽을 수 있는 텍스트는 현대 검색엔진에 있어서 밥줄이나 마찬가지다. 현재 디지털 세계에서 뉴스 항목, 트윗, 블로그 게시물, 연구 기사 등 많은 텍스트 정보를 소비한다. 일래스틱서치는 풀텍스트 데이터를 처리하기 위한 전용 데이터 타입인 text 데이터 타입을 정의한다.

text 데이터 타입으로 정의된 모든 필드는 저장 전에 분석된다. 분석 프로세스 동안 분석기는 텍스트 데이터를 다양한 형식으로 처리(강화, 향상 및 변환)하고 쉽게 액세스할 수 있도록 내부 데이터 구조에 저장한다.

이전 예제에서 봤듯이 데이터 타입 설정은 간단하다. 매핑 정의에 `"field name":{ "type": "text" }` 구문을 사용한다. 4.2.2절의 예제를 통해 작업했으므로 해당 연습을 반복하지 않을 것이다. 대신 일래스틱서치가 인덱싱 중에 text 필드를 처리하는 방법을 살펴본다.

text 필드 분석

일래스틱서치는 구조화된 텍스트 데이터와 구조화되지 않은 텍스트 데이터 타입을 모두 지원한다. 구조화되지 않은 텍스트는 일반적으로 사람이 읽을 수 있는 언어(영어, 중국어, 포르투갈어 등)로 작성된 풀텍스트 데이터다. 구조화되지 않은 텍스트에 대한 효율적이고 효과적인 검색은 검색엔진을 돋보이게 만든다.

구조화되지 않은 텍스트는 데이터를 토큰으로 분할하고, 문자를 필터링하고, 단어를 어근으로 축소하고(stemmed) 동의어를 추가하고 기타 자연어 처리 규칙을 적용하는 분석 프로세스를 거친다. 7장에서는 텍스트 분석을 다루겠지만 일래스틱서치가 풀텍스트를 처리하는 방법에 대한 예를 빠르게 살펴보자. 다음 텍스트는 영화에 대한 사용자 리뷰다.

"The movie was sick!!! Hilarious :) :) and WITTY ;) a KiLLer 👍"

이 도큐먼트가 인덱싱되면 분석기를 기반으로 분석을 거친다. 분석기는 들어오는 텍스트를 분석해 토큰화하고 정규화하는 텍스트 분석 모듈이다. 기본적으로 일래스틱서치는 standard 분석기를 사용하며 리뷰 의견 분석은 다음 단계로 구성된다(그림 4.7).

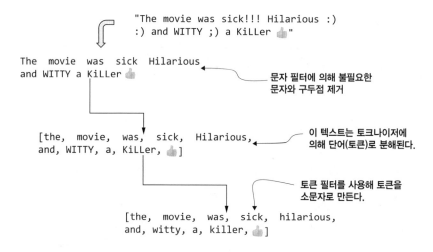

▲ **그림 4.7** standard 분석기 모듈을 사용해 인덱싱하는 동안 풀텍스트 필드 처리

1. 태그, 구두점, 특수 문자는 문자 필터를 사용해 제거된다. 이 단계를 거친 결과는 다음과 같다.

   The movie was sick Hilarious and WITTY a KiLLer 👍

2. 문장은 토크나이저를 사용해 토큰으로 분해된다.

   [the, movie, was, sick, Hilarious, and, WITTY, a, KiLLer, 👍]

3. 토큰 필터를 사용해 토큰이 소문자로 변경된다.

```
[the, movie, was, sick, hilarious, and, witty, a, killer, 👍]
```

이 단계는 분석기에 따라 다를 수 있다. 예를 들어 English 분석기를 선택하면 토큰이 어근 stemmed으로 축소된다.

```
[movi,sick,hilari, witti, killer, 👍]
```

movi, hilari, witti라는 어근 그 자체로는 실제 단어는 아니지만, 파생된 모든 형태가 어근과 일치할 수 있는 한 잘못된 철자가 문제되진 않는다.

> |**노트**| 일래스틱서치가 제공하는 _analyze API를 사용해 텍스트 분석 방법을 테스트할 수 있다. 이 API는 분석기의 내부 작동을 이해하는 데 도움되며, 다양한 언어 요구 사항에 맞는 복잡한 사용자 정의 분석기 모듈 구축을 지원한다.

코드는 깃허브 저장소에서 사용할 수 있으니 텍스트 데이터에 대해 분석기를 실행해 자유롭게 실험해 보자.

어간 추출(Stemming)

어간 추출은 단어를 어근으로 줄이는 과정이다. 예를 들어 Fighter, Fight, Fighted는 모두 Fight라는 한 단어로 축소될 수 있다. 마찬가지로, 이전 예에서와 같이 영화를 movi로 축소하고 hilarious를 hilaris로 축소할 수 있다.

어간 추출은 언어에 따라 다르다. 도큐먼트에서 선택한 언어가 프랑스어인 경우 French 어간 추출기를 사용할 수 있다. 어간 추출기는 일래스틱서치의 텍스트 분석 단계 중 분석기 모듈을 구성할 때 토큰 필터를 통해 선언된다.

동일한 필드에 대한 검색 쿼리를 실행하는 동안 동일한 프로세스가 다시 트리거된다. 7장은 풀텍스트 분석을 다루고 분석기의 복잡성과 일래스틱서치가 풀텍스트 데이터를 관리하는 방법을 설명한다.

앞에서 일래스틱서치가 타입을 세부적으로 정의한다고 언급했다. 텍스트 필드를 search_as_you_type, match_only_text, completion, token_count 등과 같은 보다 구체적인 타입으로 추가로 분류한다. 일래스틱서치가 풀텍스트에 어떻게 추가적인 강조와 노력을 쏟는지 알아보기 위해 다음 몇 개의 절에서 이러한 풀텍스트로 된 텍스트 타입을 간략하게 살펴본다.

token_count 데이터 타입

텍스트 데이터 타입의 특수한 형식인 token_count는 해당 필드의 토큰 수를 캡처하는 필드를 정의한다. 예를 들어 책 title을 token_count로 정의한 경우 책에 있는 토큰 수를 기준으로 모든 책을 검색할 수 있다. title 필드가 있는 인덱스를 생성해 이에 대한 매핑을 생성해 보자.

목록 4.9 title 필드에 대한 token_count 데이터 타입이 있는 인덱스

```
PUT tech_books
{
  "mappings": {
    "properties": {
      "title": {              ◀── 필드 이름        title의 데이터 타입은
        "type": "token_count",  ◀──               token_count다.
        "analyzer": "standard"  ◀──
      }                                 이 분석기가 제공될 것으로
    }                                   예상된다.
  }
}
```

---

title은 token_count 타입으로 정의된다. 분석기가 제공돼야 하므로 title 필드에 standard 분석기를 설정했다. 이제 title의 token_count 함수를 기반으로 검색하기 전에 세 가지 기술 서적(이 책과 희망 사항이지만 미래에 출간할 책)을 인덱싱해보겠다.

목록 4.10 3개의 새 도큐먼트를 tech_books 인덱스로 인덱싱하기

```
PUT tech_books/_doc/1
{
  "title":"Elasticsearch in Action"
}

PUT tech_books/_doc/2
{
  "title":"Elasticsearch for Java Developers"
```

```
}

PUT tech_books/_doc/3
{
  "title":"Elastic Stack in Action"
}
```

이제 tech_books 인덱스에 몇 권의 책이 포함돼 있으므로 token_count 유형을 사용하도록 하겠다. 다음 범위 쿼리는 title이 세 단어 이상(gt는 초과의 약자)으로 구성돼 있지만, 다섯 단어 이하(lte는 이하의 약자)로 구성된 책을 가져온다.

목록 4.11 특정 단어 수의 책을 가져오는 범위 쿼리

```
GET tech_books/_search
{
  "query": {
    "range": {
      "title": {
        "gt": 3,
        "lte": 5
      }
    }
  }
}
```

범위 쿼리는 title의 단어 수를 기준으로 책을 가져온다. Elasticsearch for Java Developers(토큰 4개) 및 Elastic Stack in Action(토큰 4개)을 검색하지만 Elasticsearch in Action(토큰 3개)은 생략한다.

일래스틱서치에서는 단일 필드가 여러 데이터 타입(다중 필드, 4.7절에서 자세히 설명했다)으로 선언될 수 있으므로 title 필드를 text 타입과 token_type으로 결합할 수도 있다. 다음 목록은 이 기술을 사용해 새 인덱스(tech_books2)를 만든다.

목록 4.12 text 필드에 추가적인 데이터 타입으로 token_count 추가하기

```
PUT tech_books2
{
```

```
      "mappings": {
        "properties": {              title 필드는 text 데이터
          "title": {          ◀      형식으로 정의된다.
            "type": "text",         title 필드는 여러 데이터
            "fields": {        ◀     타입을 갖도록 선언된다.
              "word_count": {    ◀
                  "type": "token_count",   word_count는
                                           추가 필드다.
                  "analyzer": "standard"   ◀   분석기 제공은
              }                                필수다.
            }
          }
        }
      }
    }
```

word_count의
타입

word_count 필드는 title 필드의 내부 속성이므로 term 쿼리(숫자, 날짜, 부울 등과 같은 구조화된 데이터에 대해 실행되는 쿼리 유형)를 사용할 수 있다.

목록 4.13 타이틀이 네 단어로 된 책 검색하기

```
GET tech_books/_search
{
  "query": {                    term 검색어를
    "term": {            ◀       사용하고 있다.
      "title.word_count": {   ◀── 필드 이름
        "value": 4
      }
    }
  }
}
```

<outer_field>.<inner_field>를 word_count 필드 이름으로 사용하므로 이 필드의 접근자는 title.word_count다.

token_count 외에도 text 타입에는 search_as_you_type 및 completion과 같은 다른 하위 항목이 있다. 공간상의 이유로 이 책에서는 이에 대해 논의하지 않는다. 다음으로 keyword를 사용해 일반적인 데이터 타입에 대해 계속 학습한다.

4.5.2 keyword 데이터 타입

keyword 계열 데이터 타입은 keyword, constant_keyword, wildcard가 있는데 이러한 타입을 살펴보자.

keyword 타입

PIN 코드, 은행 계좌, 전화번호 등 구조화된 데이터는 부분적으로 일치하는 항목을 검색하거나 관련 결과를 생성할 필요가 없다. 결과는 이진 출력을 제공하는 경향이 있다. 일치하는 항목이 있으면 결과가 반환되고 그렇지 않으면 결과가 반환되지 않는다. 이러한 유형의 쿼리는 도큐먼트가 얼마나 잘 일치하는지 상관하지 않으므로 결과와 관련된 관련성 점수를 기대하지 않는다. 이러한 구조화된 데이터는 일래스틱서치에서 keyword 데이터 타입으로 표시된다.

keyword 데이터 타입은 필드를 있는 그대로 유지한다. 해당 필드가 토큰화되지 않고 분석되지도 않는다. keyword 필드의 장점은 데이터 집계, 범위 쿼리, 데이터 필터링 및 정렬 작업에 사용할 수 있다는 점이다. keyword 타입을 설정하려면 다음 형식을 사용한다.

```
"field_name":{ "type": "keyword" }
```

예를 들어 다음 코드는 keyword 데이터 타입을 사용해 email 속성을 생성한다.

목록 4.14 faculty 도큐먼트의 keyword 타입으로 email 정의하기

```
PUT faculty
{
  "mappings": {
    "properties": {          email 속성을
      "email": {     ◀───── 정의한다.
        "type": "keyword"  ◀───── email을 keyword 타입으로
      }                              선언
    }
  }
}
```

숫자 값을 keyword로 선언할 수도 있다. 예를 들어 credit_card_number는 long과 같은 숫자 타입이 아닌 효율적인 접근을 위해 keyword로 선언할 수 있다. 그러한 데이터에 대해서는 범위 쿼리를 작성할 수 있는 방법이 없다. 경험상 범위 쿼리에 숫자 필드가 사용되지 않는 경우 이를 keyword 타입으로 선언하는 것이 더 빠른 검색에 도움이 된다는 점이다.

> |**노트**| keyword 데이터 타입을 보여주는 샘플 코드는 책의 파일과 함께 제공된다.

constant_keyword 타입

도큐먼트의 코퍼스가 숫자에 관계없이 동일한 값을 가질 것으로 예상되는 경우 constant_keyword 타입이 유용하다. 영국이 2031년에 인구 조사를 실시한다고 가정해 보겠다. 당연한 이유로 각 시민의 인구 조사(census) 도큐먼트의 country 필드는 기본적으로 "United Kingdom"이다. census 인덱스에 인덱싱될 때 각 도큐먼트에 대한 country 필드를 보낼 필요가 없다. 매핑 스키마는 constant_keyword 타입의 country라는 필드를 사용해 인덱스(census)를 정의한다.

목록 4.15 constant_keyword를 사용한 census 인덱스

```
PUT census
{
  "mappings": {
    "properties": {
      "country": {
        "type": "constant_keyword",
        "value": "United Kingdom"
      }
    }
  }
}
```

매핑 정의를 선언할 때 이 필드의 기본값을 "United Kingdom"으로 설정했다. 이제 John Doe에 대한 도큐먼트를 그의 이름만으로 인덱싱한다(country 필드 없음).

```
PUT census/_doc/1
{
  "name":"John Doe"
}
```

영국의 모든 거주자를 검색하면 인덱싱 중에 도큐먼트에 해당 필드가 없더라도 John의 도큐 먼트를 반환하는 긍정적인 결과를 얻는다.

```
GET census/_search
{
  "query": {
    "term": {
      "country": {
        "value": "United Kingdom"
      }
    }
  }
}
```

constant_keyword 필드는 해당 인덱스의 모든 도큐먼트에 대해 정확히 동일한 값을 갖는다.

whildcard 데이터 타입

whildcard 데이터 타입은 keyword 계열에 속하는 또 다른 특수 데이터 타입이다. wildcard와 정규식을 사용한 데이터 검색을 지원한다. 매핑 정의에서 필드를 "type": "wildcard"로 선언 해 필드를 wildcard 유형으로 정의한다. 그런 다음 목록 4.16에 표시된 대로 wildcard 쿼리를 실행해 필드를 쿼리한다.

> |**노트**| 이 쿼리 이전에 "description":"Null Pointer exception as object is null"이 포함된 도큐먼트를 인덱싱했다.

```
GET errors/_search
{
  "query": {
    "wildcard": {          ◄─── 와일드카드 쿼리를
      "description": {           사용한다.
        "value": "*obj*"   ◄─── 와일드카드를
      }                         이용한 검색
    }
  }
}
```

keyword 필드는 효율적이고 성능이 뛰어나므로 적절하게 사용하면 인덱싱 및 검색 쿼리 성능이 향상된다.

4.5.3 date 데이터 타입

일래스틱서치는 날짜 기반 작업 인덱싱 및 검색을 지원하는 date 데이터 타입을 제공한다. 날짜 필드는 구조화된 데이터로 간주되므로 정렬, 필터링 및 집계에 사용할 수 있다.

일래스틱서치는 문자열 값을 구문 분석하고 값이 ISO 8601 날짜 표준을 준수하면 날짜라고 추론한다. 즉, 날짜 값은 yyyy-MM-dd 또는 (시간 구성 요소 포함) yyyy-MM-ddTHH:mm:ss 형식이어야 한다.

JSON에는 date 타입이 없으므로 수신될 도큐먼트의 날짜는 문자열로 표현된다. 이는 다음처럼 일래스틱서치에 의해 구문 분석되고 적절하게 인덱싱된다.

"article_date":"2021-05-01" 또는 "article_date":"2021-05-01T15:45:50"은 날짜로 간주되며 값이 ISO 표준을 따르기 때문에 date 타입으로 인덱싱된다.

다른 데이터 타입과 마찬가지로 매핑 정의 중에 date 타입으로 필드를 생성할 수 있다. 다음 목록은 항공편 도큐먼트에 대한 departure_date_time 필드를 생성한다.

목록 4.17 date 타입으로 인덱스 생성하기

```
PUT flights
{
```

```
    "mappings": {
      "properties": {
        "departure_date_time": {
          "type": "date"
        }
      }
    }
}
```

항공편 도큐먼트를 인덱싱할 때 **"departure_date_time" :"2021-08-06"**(또는 시간 구성 요소가 있는 **"2021-08-06T05:30:00"**)을 설정하면 예상한 날짜로 도큐먼트가 인덱싱된다.

> |**노트**| 날짜 필드에 대한 매핑 정의가 인덱스에 없는 경우 일래스틱서치는 날짜 형식이 yyyy-MM-dd(ISO 날짜 형식) 또는 yyyy/MM/dd(비ISO 날짜 형식)일 때 도큐먼트를 성공적으로 구문 분석한다. 그러나 날짜에 대한 매핑 정의를 생성한 후에는 매핑 정의에 정의된 형식을 기반으로 수신될 도큐먼트의 날짜 형식이 예상된다.

필요한 경우 날짜 형식을 변경할 수 있다. 날짜를 ISO 형식(yyyy-MM-dd)으로 설정하는 대신 필드 생성 중에 필드에 설정해 필요에 따라 형식을 사용자 정의할 수 있다.

```
PUT flights
{
  "mappings": {
    "properties": {
      "departure_date_time": {
        "type": "date",
        "format": "dd-MM-yyyy||dd-MM-yy"   ◄──── 날짜는 두 가지 타입 중
      }                                          하나로 설정된다.
    }
  }
}
```

이제 수신될 도큐먼트의 departure 필드를 다음과 같이 설정할 수 있다.

```
"departure_date_time" :"06-08-2021"
```

또는

```
"departure_date_time" :"06-08-21"
```

날짜를 문자열 값으로 제공하는 것 외에도 epoch(1970년 1월 1일) 이후의 초 또는 밀리초 등 숫자 형식으로 제공할 수 있다. 다음 매핑 정의는 세 가지 형식으로 세 가지 날짜를 설정한다.

```
{
  ...
  "properties": {
    "string_date":{ "type": "date", "format": "dd-MM-yyyy" },
    "millis_date":{ "type": "date", "format": "epoch_millis" },
    "seconds_date":{ "type": "date", "format": "epoch_second"}
  }
}
```

주어진 날짜는 epoch_millis와 동일하게 epoch 이후 밀리초^{ms} 단위로 저장된 긴 값으로 내부적으로 변환된다.

　　range 쿼리를 사용해 날짜를 가져올 수 있다. 예를 들어 다음 코드 조각은 지정된 날짜의 오전 5시에서 5시 30분 사이에 예정된 항공편을 검색한다.

```
"range": {
  "departure_date_time": {        ◀──   두 날짜 사이의 도큐먼트를
                                        가져오는 range 쿼리
    "gte": "2021-08-06T05:00:00",
    "lte": "2021-08-06T05:30:00"  ◀──   시간 범위는 오전 5시부터
    }                                   5시 30분까지다.
}
```

마지막으로 허용 가능한 날짜 형식을 선언해 단일 필드에 여러 날짜 형식을 허용할 수 있다.

```
"departure_date_time":{
  "type": "date",
                                                        필드에 네 가지 형식을
  "format": "dd-MM-yyyy||dd/MM/yyyy||yyyy-MM-dd||yyyy/MM/dd"  ◀──  설정
}
```

4장에서 모든 옵션을 다룰 수는 없으므로 자세한 내용은 일래스틱서치의 date 데이터 타입에 대한 설명서를 참조한다. 전체 예제를 보려면 책의 파일도 참조한다.

4.5.4 숫자 데이터 타입

일래스틱서치는 정수 및 부동 소수점 데이터를 처리하기 위해 여러 가지 숫자 데이터 타입을 제공한다. 표 4.2에는 숫자 타입이 나열돼 있다.

▼ **표 4.2** 숫자 데이터 타입

정수 타입	byte	부호 있는 8비트 정수
	short	부호 있는 16비트 정수
	integer	부호 있는 32비트 정수
	long	부호 있는 64비트 정수
	unsigned_long	부호 없는 64비트 정수
부동 소수점 타입	float	32비트 단정밀도 부동 소수점 숫자
	double	64비트 배정밀도 부동 소수점 숫자
	half_float	16비트 반정밀도 부동 소수점 숫자
	scaled_float	long으로 저장되는 부동 소수점 숫자

필드와 해당 데이터 타입을 "field_name":{ "type": "short"}로 선언한다. 다음 조각은 숫자 필드를 사용해 매핑 스키마를 생성하는 방법을 보여준다.

```
"age": {
  "type": "short"
},
"grade": {
  "type": "half_float"
},
"roll_number": {
  "type": "long"
}
```

이 예에서는 세 가지 다른 숫자 데이터 타입을 사용해 3개의 필드를 만든다.

4.5.5 boolean 데이터 타입

boolean 데이터 타입은 필드의 이진 값(true 또는 false)을 나타낸다. 이 예에서는 필드 타입을 boolean으로 선언한다.

```
PUT blockbusters
{
  "mappings": {
    "properties": {
      "blockbuster": {
        "type": "boolean"
      }
    }
  }
}
```

그런 다음 블록버스터 영화인 〈아바타〉(2009)와 실패작인 〈매트릭스 부활Matrix Resurrections〉 (2021) 등 두 편의 영화를 인덱싱할 수 있다.

```
PUT blockbusters/_doc/1
{
  "title":"Avatar",
  "blockbuster":true
}

PUT blockbusters/_doc/2
{
  "title":"The Matrix Resurrections",
  "blockbuster":"false"
}
```

필드를 JSON의 boolean 타입(true 또는 false)으로 설정하는 것 외에도 두 번째 예에 표시된 것처럼 필드는 "true" 및 "false"와 같은 "문자열화된" boolean 값도 허용한다.

term 쿼리(boolean은 구조화된 데이터로 분류)를 사용해 결과를 가져올 수 있다. 예를 들어 다음 쿼리는 Avatar와 같은 블록버스터를 가져온다.

```
GET blockbusters/_search
{
  "query": {
    "term": {
      "blockbuster": {
        "value": "true"
      }
    }
  }
}
```

4.5.6 range 데이터 타입

range 데이터 타입은 필드의 하한 및 상한을 나타낸다. 예를 들어 백신 실험을 위해 자원봉사자 그룹을 선택하려는 경우 25~50세 또는 51~70세 등의 범주, 소득 수준, 도시 거주자 등과 같은 인구 통계를 기준으로 자원봉사자들을 분리할 수 있다. 일래스틱서치는 범위 데이터에 대한 검색 쿼리를 지원하기 위해 range 데이터 타입을 제공한다. 범위는 상한의 경우 lte(작거나 같음) 및 lt(보다 작음), 하한의 경우 gte(크거나 같음) 및 gt(보다 큼)와 같은 연산자로 정의된다.

일래스틱서치는 date_range, integer_range, float_range, ip_range 등 다양한 range 데이터 타입을 제공한다. 다음 절에서는 date_range 타입이 실제로 작동하는 모습을 볼 수 있다.

date_range 타입의 예

date_range 날짜 타입은 필드의 날짜 범위를 인덱싱하는 데 도움된다. 그런 다음 range 쿼리를 사용해 날짜의 하한 및 상한을 기준으로 조건을 일치시킬 수 있다.

date_range 타입을 보여주는 예제를 작성해본다. 벤카트 수브라마니암[Venkat Subramaniam]은 프로그래밍에서 디자인, 테스트에 이르기까지 다양한 주제에 대한 교육 세션을 제공하는 수상 경력이 있는 작가다. 우리 예제를 위해 그의 교육 과정 목록과 날짜를 고려해 보자. 각각 text 및 date_range 타입을 갖는 2개의 필드(강좌 이름 및 교육 날짜)를 사용해 trainings 인덱스를 생성한다.

```
PUT trainings
{
  "mappings": {
    "properties": {
      "name": {
        "type": "text"
      },
      "training_dates": {
        "type": "date_range"
      }
    }
  }
}
```

교육 세션
이름

training_dates 필드는 date_range
타입으로 선언된다.

이제 인덱스가 준비됐으므로 Venkat의 교육 과정 및 날짜가 포함된 몇 가지 도큐먼트를 인덱싱한다.

```
PUT trainings/_doc/1
{
  "name":"Functional Programming in Java",
  "training_dates":{
    "gte":"2021-08-07",
    "lte":"2021-08-10"
  }
}
```

```
PUT trainings/_doc/2
{
  "name":"Programming Kotlin",
  "training_dates":{
    "gte":"2021-08-09",
    "lte":"2021-08-12"
  }
}
```

```
PUT trainings/_doc/3
{
  "name":"Reactive Programming",
```

```
    "training_dates":{
      "gte":"2021-08-17",
      "lte":"2021-08-20"
    }
}
```

date_range 타입 필드에는 상한과 하한이라는 두 가지 값이 필요하다. 이는 일반적으로 gte(크거나 같음), lt(보다 작음) 등과 같은 약어로 표시된다.

데이터가 준비되면 두 날짜 사이에 벤카트의 강좌를 찾기 위한 검색 요청을 발행해본다.

목록 4.19 두 날짜 사이의 강좌 검색

```
GET trainings/_search
{
  "query": {
    "range": {          ◀─── 범위 쿼리를 사용해
                             검색한다.
      "training_dates": {   ◀─── 두 날짜 사이의 강좌를
                                검색한다.
        "gt": "2021-08-10",
        "lt": "2021-08-12"
      }
    }
  }
}
```

쿼리(간결성을 위해 결과는 생략했다)에 대한 응답으로 벤카트가 두 날짜 사이에 "Programming Kotlin" 교육을 제공하고 있음을 알게 된다(두 번째 도큐먼트는 날짜와 일치한다). date_range를 사용하면 다양한 데이터를 쉽게 검색할 수 있다. date_range 외에도 ip_range, float_range, double_range, integer_range 등을 포함한 다른 range를 생성할 수 있다.

4.5.7 IP 데이터 타입

일래스틱서치는 인터넷 프로토콜[IP] 주소를 지원하기 위해 특수한 데이터 타입인 ip 데이터 타입을 제공한다. 이 데이터 타입은 IPv4 및 IPv6 IP 주소를 모두 지원한다. ip 타입의 필드를 생성하려면 다음 예제와 같이 "field":{"type": "ip"}를 사용한다.

```
PUT networks
{
  "mappings": {
    "properties": {
      "router_ip": { "type": "ip" }    ◄────  해당 필드의 데이터 타입은
    }                                          ip이다.
  }
}
```

도큐먼트 인덱스 생성은 간단하다.

```
PUT networks/_doc/1
{                                       IP 주소로 도큐먼트를
  "router_ip":"35.177.57.111"   ◄────   인덱싱한다.
}
```

마지막으로 검색 엔드포인트를 사용해 쿼리와 일치하는 IP 주소를 검색할 수 있다. 다음 쿼리는 일치하는 IP 주소를 얻기 위해 networks 인덱스에서 데이터를 검색한다.

```
GET networks/_search
{
  "query": {
    "term": {                              IP 주소에 대한
      "router_ip": {           ◄────────   term 수준 검색
        "value": "35.177.0.0/16"  ◄────  이 range의 IP 주소를
      }                                  검색한다.
    }
  }
}
```

이전 몇 개의 절에서는 핵심 데이터 타입을 살펴봤다. 일래스틱서치는 생각할 수 있는 거의 모든 사용 사례에 대해 풍부한 데이터 타입 세트를 제공한다. 일부 핵심 데이터 타입은 작업하기에 간단하고 직관적인 반면, object, nested, join, completion, search_as_you_type과 같은 데이터 타입은 특별한 주의가 필요하다. 다음 절에서는 이러한 고급 데이터 타입 중 몇 가지를 살펴본다.

4.6 고급 데이터 타입

데이터 필드를 나타내는 핵심 데이터 타입과 일반 데이터 타입을 살펴봤다. 일부 특수 타입을 포함해 일부는 고급 타입으로 분류될 수 있다. 다음 몇 개의 절에서는 정의와 예시를 통해 이러한 추가 타입을 살펴본다.

> |**노트**| 모든 데이터 타입을 다루는 것은 이 책을 두껍게만 만들 것이며, 지나치게 긴 내용은 좋지도 않다. 그래서 가장 중요하고 유용한 고급 데이터 타입만 포함시키기로 현명한 결정을 내렸다. 책의 깃허브 저장소와 웹사이트에는 여기에 인용된 타입의 예와 생략된 타입의 예가 모두 포함돼 있다.

4.6.1 geo_point 데이터 타입

스마트폰과 모바일 디바이스의 등장으로 위치 서비스와 주변 장소 검색이 일반화됐다. 우리 대부분은 가장 가까운 레스토랑의 위치를 찾거나 크리스마스에 장모님 댁까지 GPS 방향을 요청하는 등의 작업을 위해 스마트 기기를 사용했다. 일래스틱서치에는 장소의 위치를 캡처하는 특수한 데이터 타입이 있다.

위치 데이터는 경도와 위도를 나타내는 geo_point 데이터 형식으로 표현된다. 이를 사용해 식당, 학교, 골프장 등의 주소를 정확히 찾아낼 수 있는데, 실 예를 들며 알아보자.

다음 코드는 name 및 address 필드가 있는 restaurants 인덱스의 스키마 정의를 보여준다. 유일하게 주목할 만한 점은 address 필드가 geo_point 데이터 타입으로 정의된다는 점이다.

목록 4.20 geo_point 타입으로 선언된 필드가 있는 매핑 스키마

```
PUT restaurants
{
  "mappings": {
    "properties": {
      "name": {
        "type": "text"
      },
      "address": {
        "type": "geo_point"
```

```
          }
        }
      }
    }
}
```

경도와 위도로 제공된 address를 사용해 샘플 레스토랑(런던에 본사를 둔 가상의 Sticky Fingers)
을 인덱싱해본다.

```
PUT restaurants/_doc/1
{
  "name":"Sticky Fingers",
  "address":{          ◄─────┐  address는 경도와 위도 값의
    "lon":"0.1278",          │  쌍으로 제공된다.
    "lat":"51.5074"
  }
}
```

레스토랑의 address는 경도(lon)와 위도(lat) 쌍의 형태로 제공된다. 곧 살펴보겠지만 이러한
입력을 제공하는 다른 방법이 있지만, 우선은 이 위치의 경계 내에 있는 레스토랑을 가져와
본다.

지리적 주소와 관련된 데이터를 검색하기 위해 geo_bounding_box 쿼리를 사용해 레스토
랑을 가져올 수 있다. 쿼리는 그림 4.8에 표시된 대로 관심 지점 주위에 상자형 영역을 생성
하기 위해 top_left 및 bottom_right의 geo_point(lon 및 lat 쌍으로 제공된다)를 입력한다.

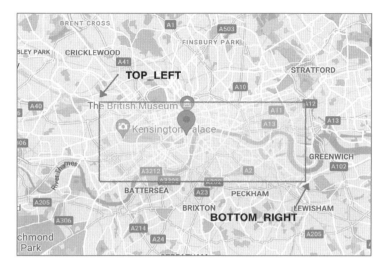

▲ **그림 4.8** 런던 중심부 위치 주변의 지리적 경계 상자

```
GET restaurants/_search
{
  "query": {
    "geo_bounding_box": {
      "address": {              ◀──── 이 상자의
        "top_left": {                 왼쪽 상단
          "lon": "0",
          "lat": "52"
        },
        "bottom_right": {       ◀──── 이 상자의
          "lon": "1",                 오른쪽 하단
          "lat": "50"
        }
      }
    }
  }
}
```

쿼리는 2개의 지리 지점^{geopoint}으로 표시되는 지리 경계 상자에 속하기 때문에 Sticky Fingers 레스토랑을 가져온다.

> |노트| geo_bounding_box를 사용해 주소를 검색할 때 흔히 발생하는 실수는 쿼리에 잘못된 입력 (top_left 및 bottom_right)을 제공하는 것이다. 이 두 입력의 경도와 위도가 경계 상자를 형성하는지 확인하자.

앞서 경도, 위도뿐만 아니라 배열, 문자열 등 다양한 형태로 위치 정보를 제공할 수 있다고 말했다. 표 4.3에는 이러한 형식이 나열돼 있다.

▼ 표 4.3 위치 정보 관련 형식

형식	설명	예
Array	배열로 표현된 지오포인트. 지오포인트 입력 순서에 유의한다. lon과 lat를 사용하며 그 반대는 아니다(String 형식과 순서가 다르다).	"address":[0.12,51.5]
String	위도 및 경도 입력이 포함된 문자열 데이터로서의 지오포인트다.	"address":"51.5,0.12"
Geohash	경도 및 위도 좌표를 해싱해 형성된 인코딩된 문자열이다. 영문 및 숫자로 된 문자열은 지구상의 한 장소를 가리킨다.	u10j4
Point	지도상의 정확한 위치. WKT(Well-Known Text)로 알려진, 기하학적 데이터를 표현하는 표준 메커니즘이다.	POINT(51.5,-0.12)

이 절에서는 지리 쿼리에 대한 사전 지식 없이 설명했다. 12장에서 이 주제를 자세히 다룬다.

4.6.2 object 데이터 타입

대부분의 데이터는 계층적이다. 예를 들어 subject와 같은 최상위 필드와 첨부 파일을 보관하는 내부 객체로 구성된 email 객체는 첨부 파일 이름, 첨부 파일 유형과 같은 속성을 가질 수 있다. JSON을 사용하면 계층적 객체, 즉 다른 객체에 래핑된 객체를 만들 수 있다. 일래스틱서치에는 객체의 계층 구조를 나타내는 특별한 데이터 타입인 object 타입이 있다.

최상위 subject 및 to 필드의 데이터 타입은 각각 text 및 keyword다. attachments는 객체 그 자체이므로 해당 데이터 타입은 객체(object)다. attachments 객체의 두 가지 속성

filename과 filetype은 text 필드로 모델링될 수 있다. 이 정보를 사용해 매핑 정의를 생성할 수 있다.

목록 4.23 object 데이터 타입을 사용한 스키마 정의

```
PUT emails
{
  "mappings": {
    "properties": {          ◀──── emails 인덱스의
      "to": { "type": "keyword" },    최상위 속성
      "subject": { "type": "text" },
      "attachments": {       ◀──── 2차 속성으로 구성된
        "properties": {          내부객체
          "filename": { "type": "text" },
          "filetype": { "type": "text" }
        }
      }
    }
  }
}
```

attachments 속성은 우리가 주목해야 할 부분이다. 이 필드의 타입은 다른 두 필드를 캡슐화하는 object다. attachments 내부 객체에 정의된 두 필드는 한 수준 아래에 있다는 점을 제외하면 최상위 수준에 선언된 subject 및 to 필드와 다르지 않다.

명령이 성공적으로 실행되면 GET emails/_mapping 명령을 호출해 스키마를 확인할 수 있다.

목록 4.24 GET emails/_mapping 응답

```
{
  "emails" : {
    "mappings" : {
      "properties" : {     ◀──── attachments는 다른 필드가
        "attachments" : {         포함된 내부 객체다.
                          ◀──── 여기에는 타입이 숨겨져 있
          "properties" : {        지만 기본적으로는 객체다.
            "filename" : {
필드 타입이 예상대로      "type" : "text",
   표시된다.
```

```
    ...
}
```

응답은 최상위 필드인 subject, to, attachements로 구성된다(간결성을 위해 모든 속성을 표시하진 않았다). attachments 객체에는 적절한 필드 및 해당 정의가 포함된 속성으로 캡슐화된 추가 필드가 있다. 매핑(GET emails/_mapping)을 가져올 때 다른 모든 필드에는 관련 데이터 타입이 표시되지만 attachments는 표시되지 않는다. 기본적으로 일래스틱서치는 내부 객체에 대한 객체 타입을 추론한다.

다음으로 도큐먼트를 인덱싱해 보겠다.

목록 4.25 이메일 도큐먼트 인덱싱

```
PUT emails/_doc/1
{
  "to:":"johndoe@johndoe.com",
  "subject":"Testing Object Type",
  "attachments":{
    "filename":"file1.txt",
    "filetype":"confidential"
  }
}
```

이제 하나의 도큐먼트로 emails 인덱스를 준비했으므로 내부 객체 필드에 간단한 search 쿼리를 실행해 관련 도큐먼트를 가져올 수 있다.

목록 4.26 첨부 파일이 있는 이메일 검색하기

```
GET emails/_search
{
  "query": {
    "match": {
      "attachments.filename": "file1.txt"
    }
  }
}
```

파일 이름이 도큐먼트와 일치하므로 이 쿼리는 저장소에서 도큐먼트를 반환한다. 정확한 필드 값(file1.txt)과 일치시키려고 keyword 필드에 term 쿼리를 사용한다.

object 타입은 매우 간단하지만 한 가지 제약 사항이 있다. 내부 객체는 평탄화돼[flattened] 개별 도큐먼트로 저장되지 않는다. 이 작업의 단점은 배열에서 인덱싱된 객체 간의 관계가 손실된다는 점이다. 자세한 예를 사용해 이 제약 사항을 살펴보자.

object 타입의 제약 사항

이전 이메일 예에서는 attachments 필드가 object 타입으로 선언됐다. 1개의 첨부 파일 객체로 이메일을 생성하는 동안 다음 목록에 표시된 것처럼 여러 첨부 파일을 생성하는 것을 막을 수 있는 것은 없다(이메일에는 종종 여러 개의 파일이 첨부돼 있다).

목록 4.27 여러 첨부 파일이 있는 도큐먼트 인덱싱

```
PUT emails/_doc/2
{
  "to:":"mrs.doe@johndoe.com",
  "subject":"Multi attachments test",
  "attachments":[{
    "filename":"file2.txt",
    "filetype":"confidential"
  },{
    "filename":"file3.txt",
    "filetype":"private"
  }]
}
```

기본적으로 attachments 필드는 object 타입, 즉 첨부 파일 배열로 구성된 내부 객체다. file2.txt 파일의 분류 유형은 confidential, file3.txt 파일은 private이다(표 4.4 참조).

▼ **표 4.4** 첨부 파일 이름 및 분류 유형

첨부 파일 이름	파일 형식
file2.txt	confidential
file3.txt	private

이메일 도큐먼트는 인덱싱돼 있으며, ID 1과 몇 개의 첨부 파일을 갖고 있다. 간단한 검색 요구 사항을 살펴보자. 파일 이름은 file2.txt이고 파일 유형은 private인 도큐먼트가 매치된다. 표 4.4의 데이터를 보면 file2.txt의 분류는 private이 아닌 confidential이므로 이 쿼리는 결과를 반환하지 않는다. 쿼리를 실행하고 결과를 확인해 보자.

이를 위해 다양한 리프 쿼리를 결합해 복잡한 쿼리를 생성하는 복합compound 쿼리라는 고급 쿼리를 사용해야 한다. 그러한 복합 쿼리 중 하나가 bool 검색 쿼리다. 여기서는 bool 쿼리가 어떻게 구성되는지 자세히 설명하지 않고 예를 통해 살펴본다. 2개의 다른 쿼리 절을 사용해 bool 쿼리를 작성한다.

- term 쿼리를 사용해 첨부 파일의 파일 이름과 일치하는 모든 도큐먼트를 확인하는 must 절
- 파일 분류가 private인지 확인하는 두 번째 must 절

쿼리는 다음 목록에 나와 있다.

목록 4.28 term 쿼리를 사용한 고급 bool 쿼리

```
GET emails/_search              ◄───── 파일 이름 및 파일 형식과 일치하는
{                                      항목을 검색하는 bool 쿼리
  "query": {
    "bool": {          ┌── 쿼리를 bool 쿼리로
      "must": [    ◄───┘   정의한다.
        { "term": { "attachments.filename.keyword": "file2.txt" }},
        { "term": { "attachments.filetype.keyword": "private" }}
      ]
    }
  }
}
```

필수 항목을 정의하는 must 절

이 쿼리가 실행되면 다음 도큐먼트가 반환된다.

```
"hits" : [[ {
  ...
  "_source" : {
    "to:" : "mrs.doe@johndoe.com",
```

```
    "subject" : "Multi attachments test",
    "attachments" : [
    {
      "filename" : "file2.txt",
      "filetype" : "confidential"
    },
    ..
    ]
  }
}]
```

안타깝게도 이 결과는 올바르지 않다. file2.txt라는 이름과 private 유형이 조합된 도큐먼트가 없다(표 4.4 다시 확인). 여기서 object 데이터 타입 사용에 문제가 발생한다. 즉, 내부 객체 간의 관계를 존중할 수 없다.

이상적으로는 file2.txt 값과 private 값이 서로 다른 객체에 있으므로 검색 시 이를 단일 엔티티로 간주하면 안 된다. 그 이유는 내부 객체가 개별 도큐먼트로 저장되지 않고 평탄화되기 때문이다.

```
{
  ...
  "attachments.filename" :["file1.txt","file2.txt","file3.txt"]
  "attachments.filetype":["private","confidential"]
}
```

이처럼 파일 이름은 배열로 수집돼 attachments.filename 필드에 저장되며 또한 filetype이다. 안타깝게도 이러한 방식으로 저장되기 때문에 관계가 상실된다. 배열이 이 관계를 유지하지 않기 때문에 file1.txt가 private인지 confidential인지 말할 수 없다.

이는 필드에 대한 객체 배열을 인덱싱하고 객체를 개별 도큐먼트로 검색하는 데 따른 제약 사항이다. 좋은 소식은 다음 절에서 설명하는 것처럼 nested(중첩)라는 데이터 타입이 이 문제를 해결한다는 사실이다.

4.6.3 nested 데이터 타입

이전 예에서는 검색 쿼리가 개별 도큐먼트 무결성을 존중하지 않는 것으로 나타났다. 중첩된 데이터 타입을 도입해 이 문제를 해결할 수 있다. nested(중첩) 타입은 도큐먼트에 있는 객체 배열 간의 관계를 유지하는 특수한 형태의 object 타입이다.

이메일과 첨부 파일의 예를 계속하면, attachments 필드를 일래스틱서치가 object 타입으로 파생시키는 대신 nested 데이터 타입으로 정의해 본다. 이를 위해서는 attachments 필드를 nested 데이터 타입으로 선언해 스키마를 생성해야 한다.

목록 4.29 nested 타입에 대한 스키마 정의 매핑

```
PUT emails_nested
{
  "mappings": {
    "properties": {
      "attachments": {              attachments 필드를 nested
        "type": "nested",      ◀──  타입으로 선언한다.
        "properties": {
          "filename": {
            "type": "keyword"  ◀──  filename 필드는 토큰화를 방지하기 위해
          },                        keyword 타입으로 선언된다.
          "filetype": {
            "type": "text"     ◀──  이 필드를 text로
          }                         남겨둘 수 있다.
        }
      }
    }
  }
}
```

attachments 필드를 nested 타입으로 생성하는 것 외에도 filetype 필드를 text 타입으로 선언했다. 이 필드의 값은 토큰화된다. 예를 들어 file1.txt는 file1과 txt로 분할된다. 결과적으로 검색어는 txt 및 confidential 또는 txt 및 private과 일치할 수 있다. 두 레코드 모두 txt를 공통 토큰으로 갖고 있기 때문이다. 이를 방지하기 위해 filename을 keyword 필드로 사용할 수 있다. 검색어에 attachments.filename.keyword를 사용하는 목록 4.28에서도 이 방법

을 볼 수 있다.

당면한 문제로 돌아가 보자. 스키마 정의가 있으므로 도큐먼트를 인덱싱하기만 하면
된다.

목록 4.30 nested 속성을 사용해 도큐먼트 인덱싱

```
PUT emails_nested/_doc/1
{
  "attachments": [          ◀── 몇 가지 객체를 attachments로
                                 제공한다.
    {
      "filename": "file1.txt",
      "filetype": "confidential"
    },
    {
      "filename": "file2.txt",
      "filetype": "private"
    }
  ]
}
```

이 도큐먼트의 인덱스가 성공적으로 생성됐다면 이제 퍼즐의 마지막 부분은 검색이다. 목록
4.31은 도큐먼트를 가져오기 위해 작성된 검색 쿼리를 보여준다. 검색 조건은 각각 filename
과 filetype이 file1.txt 및 private인 첨부 파일이 있는 이메일이다. 이 조합은 존재하지 않으
므로 도큐먼트 전반에 걸쳐 데이터를 검색하는 object 타입의 경우와 달리 결과가 비어 있어
야 하며, 이로 인해 거짓양성 결과가 발생한다.

목록 4.31 filename 및 filetype과 일치하는 결과 가져오기

```
GET emails_nested/_search
{
  "query": {
    "nested": {          ◀── nested 필드에서 데이터를
                             가져오는 nested 쿼리
      "path": "attachments",     ◀── path는 nested 필드의 이름을
      "query": {                     가리킨다.
        "bool": {          ◀── 검색 절: file1.txt 및 private과
          "must": [            일치해야 한다.
            { "match": { "attachments.filename": "file1.txt" }},
```

```
            { "match": { "attachments.filetype": "private" }}
          ]
        }
      }
    }
  }
}
```

이 쿼리는 존재하지 않는 private 분류를 사용해 file1.txt라는 파일을 검색한다. 이 쿼리에 대해서는 도큐먼트가 반환되지 않으며 이는 정확히 우리가 기대했던 것이다. file1.txt의 분류는 private이 아닌 confidential이므로 일치하지 않는다. nested 타입이 내부 객체의 배열을 나타내는 경우 개별 객체는 숨겨진 도큐먼트로 저장되고 인덱싱된다.

nested 데이터 타입은 연관 및 관계를 존중하는 데 적합하다. 각 객체를 개별 객체로 처리해야 하는 객체 배열을 만들어야 하는 경우 nested 데이터 타입이 도움이 될 수 있다.

> **일래스틱서치에는 배열 타입이 없다**
>
> 배열이라는 주제에 대해 이야기하고 있지만, 흥미롭게도 일래스틱서치에는 배열 데이터 타입이 없다. 그러나 필드를 2개 이상의 값으로 설정해 필드를 배열로 나타낼 수는 있다. 예를 들어 하나의 name 필드가 있는 도큐먼트는 단순히 데이터 값 목록을 필드에 추가해 단일 값에서 배열로 변경할 수 있다.
>
> "name": "John Doe" to "name": ["John Smith", "John Doe"]
>
> 동적 매핑 중에 값을 배열로 제공할 때 일래스틱서치는 어떻게 데이터 타입을 추론할까? 데이터 타입은 배열의 첫 번째 요소의 타입에서 파생된다. 예를 들어 "John Smith"는 문자열이므로 이름은 배열로 표시되지만 text 타입이다.
>
> 배열을 만들 때 고려해야 할 중요한 점은 배열에 서로 다른 타입을 혼합할 수 없다는 점이다. 예를 들어 "name": ["John Smith", 13, "Neverland"]와 같은 name 필드를 선언할 수 없다. 필드가 여러 타입으로 구성돼 있으므로 이는 허용되지 않는다.

4.6.4 flattened 데이터 타입

지금까지 JSON 도큐먼트에서 구문 분석된 인덱싱 필드를 살펴봤다. 각 필드는 분석되고 저장될 때 개별적이고 독립적인 것으로 처리된다. 그러나 때로는 모든 하위 필드를 개별 필드로 인덱싱할 필요가 없으므로 비용이 많이 드는 분석 프로세스를 피할 수 있다. 채팅 시스템의 채팅 메시지 스트림, 실시간 축구 경기 중 진행 중인 해설, 환자의 질병에 대해 메모하는 의사를 생각해 보자. 각 필드를 명시적으로 선언(또는 동적으로 파생)하는 대신 이러한 종류의 데이터를 하나의 큰 덩어리로 로드할 수 있다. 일래스틱서치는 이러한 목적으로 flattened라는 특수 데이터 타입을 제공한다.

flattened 필드는 하나 이상의 하위 필드 형태로 정보를 보유하며 각 하위 필드의 값은 keyword로 인덱싱된다. 어떤 값도 text 필드로 처리되지 않으므로 텍스트 분석 프로세스를 거치지 않는다.

상담 중에 환자에 대해 메모를 하는 의사의 예를 생각해 보자. 매핑은 patient_name과 doctor_notes라는 두 가지 필드로 구성된다. 이 매핑의 주요 포인트는 doctor_notes 필드를 flattened 타입으로 선언한다는 것이다.

```
PUT consultations
{
  "mappings": {
    "properties": {
      "patient_name": {
        "type": "text"
      },
      "doctor_notes": {        ◀──  이 필드는 여러 개의
        "type": "flattened"          하위 필드로 구성될 수 있다.
      }                        ◀──  해당 필드는 flattened로
    }                                선언된다.
  }
}
```

flattened로 선언된 모든 필드(및 해당 하위 필드)는 분석되지 않는다는 개념이다. 모든 값은 keyword로 인덱싱된다. 도큐먼트를 작성하면서 consultations 인덱스를 생성해 보자.

```
PUT consultations/_doc/1
{
  "patient_name": "John Doe",
  "doctor_notes": {
    "temperature": 103,
    "symptoms": [ "chills", "fever", "headache" ],
    "history": "none",
    "medication": [ "Antibiotics", "Paracetamol" ]
  }
}
```

flattened 필드는 여러 개의
하위 필드를 보유할 수 있다.

이 필드들은 모두 keyword로
인덱싱된다.

doctor_notes에는 많은 정보가 들어 있다. 하지만 매핑 정의에서 이러한 내부 필드를 만들지 않았다는 점을 기억하자. doctor_notes는 flattened 타입이므로 모든 값은 있는 그대로 keyword로 인덱싱된다.

마지막으로 doctor_notes에 있는 keyword를 사용해 인덱스를 검색할 수 있다.

목록 4.34 flattened 데이터 타입 필드 검색

```
GET consultations/_search
{
  "query": {
    "match": {
      "doctor_notes": "Paracetamol"
    }
  }
}
```

환자의
약품 검색

"Paracetamol"을 검색하면 John Doe의 상담 도큐먼트가 반환된다. match 쿼리를 임의의 필드(예를 들어 doctor_notes:chills)로 변경해 실험하거나 다음에 표시된 것과 같은 복합 쿼리를 작성할 수도 있다.

목록 4.35 flattened 데이터 타입에 대한 고급 쿼리

```
GET consultations/_search
{
```

```
    "query": {
     "bool": {
      "must": [
         {"match": {"doctor_notes": "headache"}},
         {"match": {"doctor_notes": "Antibiotics"}}
       ],
       "must_not": [
         {"term": {"doctor_notes": {"value": "diabetes"}}}
       ]
     }
   }
}
```

쿼리에서 두통headache과 항생제antibiotics를 확인하지만 환자는 당뇨병diabetic이 없어야 한다. John Doe는 당뇨병은 아니지만 두통이 있고 항생제를 복용하고 있기 때문에 쿼리는 John Doe를 반환한다.

flattened 데이터 타입은 특히 임시적으로 많은 필드가 예상되고 모든 필드에 대한 매핑 정의를 사전에 정의하는 것이 불가능할 때 유용하다. 결합된 필드의 하위 필드는 항상 keyword 타입이라는 점을 명심하자.

4.6.5 join 데이터 타입

관계형 데이터베이스 분야에 종사하는 사람이라면 데이터 간의 관계, 즉 부모-자식 관계를 가능하게 하는 조인(join)을 알고 있을 것이다. 일래스틱서치에 의해 인덱싱된 모든 도큐먼트는 독립적이며 해당 인덱스의 다른 도큐먼트와 관계를 유지하지 않는다. 일래스틱서치는 데이터를 비정규화해 인덱싱 및 검색 작업 중에 속도를 높이고 성능을 얻는다. 일래스틱서치에서 관계를 유지하고 관리하는 데 주의를 기울이는 것이 좋지만 필요한 경우 join 데이터 타입을 사용해 부모-자식 관계를 생성할 수 있다.

의사-환자 관계(일대다)의 예를 고려하며 join 데이터 타입에 대해 알아보자. 한 명의 의사가 여러 명의 환자를 가질 수 있고 각 환자는 한 명의 의사에게 할당된다. join 데이터 타입을 사용해 부모-자식 관계에 대해 작업하려면 join 타입인 필드를 만들고 관계(이 경우 의사-환자 관계)를 언급하는 relations 객체를 통해 정보를 추가해야 한다. 다음 목록은 스키마 정의를 사용해 doctors 인덱스를 준비한다.

```
PUT doctors
{
  "mappings": {
    "properties": {
      "relationship": {          ◀──  join 타입으로 속성을
        "type": "join",               선언한다.
        "relations": {
          "doctor": "patient"    ◀──  관계에 대한
        }                             이름
      }
    }
  }
}
```

쿼리에는 주목해야 할 두 가지 중요한 사항이 있다.

- join 타입의 relationship 속성을 선언한다.
- relations 속성을 선언하고 관계 이름을 지정한다(여기서는 단 하나의 doctor:patient 관계).

스키마가 준비되고 인덱싱되면 두 가지 타입의 도큐먼트를 인덱싱한다. 하나는 의사(부모)를 나타내고 다른 하나는 두 환자(자식)를 나타낸다. 여기 doctor라는 이름의 관계가 포함된 doctors의 도큐먼트가 있다.

```
PUT doctors/_doc/1
{
  "name": "Dr. Mary Montgomery",
  "relationship": {
    "name": "doctor"     ◀──  relationship 속성은 relations 중
  }                            하나여야 한다.
}
```

relationship 객체는 도큐먼트 유형이 doctor임을 선언한다. name 속성은 매핑 스키마에 선언된 부모 값(doctor)이어야 한다. 이제 메리 몽고메리[Mary Montgomery] 박사가 준비됐으므로 다음 단계는 두 명의 환자를 그녀와 연결하는 것이다.

목록 4.38 의사를 위해 두 명의 환자 만들기

```
PUT doctors/_doc/2?routing=mary        ◀──   도큐먼트에는 routing(라우팅)
{                                            플래그가 설정돼 있어야 한다.
  "name": "John Doe",
  "relationship": {        ◀──   이 객체에서 관계를
    "name": "patient",            정의한다.
    "parent": 1    ◀──   patient의 부모(doctor)가 ID가 1인
  }                       도큐먼트다.
}
```

이 도큐먼트는 patient다.

```
PUT doctors/_doc/3?routing=mary
{
  "name": "Mrs. Doe",
  "relationship": {
    "name": "patient",
    "parent": 1
  }
}
```

relationship 객체에는 patient 값이 있어야 하며(스키마에서 relations 속성의 부모-자식 부분을 기억하는가?) parent에는 관련 doctor의 도큐먼트 식별자(여기서는 ID가 1)가 할당돼야 한다.

부모-자식 관계를 다룰 때 한 가지 더 이해해야 한다. 다중 샤드 검색 오버헤드를 방지하기 위해 부모 및 관련 자식 항목이 동일한 샤드로 인덱싱된다. 그리고 도큐먼트가 공존하므로 URL에 필수 routing 매개변수를 사용해야 한다(라우팅은 도큐먼트가 위치할 샤드를 결정하는 기능이다. 라우팅 알고리듬은 5장에서 살펴본다).

마지막으로 ID가 1인 의사에 속한 환자를 검색할 차례다. 다음 쿼리는 Dr. Montgomery와 관련된 모든 환자를 검색한다.

```
GET doctors/_search
{
  "query": {
    "parent_id": {
      "type": "patient",
      "id": 1
    }
  }
}
```

의사에게 속한 환자를 가져오기 위해 자식 타입(patient)과 부모 ID(Dr. Montgomery의 도큐먼트 ID는 1)를 의미하는 parent_id라는 search 쿼리를 사용한다. 이 쿼리는 Dr. Montgomery의 환자인 John Doe와 Mrs. Doe를 반환한다.

> |**노트**| 일래스틱서치에서 부모-자식(parent-child) 관계를 구현하면 성능에 영향을 미친다. 1장에서 논의한 것처럼 도큐먼트 관계를 고려하는 경우 일래스틱서치가 올바른 도구가 아닐 수 있으므로 이 기능을 신중하게 사용하자.

4.6.6 search_as_you_type 데이터 타입

대부분의 검색엔진은 검색창에 입력할 때 단어와 구문을 추천한다. 이 기능에는 입력 예측typeahead, 자동 완성autocomplete, 검색 제안suggestion 등 다양한 이름이 있다. 일래스틱서치는 이 기능을 지원하기 위해 search_as_you_type이라는 편리한 데이터 타입을 제공한다. 일래스틱서치는 그 뒤에서 search_as_you_type 태그가 지정된 필드를 인덱싱해 n-gram을 생성하도록 매우 열심히 수행하며, 이 절에서 이를 실제로 볼 수 있다.

books 인덱스에 자동 완성 쿼리를 지원하라는 요청을 받았다고 가정해 보자. 사용자가 검색창에 책 제목을 한 글자씩 입력하기 시작하면 입력한 글자를 기반으로 책을 제안할 수 있어야 한다. 먼저 search_as_you_type 타입 필드를 사용해 스키마를 생성해야 한다.

```
PUT tech_books4
{
  "mappings": {
    "properties": {
      "title": {
        "type": "search_as_you_type"    ◄━━━    title은 자동 완성 기능을
      }                                          지원한다.
    }
  }
}
```

주목할 만한 점은 스키마 정의에서 title이 search_as_you_type 데이터 타입으로 선언된다는
점이다. 이제 다양한 책 제목을 가진 몇 가지 도큐먼트를 인덱싱한다.

```
PUT tech_books4/_doc/1
{
  "title":"Elasticsearch in Action"
}

PUT tech_books4/_doc/2
{
  "title":"Elasticsearch for Java Developers"
}

PUT tech_books4/_doc/3
{
  "title":"Elastic Stack in Action"
}
```

title 필드의 데이터 타입이 search_as_you_type이므로 일래스틱서치는 사용자 검색과 부분
적으로 일치하는 n-gram이라는 하위 필드 집합을 생성한다. _index_prefix는 일래스틱이라
는 단어에 대해 [e, el, ela, elas, elast, elasti, elastic]과 같은 edge n-gram을 생성한다.
2-grams 토큰은 Elasticsearch in Action이라는 제목에 대해 2개의 토큰 ["elasticsearch",

"in"] 및 ["in", "action"]을 생성하는 shingle(싱글) 토큰 필터다. 마찬가지로 3-grams은 Elasticsearch for Java Developers라는 제목에 대해 ["elasticsearch for java", "for java developers"]와 같은 토큰을 생성하는 shingle 토큰 필터다(이 예제를 시도하려는 경우 책의 파일과 함께 소스 코드를 사용할 수 있다).

이러한 n-gram 외에도 루트 필드(title)는 지정된 분석기 또는 기본 분석기를 사용해 인덱싱된다. 다른 모든 n-gram은 표 4.5에 표시된 대로 다양한 shingle 토큰 필터를 사용해 생성된다.

▼ **표 4.5** 엔진에 의해 자동으로 생성된 하위 필드

필드	설명	예
title	title 필드는 선택한 분석기로 인덱싱되거나 선택하지 않은 경우 기본 분석기로 인덱싱된다.	standard 분석기를 사용하는 경우 standard 분석기의 규칙에 따라 title이 토큰화되고 정규화 된다.
title._2gram	title 필드의 분석기는 shingle 토큰 필터로 사용자 정의된다. 이 필터에서는 shingle 크기가 2로 설정된다.	지정된 텍스트에 대해 2개의 토큰을 생성한다. 예를 들어 "Elasticsearch in Action"이라는 title의 2-grams는 ["elasticsearch","in"], ["in","action"]이다.
title._3gram	title 필드의 분석기는 shingle 토큰 필터로 사용자 정의된다. 이 필터에서는 shingle 크기가 3으로 설정된다.	주어진 텍스트에 대해 3개의 토큰을 생성한다. 예를 들어 "Elasticsearch for Java developers"라는 title의 3-grams는 ["elasticsearch","for","java"], ["for","java","developers"]이다.
title._index_prefix	title._index_prefix의 분석기는 edge n-gram 토큰 필터와 함께 적용된다.	title._index_prefix 필드에 대해 edge n-gram을 생성한다. 예를 들어 _index_prefix는 "Elastic"에 대해 다음과 같은 edge n-gram을 생성한다. [e, el, ela, elas, elast, elasti, elastic]

이러한 필드는 우리를 위해 생성됐기 때문에 필드에서 검색하면 자동 완성 제안이 반환돼야 한다. n-gram이 해당 필드를 효과적으로 생성하는 데 도움이 되기 때문이다. 다음 목록에 표시된 대로 검색 쿼리를 만들어 보자.

```
GET tech_books4/_search
{
  "query": {
    "multi_match": {
      "query": "in",
      "type": "bool_prefix",
      "fields": [ "title", "title._2gram", "title._3gram" ]
    }
  }
}
```

기본 필드와 해당 하위 필드(title 및 title의 하위 필드: _2gram, _3gram 등)에서 검색이 수행되므로 multi_match 쿼리(type으로 bool_prefix 사용)를 생성한다. 이 쿼리는 Elasticsearch in Action 및 Elastic Stack in Action 책을 반환해야 한다. title, title._2gram, title._3gram 등 여러 필드에서 값을 검색하기 때문에 multi_match 쿼리를 사용한다.

n-gram, edge n-gram, shingle

n-gram, edge n-gram, shingle에 대해 처음 듣는 경우 이러한 개념이 당황스러울 수 있다. 여기서는 이에 대해 간략하게 설명하고, 7장에서 자세히 설명한다.

n-gram은 주어진 크기의 단어 시퀀스다. 2-gram, 3-gram 등이 있을 수 있다. 예를 들어 단어가 action인 경우 3-gram(크기 3의 n-gram)은 ["act", "cti", "tio", "ion"]이고 bi-gram(크기 2의 n-gram)은 ["ac", "ct", "ti", "io", "on"] 등이다.

edge n-gram은 모든 토큰의 n-gram으로, n-gram의 시작은 단어의 시작 부분에 고정된다. action의 경우 edge n-gram은 ["a", "ac", "act", "acti", "actio", "action"]이다.

shingle은 단어로 된 n-gram이다. 예를 들어 "Elasticsearch in Action" 문장은 shingle ["Elasticsearch", "Elasticsearch in", "Elasticsearch in Action", "in", "in Action", "Action"]을 출력한다.

때로는 단일 데이터 타입 이상으로 선언할 수 있는 필드가 필요할 수도 있다. 예를 들어 movie 제목은 text 및 completion 데이터 타입일 수 있다. 다행히 일래스틱서치를 사용하면 여러 데이터 타입이 포함된 단일 필드를 선언할 수 있다. 다중 타입 필드를 생성하는 방법을 알아보자.

4.7 다중 데이터 타입이 있는 필드

도큐먼트의 각 필드가 데이터 타입과 연관돼 있음을 확인했다. 그러나 일래스틱서치는 유연하며 필드를 여러 데이터 타입으로 정의할 수도 있다. 예를 들어 이메일 데이터의 subject 필드는 요구 사항에 따라 text, keyword 또는 completion 타입이 될 수 있다. 기본 필드 정의 내의 fields 객체를 사용해 스키마 정의에 여러 타입을 생성할 수 있다. 다음과 같은 구문이 있다.

```
"my_field1":{              my_field1의 타입을
  "type": "text",   ◄───  선언한다.
  "fields": {                         더 많은 타입을 포함하도록
                                      fields 객체를 정의한다.
    "kw": { "type": "keyword" }  ◄── 라벨이 kw인 추가 필드를
  }                                   선언한다.
}
```

기본적으로 my_field1은 keyword 타입뿐만 아니라 text 타입으로도 인덱스가 생성된다. text 로 사용하려는 경우 쿼리에서 필드를 my_field1로 제공할 수 있다. keyword로 검색할 때 필드 이름으로 my_fields1.kw 레이블(점 표기법 참고)을 사용한다.

다음 예제 스키마 정의는 여러 데이터 타입(text, keyword, completion)을 사용해 단일 필드 subject를 만든다.

목록 4.43 다중 타입 필드가 있는 스키마 정의

```
PUT emails_multi_type
{
  "mappings": {
    "properties": {
      "subject": {
        "type": "text",    ◄─── text 타입
        "fields": {                      이 subject는 keyword
          "kw": { "type": "keyword" },   타입이기도 하다.
          "comp": { "type": "completion" }  ◄── 이 subject는 completion
        }                                      타입이기도 하다.
      }
    }
  }
}
```

subject 필드에는 text, keyword, completion이라는 세 가지 타입이 연결돼 있다. 이에 접근하려면 keyword 타입 필드에 subject.kw 형식을 사용하거나 completion 타입에 subject.comp 형식을 사용해야 한다.

4장에서 매핑 개념에 대해 많은 것을 배웠다. 여기서 마무리하고 도큐먼트 작업에 대해 설명하는 5장을 기대하자.

요약

- 모든 도큐먼트는 값이 있는 필드로 구성되며 각 필드에는 데이터 타입이 있다. 일래스틱서치는 이러한 값을 나타내는 다양한 데이터 타입 세트를 제공한다.
- 일래스틱서치는 데이터를 인덱싱하고 검색할 때 일련의 규칙을 참조한다. 매핑 규칙이라고 하는 이러한 규칙을 통해 일래스틱서치는 다양한 데이터 형태를 처리하는 방법을 알 수 있다.
- 매핑 규칙은 동적 또는 명시적 매핑 프로세스로 구성된다.
- 매핑은 필드 스키마 정의를 미리 생성하는 메커니즘이다. 일래스틱서치는 도큐먼트를 인덱싱하는 동안 스키마 정의를 참조해 더 빠른 검색을 위해 데이터를 분석하고 저장한다.
- 일래스틱서치에는 기본 매핑 기능도 있다. 즉, 명시적으로 직접 스키마를 제공하는 대신 일래스틱서치에서 매핑을 데이터로부터 파생하도록 할 수 있다. 일래스틱서치는 필드를 처음 보는 시점을 기준으로 스키마를 결정한다.
- 동적 매핑은 개발 중에 특히 편리하지만 데이터 모델에 대해 더 많이 알고 있다면 미리 매핑을 생성하는 것이 가장 좋다.
- 일래스틱서치는 text, boolean, numeric, date 등 다양한 데이터 타입부터 join, completion, geopoint, nested 등과 같은 복합 필드에 이르기까지 광범위한 데이터 타입을 제공한다.

5

도큐먼트 작업

이제 일래스틱서치에서 도큐먼트 작업을 수행하고 이해할 시간이 됐다. 도큐먼트는 요구 사항에 따라 인덱싱, 가져오기^{fetch}, 업데이트, 또는 삭제된다. 데이터베이스, 파일 등의 저장소나 실시간 스트림에서 일래스틱서치로 데이터를 로드할 수 있다. 마찬가지로 일래스틱서치에 존재하는 데이터를 업데이트하거나 수정할 수 있다. 필요한 경우 도큐먼트를 삭제하고 제거할 수도 있다. 예를 들어 제품에 대한 검색 기능을 활성화하기 위해 일래스틱서치로 가져와야 하는 제품 카탈로그 데이터베이스가 있을 수 있다.

일래스틱서치는 도큐먼트 작업을 위한 API 세트를 공개한다.

- **도큐먼트 인덱싱 API:** 도큐먼트를 일래스틱서치로 인덱싱

- **읽기 및 검색 API**: 클라이언트가 도큐먼트를 가져오거나 검색할 수 있도록 허용
- **업데이트 API**: 도큐먼트의 필드를 편집하고 수정
- **삭제 API**: 저장소에서 도큐먼트를 제거

일래스틱서치는 이러한 API를 단일 도큐먼트 API와 다중 도큐먼트 API라는 두 가지 범주로 분류한다. 이름에서 알 수 있듯이 단일 도큐먼트 API는 적절한 엔드포인트를 사용해 도큐먼트를 하나씩 인덱싱, 가져오기, 수정, 삭제하는 등의 작업을 수행한다. 이러한 API는 전자상거래 애플리케이션에서 생성된 주문이나 X(구 Twitter) 계정의 트윗 같은 이벤트를 처리할 때 유용하다. 단일 도큐먼트 API를 사용해 이러한 도큐먼트를 개별적으로 작업한다.

반면 다중 도큐먼트 API는 일괄 도큐먼트 작업에 맞춰져 있다. 예를 들어 수백만 개의 레코드로 구성된 데이터베이스에서 일래스틱서치로 제품 카탈로그를 가져와야 하는 요구 사항이 있을 수 있다. 일래스틱서치는 데이터를 일괄적으로 가져오는 데 도움이 되도록 벌크(_bulk) 엔드포인트 API를 제공한다.

일래스틱서치는 또한 도큐먼트 작업을 위한 고급 쿼리 기반 API를 제공한다. 필요한 경우 복합complex 쿼리를 개발해 특정 조건과 일치하는 여러 도큐먼트를 삭제하고 업데이트할 수 있다. 정교한 검색 쿼리를 사용해 도큐먼트를 찾고 업데이트하거나 삭제할 수도 있다. 마지막으로 재인덱싱 API를 사용해 하나의 인덱스에서 다른 인덱스로 데이터를 이동할 수 있다. 재인덱싱을 사용하면 프로덕션 중에 다운타임 없이 데이터를 마이그레이션할 수 있지만, 성능에 미치는 영향은 고려해야 한다.

5장에서는 단일 및 다중 도큐먼트 API와 도큐먼트에 대한 다양한 작업에 대해 설명한다. 일래스틱서치 작업의 첫 번째 단계는 일부 데이터를 엔진으로 가져오는 것이다. 먼저 도큐먼트 인덱싱 API와 도큐먼트 인덱싱 메커니즘을 살펴본다.

> |**노트**| 5장에 있는 코드는 깃허브(http://mng.bz/MBr8) 및 책 웹사이트(https://www.manning.com/books/elasticsearch-in-action-second-edition)에서 참조할 수 있다. 다음 깃허브(http://mng.bz/a1pX)에서 예제에 사용된 영화 데이터 세트를 찾을 수 있다.

5.1 도큐먼트 인덱싱

관계형 데이터베이스에 레코드를 삽입하는 것과 마찬가지로 일래스틱서치에 데이터(도큐먼트 형식)를 추가한다. 이러한 도큐먼트는 인덱스라는 논리적 버킷에 있다. 도큐먼트를 이러한 인덱스에 유지하는 행위를 인덱싱이라고 한다. 따라서 인덱싱이라는 용어는 도큐먼트를 일래스틱서치에 저장하거나 유지하는 것을 의미한다.

> **텍스트 분석**
>
> 도큐먼트는 저장되기 전에 일래스틱서치에서 텍스트 분석이라는 과정을 거친다. 분석 과정에서는 다양한 검색 및 분석 기능에 적합하도록 데이터를 준비한다. 이 분석을 통해 검색엔진은 관련성과 풀텍스트 검색 기능을 제공할 수 있다. 텍스트 분석은 7장에서 자세히 설명한다.

5장의 시작 단락에서 언급했듯이 일래스틱서치는 단일 도큐먼트와 다중 도큐먼트를 모두 일래스틱서치로 인덱싱하는 API를 제공한다. 다음 절에서 이러한 도큐먼트 API에 대해 자세히 살펴본다.

5.1.1 도큐먼트 API

RESTful API를 사용해 HTTP를 통해 일래스틱서치와 통신한다. 단일 도큐먼트 API를 사용해 기본 CRUD(생성, 읽기, 업데이트, 삭제) 작업을 수행할 수 있다. 단일 도큐먼트를 대상으로 하는 대신 여러 도큐먼트에서 작동하도록 설계된 API도 있다. 5장에서는 두 가지 유형을 모두 알아보겠지만 지금은 단일 도큐먼트 API를 사용해 도큐먼트를 인덱싱하는 방법에 초점을 맞춘다. 시작하려면 도큐먼트 식별자라는 중요한 개념을 이해해야 한다.

도큐먼트 식별자

인덱싱하는 각 도큐먼트에는 일반적으로 사용자가 지정하는 식별자[ID]가 있을 수 있다. 예를 들어 영화 The Godfather의 도큐먼트에는 ID(id = 1)가 부여될 수 있고, 영화 The Shawshank Redemption에는 다른 ID(id = 2)가 부여될 수 있다. 관계형 데이터베이스의 기본 키와 마찬가지로 ID는 의도적으로 변경하지 않는 한, 해당 도큐먼트의 수명 동안 해당 도큐먼트와 연결된다.

때로는 클라이언트(사용자)가 도큐먼트에 ID를 제공할 필요가 없는 경우도 있다. 수천 개의 경고와 하트비트를 서버로 보내는 자동차를 상상해보자. 모든 메시지에 ID가 필요한 것은 아니다. 고유한 ID이기는 하지만 임의의 ID를 가질 수 있다. 이 경우 시스템은 인덱싱되는 도큐먼트에 대해 임의의 UUID$^{\text{Universally Unique IDentifier}}$를 생성한다.

도큐먼트 API를 사용하면 ID가 있든 없든 도큐먼트를 인덱싱할 수 있다. 그러나 POST 및 PUT과 같은 HTTP 메서드를 사용할 때는 미묘한 차이가 있다.

- 도큐먼트에 클라이언트가 제공한 ID가 있는 경우, HTTP PUT 메서드를 사용해 도큐먼트 인덱싱을 위한 도큐먼트 API를 호출한다.
- 클라이언트가 제공한 ID가 도큐먼트에 없는 경우, 인덱싱 시 HTTP POST 메서드를 사용한다. 이 경우 도큐먼트가 인덱싱되면 시스템이 생성한 ID를 상속한다.

두 가지 방법을 모두 사용해 도큐먼트를 인덱싱하는 과정을 확인해 보자.

식별자를 사용해 도큐먼트 인덱싱(PUT)

도큐먼트에 ID가 있으면 HTTP의 PUT 작업과 함께 단일 도큐먼트 인덱스(_doc) API를 사용해 도큐먼트를 인덱싱할 수 있다. 이 메서드의 구문은 다음과 같다.

```
PUT <index_name>/_doc/<identifier>
```

여기서 <index_name>은 도큐먼트가 저장될 인덱스의 이름이고, _doc는 도큐먼트를 인덱싱할 때 반드시 있어야 하는 엔드포인트다. <identifier>는 도큐먼트의 ID(예를 들어 데이터베이스의 기본 키)이며 HTTP PUT 메서드를 사용할 때 필수 경로 매개변수다.

API를 사용해 영화 도큐먼트를 인덱싱해 본다. 키바나로 이동해 다음 쿼리를 작성하고 실행한다.

```
PUT movies/_doc/1
{                                          요청 본문              도큐먼트
  "title": "The Godfather",                                    인덱스 URL
  "synopsis": "The aging patriarch of an organized crime dynasty transfers
   control of his clandestine empire to his reluctant son"
}
```

PUT movies/_doc/1 URL은 도큐먼트 인덱스 API를 호출하는 RESTful 메서드다. 이 요청에는 포함된 JSON 도큐먼트(영화 데이터 포함)로 표시되는 본문이 있다. 결과는 그림 5.1에 나와 있다. 표 5.1에 나열된 URL 부분을 빠르게 살펴본다.

```
PUT movies/_doc/1                    {
{                                      "_index" : "movies",
  "title":"The Godfather",             "_type" : "_doc",
  "synopsis":"The aging patriarch      "_id" : "1",
   of an organized crime .."           "_version" : 1,              서버가 movie 도큐먼트가
}                                      "result" : "created",        성공적으로 인덱싱했음을
                                       "_shards" : {                나타내는 응답
                                         "total" : 4,
서버에 ID가 1인 movie 도큐먼트를            "successful" : 1,
인덱싱하도록 요청한다. 요청 본문은            "failed" : 0
JSON 도큐먼트다.                         },
                                       "_seq_no" : 0,
                                       "_primary_term" : 1
                                     }
```

▲ 그림 5.1 ID로 도큐먼트 인덱싱

▼ 표 5.1 PUT URL 구성 요소

PUT	이 HTTP 동사는 서버에 새 리소스를 생성하도록 요청하고 있음을 나타낸다. PUT 액션의 일반적인 규칙은 일부 데이터를 리소스 URL로 보내 서버가 저장소에 새 리소스를 생성하도록 하는 것이다.
movies	movie 도큐먼트를 저장하려는 인덱스의 이름이다.

_doc	서비스 호출의 엔드포인트다. 이전 일래스틱서치 버전(5.x 이전)에서는 URL에 연결된 타입 (movies/movie/1)이 있었다. 도큐먼트의 타입(type)은 더 이상 사용되지 않으며 URL은 일반 엔드포인트 _doc로 수정됐다(movies/_doc/1로 변경).
1	리소스의 ID(영화 도큐먼트의 ID)를 나타내는 경로 매개변수다.

cURL 형식으로 요청

키바나는 URL을 줄여 보기 좋게 만든다. 뒤에서는 요청에 서버 세부 정보를 추가해 URL을 확장한다. 이는 모든 키바나 인스턴스가 암묵적으로 일래스틱서치 서버에 연결돼 있기 때문에 가능하다(kibana. yml 구성 파일은 서버의 세부 정보를 정의한다). cURL 형식의 URL은 다음과 같다.

```
curl -XPUT "http://localhost:9200/movies/_doc/1"
-H 'Content-Type: application/json'
-d'{  "title":"The Godfather",  "synopsis":"The aging patriarch .."}')
```

키바나 개발자 도구에서 cURL 명령을 가져올 수 있다. 렌치 아이콘을 클릭하고 그림에 표시된 대로 Copy as cURL을 선택해 요청을 URL 형태로 복사하면 된다.

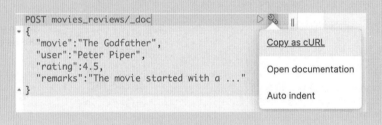

▲ 쿼리를 cURL로 내보내기

|팁| 키바나를 사용하는 동안 JSON 방식으로 코드를 들여쓰기하기 위해 Auto Indent 링크를 클릭하자.

이전 스크립트를 실행하면 키바나 오른쪽 창에 응답이 나타날 것이다(그림 5.2 참조). 잠시 분석해 보자. 응답은 몇 가지 속성만 있는 JSON 도큐먼트다. result 속성은 작업의 액션을 나타내고 created는 일래스틱서치 저장소에서 새 도큐먼트를 성공적으로 인덱싱했음을 나타낸다. _index, _type, _id 속성은 수신 요청에서 파생돼 도큐먼트에 할당된다. _version은 이 도큐먼트의 현재 버전을 나타낸다. 값 1은 도큐먼트의 첫 번째 버전을 의미한다. 도큐먼트를

수정하고 다시 인덱싱하면 숫자가 증가한다. _shards 정보가 알려주는 정보는 도큐먼트가 저장소로 이동하는 과정이 완료됐다는 것뿐이다.

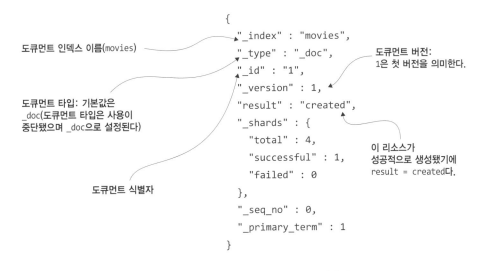

도큐먼트 인덱스 이름(movies)

도큐먼트 타입: 기본값은 _doc(도큐먼트 타입은 사용이 중단됐으며 _doc으로 설정된다)

도큐먼트 식별자

도큐먼트 버전: 1은 첫 버전을 의미한다.

이 리소스가 성공적으로 생성됐기에 result = created다.

```
{
  "_index" : "movies",
  "_type" : "_doc",
  "_id" : "1",
  "_version" : 1,
  "result" : "created",
  "_shards" : {
    "total" : 4,
    "successful" : 1,
    "failed" : 0
  },
  "_seq_no" : 0,
  "_primary_term" : 1
}
```

▲ **그림 5.2** 도큐먼트 인덱싱 성공 시 서버의 응답

궁금하다면 같은 명령어를 다시 실행해서 응답을 확인해 보자. result 속성이 updated로 변경되고 버전 번호가 증가하는 것을 확인할 수 있다. 쿼리를 실행할 때마다 버전이 업데이트된다.

처음 도큐먼트를 삽입하려고 시도했을 때 사전에 생성한 movies 인덱스는 없었다(인덱스가 이미 존재하는 경우 DELETE movies 명령을 실행해 삭제가 됐는지 확인하자). 서버에서 도큐먼트를 처음 봤을 때 서버는 인덱스가 아직 존재하지 않음을 인식하고 movies 인덱스를 생성해서 도큐먼트 인덱싱이 원활하게 이뤄졌다. 이 인덱스의 스키마조차 존재하지 않았지만, 서버는 처음 들어오는 도큐먼트를 분석해 스키마를 만들어 냈다. 4장에서 매핑 정의에 대해 배웠다. 필요한 경우 4.1.1절을 참조하자.

방금 ID가 있는 도큐먼트를 인덱싱했다. 모든 도큐먼트가 비즈니스 요구 사항에 맞는 ID를 가지고 있거나 가져야 할 필요는 없다. 예를 들어 영화 도큐먼트에 ID가 있는 것이 좋지만, 교통 관리 시스템에서 수신한 신호등의 교통 알림은 ID와 연결할 필요가 없다. 마찬가지

로 트윗 스트림, 크리켓 경기 해설 메시지 등에는 미리 지정한 ID가 필요하지 않다. 임의의 ID이면 충분하다.

ID 없이 도큐먼트를 인덱싱하는 것은 HTTP 동사가 PUT에서 POST로 변경된다는 점을 제외하면 ID가 있는 도큐먼트를 인덱싱하는 것과 동일한 과정을 따른다. 실제로 이를 살펴보자.

식별자 없이 도큐먼트 인덱싱(POST)

이전 절에서는 연결된 ID가 있는 도큐먼트를 인덱싱했다. 일래스틱서치에서 리소스를 생성하기 위해 HTTP PUT 메서드를 사용했다. 그러나 모든 비즈니스 모델이 ID가 포함된 데이터 도큐먼트를 사용하도록 장려하는 것은 아니다(주가 틱 또는 트윗처럼). 이러한 경우 일래스틱서치가 임의의 ID를 생성하도록 할 수 있다. 이러한 도큐먼트를 인덱싱하려면 이전처럼 PUT 메서드를 사용하는 대신 POST 메서드를 사용한다.

HTTP POST 메서드는 PUT과 유사한 형식을 따르지만, URL 매개변수의 일부로 ID가 제공되지 않는다.

목록 5.2 POST를 사용해 ID가 없는 도큐먼트 인덱싱

```
POST myindex/_doc          ◄──  해당 URL에는 ID가
{                               포함돼 있지 않다.
  "title":"Elasticsearch in Action"   ◄──  요청 본문은 JSON
}                                           도큐먼트다.
```

ID는 없지만 본문이 있는 인덱스에서 _doc 엔드포인트를 호출한다. 이 POST 요청은 인덱싱 과정 중에 새로 생성된 도큐먼트에 임의 ID를 할당해야 한다고 일래스틱서치에 알려준다.

> |**노트**| POST 메서드는 사용자가 도큐먼트 ID를 제공할 것으로 기대하지 않는다. 대신, 도큐먼트가 저장되면 도큐먼트에 대해 무작위로 생성된 ID를 자동으로 생성한다. ID와 함께 POST를 사용할 수도 있다. 예를 들어 POST myindex/_doc/1은 유효한 호출이다. 그러나 ID가 없는 PUT은 유효하지 않다. 즉, PUT myindex/_doc를 호출하면 오류가 발생한다.

예를 들어 영화 리뷰를 게시하는 사용자를 생각해보자. 개별 영화 리뷰는 JSON 도큐먼트로 캡처돼 키바나에서 일래스틱서치로 전송된다. 이 요청에 대해서는 도큐먼트 ID를 제공하지 않았다.

목록 5.3 ID 없이 영화 리뷰 인덱싱

```
POST movies_reviews/_doc  ◄─── URL에 ID가 없다.
{
  "movie":"The Godfather",
  "user":"Peter Piper",
  "rating":4.5,
  "remarks":"The movie started with a ..."
}
```

서버가 인덱싱 요청을 실행하면 응답이 키바나 콘솔로 다시 전송된다. 그림 5.3은 이 과정을 보여준다.

```
{
  "_index" : "movies_reviews",
  "_type" : "_doc",
  "_id" : "  53NyfXoBW8A1B2amKR5j ",    ◄─── 이 ID는 서버가 자동으로
  "_version" : 1,                            생성해 이 영화 리뷰에
  "result" : "created",                      할당한 UUID다.
  "_shards" : {
    "total" : 4,
    "successful" : 1,
    "failed" : 0                         result는 이 도큐먼트가
  },                                     성공적으로 인덱싱됐음을
  "_seq_no" : 0,                         나타낸다.
  "_primary_term" : 1
}
```

서버로부터의 응답

▲ **그림 5.3** 서버는 무작위로 자동 생성된 ID를 생성하고 도큐먼트에 할당한다.

응답에서 _id 필드는 무작위로 생성된 데이터이고 나머지 정보는 목록 5.1에 표시된 이전 PUT 요청과 동일하다. 도큐먼트를 인덱싱할 때 PUT 또는 POST 메서드 중 어떤 동사를 사용해야 할지 결정하는 방법이 궁금할 것이다. 다음 내용이 그 답변을 제공한다!

PUT과 POST를 사용하는 경우

ID를 직접 제어하고 싶거나 도큐먼트의 ID를 이미 알고 있는 경우 PUT 메서드를 사용해 도큐먼트를 인덱싱한다. 이는 준수해야 하는 사전 정의된 ID 전략(예를 들어 기본 키)이 있는 도메인 객체일 수 있다. 어떤 방법을 선택할지는 도큐먼트 검색 시 ID 사용 여부가 될 수도 있다. 도큐먼트 ID를 알고 있으면 도큐먼트 API를 사용해 도큐먼트를 가져올 수 있다(검색에 대해서는 곧 알아본다). 예를 들어 다음은 movie 도큐먼트에 대한 ID를 제공한다.

```
POST movies/_doc/1
{
  "movie":"The Godfather"
}
```

반면 스트리밍 데이터 또는 시계열 이벤트에서 생성된 도큐먼트에 ID를 사용하는 것은 의미가 없다(가격 책정 서버에서 생성된 가격 견적, 주가 변동, 클라우드 서비스의 시스템 경고, 트윗 또는 자동화된 자동차를 떠올려보자). 무작위로 생성된 UUID가 있으면 이러한 이벤트와 메시지에 충분하다. 그러나 ID는 무작위로 생성되기 때문에 PUT에서처럼 ID를 사용해 단순히 검색하는 대신 도큐먼트를 검색하기 위한 검색 쿼리를 작성해야 할 수도 있다.

요약하면 HTTP POST 액션을 사용해 비즈니스 ID가 없는 도큐먼트를 인덱싱한다. 예를 들어 영화 리뷰 도큐먼트에는 직접 ID를 제공하지 않는다.

```
POST movies_reviews/_doc
{
  "review":"The Godfather movie is a masterpiece.."
}
```

도큐먼트를 인덱싱할 때 도큐먼트 인덱스 API는 도큐먼트가 존재하는지 여부를 신경 쓰지 않는다. 처음으로 인덱스를 생성하면 도큐먼트가 예상대로 생성되고 저장된다. 동일한 도큐먼트를 다시 인덱싱하면 이전 도큐먼트와 내용이 완전히 달라도 저장된다. 일래스틱서치가 이 도큐먼트의 내용에 대한 덮어쓰기 작업을 차단할까? 이제 이에 대해 알아보자.

_create를 사용해 도큐먼트 재정의 방지

과정을 약간 변경해 다음 쿼리를 실행하면 어떤 일이 발생하는지 살펴본다.

```
PUT movies/_doc/1
{
  "tweet":"Elasticsearch in Action 2e is here!"
}
```

movie가 아니라
tweet

이 예에서는 트윗이 포함된 도큐먼트를 도큐먼트 ID가 1인 movies 인덱스로 인덱싱한다. 잠깐만. 매장에 해당 ID를 가진 영화 도큐먼트(The Godfather)가 이미 있지 않은가? 맞다. 이미 있다. 일래스틱서치는 이러한 덮어쓰기 작업을 제어할 수 없다. 책임은 애플리케이션이나 사용자에게 전달된다.

우발적인 덮어쓰기로 인해 잘못된 데이터가 발생할 수 있는 사용자 재량에 의존하는 대신, 일래스틱서치는 또 다른 엔드포인트인 _create를 제공한다. 이 엔드포인트는 덮어쓰기 상황을 해결한다. 기존 도큐먼트를 재정의하지 않으려면 도큐먼트를 인덱싱할 때 _doc 대신 _create 엔드포인트를 사용할 수 있다. 실제로 이를 살펴보자.

_create API

ID 100으로 영화 도큐먼트를 인덱싱하지만 이번에는 _create 엔드포인트를 사용한다. 다음 목록은 작업 호출을 보여준다.

목록 5.5 _create 엔드포인트를 사용해 새 영화 인덱싱

```
PUT movies/_create/100
{
  "title":"Mission: Impossible",
  "director":"Brian De Palma"
}
```

이번에는 _doc 대신 _create 엔드포인트를 사용해 새 영화(Mission: Impossible)를 인덱싱했다. 이 두 가지 방법의 근본적인 차이점은 _create 메서드를 사용하면 동일한 ID로 도큐먼트를 다시 인덱싱할 수 없지만, _doc는 신경 쓰지 않는다는 점이다.

다음으로, movies 인덱스의 도큐먼트로 트윗 메시지를 보내 도큐먼트의 내용을 변경해 본다. 쿼리는 다음과 같다.

```
PUT movies/_create/100
{
  "tweet":"A movie with popcorn is so cool!"   ◀──┐  기존 movie 대신
}                                                  └─ 트윗 인덱싱
```

(어쩌면 실수로) 이 movie 도큐먼트의 내용을 무시하고 있다. 그러나 일래스틱서치에서는 버전 충돌 오류가 발생한다.

```
{
  "type" : "version_conflict_engine_exception",
  "reason":"[100]:version conflict,document already exists(current version[1])"
}
```

일래스틱서치는 데이터 덮어쓰기를 허용하지 않는다. 이는 버전이 이미 존재하기 때문에 도 큐먼트를 업데이트할 수 없음을 나타내는 _create API의 방식이다.

> |**노트**| _create 엔드포인트를 사용하면 도큐먼트를 업데이트할 수 없지만, 필요한 경우 _create 엔드 포인트를 _doc로 바꿔 업데이트를 수행할 수 있다.

이 절의 요점은 실수로 도큐먼트를 덮어쓰는 것을 방지해 도큐먼트를 보호해야 하는 경우 _create API를 사용해야 한다는 것이다.

인덱스 자동 생성 비활성화

기본적으로 일래스틱서치는 인덱스가 아직 존재하지 않는 경우 필요한 인덱스를 자동 생성한다. 이 기 능을 제한하려면 action.auto_create_index라는 플래그를 false로 설정해야 한다. 이 작업은 두 가 지 방법으로 수행할 수 있다.

- elasticsearch.yml 구성 파일에서 플래그를 false로 설정한다.
- _cluster/settings 엔드포인트를 호출해 플래그를 명시적으로 설정한다.

    ```
    PUT _cluster/settings
    {
    ```

```
    "persistent": {
      "action.auto_create_index": "false"
    }
  }
```

예를 들어 action.auto_create_index가 false로 설정된 경우, PUT my_new_index/_doc/1 호출은
실패한다. 이미 수동으로 인덱스를 생성했고(대개 사전 정의된 설정 및 매핑 스키마를 사용해) 요청 시
인덱스 생성을 허용할 필요가 없는 경우 이 작업을 수행할 수 있다. 다음 절에서 인덱싱 작업에 대해 자
세히 설명한다.

이제 도큐먼트가 어떻게 유지되는지 이해했으므로 일래스틱서치가 도큐먼트를 저장하는 방
식의 메커니즘을 살펴본다. 다음 절에서는 인덱싱 과정이 작동하는 방식에 중점을 둔다.

5.1.2 인덱싱 메커니즘

3.2.3절에서 인덱싱이 어떻게 작동하는지 간략하게 살펴봤다. 이 절에서는 도큐먼트가 인덱
싱될 때 관련된 메커니즘을 살펴본다(그림 5.4 참조). 이미 알고 있듯이 샤드는 인덱스와 논리
적으로 연결된 물리적 데이터를 보유하는 루씬 인스턴스다.

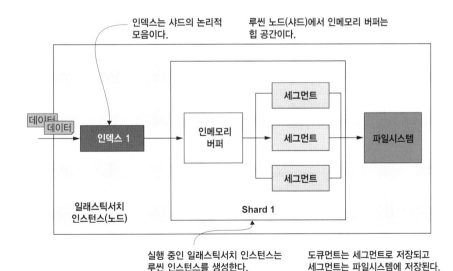

▲ 그림 5.4 도큐먼트 인덱싱 메커니즘

도큐먼트를 인덱싱할 때 엔진은 라우팅 알고리듬을 기반으로 도큐먼트가 어느 샤드에 저장될지 결정한다(3.5절에서 설명). 각 샤드에는 힙 메모리가 함께 제공되며 도큐먼트가 인덱싱되면 도큐먼트가 먼저 샤드의 메모리 내 버퍼에 푸시된다. 도큐먼트는 새로 고침refresh 작업이 실행될 때까지 이 메모리 내 버퍼에 보관된다. 루씬의 스케줄러는 매초 새로 고침을 실행해 메모리 내 버퍼에서 사용 가능한 모든 도큐먼트를 수집한 다음 이러한 도큐먼트로 새 세그먼트를 만든다. 세그먼트는 도큐먼트 데이터와 역인덱스로 구성된다. 데이터는 먼저 파일시스템 캐시에 기록된 다음 물리적 디스크에 커밋된다.

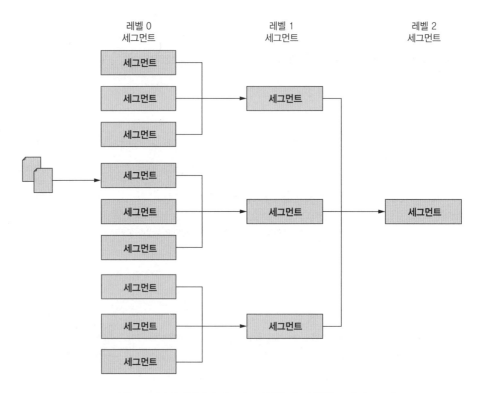

▲ **그림 5.5** 아파치 루씬에서 세그먼트가 병합되는 방법을 보여주는 그림

I/O 작업은 비용이 많이 들기 때문에 루씬은 디스크에 데이터를 쓸 때 빈번한 I/O 작업을 피한다. 따라서 새로 고침 간격(1초)을 기다린 후 그동안 모은 도큐먼트를 세그먼트로 푸시한다. 도큐먼트가 세그먼트로 이동되면 검색이 가능해진다.

아파치 루씬은 데이터 쓰기 및 읽기를 처리하는 지능형 라이브러리다. 도큐먼트를 새 세그먼트로 푸시한 후(새로 고침 작업 중) 3개의 세그먼트가 형성될 때까지 기다린다. 3개의 세그먼트 병합 패턴을 사용해 세그먼트를 병합해 새 세그먼트를 만든다. 3개의 세그먼트가 준비될 때마다 루씬은 이를 병합해 새 세그먼트를 인스턴스화한다. 그런 다음 새 세그먼트를 생성할 수 있도록 3개의 세그먼트가 더 생성될 때까지 기다린다. 그림 5.5에 표시된 것처럼 세 세그먼트마다 병합돼 다른 세그먼트를 만든다.

1초의 새로 고침 간격 동안 많은 도큐먼트가 메모리 내 버퍼에 수집되지만 보관할 새 세그먼트가 생성된다. 샤드(루씬 인스턴스)의 힙 메모리는 도큐먼트를 파일 저장소로 플러시하기 전에 메모리 내 버퍼에 보관할 수 있는 도큐먼트 수를 나타낸다. 모든 실제적인 목적을 위해 루씬은 세그먼트를 불변의 리소스로 취급한다. 즉, 버퍼에 있는 도큐먼트로 세그먼트가 일단 생성되면 새 도큐먼트는 이 기존 세그먼트에 들어가지 않는다. 대신 새 세그먼트로 이동된다. 마찬가지로 삭제는 세그먼트의 도큐먼트에 대해 물리적으로 수행되지 않지만 도큐먼트는 나중에 제거되도록 표시된다. 루씬은 높은 성능과 처리량을 제공하기 위해 이 전략을 사용한다.

5.1.3 새로 고침 프로세스 사용자 정의

인덱싱된 도큐먼트는 새로 고침 주기가 시작될 때까지 메모리에 상주한다. 이는 다음 새로 고침 주기까지 커밋되지 않은(비영구) 도큐먼트가 있음을 의미한다. 서버 오류로 인해 데이터 손실이 발생할 수 있다. 새로 고침 주기가 길어질수록 데이터 손실 위험이 증가한다(1초 새로 고침 주기 시간은 1분 새로 고침 주기 시간보다 데이터 손실 위험이 낮음). 반면 새로 고침 시간을 줄이면 I/O 작업이 늘어나 성능 병목 현상이 발생할 수 있으므로 조직에 가장 적합한 새로 고침 전략을 찾아야 한다.

일래스틱서치는 최종적 일관성을 가진 애플리케이션이며, 도큐먼트가 궁극적으로 내구성이 있는 저장소에 기록된다는 것을 의미한다. 도큐먼트는 새로 고침 프로세스 중에 세그먼트로 파일시스템으로 이동되므로 검색할 수 있다. 새로 고침 프로세스는 비용이 많이 든다. 특히 엔진이 많은 수의 인덱싱 요청으로 인해 방해를 받는 경우 더욱 그렇다.

새로 고침 주기 구성

새로 고침 설정을 구성할 수 있다는 것은 반가운 소식이다. _settings 엔드포인트를 사용해
인덱스 수준의 설정을 조정하면 시간 간격을 기본 1초에서 60초까지 재설정할 수 있다.

```
PUT movies/_settings
{
  "index":{
    "refresh_interval":"60s"
  }
}
```

이는 동적 설정이므로 언제든지 라이브 인덱스의 새로 고침 설정을 변경할 수 있다. 새로 고
침 작업을 완전히 끄려면 값을 -1로 설정한다. 새로 고침 작업이 꺼져 있으면 메모리 내 버퍼
에 들어오는 도큐먼트가 누적된다. 데이터베이스에서 일래스틱서치로 많은 도큐먼트를 마
이그레이션하고 마이그레이션이 성공적으로 완료될 때까지 데이터를 검색할 수 없도록 하는
것이 이 시나리오의 사용 사례가 될 수 있다. 인덱스 새로 고침을 수동으로 다시 활성화하려
면 POST <index>/_refresh 명령을 실행하면 된다.

클라이언트 측 새로 고침 제어

새로 고침 쿼리 매개변수를 설정해 도큐먼트에 대한 CRUD 작업을 위해 클라이언트 측에서
새로 고침 작업을 제어할 수도 있다. 도큐먼트 API(index, delete, update, _bulk)는 쿼리 매개
변수로 새로 고침을 기대한다. 예를 들어 다음 코드 조각은 새로 고침 간격이 만료될 때까지
기다리지 않고 도큐먼트가 인덱싱되면 새로 고침을 시작하도록 엔진에 안내한다.

```
PUT movies/_doc/1?refresh
```

새로 고침 쿼리 매개변수에는 세 가지 값이 있을 수 있다.

- refresh=false(기본값): 새로 고침 작업을 강제로 수행하지 않고 대신 기본 설정(1초)을
  적용하도록 엔진에 지시한다. 엔진은 미리 정의된 새로 고침 간격 이후에만 도큐먼트

를 검색할 수 있도록 한다. 쿼리 매개변수를 제공하지 않아도 동일한 효과를 얻을 수 있다.

예: PUT movies/_doc/1?refresh=false

- refresh=true(또는 빈 문자열): 도큐먼트가 즉시 검색되고 표시되도록 새로 고침 작업을 강제한다. 새로 고침 시간 간격이 60초로 설정돼 있고 refresh=true로 1,000개의 도큐먼트를 인덱싱하는 경우 60초의 새로 고침 간격을 기다리지 않고 모든 1,000개의 도큐먼트를 즉시 검색할 수 있어야 한다.

예: PUT movies/_doc/1?refresh=true

- refresh=wait_for: 요청이 반환되기 전에 새로 고침 작업이 시작되고 완료될 때까지 클라이언트가 기다리도록 하는 차단 요청이다. 예를 들어 새로 고침 간격이 60초인 경우 새로 고침이 수행될 때까지 요청이 60초 동안 차단된다. 그러나 POST <index>/_refresh 엔드포인트를 호출해 수동으로 시작할 수 있다.

예: PUT movies/_doc/1?refresh=wait_for

또한 도큐먼트 검색 메커니즘을 이해해야 한다. 일래스틱서치는 이전에 본 인덱싱 API와 유사한 도큐먼트 읽기용 GET API를 제공한다. 다음 절에서는 일래스틱서치 스태시에서 도큐먼트를 읽는 메커니즘을 살펴본다.

5.2 도큐먼트 검색

일래스틱서치는 도큐먼트 검색을 위해 두 가지 유형의 도큐먼트 API를 제공한다.

- ID가 주어지면 하나의 도큐먼트를 반환하는 단일 도큐먼트 API
- 주어진 ID 배열에 따라 여러 도큐먼트를 반환하는 다중 도큐먼트 API

도큐먼트를 사용할 수 없는 경우 도큐먼트를 찾을 수 없다는 JSON 응답을 받는다. 두 API를 모두 사용해 도큐먼트를 검색하는 방법을 살펴본다.

5.2.1 단일 도큐먼트 API 사용

일래스틱서치는 이전 절에서 알아본 인덱싱 API와 유사하게 도큐먼트 ID가 지정된 도큐먼트를 가져오는 RESTful API를 알아본다. 단일 도큐먼트를 가져오기 위한 API 정의는 다음과 같다.

```
GET <index_name>/_doc/<id>
```

GET은 리소스를 가져오고 있음을 나타내는 HTTP 메서드다. URL은 리소스의 엔드포인트를 나타낸다. 이 경우 index_name 뒤에 _doc 및 도큐먼트 ID가 온다.

도큐먼트 인덱싱과 가져오기의 차이점은 단지 HTTP 동사, 즉 PUT/POST를 GET으로 수정하는 것뿐이다. RESTful 서비스 모범 사례에 따라 URL에는 변경 사항이 없다.

이전에 인덱싱한 ID가 1인 movie 도큐먼트를 검색해본다. 키바나 콘솔에서 GET movies/_doc/1 명령을 실행하면 이전에 인덱싱된 도큐먼트를 가져온다. JSON 응답은 그림 5.6에 나와 있다.

▲ **그림 5.6** GET API 호출을 사용해 도큐먼트 검색

응답은 메타데이터와 원본 도큐먼트라는 두 부분으로 구성된다. 메타데이터는 _id, _type, _version 등으로 구성된다. 원본 도큐먼트는 _source 속성 아래에 포함된다. 그게 전부다! ID 를 알고 있으면 도큐먼트를 가져오는 것만큼 간단하다.

해당 도큐먼트가 저장소에 없을 수 있다. 도큐먼트를 찾을 수 없으면 found 속성이 false 로 설정된 응답을 받는다. 예를 들어 ID가 999인 도큐먼트(우리 시스템에는 존재하지 않음)를 찾으려고 하면 다음 응답이 반환된다.

```
{
  "_index" : "movies",
  "_type" : "_doc",
  "_id" : "999",
  "found" : false
}
```

물론 읽기 API를 사용하고 리소스 URL에 대한 HTTP HEAD 작업을 사용해 도큐먼트가 저장소에 있는지 미리 확인할 수 있다. 예를 들어 다음 쿼리는 ID가 1인 영화가 존재하는지 확인한다.

```
HEAD movies/_doc/1
```

이 쿼리는 200을 반환한다. 도큐먼트가 존재하면 OK이다. 저장소에서 도큐먼트를 사용할 수 없는 경우 그림 5.7에 표시된 대로 404 Not Found 오류가 클라이언트에 반환된다.

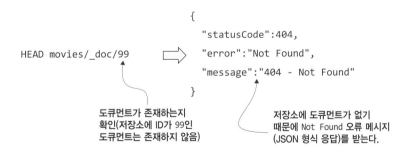

▲ **그림 5.7** 존재하지 않는 도큐먼트를 가져오려 하면 "Not Found" 메시지가 반환된다.

도큐먼트를 요청하기 전에 도큐먼트가 존재하는지 확인하기 위해 서버에 HEAD 요청을 보낼 수 있다. 이로 인해 서버에 대한 추가적인 라운드 트립이 발생한다고 생각한다면 실제로 그렇다. HEAD 요청의 응답에 따라 실제 객체를 가져오기 위해 다른 요청을 보내야 할 수도 있고 보내지 않을 수도 있다. 대신 GET 요청을 사용해 시작할 수 있다. 이 요청은 도큐먼트가 있으면 도큐먼트를 반환하고 없으면 찾을 수 없음 메시지를 반환한다. 물론 선택은 사용자 몫이다.

지금까지 단일 인덱스에 대해 단일 도큐먼트만 가져왔다. 동일한 인덱스 또는 여러 인덱스의 ID를 사용해 여러 도큐먼트를 가져오는 요구 사항을 어떻게 충족할 수 있을까? 예를 들어 movies 인덱스에서 ID 1과 2를 가진 2개의 도큐먼트를 어떻게 가져올 수 있을까? 다음 절의 주제인 _mget이라는 다중 도큐먼트 API를 사용할 수 있다.

5.2.2 다중 도큐먼트 검색

이전 절에서는 단일 도큐먼트 API를 사용해 한 번에 하나의 도큐먼트를 가져왔다. 그러나 다음과 같은 요구 사항이 있을 수 있다.

- 도큐먼트 ID가 주어지면 인덱스에서 도큐먼트 목록을 검색한다.
- 도큐먼트 ID가 주어지면 여러 인덱스에서 도큐먼트 목록을 검색한다.

일래스틱서치는 이러한 요구 사항을 충족하기 위해 다중 도큐먼트 API(_mget)를 제공한다. 예를 들어 ID가 지정된 도큐먼트 목록을 가져오려면 다음 목록과 같이 _mget API를 사용할 수 있다.

목록 5.9 한 번에 여러 도큐먼트 가져오기

```
GET movies/_mget
{
  "ids" : ["1", "12", "19", "34"]
}
```

그림 5.8은 다수의 인덱스에서 다수의 도큐먼트를 가져오는 호출 형식을 보여준다. _mget 엔드포인트에는 JSON 형식의 요청 객체가 제공된다. 요청 내의 docs 키에는 여러 인덱스에서 도큐먼트를 가져오는 데 사용할 수 있는 도큐먼트 _index 및 _id 쌍의 배열이 필요하다. 다음 목록의 코드는 세 가지 다른 인덱스에서 도큐먼트를 가져온다.

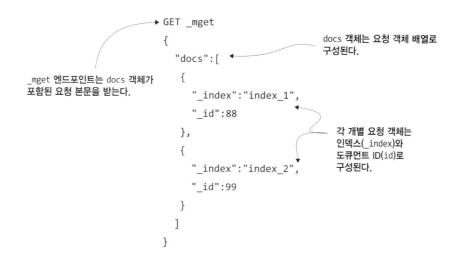

▲ 그림 5.8 _mget API를 사용해 여러 도큐먼트 가져오기

목록 5.10 세 가지 다른 인덱스에서 도큐먼트 가져오기

```
GET _mget                          ◀─── _mget URL에 언급된
{                                        인덱스가 없는 호출
  "docs": [
    {
      "_index": "classic_movies",   ◀─── 첫 번째 인덱스가
      "_id": 11                            여기에 제공된다.
    },
    {
      "_index": "international_movies",   ◀─ 인덱스 2
      "_id": 22
    },
    {
      "_index": "top100_movies",    ◀─ 인덱스 3
```

```
      "_id": 33
    }
  ]
}
```

요청은 세 가지 다른 인덱스(classic_movies, international_movies, top100_movies)에서 3개의 도큐먼트를 가져와야 한다는 요구 사항으로 구성된다. 인덱스가 존재하지 않으면 index_not_found_exception이 발생한다.

이 API에 단점은 있지만, 필요한 만큼 많은 인덱스를 제공할 수 있다. 각 ID에 대해 개별 _index/_id 쌍을 만들어야 한다. 안타깝게도 일래스틱서치에서는 아직 _id 속성이 ID 배열을 허용하는 것을 허용하지 않는다. 일래스틱 팀이 가까운 시일 내에 이 기능을 구현하기를 바란다.

5.2.3 ID 쿼리

이전 절에서는 _mget API를 사용해 여러 도큐먼트를 가져오는 방법을 살펴봤다. 그러나 여러 도큐먼트를 가져오는 또 다른 경로는 ids(ID의 약자) 쿼리를 사용하는 것이다. 이 간단한 검색 쿼리는 도큐먼트 ID 집합을 사용해 도큐먼트를 반환한다. ids 쿼리는 검색 API의 일부로 제공된다. 이 API에 대해서는 8장부터 10장까지 자세히 설명한다. 궁금한 독자를 위해 실제 쿼리를 살펴보자.

> **목록 5.11 ids 쿼리를 사용해 여러 도큐먼트 가져오기**

```
GET classic_movies/_search
{
  "query": {
    "ids": {
      "values": [1,2,3,4]
    }
  }
}
```

URL에 인덱스를 추가해 여러 인덱스에서 가져올 수도 있다. 예는 다음과 같다.

```
GET classic_movies,international_movies/_search
{
  # body
}
```

이것으로 단일 또는 다중 인덱스에서 여러 도큐먼트를 검색하는 방법을 마친다. 이제 응답으로 초점을 옮겨 본다. 응답(그림 5.6 참조)이 원본 소스 도큐먼트와 함께 메타데이터를 얻는다는 사실을 알고 있었는가? 메타데이터 없이 소스만 가져오려면 어떻게 해야 할까? 아니면 원본 도큐먼트를 고객에게 반환할 때 원본 도큐먼트의 민감한 정보 중 일부를 숨기고 싶다면 어떻게 해야 할까? 다음 절에서 설명하는 것처럼 요구 사항에 따라 응답을 조작할 수 있다.

5.3 응답 조작

클라이언트에 반환된 응답에는 많은 정보가 포함될 수 있으며 클라이언트는 그 모든 정보를 받는 데 관심이 없을 수도 있다. 때로는 응답으로 다시 전송되는 소스에 노출돼서는 안 되는 민감한 정보가 있을 수도 있다. 또한 엄청난 양의 데이터를 응답으로 보내는 것은(예를 들어 소스에 500개의 속성이 있는 경우) 대역폭 낭비다! 클라이언트에 응답을 보내기 전에 응답을 조작하는 방법이 있다. 먼저 메타데이터 없이 도큐먼트의 소스를 가져오는 방법을 알아보자.

5.3.1 응답에서 메타데이터 제거

일반적으로 응답 객체는 메타데이터와 원본 도큐먼트(source)로 구성된다. 응답에서 주목할 만한 속성은 원본 입력 도큐먼트를 포함하는 _source 속성이다. 다음과 같은 쿼리를 실행해 메타데이터 없이 소스(원본 도큐먼트)만 가져올 수 있다.

```
GET <index_name>/_source/<id>
```

_doc 엔드포인트가 _source로 대체됐다. 호출의 다른 모든 내용은 동일하게 유지된다. 이 _source 엔드포인트를 사용해 영화 도큐먼트를 가져오자.

```
GET movies/_source/1
```

그림 5.9의 응답에서 알 수 있듯이 인덱싱한 도큐먼트는 추가 정보 없이 반환된다. _version, _id, _index 같은 메타데이터 필드는 없으며 원본 소스 도큐먼트만 있을 뿐이다.

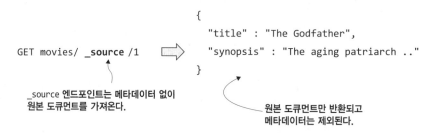

```
                                    {
                                        "title" : "The Godfather",
GET movies/ _source /1    ⟹          "synopsis" : "The aging patriarch .."
                                    }
```

_source 엔드포인트는 메타데이터 없이
원본 도큐먼트를 가져온다.

원본 도큐먼트만 반환되고
메타데이터는 제외된다.

▲ **그림 5.9** _source 엔드포인트는 메타데이터가 없는 원본 도큐먼트를 반환한다.

메타데이터를 얻고 싶지만 소스 도큐먼트는 필요하지 않을 경우 어떻게 해야 할까? 물론, 가능하다. 소스 데이터를 어떻게 제외할 수 있는지 살펴본다.

5.3.2 소스 도큐먼트 제외

어떤 도큐먼트는 수백 개의 필드로 구성되는 경우가 있다. 예를 들어 X(구 Twitter) API에서 가져온 전체 트윗은 단순한 트윗 이상의 것을 포함하고 있다. 그것은 트윗, 작성자, 시간 정보, 대화, 첨부 파일 등 수십 가지 속성을 가지고 있다. 일래스틱서치에서 데이터를 검색할 때 때로는 소스 데이터를 전혀 보고 싶지 않을 때가 있다. 즉, 소스 데이터를 완전히 제외하고 응답과 관련된 메타데이터만 반환하기를 원한다. 이 경우 쿼리의 요청 매개변수로 _source 필드를 false로 설정할 수 있다.

```
GET movies/_doc/1?_source=false
```

이 쿼리에 대한 응답은 그림 5.10에 나와 있다. 이 명령은 _source 플래그를 false로 설정해 서버에 원본 도큐먼트를 반환하지 않음을 나타낸다. 응답에서 볼 수 있듯이 소스 도큐먼트가 아닌 메타데이터만 반환된다. 원본 도큐먼트를 가져오지 않으면 대역폭도 확보된다.

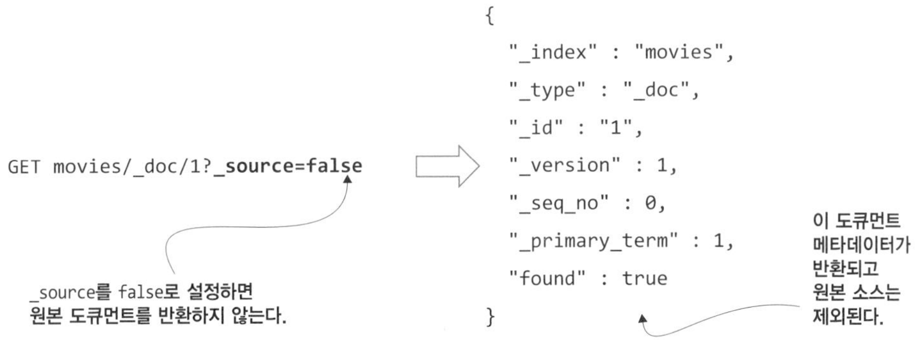

```
GET movies/_doc/1?_source=false
```

```
{
    "_index" : "movies",
    "_type" : "_doc",
    "_id" : "1",
    "_version" : 1,
    "_seq_no" : 0,
    "_primary_term" : 1,
    "found" : true
}
```

_source를 false로 설정하면
원본 도큐먼트를 반환하지 않는다.

이 도큐먼트
메타데이터가
반환되고
원본 소스는
제외된다.

▲ 그림 5.10 메타데이터만 반환

이제 전체 도큐먼트를 다시 가져오는 것을 방지하는 방법을 알았다. 하지만 선택적(포함 또는 제외) 필드가 있는 도큐먼트를 반환하는 것은 어떨까? 예를 들어 영화의 title과 rating은 반환되지만 synopsis는 반환되지 않을 수 있다. 반환되는 목록에 포함되거나 제외되는 필드를 어떻게 사용자 정의할 수 있을까? 다음 절에서 그 방법을 살펴보자.

5.3.3 필드 포함 및 제외

_source 필드를 억제하는 것 외에도 도큐먼트를 검색할 때 필드를 포함하거나 제외할 수 있다. 이전에 사용한 _source 매개변수와 유사한 _source_includes 및 _source_excludes 매개변수를 사용해 수행된다. 쉼표로 구분된 반환하려는 필드 목록과 함께 _source_includes 속성을 제공할 수 있다. 마찬가지로 _source_excludes를 사용해 필드를 응답에서 제외할 수 있다는 사실이 놀랄 일은 아니다.

현재 도큐먼트에는 필드가 2개 이하이므로 이 예에서는 영화 도큐먼트를 보완해야 할 것 같다. 세 번째 영화(The Shawshank Redemption)에 대한 몇 가지 추가 필드를 추가해 본다.

```
PUT movies/_doc/3                          ◄────  새 도큐먼트
{                                                 인덱싱
  "title":"The Shawshank Redemption",
  "synopsis":"Two imprisoned men bond ..",       새 필드:
  "rating":9.3,                            ◄────  rating 속성
  "certificate":"15",          ◄────              새 필드:
  "genre":"drama",                                certificate 속성
  "actors":["Morgan Freeman","Tim Robbins"]
}
```

이 도큐먼트가 인덱싱되면 응답으로 반환돼야 하거나 반환돼서는 안 되는 필드를 실험할 수 있다.

_source_includes를 사용한 필드 포함

포함할 필드 목록을 사용자 정의하려면 쉼표로 구분된 필드와 함께 _source_includes 매개변수를 추가한다. 응답으로 movies 인덱스에서 title, rating, genre 필드를 가져오고 다른 필드는 제외한다고 가정해 보자. 다음 명령을 실행할 수 있다.

```
GET movies/_doc/3?_source_includes=title,rating,genre
```

그러면 다음 세 가지 필드가 포함된 도큐먼트가 반환되고 나머지는 필터링된다.

```
{
  ...
  "_source" : {
    "rating" : 9.3,
    "genre" : "drama",
    "title" : "The Shawshank Redemption"
  }
}
```

이 응답에는 원본 도큐먼트 정보(_source 객체 아래)와 관련 메타데이터가 모두 포함돼 있다. _doc 대신 _source 엔드포인트를 사용해 쿼리를 다시 실행해 메타데이터를 제거하고 사용자

정의 필드가 있는 도큐먼트를 얻을 수도 있다.

```
GET movies/_source/3?_source_includes=title,rating,genre
```

같은 맥락에서 _source_excludes 매개변수를 사용해 응답을 반환하는 동안 일부 필드를 제외할 수 있다.

_source_excludes를 사용한 필드 제외

_source_excludes 매개변수를 사용해 응답에서 반환되기를 원하지 않는 필드를 제외할 수 있다. 쉼표로 구분된 필드를 허용하는 URL 경로 매개변수다. _source_excludes 매개변수에 언급된 필드를 제외한 모든 도큐먼트 필드가 응답에 포함된다.

```
GET movies/_source/3?_source_excludes=actors,synopsis
```

여기서는 actors와 synopsis 필드가 응답에서 제외된다. 어떤 필드는 포함하고 동시에 어떤 필드는 명시적으로 제외하려면 어떻게 해야 할까? 일래스틱서치 쿼리가 이 기능을 지원할 수 있을까? 물론이다. 다음 절에서 설명하는 것처럼 일래스틱서치에 이러한 요구 사항을 충족하도록 요청할 수 있다.

포함 및 제외 필드

일래스틱서치를 사용하면 응답을 미세 조정할 수 있으므로 원하는 반환 속성을 혼합하고 매치시킬 수 있다. 시연을 위해 다양한 평점(amazon, metacritic, rotten_tomatoes)을 사용해 새 movie 도큐먼트를 만들어 본다.

```
PUT movies/_doc/13
{
  "title":"Avatar",
```

```
    "rating":9.3,
    "rating_amazon":4.5,
    "rating_rotten_tomatoes":80,
    "rating_metacritic":90
}
```

amazon을 제외한 모든 평점을 어떻게 반환할 수 있을까? 적절한 속성으로 _source_includes
및 _source_excludes를 설정하면 강력한 효과가 발휘된다.

```
GET movies/_source/13?_source_includes=rating*&_source_excludes=rating_amazon
```

쿼리와 응답은 그림 5.11에 나와 있다.

이 쿼리에서는 와일드카드 필드 _source_includes=rating*을 활성화해 rating이라는 단어
접두어가 붙은 모든 속성(rating, rating_amazon, rating_metacritic, rating_rotten_tomatoes)
을 가져온다. 반면에 _source_excludes 파라미터는 필드를 제외한다(예를 들어 _source_
excludes=rating_amazon). 결과 도큐먼트는 amazon 평점을 제외한 모든 평점으로 구성돼야
한다.

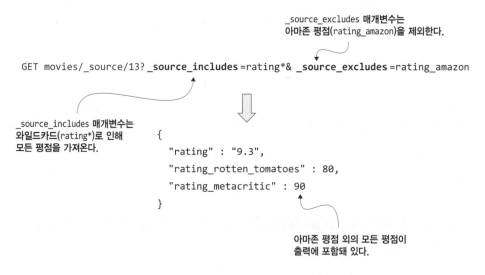

▲ 그림 5.11 반환 결과의 일부인 속성과 그렇지 않은 속성 조정

지금까지 응답 조작을 포함해 도큐먼트를 만들고 읽는 방법을 살펴봤다. 이제 도큐먼트 업데이트 메커니즘을 이해하게 됐다. 기존 필드의 값을 수정하거나 새 필드를 추가해 기존 도큐먼트를 업데이트해야 하는 경우가 항상 발생한다. 일래스틱서치는 다음 절에서 설명하는 이러한 목적을 위해 일련의 업데이트 API를 제공한다.

5.4 도큐먼트 업데이트

인덱싱된 도큐먼트를 수정된 값이나 추가 필드로 업데이트해야 하거나 전체 도큐먼트를 바꿔야 하는 경우도 있다. 도큐먼트 인덱싱과 마찬가지로 일래스틱서치는 두 가지 유형의 업데이트 쿼리를 제공한다. 하나는 단일 도큐먼트에 대해 작업하고 다른 하나는 여러 도큐먼트에 대해 작업하기 위한 것이다.

- _update API는 단일 도큐먼트를 업데이트한다.
- _update_by_query를 사용하면 다수의 도큐먼트를 동시에 수정할 수 있다.

몇 가지 예를 살펴보기 전에 도큐먼트 업데이트와 관련된 메커니즘을 이해해야 한다. 다음 절에서 알아보자.

5.4.1 도큐먼트 업데이트 메커니즘

일래스틱서치에서는 도큐먼트를 업데이트할 때 몇 가지 단계를 거쳐야 한다. 그림 5.12는 그 절차를 보여준다. 일래스틱서치는 먼저 도큐먼트를 가져와서 수정한 다음 다시 인덱싱한다. 기본적으로 이전 도큐먼트를 새 도큐먼트로 대체한다. 그 뒤에 일래스틱서치는 업데이트를 위한 새 도큐먼트를 생성한다. 이 업데이트 중에 일래스틱서치는 업데이트 작업이 완료되면 도큐먼트 버전을 높인다. 최신 버전의 도큐먼트(수정된 값 또는 새 필드 포함)가 준비되면 이전 버전이 삭제되도록 표시된다.

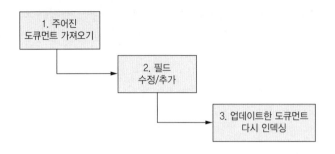

```
┌──────────────┐
│  1. 주어진     │
│ 도큐먼트 가져오기 │
└──────┬───────┘
       │        ┌──────────────┐
       └───────→│  2. 필드       │
                │  수정/추가      │
                └──────┬───────┘
                       │        ┌──────────────┐
                       └───────→│ 3. 업데이트한 도큐먼트 │
                                │  다시 인덱싱     │
                                └──────────────┘
```

▲ **그림 5.12** 도큐먼트 업데이트 또는 수정은 3단계로 이루어진다.

도큐먼트에서 개별적으로 GET, UPDATE, POST 메서드를 호출해 동일한 업데이트를 수행할 수 있다고 생각해도 된다. 실제로 이는 일래스틱서치가 수행하는 작업이다. 이는 서버에 대한 세 가지 다른 호출이며, 각각 클라이언트에서 서버로의 라운드 트립이 발생한다. 일래스틱서치는 같은 샤드에서 일련의 작업을 영리하게 실행해 이러한 라운드 트립을 방지함으로써 클라이언트와 서버 간의 네트워크 트래픽을 절약한다. 일래스틱서치는 _update API를 사용해 네트워크 호출, 대역폭 및 코딩 오류를 방지한다.

5.4.2 _update API

도큐먼트 업데이트를 계획할 때 일반적으로 다음 중 1개 이상의 시나리오에 주목하게 된다.

- 기존 도큐먼트에 더 많은 필드 추가
- 기존 필드 값 수정
- 전체 도큐먼트 바꾸기

이러한 모든 작업은 _update API를 사용해 수행되며 그 형식은 다음과 같이 간단하다.

```
POST <index_name>/_update/<id>
```

_update API를 사용해 리소스를 관리할 때 RESTful API 규칙을 기반으로 하는 POST 메서드를 사용한다. 도큐먼트 ID는 인덱스 이름과 함께 URL에 제공돼 전체 URL을 구성한다.

이제 _update API의 기본 사항을 알았으므로 actors 및 director라는 몇 가지 추가 속성으로 movie 도큐먼트(The Godfather)를 업데이트해 본다.

새 필드 추가

새 필드가 포함된 도큐먼트를 수정하려면 새 필드로 구성된 요청 본문을 _update API에 전달한다. 예상대로 API가 새 필드를 doc 객체에 래핑한다. 다음 목록의 코드는 2개의 추가 필드로 영화 도큐먼트를 수정한다. 암묵적으로 dynamic=true라고 가정하고 있다는 사실에 주목하자.

목록 5.20 _update API를 사용해 도큐먼트에 필드 추가

```
POST movies/_update/1
{
  "doc": {
    "actors": [
      "Marlon Brando",
      "Al Pacino",
      "James Caan"
    ],
    "director": "Francis Ford Coppola"
  }
}
```

이 쿼리는 영화 도큐먼트에 actors와 director 필드를 추가한다. 도큐먼트를 가져오면(GET movie/_doc/1) 반환 도큐먼트에서 추가 필드를 사용할 수 있다.

기존 필드 수정

때로는 기존 필드를 변경해야 할 수도 있다. 이는 복잡하지 않다. 이전 쿼리에서 했던 것처

럼 도큐먼트 객체의 필드에 새 값을 제공하기만 하면 된다. 예를 들어 title 필드의 이름을
바꾸려면 다음 목록에 표시된 것과 같은 쿼리를 작성한다.

목록 5.21 기존 도큐먼트의 title 업데이트

```
POST movies/_update/1
{
  "doc": {
    "title": "The Godfather (Original)"
  }
}
```

배열의 요소를 업데이트하는 경우(actors 필드의 목록에 새 배우를 추가하는 등) 새 값과 이전 값
을 모두 제공해야 한다. 예를 들어 The Godfather 도큐먼트의 actors 필드에 다른 배우
(Robert Duvall)를 추가한다고 가정해 본다.

목록 5.22 추가 정보로 기존 필드 업데이트하기

```
POST movies/_update/1          ◀────  ID 1로 도큐먼트를
{                                      업데이트하는 중이다.
  "doc": {        ◀────  업데이트는 도큐먼트 객체에
    "actors": [          포함돼야 한다.
      "Marlon Brando",
      "Al Pacino",
      "James Caan",
      "Robert Duvall"   ◀────  기존 값과 새로운 값을
    ]                           함께 지정
  }
}
```

actors 필드를 업데이트할 때 Robert Duvall을 추가하려면, 기존 배우들을 유지하면서 새
배우를 포함하는 배열로 쿼리에 제공해야 한다. actors 배열에 Robert Duvall만 입력한다면
일래스틱서치는 이 배열을 기존 배우 목록 대신 새 배우 이름으로 교체하게 된다.

지난 몇 개의 절에서 기존 도큐먼트를 수정하는 방법을 살펴봤다. 조건에 따라 도큐먼트
를 수정해야 하는 경우가 있다. 다음 절에서 설명하는 것처럼 스크립트를 사용해 이 작업을
수행한다.

5.4.3 스크립트 업데이트

필드를 추가하거나 기존 필드를 업데이트해 도큐먼트를 수정하기 위해 업데이트 API를 사용해 왔다. 필드별로 이 작업을 수행하는 것 외에도 스크립트를 사용해 업데이트를 실행할 수 있다. 스크립트 업데이트를 사용하면 조건에 따라 도큐먼트를 업데이트할 수 있다. 예를 들어 영화가 특정 흥행 수입 조건을 넘으면 블록버스터로 순위를 매긴다.

스크립트는 동일한 _update 엔드포인트를 사용해 요청 본문에 제공되며 업데이트는 source를 키로 구성하는 script 객체에 래핑된다. 컨텍스트 변수 ctx를 사용해 이 소스 키에 값으로 업데이트를 제공하고 ctx._source.<field>를 호출해 원본 도큐먼트의 속성을 가져온다.

스크립트를 사용해 배열 업데이트

기존 배열에 actors를 추가해 movie 도큐먼트를 업데이트해 본다. 이번에는 모든 기존 actors를 새 actor와 함께 actors 필드에 연결하는 목록 5.22에 표시된 방법을 사용하지 않는다. 대신, 단순히 스크립트를 사용해 actors 필드를 다른 actor로 업데이트한다.

목록 5.23 스크립트를 통해 actors 목록에 actor 추가

```
POST movies/_update/1
{
  "script": {
    "source": "ctx._source.actors.add('Diane Keaton')"     ◀── 추가할 actor
  }
}
```

ctx._source.actors는 actor 배열을 가져오고 해당 배열에서 add 메서드를 호출해 목록에 새 값(Diane Keaton)을 삽입한다. 마찬가지로, 약간 복잡하긴 하지만 스크립트 업데이트를 사용해 목록에서 값을 삭제할 수 있다.

배열에서 요소 제거

스크립트를 사용해 배열에서 요소를 제거하려면 해당 요소의 인덱스를 제공해야 한다.

remove 메서드는 제거하려는 배우의 인덱스를 가리키는 정수를 취한다. 배열에서 배우의 위치를 가져오려면 indexOf 메서드를 호출하면 된다. 목록에서 Diane Keaton을 제거하면서 실제로 이를 살펴본다.

목록 5.24 actors 목록에서 actor 제거

```
POST movies/_update/1
{
  "script": {
    "source": ctx._source.actors.remove
    (ctx._source.actors.indexOf('Diane Keaton'))  ◀─┐  remove 메서드는 배우의
  }                                                 │  정수 위치를 요구한다.
}
```

ctx._source.actors.indexOf('Diane Keaton')는 actors 배열에 있는 요소의 위치를 반환한다. 이는 remove 메서드에 필요하다.

새 필드 추가

다음 목록과 같은 스크립트를 사용해 도큐먼트에 새 필드를 추가할 수도 있다. 여기서는 값이 9.2인 imdb_user_ating라는 새 필드를 추가한다.

목록 5.25 스크립트를 사용해 값이 포함된 새 필드 추가

```
POST movies/_update/1
{
  "script": {
    "source": "ctx._source.imdb_user_rating = 9.2"
  }
}
```

> |**노트**| 배열에 새 값을 추가하려면(목록 5.23에서 했던 것처럼) 배열에서 add 메서드를 호출한다.
>
> ctx._source.<array_object>.add('value')

필드 제거

필드를 제거하는 것도 간단한 작업이다. 다음 목록은 영화 도큐먼트에서 필드(imdb_user_ating)를 제거한다.

목록 5.26 소스 도큐먼트에서 필드 제거

```
POST movies/_update/1
{
  "script": {
    "source": "ctx._source.remove('imdb_user_rating')"
  }
}
```

> |**노트**| 존재하지 않는 필드를 제거하려고 해도 스키마에 존재하지 않는 필드를 제거하려고 한다는 오류 메시지가 표시되는 것은 아니다. 대신 도큐먼트가 업데이트됐고 도큐먼트 버전이 증가했음을 나타내는 응답을 받는다(개인적으로 이를 거짓양성으로 간주한다).

여러 필드 추가

한 번에 여러 필드를 추가하는 스크립트를 작성할 수 있다.

목록 5.27 스크립트를 사용해 여러 개의 새 필드 추가

```
POST movies/_update/1
{
  "script": {
    "source": """
        ctx._source.runtime_in_minutes = 175;
        ctx._source.metacritic_rating= 100;
        ctx._source.tomatometer = 97;
        ctx._source.boxoffice_gross_in_millions = 134.8;
        """
  }
}
```

이 목록에서 주목할 만한 점은 여러 줄의 업데이트가 삼중 따옴표 블록에서 수행된다는 것이다. 각 키-값 쌍은 세미콜론(;)으로 구분한다.

조건부 업데이트 스크립트 추가

스크립트 블록에서 좀 더 복잡한 로직을 구현할 수도 있다. 총 수익이 1억 2,500만 달러를 넘는 영화에 블록버스터라는 태그를 붙이고 싶다고 가정해 본다(가상의 규칙을 만들었을 뿐 실제로는 영화를 블록버스터로 만들기 위해 예산, 출연자, 투자 수익률 등 다른 요소들이 개입한다). 이를 위해 조건이 있는 스크립트를 작성해 보자. 영화의 총 수입을 확인하는 것이다. 수입이 기준치를 넘으면 해당 영화를 블록버스터로 분류한다. 다음 목록에서는 수익 기반으로 블록버스터 플래그를 설정하는 간단한 if/else문을 작성한다.

목록 5.28 if/else 블록을 사용해 조건부로 도큐먼트 업데이트

```
POST movies/_update/1
{
  "script": {
    "source": """
    if(ctx._source.boxoffice_gross_in_millions > 125)
      {ctx._source.blockbuster = true}
     else
      {ctx._source.blockbuster = false}
    """
  }
}
```

if 절은 boxoffice_gross_in_millions 필드의 값을 확인한다. 그런 다음 자동으로 새 blockbuster 필드를 생성하고(아직 스키마에 해당 필드가 없다) 조건 결과에 따라 플래그를 true 또는 false로 설정한다.

지금까지 스크립트를 사용해 간단한 예제를 작업해 왔다. 그러나 스크립트를 사용하면 데이터 세트에 대한 간단한 업데이트부터 복잡한 조건부 수정까지 더 많은 작업을 수행할 수 있다. 스크립팅의 핵심을 이해하는 것은 이 책의 범위를 벗어나지만 몇 가지 개념은 배워두는 것이 좋다. 따라서 스크립트 구조에 대해 간략하게 알아본다.

스크립트 분석

잠시 멈춰서 스크립트의 구조를 간략하게 살펴본다. 그림 5.13에 표시된 것처럼 스크립트는 source, language, parameters의 세 부분으로 구성된다.

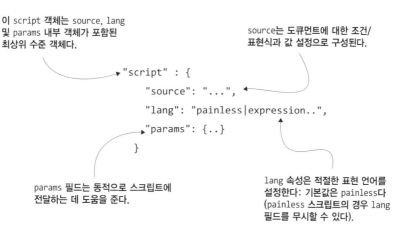

이 script 객체는 source, lang 및 params 내부 객체가 포함된 최상위 수준 객체다.

source는 도큐먼트에 대한 조건/표현식과 값 설정으로 구성된다.

```
"script" : {
    "source": "...",
    "lang": "painless|expression..",
    "params": {..}
}
```

params 필드는 동적으로 스크립트에 전달하는 데 도움을 준다.

lang 속성은 적절한 표현 언어를 설정한다: 기본값은 painless다 (painless 스크립트의 경우 lang 필드를 무시할 수 있다).

▲ 그림 5.13 스크립트 구조

source 필드는 로직을 제공하는 곳이고, params 필드에는 스크립트가 기대하는 매개변수가 수직 막대(파이프) 문자로 구분돼 포함돼 있다. 또한 스크립트가 작성된 언어를 lang 필드로 제공할 수도 있다. 예를 들어 painless, expression, moustache, java 중 하나(painless가 기본값)를 제공할 수 있다. 다음으로 params 속성을 통해 값을 전달해 도큐먼트를 업데이트하는 방법을 살펴본다.

데이터를 스크립트에 전달

목록 5.27의 코드에 있는 한 가지 문제는 스크립트에 임계 수입을 하드코딩했다는 것이다(총 수입은 1억 5천만 달러). 대신 params 속성을 사용해 스크립트에서 임곗값을 설정할 수 있다. 블록버스터 스크립트를 다시 살펴본다. 하지만 이번에는 총 수입 기준값을 매개변수를 통해 스크립트 로직에 전달한다.

목록 5.29 스크립트에 매개변수를 동적으로 전달

```
POST movies/_update/1
{
  "script": {          ┌─ 여기에 비즈니스 로직이
            ◄──────────┤   들어간다.
    "source": """
      if(ctx._source.boxoffice_gross_in_millions >    ◄── 매개변수와 비교해
          params.gross_earnings_threshold)                값을 확인한다.
        {ctx._source.blockbuster = true}
      else
        {ctx._source.blockbuster = false}
    """,
    "params": {         ◄── 매개변숫값
      "gross_earnings_threshold":150        제공
    }
  }
}
```

스크립트에는 목록 5.28의 이전 버전에서 두 가지 주목할 만한 변경 사항이 있다.

- 이제 if 절은 params 객체(params.gross_earnings_threshold)에서 읽은 값과 비교한다.
- gross_earnings_threshold는 params 블록을 통해 150으로 설정된다.

스크립트가 실행되면 일래스틱서치는 params 객체를 참조하고 속성을 params 객체의 값으로 바꾼다. 블록버스터 플래그 설정을 위해 총 수입 값을 변경하려는 경우(아마도 params.gross_earnings_threshold 임곗값을 5억 달러로 업데이트해야 할 것이다) params 플래그에 새 값을 전달하기만 하면 된다.

스크립트에 하드코딩된 params 값을 봤는가? params 객체의 스크립트에 gross_earnings_threshold 값을 하드코딩하는 이유가 궁금할 것이다. 여기서 본 것보다 스크립팅 기능에 훨씬 더 많은 기능이 있다. 스크립트는 처음 실행될 때 컴파일된다. 스크립트 컴파일은 성능 비용을 수반하므로 일래스틱서치에서는 비용이 많이 드는 작업으로 간주된다. 그러나 params 객체를 사용해 동적으로 변경되는 매개변수와 연결된 스크립트는 처음에만 컴파일되고 나머지 시간 동안 호출될 때 변숫값(params)으로 업데이트되므로 이러한 컴파일 비용을 피할 수 있다. 이는 상당한 이점이므로 그래서 일반적으로 params 객체를 통해 동적 변수를

스크립트에 제공하는 것이다(목록 5.29 참조).

스크립팅 언어

5장에서 개발된 스크립트는 로직을 디코딩하고 스크립트를 실행하기 위해 Painless라고 불리는 일래스틱서치의 특수 스크립트 언어에서 파생됐다. 기본 언어는 Painless다(이전 코드에서는 언어를 명시적으로 지정하지 않았다). lang 매개변수를 사용해 다른 스크립팅 언어(Mustache, Expression, Java)에 연결할 수 있다. 사용하는 언어에 관계없이 다음과 같은 정해진 패턴을 따라야 한다.

```
"script": {
  "lang": "painless|mustache|expression|java",
  "source": "...",
  "params": { ... }
}
```

지금까지 _update API 호출 또는 스크립트를 사용해 개별 도큐먼트를 업데이트했다. 조건에 맞는 다수 도큐먼트를 업데이트해 보는 것은 어떨까? 이것이 바로 다음 절에서 배우는 내용이다.

5.4.4 도큐먼트 교체

기존 도큐먼트를 새 도큐먼트로 교체해야 한다고 가정해보자. 새 도큐먼트를 인덱싱할 때 4장에서 수행한 것과 동일한 PUT 요청을 사용할 수 있으므로 간단하게 실행할 수 있다. 영화 도큐먼트에 새 영화 제목(Avatar)을 삽입하고 이를 기존 도큐먼트(ID = 1)와 연결해본다.

목록 5.30 도큐먼트의 내용 바꾸기

```
PUT movies/_doc/1
{
  "title":"Avatar"
}
```

이 명령을 실행하면 기존 영화인 The Godfather가 새로운 데이터 속성(Avatar)으로 대체된다.

때로는 존재하지 않는 도큐먼트를 업데이트하려고 할 때 오류가 발생하지 않고 일래스틱서치가 해당 도큐먼트를 새 도큐먼트로 인덱싱하기를 원할 때가 있다. 이것이 upsert 작업이 필요한 이유다.

5.4.5 Upsert

update 및 insert의 합성어인 upsert는 도큐먼트를 업데이트하거나(존재하는 경우) 제공된 데이터로 새 도큐먼트를 인덱싱하는(존재하지 않는 경우) 작업이다. 그림 5.14는 이 작업을 보여준다.

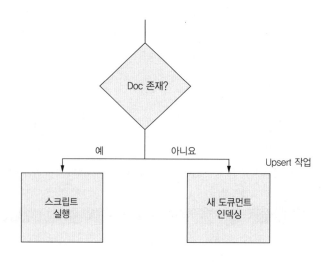

▲ **그림 5.14** Upsert 작업 흐름

영화 Top Gun의 gross_earnings를 업데이트한다고 가정해 보자. 아직 매장에는 이 영화가 없다는 점을 기억하자. gross_earnings 필드를 업데이트하는 쿼리를 개발하고 이 업데이트로 새 도큐먼트를 생성할 수 있다.

쿼리는 script와 upsert 블록이라는 두 부분으로 구성된다. script 부분은 기존 도큐먼트의 필드를 업데이트하는 곳이고 upsert 블록은 새 영화 도큐먼트 정보로 구성된다.

목록 5.31 Upsert 블록 예제

```
POST movies/_update/5
{
  "script": {
    "source": "ctx._source.gross_earnings = '357.1m'"
  },
  "upsert": {
    "title": "Top Gun",
    "gross_earnings": "357.5m"
  }
}
```

이 쿼리를 실행하면 스크립트가 ID 5인 도큐먼트(도큐먼트가 사용 가능한 경우)의 gross_earnings 필드를 실행하고 업데이트할 것으로 예상된다. 인덱스에 해당 도큐먼트가 없으면 어떻게 될까? 이것이 바로 upsert 블록이 작동하는 지점이다.

JSON 요청의 두 번째 부분은 흥미롭다. upsert 블록은 새 도큐먼트를 구성하는 필드로 구성된다. 저장소에 해당 ID를 가진 도큐먼트가 없기 때문에 upsert 블록은 지정된 필드를 사용해 새 도큐먼트를 만든다. 따라서 upsert 작업은 기존 도큐먼트를 업데이트하거나 처음으로 인덱스를 생성하는 경우 새 도큐먼트를 생성하는 기능을 제공한다.

동일한 쿼리를 두 번째로 실행하면 스크립트 부분이 실행되고 gross_earnings 필드가 357.1m(원본 도큐먼트의 357.5m에서)로 변경된다. 이는 도큐먼트가 이미 존재하기 때문에 발생하는 것이다.

5.4.6 Upsert로 업데이트

5.4.2절에서는 _update API를 통해 doc 객체를 사용해 도큐먼트를 부분적으로 업데이트하는 방법을 살펴봤다. 다음 목록에서는 추가 필드 runtime_in_minutes로 영화를 업데이트한다. 도큐먼트 11이 존재하는 경우 이 필드는 예상대로 업데이트된다. 그렇지 않으면 도큐먼트가

존재하지 않는다는 오류가 발생한다.

```
POST movies/_update/11
{
  "doc": {
    "runtime_in_minutes": 110
  }
}
```

오류를 방지하기 위해(도큐먼트가 존재하지 않는 경우 새 도큐먼트를 만들고 싶을 수도 있다) doc_as_
upsert 플래그를 사용하면 된다. 이 플래그를 true로 설정하면 도큐먼트(ID = 11)가 존재하지
않는 경우 도큐먼트 객체의 내용을 새 도큐먼트로 저장할 수 있다.

```
POST movies/_update/11
{
  "doc": {
    "runtime_in_minutes": 110
  },
  "doc_as_upsert": true
}
```

이번에는 ID 11인 도큐먼트가 저장소에 없어도 문제가 되지 않으며 엔진에서는 오류가 발생
하지 않는다. 대신 ID 11과 도큐먼트 객체에서 추출된 필드(runtime_in_minutes)를 사용해 새
도큐먼트를 만든다.

5.4.7 쿼리를 사용한 업데이트

때로는 검색 조건과 일치하는 일련의 도큐먼트를 업데이트하고 싶을 때도 있다. 예를 들어
인기가 있음을 나타내기 위해 별점 4개 이상의 평점으로 모든 영화를 업데이트한다. _
update_by_query 엔드포인트를 사용해 쿼리를 실행해 이러한 도큐먼트 집합을 검색하고 업
데이트를 적용할 수 있다. 예를 들어 배우 이름이 Al Pacino와 일치하는 모든 영화를 Oscar

Winner Al Pacino로 업데이트해본다.

목록 5.34 query 메서드를 사용해 도큐먼트 업데이트

```
POST movies/_update_by_query          ◀── 도큐먼트 검색 및 도큐먼트
{                                          집합에 대한 업데이트
  "query": {               ◀── 검색 쿼리: Al Pacino가 출연한
    "match": {                  모든 영화를 검색
      "actors": "Al Pacino"
    }
  },
  "script": {              ◀── 일치하는 도큐먼트에
    "source": """              다음 스크립트 로직을 적용
    ctx._source.actors.add('Oscar Winner Al Pacino');
    ctx._source.actors.remove(ctx._source.actors.indexOf('Al Pacino'))
    """,
    "lang": "painless"
  }
}
```

이 목록에서는 배우 Al Pacino가 등장하는 모든 영화를 가져오기 위해 match 쿼리가 먼저 실행된다(10장에서 match 쿼리에 대해 설명하겠지만, 지금은 주어진 조건과 일치하는 도큐먼트를 가져올 수 있는 쿼리 유형으로 생각하면 된다). match 쿼리가 결과를 반환하면 스크립트가 실행돼 Al Pacino를 Oscar Winner Al Pacino로 변경한다. 이전 이름을 제거해야 하므로 스크립트에서 제거 작업도 호출한다.

_update_by_query는 조건에 따라 많은 도큐먼트를 업데이트하는 편리한 메커니즘이지만, 이 방법을 사용할 때 뒤에서는 많은 일이 일어난다. 자세한 내용은 다음을 참조한다.

> **update_by_query의 메커니즘**
>
> 일래스틱서치는 먼저 입력 쿼리를 구문 분석하고 잠재적으로 쿼리와 일치할 수 있는 도큐먼트가 포함된 샤드를 식별한다. 이러한 각 샤드에 대해 일래스틱서치는 쿼리를 실행하고 일치하는 모든 도큐먼트를 찾는다.

일래스틱서치는 제공한 스크립트를 일치하는 각 도큐먼트에 대해 실행한다. 도큐먼트를 업데이트하기 전에 일래스틱서치는 현재 도큐먼트의 버전이 쿼리 단계에서 발견된 버전과 일치하는지 확인한다. 일치하면 업데이트가 진행된다. 그렇지 않은 경우(아마도 중간에 다른 작업으로 인해 도큐먼트가 업데이트됐을 수 있음) 일래스틱서치는 작업을 다시 시도한다. 그런 다음 각 도큐먼트는 메모리에서 업데이트되고 다시 인덱싱돼 이전 도큐먼트는 삭제된 것으로 표시되고 새 도큐먼트가 인덱스에 추가된다.

특정 도큐먼트 업데이트가 실패하면 실패가 기록되지만, 나머지 도큐먼트는 스크립트에 따라 업데이트된다. 업데이트 프로세스 중 충돌이 발생하면 특정 횟수만큼 재시도하거나 사전 구성된 설정에 따라 완전히 무시할 수 있다. 작업이 완료되고 인덱스가 새로 고쳐지면 변경 사항을 검색할 수 있다.

_update_by_query 작업은 처리된 총 도큐먼트 수, 버전 충돌, 성공적으로 업데이트된 도큐먼트 및 실패한 도큐먼트가 포함된 응답을 반환한다. _update_by_query 작업은 리소스를 많이 사용하는 작업이므로 클러스터 성능에 미치는 영향을 신중하게 고려해야 한다. 너무 많은 리소스를 사용하는 경우 일래스틱서치가 업데이트를 일괄 처리하도록 할 수 있다. 배치 크기(batch size) 및 스로틀 제한(throttle limit)을 구성할 수 있다.

도큐먼트를 업데이트하는 메커니즘을 알았다면 이제 삭제 작업, 특히 단일 도큐먼트 또는 다수 도큐먼트를 동시에 삭제하는 방법에 대해 논의할 시간이다. 다음 절에서는 다양한 방법으로 도큐먼트를 삭제하는 방법을 다룬다.

5.5 도큐먼트 삭제

도큐먼트를 삭제하려면 ID를 이용하는 방법과 쿼리를 이용하는 방법이 있다. 전자의 경우 단일 도큐먼트를 삭제할 수 있다. 후자의 경우 다수 도큐먼트를 한 번에 삭제할 수 있다. 쿼리로 삭제할 때 필터 조건을 설정할 수 있다(예를 들어 status 필드가 게시 취소된 도큐먼트 또는 지난달 게시된 도큐먼트 삭제 같은). 이 두 가지 방법이 실제로 어떻게 작동하는지 살펴본다.

5.5.1 ID로 삭제하기

도큐먼트 인덱싱 API에서 HTTP DELETE 메서드를 호출해 일래스틱서치에서 단일 도큐먼트를 삭제할 수 있다.

```
DELETE <index_name>/_doc/<id>
```

URL은 도큐먼트 인덱스 생성 및 검색에 사용한 것과 동일하다. 삭제할 도큐먼트의 ID가 주어지면 인덱스, _doc 엔드포인트 및 도큐먼트 ID를 지정해 URL을 구성한다. 예를 들어 다음 쿼리를 호출해 movies 인덱스에서 ID가 1인 도큐먼트를 삭제할 수 있다.

목록 5.35 인덱스에서 movie 도큐먼트 삭제하기

```
DELETE movies/_doc/1
```

서버로부터 수신된 응답은 도큐먼트가 성공적으로 삭제됐음을 나타낸다.

```
{
  ...
  "_id" : "1",
  "_version" : 2,
  "result" : "deleted"
}
```

응답은 deleted로 설정된 result 속성을 반환해 클라이언트에게 객체가 성공적으로 삭제됐음을 알린다. 도큐먼트가 삭제되지 않은 경우(저장소에 도큐먼트가 없는 경우) result 값이 not_found(상태 코드 404)로 설정된 응답을 받는다. 흥미롭게도 일래스틱서치는 삭제 작업이 성공하면 _version 플래그를 증가시킨다.

5.5.2 쿼리로 삭제(_delete_by_query)

방금 본 것처럼 단일 도큐먼트를 삭제하는 것은 쉽다. 그러나 조건에 따라 다수 도큐먼트를 삭제하려면, _delete_by_query를 사용하면 된다(5.4.7절의 _update_ by_query와 유사). 예를 들어 James Cameron이 감독한 모든 영화를 삭제하려면 다음과 같은 쿼리를 작성할 수 있다.

목록 5.36 조건에 해당하는 모든 영화 삭제

```
POST movies/_delete_by_query
{
  "query": {
```

```
      "match": {
        "director": "James Cameron"
      }
    }
  }
}
```

여기서는 James Cameron이 감독한 모든 영화를 조건으로 사용해 요청 본문에 쿼리를 생성한다. 이 조건에 일치하는 도큐먼트는 표시되고 삭제된다.

이 POST의 본문은 기본 검색 쿼리와 유사하게 term, range, match와 같은 다양한 속성을 전달할 수 있는 쿼리 DSL^{Domain Specific Language}이라는 특수 구문을 사용한다. 6장에서 검색 쿼리에 대해 자세히 알아보겠지만, 지금은 _delete_by_query가 정교한 삭제 조건을 갖춘 강력한 엔드포인트라고 이해하자. 다음 절에서 몇 가지 예를 살펴본다.

5.5.3 범위 쿼리로 삭제

평점이 3.5~4.5 사이인 영화, 두 날짜 사이에 취소된 항공편 등 특정 범위에 속하는 기록을 삭제하려고 할 수 있다. range 쿼리를 사용해 이러한 요구 사항에 대한 값 범위에 대한 조건을 설정할 수 있다. 다음 목록에서는 _delete_by_query를 사용해 3억 5천만 달러에서 4억 달러 사이의 수익을 올린 영화를 삭제한다.

목록 5.37 지정한 총 수입 범위 내에 있는 모든 영화 삭제

```
POST movies/_delete_by_query
{
  "query": {
    "range": {
      "gross_earnings_in_millions": {
        "gt": 350,
        "lt": 400
      }
    }
  }
}
```

여기서 _delete_by_query는 일치 조건이 포함된 범위 쿼리를 허용한다. 총 수입이 3억 5천만 달러에서 4억 달러 사이인 도큐먼트를 찾는다. 예상한 것처럼 일치하는 모든 도큐먼트가 삭제된다.

복잡한 쿼리를 구성할 수도 있다. 예를 들어 목록 5.38은 스티븐 스필버그 감독의 영화를 삭제하기 위한 조건을 구성하는 쿼리를 보여준다. 여기서 해당 영화는 평점이 9~9.5 사이가 아니면서 수익이 1억 달러 미만이다. 목록에서는 요청으로 bool 쿼리를 사용한다.

> |**노트**| 다음 쿼리의 경우 파일(http://mng.bz/zXeX)로부터 movies 데이터 집합을 인덱싱해야 한다.

목록 5.38 복잡한 쿼리 조건으로 영화 삭제

```
POST movies/_delete_by_query
{
  "query": {
    "bool": {
      "must": [                ◀── 스필버그 감독의
                                   영화와 일치
        {
          "match": {
            "director": "Steven Spielberg"
          }
        }
      ],
      "must_not": [            ◀── 평점은 9~9.5 범위를
                                   제외한다.
        {
          "range": {
            "imdb_rating": {
              "gte": 9,
              "lte": 9.5
            }
          }
        }
      ],
      "filter": [             ◀── 수익이 1억 달러
                                  미만이다.
        {
          "range": {
```

```
          "gross_earnings_in_millions": {
            "lt": 100
          }
        }
      }
    ]
  }
}
}
```

쿼리는 여러 개의 작은 쿼리를 결합해 대규모로 작업하는 bool 쿼리라는 복잡한 쿼리 로직을 사용한다. 12장은 bool 쿼리를 다루고 복잡한 쿼리를 구성하는 방법을 더 깊이 파고들 것이다.

5.5.4 모든 도큐먼트 삭제

> |주의| 삭제 작업은 되돌릴 수 없다! 일래스틱서치에서 삭제 쿼리를 실행하기 전에 조심하자.

match_all 쿼리를 사용해 인덱스에서 전체 도큐먼트 집합을 삭제할 수 있다.

목록 5.39 모든 도큐먼트를 한 번에 삭제

```
POST movies/_delete_by_query
{
  "query": {
    "match_all": {}
  }
}
```

이 코드는 match_all 쿼리를 실행한다. 모든 도큐먼트를 일치시켜 동시에 삭제한다. 이는 파괴적인 작업이므로 전체 도큐먼트 집합을 삭제할 때는 주의하자! DELETE movies 명령을 실행해 전체 인덱스를 삭제할 수도 있다. 하지만 이 명령은 되돌릴 수 없다는 점을 기억하자.

지금까지 단일 인덱스에서 도큐먼트를 삭제했다. API URL에 쉼표로 구분된 인덱스 목록을 제공하기만 하면 다수 인덱스에서 도큐먼트를 삭제할 수도 있는데, 형식은 다음과 같다.

```
POST <index_1>,<index_2>,<index_3>/_delete_by_query
```

다음 목록은 다수 영화 관련 인덱스에서 모든 도큐먼트를 삭제한다. GET _cat/indices를 사용해 모든 인덱스를 나열할 수 있다.

목록 5.40 세 가지 다른 영화 인덱스에서 도큐먼트 삭제

```
POST old_movies,classics,movie_reviews/_delete_by_query
{
  "query": {
    "match_all": {}
  }
}
```

전체 데이터 집합이 손실될 수 있으므로 삭제 쿼리를 실행할 때는 다시 한 번 주의하자! 전체 데이터 집합을 제거하려는 경우가 아니면 프로덕션 환경에서 삭제 작업은 주의해서 수행하자.

지금까지 도큐먼트를 개별적으로 인덱싱했지만, 현실 세계에서는 항상 많은 도큐먼트 집합을 동시에 인덱싱하는 경우가 있다. CSV 파일에서 읽어야 할 영화가 100,000개 있을 수도 있고, 엔진에 인덱싱하기 위해 타사 서비스에서 가져온 환율이 500,000개일 수도 있다. 일반적으로 로그스태시 같은 ETL(추출-변환-적재) 도구를 사용해 데이터를 추출, 강화 및 게시할 수 있다. 일래스틱서치는 메시지를 대량으로 인덱싱하는 벌크(_bulk) API를 제공한다. 다음 절에서는 벌크 API에 대해 알아본다.

5.6 벌크 도큐먼트 작업

지금까지 키바나를 사용해 도큐먼트를 개별적으로 인덱싱했다. API 메서드를 사용해 단일 도큐먼트 또는 소수의 도큐먼트를 인덱싱하는 것은 간단하다. 이는 개발 목적으로는 훌륭하지만 프로덕션에서는 거의 사용되지 않는다. 더 큰 데이터 세트의 경우(데이터베이스에서 더 많은 수의 레코드를 추출하는 경우) 번거롭고 오류가 발생하기 쉽다.

다행스럽게도 일래스틱서치는 대용량 데이터 집합을 동시에 인덱싱하기 위해 대량의 데이터를 인덱싱하는 _bulk API를 제공한다. 또한 _bulk API를 사용해 도큐먼트 삭제를 포함해 도큐먼트를 조작할 수도 있다.

_bulk API는 인덱스 생성, 삭제, 업데이트 작업을 동시에 수행할 수 있는 POST 요청을 허용한다. 이렇게 하면 서버에 여러 번 방문하는 것을 방지해 대역폭이 절약된다. _bulk API에는 특별한 형식이 있는데, 조금 이상하다고 느낄 수도 있지만 이해하기 어렵진 않다. 먼저 형식을 살펴본다.

5.6.1 _bulk API 형식

_bulk API는 API를 호출하는 POST 메서드가 포함된 특정 구문으로 구성된다(그림 5.15 참조). 요청 본문은 저장해야 하는 모든 개별 도큐먼트에 대해 두 줄로 구성된다. 첫 번째는 도큐먼트에서 수행할 액션(index, create, delete, update) 중 하나를 표시한다. 도큐먼트는 두 번째 줄에 설명돼 있으며 이에 대해서는 곧 다룰 것이다.

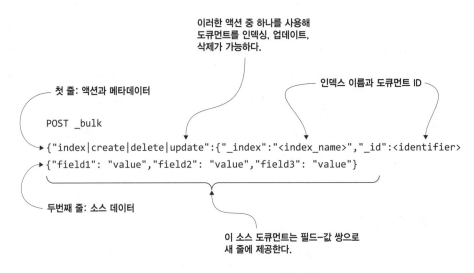

▲ 그림 5.15 _bulk API의 일반 형식

액션을 선택하면 메타데이터와 함께 이 액션의 키[key]를 제공해야 한다. 메타데이터는 일반적으로 도큐먼트 인덱스 이름과 도큐먼트 ID다. 예를 들어 movies 인덱스에서 ID가 100인 도큐먼트의 메타데이터는 "_index":"movies","_id":"100"이다.

그림 5.15의 두 번째 줄은 도큐먼트의 소스이며, 도큐먼트를 저장하려는 소스다. 예상한 대로 도큐먼트는 JSON 형식으로 지정되고 새 줄의 요청에 추가된다. 메타데이터와 소스 줄은 모두 JSON(즉, 줄 바꿈으로 구분된 JSON[NDJSON, http://ndjson.org])으로 표현된 새 줄(\n) 구분 기호로 구분된다. 이는 레코드를 하나씩 사용하기 위한 편리한 형식이다.

> **|노트|** _bulk API에 첨부된 요청은 NDJSON 형식을 엄격하게 준수해야 한다. 그렇지 않으면 도큐먼트가 벌크 인덱싱되지 않는다. 대량 요청은 줄 바꿈을 구분하므로 각 줄은 줄 바꿈 구분 기호로 끝나야 한다. 도큐먼트 형식이 NDJSON인지 확인하자.

이 개념을 염두에 두고 영화 Mission Impossible 도큐먼트를 인덱싱하기 위한 벌크 요청을 만들어 본다.

5.6.2 벌크 인덱싱 도큐먼트

_bulk API를 사용해 도큐먼트를 인덱싱하려고 하므로 다음 예를 확인해 본다. 동일한 요청이 주석과 함께 그림 5.16에 표시했다.

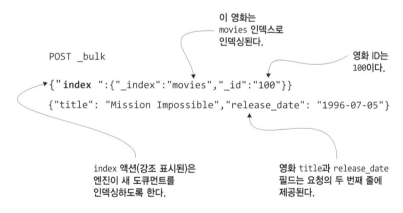

▲ **그림 5.16** _bulk API를 사용해 새 영화 Mission Impossible 인덱싱

```
POST _bulk    ◀── _bulk API URL
{"index":{"_index":"movies","_id":"100"}}    ◀── 이 도큐먼트를 "index" 한다.
{"title": "Mission Impossible","release_date": "1996-07-05"}    ◀── 우리 도큐먼트
```

이 쿼리를 실행하면 두 번째 줄에 제공된 필드를 사용해 영화 도큐먼트에 인덱싱되는 ID가
100인 도큐먼트가 있다. 즉, 영화 Mission Impossible이 저장소에 인덱싱돼 있다. 하나의
요청을 두 줄로 작성한다. 즉, 조치를 취하려는 각 도큐먼트에 대해 두 줄씩 코딩해야 한다.

메타데이터 줄을 단축할 수도 있다. 예를 들어 인덱스를 생략하고 대신 이 인덱스를 URL
에 첨부할 수 있다.

```
POST movies/_bulk    ◀── URL에는 인덱스 이름이 포함돼 있다.
{"index":{"_id":"100"}}    ◀── _index 필드가 제거됐다.
{"title": "Mission Impossible","release_date": "1996-07-05"}
```

영화에 대해 시스템에서 생성된 임의의 ID를 원하는 경우 _id 필드를 제거할 수도 있다. 다
음 코드 조각은 이 접근 방식을 보여준다.

```
POST movies/_bulk                    ┐ _index와 _id가
{"index":{}}            ◀────────────┘ 모두 제거됐다.
{"title": "Mission Impossible","release_date": "1996-07-05"}
```

시스템은 이 도큐먼트의 ID로 임의의 UUID를 할당한다.

물론 도큐먼트 인덱스 API(PUT movies/_doc/100)를 사용해 동일한 도큐먼트를 인덱싱할
수 있는데 왜 이러한 대량 접근 방식을 따라야 하는지 궁금할 수도 있다. 타당한 질문이긴 하
지만 아직 _bulk API의 모든 기능을 활용하지 않았다. Tom Cruise의 영화를 movies 인덱스
에 인덱싱해야 한다는 요구 사항이 있다고 가정해 본다. 요청은 다음 목록과 같다.

284

```
POST movies/_bulk
{"index":{}}
{"title": "Mission Impossible","release_date": "1996-07-05"}
{"index":{}}
{"title": "Mission Impossible II","release_date": "2000-05-24"}
{"index":{}}
{"title": "Mission Impossible III","release_date": "2006-05-03"}
{"index":{}}
{"title": "Mission Impossible - Ghost Protocol","release_date": "2011-12-26"}
```

URL에 인덱스 이름(POST movies/_bulk)을 첨부했고 미리 정의된 ID가 없기 때문에 쿼리는 Tom Cruise의 영화 4개를 성공적으로 인덱싱한다.

5.6.3 독립된 엔티티와 다중 액션

영화 Mission Impossible만 인덱싱했지만, 동일한 요청으로 다른 엔티티의 인덱스를 생성할 수 있다. 주목할 만한 점은 _bulk API가 여러 엔티티를 래핑하는 데 도움된다는 점이다. 영화뿐만 아니라 책, 항공편, 로그 등과 같은 모든 유형을 요청에 묶을 수 있다. 다음 목록에는 상호 배타적인 요청 목록이 있다.

목록 5.45 여러 요청이 혼합된 대량 요청

```
POST _bulk
{"index":{"_index":"books"}}          ◀─── books 인덱스 생성
{"title": "Elasticsearch in Action"}
{"create":{"_index":"flights", "_id":"101"}}   ◀─── flights 인덱스 생성
{"title": "London to Bucharest"}
{"index":{"_index":"pets"}}           ◀─── 반려동물을 pets 인덱스로 인덱싱한다.
{"name": "Milly","age_months": 18}
{"delete":{"_index":"movies", "_id":"101"}}    ◀─── 영화 삭제
{"update" : {"_index":"movies", "_id":"1"}}    ◀─── 영화 제목 업데이트
{"doc" : {"title" : "The Godfather (Original)"}}
```

이 벌크 요청에는 _bulk API를 사용할 때 가능한 거의 모든 액션이 포함된다. 개별 액션을 자세히 살펴본다.

create 액션

index 액션을 create로 바꿔서 인덱싱 시점에 도큐먼트가 존재하면 도큐먼트를 교체하지 않을 수 있다(5.1.3절 참조). 다음 코드는 create 액션이 실행되는 모습을 보여준다.

목록 5.46 create 액션이 포함된 _bulk API

```
POST _bulk
{"create":{"_index":"movies","_id":"101"}}
{"title": "Mission Impossible II","release_date": "2000-05-24"}
```
◄── 실수로 덮어쓰는 것을 방지한다.

update 액션

도큐먼트 업데이트는 비슷한 패턴을 따르지만 5.4.2절에서 배운 것처럼 업데이트할 필드를 도큐먼트 객체로 래핑해야 한다. 이 예에서는 추가 필드(director 및 actors)를 사용해 ID 200(Rush Hour)의 영화를 업데이트한다.

목록 5.47 Rush Hour 영화의 벌크 업데이트

```
POST _bulk
{"update":{"_index":"movies","_id":"200"}}
{"doc": {"director":"Brett Ratner", "actors":["Jackie Chan","Chris Tucker"]}}
```

delete 액션

마지막으로 _bulk API를 사용해 도큐먼트를 삭제해 본다. 다음과 같이 형식이 약간 다르다.

목록 5.48 delete 액션을 사용한 벌크 호출

```
POST _bulk
{"delete":{"_index":"movie_reviews","_id":"111"}}
```

이 작업에는 두 번째 줄이 필요하지 않다. 쿼리는 movie_reviews 인덱스에서 ID가 111인 영화 리뷰를 삭제한다. 삭제 쿼리를 실행할 때 주의하지 않으면 전체 데이터 세트가 손실될 수 있다는 점을 기억하자.

5.6.4 cURL을 사용한 대량 요청

_bulk API를 사용해 도큐먼트에 대한 작업을 수행하기 위해 키바나를 사용해 왔다. cURL을 사용해 이러한 작업을 수행할 수도 있다. 실제로 처리해야 할 레코드의 양이 많은 경우 cURL을 선호할 수 있다.

cURL을 사용하려면 모든 데이터가 포함된 JSON 파일을 생성하고 --data-binary 플래그를 사용해 해당 파일을 cURL에 전달해야 한다. 목록 5.49에 사용된 데이터는 이 책이 제공하는 movie_bulk_data.json 파일을 사용하면 된다. 다음과 같이 파일을 cURL에 전달한다.

목록 5.49 cURL을 사용해 벌크 데이터 작업 실행

```
curl -H "Content-Type: application/x-ndjson"
  -XPOST localhost:9200/_bulk
  --data-binary "@movie_bulk_data.json"
```

localhost는 로컬 시스템에서 실행 중인 일래스틱서치 인스턴스의 주소다.

> |노트| --data-binary 플래그에 @ 접두어와 함께 파일 이름(확장자 포함)을 지정해야 한다.

이제 벌크 요청을 처리하는 방법을 알았다. 때로는 도큐먼트를 한 인덱스에서 다른 인덱스로 이동하고 싶을 때도 있다(예를 들어 blockbuster_movies에서 classic_movies로). _bulk API는 인덱스 간 데이터 이동(또는 마이그레이션)에 적합하지 않을 수 있다. 일래스틱서치는 인기 있는 기능인 재인덱싱(_reindex) API를 제공한다. 이에 대해서는 다음 절에서 자세히 설명한다.

5.7 도큐먼트 재인덱싱

애플리케이션 및 비즈니스 요구 사항에 따라 때때로 한 인덱스에서 다른 인덱스로 도큐먼트를 이동해야 할 수도 있다. 이는 매핑 스키마 또는 설정 변경으로 인해 기존 인덱스를 최신 인덱스로 마이그레이션해야 하는 경우 특히 그렇다. 다음 형식에서 볼 수 있듯이 이러한 요구 사항에는 _reindex API를 사용할 수 있다.

```
POST _reindex
{
  "source": {"index": "<source_index>"},
  "dest": {"index": "<destination_index>"}
}
```

언제 재인덱싱을 실행해야 할까? movies 인덱스에 스키마 수정 사항을 적용해야 하는데, 이를 직접 적용할 경우 기존 인덱스에 문제가 생길 수 있다고 가정해보자. 업데이트된 설정을 사용해 새 인덱스(예를 들어 업데이트된 스키마를 사용하는 movies_new 인덱스)를 생성하고 기존 movies 인덱스의 데이터를 새 인덱스로 이동하는 것이 좋다. 다음 목록의 쿼리가 바로 이 작업을 수행한다.

목록 5.50 _reindex API를 사용해 인덱스 간 데이터 마이그레이션

```
POST _reindex
{
  "source": {"index": "movies"},
  "dest": {"index": "movies_new"}
}
```

이 쿼리는 movies 인덱스의 스냅숏을 캡처하고 레코드를 새 인덱스로 푸시한다. 데이터는 예상대로 이러한 인덱스 간에 마이그레이션된다.

재인덱싱의 중요한 사용 사례 중 하나는 별칭^{alias}과 함께 이 접근 방식을 사용하는 경우 프로덕션에서 다운타임 없는 마이그레이션이다. 이에 대해서는 6장에서 살펴본다.

지금까지 길고 긴 내용을 알아보면서 많은 것을 다뤘다. 마무리하고 6장으로 넘어가 인덱싱 작업을 자세히 알아본다.

요약

- 일래스틱서치는 도큐먼트에서 작동하는 API 세트를 제공한다. 이러한 API를 사용해 개별 도큐먼트에 대해 CRUD 액션(Create, Read, Update, Delete)을 실행할 수 있다.

- 도큐먼트는 샤드의 인메모리 버퍼에 보관되며 새로 고침 과정 중에 세그먼트로 푸시된다. 루씬은 새로 고침 작업이 진행되는 동안 도큐먼트로 새 세그먼트를 생성하는 전략을 사용한다. 그런 다음 3개의 세그먼트를 누적 병합해 새 세그먼트를 형성하는 과정이 반복된다.

- 식별자^{ID}가 있는 도큐먼트는 인덱싱할 때 HTTP PUT 액션을 사용하는 반면(PUT <index>/_doc/<ID>), ID가 없는 도큐먼트는 POST 메서드를 호출한다.

- 일래스틱서치는 무작위 고유 식별자^{UUID}를 생성해 인덱싱 중에 이를 도큐먼트에 할당한다.

- 도큐먼트 재정의를 방지하려면 다음 명령을 실행할 수 있다.

  - _create: 도큐먼트가 이미 존재하는 경우 이 API는 오류를 발생시킨다.

  - _mget: 이 API를 사용하면 ID가 지정된 여러 도큐먼트를 한 번에 검색할 수 있다.

  - _bulk: 이 API는 한 번의 호출로 여러 도큐먼트의 인덱스 생성, 삭제, 업데이트와 같은 도큐먼트 작업을 수행한다.

- 쿼리 호출의 결과로 검색된 소스와 메타데이터 포함 여부를 제어할 수 있으며, _source_includes 및 _source_excludes 속성을 각각 설정해 필드를 포함하거나 제외하도록 반환될 도큐먼트 소스를 사용자 정의할 수 있다.

- _update API를 사용하면 필드를 업데이트하고 추가해 기존 도큐먼트를 수정할 수 있다. 필요한 업데이트는 도큐먼트 객체로 래핑돼 요청 본문으로 전달된다.

- _update_by_query 쿼리를 구성해 여러 도큐먼트를 수정할 수 있다.

- 스크립트 업데이트를 사용하면 조건에 따라 도큐먼트를 수정할 수 있다. 요청 본문에 언급된 조건절이 true로 평가되면 스크립트가 실행된다.

- 단일 도큐먼트에 대해 HTTP DELETE를 사용하거나 여러 도큐먼트에 대해 _delete_by_query 메서드를 실행해 도큐먼트를 삭제할 수 있다.

- 인덱스 간 데이터 마이그레이션은 재인덱싱 API를 통해 수행된다. _reindex API 호출에는 데이터 전송을 위한 소스 및 대상 인덱스가 필요하다.

6
인덱싱 작업

앞서 몇 개의 장에서는 복잡한 세부 사항을 다루지 않고 인덱스를 사용해 작업했다. 이는 일래스틱서치를 시작하는 데 적합하지만 이상적이지는 않다. 적절한 설정으로 인덱스를 구성하면 일래스틱서치를 효율적으로 실행할 수 있을 뿐만 아니라 복원력^{resiliency}도 향상된다. 유기적인 인덱싱 전략은 미래 지향적인 검색엔진을 만들어 보다 원활한 사용자 경험을 제공한다.

성능이 뛰어난 정상적인 일래스틱서치 클러스터를 위해서는 더 저수준에서 인덱스를 사용해야 한다. 인덱스 관리를 심층적으로 이해하면 탄력적이고 일관된 검색 시스템을 설정할 때 도움된다. 6장에서는 인덱싱 작업과 그 메커니즘, 인덱싱 API 및 내부 작동을 자세히 이해하는 데 초점을 맞춘다.

먼저 인덱스의 구성 설정을 알아본다. 인덱스에는 설정^{settings}, 매핑^{mappings}, 별칭^{aliases}이라는 세 가지 구성 세트가 함께 제공된다. 각 구성은 어떤 방식으로든 인덱스를 수정한다. 예를 들어 settings를 사용해 샤드와 복제본 수를 조정하고 기타 인덱스 속성을 변경한다. 샤드와 복제본을 사용하면 데이터 확장 및 고가용성이 가능하다. mappings는 데이터를 효율적으로 인덱싱하고 쿼리하기 위한 효과적인 데이터 스키마를 정의한다. aliases(인덱스에 부여된 대체 이름)를 사용하면 여러 인덱스에 대해 쉽게 쿼리하고 다운타임 없이 데이터를 다시 인덱싱할 수 있다. 6장의 첫 부분에서 이러한 모든 구성을 자세히 다룬다.

인덱스를 수동으로 생성하는 것이 가능하기는 하지만 이는 지루하고 비효율적이며 때로는 오류가 발생하는 프로세스다. 대신, 조직은 인덱스 템플릿을 사용해 인덱스를 생성하는 전략을 위해 노력해야 한다. 인덱스 템플릿을 사용하면 사전 정의된 구성으로 인덱스를 생성할 수 있다. 템플릿 메커니즘을 이해하면 롤오버 같은 고급 작업을 위한 인덱스를 개발할 수 있다. 6.6절에서는 이러한 템플릿과 실행 중인 템플릿 프로세스를 살펴본다.

인덱스는 데이터와 함께 시간이 지남에 따라 증가하므로 이를 관리하지 않으면 시스템이 응답하지 않게 된다. 일래스틱서치는 인덱스를 생산적으로 관리하고 모니터링하는 데 도움되는 수명 주기 정책에 대한 정의를 생성하는 메커니즘을 제공한다. 인덱스가 오래되거나 특정 크기가 되면 새 인덱스로 롤오버해 불가피한 예외 상황을 방지할 수 있다.

마찬가지로, 더 많은 데이터를 예상해 생성된 대규모 인덱스는 설정된 기간이 지나면 자동으로 폐기될 수 있다. 인덱스 수명 주기 관리는 고급 주제지만 재미있고 매력적이다. 6.9절에서 인덱스 수명 주기 관리 옵션을 살펴볼 것이다. 6장에서는 인덱싱 관리, 인덱스 모니터링, 인덱스 수명 주기에 대해 자세히 살펴본다. 이제 시작해 보자.

|노트| 6장의 코드는 깃허브(http://mng.bz/Pzyg) 및 책 웹사이트(https://www.manning.com/books/elasticsearch-in-action-second-edition)에 있다.

6.1 인덱싱 작업

인덱스가 무엇인지 빠르게 요약해 보자. 인덱스는 샤드(기본 및 복제본)로 백업된 데이터의 논리적 모음이다. JSON으로 표현되며 유사한 속성(직원, 주문, 로그인 감사 데이터, 지역별 뉴스 등)을 갖는 도큐먼트가 각각의 인덱스에 보관된다. 샤드로 구성된 모든 인덱스는 클러스터의 다양한 노드에 분산된다. 새로 생성된 인덱스는 기본적으로 설정된 수의 샤드, 복제본 및 기타 속성과 연결된다.

맞춤형 구성을 통해 인덱스에 생기를 불어넣는다. 인덱스를 개발할 때 인덱스 생성부터 닫기, 축소, 복제, 고정, 삭제 및 기타 작업에 이르기까지 많은 작업을 수행할 수 있다. 이러한 작업을 이해하면 효율적인 데이터 저장 및 검색을 위한 시스템을 설정할 수 있다. 먼저 인덱스 생성과 이를 인스턴스화하는 데 관련된 작업을 살펴본다.

6.2 인덱스 생성

5장에서 처음으로 도큐먼트를 인덱싱했을 때 일래스틱서치도 암묵적으로 인덱스를 생성했다. 이는 인덱스를 생성할 수 있는 방법 중 하나이다. 대안은 인덱스를 명시적으로 생성하는 것이다. 해당 경로를 통해 인덱스를 생성할 때 인덱스 사용자 정의를 훨씬 더 효과적으로 제어할 수 있다. 두 가지 접근 방식을 모두 살펴본다.

- **암묵적**(자동) **생성**: 도큐먼트를 처음으로 인덱싱할 때 인덱스가 없으면 일래스틱서치는 기본 설정을 사용해 암묵적으로 인덱스를 생성한다. 이 인덱스 생성 방법은 일반적으로 잘 작동하지만 잘못되거나 최적화되지 않은 인덱스는 실행 중인 시스템에 예상치 못한 결과를 가져올 수 있으므로 프로덕션에서 이 접근 방식을 사용할 때는 주의해야 한다.

    일래스틱서치는 이 방법으로 매핑 스키마를 생성할 때 동적 매핑을 사용해 필드 타입을 추론한다. 안타깝게도 생성된 매핑 정의는 완벽하지 않다. 예를 들어 ISO가 아닌 날짜 형식(dd-MM-yyyy 또는 MM-dd-yyyy) 데이터는 날짜 데이터 타입이 아닌 텍스트 필드로 결정된다.

- **명시적**(수동) **생성:** 이 접근 방식을 선택하면 인덱스 생성을 제어해 필요에 따라 인덱스를 사용자 정의할 수 있다. 내부 데이터 아키텍트가 수정한 매핑 스키마로 인덱스를 구성하고, 현재 및 예상 스토리지 저장 공간을 기준으로 샤드를 할당할 수 있다.

  일래스틱서치는 개인화된 구성으로 인덱스를 생성하는 데 도움되는 인덱스 생성 API 세트를 제공한다. 인덱스를 미리 생성할 때 이러한 API를 활용하면 인덱스가 저장 및 데이터 검색에 최적화될 수 있다. API는 뛰어난 유연성을 제공한다. 예를 들어 적절한 크기의 샤드, 적용 가능한 매핑 정의, 다양한 별칭 등과 같은 기능을 갖춘 개별 인덱스를 생성할 수 있다.

> |**노트**| 자동 인덱스 생성을 제어하려면 클러스터 설정 API를 통해 action.auto_create_index 플래그를 false로 설정하거나 config/elasticsearch.yml에서 이 속성을 설정해 인덱스 생성을 비활성화할 수 있다. 기본적으로 이 플래그는 true로 설정되며, 이 기능은 곧 사용해 볼 것이다.

6.2.1 암묵적으로 인덱스 생성(자동 생성)

처음으로 도큐먼트를 인덱싱할 때 일래스틱서치는 존재하지 않는 인덱스에 대해 불평하지 않고 우리를 만족스럽게 해 준다. 이런 방식으로 인덱스가 생성되면 일래스틱서치는 기본 샤드와 복제본 샤드 수를 1로 설정하는 등의 기본 설정을 사용한다. 설명을 위해 도큐먼트 API를 사용해 자동차 정보가 포함된 도큐먼트를 빠르게 인덱싱해 본다(4장에서 cars 인덱스를 생성했다. 6장에서는 이를 삭제하고 다시 생성해 새로 시작한다).

목록 6.1 자동차 데이터를 포함하는 첫 번째 도큐먼트

```
DELETE cars          ◀──  cars 인덱스를 삭제해
                          처음부터 시작한다.

PUT cars/_doc/1                   ◀──  인덱스는 존재하지 않지만 도큐먼트를 처음 인덱싱할 때
{                                     생성된다. 도큐먼트를 인덱싱함으로써 암묵적으로 cars
  "make":"Maserati",                  인덱스를 생성한다.
  "model":"GranTurismo Sport",
  "speed_mph":186
}
```

이것이 cars 인덱스에 저장되는 첫 번째 도큐먼트이기 때문에 이 요청을 일래스틱서치로 보내면 서버는 즉시 cars라는 인덱스를 생성하는데, 해당 인덱스가 저장소에 존재하지 않기 때문이다. 인덱스는 기본 설정과 도큐먼트 ID 1로 구성된다. 그림 6.1과 같이 GET cars 명령을 호출해 새로 생성된 인덱스의 세부 정보를 가져올 수 있다.

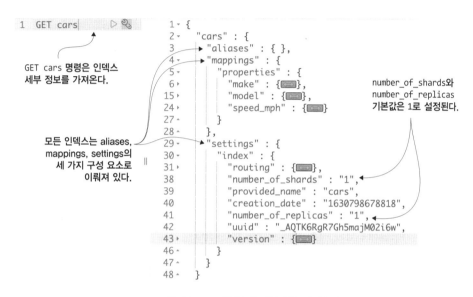

▲ 그림 6.1 cars 인덱스의 세부 정보 가져오기

응답에서 몇 가지 중요한 사항에 주목해야 한다. 각 인덱스는 mappings, settings, aliases로 구성된다. 일래스틱서치는 필드 값에서 각 필드의 데이터 타입을 결정해 자동으로 매핑 스키마를 생성한다. 예를 들어 make 및 model 필드에 텍스트 정보가 포함돼 있는 것처럼 보이기 때문에 이러한 필드는 text 필드로 생성된다. 또한 일래스틱서치는 기본적으로 기본 샤드와 복제본 샤드를 자유롭게 할당한다.

> **운영 중인 인덱스는 정적 설정을 변경할 수 없다.**
>
> 엔진에 의해 적용되는 모든 기본 설정(number_of_shards, number_of_replicas 등)이 작동 중인 인덱스에서 변경될 수 있는 것은 아니다. 예를 들어 number_of_replicas 설정은 라이브 인덱스에서 수정할 수 있지만, number_of_shards는 수정할 수 없다.

인덱스 기능에 대한 자동 생성 비활성화

앞서 언급했듯이 일래스틱서치를 사용하면 action.auto_create_index 속성을 false(기본값은 true)로 설정해 인덱스 자동 생성을 차단할 수 있다. 클러스터 설정 API를 사용해 클러스터 전체 속성 변경을 호출해 이 설정을 조정해 플래그 값을 수정할 수 있다. 다음 목록에서는 이 기능을 비활성화한다.

> **목록 6.2 인덱스 자동 생성 비활성화**

```
PUT _cluster/settings     ◀──  전체 클러스터의 설정을
{                               업데이트한다.
  "persistent": {         ◀────────────────  이 변경은 persistent(영속적)일 수도
    "action.auto_create_index": false  ◀──   있고 transient(일시적)일 수도 있다.
  }                                 자동 생성 중지
}
```

persistent 속성은 설정이 영구적임을 나타낸다. 반면 transient 속성을 사용하면 다음에 일 래스틱서치 서버를 재부팅할 때까지만 설정이 유지된다.

이 기능을 비활성화하는 것이 멋지게 들리겠지만 실제로는 권장하지 않는다. 모든 인덱스에 대한 자동 생성을 제한하고 있지만, 애플리케이션이나 키바나는 관리 목적으로 인덱스를 생성해야 할 수도 있다. 키바나는 종종 숨겨진 인덱스를 생성한다(.user_profiles, .admin 등과 같이 인덱스 이름 앞에 있는 점은 숨겨진 인덱스로 처리된다).

자동 인덱스 생성을 완전히 *끄는* 대신 이진 옵션 이외의 방식으로 이 속성을 조정할 수 있는 방법이 있다. 대신 이 변경을 허용(또는 허용하지 않음)하는 쉼표로 구분된 정규 표현식을 통해 선택적 인덱스 집합을 제공할 수 있다. 예는 다음과 같다.

action.auto_create_index: [".admin*", "cars*", "*books*", "-x*","-y*","+z*"]

이 설정을 사용하면 접두어가 admin인 숨겨진 인덱스는 물론 cars나 books 접두어가 붙은 모든 인덱스와 더하기 기호(+) 뒤에 오는 인덱스를 자동으로 생성할 수 있다. 그러나 이 설정에서는 x 또는 y로 시작하는 인덱스가 자동으로 생성되는 것은 허용하지 않는다. 마이너스 기호(-)는 자동 인덱스 생성이 허용되지 않음을 의미하기 때문이다. 이는 또한 이 패턴과 일치

하지 않는 다른 인덱스가 자동으로 생성되지 않음을 의미한다. 예를 들어 도큐먼트를 flights 인덱스로 인덱싱하려고 하면 인덱스 이름이 방금 정의한 정규식과 일치하지 않기 때문에 인덱스 생성이 실패한다(이에 대해서는 나중에 자세히 설명한다). 엔진에서 발생하는 예외는 다음과 같다.

```
no such index [flights] and [action.auto_create_index]
([.admin*, cars*, *books*, -x*,-y*,+z*]) doesn't match
```

서버가 인덱스를 생성하도록 허용하면 신속한 개발 프로세스가 가능하다. 그러나 이러한 속성 중 일부를 조정하지 않고 프로덕션에 들어가는 경우는 거의 없다. 예를 들어 샤드당 2개의 본제본이 있는 10개의 기본 샤드 전략을 갖기로 결정할 수 있으며, 이 경우 설정을 변경해야 한다(1개의 기본 샤드만으로 검색 서비스를 설계하는 것은 재앙이 될 것이다). 또한 4장에서 배운 것처럼 일래스틱서치는 도큐먼트의 필드 값을 기반으로 올바른 데이터 타입을 올바르게 추론하지 못할 수도 있다. 잘못된 데이터 타입은 검색 작업 중에 문제를 발생시킨다.

다행히도 일래스틱서치를 사용하면 필요에 따라 명시적으로 구성하고 생성할 수 있어 요구 사항을 충족하는 인덱스를 생성할 수 있다. 맞춤형 인덱스 개발을 시작하기 전에 다음 절에서 설명하는 인덱스 구성에 대해 알아야 한다.

인덱스 구성

모든 인덱스는 자동으로 생성됐는지 혹은 명시적으로 생성됐는지에 관계없이 mappings, settings, aliases로 구성된다. 4장에서 매핑을 다뤘고 여기서는 이를 다시 요약하고 두 가지 다른 구성을 제시한다.

- mappings^{매핑}: mappings는 스키마 정의를 생성하는 프로세스다. 저장되는 데이터에는 일반적으로 text, keyword, long, date 등과 같은 해당 필드와 연결된 여러 데이터 타입이 있다. 일래스틱서치는 효율적이고 효과적인 검색을 위해 데이터를 저장하기 전에 mappings 정의를 참조해 들어오는 데이터를 분석하기 위한 적절한 규칙을 적용한다. 예를 들어 다음 코드 조각은 cars_index_with_sample_mapping 인덱스에 대한 매핑을 설정한다.

```
PUT cars_index_with_sample_mapping
{
  "mappings": {
    "properties": {
      "make": {
        "type": "text"
      }
    }
  }
}
```

GET cars_index_with_sample_mapping/_mapping 명령을 실행해 새로 생성된 cars_index_with_sample_mapping 인덱스에 대한 스키마를 가져올 수 있다.

- settings^{설정}: 모든 인덱스에는 샤드 및 복제본 수, 새로 고침 빈도, 압축 코덱 등과 같은 일련의 구성 설정이 함께 제공된다. 런타임 시 라이브 인덱스에서 몇 가지 설정(동적 설정)을 조정할 수 있다. 비작동 모드^{non-operational mode}에서는 다른 설정(정적 설정)을 인덱스에 적용할 수 있다. 이 두 가지 유형을 곧 살펴보자. 다음 목록에서는 몇 가지 설정으로 인덱스를 구성한다.

목록 6.3 사용자 정의 설정으로 인덱스 생성

```
PUT cars_index_with_sample_settings        ◀──┐ 인덱스
{                                              │ 생성
  "settings": {        ◀── 설정 적용
    "number_of_replicas": 3,
    "codec": "best_compression"
  }
}
```

GET cars_index_with_sample_settings/_settings를 호출하면 이 인덱스에 대한 설정을 가져온다.

- aliases^{별칭}: 별칭은 인덱스에 부여된 대체 이름이다. 별칭은 단일 또는 다수 인덱스를 가리킬 수 있다. 예를 들어 my_cars_aliases라는 별칭은 모든 자동차 인덱스를 가리킬

수 있다. 또한 개별 별칭에 대해 쿼리를 실행하는 것처럼 별칭들에 대한 쿼리를 실행할 수도 있다. 이 코드는 별칭을 만드는 방법을 보여준다.

목록 6.4 별칭을 사용해 인덱스 생성

```
PUT cars_index_with_sample_alias    ◀─── 인덱스 생성
{                                           별칭을 구성하기 위한
  "aliases": {            ◀──────────┘     별칭 객체를 선언
    "alias_for_cars_index_with_sample_alias": {}    ◀─── 별칭 그 자체
  }
}
```

`GET cars_index_with_sample_alias/_alias`를 실행해 이 인덱스에 대한 별칭을 가져올 수 있다.

인덱스를 명시적으로 생성할 때 mappings, settings, aliases를 미리 설정할 수 있다. 이러한 방식으로 인덱스는 필요한 모든 구성을 갖춘 상태로 생성된다. 물론 런타임에 이러한 구성 중 일부를 수정할 수 있다(닫힌 [비작동] 인덱스도 조정할 수 있다). 다음 절에서는 명시적으로 생성된 인덱스에 이러한 구성을 설정하는 방법을 살펴본다.

6.2.2 명시적으로 인덱스 생성

암묵적으로 생성된 인덱스는 프로덕션 구성에 사용할 준비가 거의 돼 있지 않다. 인덱스를 명시적으로 생성한다는 것은 사용자 정의 구성을 설정해야 한다는 것을 의미한다. 기본값에 의존하지 않고 필수 mappings, settings, aliases를 사용해 인덱스를 구성하도록 일래스틱서치에 지시할 수 있다.

인덱스 생성이 쉽다는 사실을 이미 알고 있다. 간단히 `PUT <index_name>`을 실행하면 된다. 이 명령은 기본 구성으로 새 인덱스를 생성한다(도큐먼트가 처음으로 인덱싱될 때 생성된 인덱스와 유사하다). 예를 들어 `PUT cars`는 cars 인덱스를 생성하고, `GET cars`를 발행하면 인덱스가 반환된다. 맞춤형 구성을 사용해 이러한 인덱스를 어떻게 관리할 수 있는지 살펴보자.

6.2.3 맞춤형 설정이 포함된 인덱스

모든 인덱스는 생성 과정에서 설정(기본값 또는 사용자 정의)을 사용해 생성할 수 있다. 인덱스가 아직 작동 중일 때 일부 설정을 변경할 수도 있다. 이를 위해 일래스틱서치는 _settings API를 제공해 라이브 인덱스의 설정을 업데이트한다. 그러나 앞에서 언급한 것처럼, 모든 속성을 라이브 인덱스에서 변경할 수 있는 것은 아니며 동적 속성만 변경할 수 있다. 이제 두 가지 유형의 인덱스 설정(정적 및 동적)에 대해 간략하게 설명한다.

- **정적**^{static} **설정**: 정적 설정은 인덱스 생성 중에 적용되며 인덱스가 작동하는 동안에는 변경할 수 없다. 이는 샤드 수, 압축 코덱, 시작 시 데이터 확인 등과 같은 속성이다. 라이브 인덱스의 정적 설정을 변경하려면 인덱스를 닫아 설정을 다시 적용하거나 새 설정으로 인덱스를 다시 생성해야 한다.

  필요한 정적 설정을 사용해 인덱스를 생성하는 것이 가장 좋다. 나중에 적용하려면 인덱스를 종료해야 하기 때문이다. 하지만 다운타임 없이 인덱스 업그레이드(재인 덱싱은 업그레이드의 한 형태다)를 관리할 수 있는 방법이 있다(5.7절에서 재인덱싱 기능을 살펴봤다).

- **동적**^{dynamic} **설정**: 동적 설정은 라이브(운영 중인) 인덱스에 적용할 수 있다. 예를 들어 복제본 수, 쓰기 허용 또는 허용 안 함, 새로 고침 간격 등 운영 중인 인덱스에 대한 속성을 변경할 수 있다.

몇몇 설정은 두 가지 범주에 모두 해당하므로, 개별 유형에 대한 고차원적인 이해를 가지는 것이 장기적으로 도움된다. 몇 가지 정적 설정을 사용해 인덱스를 생성하는 방법을 살펴보자.

> |노트| 일래스틱서치가 지원하는 정적 및 동적 설정에 대해 자세히 알아보려면 공식 문서(http://mng.bz/1qXR)를 참조한다.

샤드당 5개의 복제본이 있는 샤드 3개, 압축 코덱, 최대 스크립트 필드 수, 새로 고침 간격 등의 속성을 사용해 인덱스를 생성하려고 한다. 이러한 구성 설정을 인덱스에 적용하기 위해 settings 객체를 사용한다.

```
PUT cars_with_custom_settings          ◄──── 맞춤형 설정으로 인덱스를
{                                            생성한다.
  "settings": {                    ◄──── 설정 객체에는 필수 속성이
    "number_of_shards": 3,               포함돼 있다.              복제본 개수를
                                                                  5개로 설정
    "number_of_replicas": 5,     ◄──────────────────────────────
    "codec": "best_compression",         ◄──────────── 압축을 기본값에서
                                                        변경한다.
    "max_script_fields": 128,        ◄──────────
    "refresh_interval": "60s"    ◄──────                최대 스크립트 필드 수를
  }                                                     기본값인 32개에서 늘린다.
}                              새로 고침 간격을
                          기본값인 1초에서 변경한다.
```

샤드 수를
3개로 설정

요구 사항에 따라 필수적이라고 생각하는 설정으로 인덱스를 생성하도록 일래스틱서치에 지시한다. GET cars_with_custom_settings 명령을 실행하면 조금 전에 설정한 샤드 및 복제본에 대한 맞춤형 설정을 반영해 인덱스 세부 정보를 가져온다.

어떤 설정은 인덱스가 활성화되면 변경할 수 없는 고정된 설정(정적 설정)이고, 다른 설정(동적 설정)은 실행 중인 인덱스에서 변경할 수 있다. 라이브 인덱스의 정적 속성(예를 들어 number_of_shards 속성)을 변경하려고 하면 일래스틱서치는 동적이 아닌 설정은 업데이트할 수 없다는 예외를 발생시킨다. 다음 목록과 같이 _settings 엔드포인트를 사용해 동적 설정을 업데이트할 수 있다.

```
PUT cars_with_custom_settings/_settings
{
  "settings": {
    "number_of_replicas": 2
  }
}
```

number_of_replicas 속성은 동적이므로 인덱스가 활성 상태인지는 중요하지 않으며, 속성은 즉시 적용된다.

> **|노트|** 일래스틱서치에서는 인덱스가 작동되면 샤드 수를 변경할 수 없다. 이에 대한 간단하면서도 타
> 당한 이유가 있다. 도큐먼트가 저장될 위치는 라우팅 함수(shard_home = hash(doc_ID) % number_
> of_shards)에 의해 결정된다. 라우팅 기능은 샤드 수에 따라 달라지므로 샤드 수를 수정(number_of_
> shards 변경)하면 기존 도큐먼트가 잘못 배치되거나 샤드에 잘못 할당될 수 있으므로 라우팅 기능을 사
> 용 불가능할 수 있다.

새로운 설정으로 인덱스를 재구성하려면 다음과 같은 몇 가지 단계를 수행해야 한다.

1. 현재 인덱스를 닫는다. 인덱스는 읽기/쓰기 작업을 지원할 수 없다.
2. 새로운 설정으로 새 인덱스를 생성한다.
3. 기존 인덱스의 데이터를 새 인덱스로 마이그레이션 한다(재인덱싱 작업).
4. 별칭을 새 인덱스에 다시 지정한다(인덱스에 기존 별칭이 있다고 가정).

마지막 장(5.7절)에서 재인덱싱 작업이 실행되는 것을 확인했다. 또한 6.2.3절에서 설명한 다
운타임 없이 데이터를 다시 인덱싱하는 절도 있다.

설정을 가져오는 것은 간단한 작업이다. 간단히 GET 요청을 실행하면 된다.

목록 6.7 인덱스 설정 가져오기

```
GET cars_with_custom_settings/_settings
```

쉼표로 구분된 인덱스나 인덱스 이름에 와일드카드 패턴을 사용해 다수 인덱스의 설정을 가
져올 수도 있다. 다음 목록은 이를 수행하는 방법을 보여준다(코드는 책의 파일에 있다).

목록 6.8 다수 인덱스의 설정을 한 번에 가져오기

```
GET cars1,cars2,cars3/_settings    ◄── 다수 인덱스 설정을 가져온다.
GET cars*/_settings    ◄──┐ 와일드카드(*)로 식별된 인덱스에
                          │ 대한 설정을 가져온다.
```

단일 속성을 얻을 수도 있다. 예를 들어 이 목록은 샤드 수를 가져오는 요청을 보여준다.

```
GET cars_with_custom_settings/_settings/index.number_of_shards
```

여기서 속성은 index라는 내부 객체로 둘러싸여 있으므로 index.<attribute_name>과 같이 속성 앞에 최상위 객체를 붙여야 한다.

6.2.4 매핑이 포함된 인덱스

설정 외에도 인덱스를 생성할 때 필드 매핑을 제공할 수 있다. 이것이 데이터 모델에 대한 스키마를 생성하는 방법이다. 다음 목록은 make, model, registration_year 속성을 사용해 car 타입(실제로는 cars_with_mappings 인덱스지만 간결하게 하기 위해 인덱스가 자동차 엔티티를 고려한다고 가정할 수 있다)에 대한 매핑 정의가 포함된 인덱스를 생성하는 메커니즘을 보여준다.

```
PUT cars_with_mappings
{
  "mappings": {          ◀── 매핑 객체는 속성을
                             포함한다.
    "properties": {                    ┌── 여기에는 자동차와 관련된 데이터 타입들의
      "make": {                        │   필드가 선언된다.
        "type": "text"    ◀── make를 text 타입으로
      },                      선언
      "model": {
        "type": "text"
      },                              ┌── registration_year를
      "registration_year": {  ◀──     │   date 타입으로 선언
        "type": "date",
        "format": "dd-MM-yyyy"  ◀── 필드의
      }                              맞춤형 형식
    }
  }
}
```

물론 settings와 mappings를 결합할 수도 있다. 다음 목록에서는 이 접근 방식을 보여준다.

```
PUT cars_with_settings_and_mappings          ◄───  settings와 mappings가
{                                                    모두 포함된 인덱스
  "settings": {              ◄─── 인덱스 설정
    "number_of_replicas": 3
  },
  "mappings": {          ◄──┐ 매핑 스키마
    "properties": {         │ 정의
      "make": {
        "type": "text"
      },
      "model": {
        "type": "text"
      },
      "registration_year": {
        "type": "date",
        "format": "dd-MM-yyyy"
      }
    }
  }
}
```

이제 settings와 mappings를 사용해 인덱스를 설정하는 방법을 알았으므로 퍼즐의 마지막 부분은 별칭을 만드는 것이다.

6.2.5 별칭이 있는 인덱스

별칭은 여러 인덱스에서 데이터를 검색 또는 집계(단일 별칭으로)하거나 다운타임 없이 재인덱싱 가능하게 하는 등 다양한 목적으로 인덱스에 부여되는 대체 이름이다. 별칭을 만들면 마치 인덱스인 것처럼 인덱싱, 쿼리, 기타 모든 목적에 사용할 수 있다. 별칭은 개발 및 프로덕션에서 모두 유용하다. 다수 인덱스를 그룹화하고 여기에 별칭을 할당할 수 있으므로 12개의 인덱스가 아닌 단일 별칭에 대한 쿼리를 작성할 수도 있다.

settings과 mappings(목록 6.11)를 사용해 인덱스를 구성할 때 봤던 것과 유사한 인덱스를 생성하려면 aliases 객체에 별칭 정보를 설정할 수 있다.

```
PUT cars_for_aliases            ◀──  별칭을 사용해
{                                     인덱스 생성
  "aliases": {
    "my_new_cars_alias": {}     ◀──  별칭이 인덱스를
  }                                   가리킨다.
}
```

인덱스 API를 사용하는 대신 별칭 API를 사용해 별칭을 만드는 또 다른 방법이 있다. 일래스틱서치는 별칭 API를 제공하며 구문은 다음과 같다(굵게 강조 표시된 _alias 엔드포인트).

```
PUT|POST <index_name>/_alias/<alias_name>
```

cars_for_aliases 인덱스를 가리키는 my_cars_alias라는 별칭을 만들어 본다.

```
PUT cars_for_aliases/_alias/my_cars_alias
```

그림 6.2에 표시된 대로 my_cars_alias는 cars_for_aliases 인덱스의 대체(두 번째) 이름이다. 지금까지 인덱스에서 수행된 모든 쿼리 작업은 앞으로 my_cars_alias로 리디렉션될 수 있다. 예를 들어 그림처럼 도큐먼트를 인덱싱하거나 이 별칭을 검색할 수 있다.

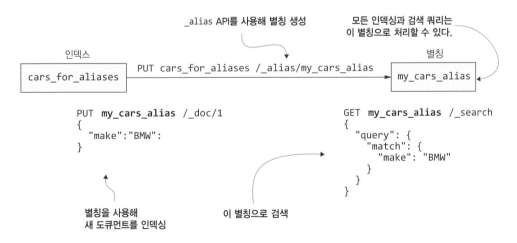

▲ 그림 6.2 기존 인덱스에 대한 별칭 만들기

와일드카드와 함께 제공되는 인덱스를 포함해 여러 인덱스를 가리키는 단일 별칭을 만들 수도 있다(그림 6.3 참조). 목록 6.14에는 별칭(multi_cars_alias)을 생성하는 코드가 나와 있다. 이는 차례로 여러 인덱스(cars1,cars2,cars3)를 가리킨다. 이러한 인덱스 중 하나는 쓰기 인덱스여야 한다.

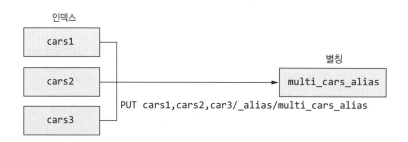

▲ **그림 6.3** 다수 인덱스를 가리키는 별칭 만들기

목록 6.14 다수 인덱스를 가리키는 단일 별칭 만들기

```
PUT cars1,cars2,cars3/_alias/multi_cars_alias
```
◀─ 쉼표로 구분된
　　인덱스 목록

다수 인덱스를 가리키는 별칭을 만들 때 적어도 하나의 인덱스에는 is_write_index 속성이 true로 설정돼 있어야 한다. 예를 들어 다음 코드 조각은 is_write_index가 활성화된 cars3 인덱스를 생성한다.

```
PUT cars3
{
  "aliases": {
    "cars_alias": {
      "is_write_index": true
    }
  }
}
```

마찬가지로 와일드카드를 사용해 다수 인덱스를 가리키는 별칭을 만들 수 있다(인덱스 중 하나가 is_write_index 속성이 true로 설정돼 있는지 확인해야 한다).

```
PUT cars*/_alias/wildcard_cars_alias ◄──── cars 접두어가 붙은
                                            모든 인덱스
```

별칭을 생성하고 인덱스(GET <alias_name>) 세부 정보를 가져오면 인덱스에 정의된 별칭이 반영돼 있을 것이다. GET cars는 해당 인덱스에 생성된 모든 별칭(settings와 mappings뿐만 아니라)이 포함된 인덱스를 반환한다.

```
GET cars
```

이제 별칭 생성 메커니즘을 이해했으므로 별칭 세부 정보를 가져오는 방법을 살펴본다. settings 및 mappings와 마찬가지로 _alias 엔드포인트에 GET 요청을 보내 별칭의 세부 정보를 가져올 수 있다.

```
GET my_cars_alias/_alias
```

물론 동일한 명령을 여러 별칭으로 확장할 수도 있다.

```
GET all_cars_alias,my_cars_alias/_alias
```

별칭을 사용해 다운타임 없는 데이터 마이그레이션

새로운 비즈니스 요구 사항이나 기술 향상(또는 버그 수정)으로 인해 프로덕션 환경의 인덱스에 대한 구성 설정을 최신 속성으로 업데이트해야 할 수도 있다. 새 속성은 해당 인덱스의 기존 데이터와 호환되지 않을 수 있다. 이 경우 새 설정으로 인덱스를 생성하고 기존 인덱스의 데이터를 새로운 인덱스로 마이그레이션할 수 있다.

마냥 좋게만 들릴 수 있으나, 한 가지 잠재적인 문제는 기존 인덱스(예를 들어 GET cars/_search { .. })에 대해 작성된 쿼리가 이제 새 인덱스(cars_new)에 대해 실행해야 하기 때문에 업데이트해야 한다는 말이다. 이러한 쿼리가 애플리케이션 코드에 하드코딩된 경우 프로덕

선에 핫픽스 릴리스가 필요할 수 있다.

빈티지 자동차에 대한 데이터가 포함된 vintage_cars라는 인덱스가 있고 인덱스를 업데이트해야 한다고 가정해 보자. 여기에서 별칭을 활용할 수 있다. 별칭을 염두에 두고 전략을 고안할 수 있다. 다음 단계(그림 6.4 참조)를 실행하면 다운타임 없이 마이그레이션이 가능하다.

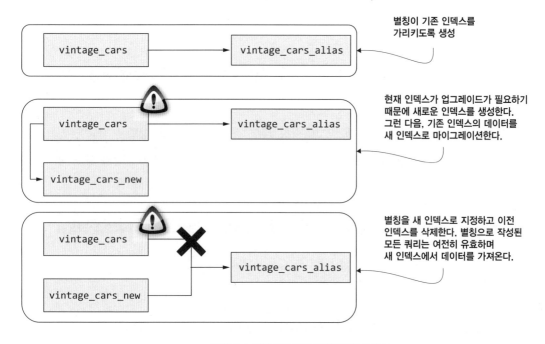

별칭이 기존 인덱스를 가리키도록 생성

현재 인덱스가 업그레이드가 필요하기 때문에 새로운 인덱스를 생성한다. 그런 다음, 기존 인덱스의 데이터를 새 인덱스로 마이그레이션한다.

별칭을 새 인덱스로 지정하고 이전 인덱스를 삭제한다. 별칭으로 작성된 모든 쿼리는 여전히 유효하며 새 인덱스에서 데이터를 가져온다.

▲ **그림 6.4** 다운타임 없이 마이그레이션 달성

1. 현재 인덱스 vintage_cars를 참조하기 위해 vintage_cars_alias라는 별칭을 만든다.
2. 새 속성은 기존 인덱스와 호환되지 않으므로 새 설정을 사용해 vintage_cars_new라는 새 인덱스를 생성한다.
3. 기존 인덱스(vintage_cars)의 데이터를 새 인덱스(vintage_cars_new)로 복사(재인덱싱)한다.
4. 새 인덱스를 참조하도록 기존 인덱스를 가리키는 기존 별칭(vintage_cars_alias)을 다시 생성한다(다음 절을 참조한다). 따라서 vintage_cars_alias는 이제 vintage_cars_new를 가리킨다.

5. vintage_cars_alias에 대해 실행된 모든 쿼리는 이제 새 인덱스에서 수행된다.

6. 재인덱싱과 기존 인덱스의 해제로 표시되면 기존 인덱스(vintage_cars)는 삭제한다.

별칭으로 실행된 쿼리는 이제 애플리케이션이 오류를 반환하지 않고 새 인덱스에서 데이터를 가져오므로 제로 다운타임을 달성했다.

_aliases API를 사용한 다수 별칭 작업

_alias API를 사용해 별칭 작업을 하는 것 외에도 다른 API인 _aliases API를 사용해 여러 별칭 작업을 수행할 수 있다. 이는 별칭 추가, 제거, 인덱스 삭제 등 여러 작업을 결합한다. _alias API는 별칭을 만드는 데 사용되는 반면, _aliases API는 별칭과 관련된 인덱스에 대한 여러 작업을 만드는 데 도움된다.

목록 6.19의 코드는 인덱스 2개에 대해 두 가지 별개의 별칭 작업을 수행한다. 기존 인덱스를 가리키는 별칭을 (add 작업을 통해) 제거하고 동일한 별칭을 새 인덱스로 다시 지정한다. 이 작업의 필요성을 이해하려면 이전 절을 참조한다.

목록 6.19 다수 별칭 작업 수행

```
POST _aliases          ◄──────  _aliases API를 사용해
{                               여러 작업 실행
  "actions": [         ◄──────  개별 작업을
    {                           나열한다.
      "remove": {      ◄──────  기존 인덱스를 가리키는 별칭을
        "index": "vintage_cars",    제거한다.
        "alias": "vintage_cars_alias"
      }
    },
    {                  새 인덱스를 가리키는
      "add": {         ◄──────  별칭을 추가한다.
        "index": "vintage_cars_new",
        "alias": "vintage_cars_alias"
      }
    }
  ]
}
```

vintage_cars_alias 별칭에서 vintage_cars 인덱스를 제거하고 vintage_cars_new 인덱스를 추가한다.

　_aliases API를 사용하면 기존 인덱스를 가리키는 별칭을 삭제하고 데이터 마이그레이션 후 새 인덱스가 준비되면 새 인덱스에 할당할 수도 있다. 그리고 indexes 매개변수를 사용해 인덱스 목록을 설정함으로써 동일한 _aliases API를 사용해 여러 인덱스에 대한 별칭을 생성할 수 있다. 다음 목록에서는 이를 수행하는 방법을 보여준다.

목록 6.20 다수 인덱스를 가리키는 별칭 만들기

```
POST _aliases
{
  "actions": [
    {
      "add": {
        "indices": [ "vintage_cars","power_cars","rare_cars","luxury_cars" ],
        "alias": "high_end_cars_alias"
      }
    }
  ]
}
```

여기서 actions는 4개의 자동차 인덱스(vintage_cars, power_cars, rare_cars, luxury_cars)를 가리키는 high_end_cars_alias라는 별칭을 생성한다. 이제 인덱스 생성 및 별칭 지정 기술을 익혔으므로 인덱스를 읽는 방법을 살펴본다.

6.3 인덱스 읽기

지금까지 살펴본 인덱스는 일반적으로 데이터를 보관하기 위해 사용자나 애플리케이션이 만든 공개public 인덱스다. 다음 절에서는 공개 인덱스에 대해 논의한 다음 다른 유형의 인덱스인 숨겨진hidden 인덱스를 살펴본다.

6.3.1 공개 인덱스 읽기

이미 살펴본 것처럼 GET 명령(GET cars)을 실행해 인덱스의 세부 정보를 가져올 수 있다. 응답은 mappings, settings, aliases를 JSON 객체로 제공한다. 응답은 다수 인덱스의 세부 정보를 반환할 수도 있다. cars1, cars2, cars3라는 세 가지 인덱스의 세부 정보를 반환한다고 가정해 보자. 다음 목록은 앞으로 나아갈 방향을 보여준다.

목록 6.21 다수 인덱스에 대한 인덱스 구성 가져오기

```
GET cars1,cars2,cars3     ◀──   세 가지 인덱스의
                                 세부 정보를 검색한다.
```

> |**노트**| 키바나는 다중 인덱스 URL의 인덱스 사이에 공백이 있는 경우 오류를 표시한다. 예를 들어 GET cars1, cars2는 쉼표 뒤에 공백이 있기 때문에 실패한다. 다중 인덱스가 쉼표로만 구분돼 있는지 확인하자.

이 명령은 세 가지 인덱스 모두에 대한 관련 정보를 반환하지만 쉼표로 구분된 긴 인덱스 목록을 제공하는 것이 개발자에게 반드시 적합한 것은 아니다. 대신 인덱스에 패턴이 있으면 와일드카드를 사용할 수 있다. 예를 들어 다음 목록의 코드는 ca라는 문자로 시작하는 모든 인덱스를 가져온다.

목록 6.22 와일드카드를 사용해 여러 인덱스 구성 가져오기

```
GET ca*     ◀──   ca 접두어가 붙은 모든 인덱스를
                   반환한다.
```

쉼표로 구분된 인덱스 및 와일드카드 인덱스와 동일한 원칙을 사용해 특정 인덱스에 대한 구성을 얻을 수 있다. 예를 들어 다음 목록은 mov 및 stu(영화 및 학생의 약자)라는 접두어가 붙은 모든 인덱스를 가져온다.

목록 6.23 특정 인덱스에 대한 구성 가져오기

```
GET mov*,stu*
```

이러한 GET 명령은 모두 지정된 인덱스의 aliases, mappings, settings를 가져오지만, 해당 정보를 반환하는 또 다른 방법이 있다. 특정 인덱스에 대한 개별 구성을 가져오고 싶다고 가정해 보자. 이를 위해 관련 API를 사용할 수 있다.

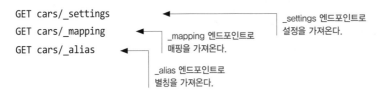

목록 6.24 인덱스에 대한 개별 구성 가져오기

```
GET cars/_settings
GET cars/_mapping
GET cars/_alias
```

_settings 엔드포인트로 설정을 가져온다.

_mapping 엔드포인트로 매핑을 가져온다.

_alias 엔드포인트로 별칭을 가져온다.

이러한 GET 명령은 공개 인덱스에 대해 지정된 구성을 반환한다. 다음에는 숨겨진 인덱스에 대한 이 정보를 검색하는 방법을 살펴본다.

> |**노트**| 인덱스가 클러스터에 존재하는지 확인하려면 HEAD <index_name> 명령을 사용할 수 있다. 예를 들어 HEAD cars는 인덱스가 있으면 성공 코드 200(OK)을 반환하고 인덱스가 없으면 오류 코드 404(Not Found)를 반환한다.

6.3.2 숨겨진 인덱스 읽기

인덱스에는 두 가지 유형이 있다. 지금까지 작업한 일반(공개) 인덱스와 숨겨진 인덱스다. 점 (.etc, .git, .bash 등)이 접두어로 붙는 컴퓨터 파일시스템의 숨겨진 폴더와 유사하게 숨겨진 인덱스는 일반적으로 시스템 관리를 위해 예약돼 있다. 이는 키바나, 애플리케이션 상태 등에 사용된다. 예를 들어 PUT .old_cars 명령을 실행해 숨겨진 인덱스를 생성할 수 있다(인덱스 이름 앞에 있는 점이 있음에 유의하자).

> |**노트**| 운영 용도로 공개 인덱스 이름을 모방한 숨겨진 인덱스 이름을 사용할 수 있지만(일래스틱서치에는 버전 8 이하에서 검증 장치나 제어 장치가 없기 때문에) 이는 향후 버전에서 변경될 것이다. 모든 숨겨진 인덱스는 시스템 관련 작업을 위해 예약된다. 이러한 변화를 염두에 두고 비즈니스 관련 데이터에 대한 숨겨진 인덱스 생성에 주의하자.

GET _all 또는 GET * 호출은 숨겨진 인덱스를 포함해 모든 인덱스를 가져온다. 예를 들어 그림 6.5는 GET _all 명령 실행 결과를 보여준다. 이 명령은 숨겨진 인덱스(이름 앞에 점이 있는 인덱스)를 포함해 전체 인덱스 목록을 반환한다.

이제 인덱스를 생성하고 읽는 방법을 알았으므로 필요한 경우 인덱스에 대해 삭제 작업을 실행한다. 이에 대해서는 다음 절에서 자세히 설명한다.

```
                                  {
점을 접두어로 갖는 인덱스는         ".apm-agent-configuration" : {⟷},
숨겨진 인덱스                      ".apm-custom-link" : {⟷},
                                    ".kibana-event-log-7.14.1-000001" : {⟷},
                                    ".kibana_7.14.1_001" : {⟷},
                                    ".kibana_task_manager_7.14.1_001" : {⟷},
GET _all          ⟹              ".my_hidden_index" : {⟷},
                                    ".old_cars" : {⟷},
                                    "car_with_mappings" : {⟷},
전체 인덱스 목록을                  "carr" : {⟷},
가져오는 명령                      "cars" : {⟷},
                                    "cars1" : {⟷},
                                    "cars2" : {⟷},
일반(비즈니스 또는                  "cars3" : {⟷},
애플리케이션 관련) 인덱스           "cars_with_custom_settings" : {⟷},
                                    "mytemp1" : {⟷}
                                  }
```

▲ **그림 6.5** 모든 공개 인덱스와 숨겨진 인덱스 목록 가져오기

6.4 인덱스 삭제

기존 인덱스를 삭제하는 것은 간단하다. 인덱스에 대한 DELETE 작업(DELETE <index_name>)은 인덱스를 영구적으로 삭제한다. 예를 들어 DELETE cars 명령을 실행하면 명령이 실행될 때 cars 인덱스가 삭제된다. 즉, 모든 설정, 매핑 스키마, 별칭을 포함해 해당 인덱스의 모든 도큐먼트가 영원히 사라진다.

다수의 인덱스 삭제

다수의 인덱스를 삭제할 수도 있다. 동시에 삭제하려면 쉼표로 구분된 인덱스 목록을 추가한다.

목록 6.25 다수의 인덱스 삭제하기

```
DELETE cars,movies,order
```

와일드카드 패턴을 사용해 인덱스를 삭제할 수도 있다(DELETE *). 그러나 숨겨진 인덱스도 삭제하려면 _all 엔드포인트인 DELETE _all을 사용해야 한다. 와일드카드 또는 _all을 사용해 인덱스를 삭제하려고 하면 action.destructive_requires_name 속성을 false로 설정해야 한다.

```
PUT _cluster/settings
{
  "transient": {
    "action.destructive_requires_name": false
  }
}
```

action.destructive_requires_name 속성은 기본적으로 true로 설정돼 있으므로 와일드카드 또는 _all을 사용해 인덱스를 삭제하려고 하면 "Wildcard expressions or all indices are not allowed" 오류가 발생할 수 있다.

> |주의| 실수로 인덱스를 삭제하면 데이터가 영구적으로 손실될 수 있다. DELETE API로 작업할 때 실수로 호출하면 시스템이 불안정해질 수 있으므로 주의하는 것이 좋다.

별칭만 삭제

내부적으로 매핑, 설정, 별칭 및 데이터를 삭제하는 인덱스를 삭제하는 것 외에도 별칭만 삭제하는 메커니즘도 있다. 이를 위해 _alias API를 사용한다.

```
DELETE cars/_alias/cars_alias  ◄─────  cars_alias
                                       삭제
```

인덱스를 삭제하면 데이터가 영구적으로 제거되므로 파괴적인 작업이다. 말할 필요도 없이 이 작업을 실행하기 전에 인덱스와 모든 구성 및 데이터를 정말로 삭제할 것인지 확인하자. 상대적으로 덜 파괴적인 작업인 인덱스 닫기 및 열기를 살펴본다.

6.5 인덱스 닫기와 열기

사용 사례에 따라 인덱스를 닫거나 열 수 있다. 인덱스를 닫으면 추가적인 인덱싱이나 검색을 위해 인덱싱이 보류된다. 인덱스 닫기 옵션을 살펴본다.

6.5.1 인덱스 닫기

인덱스를 닫는다는 것은 정확히 말하면 비즈니스를 위해 인덱스를 닫고 인덱스에 대한 모든 작업을 중단한다는 의미다. 도큐먼트 인덱싱이나 검색 및 분석 쿼리는 수행되지 않는다.

> |**노트**| 닫힌 인덱스는 비즈니스 운영에 사용할 수 없으므로 인덱스를 닫기 전에 주의해야 한다. 그렇게 하면 인덱스가 닫혀 있지만 코드에서 참조되는 경우 시스템이 중단될 수 있다. 이것이 실제 인덱스가 아닌 별칭에 의존하면 좋은 이유 중 하나다!

인덱스 닫기 API(_close)는 인덱스를 종료한다. 구문은 POST <index_ name>/_close이다. 예를 들어 다음 목록은 cars 인덱스를 일시적으로 닫으며(추후 변경이 있을 때까지), 이로 인해 cars 인덱스와 관련된 작업을 수행하면 오류가 발생한다.

목록 6.27 cars 인덱스를 무기한 닫기

```
POST cars/_close
```

이 코드는 비즈니스 인덱스를 닫는다. 더 이상 읽기/쓰기 작업이 허용되지 않는다.

전체 또는 다수의 인덱스 닫기

쉼표로 구분된 인덱스(와일드카드 포함)를 사용해 다수의 인덱스를 닫을 수 있다.

```
POST cars1,*mov*,students*/_close
```

마지막으로, 클러스터의 인덱스에 대한 모든 라이브 작업을 중지하려면 다음 목록에 표시된 대로 _all 또는 *를 사용해 인덱스 닫기 API 호출(_close)을 실행한다("wildcard expression not allowed" 오류를 피하려면 action.destructive_requires_name 속성 aliases가 false가 설정돼 있는지 확인한다).

```
POST */_close        ◀─┐  클러스터의 모든 인덱스를
                       └  닫는다.
```

시스템 불안정 방지

모든 인덱스를 닫거나 열면 시스템이 불안정해질 수 있다. 이는 사전 고려 없이 실행될 경우 시스템을 중단시키거나 복구할 수 없게 만드는 등 비참한 결과를 초래할 수 있는 슈퍼 관리자 기능 중 하나다. 인덱스를 닫으면 읽기와 쓰기 작업이 차단되므로 클러스터 샤드 유지 관리에 따른 오버헤드가 최소화된다. 리소스가 제거되고 닫힌 인덱스에서 메모리가 회수된다.

인덱스를 닫는 기능을 비활성화할 수 있을까? 인덱스를 절대 닫지 않으려면 닫기 기능을 비활성화할 수 있다. 이 기능을 비활성화하면 인덱스를 삭제하지 않는 한 인덱스가 영원히 작동하도록 만들 수 있다. 이를 위해 클러스터에서 구성 설정을 사용해 cluster.indices.close.enable 속성을 false(기본적으로 true)로 설정한다.

```
PUT _cluster/settings
{
  "persistent": {
    "cluster.indices.close.enable": false
  }
}
```

6.5.2 인덱스 열기

인덱스를 열면 샤드가 다시 비즈니스를 시작한다. 준비가 되면 인덱스 생성 및 검색을 위해 열린다. 간단히 _open API를 호출해 닫힌 인덱스를 열 수 있다.

목록 6.31 인덱스를 다시 작동시키기

```
POST cars/_open
```

명령이 성공적으로 실행되면 cars 인덱스를 즉시 사용할 수 있다. _close API와 유사하게 _open API는 와일드카드를 사용한 인덱스 지정을 포함해 다수 인덱스에서 호출될 수 있다.

지금까지 다양한 인덱스 작업을 수행했으며 개별적으로라도 맞춤형 매핑 및 설정을 사용해 인덱스를 만들었다. 이 방법은 개발 환경에서는 효과적이지만 프로덕션 환경에서는 이상적이지 않다. 즉, 인덱스 집합을 계속해서 생성하는 것이 번거로울 수 있다. 또한 엔지니어가 예상치 못한 수의 샤드나 복제본으로 인덱스를 생성해 클러스터를 불안정하게 만드는 것을 원하지 않을 수도 있다. 인덱스 템플릿으로 해결할 수 있다.

더욱 엄격한 제어 및 비즈니스 표준이 전체 인덱싱 전략의 일부로 예상되므로, 일래스틱서치는 조직적인 전략을 염두에 둔 인덱스 개발을 지원하는 인덱스 템플릿을 제공한다. 다음 절에서 설명하는 것처럼 이 기능을 사용해 대규모로 구성을 적용할 수 있다.

6.6   인덱스 템플릿

다양한 인덱스에 걸쳐 동일한 설정을 하나씩 복사하는 것은 지루하고 때로는 오류가 발생하기 쉽다. 스키마를 미리 사용해 인덱싱 템플릿을 정의하는 경우 인덱스 이름이 템플릿과 일치하면 새 인덱스가 암묵적으로 이 스키마로 생성된다. 따라서 모든 새 인덱스는 동일한 설정을 따르고 조직 전반에 걸쳐 동일하며 DevOps는 조직의 개별 팀과 함께 최적의 설정을 반복적으로 주장할 필요가 없다.

인덱싱 템플릿의 한 가지 사용 사례는 환경을 기반으로 패턴 세트를 만드는 것이다. 예를 들어 개발 환경 인덱스에는 샤드 3개와 복제본 2개가 있을 수 있는 반면, 프로덕션 환경 인덱스에는 각각 5개의 복제본이 포함된 10개의 샤드가 있을 수 있다.

인덱스 템플릿을 사용하면 사전 정의된 패턴과 구성으로 템플릿을 만들 수 있다. 인덱스 이름과 함께 이 템플릿에 일련의 매핑, 설정, 별칭을 묶을 수 있다. 그런 다음, 새 인덱스를 생성할 때 인덱스 이름이 패턴 이름과 일치하면 템플릿이 적용된다. 또한 와일드카드, 프리픽스 등과 같은 glob(전역 명령) 패턴을 기반으로 템플릿을 생성할 수 있다.

> |**노트**| glob 패턴은 일반적으로 컴퓨터 소프트웨어에서 파일 이름 확장자(*.txt, *.cmd, *.bat 등)를 나타내는 데 사용된다.

일래스틱서치 7.8 버전부터 템플릿 기능이 업그레이드됐으며, 새 버전은 추상적이고 훨씬 더 재사용 가능하게 됐다(이전 버전의 인덱스 템플릿에 관심이 있는 경우 자세한 내용은 공식 도큐먼트를 참조한다). 인덱스 템플릿은 컴포저블composable 인덱스 템플릿(또는 단순히 인덱스 템플릿)과 컴포넌트component 템플릿이라는 두 가지 범주로 분류된다. 이름에서 알 수 있듯이 컴포저블 인덱스 템플릿은 0개 이상의 컴포넌트 템플릿으로 구성된다. 인덱스 템플릿은 컴포넌트 템플릿과 연결되지 않고 자체적으로 존재할 수도 있다. 이러한 인덱스 템플릿에는 필요한 모든 템플릿 기능(mappings, settings, aliases)이 포함될 수 있다. 패턴으로 인덱스를 생성할 때 독립적인 템플릿으로 사용된다.

컴포넌트 템플릿도 하나의 템플릿이지만, 인덱스 템플릿과 연관되지 않으면 크게 유용하지 않다. 그러나 컴포넌트 템플릿은 여러 인덱스 템플릿과 연관될 수 있다. 일반적으로 컴포넌트 템플릿(예를 들어 개발 환경에 대한 코덱 지정)을 개발하고 이를 구성 가능한 인덱스 템플릿을 통해 다양한 인덱스에 동시에 연결한다. 이는 그림 6.6에 나와 있다.

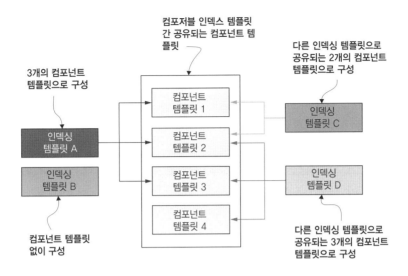

▲ **그림 6.6** 컴포저블(인덱스) 템플릿은 컴포넌트 템플릿으로 구성된다.

그림에서 인덱싱 템플릿 A, C, D는 서로 컴포넌트 템플릿을 공유한다. 예를 들어 컴포넌트 템플릿 2는 세 가지 인덱싱 템플릿 모두에서 사용된다. 인덱싱 템플릿 B는 컴포넌트 템플릿이 없는 독립 실행형 템플릿이다.

컴포넌트 템플릿 없이 인덱스 템플릿을 만들 수 있으며 템플릿을 만들 때 다음과 같은 특정 규칙이 적용된다.

- 구성^{configuration}을 사용해 생성된 인덱스는 인덱스 또는 컴포넌트 템플릿에 정의된 구성보다 명시적으로 우선한다. 즉, 명시적인 설정으로 인덱스를 생성하는 경우 해당 설정이 템플릿에 의해 재정의될 것이라고 예상하진 말자.
- 레거시 템플릿은 컴포저블 템플릿보다 우선순위가 낮다.

6.6.1 컴포저블(인덱스) 템플릿 만들기

인덱스 템플릿을 생성하기 위해 _index_template 엔드포인트를 사용해 필요한 mappings, settings, aliases를 이 템플릿의 인덱스 패턴에 제공한다. 목록 6.32에 표시된 요구 사항처럼 와일드카드가 있는 패턴인 *cars*로 표현되는 자동차용 템플릿을 생성하는 것이라고 가

정해 보자. 이 템플릿에는 샤드 및 복제본 개수뿐만 아니라 created_by와 created_at 속성과
같은 특정 속성 및 설정이 있다. 생성 중에 이 템플릿과 일치하는 모든 인덱스는 템플릿에 정
의된 구성을 상속한다. 예를 들어 new_cars, sports_cars, vintage_cars 인덱스에는 create_by
및 create_at 속성이 있을 뿐만 아니라 템플릿에 정의된 경우 각각 샤드 및 복제본으로 1과 3
도 있다.

목록 6.32 인덱스 템플릿 생성하기

```
PUT _index_template/cars_template
{
  "index_patterns": [ "*cars*" ],
  "priority": 1,
  "template": {
    "mappings": {
      "properties": {
        "created_at": {
          "type": "date"
        },
        "created_by": {
          "type": "text"
        }
      }
    }
  }
}
```

이 명령을 실행하면(지원 중단 경고deprecation warning가 표시될 수 있으나 지금은 무시하자) *cars*
인덱스 패턴을 사용해 템플릿이 생성된다. 새 인덱스를 생성할 때 새 인덱스의 이름(vintage_
cars)이 패턴(*cars*)과 일치하면 템플릿에 정의된 구성으로 인덱스가 생성된다. 인덱스가 지
정된 패턴과 일치하면 템플릿 구성이 자동으로 적용된다.

320

인덱스 템플릿에는 우선순위(priority)가 있다. 즉, 템플릿을 생성할 때 정의된 양의 값으로 정의한다. 값이 높을수록 우선순위도 높아진다. 우선순위는 서로 다른 두 템플릿에 유사하거나 동일한 설정이 있을 때 유용하다. 인덱스가 2개 이상의 인덱스 템플릿과 일치하는 경우 우선순위가 더 높은 템플릿이 사용된다. 예를 들어 다음 코드에서 cars_template_feb21은 cars_template_mar21을 재정의한다(템플릿 이름은 이와 반대되는 순서를 암시하지만).

```
POST _index_template/cars_template_mar21
{
  "index_patterns": ["*cars*"],
  "priority": 20,          ◀─  우선순위가 낮은
  "template": { ... }          인덱스 템플릿
}
POST _index_template/cars_template_feb21
{
  "index_patterns": ["*cars*"],
  "priority": 30,          ◀─  템플릿과 일치하지만
  "template": { ... }          우선순위가 더 높다.
}
```

생성 중인 인덱스와 다수의 템플릿이 일치하는 경우 일래스틱서치는 일치하는 모든 템플릿의 모든 설정을 적용하지만 우선순위가 더 높은 템플릿이 맨 위에 표시된다. 이전 예에서 cars_template_mar21에 best_compression을 정의하는 코덱이 있는 경우 기본값(cars_template_feb21 템플릿에 정의됨)이 있는 압축 코덱으로 재정의된다. 그 이유는 후자의 템플릿이 더 높은 우선순위를 갖기 때문이다.

이제 인덱스 템플릿에 대해 자세히 알았으니 재사용 가능한 컴포넌트 템플릿을 살펴본다.

6.6.2 컴포넌트 템플릿 생성

DevOps 경력이 있는 경우, 각 환경에 대해 사전 설정된 구성으로 인덱스를 생성해야 하는 요구 사항이 어느 시점인가 있었을 것이다. 각 구성을 수동으로 적용하는 대신 각 환경에 대한 컴포넌트 템플릿을 생성할 수 있다.

컴포넌트 템플릿은 더 많은 인덱스 템플릿을 만드는 데 사용할 수 있는 재사용 가능한 구성 블록일 뿐이다. 그러나 컴포넌트 템플릿은 인덱스 템플릿과 연결돼 있지 않으면 아무 가치가 없다. _component_template 템플릿 엔드포인트를 통해 노출되는데 어떻게 적용되는지

보자.

샤드당 3개의 복제본이 있는 3개의 기본 샤드가 필요한 개발 환경용 템플릿을 생성해야한다고 가정해 보자. 첫 번째 단계는 이 구성을 사용해 컴포넌트 템플릿을 선언하고 실행하는 것이다.

목록 6.33 컴포넌트 템플릿 개발

```
POST _component_template/dev_settings_component_template
{
  "template": {
    "settings": {
      "number_of_shards": 3,
      "number_of_replicas": 3
    }
  }
}
```

이 목록에서는 _component_template 엔드포인트를 사용해 템플릿을 생성한다. 요청 본문에는 템플릿 객체의 템플릿 정보가 포함돼 있다. 일단 실행하면 dev_settings_component_template을 인덱스 템플릿에서 사용할 수 있게 된다. 이 템플릿은 인덱스 패턴을 정의하지 않는다. 이는 단순히 일부 속성을 구성하는 코드 블록일 뿐이다.

같은 방법으로 다른 템플릿을 만들어 보자. 이번에는 매핑 스키마를 정의해 본다.

목록 6.34 매핑 스키마가 있는 컴포넌트 템플릿

```
POST _component_template/dev_mapping_component_template
{
  "template": {
    "mappings": {
      "properties": {
        "created_by": {
          "type": "text"
        },
        "version": {
          "type": "float"
        }
```

```
      }
    }
  }
}
```

dev_mapping_component_template은 create_by 및 version이라는 두 가지 속성으로 사전 정의
된 매핑 스키마로 구성된다.

이제 2개의 컴포넌트 템플릿이 있으므로 다음 단계는 이를 사용하는 것이다. 예를 들어
cars에 대한 인덱스 템플릿이 이를 사용하도록 함으로써 수행할 수 있다.

```
POST _index_template/composed_cars_template
{
  "index_patterns": ["*cars*"],
  "priority": 200,
  "composed_of": [
    "dev_settings_component_template",
    "dev_mapping_component_template"
  ]
}
```

composed_of 태그는 적용하려는 모든 컴포넌트 템플릿의 모음이다. 이 경우 settings 및
mapping 컴포넌트 템플릿을 선택한다.

스크립트가 실행된 후 인덱스 이름(vintage_cars, my_cars_old, cars_sold_in_feb 등)에
cars가 포함된 인덱스를 생성하면 두 컴포넌트 템플릿에서 파생된 구성으로 인덱스가 생성
된다. 예를 들어 프로덕션 환경에서 유사한 패턴을 생성하려면, prod_* 버전의 컴포넌트 템
플릿을 사용해 구성 가능한 템플릿을 생성할 수 있다.

지금까지 인덱스에 대한 CRUD 작업을 수행하고 템플릿을 사용해 해당 인덱스를 생성했
다. 그러나 인덱스 성능에 대한 가시성은 없었다. 다음 절에서 설명하는 것처럼 일래스틱서
치는 인덱싱, 삭제 및 쿼리된 데이터에 대한 통계를 제공한다.

6.7 인덱스 모니터링 및 관리

일래스틱서치는 인덱스에 입출력되는 데이터에 대한 자세한 통계를 제공한다. 인덱스가 보유하는 도큐먼트 수, 삭제된 도큐먼트 수, 병합 및 플러시 통계 등과 같은 보고서를 생성하는 API를 제공한다. 다음 몇 개의 절에서는 이러한 통계를 가져오는 API를 알아본다.

6.7.1 인덱스 통계

모든 인덱스는 보유하고 있는 총 도큐먼트 수, 삭제된 도큐먼트 수, 샤드의 메모리, 요청 데이터 가져오기 및 검색 등과 같은 통계를 생성한다. _stats API는 기본 샤드와 복제본 샤드 모두에 대한 인덱스 통계를 검색하는 데 도움된다.

　다음 목록은 _stats 엔드포인트를 호출해 자동차 인덱스에 대한 통계를 가져오는 메커니즘을 보여준다. 그림 6.7은 이 호출에서 반환된 통계를 보여준다.

목록 6.36　인덱스 통계 가져오기

```
GET cars/_stats
```

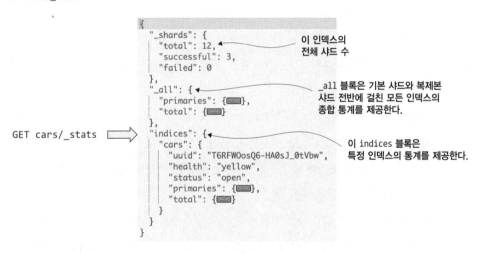

▲ 그림 6.7　cars 인덱스에 대한 통계

응답에는 이 인덱스와 연결된 총 샤드(기본 및 복제본) 수인 total 속성이 포함된다. 기본 샤드가 하나뿐이므로 successful 속성은 이 샤드 수를 가리킨다.

응답은 2개의 블록으로 구성된다.

- 모든 인덱스에 대한 집계된 통계가 결합된 _all 블록
- 개별 인덱스(해당 클러스터의 개별 인덱스)에 대한 통계가 포함된 indices 블록

이러한 블록은 2개의 통계 버킷으로 구성된다. primaries 버킷에는 기본 샤드와 관련된 통계가 포함되고, total 버킷에는 기본 샤드와 복제본 샤드 모두에 대한 통계가 표시된다. 일래스틱서치는 응답 primaries 및 total 버킷에서 찾을 수 있는 12개 이상의 통계(그림 6.8 참조)를 반환한다. 표 6.1에서는 이러한 통계 중 몇 가지를 설명한다.

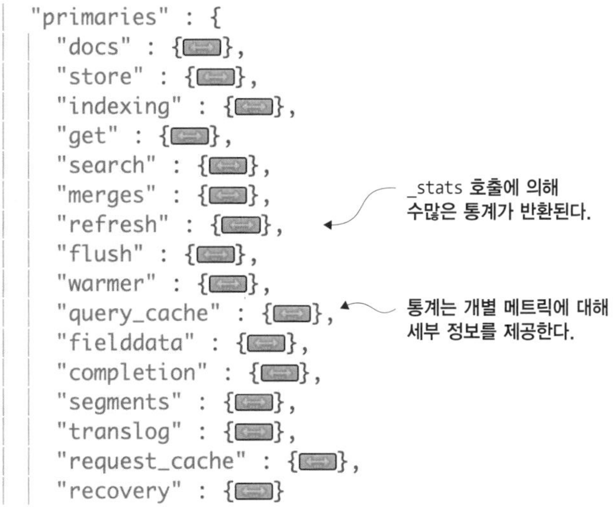

```
"primaries" : {
  "docs" : {████},
  "store" : {████},
  "indexing" : {████},
  "get" : {████},
  "search" : {████},
  "merges" : {████},          _stats 호출에 의해
  "refresh" : {████},    ◄─   수많은 통계가 반환된다.
  "flush" : {████},
  "warmer" : {████},
  "query_cache" : {████},  ◄  통계는 개별 메트릭에 대해
  "fielddata" : {████},       세부 정보를 제공한다.
  "completion" : {████},
  "segments" : {████},
  "translog" : {████},
  "request_cache" : {████},
  "recovery" : {████}
```

▲ **그림 6.8** 인덱스에 대한 다중 통계

_stats 엔드포인트 호출로 가져온 인덱스 통계(간결성을 위해 일부 목록은 생략)

통계량	설명
docs	인덱스의 도큐먼트 수 및 삭제된 도큐먼트 수
store	인덱스 크기(바이트)
get	인덱스에 대한 GET 작업 수
search	쿼리, 스크롤, 제안 시간을 포함한 검색 작업
refresh	새로 고침 작업 수

인덱싱[indexing], 병합[merge], 완성[completion], 필드 데이터[field data], 세그먼트[segments] 등 더 많은 통계가 있지만, 여기서는 공간 제약으로 인해 생략했다. 일래스틱서치가 인덱스 통계 API를 통해 공개하는 전체 통계 목록은 다음 링크(http://mng.bz/Pzd5)를 참조한다.

6.7.2 다중 인덱스 및 통계

개별 인덱스에 대한 통계 데이터를 가져오는 것과 유사하게 쉼표로 구분된 인덱스 이름을 제공해 여러 인덱스에 대한 통계를 가져올 수도 있다. 다음 목록은 명령을 보여준다.

목록 6.37 여러 인덱스에 대한 통계 가져오기

```
GET cars1,cars2,cars3/_stats
```

다음과 같이 인덱스에 와일드카드를 사용할 수도 있다.

목록 6.38 와일드카드를 사용해 통계 가져오기

```
GET cars*/_stats
```

숨겨진 인덱스도 포함한 클러스터의 모든 인덱스에 대한 통계를 얻는 방법은 다음과 같다.

목록 6.39 클러스터의 모든 인덱스에 대한 통계 가져오기

```
GET */_stats
```

항상 모든 통계를 찾을 필요는 없으므로 저장된 필드 크기$^{stored\_fields\_memory\_in\_bytes}$ 및 텀즈 메모리 크기$^{terms\_memory\_in\_bytes}$, 파일 크기$^{file\_sizes}$, 도큐먼트 수^{count} 등과 같은 세그먼트에 대한 특정 통계만 찾을 수도 있다. 다음 목록은 세그먼트 단위로 통계를 반환한다.

목록 6.40 세그먼트 통계

```
GET cars/_stats/segments
```

이 명령은 다음 데이터를 반환한다.

```
"segments" : {
  "count": 1,
  "memory_in_bytes": 1564,
  "terms_memory_in_bytes": 736,
  "stored_fields_memory_in_bytes": 488,
  "term_vectors_memory_in_bytes": 0,
  "norms_memory_in_bytes": 64,
  "points_memory_in_bytes": 0,
  "doc_values_memory_in_bytes": 276,
  "index_writer_memory_in_bytes": 0,
  "version_map_memory_in_bytes": 0,
  "fixed_bit_set_memory_in_bytes": 0,
  "max_unsafe_auto_id_timestamp": -1,
  "file_sizes": {}
}
```

이 주제와 관련해서 일래스틱서치는 세그먼트의 세부 정보를 하위 수준으로 들여다볼 수 있는 인덱스 세그먼트 API를 제공한다. GET cars/_segments 코드를 호출하면 세그먼트 목록, 세그먼트가 보유하는 도큐먼트 수(삭제된 도큐먼트 포함), 디스크 공간, 세그먼트 검색 가능 여부 등 아파치 루씬에서 관리하는 세그먼트에 대한 상세한 뷰가 제공된다(그림 6.9 참조). GET _segments 호출을 호출해 전체 인덱스에서 세그먼트 정보를 얻을 수도 있다.

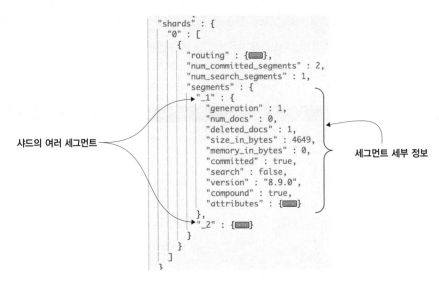

```
"shards" : {
  "0" : [
    {
      "routing" : {▇},
      "num_committed_segments" : 2,
      "num_search_segments" : 1,
      "segments" : {
        "_1" : {
          "generation" : 1,
          "num_docs" : 0,
          "deleted_docs" : 1,
          "size_in_bytes" : 4649,
          "memory_in_bytes" : 0,
          "committed" : true,
          "search" : false,
          "version" : "8.9.0",
          "compound" : true,
          "attributes" : {▇}
        },
        "_2" : {▇}
      }
    }
  ]
}
```

샤드의 여러 세그먼트

세그먼트 세부 정보

▲ **그림 6.9** 샤드의 모든 세그먼트에 대한 세부 정보

때로는 공간을 절약하거나 주로 휴면 인덱스 뒤에 있는 인프라를 줄이기 위해 너무 커진 인 덱스를 관리해야 할 수도 있다. 다음 절에서 자세히 설명하는 고급 트릭을 사용해 이러한 작업을 수행할 수 있다.

6.8 고급 작업

앞서 인덱스 생성, 읽기, 삭제 등의 CRUD 작업을 살펴봤다. 이러한 기본 작업 외에도 인덱스를 분할해 더 많은 샤드를 추가하거나 정기적으로(예를 들어 매일) 인덱스를 축소하거나 롤오버해 인덱스 크기를 줄이는 등의 고급 작업을 수행할 수 있다. 인덱스에 대해 수행할 수 있는 몇 가지 고급 작업을 검토해 보자.

6.8.1 인덱스 분할

인덱스에 데이터가 과부하되는 경우가 있다. 데이터 손실 위험을 방지하거나 느린 검색 쿼리 응답을 완화하기 위해 데이터를 추가 샤드에 재배포할 수 있다. 인덱스에 샤드를 추가하면

메모리가 최적화되고 도큐먼트가 균등하게 배포된다.

예를 들어 5개의 기본 샤드가 있는 인덱스(cars)가 오버로드된 경우 더 많은 기본 샤드(예를 들어 15개)가 있는 새 인덱스로 인덱스를 분할할 수 있다. 인덱스를 작은 크기에서 더 큰 크기로 확장하는 것을 인덱스 분할이라고 한다. 분할은 더 많은 샤드가 포함된 새 인덱스를 생성하고 이전 인덱스의 데이터를 새 인덱스로 복사하는 것에 지나지 않는다.

일래스틱서치는 인덱스 분할을 위한 _split API를 제공한다. 새 인덱스를 생성할 수 있는 샤드 수와 같은 몇 가지 규칙이 있지만 먼저 인덱스를 분할하는 방법을 살펴본다.

all_cars 인덱스가 2개의 샤드로 생성됐고 데이터가 기하급수적으로 증가하기 때문에 이제 인덱스에 과부하가 걸렸다고 가정해 보자. 쿼리 속도가 느려지고 성능이 저하되는 위험을 완화하기 위해 더 많은 공간이 있는 새 인덱스를 만들고 싶다. 이를 위해 인덱스를 더 많은 공간과 추가적인 기본 샤드가 있는 새 인덱스로 분할할 수 있다.

all_cars 인덱스에 대한 분할 작업을 호출하기 전에 인덱스가 인덱싱 목적으로 비활성화돼 있는지 확인해야 한다. 즉, 인덱스를 읽기 전용으로 변경해야 한다. 다음 코드는 _settings API를 호출해 도움을 준다.

목록 6.41 인덱스가 읽기 전용인지 확인

```
PUT all_cars/_settings        ◀──  _settings API를
{                                  사용한다.
  "settings": {
    "index.blocks.write": "true"   ◀──  쓰기 작업을 위해
  }                                     인덱스를 닫는다.
}
```

이제 인덱스를 작동하지 않게 만드는 전제 조건이 완료됐으므로 _split API를 호출해 인덱스를 분할할 수 있다. 이 API는 source 및 target 인덱스를 요구한다.

```
POST <source_index>/_split/<target_index>
```

이제 인덱스를 새 인덱스(all_cars_new)로 분할해 보자.

```
POST all_cars/_split/all_cars_new    ◀─── _split은 대상 인덱스를
{                                         필요로 한다.
  "settings": {
    "index.number_of_shards": 12    ◀─── 새 인덱스의
  }                                       샤드 수를 설정
}
```

이 요청으로 분할 프로세스가 시작된다. 분할 작업은 동기식이다. 즉, 클라이언트의 요청은 프로세스가 완료될 때까지 응답을 기다린다. 분할이 완료되면 더 많은 샤드가 추가됐기 때문에 새 인덱스(all_cars_new)에 모든 데이터와 추가 공간도 확보된다.

앞서 언급했듯이 분할 작업에는 특정 규칙과 조건이 있다. 그중 일부를 살펴본다.

- 이 작업 전에는 대상 인덱스가 존재하지 않아야 한다. 분할하는 동안 요청 객체에 제공하는 구성(목록 6.42) 외에도 소스 인덱스의 정확한 복사본이 대상 인덱스로 전송된다.
- 대상 인덱스의 샤드 수는 소스 인덱스의 샤드 수의 배수여야 한다. 소스 인덱스에 3개의 기본 샤드가 있는 경우 대상 인덱스는 3의 배수(3, 6, 9 등)인 샤드 수로 정의될 수 있다.
- 대상 인덱스는 소스 인덱스보다 적은 수의 기본 샤드를 가질 수 없다. 분할하면 인덱스에 더 많은 공간을 필요로 한다는 점을 기억하자.
- 대상 인덱스의 노드에는 적절한 공간이 있어야 한다. 샤드가 적절한 공간에 할당됐는지 확인한다.

분할 작업 중에 모든 구성(settings, mappings, aliases)이 소스 인덱스에서 새로 생성된 대상 인덱스로 복사된다. 그런 다음 일래스틱서치는 소스 세그먼트의 하드 링크를 대상 인덱스로 이동한다. 마지막으로 도큐먼트의 홈이 변경됐기 때문에 모든 도큐먼트가 다시 해시된다.

> **대상의 인덱스 샤드 수는 소스 인덱스 샤드 수의 배수**
>
> 대상 인덱스의 기본 샤드 수는 소스 인덱스의 기본 샤드 수의 배수여야 한다. 어떤 일이 발생하는지 확인하려면 다음 쿼리에 표시된 대로 index.number_of_shards(소스의 기본 샤드 개수인 3의 배수가 아닌 14)를 재설정하기 위해 배수가 아닌 숫자를 제공한다.

```
POST all_cars/_split/all_cars_new
{
  "settings": {
    "index.number_of_shards": 14
  }
}
```
안타깝게도 이 쿼리는 이전 목록의 두 번째 규칙을 위반했기 때문에 다음과 같은 예외를 발생시킨다.

```
"reason" : "the number of source shards [3] must be a factor of [14]"
```

인덱스를 분할하면 원래 개수에 기본 인덱스를 추가해 클러스터 크기를 조정하는 데에도 도움된다. 구성은 소스 전체에서 대상 샤드로 복사된다. 따라서 더 많은 샤드를 추가하는 것 외에 분할 API는 대상 인덱스의 설정을 변경할 수 없다. 데이터가 새로 생성된 인덱스에 분산되도록 샤드 수를 늘려야 한다면 분할이 가장 좋은 방법이다. 또한 분할 작업을 호출하기 전에는 대상 인덱스가 존재하지 않아야 한다는 점을 기억하자. 이제 인덱스 분할에 대해 작업했으므로 인덱스 축소라는 또 다른 작업을 살펴본다.

6.8.2 인덱스 축소

인덱스를 분할하면 더 많은 공간을 확보하기 위해 샤드를 추가해 인덱스가 확장되지만, 축소는 그 반대다. 샤드 수가 줄어든다. 축소는 다양한 샤드에 분산된 모든 도큐먼트를 더 적은 수의 샤드로 통합하는 데 도움된다. 이렇게 하면 다음과 같은 사용 사례에 도움이 될 수 있다.

- 휴일 기간 동안 하나 이상의 인덱스를 가지고 있었고 데이터는 수많은 샤드에 분산돼 있었다. 이제 연휴 기간이 끝났으니 샤드 수를 줄여보고자 한다.
- 읽기 속도(검색 처리량)를 높이기 위해 데이터 노드를 추가했다. 수요가 떨어지면 모든 노드를 활성 상태로 유지할 이유가 없다.

샤드 50개에 분산된 인덱스(all_cars)가 있고 이를 한 자릿수 샤드 수(예를 들어 샤드 5개)로 크기를 조정한다고 가정해 보자. 분할 작업에서 수행한 작업과 유사하게 첫 번째 단계는 all_cars 인덱스가 읽기 전용인지 확인하는 것이므로 index.blocks.write 속성을 true로 설정한다. 그런 다음 샤드를 단일 노드로 재조정할 수 있다. 다음 목록의 코드는 인덱스를 축소하기 전의 전제 조건으로 이러한 작업을 보여준다.

```
PUT all_cars/_settings
{
  "settings": {
    "index.blocks.write": true,
    "index.routing.allocation.require._name": "node1"
  }
}
```

이제 소스 인덱스가 모두 축소되도록 설정됐으므로 축소 작업을 사용할 수 있다. 형식은 PUT <source_index>/_shrink/<target_index>이다. all_cars 인덱스를 축소하기 위해 축소 명령을 실행해 보자.

```
PUT all_cars/_shrink/all_cars_new          ◄───┐ 소스 인덱스
{                                               │ 축소
  "settings":{
    "index.blocks.write":null,
    "index.routing.allocation.require._name":null,   ◄──┐ 읽기 전용 명령을
                                                         │ 제거
    "index.number_of_shards":1,          ◄──┐ 샤드 수
    "index.number_of_replicas":5             │ 감소
  }
}
```

노드 이름을
null로 설정

이 스크립트에서 몇 가지 사항을 지적해야 한다. 소스 인덱스는 읽기 전용과 할당 인덱스 노드 이름이라는 두 가지 속성으로 설정됐다. 이러한 설정은 재설정하지 않으면 새 대상 인덱스로 이전된다. 스크립트에서는 대상 인덱스가 생성될 때 이러한 제한이 적용되지 않도록 이러한 속성을 무효화한다. 또한 새로 생성된 대상 인덱스에 샤드 및 복제본 수를 설정하고 소스 인덱스 파일 세그먼트를 가리키는 대상 인덱스에 대한 하드 링크를 생성한다.

여기에 있는 동안 축소 작업을 보다 쉽게 관리할 수 있도록 소스 인덱스에서 모든 복제본을 제거할 수도 있다. `index.number_of_replicas` 속성을 0으로 설정하기만 하면 된다. `number_of_replicas` 속성은 동적이므로 라이브 인덱스에서 조정할 수 있다.

또한 인덱스를 축소하기 전에 다음 작업을 수행해야 한다.

- 인덱싱을 위해서는 소스 인덱스를 꺼야(읽기 전용으로 설정) 한다. 필수는 아니지만 축소하기 전에 복제본도 끄는 것이 좋다.
- 축소 작업 전에 대상 인덱스가 생성되거나 존재해서는 안 된다.
- 모든 인덱스 샤드는 동일한 노드에 있어야 한다. 이를 위해 노드 이름이 있는 인덱스에 `index.routing.allocation.require.<node_name>` 속성을 설정해야 한다.
- 대상 인덱스 샤드 수는 소스 인덱스 샤드 수의 약수여야 한다. 샤드가 50개인 all_cars 인덱스는 샤드 25, 10, 5 또는 2개로만 축소할 수 있다.
- 대상 인덱스의 노드는 메모리 요구 사항을 충족해야 한다.

샤드가 많지만 데이터가 드물게 분산된 경우 축소 작업을 사용할 수 있다. 이름에서 알 수 있듯이 샤드 수를 줄이는 것이 아이디어다.

인덱스를 분할하거나 축소하는 것은 데이터가 증가함에 따라 인덱스를 관리하는 좋은 방법이다. 또 다른 고급 작업은 롤오버 메커니즘을 사용해 설정된 패턴에 인덱스를 생성하는 것이다.

6.8.3 인덱스 별칭 롤오버

인덱스는 시간이 지남에 따라 데이터를 축적한다. 앞에서 본 것처럼 추가 데이터를 처리하기 위해 인덱스를 분할할 수 있다. 그러나 분할하면 데이터가 추가 샤드로 재조정될 뿐이다. 일래스틱서치는 현재 인덱스가 새로운 빈 인덱스로 자동으로 롤오버되는 롤오버^{rollover}라는 또 다른 메커니즘을 제공한다.

분할 작업과 달리 롤오버에서는 도큐먼트가 새 인덱스에 복사되지 않는다. 이전 인덱스는 읽기 전용이 되며 이제 새 도큐먼트는 이 롤오버 인덱스로 인덱싱된다. 예를 들어 app-000001 인덱스가 있는 경우 롤오버하면 app-000002라는 새 인덱스가 생성된다. 다시 한 번 롤오버하면 또 다른 새 인덱스인 app-000003이 생성된다.

롤오버 연산은 시계열 데이터를 다룰 때 자주 사용된다. 시계열 데이터(매일, 매주, 매월 등 특정 기간에 생성된 데이터)는 일반적으로 특정 기간에 생성된 인덱스에 보관된다. 예를 들어 애플리케이션 로그는 날짜(logs-18-sept-21, logs-19-sept-21 등)를 기준으로 생성된다.

이는 실제 동작을 보면 이해하기 쉬울 것이다. 자동차에 대한 인덱스인 cars_2021-000001이 있다고 가정해 보자. 일래스틱서치는 이 인덱스를 롤오버하기 위해 몇 가지 단계를 수행한다.

1. 일래스틱서치는 인덱스(이 경우 cars_2021-000001)를 가리키는 별칭을 생성한다. 별칭을 생성하기 전에 is_write_index를 true로 설정해 인덱스에 쓰기 가능하도록 해야 한다. 이 별칭에는 쓰기 가능한 인덱스가 하나 이상 있다는 의미다.
2. 일래스틱서치는 _rollover API를 사용해 별칭에 대한 롤오버 명령을 호출한다. 그러면 새 롤오버 인덱스(cars_2021-000002)가 생성된다.

> **|노트|** 접미어(000001)는 양수이며 일래스틱서치는 이를 사용해 인덱스가 생성될 것으로 예상한다. 일래스틱서치는 양수로만 증가할 수 있다. 시작 번호가 무엇인지는 중요하지는 않다. 양의 정수가 있는 한 일래스틱서치는 숫자를 증가시키고 앞으로 나아간다. 예를 들어 my-index-04 또는 my-index-0004를 제공하는 경우 다음 롤오버 인덱스는 my-index-000005가 된다. 일래스틱서치는 자동으로 접미어를 0으로 채운다.

다음 몇 개의 절에서 이러한 단계를 살펴본다.

롤오버 작업을 위한 별칭 만들기

롤오버 작업 전에 가장 먼저 해야 할 일은 롤오버하려는 인덱스를 가리키는 별칭을 만드는 것이다. 인덱스 또는 데이터 스트림 별칭에 롤오버 API를 사용할 수 있다. 예를 들어 다음 목록은 _aliases API를 호출해 cars_2021-000001 인덱스에 대해 late_cars_a라는 별칭을 생성한다(이 인덱스는 미리 생성해야 한다).

목록 6.45 기존 인덱스에 대한 별칭 만들기

```
POST _aliases          ◄────  _aliases API를 사용해
{                             추가 작업을 호출한다.
  "actions": [
    {
      "add": {         ◄────  add 액션
        "index": "cars_2021-000001",   ◄──  cars의 롤오버 데이터에
                                            대해 생성하려는 인덱스
        "alias": "latest_cars_a",      ◄──  cars 인덱스에 대한
                                            이 별칭을 생성
        "is_write_index": true   ◄──  인덱스를 쓰기
      }                               가능하게 만든다.
    }
  ]
}
```

일련의 액션

_aliases API 요청 본문에는 인덱스와 해당 별칭이 정의된 추가 작업이 필요하다. POST 명령을 사용해 기존 인덱스 cars_2021-000001을 가리키는 별칭 latest_cars_a를 생성한다.

한 가지 중요한 점은 별칭이 쓰기 가능한 인덱스를 가리켜야 하므로 목록에서 is_write_index를 true로 설정한다는 점이다. 별칭이 여러 인덱스를 가리키는 경우 적어도 하나는 쓰기 가능한 인덱스여야 한다. 다음 단계는 인덱스를 롤오버하는 것이다.

롤오버 작업 실행

이제 별칭을 만들었으므로 다음 단계는 롤오버 API 엔드포인트를 호출하는 것이다. 일래스틱서치는 이러한 목적으로 _rollover API를 정의했다.

목록 6.46 인덱스 롤오버

```
POST latest_cars_a/_rollover
```

_rollover 엔드포인트는 인덱스가 아닌 별칭에서 호출된다. 호출이 성공하면 새 인덱스 cars_2021-000002가 생성된다(*-000001은 1씩 증가). 다음은 이 호출에 대한 응답이다.

```
{
  "acknowledged": true,
  "shards_acknowledged": true,
  "old_index": "latest_cars-000001",     ◄── 기존 인덱스
                                               이름
  "new_index": "latest_cars-000002",      ◄── 새 인덱스
                                               이름
  "rolled_over": true,
  "dry_run": false,
  "conditions": {}
}
```

응답에서 알 수 있듯이 새 인덱스(latest_cars-000002)가 롤오버 인덱스로 생성됐다. 새로 생성된 롤오버 인덱스에서 도큐먼트를 인덱싱하기 위해 기존 인덱스를 읽기 전용 모드로 전환했다.

> **|노트|** 롤오버 API는 별칭에 적용되지만 이 별칭 뒤에 있는 인덱스가 실제로 롤오버된다.

별칭에 대한 _rollover를 호출하면 내부적으로 다음과 같은 몇 가지 작업이 수행된다.

- 기존 인덱스와 동일한 구성으로 새 인덱스(cars_2021-000002)를 생성한다(이름 접두어는 동일하게 유지되지만 대시 뒤의 접미어는 증가한다).
- 새로 생성된 새 인덱스(이 경우 cars_2021-000002)를 가리키도록 별칭을 다시 매핑한다. 모든 쿼리는 별칭(물리적 인덱스가 아니라)에 대해 작성되므로 쿼리는 영향을 받지 않는다.
- 현재 인덱스의 별칭을 삭제하고 새로 생성된 롤오버 인덱스를 다시 지정한다.

_rollover 명령을 호출하면 일래스틱서치는 일련의 작업을 수행한다(현재 인덱스에는 전제 조건으로 인덱스를 가리키는 별칭이 있어야 함을 기억하자).

- 현재 인덱스를 읽기 전용으로 만든다(쿼리만 실행된다).
- 적절한 명명 규칙을 사용해 새 인덱스를 생성한다.

336

- 별칭을 새 인덱스로 다시 지정한다.

목록 6.47에서 호출을 다시 호출하면 새 인덱스 cars_2021-000003이 생성되고 별칭은 이전 cars_2021-000002 인덱스가 아닌 이 새 인덱스에 다시 할당된다. 데이터를 새 인덱스로 롤오버해야 하는 경우 별칭에서 _rollover를 호출하면 충분하다.

명명 규칙

인덱스를 롤오버할 때 사용하는 명명 규칙을 기본으로 살펴본다. _rollover API에는 두 가지 형식이 있다. 하나는 인덱스 이름을 제공할 수 있는 형식이다.

POST <index_alias>/_rollover

시스템이 이를 결정하는 또 다른 위치는 다음과 같다.

POST <index_alias>/_rollover/<target_index_name>

두 번째 옵션에 지정된 대로 대상 인덱스 이름을 지정하면 롤오버 API가 지정된 매개변수를 대상 인덱스 이름으로 사용해 인덱스를 생성할 수 있다. 그러나 인덱스 이름을 제공하지 않는 첫 번째 옵션에는 <index_ name>-00000N이라는 특별한 규칙이 있다. 대시 뒤의 숫자는 항상 0이 채워져 있는 여섯 자리다. 인덱스가 이 형식을 따르는 경우 롤오버하면 동일한 접두어를 사용해 새 인덱스가 생성되지만 접미어는 자동으로 다음 숫자인 <index_name>-00000N +1로 증가된다. 원래 인덱스 번호가 있는 곳부터 증가가 시작된다. 예를 들어 my_cars-000034는 my_cars-000035로 증가된다.

언제 인덱스를 롤오버해야 할지 궁금할 수 있다. 그것은 여러분에게 달려 있다. 인덱스가 과부하 상태이거나 오래된 데이터를 (다시) 정리해야 하는 경우 롤오버를 호출할 수 있다. 하지만 먼저 스스로에게 다음 질문을 해 보자.

- 샤드 크기가 특정 임곗값을 초과하면 인덱스를 자동으로 롤오버할 수 있을까?
- 일일 로그에 대해 새 인덱스를 생성할 수 있을까?

이 절에서 롤오버 메커니즘을 살펴봤지만 상대적으로 새로운 인덱스 수명 주기 관리[ILM, Index Lifecycle Management] 기능을 사용하면 이러한 질문을 충족할 수 있다. 이에 대해서는 다음 절에서 자세히 설명한다.

6.9 인덱스 수명 주기 관리

시간이 지남에 따라 데이터가 쏟아져 들어오면 인덱스 크기도 커질 것으로 예상된다. 때로는 인덱스가 너무 자주 작성돼 기본 샤드에 메모리가 부족해지는 경우도 있다. 다른 경우에는 대부분의 샤드가 드물게 채워진다. 전자의 경우 인덱스를 자동으로 롤오버하고 후자의 경우 인덱스를 축소하는 것이 이상적이지 않을까?

> |**노트**| ILM(인덱스 수명 주기 관리)은 고급 주제이므로 일래스틱서치를 처음 시작할 때 필요하지 않을 수도 있다. 그렇다면 지금은 이 절을 건너뛰고 일래스틱서치가 시계열 데이터를 처리하는 방법과 특정 조건에 따라 "자동으로" (정의된 정책이 기반) 인덱스를 롤오버, 프리징(freezing) 또는 삭제해 인덱스에 작업을 수행하는 방법을 배워야 할 때 다시 돌아올 수 있다.

시계열 데이터도 고려해야 한다. 매일 파일에 기록되는 로그의 예를 들어 보자. 그런 다음 이러한 로그는 my-app-2021-10-24.log와 같이 마침표가 붙은 인덱스로 내보내진다.

my-app-2021-10-24.log처럼 하루가 다음 날로 바뀌면 해당 인덱스도 롤오버돼야 한다. 그림 6.10에서 볼 수 있듯이 my-app-2021-10-24.log는 my-app-2021-10-25.log(날짜가 하루 단위로 증가)로 롤오버된다.

▲ **그림 6.10** 새 날이 밝으면 새 인덱스로 롤오버

이 작업을 수행하기 위해 예약된 작업을 작성할 수 있다. 하지만 다행히도 일래스틱은 최근 ILM(인덱스 수명 주기 관리)이라는 새로운 기능을 출시했다. 이름에서 알 수 있듯이 ILM은 수명 주기 정책을 기반으로 인덱스를 관리하는 것이다. 정책은 규칙의 조건이 충족될 때 엔진에 의해 실행되는 규칙을 선언하는 정의이다. 예를 들어 다음과 같은 경우 현재 인덱스를 새 인덱스로 롤오버하는 규칙을 정의할 수 있다.

- 인덱스가 특정 크기(40GB)에 도달한다.
- 인덱스의 도큐먼트 수가 예를 들어 10,000개에 도달한다.
- 하루가 넘어간다.

이 정책에 관해 스크립팅을 시작하기 전에 인덱스의 수명 주기, 즉 기준 및 조건에 따라 인덱스가 진행되는 단계를 살펴본다.

6.9.1 인덱스 수명 주기

그림 6.11에 표시된 것처럼 인덱스에는 hot^핫, warm^웜, cold^{콜드}, frozen^{프로즌}, delete^{딜리트}의 다섯 가지 수명 주기 단계가 있다. 각 단계를 간략하게 설명한다.

- Hot: 인덱스가 완전한 운영 모드에 있다. 읽기 및 쓰기가 가능하므로 인덱싱 및 쿼리 모두에 인덱스를 사용할 수 있다.
- Warm: 인덱스가 읽기 전용 모드다. 인덱싱은 꺼져 있지만 검색 및 집계 쿼리를 제공할 수 있도록 인덱스가 쿼리용으로 열려 있다.
- Cold: 인덱스가 읽기 전용 모드다. Warm 단계와 유사하게 인덱싱은 비활성화되고 쿼리는 자주 발생하지 않을 것으로 예상되지만, 인덱스는 쿼리를 위해 열려 있다. 인덱스가 이 단계에 있으면 검색 쿼리로 인해 응답 시간이 느려질 수 있다.
- Frozen: 인덱싱은 꺼져 있고 쿼리는 허용되는 Cold 단계와 유사하다. 그러나 쿼리는 좀 더 간헐적이거나 심지어 드물다. 인덱스가 이 단계에 있으면 사용자는 쿼리 응답 시간이 길어질 수 있다.
- Delete: 인덱스가 영구적으로 삭제되는 마지막 단계다. 따라서 데이터가 삭제되고 리소스가 해제된다. 일반적으로 인덱스를 삭제하기 전에 인덱스의 스냅숏을 찍어 나중에 스냅숏의 데이터를 복원할 수 있다.

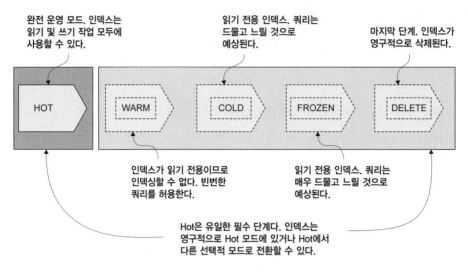

완전 운영 모드. 인덱스는
읽기 및 쓰기 작업 모두에
사용할 수 있다.

읽기 전용 인덱스. 쿼리는
드물고 느릴 것으로
예상된다.

마지막 단계. 인덱스가
영구적으로 삭제된다.

인덱스가 읽기 전용이므로
인덱싱할 수 없다. 빈번한
쿼리를 허용한다.

읽기 전용 인덱스. 쿼리는
매우 드물고 느릴 것으로
예상된다.

Hot은 유일한 필수 단계다. 인덱스는
영구적으로 Hot 모드에 있거나 Hot에서
다른 선택적 모드로 전환할 수 있다.

▲ 그림 6.11 인덱스의 수명 주기

Hot 단계에서 다른 모든 단계로 전환하는 것은 선택 사항이다. 즉, 일단 Hot 단계에서 생성
된 인덱스는 해당 단계에 남아 있거나 다른 4개 단계 중 하나로 전환될 수 있다. 다음 절에서
는 시스템이 인덱스를 자동으로 관리할 수 있도록 인덱싱 수명 주기 정책을 설정하는 몇 가
지 예를 확인한다.

6.9.2 인덱스 수명 주기 수동 관리

지금까지는 필요할 때마다 요청 시 인덱스를 생성하거나 삭제했다(수동 개입). 그러나 인덱스
크기가 특정 임곗값을 초과하거나 특정 일수가 지난 후 등과 같은 조건에 따라 인덱스를 삭
제, 롤오버 또는 축소할 수는 없다. ILM을 사용하면 이 기능을 설정하는 데 도움이 될 수 있다.

일래스틱서치는 _ilm 엔드포인트를 사용해 인덱스 수명 주기 정책 작업을 위한 API를 공
개한다. 형식은 _ilm/policy/<index_policy_name>이다. 프로세스는 수명 주기 정책을 정의하
고 해당 정책을 실행할 인덱스와 연결하는 두 단계로 나뉜다.

1단계: 수명 주기 정책 정의

첫 번째 단계는 필수 단계를 제공하고 해당 단계에 관련 작업을 설정하는 수명 주기 정책을 정의하는 것이다.

목록 6.48 hot 및 delete 단계로 정책 생성

```
PUT _ilm/policy/hot_delete_policy        ◀──── ILM API
{
  "policy": {        ◀───── 정책 및 단계
    "phases": {              정의
      "hot": {                        첫 번째 단계(hot)를
        "min_age": "1d",              정의
        "actions": {        ◀─── 수행해야 하는    다른 액션을 수행하기 전의
          "set_priority": {      액션을 정의      최소 수명(age)을 설정
            "priority": 250
          }
        }
      },
      "delete": {        ◀─── delete 단계를
        "actions": {           정의
          "delete": {}
        }
      }
    }
  }
}
```

우선순위를 설정한다

hot_delete_policy는 hot과 delete의 두 단계로 정책을 정의한다. 정의에 따르면 다음과 같다.

- **hot 단계:** 인덱스는 작업을 수행하기 전 최소 하루 동안 유지될 것으로 예상된다. 작업 객체에 정의된 블록은 우선순위(여기서는 250)를 설정한다. 노드 복구 중에는 우선순위가 높은 인덱스가 먼저 고려된다.

- **delete 단계:** hot 단계가 모든 작업을 완료하면 인덱스가 삭제된다. delete 단계에는 min_age가 없으므로 hot 단계가 완료되면 삭제 작업이 즉시 시작된다.

이 정책을 인덱스에 어떻게 연결할까? 바로 다음에 알아볼 내용이다.

이제 정책을 정의했으므로 다음 단계는 인덱스를 정책과 연결하는 것이다. 실제로 이를 확인하기 위해 인덱스를 생성하고 목록 6.48의 정책을 여기에 연결해 보자.

```
PUT hot_delete_policy_index
{
  "settings": {        ◀─── settings 객체를 사용해
                            속성을 설정한다.
    "index.lifecycle.name":"hot_delete_policy" # 정책 이름
  }
}
```

이 스크립트는 `index.lifecycle.name` 인덱스의 속성 설정을 사용해 `hot_delete_policy_index` 인덱스를 생성한다. `index.lifecycle.name`이 목록 6.48에서 이전에 생성된 정책(hot_delete_policy)을 가리키므로 이제 인덱스는 수명 주기 정책과 연결된다. 이는 인덱스가 정책 정의에 따라 단계 전환을 겪는다는 것을 의미한다. 인덱스가 생성되면 먼저 hot 단계에 들어가고 몇 가지 작업(여기서는 인덱스에 우선순위 설정)을 적용하기 전에 하루 동안 해당 단계(정책에 정의된 min_age=1d)를 유지한다.

hot 단계가 완료되자마자(정책 정의에 따라 어느 날) 인덱스는 다음 단계인 delete 단계로 전환된다. 이는 인덱스가 자동으로 삭제되는 단순한 단계다.

> |노트| 목록 6.48에 정의된 hot_delete_policy 정책은 정의에 따라 하루 후에 인덱스를 삭제한다. 프로덕션 환경에서 이 정책을 사용하는 경우 delete 단계 후에 사용 가능한 인덱스가 없을 수도 있다는 점에 유의하자(delete 단계에서는 모든 것이 제거된다).

요약하자면 인덱스 수명 주기 정책을 인덱스에 연결하면 인덱스가 지정된 단계로 전환되고 각 단계에 정의된 특정 작업이 실행된다. 45일 동안의 hot 단계, 1개월 동안의 warm 단계, 1년 동안의 cold 단계 등 정교한 정책을 정의하고 최종적으로 1년 후에 인덱스를 삭제[delete] 할 수 있다.

매월 또는 특정 크기와 같은 조건에 따라 인덱스를 전환한다고 가정해 보자. 다행스럽게 도 일래스틱서치는 자동화된 조건부 인덱스 수명 주기 롤오버를 제공한다.

6.9.3 롤오버가 포함된 수명 주기

이 절에서는 해당 조건이 충족될 때 롤오버되도록 시계열 인덱스에 조건을 설정한다. 다음 조건에 따라 인덱스를 롤오버하려고 한다고 가정해 보자.

- 매일
- 도큐먼트 개수가 10,000개에 도달한 경우
- 인덱스 크기가 10GB에 도달한 경우

다음 스크립트는 몇 가지 작업을 통해 이러한 조건에 따라 샤드가 롤오버될 것으로 예상되는 hot 단계를 선언하는 간단한 수명 주기 정책을 정의한다.

목록 6.50 hot 단계에 대한 간단한 정책 정의

```
PUT _ilm/policy/hot_simple_policy
{
  "policy": {
    "phases": {                        hot 단계에
      "hot": {          ◄──────        대한 선언
        "min_age": "0ms",   ◄────      인덱스는 즉시 이 단계에
        "actions": {                   진입
          "rollover": {     ◄────      조건 중 하나라도 충족되면
            "max_age": "1d",           인덱스가 롤오버된다.
            "max_docs": 10000,
            "max_size": "10gb"
          }
        }
      }
    }
  }
}
```

정책에서는 롤오버 작업에 선언된 조건 중 하나라도 충족될 때 수행할 작업으로 롤오버가 포함된 hot 단계를 선언한다. 예를 들어 도큐먼트 수가 10,000개에 도달하거나 인덱스 크기가 10GB를 초과하거나 인덱스가 하루가 지난 경우 인덱스가 롤오버된다. 최소 기간(min_age)을 0ms로 선언하기 때문에 인덱스가 생성되자마자 즉시 hot 단계로 이동한 후 롤오버된다.

다음 단계는 인덱싱 템플릿을 생성하고 여기에 수명 주기 정책을 연결하는 것이다. 다음 스크립트는 인덱스 패턴 mysql-*을 사용해 인덱스 템플릿을 선언한다.

목록 6.51 템플릿에 수명 주기 정책 연결

```
PUT _index_template/mysql_logs_template
{
  "index_patterns": [ "mysql-*" ],      ◄─┐ 모든 MySQL 인덱스에
                                           │ 대한 인덱스 패턴
  "template": {
    "settings": {
      "index.lifecycle.name": "hot_simple_policy",      ◄── 정책 첨부
      "index.lifecycle.rollover_alias": "mysql-logs-alias"      ◄── 별칭 첨부
    }
  }
}
```

이 스크립트에서 몇 가지 사항에 주목해야 한다. 이전에 정의한 인덱스 정책을 index.lifecycle.name으로 설정해 이 인덱스 템플릿과 연결해야 한다. 또한 정책의 정의에 롤오버가 설정된 hot 단계가 포함돼 있으므로, 이 인덱스 템플릿을 생성할 때 index.lifecycle.rollover_alias 이름을 지정해야 한다.

마지막 단계는 롤오버 인덱스가 올바르게 생성되도록 접미어로 숫자를 사용해 인덱스 템플릿에 정의된 인덱스 패턴과 일치하는 인덱스를 생성하는 것이다. 별칭을 정의하고 is_write_index를 true로 설정해 현재 인덱스에 쓰기 가능함을 선언해야 한다.

목록 6.52 별칭에 대해 인덱스를 쓰기 가능으로 설정

```
PUT mysql-index-000001      ◄─┐ 적절한 형식으로
                              │ 인덱스를 생성
{
  "aliases": {
    "mysql-logs-alias": {      ◄── 별칭을 활성화
```

```
      "is_write_index": true   ◀─── 인덱스는 쓰기
    }                                가능해야 한다.
  }
}
```

인덱스를 생성하면 정책이 시작된다. 이 예에서는 min_age가 0ms로 설정돼 있기 때문에 인덱스가 hot 단계에 들어간 다음 단계의 롤오버 작업으로 이동한다. 인덱스는 조건(기간, 인덱스 크기, 도큐먼트 수) 중 하나가 충족될 때까지 이 단계에 유지된다. 조건이 긍정이 되자마자 롤오버 단계가 실행되고 새로운 인덱스 mysql-index-000002가 생성된다(인덱스 접미어 참고). 별칭은 이 새 인덱스를 자동으로 가리키도록 다시 매핑된다. 그런 다음 mysql-index-000002는 mysql-index-000003 인덱스로 롤오버되고(조건 중 하나가 충족되면) 주기cycle가 계속된다.

정책 검사 간격

기본적으로 정책은 10분마다 스캔된다. 이 검색 기간을 변경하려면 _cluster 엔드포인트를 사용해 클러스터 설정을 업데이트해야 한다.

개발 과정에서 수명 주기 정책을 시험해 볼 때 일반적인 문제는 어떤 단계도 실행되지 않는다는 것이다. 예를 들어 단계의 시간(min_age, max_age)을 밀리초(ms) 단위로 설정했지만 어떤 단계도 실행되지 않는다. 검색 간격을 알지 못하는 경우 수명 주기 정책이 호출되지 않는다고 생각할 수 있지만 정책은 스캔을 기다리고 있다.

적절한 기간으로 _cluster/settings 엔드포인트를 호출해 스캔 기간을 재설정할 수 있다. 예를 들어 다음 코드 조각은 폴링 간격을 10ms로 재설정한다.

```
PUT _cluster/settings
{
  "persistent": {
      "indices.lifecycle.poll_interval": "10ms"
  }
}
```

이제 수명 주기 정책을 사용한 인덱스 롤오버를 이해했으므로 여러 단계로 다른 정책을 스크립트로 작성해 보자.

```
PUT _ilm/policy/hot_warm_delete_policy
{
  "policy": {
    "phases": {
      "hot": {                              인덱스는 hot까지
        "min_age": "1d",        ◀          하루를 기다린다.
        "actions": {
          "rollover": {         ◀          조건 중 하나라도
            "max_size": "40gb",            만족하면 롤오버
            "max_age": "6d"
          },
          "set_priority": {    ◀           우선순위 설정
            "priority": 50                 (추가 동작)
          }
        }
      },
      "warm": {                            작업을 수행하기 전에
        "min_age": "7d",       ◀          7일 대기
        "actions": {
          "shrink": {          ◀          인덱스
            "number_of_shards": 1          축소
          }
        }
      },
                                           인덱스를
                                           삭제하지만...
      "delete": {             ◀
        "min_age": "30d",     ◀           ... 처음에는 이 단계에서
        "actions": {                       30일 동안 유지된다.
          "delete": {}
        }
      }
    }
  }
}
```

이 정책은 hot, warm, delete 단계로 구성된다. 각 단계에서 어떤 일이 발생하고 어떤 작업
이 실행되는지 살펴본다.

- hot 단계: min_age 속성이 1d로 설정돼 있기 때문에 인덱스는 하루 후에 이 단계에 진입한다. 하루가 지나면 인덱스는 롤오버 단계로 이동하고 조건이 충족될 때까지 기다린다. 최대 크기는 40GB("max_size": "40gb")이거나 기간이 6일보다 길다("max_age": "6d"). 이러한 조건 중 하나가 충족되면 인덱스는 hot 단계에서 warm 단계로 전환된다.

- warm 단계: 인덱스가 warm 단계에 진입하면 작업이 구현되기 전 7일("min_age": "7d") 동안 유지된다. 7일 이후에는 인덱스가 하나의 노드("number_of_shards": 1)로 축소된 후 삭제된다.

- delete 단계: 인덱스는 30일("min_age": "30d") 동안 이 단계에 유지된다. 이 시간이 지나면 인덱스가 영구적으로 삭제된다. 삭제 작업은 되돌릴 수 없으므로 이 단계에 주의하자! 이에 대한 조언은 데이터를 영구적으로 삭제하기 전에 데이터를 백업하는 것이다.

이제 마무리할 시간이다. 6장에서는 인덱싱 작업과 ILM에 대해 많은 것을 배웠다. 7장에서는 텍스트 분석을 자세히 다룰 것이다.

요약

- 일래스틱서치는 인덱스 API를 노출해 인덱스를 생성, 읽기, 삭제, 업데이트한다.
- 모든 인덱스에는 별칭, 설정, 매핑이라는 세 가지 구성 집합이 있다.
- 인덱스는 암묵적 또는 명시적으로 생성될 수 있다.
  - 암묵적 생성은 인덱스가 존재하지 않고 도큐먼트가 처음으로 인덱싱될 때 시작된다. 기본 구성(예를 들어 복제본 1개, 샤드 1개)은 암묵적으로 생성된 인덱스에 적용된다.
  - 명시적 생성은 인덱스 API를 사용해 사용자 정의 구성 세트로 인덱스를 생성할 때 발생한다.
- 인덱스 템플릿을 사용하면 일치하는 이름을 기반으로 인덱스 생성 중에 적용되는 미리 결정된 구성 설정으로 인덱스를 생성할 수 있다.

- 축소 또는 분할 메커니즘을 사용해 인덱스 크기를 조정할 수 있다. 축소하면 샤드 수가 줄어들고, 분할하면 기본 샤드가 더 많이 추가된다.
- 필요에 따라 인덱스를 조건부로 롤오버할 수 있다.
- ILM(인덱스 수명 주기 관리)은 hot, warm, cold, frozen, delete 등 수명 주기 단계 간에 인덱스를 전환하는 데 도움된다. hot 단계에서는 인덱스가 완전히 작동하고 검색 및 인덱싱을 위해 열려 있다. 하지만 warm 단계와 cold 단계에서는 인덱스가 읽기 전용이다.

7

텍스트 분석

들어오는 텍스트 데이터에 대해 일래스틱서치는 내부에서 많은 기본 작업을 수행한다. 데이터를 효율적으로 저장하고 검색할 수 있도록 준비한다. 간단히 말해서 일래스틱서치는 텍스트 필드를 정리하고, 텍스트 데이터를 개별 토큰으로 나누고, 역인덱스에 저장하기 전에 토큰을 강화한다. 검색 쿼리가 수행되면 저장된 토큰에 대해 쿼리 문자열이 검색되고 일치하는 항목이 검색돼 점수가 매겨진다. 텍스트를 개별 토큰으로 나누고 내부 메모리 구조에 저장하는 이러한 프로세스를 텍스트 분석^{text analysis}이라고 한다.

텍스트 분석의 목적은 검색 결과를 빠르고 효율적으로 반환하는 것뿐만 아니라 관련 결과를 검색하는 것이다. 이 작업은 다양한 규칙에 따라 입력 텍스트를 검사하기 위해 사전 구축된 소프트웨어 구성 요소인 분석기를 사용해 수행된다. 예를 들어 사용자가 "K8s"를 검색하면 쿠버네티스^{Kubernetes} 관련 책을 가져올 수 있어야 한다. 마찬가지로, 검색 문장에 ☕(커피)와 같은 이모지^{emoji} 문자가 포함돼 있으면 검색엔진은 커피에 적합한 결과를 추출할 수 있어야 한다. 분석기 구성 방식으로 인해 엔진은 이러한 능력과 더불어 더 많은 검색 조건을 준수한다.

7장에서는 텍스트 추출 및 분석 메커니즘을 자세히 살펴본다. 먼저 일반적인 분석기 중하나인 standard 분석기^{standard analyzer}를 살펴본다. 이는 공백과 구두점을 사용해 단어를 토큰화하고 최종 토큰을 소문자로 변환해 영어 텍스트에서 쉽게 작업할 수 있게 해 주는 기본 분석기다. 또한 맞춤형도 지원한다. 즉, 사전 정의된 값 세트(a, an, the, if 등과 같은 일반적인 단어 또는 욕설)의 인덱싱을 제외하려는 경우 분석기를 맞춤형할 수 있다. 7장의 뒷부분에서는 standard 분석기를 사용하는 것 외에도 keyword, simple, stop, whitespace, pattern 등과 같은 미리 작성된 분석기를 살펴본다. 또한 영어, 독일어, 스페인어, 프랑스어, 힌디어 등의 언어별 분석기를 건드려 볼 것이다. 먼저 텍스트 분석이 무엇인지에 대한 개요부터 시작한다.

> |**노트**| 7장의 코드는 깃허브(http://mng.bz/JgYQ) 및 책 웹사이트(https://www.manning.com/books/elasticsearch-in-action-second-edition)에 있다.

7.1 개요

일래스틱서치는 구조화된 데이터와 구조화되지 않은 데이터를 모두 저장한다. 6장에서 살펴봤듯이 구조화된 데이터로 작업하는 것은 간단하다. 주어진 쿼리에 대해 도큐먼트를 일치시키고 결과를 반환한다. 예를 들어 이메일 주소로 고객 정보 검색, 날짜 사이에 취소된 항공편 찾기, 지난 분기의 판매 수치 가져오기, 특정 일에 외과 의사에게 배정된 환자 목록 가져오기 등의 결과를 반환한다. 이 결과는 분명하다. 쿼리가 도큐먼트와 일치하면 결과가 반환되고, 쿼리와 일치하지 않으면 결과가 반환되지 않는다.

반면 구조화되지 않은 데이터를 쿼리하려면 도큐먼트가 쿼리와 일치하는지 여부와 도큐먼트가 쿼리와 얼마나 관련돼 있는지(도큐먼트가 얼마나 잘 일치하는지) 확인해야 한다. 예를 들어 책 제목 전체에서 "Konda"를 검색하면 Elasticsearch in Action과 내가 쓴 또 다른 책을 가져와야 하지 아나콘다 관련 영화는 아니다.

> **검색 중에 적용되는 분석기**
>
> 데이터가 인덱싱될 때와 쿼리할 때 텍스트가 분석된다. 인덱싱 중에 필드가 분석되는 것처럼 검색 쿼리도 동일한 프로세스를 거친다. 검색 중에 동일한 분석기가 자주 사용되지만 요구 사항에 따라 다른 분석기가 더 적절할 수 있다. 7.5절에서는 검색을 위해 다양한 분석기를 사용하고 인덱싱에 필요한 분석기를 지정하는 방법을 설명한다.

7.1.1 구조화되지 않은 데이터 쿼리

구조화되지 않은 데이터는 일반적인 테이블이나 데이터베이스에 딱 들어맞지 않는 정보다. 일반적으로 텍스트로 채워져 있지만 날짜, 숫자, 사실 등이 포함될 수도 있다. 구조화되지 않은 데이터의 예로는 이메일, 도큐먼트, 사진, 소셜 미디어 게시물 등이 있다.

검색엔진에 알버트 아인슈타인Albert Einstein의 다음 인용문이 포함돼 있다고 가정해 보자.

```
"quote": "Imagination is more important than knowledge"
```

사용자는 개별 단어 또는 단어 조합("imagination", "knowledge" 등)으로 구성된 쿼리를 통해 긍정적인 결과를 얻는다. 표 7.1은 이 경우 사용자가 검색할 수 있는 검색 키워드 집합와 예상 결과를 보여준다.

▼ **표 7.1** 가능한 검색 쿼리 및 예상 결과

키워드 검색	결과	노트
"imagination", "knowledge"	예	개별 키워드가 정확히 일치하므로 긍정적인 결과가 반환된다.
"imagination knowledge", "knowledge important"	예	결합된 키워드도 도큐먼트와 일치하므로 결과가 반환된다.

그러나 다른 조건을 검색하면 결과가 나오지 않을 수도 있다. 표 7.2에서 볼 수 있듯이 사용자가 "passion", "importance", "passionate wisdom", "curious cognizance" 또는 이와

유사한 단어를 검색하면 엔진은 기본 설정과 일치하는 결과를 반환하지 못한다. passion과 cognizance과 같은 단어는 인용문에서 동의어다(마찬가지로 기본 설정에서는 약어가 누락된다). 7장의 뒷부분에서 볼 수 있듯이 동의어, 어간 추출, 철자 오류 등을 인식하도록 분석기를 조정할 수 있다.

▼ **표 7.2** 결과가 없는 가능한 검색 쿼리

키워드 검색	결과	노트
"imagine", "passion", "curious", "importance", "cognizance", "wisdom", "pas-sionate wisdom", "extra importance"	아니요	동의어와 대체 이름은 긍정적인 결과를 가져오지 않는다.
"impartant", "knowlege", "imaginaton"	아니요	철자 오류로 인해 일치 항목이 잘못되거나 일치하지 않을 수 있다.
Imp, KNWL, IMGN	아니요	약어는 긍정적인 결과를 반환하지 않는다.

사용자가 동의어, 약어, 두문자어, 이모지, 단어 등 다양한 조합으로 엔진에 쿼리할 것으로 예상된다. 다양한 검색 조건에 대한 관련된 답변을 가져오는 데 도움이 되는 검색엔진이 항상 승리한다.

7.1.2 분석기가 구원해 주다

결코 실망하지 않을 지능형 검색엔진을 구축하기 위해 분석기라는 소프트웨어 모듈에서 수행되는 텍스트 분석을 사용해 데이터 인덱싱 중에 엔진에 추가 지원을 제공한다. 다량의 쿼리를 처리하려면 검색엔진이 소비하는 데이터를 인덱싱 단계에서 준비해야 한다.

> **텍스트 필드만 분석되고 나머지는 분석되지 않는다!**
>
> 일래스틱서치는 역인덱스에 데이터를 저장하기 전에 텍스트(text) 필드만 분석한다. 다른 데이터 타입은 텍스트 분석을 거치지 않는다. 일래스틱서치는 검색 쿼리를 실행할 때 쿼리의 텍스트 필드를 분석하는 것과 동일한 원리를 사용한다.

사용자는 정확한 검색 문자열을 입력하고 싶어 하지 않는 경우가 많다. 몇 가지 일반적인 단어를 생략하거나, 순서를 바꾸거나, 올바른 철자를 무시할 수 있다. 일래스틱서치와 같은 검색엔진의 강력한 파워는 개별 단어뿐만 아니라 동의어, 약어, 어근 등도 검색 가능하다는 사실에서 비롯된다. 요구 사항에 따라 표준standard, 언어language, 맞춤형custom 분석기를 비롯한 다양한 분석기를 연결할 수 있다.

일래스틱서치는 인덱싱 프로세스 중에 데이터를 분석하고 요구 사항에 따라 데이터를 처리해 이와 같은 다양한 검색 쿼리의 변형도 대응할 수 있다. 분석기는 텍스트 분석에 도움이 되는 여러 가지 다른 구성 요소로 구성된다.

7.2 분석기 모듈

분석기는 토큰화와 정규화라는 두 가지 기능을 수행하는 소프트웨어 모듈이다. 일래스틱서치는 이러한 프로세스를 사용해 텍스트 필드를 분석하고 쿼리 일치를 위해 역인덱스에 저장한다. 분석기의 구조를 자세히 살펴보기 전에 높은 수준에서 이러한 개념을 살펴본다.

7.2.1 토큰화

토큰화tokenization는 이름에서 알 수 있듯이 특정 규칙에 따라 문장을 개별 단어로 분할하는 프로세스다. 예를 들어 공백, 문자, 패턴 또는 기타 기준 등으로 구분자로부터 문장을 분리하도록 프로세스를 지시할 수 있다.

이 프로세스는 특정 규칙에 따라 문장을 토큰이라는 개별 단어로 자르는 것이 유일한 임무인 토크나이저tokenizer라는 구성 요소에 의해 수행된다. whitespace 토크나이저는 토큰화 프로세스 중에 일반적으로 사용된다. 이는 문장의 각 단어를 공백으로 분리하고 구두점 및 기타 비문자를 제거한다.

비문자, 콜론 또는 기타 맞춤형 구분 기호를 기준으로 단어를 분할할 수도 있다. 예를 들어 영화 평론가가 "The movie was sick!!! Hilarious :) :)"는 The, movie, was, sick, Hilarious 등(단어는 아직 소문자로 표시되지 않는다) 개별 단어로 나눌 수 있다. 마찬가지로, pickled-peppers는 pickled과 peppers로 토큰화될 수 있고, K8s는 K와 s로 토큰화될 수 있다.

이는 단어(개별 단어 또는 결합된 단어)를 검색하는 데 도움이 되지만 동의어, 복수형 및 앞서 언급한 기타 요소가 포함된 쿼리에 응답하는 데에만 사용할 수 있다. 정규화 프로세스는 여기에서 다음 단계로 분석을 진행한다.

7.2.2 정규화

정규화^{normalization} 중에 토큰(단어)은 어간 추출^{stemming}, 동의어^{synonym}, 불용어$^{stop\ word}$를 사용해 가공, 변환, 수정 및 강화된다. 이러한 기능은 데이터가 검색 목적에 맞게 적절하게 저장되도록 분석 프로세스에 추가된다.

이러한 기능 중 하나는 어간 추출이다. 즉, 단어를 어근 단어로 축소(어간 추출)하는 작업이다. 예를 들어 author는 authors, authoring, authored의 어근 단어다. 어간 추출 외에도 정규화는 적절한 동의어를 역인덱스에 추가하기 전에 찾는 작업도 처리한다. 예를 들어 author에는 wordsmith, novelist, writer와 같은 동의어가 있다. 그리고 마지막으로 각 도큐먼트에는 a, an, and, is, but, the와 같은 단어가 포함되며, 이는 관련 도큐먼트를 찾을 수 있는 위치가 없기 때문에 불용어라고 한다.

토큰화와 정규화는 모두 분석기 모듈에서 수행된다. 분석기는 필터와 토크나이저를 사용해 이를 수행한다. 분석기 모듈을 분해하고 그것이 무엇으로 구성돼 있는지 살펴본다.

7.2.3 분석기 구조

토큰화 및 정규화는 기본적으로 분석기 모듈로 함께 작동하는 문자 필터, 토크나이저, 토큰 필터 등 세 가지 소프트웨어 구성 요소에 의해 수행된다. 그림 7.1에서 볼 수 있듯이 분석기 모듈은 필터 세트와 토크나이저로 구성된다. 필터는 원시 텍스트(문자 필터) 및 토큰화된 텍스트(토큰 필터)에서 작동한다. 토크나이저의 임무는 문장을 개별 단어(토큰)로 분할하는 것이다.

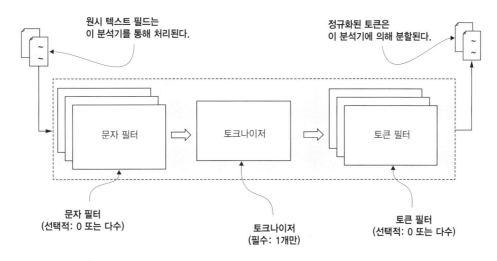

▲ 그림 7.1 분석기 모듈의 구조

모든 텍스트 필드는 이 파이프를 통과한다. 원시 텍스트는 문자 필터로 정리되고 결과 텍스트는 토크나이저로 전달된다. 토크나이저는 텍스트를 토큰(개별 단어)으로 분할한다. 그런 다음 토큰은 토큰 필터를 통과해 수정^{modify}, 강화^{enrich} 및 향상^{enhance}된다. 최종 토큰은 적절한 역인덱스에 저장된다. 검색어도 같은 방식으로 분석된다.

그림 7.2는 분석 프로세스의 예를 보여준다. 이 그림을 3장에서 봤으며 완성도를 위해 여기에 다시 제시했다.

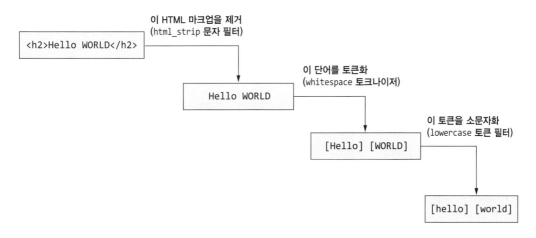

▲ 그림 7.2 실제 텍스트 분석의 예

앞서 언급한 대로 분석기는 세 가지 하위 수준 빌딩 블록으로 구성된다.

- **문자**^{Character} **필터**: 문자 수준에 적용된다. 텍스트의 모든 문자는 이러한 필터를 거친다. 필터의 역할은 텍스트 문자열에서 원하지 않는 문자를 제거하는 것이다. 예를 들어 이 프로세스는 입력 텍스트에서 `<h1>`, `<href>` 및 `<src>`와 같은 HTML 태그를 제거할 수 있다. 또한 텍스트를 다른 텍스트(예를 들어 그리스 문자와 동등한 영어 단어)로 바꾸거나 정규식^{regex}의 텍스트를 일치시키고 동등한 텍스트로 바꾸는 데 도움이 된다(예를 들어 정규식 기반으로 이메일을 일치시키고 조직의 도메인을 추출). 문자 필터는 선택 사항이다. 분석기는 문자 필터 없이 존재할 수 있다. 일래스틱서치는 기본적으로 `html_strip`, `mapping` 및 `pattern_replace`라는 세 가지 문자 필터를 제공한다.
- **토크나이저**^{Tokenizer}: 공백, 구두점, 단어 경계 등의 구분 기호를 사용해 텍스트 필드를 단어로 분할한다. 모든 분석기에는 단 하나의 토크나이저가 있어야 한다. 일래스틱서치는 수신 텍스트를 개별 토큰으로 분할한 다음 추가 정규화를 위해 토큰 필터를 통해 공급되는 데 도움이 되는 소수의 토크나이저를 제공한다. 일래스틱서치는 기본적으로 standard 토크나이저를 사용한다. 문법과 구두점을 기준으로 단어를 구분한다.
- **토큰**^{Token} **필터**: 토크나이저에서 생성된 토큰에 대한 추가 처리를 수행한다. 예를 들어 토큰 필터는 대소문자 변경, 동의어 생성, 어근(어간) 제공, N-그램^{N-gram} 및 싱글^{shingle} 생성 등을 수행할 수 있다. 토큰 필터는 선택 사항이다. 분석기 모듈에는 0개, 1개 또는 다수가 연결될 수 있다. 일래스틱서치는 즉시 사용할 수 있는 다양한 토큰 필터 목록을 제공한다.

문자 및 토큰 필터는 선택 사항이지만, 단 하나의 토크나이저는 있어야 한다. 7장의 뒷부분에서 이러한 구성 요소를 자세히 살펴보지만, 먼저 분석기를 프로덕션에 적용하기 전에 테스트하는 데 도움이 되는 API를 찾아본다.

7.2.4 분석기 테스트

일래스틱서치가 어떻게 텍스트를 나누고, 수정하고, 활용하는지 궁금할 수 있다. 결국 텍스트가 어떻게 분할되고 향상되는지 미리 알면 적절한 분석기를 선택하고 필요한 경우 사용자 정의하는 데 도움된다.

일래스틱서치는 단지 텍스트 분석 프로세스를 테스트하기 위한 엔드포인트를 제공한다. _analyze 엔드포인트는 이 프로세스를 자세히 이해하는 데 도움이 된다. 이 편리한 API를 사용하면 인덱싱 중에 엔진이 텍스트를 처리하는 방법을 테스트할 수 있다. 예를 들어보면 이해하기 쉬울 것이다.

> **_analyze 엔드포인트**
>
> _analyze 엔드포인트는 엔진에서 텍스트를 처리하고 인덱싱하는 방법과 검색 쿼리가 원하는 출력을 생성하지 못하는 이유를 이해하는 데 많은 도움이 된다. 코드를 프로덕션에 배포하기 전에 예상되는 분석기를 사용해 텍스트를 테스트하는 첫 번째 단계로 이를 사용할 수 있다.

인덱스가 생성될 때 일래스틱서치가 "James Bond 007"이라는 텍스트를 어떻게 처리할지 결정하고 싶다고 가정해 보자.

목록 7.1 _analyze 엔드포인트를 사용한 분석기 테스트

```
GET _analyze
{
  "text": "James Bond 007"
}
```

이 스크립트를 실행하면 그림 7.3에 표시된 토큰 집합이 생성된다. 쿼리의 출력은 분석기가 텍스트 필드를 처리하는 방법을 보여준다. 이 경우 필드는 3개의 토큰(james, bond, 007)으로 분할되며 모두 소문자다. 코드에 분석기를 지정하지 않았기 때문에 기본적으로 standard 분석기로 간주된다. 각 토큰에는 문자열의 경우 ALPHANUM, 숫자 토큰의 경우 NUM 등의 유형이 있다. 결과에서 볼 수 있듯이 토큰의 위치도 저장된다. 그러면 다음 지점인 _analyze 테스트 중에 분석기를 명시적으로 지정하게 된다.

```
{
  "tokens" : [
    {
      "token" : "james",
      "start_offset" : 0,
      "end_offset" : 5,
      "type" : "<ALPHANUM>",
      "position" : 0
    },
    {
      "token" : "bond",
      "start_offset" : 6,
      "end_offset" : 10,
      "type" : "<ALPHANUM>",
      "position" : 1
    },
    {
      "token" : "007",
      "start_offset" : 11,
      "end_offset" : 14,
      "type" : "<NUM>",
      "position" : 2
    }
  ]
}
```

- 이 쿼리에 명시하지 않았기 때문에 이 standard 분석기가 기본으로 사용된다.

- 이 입력 텍스트는 토큰 집합으로 분할된다. 여기서는 "james", "bond", "007"과 같이 3개의 토큰이 있다.

- 일래스틱서치는 알파벳과 숫자 조합은 ALPHANUM, 숫자는 NUM으로 각 토큰과 연관된 타입을 추론한다.

- start_offset과 end_offset은 단어의 시작 및 끝 문자 오프셋을 나타낸다.

- 모든 토큰은 소문자화됐다.

▲ 그림 7.3 _analyze 엔드포인트를 호출해 생성된 토큰

명시적 분석기 테스트

목록 7.1에서는 엔진이 기본적으로 standard 분석기를 적용했지만 분석기에 대해서는 언급하지 않았다. 그러나 분석기를 명시적으로 활성화할 수도 있다. 다음 목록의 코드는 simple 분석기를 활성화한다.

목록 7.2 분석기를 명시적으로 활성화

```
GET _analyze
{
  "text": "James Bond 007",
  "analyzer": "simple"
}
```

simple 분석기(다음 절에서 다양한 유형의 분석기에 대해 알아본다)는 글자가 아닌 문자를 발견하면 텍스트를 자른다. 따라서 이 코드는 standard 분석기를 사용하는 이전 스크립트에서 생성된 3개의 토큰과 달리 "james" 및 "bond"("007"은 잘림)라는 2개의 토큰만 생성한다.

궁금하면 분석기를 english로 바꿔보자. 출력 토큰은 "jame", "bond", "007"이다. 주목할 점은 english 분석기를 적용하면 "james"가 "jame"으로 파생된다는 점이다(english 분석기에 대해서는 7.3.7절에서 알아본다).

즉석 분석기 구성

또한 _analyze API를 사용해 필터와 토크나이저를 혼합하고 일치시켜 본질적으로 즉석에서 맞춤형 분석기를 생성할 수 있다(실제로 새로운 분석기를 구축하거나 개발하는 것은 아니다). 다음 코드는 온디멘드 형태의 맞춤형 분석기를 보여준다.

목록 7.3 맞춤형 분석기 만들기

```
GET _analyze
{
 "tokenizer": "path_hierarchy",
 "filter": ["uppercase"],
 "text": "/Volumes/FILES/Dev"
}
```

이 코드는 대문자 필터가 있는 path_hierarchy 토크나이저를 사용하고 지정된 입력 텍스트에서 "/VOLUMES", "/VOLUMES/FILES" 및 "/VOLUMES/FILES/DEV"의 세 가지 토큰을 생성한다. path_hierarchy 토크나이저는 경로 구분 기호를 기준으로 텍스트를 분할한다. 따라서 3개의 토큰은 계층 구조의 세 폴더에 대해 알려준다.

지난 몇 개의 절에서 분석기 모듈에 대해 이야기했다. 일래스틱서치는 그중 몇 가지를 제공한다. 이러한 내장 분석기를 자세히 살펴본다.

7.3 내장 분석기

일래스틱서치는 텍스트 분석 단계에서 사용할 수 있는 여덟 가지 기본 분석기를 제공한다. 이러한 분석기는 일반적으로 기본 사례에 충분하지만 맞춤형 분석기를 만들어야 하는 경우 필수 구성 요소가 포함된 새 분석기 모듈을 인스턴스화해 사용할 수 있다. 표 7.3에는 일래스틱서치 분석기가 나열돼 있다.

▼ **표 7.3** 내장 분석기

분석기	설명
standard	문법, 구두점 및 공백을 기반으로 입력 텍스트를 토큰화하는 standard 분석기다. 출력 토큰은 소문자다.
simple	공백, 대시, 숫자 등 글자가 아닌 문자로 입력 텍스트를 분할한다. standard 분석기와 달리 simple 분석기는 출력 토큰도 소문자로 표시한다.
stop	기본적으로 영어 불용어가 활성화된 simple 분석기
whitespace	공백 구분 기호를 기반으로 입력 텍스트를 토큰화한다.
keyword	입력 텍스트를 변경하지 않는다. 필드의 값은 그대로 저장된다.
language	이름에서 알 수 있듯이 인간 언어로 작업하는 데 도움된다. 일래스틱서치는 English, Spanish, French, Russian, Hindi 등 다양한 언어에 대한 수십 개의 분석기를 제공한다.
pattern	정규식(regex)을 기반으로 토큰을 분할한다. 기본적으로 단어가 아닌 모든 문자는 문장을 토큰으로 분할하는 데 도움된다.
fingerprint	토큰을 정렬하고 중복 항목을 제거해 연결된 단일 토큰을 생성한다.

standard 분석기는 기본값이며 텍스트 분석 중에 널리 사용된다. 다음 절에서는 standard 분석기를 예시로 살펴본 후, 다른 분석기를 차례로 살펴본다.

|**노트**| 일래스틱서치를 사용하면 필터와 토크나이저를 혼합하고 일치시켜 수많은 맞춤형 분석기를 만들 수 있다. 각각을 다 다루기에는 너무 장황하고 비실용적이지만, 7장에서는 가능한 한 많은 예를 제시한다. 특정 구성 요소와 해당 구성 요소를 애플리케이션에 통합하려면 공식 도큐먼트를 참조한다. 또한 분석기를 실험하는 데 사용할 수 있는 더 많은 예제를 책의 소스 코드에 추가했다.

7.3.1 standard 분석기

standard 분석기는 일래스틱서치에서 사용되는 기본 분석기다. 그 임무는 공백, 구두점, 문법을 기반으로 문장을 토큰화하는 것이다. 스낵과 음료의 이상한 조합으로 인덱스를 구축한다고 가정해 보자. 팝콘과 함께 커피를 언급하는 다음 텍스트를 이용한다.

Hot cup of ☕ and a 🍿 is a Weird Combo :(!!

이 텍스트를 weird_combos 인덱스로 인덱싱할 수 있다.

```
POST weird_combos/_doc
{
  "text": "Hot cup of ☕ and a 🍿 is a Weird Combo :(!!"
}
```

텍스트가 토큰화되고 토큰 목록이 분할된다(여기에 요약된 형식으로 표시된다).

```
["hot", "cup", "of", "☕", "and", "a", "🍿", "is", "a", "weird", "combo"]
```

출력에서 볼 수 있듯이 토큰은 소문자로 표시된다. standard 토크나이저는 끝 부분의 스마일리와 느낌표를 제거하지만 이모지 문자는 마치 텍스트 정보인 것처럼 저장한다. 이는 공백을 기반으로 단어를 토큰화하고 구두점과 같은 문자가 아닌 문자를 제거하는 standard 분석기의 기본 동작이다. 그림 7.4는 분석기를 통과할 때 이 예제 입력 텍스트의 작동을 보여준다.

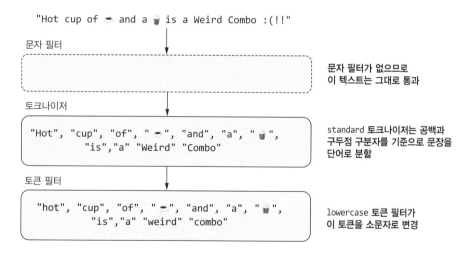

▲ **그림 7.4** 작동 중인 standard(기본) 분석기

다음으로, 텍스트를 인덱싱하기 전에 _analyze API를 사용해 출력을 확인하는 방법을 살펴본다(역시 명시적으로 지정하지 않으면 일래스틱서치가 standard 분석기를 사용하기 때문에 분석기를 지

정하지 않았다).

```
POST _analyze
{
  "text": "Hot cup of ☕ and a 🍿 is a Weird Combo :(!!"
}
```

이 GET 명령의 출력은 다음과 같다(첫 번째 토큰을 제외하고 나머지는 간결성을 위해 생략했다).

```
{
  "tokens" : [{
  "token" : "hot",          ◄──── lowercase 토큰 필터는
  "start_offset" : 0,              이 단어를 소문자로 만든다.
  "end_offset" : 3,
  "type" : "<ALPHANUM>",
  "position" : 0
  },
  { "token" : "cup", ... },        기본적으로 이 stop 필터가 비활성화돼 있기
  { "token" : "of", ... },    ◄──── 때문에 불용어는 제거되지 않는다.
  { "token" : "☕", ... },    ◄──── 길이가 한 문자인 이 커피잔은
  { "token" : "and", ... },        그대로 인덱싱된다.
  { "token" : "a", ... },
  { "token" : """🍿""", ... },  ◄── 길이가 두 문자인 팝콘 이모지 문자는
  { "token" : "is", ... },          그대로 인덱싱된다.
  { "token" : "a", ... },
  { "token" : "weird", ... },
  { "token" : "combo", ... }   ◄──── 스마일리와 느낌표는 standard
}                                    토크나이저가 제거한다.
```

단어는 standard 토크나이저의 특징인 공백과 문자가 아닌 문자(구두점)를 기준으로 분할된다. 그런 다음 토큰은 lowercase 토큰 필터를 통해 전달된다. 그림 7.5는 Dev Tools에서 이 명령의 요약된 출력을 보여준다.

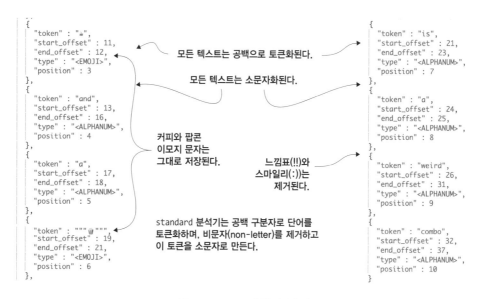

▲ **그림 7.5** standard 분석기의 출력 토큰

"커피"와 "팝콘"에 대한 토큰은 그대로 저장되고 ":(" 및 "!!" 특수문자[non-letter]는 제거된다. "커피" 토큰의 너비는 1개 문자다(오프셋 확인). "팝콘" 토큰은 2개 문자 크기로 저장된다.

standard 분석기 테스트

코드에 분석기 속성을 추가해 텍스트 분석 테스트 단계에서 특정 분석기를 추가할 수 있다. 다음 목록은 이를 보여준다.

```
GET _analyze
{
  "analyzer": "standard",  ◄──  분석기를 지정(standard 분석기가
                                기본 분석기이기 때문에 실제로 필수는 아니다)
  "text": "Hot cup of ☕ and a 🍿 is a Weird Combo :(!!"
}
```

이 코드는 그림 7.5에 표시된 결과를 생성한다. 다른 분석기를 사용해 텍스트 필드를 테스트하는 경우 "analyzer": "whitespace"처럼 분석기의 값을 선택한 값으로 바꿀 수 있다.

출력은 텍스트가 토큰화되고 소문자로 변환됐음을 나타낸다.

그림 7.6은 standard 분석기의 내부 구성 요소와 구조를 보여준다. 이 분석기는 standard 토크나이저와 2개의 토큰 필터인 lowercase 필터와 stop 필터로 구성된다. standard 분석기에는 문자 필터가 정의돼 있지 않다. 분석기는 0개 이상의 문자 필터, 최소 1개의 토크나이저, 0개 이상의 토큰 필터로 구성된다.

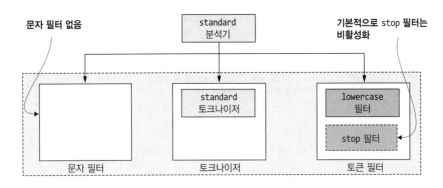

▲ 그림 7.6 standard 분석기의 구조

standard 분석기는 stop word(불용어) 토큰 필터(그림 7.6 참조)와 연결돼 있지만 기본적으로 필터는 비활성화돼 있다. 다음 절에서 설명하는 대로 속성을 구성해 이를 켤 수 있다.

standard 분석기 구성

일래스틱서치를 사용하면 standard 분석기에서 불용어 필터, 불용어 파일 경로stopwords_path 및 최대 토큰 길이와 같은 몇 가지 매개변수를 구성해 분석기를 맞춤형할 수 있다. 속성을 구

성하는 방법은 인덱스 설정을 이용하는 것이다. 인덱스를 생성할 때 설정 구성 요소를 통해
분석기를 구성할 수 있다.

```
PUT <my_index>
{
  "settings": {
    "analysis": {          ◀──── 이 analysis 객체는
      "analyzer": {              분석기를 설정한다.
        ...            ◀──── 이 인덱스와
      }                      연결된 분석기
    }
  }
}
```

다음 몇 개의 절에서는 이 분석기를 맞춤형하는 메커니즘을 살펴본다.

불용어 구성

standard 분석기에서 영어 불용어를 활성화하는 예를 살펴본다. 다음 목록과 같이 인덱스 생
성 중에 필터를 추가해 이를 수행할 수 있다.

목록 7.5 불용어 필터가 활성화된 standard 분석기

```
PUT my_index_with_stopwords
{
  "settings": {
    "analysis": {                 인덱스에 대한
      "analyzer": {     ◀──────   분석기 설정
        "standard_with_stopwords": {  ◀──── 분석기 이름
                                          지정
          "type": "standard",
          "stopwords": "_english_"  ◀──── standard 분석기
        }                                 유형
      }
    }
  }
}
```
영어 불용어
필터 활성화

앞에서 본 것처럼 standard 분석기의 불용어 필터는 기본적으로 비활성화돼 있다. 이제 불용
어 필터로 구성된 standard 분석기를 사용해 인덱스를 만들었으므로 인덱싱된 모든 텍스트

는 이 수정된 분석기를 통과한다. 이를 테스트하기 위해 인덱스에서 _analyze 엔드포인트를 호출할 수 있다.

```
POST my_index_with_stopwords/_analyze
{
  "text": ["Hot cup of ☕ and a 🍿 is a Weird Combo :(!!"],
  "analyzer": "standard_with_stopwords"
}
```

인덱스에 대해 _analyze API를 호출한다.

목록 7.5에서 만든 분석기

이 호출의 출력에서는 of, a 및 is와 같은 일반적인(영어) 불용어가 제거됐음을 보여준다.

```
["hot", "cup", "☕", "🍿", "weird", "combo"]
```

선택한 언어에 대한 불용어를 변경할 수 있다. 예를 들어 다음 목록의 코드는 힌디어 불용어와 standard 분석기가 포함된 인덱스를 보여준다.

```
PUT my_index_with_stopwords_hindi
{
  "settings": {
    "analysis": {
      "analyzer": {
        "standard_with_stopwords_hindi": {
          "type": "standard",
          "stopwords": "_hindi_"
        }
      }
    }
  }
}
```

standard_with_stopwords_hindi 분석기를 사용해 텍스트를 테스트할 수 있다.

```
POST my_index_with_stopwords_hindi/_analyze
{
  "text": ["आप क्या कर रहे हो"],
```

```
  "analyzer": "standard_with_stopwords_hindi"
}
```

참고로, 이 예시의 힌디어 문장은 "무엇을 하고 있나요?"로 번역된다.

스크립트 출력은 다음과 같다.

```
"tokens": [{
  "token": "कैसी",
  "start_offset": 3,
  "end_offset": 7,
  "type": "<ALPHANUM>",
  "position": 1
}]
```

출력되는 유일한 토큰은 कैसी(두 번째 단어)이다. 나머지 단어는 불용어였기 때문이다(힌디어에서는 흔히 사용된다).

파일 기반 불용어

이전 예에서는 기성 필터를 지정해 분석기에 어떤 불용어(영어 또는 힌디어)를 사용해야 하는지에 대한 단서를 제공했다. 내장된 불용어 필터가 요구 사항을 충족하지 않는 경우 명시적 파일을 통해 불용어를 제공할 수 있다.

사용자가 애플리케이션에 욕설을 입력하는 것을 원하지 않는다고 가정해 보자. 블랙리스트에 등록된 모든 욕설이 포함된 파일을 생성하고 해당 파일의 경로를 standard 분석기에 매개변수로 추가할 수 있다. 파일 경로는 일래스틱서치의 config 폴더를 기준으로 지정돼야 한다. 다음 목록은 불용어 파일을 허용하는 분석기를 사용해 인덱스를 생성한다.

목록 7.8 파일에 맞춤형 불용어가 포함된 인덱스 생성

```
PUT index_with_swear_stopwords
{
  "settings": {
    "analysis": {
      "analyzer": {
        "swearwords_analyzer": {   ←——  인덱싱/테스트 시 참조할 수 있도록
                                          분석기 이름을 지정
```

```
                    ┌──▶ "type": "standard",
                    │      "stopwords_path": "swearwords.txt"  ◀───    파일 위치는 config 폴더를
    standard        │    }                                             기준으로 해야 한다.
    분석기 사용       │
                         }
                       }
                     }
                   }
```

stopwords_path 속성은 일래스틱서치의 config 폴더 내부 디렉터리에서 파일(여기서는 swearwords.txt)을 찾는다. 다음 목록 7.9는 config 폴더에 생성한 파일 내용이다. $ELASTICSEARCH_HOME/config 디렉터리로 변경하고 거기에 swearwords.txt 파일을 생성해야 한다. 블랙리스트에 추가된 각 단어는 줄 바꿈으로 구분한다.

목록 7.9 swearwords.txt 텍스트 파일에 포함된 블랙리스트 단어

```
damn
bugger
bloody hell
what the hell
sucks
```

파일이 생성되고 인덱스가 생성되면 맞춤형된 욕설 목록과 함께 분석기를 사용할 준비가 된다.

목록 7.10 맞춤형 욕설 필터를 적용

```
POST index_with_swear_stopwords/_analyze
{
  "text": ["Damn, that sucks!"],
  "analyzer": "swearwords_analyzer"
}
```

이 코드는 첫 번째 단어와 마지막 단어가 욕설 블랙리스트에 있으므로 인덱싱 프로세스를 거치지 않도록 해야 한다. 구성 가능한 다음 속성은 토큰의 길이, 즉 토큰의 출력 길이이다.

토큰 길이 구성

요청한 길이에 따라 토큰을 분할하도록 최대 토큰 길이를 구성할 수 있다. 예를 들어 목록 7.11은 standard 분석기를 사용해 인덱스를 생성한다. 분석기는 최대 토큰 길이가 7자가 되도록 구성된다. 13자 길이의 단어를 제공하면 7자 및 6자로 구성된 2개의 토큰으로 분할된다(예를 들어 "Elasticsearch"는 "Elastic", "search"가 된다).

목록 7.11 맞춤형 토큰 길이를 사용해 분석기 작성

```
PUT my_index_with_max_token_length
{
  "settings": {
    "analysis": {
      "analyzer": {
        "standard_max_token_length": {
          "type": "standard",
          "max_token_length": 7
        }
      }
    }
  }
}
```

지금까지 standard 분석기를 사용해 작업했다. 다음으로 내장된 분석기 목록에는 문자가 아닌 텍스트를 분할하는 단일 목적을 가진 simple 분석기가 있다. simple 분석기를 사용하는 방법에 대해 자세히 알아보자.

7.3.2 simple 분석기

standard 분석기는 공백이나 구두점을 발견할 때 텍스트를 토큰으로 나누는 반면, simple 분석기는 숫자, 공백, 아포스트로피[apostrophe] 또는 하이픈과 같은 비문자가 발생할 때 문장을 토큰화한다. 문자나 토큰 필터와 연결되지 않은 lowercase 토크나이저를 사용해 이를 수행한다(그림 7.7 참조).

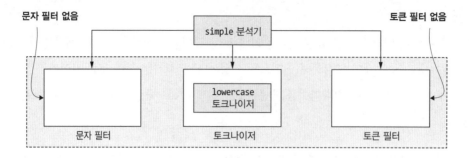

▲ **그림 7.7** simple 분석기의 구조

"Lukša's K8s in Action"이라는 텍스트를 인덱싱하는 예를 살펴본다.

목록 7.12 simple 분석기를 사용해 텍스트 분석하기

```
POST _analyze
{
  "text": [ "Lukša's K8s in Action" ],
  "analyzer": "simple"
}
```

그 결과는 다음과 같다.

```
["lukša","s","k","s","in","action"]
```

아포스트로피("Lukša's"는 "Lukša" 및 "s"가 됨) 또는 숫자("K8s"는 "k" 및 "s"가 됨)가 발견되면 토큰이 분할돼 결과 토큰이 소문자로 표시됐다.

simple 분석기로 이 이상의 구성은 불가능하기 때문에 필터(문자 또는 토큰)를 추가하려는 경우 가장 쉬운 방법은 simple 필터와 lowercase 토크나이저를 사용해 맞춤형 분석기를 만드는 것이다(simple 분석기에는 오직 lowercase 토크나이저만 있다). 이와 관련해서는 7.4절에서 알아본다.

7.3.3 whitespace 분석기

이름에서 알 수 있듯이 whitespace 분석기는 공백을 발견하면 텍스트를 토큰으로 분할한다.

370

whitespace 토크나이저를 제외하고 이 분석기에는 문자나 토큰 필터가 없다(그림 7.8 참조). 다음 목록은 whitespace 분석기를 사용하는 스크립트를 보여준다.

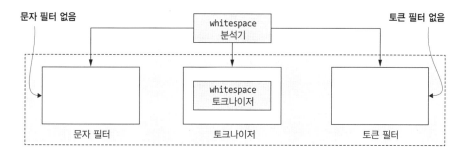

▲ **그림 7.8** whitespace 분석기의 구조

```
POST _analyze
{
  "text": "Peter_Piper picked a peck of PICKLED-peppers!!",
  "analyzer": "whitespace"
}
```

이 스크립트를 테스트하면 다음과 같은 토큰 집합을 얻게 된다.

```
["Peter_Piper", "picked", "a", "peck", "of", "PICKLED-peppers!!"]
```

결과에서 다음 두 가지 점에 유의하자. 첫째, 텍스트는 대시, 밑줄 또는 구두점이 아닌 공백으로만 토큰화됐다. 둘째, 대소문자가 유지되는 점인데, 실제로 문자와 단어의 대문자 사용이 그대로 유지됐다.

앞서 언급한 것처럼, simple 분석기처럼 whitespace 분석기도 필요한 매개변수가 없다. 분석기의 동작을 수정해야 하는 경우, 수정된 맞춤형 버전을 만들어야 할 수도 있다. 이와 관련해서 곧 맞춤형 분석기를 살펴볼 것이다.

7.3.4 keyword 분석기

이름에서 알 수 있듯이 keyword 분석기는 수정이나 토큰화 없이 텍스트를 저장한다. 즉, 분석기는 텍스트를 토큰화하지 않으며 텍스트는 필터나 토크나이저를 통해 추가 분석을 거치지 않는다. 대신 keyword 타입을 나타내는 문자열로 저장된다. 그림 7.9에서 볼 수 있듯이 keyword 분석기는 noop(기능이 전혀 없는) 토크나이저로 구성되며 문자 또는 토큰 필터가 없다.

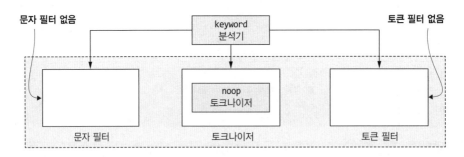

▲ **그림 7.9** keyword 분석기의 구조

분석기를 통과한 텍스트는 변환돼 키워드로 저장된다. 예를 들어 keyword 분석기를 통해 "Elasticsearch in Action"을 전달하면 이전 분석기가 텍스트를 토큰으로 분할하는 방식과 달리 풀텍스트 문자열이 그대로 저장된다.

목록 7.14 keyword 분석기 사용하기

```
POST _analyze
{
  "text": "Elasticsearch in Action",
  "analyzer": "keyword"
}
```

이 스크립트의 출력은 다음과 같다.

```
"tokens" : [{
  "token": "Elasticsearch in Action",
  "start_offset": 0,
  "end_offset": 23,
  "type": "word",
```

```
  "position": 0
}]
```

이처럼 keyword 분석기를 통해 텍스트를 처리한 결과, 단 하나의 토큰만 생성했다. 소문자도 없다. 그러나 keyword 분석기를 사용해 텍스트를 처리하면 검색 방식에 변화가 있다. 단일 단어를 검색하면 텍스트 문자열과 일치하지 않으므로 정확히 일치하는 항목을 제공해야 한다. 이 예에서는 원래 문장인 "Elasticsearch in Action"과 동일한 단어 그룹을 제공해야 한다.

7.3.5 fingerprint 분석기

fingerprint 분석기는 중복된 단어와 확장 문자를 제거하고 단어를 알파벳순으로 정렬해 단일 토큰을 만든다. 이는 standard 토크나이저와 4개의 토큰 필터(fingerprint, lowercase, stop, asciifolding 토큰 필터)로 구성된다(그림 7.10 참조).

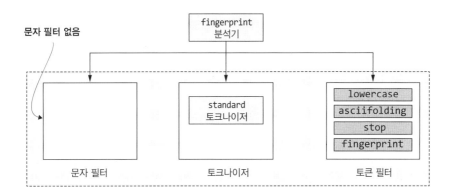

▲ **그림 7.10** fingerprint 분석기의 구조

예를 들어 남부 인도의 맛있는 팬케이크인 도사^{dosa}를 정의하는 다음 목록에 표시된 텍스트를 분석해 본다. 코드는 fingerprint 분석기를 사용해 이 요리에 대한 설명을 분석한다.

목록 7.15 fingerprint 분석기를 사용해 텍스트 분석

```
POST _analyze
{
  "text": "A dosa is a thin pancake or crepe originating from South India.
```

```
➡ It is made from a fermented batter consisting of lentils and rice.",
  "analyzer": "fingerprint"
}
```

이 코드를 실행하면 출력은 다음과 같다.

```
"tokens": [{
  "token": "a and batter consisting crepe dosa fermented from india is it
  ➡ lentils made of or originating pancake rice south thin",
  "start_offset": 0,
  "end_offset": 130,
  "type": "fingerprint",
  "position": 0
}]
```

응답을 자세히 살펴보면 출력이 하나의 토큰으로만 구성돼 있음을 알 수 있다. 단어를 소문자로 정렬하고 중복된 단어(a, of, from)를 제거하고 단어 집합을 단일 토큰으로 변환했다. 중복 제거deduplicated, 정렬sorted, 연관concatenated이 필요한 텍스트가 있을 때마다 fingerprint는 타당한 선택이다.

7.3.6 pattern 분석기

때로는 전화번호의 처음 n개 숫자를 제거하거나 신용카드 번호의 네 자리마다 대시를 제거하는 등 특정 패턴을 기반으로 텍스트를 토큰화 및 분석하고 싶을 때가 있다. 일래스틱서치는 이러한 목적으로 pattern 분석기를 제공한다.

기본 pattern 분석기는 단어가 아닌 문자를 기반으로 문장을 토큰으로 분할한다. 이 패턴은 내부적으로 \W+로 표시된다. 그림 7.11에서 볼 수 있듯이 pattern 분석기는 pattern 토크나이저와 lowercase 및 stop 필터로 구성돼 있다.

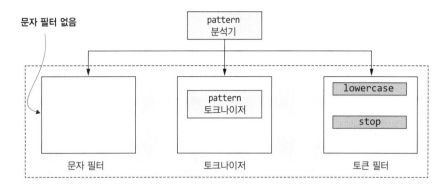

▲ 그림 7.11 pattern 분석기의 구조

standard 분석기는 문자가 아닌 구분 기호에서만 작동하므로 다른 필수 패턴을 제공하도록 분석기를 구성해야 한다. 패턴은 분석기를 구성할 때 문자열로 제공되는 자바 정규식이다.

> |**노트**| 자바 정규식에 대해 자세히 알아보려면 다음 문서(http://mng.bz/QPDe)를 읽어보자.

전자상거래 결제를 승인하는 애플리케이션이 있고 다양한 당사자로부터 결제 승인 요청을 받는다고 가정해보자. 16자리 카드번호는 1234-5678-9000-0000 형식으로 제공된다. 이 카드 데이터를 대시(-)로 토큰화하고 4개의 토큰을 개별적으로 추출하려고 한다. 대시 구분 기호를 기준으로 필드를 토큰으로 분할하는 패턴을 만들 수 있다.

  pattern 분석기를 구성하려면 설정 객체에서 pattern_analyzer를 분석기로 설정해 인덱스를 생성해야 한다. 다음 목록은 이러한 구성을 보여준다.

목록 7.16 대시를 기반으로 토큰을 구분하는 pattern 분석기

```
PUT index_with_dash_pattern_analyzer          ◀── 분석기 설정으로
{                                                  인덱스를 생성
  "settings": {
    "analysis": {
      "analyzer": {                           ◀── 설정에서 분석 대상에
        "pattern_analyzer": {                      분석기를 정의
```

```
            "type": "pattern",        ◄─── 분석기 종류를
            "pattern": "[-]",              pattern으로 지정
            "lowercase": true  ◄─── lowercase
        }                              토큰 필터 부착
      }
    }
  }
}
```

대시를 나타내는 정규식 → (가리키는 화살표)

코드에서는 pattern 분석기 설정으로 인덱스를 생성한다. pattern 속성은 자바의 정규식 구
문을 따르는 정규식을 나타낸다. 이 경우 대시를 구분 기호로 설정해 해당 문자를 만나면 텍
스트가 토큰화된다. 이제 인덱스가 있으므로 이 분석기를 실행해본다.

목록 7.17 pattern 분석기 테스트

```
POST index_with_dash_pattern_analyzer/_analyze
{
  "text": "1234-5678-9000-0000",
  "analyzer": "pattern_analyzer"
}
```

이 명령의 출력에는 ["1234","5678","9000","0000"]의 토큰 4개가 포함돼 있다.

텍스트는 다양한 패턴을 기반으로 토큰화될 수 있다. pattern 분석기의 이점을 최대한 활
용하려면 정규식 패턴을 실험해 보는 것이 좋다.

7.3.7 언어 분석기

일래스틱서치는 아랍어, 아르메니아어, 바스크어, 벵골어, 불가리아어, 카탈로니아어, 체코
어, 네덜란드어, 영어, 핀란드어, 프랑스어, 갈리시아어, 독일어, 힌디어, 헝가리어, 인도네
시아어, 아일랜드어, 이탈리아어, 라트비아어, 리투아니아어, 노르웨이어, 포르투갈어, 루마
니아어, 러시아어, 소라니어, 스페인어, 스웨덴어, 터키어 작업을 위한 언어 분석기를 제공
한다. 이러한 기본 언어 분석기에 불용어 필터를 추가해 언어의 불필요한 (또는 일반적인) 단
어를 인덱싱하지 않도록 구성할 수 있다. 다음 목록에서는 세 가지 언어 분석기(영어, 독일어,
힌디어)가 작동하는 모습을 보여준다.

```
POST _analyze
{
  "text": "She sells Sea Shells on the Sea Shore",
  "analyzer": "english"
}
```

영어 분석기를 사용한다. 출력은 ["she", "sell", "sea", "shell", "sea", "shore"]이다.

```
POST _analyze
{
  "text": "Guten Morgen",
  "analyzer": "german"
}
```

독일어 분석기를 사용한다. 출력은 ["gut", "morg"]이다.

```
POST _analyze
{
  "text": "नमस्ते कैसी हो तुम",
  "analyzer": "hindi",
}
```

힌디어 분석기를 사용한다. 출력은 ["नमस्ते", "कैसी", "तुम"]이다.

몇 가지 추가 매개변수를 사용해 언어 분석기를 구성해 자체적인 불용어 목록을 제공하거나 분석기에 어간 추출 작업을 제외하도록 요청할 수 있다. 예를 들어 english 분석기에서 사용하는 불용어 필터는 소수의 단어를 불용어로 분류한다. 요구 사항에 따라 이 목록을 재정의할 수 있다. 예를 들어 a, an, is, and, for만 재정의하려는 경우 다음 목록과 같이 불용어를 구성할 수 있다.

목록 7.19 english 분석기의 맞춤형 불용어가 포함된 인덱싱

```
PUT index_with_custom_english_analyzer
{
  "settings": {
    "analysis": {
      "analyzer": {
        "index_with_custom_english_analyzer": {
          "type": "english",
          "stopwords": [ "a", "an", "is", "and", "for" ]
        }
      }
    }
  }
}
```

분석기 설정으로 인덱스를 생성한다.

맞춤형 이름 제공

여기서 분석기의 종류는 english다.

불용어 세트 제공

```
    }
}
```

맞춤형 english 분석기와 맞춤형 불용어 세트를 사용해 인덱스를 생성한다. 이 분석기로 텍스트를 테스트하면 불용어가 적용된다.

```
POST index_with_custom_english_analyzer/_analyze
{
  "text":"A dog is for a life",
  "analyzer":"index_with_custom_english_analyzer"
}
```

이 코드는 "dog"와 "life"라는 2개의 토큰만 출력한다. a, is 및 for라는 단어는 지정한 불용어와 일치하기 때문에 제거됐다.

언어 분석기에는 항상 구현하고 싶어 하는 또 다른 기능이 있다. 바로 어간 추출이다. 어간 추출은 단어를 어근 형태로 줄이는 메커니즘이다. 예를 들어 author라는 단어의 모든 형태(authors, authoring, authored 등)는 단일 단어 author로 축소된다. 다음 목록에서는 이 동작을 보여준다.

```
POST index_with_custom_english_analyzer/_analyze
{
  "text":"author authors authoring authored",
  "analyzer":"english"
}
```

이 코드는 4개의 토큰(whitespace 토크나이저를 기반으로 함)을 생성하며, 모든 형태의 author에 대한 루트 단어는 author이기 때문에 결과는 모두 "author"다!

그러나 때로는 과도한 어간 추출이 진행되기도 한다. 목록 7.21의 단어 목록에 "authorization" 또는 "authority"를 추가하면 해당 단어도 "author"로 파생돼 인덱싱된다! 분명히 "authority" 또는 "authorization"을 검색할 때 해당 단어가 어간 추출로 인해 역인덱스에 포함되지 않기 때문에 적절한 답변을 찾을 수 없다.

이러한 모든 단어가 손실되는 것은 아니다. 분석기를 통과할 필요가 없는 특정 단어(여기서는 authorization 및 authority)를 무시하도록 english 분석기를 구성할 수 있다. stem_exclusion 속성을 사용해 어간 추출에서 제외할 단어를 구성할 수 있다. 다음 목록에서는 맞춤형 설정으로 인덱스를 생성하고 stem_exclusion 매개변수에 전달해 이를 수행한다.

목록 7.22 맞춤형 stem-exclusion 단어를 사용해 인덱스 생성

```
PUT index_with_stem_exclusion_english_analyzer
{
  "settings": {
    "analysis": {
      "analyzer": {
        "stem_exclusion_english_analyzer": {
          "type": "english",
          "stem_exclusion": [ "authority", "authorization" ]
        }
      }
    }
  }
}
```

이러한 설정으로 인덱스를 생성한 후 다음 단계는 인덱싱 요청을 테스트하는 것이다. 다음 목록에서는 english 분석기를 사용해 텍스트를 테스트한다.

목록 7.23 stem exclusion 사용

```
POST index_with_stem_exclusion_english_analyzer/_analyze
{
  "text": "No one can challenge my authority without my authorization",
  "analyzer": "stem_exclusion_english_analyzer"
}
```

이 코드로 생성된 토큰은 일반적인 토큰에 "authority" 및 "authorization"이라는 2개의 손대지 않은 단어가 더해진 것이다. 이 두 단어는 다른 "어간^{stemmed}" 단어와 함께 출력된다.

또한 언어 분석기를 추가로 사용자 정의할 수도 있다. 다음 절에서는 맞춤형 분석기에 대

해 설명한다.

일반적으로 대부분의 분석기는 사용자가 원하는 것을 수행하지만 때로는 추가 요구 사항에 대해 텍스트 분석을 구현해야 한다. 예를 들어 들어오는 텍스트에서 HTML 태그와 같은 특수 문자를 제거하거나 특정 불용어를 사용하지 않을 수 있다. HTML 태그 제거 작업은 html_strip 문자 필터에 의해 처리되지만 안타깝게도 모든 분석기에 이 기능이 있는 것은 아니다. 이러한 경우 필요한 기능을 구성해 분석기를 사용자 정의할 수 있다. html_strip과 같은 새 문자 필터를 추가하고 stop 토큰 필터를 활성화할 수도 있다. 고급 요구 사항에 맞게 standard 분석기를 구성하는 방법을 살펴본다.

7.4 맞춤형 분석기

일래스틱서치는 분석기와 관련해 많은 유연성을 제공한다. 기성 분석기가 적합하지 않은 경우 자체 맞춤형 분석기를 만들 수 있다. 일래스틱서치 구성 요소 라이브러리의 대규모 저장소에 있는 기존 구성 요소를 혼합하고 맞춰볼 수 있다.

일반적인 방법은 필수 필터와 토크나이저가 포함된 인덱스를 생성할 때 settings에서 맞춤형 분석기를 정의하는 것이다. 문자 및 토큰 필터는 원하는 수만큼 제공할 수 있지만 토크나이저는 하나만 제공할 수 있다(그림 7.12 참조).

▲ 그림 7.12 맞춤형 분석기의 구조

380

그림에서 볼 수 있듯이 type을 custom으로 설정해 인덱스에 대한 맞춤형 분석기를 정의한다. 우리의 맞춤형 분석기는 char_filter 객체로 표시되는 문자 필터 배열과 filter 속성으로 표시되는 토큰 필터 배열로 개발했다.

|**노트**| 개인적으로 일래스틱서치 개발자는 char_filter와 일치하도록 필터 객체의 이름을 token_filter로 지정해야 한다고 생각한다. 그리고 복수형 이름(char_filters 및 token_filters)을 사용하는 것도 문자열화된 필터 배열을 기대하기 때문에 더 의미가 있을 것이다!

기성 토크나이저 목록에서 맞춤형 구성을 사용해 토크나이저를 제공한다. 이러한 예를 살펴보자. 목록 7.24는 맞춤형 분석기를 개발하기 위한 스크립트를 보여준다. 여기에는 다음이 포함된다.

- 입력 필드에서 HTML 문자를 제거하는 문자 필터(html_strip)
- 공백과 구두점을 기반으로 필드를 토큰화하는 standard 토크나이저
- 대문자 단어에 대한 토큰 필터

목록 7.24 필터와 토크나이저를 갖춘 맞춤형 분석기

```
PUT index_with_custom_analyzer
{
  "settings": {
    "analysis": {
      "analyzer": {                    ← 맞춤형 분석기를 지정
        "custom_analyzer": {           ← 일래스틱서치가 맞춤형 분석기에 대해 알 수 있도록 type은 custom이어야 한다.
          "type": "custom",
          "char_filter": [ "html_strip" ],    ← 문자 필터 배열
          "tokenizer": "standard",
          "filter": [ "uppercase" ]    ← 단일 토크나이저 선언 (여기서는 standard)
        }
      }
    }
  }
}
```

들어오는 토큰을 대문자로 바꾸는 토큰 필터

다음 코드 조각을 사용해 분석기를 테스트할 수 있다.

```
POST index_with_custom_analyzer/_analyze
{
  "text": "<H1>HELLO, WoRLD</H1>",
  "analyzer": "custom_analyzer"
}
```

이 코드는 ["HELLO", "WORLD"]라는 2개의 토큰을 생성한다. html_strip 필터는 standard 토크나이저가 공백 구분 기호를 기반으로 필드를 2개의 토큰으로 분할하기 전에 H1 HTML 태그를 제거했다. 마지막으로 토큰은 대문자 토큰 필터를 통과하면서 대문자로 표시됐다.

맞춤화는 다양한 요구 사항을 충족하는 데 도움이 되지만 훨씬 더 발전된 결과를 얻을 수도 있다.

7.4.1 고급 맞춤형

대부분의 경우 분석기 구성 요소의 기본 구성이 작동하지만 때로는 구성 요소에 대해 기본이 아닌 구성으로 분석기를 만들어야 하는 경우도 있다. 예를 들어 매핑 문자 필터를 사용해 문자 &를 단어에 매핑하고 < 및 > 문자를 각각 less than 및 greater than에 매핑할 수 있다.

텍스트에서 그리스 문자를 구문 분석하고 그리스 문자 목록을 생성하는 맞춤형 분석기를 개발하는 것이 요구 사항이라고 가정해 보자. 다음 코드는 이러한 분석 설정을 사용해 인덱스를 생성한다.

목록 7.25 맞춤형 분석기를 사용해 그리스 문자 추출

```
PUT index_with_parse_greek_letters_custom_analyzer
{
  "settings": {
    "analysis": {
      "analyzer": {
        "greek_letter_custom_analyzer": {        ◄── 맞춤형 그리스 문자 파서
          "type": "custom",                           분석기를 생성
          "char_filter": [ "greek_symbol_mapper" ],  ◄── 맞춤형 분석기는 맞춤형
          "tokenizer": "standard",                        char_filter로 구성된다.
```

standard 토크나이저는 텍스트를 토큰화한다.

```
        "filter": [ "lowercase", "greek_keep_words" ]       ◀──   2개의 토큰 필터를 제공한다.
      }                                                            greek_keep_words는
    },                              그리스 문자를 정의하고            다음처럼 정의한다.
    "char_filter": {          ◀──   영어 단어에 매핑한다.
      "greek_symbol_mapper": {
        "type": "mapping",
        "mappings": [ "α => alpha", "β => Beta", "γ => Gamma" ]  ◀──   실제 매핑: 기호와
      }                                                                해당 값 목록
    },
    "filter": {                     모든 필드 값을 인덱싱하고
      "greek_keep_words": {    ◀──  싶지 않고, 유지할 단어와 일치하는
        "type": "keep",             단어만 인덱싱하고 싶다.
        "keep_words": [ "alpha", "beta", "gamma" ]    ◀──   keep_words 외의
      }                                                      다른 모든 단어는 제거된다.
    }
  }
}
```

이 코드는 다소 부족하긴 해도 이해하긴 쉽다. 맞춤형 분석기를 정의하는 첫 번째 부분에서는 필터 목록(필요한 경우 문자 및 토큰 필터 모두)과 토크나이저를 제공한다. 이를 분석기 정의의 진입점으로 생각할 수 있다.

코드의 두 번째 부분에서는 앞에서 선언한 필터를 정의한다. 예를 들어 새로운 char_filter 부분에서 다시 선언된 greek_symbol_mapper는 매핑 집합이 있는 필터 유형으로 매핑을 사용한다. keep_words 필터를 정의하는 필터 블록도 마찬가지다. 이 필터는 keep_words 목록에 없는 모든 단어를 제거한다.

이제 분석을 위한 테스트 샘플을 실행할 수 있다. 다음 목록의 문장은 테스트 분석 단계를 통과해야 한다.

목록 7.26 일반 텍스트에서 그리스 문자 구문 분석

```
POST index_with_parse_greek_letters_custom_analyzer/_analyze
{
  "text": "α and β are roots of a quadratic equation. γ isn't",
  "analyzer": "greek_letter_custom_analyzer"
}
```

그리스 문자(α, β, γ)는 맞춤형 분석기^{greek_letter_custom_analyzer}에서 처리돼 다음을 출력한다.

```
"alpha","beta","gamma"
```

roots와 quadratic equation 같은 나머지 단어는 제거된다.

　　지금까지 기본 제공 분석기와 맞춤형 분석기를 포함해 자세히 살펴봤다. 필드 수준뿐만 아니라 인덱스 또는 쿼리 수준에서도 분석기를 구성할 수 있다. 또한 요구 사항에 따라 검색 어에 대해 다른 분석기를 지정할 수도 있다. 다음 절에서 이러한 사항을 알아본다.

7.5 분석기 지정

분석기는 인덱스, 필드 및 쿼리 수준에서 지정할 수 있다. 인덱스 수준에서 분석기를 선언하 면 모든 텍스트 필드에 대한 인덱스 전체 기본 포괄 분석기가 제공된다. 그러나 필드 수준에 서 추가적인 사용자 정의가 필요한 경우 해당 수준에서 다른 분석기를 활성화할 수도 있다. 또한 검색 시 인덱스-시간^{index-time} 분석기 대신 다른 분석기를 제공할 수도 있다. 각 옵션을 살펴보자.

7.5.1 인덱싱을 위한 분석기

때로는 이름 필드를 simple 분석기와 연결하고 신용 카드 번호 필드를 pattern 분석기와 연 결하는 등 다양한 분석기로 서로 다른 필드를 설정해야 하는 요구 사항이 있을 수 있다. 다행 히 일래스틱서치를 사용하면 필요에 따라 개별 필드에 다양한 분석기를 설정할 수 있다. 마 찬가지로 매핑 프로세스 중에 특정 분석기와 명시적으로 연결되지 않은 모든 필드가 인덱스 수준 분석기를 상속하도록 인덱스별로 기본 분석기를 설정할 수 있다.

필드 수준 분석기

인덱스의 매핑 정의를 생성하는 동안 필드 수준에서 필수 분석기를 지정할 수 있다. 다음 코 드는 인덱스 생성 중에 이를 수행하는 방법을 보여준다.

```
PUT authors_with_field_level_analyzers
{
  "mappings": {
    "properties": {
      "name": {
        "type": "text"            ◀──── standard 분석기
      },                                 사용
      "about": {
        "type": "text",
        "analyzer": "english"     ◀──── english 분석기를
      },                                 명시적으로 설정
      "description": {
        "type": "text",
        "fields": {
          "my": {
            "type": "text",
            "analyzer": "fingerprint"  ◀──── 다중 필드에서의
          }                                   fingerprint 분석기
        }
      }
    }
  }
}
```

about 및 description 필드는 standard 분석기를 암묵적으로 상속하는 name 필드를 제외하고
는 서로 다른 분석기로 지정된다.

인덱스 수준 분석기

인덱스 수준에서 원하는 기본 분석기를 설정할 수도 있다. 다음 목록은 이를 보여준다.

```
PUT authors_with_default_analyzer
{
  "settings": {
    "analysis": {
```

```
      "analyzer": {                    이 속성을 설정하면 인덱스의
        "default": {        ◀───       기본 분석기가 설정된다.
          "type": "keyword"
        }
      }
    }
  }
}
```

사실상 keyword 분석기의 기본값인 standard 분석기를 대체하고 있다. 인덱스에서 _analyze 엔드포인트를 호출해 분석기를 테스트할 수 있다.

목록 7.29 기본 분석기 테스트

```
PUT authors_with_default_analyzer/_analyze
{
  "text":"John Doe"
}
```

이 코드는 소문자나 토큰화 없이 단일 토큰 "John Doe"를 출력하며 이는 keyword 분석기가 이를 분석했음을 나타낸다. standard 분석기를 사용해 동일한 코드를 시험해 보면 차이점을 알 수 있다.

인덱스 수준 또는 필드 수준에서 분석기를 설정하는 것은 인덱싱 프로세스 중에 작동한다. 그러나 쿼리 프로세스 중에 다른 분석기를 사용할 수도 있다. 그 이유와 방법을 살펴보자.

7.5.2 검색용 분석기

일래스틱서치를 사용하면 인덱싱 중이 아닌 쿼리 시간 동안 다른 분석기를 지정할 수 있다. 이 절에서는 이 두 가지 방법과 다양한 수준에서 정의된 분석기를 선택할 때 일래스틱서치가 따르는 몇 가지 규칙을 살펴본다.

쿼리의 분석기

아직 검색에 대해 자세히 살펴보지 않았으므로 다음 목록이 다소 당황스럽더라도 검색에 대해서는 다음 몇 장에서 설명할 예정이므로 걱정하지 말자.

```
GET authors_index_for_search_analyzer/_search
{
  "query": {
    "match": {                    주어진 조건에 맞는
                                  모든 저자를 검색하는 쿼리
      "author_name": {
        "query": "M Konda",
        "analyzer": "simple"      이 분석기는 명시적으로
      }                           지정되며 일반적으로 필드가
    }                             인덱싱된 분석기와 다르다.
  }
}
```

저자를 검색할 때 분석기를 명시적으로 지정한다(author_name 필드는 아마도 다른 유형의 분석기를 사용해 인덱싱됐을 것이다!).

필드 수준에서 분석기 설정

두 번째 메커니즘은 필드 수준에서 검색 관련 분석기를 설정한다. 인덱싱 목적으로 필드에 분석기를 설정한 것처럼 필드에 search_analzyer라는 속성을 추가해 검색 분석기를 지정할 수 있다.

```
PUT authors_index_with_both_analyzers_field_level
{
  "mappings": {
    "properties": {
      "author_name": {
        "type": "text",
        "analyzer": "stop",
        "search_analyzer": "simple"
      }
    }
  }
}
```

author_name 필드에는 인덱싱을 위한 stop 분석기와 검색 시간을 위한 simple 분석기로 설정된다.

인덱스 수준의 기본 분석기

인덱스 생성 시 인덱스에 필요한 분석기를 설정해 인덱싱 시간과 마찬가지로 검색 쿼리에 대한 기본 분석기를 설정할 수도 있다.

목록 7.32 검색 및 인덱싱을 위한 기본 분석기 설정

```
PUT authors_index_with_default_analyzer
{
  "settings": {
    "analysis": {
      "analyzer": {
        "default_search": {          ◀── default_search 속성을 사용해
          "type": "simple"                인덱스에 대한 기본 검색 분석기를
        },                                설정
        "default": {          ◀── 인덱스에 대한
          "type": "standard"        기본 분석기
        }
      }
    }
  }
}
```

인덱싱과 검색을 동시에 수행하기 위한 기본 분석기를 설정한다. 쿼리 시점이 아닌 인덱싱 시점에도 필드 수준에서 검색 분석기를 설정할 수 있는지 궁금할 수 있다. 다음 목록은 이를 정확하게 보여준다. 인덱스를 생성하는 동안 필드 수준에서 인덱싱 및 검색을 위해 다양한 분석기를 설정한다.

목록 7.33 인덱스 생성 시점에 인덱스/검색 분석기 지정

```
PUT authors_index_with_both_analyzers_field_level
{
  "mappings": {
    "properties": {
```

```
      "author_name": {
        "type": "text",
        "analyzer": "standard",
        "search_analyzer": "simple"
      }
    }
  }
}
```

author_name 필드는 인덱싱을 위해 standard 분석기를 사용하고 검색 중에는 simple 분석기를 사용한다.

우선순위

엔진은 다양한 수준에서 분석기를 찾을 때 다음 우선순위에 따라 분석기를 사용하기 시작한다(가장 높은 우선순위부터).

1. 쿼리 수준에서 정의된 분석기
2. 인덱스 매핑 정의 시 필드에 search_analyzer 속성을 설정해 정의한 분석기
3. 인덱스 수준에서 정의된 분석기
4. 필드 또는 인덱스에 설정된 인덱싱 분석기

이제 기본 제공 분석기와 맞춤형 분석기를 만드는 방법을 이해했으므로 이제 분석기의 개별 구성 요소를 자세히 살펴본다. 다음 3개의 절에서는 이러한 분석기를 구성하는 구성 요소인 토크나이저, 문자 및 토큰 필터를 살펴본다. 우선 문자 필터부터 시작해 보자.

7.6 문자 필터

사용자가 답변을 검색할 때 구두점이나 특수 문자를 사용해 검색하지는 않을 것이라고 예상한다. 예를 들어 사용자가 "can't find my key!!!"보다는 "can't find my key"(구두점 없이)를 검색할 가능성이 높다. 마찬가지로 사용자는 HTML 태그를 사용해 "⟨h1⟩Where is my cheese?⟨/h1⟩"라는 문자열을 검색해서는 안 된다. 또한 사용자가 "⟨Operation⟩callMe⟨/

Operation〉"과 같은 XML 태그를 사용해 검색할 것으로 예상하지 않는다. 검색 조건을 불필요한 문자로 오염시킬 필요가 없다. 또한 사용자가 기호("알파" 대신 α 또는 "베타" 대신 β)를 사용해 검색하는 것을 원하지는 않는다.

이러한 가정을 바탕으로 문자 필터를 사용해 들어오는 텍스트를 분석하고 정리할 수 있다. 문자 필터는 입력 스트림에서 원하지 않는 문자를 제거하는 데 도움이 된다. 선택 사항이지만 문자 필터가 사용되는 경우 이 분석기 모듈의 첫 번째 구성 요소로 형성된다.

분석기에는 0개 이상의 문자 필터가 있을 수 있다. 문자 필터는 다음과 같은 특정 기능을 수행한다.

- 입력 스트림에서 원하지 않는 문자를 제거한다. 예를 들어 수신 텍스트에 "〈h1〉Where is my cheese?〈/h1〉"와 같은 HTML 마크업이 있는 경우 〈h1〉 및 〈/h1〉 태그를 삭제해야 한다.
- 기존 스트림에 추가적인 문자를 추가하거나 대체한다. 입력 필드에 0과 1이 포함돼 있으면 이를 각각 "false"와 "true"로 바꿀 수 있다. 또는 입력 스트림에 문자 β가 포함돼 있으면 이를 "beta"라는 단어에 매핑하고 필드를 인덱싱할 수 있다.

분석기를 구성하기 위해 `html_strip`, `mapping`, `pattern` 필터라는 세 가지 문자 필터를 사용할 수 있다. 앞서 이러한 기능이 실제로 작동하는 것을 봤고 그 의미를 간략하게 살펴본다.

7.6.1 HTML 스트립(hmtl_strip) 필터

이름에서 알 수 있듯이 이 필터는 입력 필드에서 원치 않는 HTML 태그를 제거한다. 예를 들어 `<h1>Where is my cheese?</h1>` 값이 있는 입력 필드가 `html_strip` 문자 필터에 의해 처리되면 `<h1>` 및 `</h1>` 태그가 제거되고 "Where is my cheese?"가 남는다. `_analyze` API를 사용해 `html_strip` 문자 필터를 테스트할 수 있다.

목록 7.34 html_strip 문자 필터 실행

```
POST _analyze
{
  "text":"<h1>Where is my cheese?</h1>",
```

```
  "tokenizer": "standard",
  "char_filter": ["html_strip"]
}
```

문자 필터는 단순히 입력 필드에서 HTML 태그를 제거하고 "Where", "is", "my" 및 "Cheese" 토큰을 생성한다. 그러나 특정 HTML 태그에 대한 입력 필드를 구문 분석하지 않아야 할 수도 있다. 예를 들어 비즈니스 요구 사항은 다음 입력에서 <h1> 태그를 제거하고 미리 형식화된(<pre>) 태그를 유지하는 것일 수 있다.

```
<h1>Where is my cheese?</h1>
<pre>We are human beings who look out for cheese constantly!</pre>
```

구문 분석되지 않은 상태로 둘 태그 목록이 포함된 escaped_tags 배열을 추가하도록 html_strip 필터를 구성할 수 있다. 첫 번째 단계는 필요한 맞춤형 분석기를 사용해 인덱스를 만드는 것이다.

목록 7.35 필터 구성이 추가된 맞춤형 분석기

```
PUT index_with_html_strip_filter
{
  "settings": {
    "analysis": {
      "analyzer": {
        "custom_html_strip_filter_analyzer": {
          "tokenizer": "keyword",
          "char_filter": [ "my_html_strip_filter" ]    ◀── 맞춤형 문자 필터를
        }                                                   선언한다.
      },
      "char_filter": {
        "my_html_strip_filter": {
          "type": "html_strip",
          "escaped_tags": [ "h1" ]   ◀── escaped_tags 속성은 입력 필드의
        }                                 〈h1〉 태그 구문 분석을 무시한다.
      }
    }
  }
}
```

이 인덱스에는 html_strip 문자 필터로 구성된 맞춤형 분석기가 있다. 이 예에서 html_strip 은 <h1> 태그를 그대로 유지하도록 지정하는 escaped_tags 옵션을 사용하도록 확장됐다. 이 를 테스트하기 위해 다음 코드를 실행할 수 있다.

목록 7.36 맞춤형 분석기 테스트

```
POST index_with_html_strip_filter/_analyze
{
  "text": "<h1>Hello,</h1> <h2>World!</h2>",
  "analyzer": "custom_html_strip_filter_analyzer"
}
```

이 코드는 <h1> 태그가 있는 단어를 그대로 두고 <h2> 태그를 제거한다. 결과적으로 "<h1>Hello,</h1> World!"가 출력된다.

7.6.2 매핑 문자 필터

매핑 문자 필터의 유일한 작업은 키를 일치시키고 이를 값으로 바꾸는 것이다. 그리스 문자 를 영어 단어로 변환하는 이전 예에서 매핑 필터는 기호를 구문 분석하고 이를 단어(α는 alpha, β는 beta 등)로 대체했다.

매핑 문자 필터를 테스트해 보자. 다음 목록에서는 매핑 필터로 구문 분석할 때 "UK"가 "United Kingdom"으로 대체된다.

목록 7.37 매핑 문자 필터 실행

```
POST _analyze
{
  "text": "I am from UK",
  "char_filter": [{
    "type": "mapping",
    "mappings": [ "UK => United Kingdom" ]
  }]
}
```

구성된 매핑 문자 필터를 사용해 맞춤형 분석기를 생성하려면 이전과 동일한 프로세스에 따라 분석기 설정 및 필수 필터가 포함된 인덱스를 생성한다. 이 예에서는 매핑 문자 필터를 첨부하기 위해 keyword 분석기를 맞춤형하는 절차를 보여준다.

목록 7.38 매핑 문자 필터가 있는 keyword 분석기

```
PUT index_with_mapping_char_filter
{
  "settings": {
    "analysis": {
      "analyzer": {
        "my_social_abbreviations_analyzer": {        ◀── 매핑 문자 필터를 갖춘
                                                         맞춤형 분석기
          "tokenizer": "keyword",
          "char_filter": [                           ◀── 문자 필터
            "my_social_abbreviations"                    선언
          ]
        }
      },
      "char_filter": {                               ◀── mappings를 사용해 정의된
        "my_social_abbreviations": {                     문자 필터를 확장
          "type": "mapping",
          "mappings": [                              ◀── mappings 객체의 매핑 집합을
            "LOL => laughing out loud",                  이름-값 쌍으로 제공
            "BRB => be right back",
            "OMG => oh my god"
          ]
        }
      }
    }
  }
}
```

필터 이름을 지정: 여기서는 mapping →

맞춤형 분석기 설정으로 인덱스를 생성하고 문자 필터에 매핑을 제공했다. 이제 _analyze API를 사용해 테스트할 수 있다.

```
POST index_with_mapping_char_filter/_analyze
{
  "text": "LOL",
  "analyzer": "my_social_abbreviations_analyzer"
}
```

텍스트 결과는 "token": "laughing out loud"이며, 이는 "LOL"이 완전한 형태인 "laughing out loud"로 대체됐음을 나타낸다.

7.6.3 파일을 통한 매핑

정의에서 매핑을 직접 지정하는 대신 매핑이 포함된 파일을 제공할 수도 있다. 목록 7.40은 외부 파일인 secret_organizations.txt에서 로드된 매핑과 함께 문자 필터를 사용한다(config 폴더가 없는 경우 이 파일을 만들어야 한다). 파일은 일래스틱서치의 config 디렉터리(〈INSTALL_DIR〉/elasticsearch/config)에 있거나 해당 파일이 있는 절대 경로로 입력돼야 한다.

목록 7.40 파일을 통해 외부 매핑 로드

```
POST _analyze
{
  "text": "FBI and CIA are USA's security organizations",
  "char_filter": [
    {
      "type": "mapping",
      "mappings_path": "secret_organizations.txt"
    }
  ]
}
```

secret_organizations.txt 샘플 파일은 다음 데이터로 구성돼야 한다.

```
FBI=>Federal Bureau of Investigation
CIA=>Central Intelligence Agency
USA=>United States of America
```

7.6.4 pattern_replace 문자 필터

pattern_replace 문자 필터는 이름에서 알 수 있듯이 필드가 정규식(regex)과 일치할 때 문자를 새 문자로 교체한다. 목록 7.38과 동일한 코드 패턴을 따라, pattern_replace 문자 필터와 연관된 분석기를 사용해 인덱스를 생성해 보자.

목록 7.41 pattern_replace 문자 필터 사용

```
PUT index_with_pattern_replace_filter
{
  "settings": {
    "analysis": {
      "analyzer": {
        "my_pattern_replace_analyzer": {          ◀── pattern_replace 문자 필터를 가진
          "tokenizer": "keyword",                     맞춤형 분석기
          "char_filter": [
            "pattern_replace_filter"              ◀── pattern_replace 필터를
          ]                                           선언
        }
      },
      "char_filter": {                            ◀── 정의된 pattern_replace 필터를
        "pattern_replace_filter": {                   옵션으로 확장
          "type": "pattern_replace",
          "pattern": "_",                         ◀── 검색하고 바꿀 패턴을
          "replacement": "-"                          나타낸다.
        }                                         ◀── 대체할 값을
      }                                               정의
    }
  }
}
```

이 필터 유형이 pattern_replace 임을 나타낸다

이 코드는 일치하는 입력 필드의 값을 밑줄(_) 문자에서 대시(-)로 교체한다. 다음 코드를 사용해 분석기를 테스트할 수 있다.

목록 7.42 맞춤형 패턴 대체 문자 필터 테스트

```
POST index_with_pattern_replace_filter/_analyze
{
```

```
  "text": "Apple_Boy_Cat",
  "analyzer": "my_pattern_replace_analyzer"
}
```

출력은 모든 밑줄이 대시로 대체된 "Apple-Boy-Cat"이다.

입력 텍스트에서 원치 않는 문자가 제거됐지만 구분 기호, 패턴 및 기타 조건에 따라 텍스트를 개별 토큰으로 분할하는 작업이 남아 있다. 해당 작업은 다음 절에서 설명하는 토크나이저 구성 요소에 의해 수행된다.

7.7 토크나이저

토크나이저의 임무는 특정 기준에 따라 토큰을 생성하는 것이다. 토크나이저는 들어오는 입력 필드를 일반적으로 문장의 개별 단어인 토큰으로 분할한다. 일래스틱서치는 12개 이상의 토크나이저를 제공하며, 각 토크나이저는 토크나이저의 정의에 따라 필드를 토큰화한다.

> |노트| 알다시피 이 책에서 모든 토크나이저에 대해 논의하는 것은 읽기도 지루하며 실용적이지도 않다. 여기서는 개념과 메커니즘을 이해할 수 있도록 몇 가지 중요하고 인기 있는 토크나이저를 선택했다. 예제 코드는 책의 파일과 함께 제공된다.

7.7.1 standard 토크나이저

standard 토크나이저는 단어 경계(공백 구분 기호)와 구두점(쉼표, 하이픈, 콜론, 세미콜론 등)을 기준으로 텍스트를 토큰으로 분할한다. 다음 코드는 _analyze API를 사용해 필드에서 토크나이저를 실행한다.

```
POST _analyze
{
  "text": "Hello,cruel world!",
  "tokenizer": "standard"
}
```

결과적으로 "Hello", "cruel", "world"라는 세 가지 토큰이 생성된다. 쉼표와 공백은 필드를 개별 토큰으로 토큰화하는 구분 기호 역할을 한다.

　　standard 분석기에는 사용자 정의할 수 있는 속성은 max_token_length 하나뿐이다. 이 속성은 정의된 크기(기본 크기는 255)의 토큰을 생성한다. 맞춤형 토크나이저를 사용하는 맞춤형 분석기를 생성해 이 속성을 설정할 수 있다.

목록 7.43 맞춤형 토크나이저가 있는 인덱스

```
PUT index_with_custom_standard_tokenizer
{
  "settings": {
    "analysis": {
      "analyzer": {
        "custom_token_length_analyzer": {          ◀── 맞춤형 토크나이저에 대한 포인터를
          "tokenizer": "custom_token_length_tokenizer"   사용해 맞춤형 분석기를 생성
        }
      },
      "tokenizer": {
        "custom_token_length_tokenizer": {
          "type": "standard",
          "max_token_length": 2          ◀── 2자로 설정된 max_token_length
        }                                      맞춤형 토크나이저
      }
    }
  }
}
```

7.7.1절에서 문자 필터 유형에 대한 맞춤형 구성 요소를 사용해 인덱스를 생성한 방법과 유사하게 standard 토크나이저를 포함하는 맞춤형 분석기를 사용해 인덱스를 생성할 수 있다. 그러면 토크나이저는 max_token_length(목록 7.43에서 길이가 2로 설정)를 통해 확장 가능하다. 인덱스가 생성되면 _analyze API를 사용해 필드를 테스트할 수 있다.

목록 7.44 토크나이저의 토큰 크기 테스트

```
POST index_with_custom_standard_tokenizer/_analyze
{
```

```
  "text": "Bond",
  "analyzer": "custom_token_length_analyzer"
}
```

이 코드는 두 문자의 토큰 크기에 대한 요청을 받아들여 "Bo"와 "nd"라는 2개의 토큰을 생성한다.

7.7.2 ngram과 edge_ngram 토크나이저

n-gram 토크나이저에 대해 알아보기 전에 n-gram, edge n-gram, shingle에 관해 요약해본다. n-gram은 주어진 단어로부터 준비된 주어진 크기의 단어 시퀀스다. coffee라는 단어를 예로 들어보자. 일반적으로 bi-gram이라고 하는 두 글자 n-grams은 "co", "of", "ff", "fe", "ee"이다. 마찬가지로 세 글자 tri-gram은 "cof", "off", "ffe", "fee"이다. 이렇듯 문자의 윈도우를 밀어서 n-gram이 생성된다.

반면 edge n-gram은 주어진 단어의 시작 부분에 문자가 고정된 단어다. 다시 coffee를 예로 사용하면 edge n-gram은 "c", "co", "cof", "coff", "coffe", "coffee"이다. 그림 7.13은 이러한 n-gram과 edge n-gram을 보여준다.

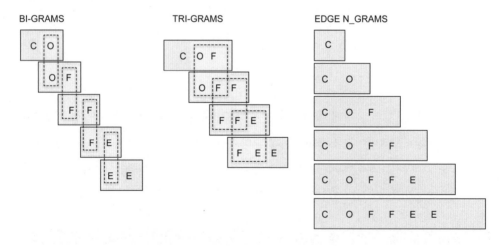

▲ **그림 7.13** 그림으로 표현한 n-gram과 edge n-gram

이름에서 알 수 있듯이 ngram 및 edge_ngram 토크나이저는 n-gram을 내보낸다. 실제로 작동하는 모습을 살펴보자.

ngram 토크나이저

철자와 잘못된 단어를 수정하기 위해 일반적으로 n-gram을 사용한다. ngram 토크나이저는 기본적으로 최소 크기 1, 최대 크기 2의 n-gram을 내보낸다. 예를 들어 다음 코드는 "Bond"라는 단어의 n-gram을 생성한다.

```
POST _analyze
{
  "text": "Bond",
  "tokenizer": "ngram"
}
```

출력은 [B, Bo, o, on, n, nd, d]이다. 각 n-gram은 하나 또는 2개의 문자로 구성된다. 이것이 기본 동작이다. min_gram 및 max_gram 크기를 설정을 변경해 사용자 정의할 수 있다.

목록 7.45 ngram 토크나이저

```
PUT index_with_ngram_tokenizer
{
  "settings": {
    "analysis": {
      "analyzer": {
        "ngram_analyzer": {
          "tokenizer": "ngram_tokenizer"
        }
      },
      "tokenizer": {
        "ngram_tokenizer": {
          "type": "ngram",
          "min_gram": 2,
          "max_gram": 3,
          "token_chars": [
            "letter"
          ]
```

```
        }
      }
    }
  }
}
```

이 ngram 토크나이저의 `min_gram` 및 `max_gram` 속성(각각 2와 3으로 설정)을 사용해 n-gram을 생성하도록 인덱스를 구성할 수 있다. 이 기능을 테스트해 보자.

목록 7.46 ngram 토크나이저 테스트하기

```
POST index_with_ngram_tokenizer/_analyze
{
  "text": "bond",
  "analyzer": "ngram_analyzer"
}
```

그러면, "bo", "bon", "on", "ond", "nd" 같은 n-gram이 생성된다. n-gram에는 2~3개의 문자가 있다.

edge_ngram 토크나이저

동일한 경로를 따라 edge_ngram 토크나이저를 사용해 edge n-gram을 내보낼 수 있다. 다음은 edge_ngram 토크나이저를 사용해 분석기를 생성하는 코드다.

```
..
"tokenizer": {
  "my_edge_ngram_tokenizer": {
    "type": "edge_ngram",
    "min_gram": 2,
    "max_gram": 6,
    "token_chars": [
      "letter",
      "digit"
    ]
  }
}
```

edge_ngram 토크나이저가 맞춤형 분석기에 연결되면, _analyze API를 사용해 필드를 테스트할 수 있다.

```
POST index_with_edge_ngram/_analyze
{
  "text": "bond",
  "analyzer": "edge_ngram_analyzer"
}
```

이 호출은 "b", "bo", "bon", "bond" 같은 edge n-gram을 생성한다. 모든 단어는 첫 글자에 고정돼 있다.

7.7.3 기타 토크나이저

앞서 언급한 것처럼 다른 토크나이저도 있으며, 표 7.4에 간략하게 설명돼 있다. 책의 파일에서 코드 예제를 찾을 수 있다.

▼ **표 7.4** 내장 토크나이저

토크나이저	설명
pattern	필드를 정규식 매치를 사용해 토큰으로 분할한다. 기본 패턴은 비단어 문자(non-word character)가 발견될 때 단어를 분할하는 것이다.
uax_url_email	필드를 구문 분석하고 URL과 이메일을 보존한다. URL과 이메일은 토큰화 없이 있는 그대로 반환된다.
whitespace	공백이 발견되면 텍스트를 토큰으로 분할한다.
keyword	토큰을 건드리지 않는다. 이 토크나이저는 텍스트를 있는 그대로 반환한다.
lowercase	비단어 문자(non-letter)가 발견되면 텍스트를 토큰으로 분할하고 토큰을 소문자로 만든다.
path_hierarchy	파일시스템 폴더 같은 계층적 텍스트를 경로 구분 기호에 따라 토큰으로 분할한다.

분석기의 마지막 구성 요소는 토큰 필터다. 그 임무는 토크나이저가 뱉어낸 토큰을 처리하는 것이다. 다음 절에서 토큰 필터에 대해 간략하게 설명한다.

7.8 토큰 필터

토크나이저에 의해 생성된 토큰은 토큰 소문자화(또는 대문자화), 동의어 제공, 어간 추출, 아포스트로피나 기타 구두점 제거 등과 같은 추가적인 강화와 개선이 필요할 수 있다. 토큰 필터는 토큰에 대해 작동해 이러한 변환을 수행한다.

일래스틱서치는 거의 50개에 달하는 토큰 필터를 제공하며, 여기서는 그 모두를 논의할 수는 없으므로 몇 가지만 살펴본다. 나머지 토큰 필터에 대해 알아보려면 공식 문서를 참조한다. 토큰 필터는 간단히 토크나이저에 연결하고 _analyze API를 호출해 테스트할 수 있다.

목록 7.47 토크나이저를 사용해 토큰 필터 추가

```
GET _analyze
{
  "tokenizer" : "standard",
  "filter" : ["uppercase","reverse"],
  "text" : "bond"
}
```

filter에는 토큰 필터 배열을 입력한다. 예를 들어 여기서는 uppercase 및 reverse 필터를 제공한다. 출력은 "DNOB"이다("bond"에서 대문자로 바꾸고 문자 순서가 반전됐다).

다음 목록처럼 맞춤형 분석기에 필터를 연결할 수도 있다. 그런 다음 토큰 필터를 연결하는 방법을 알고 있으므로 몇 가지 예를 살펴본다.

목록 7.48 추가 필터가 있는 맞춤형 분석기

```
PUT index_with_token_filters
{
  "settings": {
    "analysis": {
      "analyzer": {                           ┌─ 맞춤형 분석기를
        "token_filter_analyzer": {  ◀─────────┘  정의
          "tokenizer": "standard",
          "filter": [ "uppercase", "reverse" ]  ◀─┐ 토큰 필터를
        }                                          └ 필터 배열로 제공
      }
    }
  }
```

```
    }
}
```

7.8.1 스테머 필터

7장의 앞부분에서 설명했듯이 어간 추출은 단어를 어근 단어로 줄인다(예를 들어 bark는 barking의 어근이다). 일래스틱서치는 단어를 어근 형태로 줄여주는 기본 스테머stemmer를 제공한다. 다음 목록은 예를 보여준다.

목록 7.49 스테머를 토큰 필터로 사용

```
POST _analyze
{
  "tokenizer": "standard",
  "filter": ["stemmer"],
  "text": "barking is my life"
}
```

이 코드가 실행되면 "bark", "is", "my", "life"와 같은 토큰 목록이 생성된다. 원래 단어 "barking"은 "bark"로 변환된다.

7.8.2 shingle 필터

shingle싱글은 문자 수준에서 n-gram을 내보내는 n-gram이나 edge n-gram과 달리 토큰 수준에서 생성된 단어 n-gram이다. 예를 들어 "james bond"라는 텍스트는 "james"와 "james bond"라는 싱글을 생성한다. 다음은 shingle 필터의 예다.

```
POST _analyze
{
  "tokenizer": "standard",
  "filter": ["shingle"],
  "text": "java python go"
}
```

결과는 [java, java python, python, python go, go]이다. 필터의 기본 동작은 유니그램^{unigram}과 두 단어로 구성된 n-gram을 내보내는 것이다. 맞춤형 shingle 필터를 사용해 맞춤형 분석기를 만들어 이 기본 동작을 변경할 수 있다.

목록 7.50 shingle에 대한 맞춤형 분석기 작성

```
PUT index_with_shingle
{
  "settings": {
    "analysis": {
      "analyzer": {
        "shingles_analyzer": {
          "tokenizer": "standard",
          "filter": [                          shingle 필터를 이용한
            "shingles_filter"     ◄─────       맞춤형 분석기 생성
          ]
        }
      },
      "filter": {
        "shingles_filter": {     ◄─┐          shingle 필터의 속성
          "type": "shingle",        └────     (최소 및 최대 shingle 크기)
          "min_shingle_size": 2,
          "max_shingle_size": 3,
          "output_unigrams": false   ◄──┐     단일 단어의
        }                               └──   출력을 끈다.
      }
    }
  }
}
```

일부 텍스트에서 이 코드를 호출하면 두세 단어로 구성된 그룹이 생성된다.

목록 7.51 shingle 분석기 실행

```
POST index_with_shingle/_analyze
{
  "text": "java python go",
  "analyzer": "shingles_analyzer"
}
```

2단어 및 3단어 shingle만 생성하도록 필터를 구성했기 때문에 분석기는 [java python, java python go, python go]를 반환한다. "java", "python" 등과 같은 유니그램(한 단어로 된 shingle)은 필터에서 해당 출력을 비활성화했기 때문에 출력에서 제거된다.

7.8.3 synonym 필터

이전에 자세한 설명 없이 synonym(동의어)을 다뤘다. 동의어는 같은 의미를 지닌 다른 단어다. 예를 들어 사용자가 "football" 또는 "soccer"(미국에서는 후자를 축구라고 부른다)를 검색하는 경우 두 검색 중 하나는 축구 경기를 가리켜야 한다. 동의어 필터는 검색 시 더욱 풍부한 사용자 경험을 제공하기 위해 단어 집합을 생성한다.

일래스틱서치는 동의어 토큰 필터로 분석기를 구성해 단어 집합과 동의어를 제공할 것으로 기대한다. 다음 목록과 같이 인덱스 설정에 동의어 필터를 만든다.

> **목록 7.52 동의어 필터를 사용해 인덱스 생성**

```
PUT index_with_synonyms
{
  "settings": {
    "analysis": {
      "filter": {
        "synonyms_filter": {
          "type": "synonym",
          "synonyms": [ "soccer => football" ]
        }
      }
    }
  }
}
```

여기서는 동의어 유형과 연관된 동의어 목록(soccer는 football이라는 대체 이름으로 처리된다)을 생성한다. 이 필터를 사용해 인덱스를 구성하면 텍스트 필드를 테스트할 수 있다.

```
POST index_with_synonyms/_analyze
{
  "text": "What's soccer?",
```

```
    "tokenizer": "standard",
    "filter": ["synonyms_filter"]
}
```

그러면 "What's"와 "football"이라는 2개의 토큰이 생성된다. soccer라는 단어는 동의어로
대체된다.

　　목록 7.52에서 했던 것처럼 동의어를 하드코딩하는 대신 파일시스템의 파일을 통해 동의
어를 제공할 수 있다. 이를 위해 synonyms_path 변수에 파일 경로를 입력한다.

목록 7.53 파일로부터 적재된 동의어

```
PUT index_with_synonyms_from_file_analyzer
{
  "settings": {
    "analysis": {
      "analyzer": {
        "synonyms_analyzer": {
          "type": "standard",
          "filter": [
              "synonyms_from_file_filter"
            ]
          }
      },
      "filter": {
        "synonyms_from_file_filter": {
          "type": "synonym",
          "synonyms_path": "synonyms.txt"  ◀─── 동의어 파일의
          }                                      상대 경로
        }
      }
    }
}
```

$ELASTICSEARCH_HOME/config 아래에 다음 내용이 포함된 synonyms.txt라는 파일을
생성하자.

406

목록 7.54 동의어 집합이 포함된 synonyms.txt 파일

```
important=>imperative
beautiful=>gorgeous
```

상대 또는 절대 경로를 사용해 파일을 호출할 수 있다. 상대 경로는 일래스틱서치 설치 폴더의 config 디렉터리를 가리킨다. 다음 입력으로 _analyze API를 호출해 이 분석기를 테스트할 수 있다.

목록 7.55 동의어 테스트

```
POST index_with_synonyms_from_file_analyzer/_analyze
{
  "text": "important",
  "tokenizer": "standard",
  "filter": ["synonyms_from_file_filter"]
}
```

응답으로 "imperative" 토큰을 얻는다. 이는 동의어가 config 폴더에 삭제된 synonyms.txt 파일에서 선택됐음을 의미한다. 일래스틱서치가 실행되는 동안 이 파일에 더 많은 값을 추가하고 시도해 볼 수도 있다.

이제 마무리할 시간이다! 7장은 8장에서 시작할 검색에 대한 논의를 하기 위한 기초이며, 검색 기능을 심층적으로 사용하는 데 필요한 모든 배경지식을 완성했다.

요약

- 일래스틱서치는 텍스트 분석 프로세스를 통해 텍스트 필드를 분석한다. 텍스트 분석은 내장 분석기나 맞춤형 분석기를 사용해 수행된다. 텍스트가 아닌 필드는 분석되지 않는다.
- 텍스트 분석은 토큰화와 정규화의 두 단계로 구성된다. 토큰화는 입력 필드를 개별 단어 또는 토큰으로 분할하고 정규화는 단어를 향상시킨다(예를 들어 동의어로 변경, 어간 추출 및 제거).

- 일래스틱서치는 텍스트 분석을 수행하기 위해 분석기라는 소프트웨어 모듈을 사용한다. 분석기는 문자 필터, 토큰 필터, 토크나이저로 구성된 패키지다.

- 일래스틱서치는 인덱싱 및 검색 중에 분석기가 명시적으로 제공되지 않으면 기본적으로 standard 분석기를 사용한다. standard 분석기는 문자 필터가 없고 standard 토크나이저와 2개의 토큰 필터(lowercase 및 stop)를 사용하지만 stop 필터는 기본적으로 꺼져 있다.

- 모든 분석기에는 토크나이저가 하나만 있어야 하지만 0개 이상의 문자 또는 토큰 필터가 있을 수는 있다.

- 문자 필터는 입력 필드에서 원하지 않는 문자를 제거하는 데 도움된다. 토크나이저는 문자 필터로 처리된 필드(또는 문자 필터가 선택 사항이므로 원시 필드)에 작용한다. 토큰 필터는 토크나이저가 내보낸 토큰에 대해 작동한다.

- 일래스틱서치는 다양한 기본 분석기를 제공한다. 기존 토크나이저를 문자 또는 토큰 필터와 혼합해 요구 사항에 맞는 맞춤형 분석기를 만들 수 있다.

8

검색 소개

이제 검색의 세계로 들어갈 시간이다. 지금까지 데이터와 함께 일래스틱서치를 준비하는 방법을 살펴봤고, 7장에서는 텍스트 필드가 분석되는 메커니즘에 대해 알아봤다. 일련의 쿼리를 사용해 데이터를 검색하는 방법을 맛봤지만, 검색의 세부 사항이나 다양한 검색 방식에 대해서는 깊이 있게 다루진 않았다. 8장부터 12장까지는 검색에 집중한다.

검색은 일래스틱서치의 핵심 기능이며 사용자 쿼리에 대해 효율적이면서도 효과적으로 응답한다. 데이터가 인덱싱돼 검색이 가능해지면 사용자는 다양한 질문을 할 수 있다. 예를 들어 가상의 온라인 서점 웹사이트 검색이 일래스틱서치를 통해 제공된다면 고객으로부터 많은 쿼리를 받을 것으로 예상할 수 있다. 제목 검색어를 기반으로 책을 찾는 것과 같은 간단한 쿼리부터 여러 조건(특정 에디션, 특정 날짜 범위의 출판일, 양장본 여부, 5점 만점에 4.5점 이상의 리뷰 평점, 일정 금액 미만 가격 등)과 일치하는 책을 검색하는 복잡한 쿼리까지 다양할 수 있다. UI는 드롭다운, 슬라이더, 체크 박스 같은 다양한 위젯을 지원해 검색을 더욱 효과적으로 필터링할 수 있다.

8장에서는 검색과 검색 중에 사용할 수 있는 기본 기능을 소개한다. 먼저 검색 메커니즘, 즉 검색 요청이 처리되고 응답이 생성돼 클라이언트에 전송되는 방법에 대해 논의한다. 그런 다음, 검색의 기본 사항인 검색 API와 검색 쿼리가 수행되는 컨텍스트^{context}를 살펴본다. 요청과 응답을 분석해 해당 구성 요소를 더 깊이 파고든다.

또한 검색 유형, URI 요청 및 쿼리 DSL을 살펴보고 URI 요청 방법보다 쿼리 DSL을 선호하는 이유도 살펴본다. 마지막으로 강조 표시^{highlighting}, 페이지 매기기^{pagination}, 설명 ^{explanation} 및 응답 필드 조작 같은 다양한 검색 기능을 살펴본다.

> |**노트**| 8장의 코드는 깃허브(http://mng.bz/e1yZ) 및 책 웹사이트(https://www.manning.com/books/elasticsearch-in-action-second-edition)에 있다.

8.1 개요

일래스틱서치는 지리 공간^{geospatial} 쿼리를 포함해 다양한 조건을 고려하는 단순 및 고급 검색을 지원한다. 대체로 일래스틱서치는 구조화 검색^{structured search}과 비구조화 검색^{unstructured search}이라는 두 가지 버전의 검색을 처리한다. 앞에서 이러한 버전들을 살펴봤으므로 여기서는 대략적으로 요약해 볼 것이므로 이 절을 건너뛰어도 된다.

구조화 검색은 관련성 점수 없이 결과를 반환한다. 일래스틱서치는 도큐먼트가 정확히 일치하는 경우 도큐먼트를 가져오며, 얼마나 근접하게 일치하는지 또는 얼마나 잘 일치하는지 고려하지 않는다. 특정 날짜 사이의 항공편 검색, 특정 판매 프로모션 중 베스트셀러 도서 검색 등이 이 범주에 속한다. 검색이 수행되면 일래스틱서치는 매치^{match}가 성공적인지 확인한다. 예를 들어 지정된 날짜 범위에 해당하는 항공편이 있는지, 베스트셀러가 있는지 여부를 확인한다. 어쩌면 카테고리에 속하는 것이 없을 수도 있다. 이러한 유형의 구조화 검색은 일래스틱서치의 텀 수준$^{term-level}$ 쿼리를 통해 제공된다.

반면 비구조화 검색에서는 일래스틱서치가 쿼리와 밀접하게 관련된 결과를 검색한다. 결과는 조건과 얼마나 관련성이 있는지에 따라 점수가 매겨진다. 관련성이 높은 결과는 더 높은 점수를 받아 목록 상단에 배치된다. text 필드를 검색하면 관련 결과가 나오고, 일래스틱서치는 구조화되지 않은 데이터를 검색할 수 있는 풀텍스트 검색을 제공한다.

쿼리를 실행하기 위해 RESTful API를 사용해 일래스틱서치 엔진과 통신한다. 검색 쿼리는 쿼리 DSL$^{Domain Specific Language, 도메인 특화 언어}$이라는 특수 쿼리 구문이나 쿼리 요청$^{Query Request}$이라는 URL 표준을 사용해 작성된다. 쿼리가 실행되면 이 요청을 클러스터에서 사용 가능한 모든 노드가 선택돼 처리한다. 응답은 JSON 객체로 반환되며, 객체 내 결과로 개별 도큐먼트 배열이 포함된다.

쿼리가 text 필드에서 실행되면 개별 결과가 관련성 점수와 함께 반환된다. 점수가 높을수록 관련성이 높아진다(결과로 반환된 도큐먼트가 매우 근접하게 일치함을 의미). 결과는 내림차순으로 정렬되며, 점수가 가장 높은 결과가 맨 위에 표시된다.

모든 응답 결과가 정확한 것은 아니다. Google에서 검색할 때 때때로 부정확하거나 관련 없는 결과가 나오는 것처럼 일래스틱서치는 100% 관련 결과를 반환하지 않을 수도 있다. 이는 일래스틱서치가 결과의 관련성에 영향을 미치는 두 가지 내부 전략인 정밀도^{precision}와 재현율^{recall}을 사용하기 때문이다.

정밀도는 인덱스에서 사용 가능한 도큐먼트 집합에 대해 검색된 관련 도큐먼트의 비율이고, 재현율은 해당 (관련된 모든) 도큐먼트 집합에 대해 검색된 관련 도큐먼트의 비율이다. 정밀도와 재현율은 10장에서 자세히 논의한다.

선택할 쿼리 유형(풀텍스트, 텀 수준, 지리적 공간 등)과 상관없이 검색 기능 중 다수가 공통적으로 사용된다. 8장 전반에 걸쳐 이러한 검색 기능을 논의하고 검색 및 집계 작업을 할 때 다음 몇 장에서 이러한 기능의 적용에 관해 살펴본다. 다음 절에서는 검색 메커니즘, 즉 일래스틱서치가 검색 쿼리를 실행해 일치하는 결과를 검색하는 방법을 설명한다.

8.2 검색은 어떻게 작동할까?

사용자가 일래스틱서치에 대한 검색 쿼리를 호출하면 많은 일이 일어난다. 앞서 메커니즘을 다뤘지만 다시 요약해 본다. 그림 8.1은 엔진이 백그라운드에서 검색을 수행하는 방식을 보여준다.

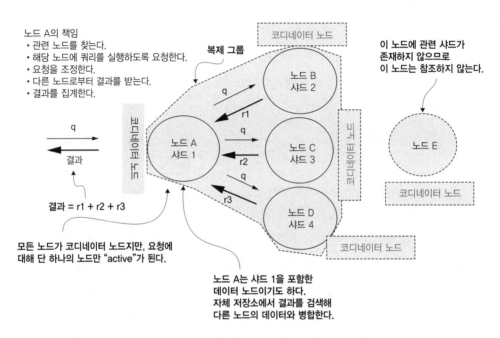

노드 A의 책임
- 관련 노드를 찾는다.
- 해당 노드에 쿼리를 실행하도록 요청한다.
- 요청을 조정한다.
- 다른 노드로부터 결과를 받는다.
- 결과를 집계한다.

코디네이터 노드

복제 그룹

이 노드에 관련 샤드가 존재하지 않으므로 이 노드는 참조하지 않는다.

노드 B 샤드 2

q

r1

q

코디네이터 노드

노드 A 샤드 1

q

노드 C 샤드 3

r2

노드 E

q

r3

노드 D 샤드 4

코디네이터 노드

결과

결과 = r1 + r2 + r3

모든 노드가 코디네이터 노드지만, 요청에 대해 단 하나의 노드만 "active"가 된다.

노드 A는 샤드 1을 포함한 데이터 노드이기도 하다. 자체 저장소에서 결과를 검색해 다른 노드의 데이터와 병합한다.

▲ **그림 8.1** 일반적인 검색 요청 및 검색 작동 방식

사용자나 클라이언트로부터 검색 요청을 받으면 엔진은 해당 요청을 클러스터의 사용 가능한 노드 중 하나로 전달한다. 기본적으로 클러스터의 모든 노드는 코디네이터 역할에 할당되므로 모든 노드는 라운드 로빈 방식으로 클라이언트 요청을 선택할 수 있다. 요청이 코디네이터 노드coordinator node에 도달하면 해당 도큐먼트의 샤드가 존재하는 노드를 결정한다.

그림 8.1에서 노드 A는 클라이언트의 요청을 받는 코디네이터 노드다. 시연 목적 외에 다른 이유 없이 코디네이터 노드로 선택됐다. 액티브 역할active role 코디네이터로 선택되면 데이터로 구성된 클러스터의 개별 노드에 샤드 및 복제본 세트가 있는 복제 그룹replication group을 선택한다. 인덱스는 샤드로 구성되며 각 샤드는 다른 노드에 독립적으로 존재할 수

있다. 이 예에서 인덱스는 노드 A~D에 각각 존재하는 4개의 샤드(1, 2, 3, 4)로 구성된다.

노드 A는 검색을 수행하도록 다른 노드에게 요청하는 쿼리 요청을 작성한다. 요청을 받은 각 노드는 자신의 샤드에 대한 검색 요청을 수행한다. 그런 다음 상위 결과 집합을 추출하고 해당 결과로 액티브 코디네이터에게 응답한다. 그런 다음 액티브 코디네이터는 최종 결과로 데이터를 클라이언트에 보내기 전에 병합하고 정렬한다.

코디네이터가 데이터 노드 역할을 하는 경우 저장소까지 들어가 결과를 가져온다. 요청을 수신하는 모든 노드가 반드시 데이터 노드인 것은 아니다. 마찬가지로 모든 노드가 이 검색 쿼리에 대한 복제 그룹의 일부가 될 것으로 예상되는 것은 아니다. 이제 잠시 영화 데이터를 일래스틱서치 엔진에 로드해 보자.

8.3 영화 샘플 데이터

8장에 대한 몇 가지 영화 테스트 데이터와 영화 매핑을 만들어 보자. 일래스틱서치가 필드 타입을 추론하는 것을 원하지 않기 때문에 인덱스를 생성할 때 각 필드에 대한 관련 데이터 타입을 매핑으로 제공한다(특히 text 필드가 될 수 없는 release_date 및 duration 필드처럼). 다음 목록은 movies 인덱스 매핑을 보여준다(이 인덱스가 이미 존재하는 경우 8장의 예제 실행을 위해 DELETE movies를 실행해 삭제한다).

목록 8.1 movies 도메인에 대한 매핑 스키마

```
PUT movies      ◀── movies 인덱스
{
  "mappings": {      ◀── 매핑 스키마
    "properties": {      ◀── 필드 및 타입
      "title": {
        "type": "text",
        "fields": {      ◀── 다중 필드 구성
          "original": {
            "type": "keyword"
          }
        }
      },
```

```
    "synopsis": {
      "type": "text"
    },
    "actors": {
      "type": "text"
    },
    "director": {
      "type": "text"
    },
    "rating": {
      "type": "half_float"
    },
    "release_date": {
      "type": "date",
      "format": "dd-MM-yyyy"
    },
    "certificate": {
      "type": "keyword"
    },
    "genre": {
      "type": "text"
    }
  }
 }
}
```

표 8.1은 이 매핑의 몇 가지 주목할 만한 요소를 보여준다. 나머지 속성은 따로 설명이 필요 없을 것이다.

▼ **표 8.1** 일부 영화 필드 및 해당 데이터 타입

필드	선언된 데이터 타입
title	text와 keyword
release_date	dd-MM-yyyy 형식의 날짜
certificate	keyword

movies 도메인에 대한 매핑이 이뤄지면 다음 작업은 _bulk API를 사용한 샘플 데이터의 인덱싱이다. 다음 목록은 샘플 데이터와 함께 작동하는 이 API를 보여준다.

목록 8.2 _bulk API를 사용해 샘플 영화 데이터 인덱싱

```
PUT _bulk          ◄──── _bulk API
{"index":{"_index":"movies","_id":"1"}}          ◄──── 인덱싱할 ID가 1인 도큐먼트
{"title":"The Shawshank Redemption","genre":"Drama",..}          ◄──── 도큐먼트 자체
{"index":{"_index":"movies","_id":"2"}}          ◄──── 인덱싱할 ID가 2인
{"title":"The Godfather","genre":"Crime, Drama","..."}              도큐먼트
{"index":{"_index":"movies","_id":"3"}}
```

간결성을 위해 스크립트의 일부만 표시한다. 전체 스크립트는 책 파일에 있다.

> |**노트**| 도메인 모델이 너무 많아지거나 샘플 데이터를 복잡하게 다루는 것을 피하기 위해 8장과 9장에서 동일한 영화 데이터를 사용한다.

검색 메커니즘과 샘플 데이터에 대한 이해를 바탕으로 검색의 기본 사항을 살펴본다.

8.4 검색 기본 사항

이제 검색의 내부 작동 방식을 알았으므로 검색 API와 검색 쿼리를 수행하기 위해 엔진을 호출하는 방법을 살펴본다. 일래스틱서치는 검색 쿼리를 실행하기 위해 통신할 수 있는 _search 엔드포인트를 제공한다. 이 엔드포인트를 자세히 살펴보자.

8.4.1 _search 엔드포인트

일래스틱서치는 데이터를 쿼리하기 위한 RESTful API, 즉 _search 엔드포인트를 제공한다. GET/POST를 사용해 이 엔드포인트를 호출하고 요청 또는 요청 본문과 함께 쿼리 매개변수를 전달한다. 구성할 쿼리는 검색하는 데이터 타입에 따라 달라진다. 검색 엔드포인트에 접근하는 방법에는 두 가지가 있다.

- **URI 요청**: 엔드포인트와 함께 검색 쿼리를 쿼리에 매개변수로 전달한다. 예를 들어 `GET movies/_search?q=title:Godfather`는 title에서 Godfather라는 단어와 일치하는 모든 영화를 가져온다(예를 들어 The Godfather trilogy).
- **쿼리 DSL**: 일래스틱서치는 검색을 위해 DSL을 구현한다. JSON 본문에 포함된 검색 조건은 요청 URL과 함께 서버로 전송된다. 결과도 JSON 객체로 래핑된다. 요구 사항에 따라 단일 쿼리를 제공하거나 다수의 쿼리를 결합할 수도 있다(쿼리 DSL은 집계 쿼리를 엔진에 보내는 메커니즘이기도 하다. 집계에 대해서는 8장의 뒷부분에서 자세히 살펴본다). 다음은 title 필드에 Godfather라는 단어가 있는 모든 영화를 가져오기 위한 동일한 요구 사항의 예다.

```
GET movies/_search
{
  "query": {
    "match": {
      "title": "Godfather"
    }
  }
}
```

두 접근 방식 모두 나름대로 유용하지만 쿼리 DSL은 강력하고 기능이 풍부하다. 이는 일급 쿼리 메커니즘이며, URI 요청 메커니즘보다 쿼리 DSL을 사용해 복잡한 조건을 작성하는 것이 더 쉽다. 8장과 9장에서 12장까지 다양한 호출을 살펴보고 URI 요청 방법보다 더 광범위하게 쿼리 DSL을 사용해 작업한다.

> |노트| 쿼리 DSL은 일래스틱서치와 대화할 때 만능 도구인 스위스 아미 나이프처럼 선호되는 옵션이다. 일래스틱서치 팀은 엔진과 함께 작동하기 위해 특별히 이 DSL을 개발했다. 일래스틱서치에 요청하고 싶은 모든 것은 쿼리 DSL을 사용해 검색할 수 있다.

검색어와 검색어 코딩 방법을 이해하지 못하더라도 걱정하지 말자. 8장에서 몇 가지 예를 살펴보고 9장에서 이에 대해 자세히 논의한다.

8.4.2 쿼리와 필터 컨텍스트

또 다른 기본 개념인 실행 컨텍스트execution context를 알아볼 필요가 있다. 내부적으로 일래스틱서치는 검색을 실행할 때 실행 컨텍스트를 사용한다. 이 실행 컨텍스트는 필터 컨텍스트 또는 쿼리 컨텍스트일 수 있다. 일래스틱서치에 발행된 모든 쿼리는 이러한 컨텍스트 중 하나에서 수행된다. 일래스틱서치에 특정 유형의 컨텍스트를 적용하도록 요청할 수는 없다. 발행된 쿼리를 통해 일래스틱서치가 적절한 컨텍스트를 결정하고 적용할 수 있다. 예를 들어 match 쿼리를 실행하는 경우 쿼리 컨텍스트에서 실행돼야 하는 반면, filter 쿼리는 필터 컨텍스트에서 실행된다. 쿼리가 실행되는 컨텍스트를 이해하기 위해 몇 가지 쿼리를 실행해 보자.

쿼리 컨텍스트

match 쿼리를 사용해 키워드를 필드 값과 일치시켜 도큐먼트를 검색한다. 다음 목록은 title 필드에서 "Godfather"를 검색하는 간단한 match 쿼리다.

목록 8.3 쿼리 컨텍스트에서 실행되는 match 쿼리

```
GET movies/_search
{
  "query": {
    "match": {
      "title": "Godfather"
    }
  }
}
```

이 코드는 예상대로 2개의 Godfather 영화를 반환한다. 그러나 결과를 자세히 살펴보면 각 영화에는 연관된 관련성 점수가 있다.

```
"hits": [{
  ...
  "_score": 2.879596,
  "_source": {
    "title": "The Godfather"
```

```
      ...
    }
  },
  {
    ...
    "_score": 2.261362,
    "_source": {
      "title": "The Godfather: Part II"
      ...
    }
  }]
```

출력은 쿼리가 도큐먼트와 일치하는지 여부뿐만 아니라 도큐먼트가 얼마나 잘 일치하는지 확인했기 때문에 쿼리 컨텍스트에서 쿼리가 실행됐음을 나타낸다.

두 번째 결과의 점수(2.261362)가 첫 번째 결과의 점수(2.879596)보다 약간 낮은 이유는 무엇일까? 엔진의 관련성 알고리듬이 두 단어("the", "godfather")로 구성된 제목에서 "Godfather"를 찾았고 해당 일치 항목이 네 단어("the", "godfather", "part", "II")로 구성된 제목의 일치보다 순위가 높기 때문이다.

> |**노트**| 풀텍스트 검색 필드에 대한 쿼리는 일치하는 각 도큐먼트와 연관된 점수가 있어야 하므로 쿼리 컨텍스트에서 실행된다.

대부분의 사용 사례에서는 관련성 점수를 사용해 결과를 가져오는 것이 좋지만, 도큐먼트가 얼마나 잘 일치하는지 확인할 필요가 없는 경우도 있다. 대신, 일치하는 것이 있는지만 알고 싶을 경우다. 여기가 필터 컨텍스트가 필요한 곳이다.

필터 컨텍스트

목록 8.3의 쿼리를 다시 작성해 보자. 단, 이번에는 match 쿼리를 filter 절이 있는 bool 쿼리로 래핑한다.

```
GET movies/_search
{
  "query": {
    "bool": {
      "filter": [
        {
          "match": {
            "title": "Godfather"
          }
        }
      ]
    }
  }
}
```

이 목록에서는 결과에 점수가 없다(점수는 0.0으로 설정된다). 왜냐하면 쿼리가 일래스틱서치에 필터 컨텍스트에서 실행돼야 한다는 단서를 제공하기 때문이다. 도큐먼트 점수 매기기에 관심이 없다면, 여기에서 했던 것처럼 filter 절에 쿼리를 래핑해 필터 컨텍스트에서 쿼리를 실행하도록 일래스틱서치에 요청할 수 있다.

　필터 컨텍스트에서 쿼리를 실행하는 주요 이점은 일래스틱서치가 반환된 검색 결과에 대한 점수를 계산할 필요가 없기 때문에 컴퓨팅 사이클을 일부 절약할 수 있다는 점이다. 이러한 필터 쿼리는 멱등성이 높으므로 일래스틱서치는 더 나은 성능을 위해 이를 캐시한다.

> **복합 쿼리**
>
> bool 쿼리는 리프 쿼리를 래핑하기 위한 여러 절(must, must_not, should, filter)이 포함된 복합 쿼리 (compound query)다. 참고로 must_not 절은 must 쿼리의 의도와 상반된다. filter 및 must_not 절은 모두 필터 컨텍스트에서 실행된다. bool 쿼리에서 필터 컨텍스트를 사용할 수도 있고, constant_score(이름으로 유추가 가능할 것이다) 쿼리에서도 사용할 수 있다.
>
> constant_score 쿼리는 filter 절에 쿼리를 연결할 수 있는 또 다른 복합 쿼리다. 다음 쿼리는 이를 실제로 보여준다.

```
GET movies/_search
{
  "query": {
    "constant_score": {
      "filter": {
        "match": {
          "title": "Godfather"
        }
      }
    }
  }
}
11장에서 복합 쿼리를 살펴본다.
```

실행 컨텍스트를 알면 일래스틱서치 엔진의 내부 작동 방식을 이해하는 데 한 걸음 더 가까워진다. 필터 실행 컨텍스트는 관련성 알고리듬을 실행하는 추가 노력이 필요하지 않기 때문에 성능이 뛰어난 쿼리를 만드는 데 도움된다. 9장에서는 이러한 컨텍스트를 보여주는 예를 살펴본다.

이제 일반적인 검색 개요(및 검색 데이터 포함)를 살펴봤으므로 검색 요청을 구성하는 요소를 살펴보고 결과(검색 응답)를 분석해 보자.

8.5 요청과 응답 분석

지난 몇 장에서 속성 세부 사항과 설명에 대해 고려하지 않고 검색 요청과 응답을 간략하게 살펴봤다. 그러나 요청과 응답 객체를 이해해야 쿼리 객체를 오류 없이 작성하고 응답에 포함된 속성의 의미를 이해할 수 있다. 이 절에서는 요청 및 응답 객체를 자세히 살펴본다.

8.5.1 검색 요청

검색 쿼리는 URI 요청 방법이나 쿼리 DSL을 사용해 실행할 수 있다. 앞서 논의한 것처럼 이 책에서는 더 강력하고 표현력이 풍부한 쿼리 DSL에 중점을 둔다. 그림 8.2는 검색 요청의 구조를 보여준다.

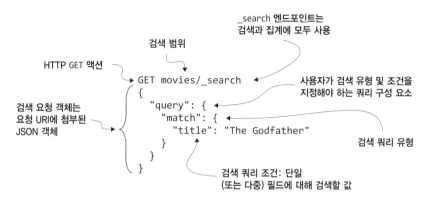

▲ 그림 8.2 검색 요청의 구성요소

GET 메서드는 요청 세부 사항이 본문^{body}에 포함된 상태로 서버로부터 데이터를 가져오려는 의도를 명시하는 HTTP 액션이다. RESTful 아키텍처에 있어서 GET 메서드는 요청 본문을 사용해 매개변수를 전송해서는 안 되며, 대신 서버에 쿼리하는 경우 POST 메서드를 사용해야 한다는 견해가 있다. 그러나 일래스틱서치는 쿼리 매개변수를 공식화하는 데 도움되도록 본문을 허용하는 GET 메서드 요청을 구현한다. GET 또는 POST가 모두 리소스에 대해 동일한 방식으로 작동하므로 GET을 POST로 바꿀 수 있다.

> |**노트**| 인터넷은 페이로드 유무에 관계없이 GET 사용에 대한 뜨거운 논쟁으로 가득 차 있다. 일래스틱서치는 페이로드와 함께 GET을 사용하는 경로를 취했다(이러한 견해들에 대해 더 알고 싶다면, 인터넷에서 "HTTP get with body"를 검색한다). 이 책에서는 검색 및 집계 쿼리에 페이로드와 함께 GET을 사용한다. 하지만 GET 메서드와 함께 본문을 사용하는 것이 불편하다면 GET을 POST로 바꿀 수도 있다.

GET(또는 POST) 작업의 검색 범위는 엔진이 검색을 수행하는 데 사용하는 인덱스 또는 별칭을 정의한다. 또한 이 URL에 여러 인덱스, 여러 별칭을 포함하거나 인덱스가 포함되지 않을 수도 있다. 여러 인덱스(또는 별칭)를 지정하려면 쉼표로 구분된 인덱스(또는 별칭) 이름을 입력한다. 검색 요청에 인덱스나 별칭을 제공하지 않으면 클러스터 전체의 모든 인덱스에 대해 검색이 실행된다. 예를 들어 인덱스 10개가 있는 클러스터에서 인덱스 또는 별칭 이름을 지정하지 않고 GET _search {...} 같은 검색 쿼리를 실행하면 10개의 인덱스 전체에 대해 일치하는 모든 도큐먼트를 검색한다.

검색 요청 객체 또는 페이로드는 요청 세부 정보를 포함하는 JSON 객체다. 요청 세부 정보에는 쿼리 구성 요소가 포함되며 페이지 매김 관련 size 및 from 속성, 응답에서 반환할 소스 필드를 나타내는 목록, 정렬 기준, 강조 표시와 같은 기타 구성 요소가 포함될 수 있다. 8장의 뒷부분에서 개별 기능에 대해 설명한다.

요청의 주요 구성 요소는 쿼리다. 응답해야 할 질문을 구성하는 것이 쿼리의 역할이다. 쿼리 유형과 필수 입력을 정의하는 쿼리 객체를 생성해 이를 수행한다. 다양한 검색 조건을 제공하는 다양한 쿼리 유형 중에서 선택할 수 있다. 다음 몇 장에서 이러한 쿼리 유형에 대해 자세히 알아본다.

매치^{match} 및 텀 수준$^{term-level}$ 쿼리부터 지오-셰이프$^{geo-shape}$ 같은 특수 쿼리에 이르기까지 특정 사용 사례에 대한 특정 쿼리를 만들 수 있다. 쿼리 유형은 단일 검색 요구 사항을 대상으로 하는 간단한 리프 쿼리를 구축하거나 논리 절을 통해 고급 검색을 처리하기 위해 복합 쿼리를 사용해 복잡한 요구 사항을 구성할 수 있다. 이제 검색 요청의 구조에 익숙해졌으므로 응답을 분석할 차례다.

8.5.2 검색 응답

책 앞부분에서 검색 응답을 살펴봤지만 자세한 내용은 다루지 않았다. 그림 8.3은 일반적인 응답을 보여준다. 이러한 속성이 무엇을 나타내는지 이해하기 위해 간략하게 알아보자.

밀리초^{ms} 단위로 측정되는 took 속성은 검색 요청이 완료되는 데 걸리는 시간을 나타낸다. 이 시간은 코디네이터 노드가 요청을 수신한 시점부터 클라이언트에 다시 보내기 전에 응답을 집계하는 시점까지 측정된다. 클라이언트-서버간 마샬링/언마샬링 시간은 포함되지 않는다.

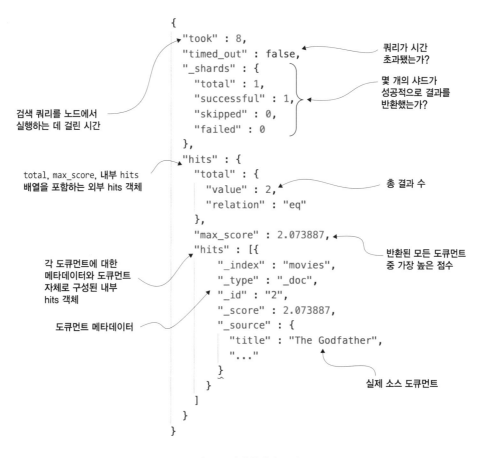

```
{
  "took" : 8,
  "timed_out" : false,
  "_shards" : {
    "total" : 1,
    "successful" : 1,
    "skipped" : 0,
    "failed" : 0
  },
  "hits" : {
    "total" : {
      "value" : 2,
      "relation" : "eq"
    },
    "max_score" : 2.073887,
    "hits" : [{
      "_index" : "movies",
      "_type" : "_doc",
      "_id" : "2",
      "_score" : 2.073887,
      "_source" : {
        "title" : "The Godfather",
        "..."
      }
    }
    ]
  }
}
```

검색 쿼리를 노드에서
실행하는 데 걸린 시간

쿼리가 시간
초과됐는가?

몇 개의 샤드가
성공적으로 결과를
반환했는가?

total, max_score, 내부 hits
배열을 포함하는 외부 hits 객체

총 결과 수

반환된 모든 도큐먼트
중 가장 높은 점수

각 도큐먼트에 대한
메타데이터와 도큐먼트
자체로 구성된 내부
hits 객체

도큐먼트 메타데이터

실제 소스 도큐먼트

▲ **그림 8.3** 검색 응답의 구성 요소

timed_out 속성은 응답에 부분적인 결과가 있는지 여부, 즉 샤드 중 하나라도 제시간에 응답하지 못했는지 여부를 나타내는 부울 플래그다. 예를 들어 3개의 샤드가 있고 그중 하나가 결과를 반환하지 못하는 경우 응답은 2개의 샤드의 결과로 구성되지만, _shards 속성 아래의 다음 객체에 실패한 샤드의 상태가 표시된다.

shards 속성은 쿼리를 성공적으로 실행하고 결과를 반환한 샤드 수와 실패한 샤드 수를 제공한다. total 필드는 검색될 것으로 예상되는 샤드 수이고, successful 필드는 데이터를 반환한 샤드 수를 나타낸다. 반면, failed 플래그는 검색 쿼리 실행 중에 실패한 샤드를 나타내는데 이 플래그는 failed 속성으로 표시된다.

hits 속성(외부 hits)은 결과에 대한 정보로 구성된다. 여기에는 또 다른 hits 필드(내부 hits)가 포함된다. 외부 hits 객체는 반환된 결과, 최대 점수 및 총 결과로 구성된다. max_ score 속성으로 표시되는 최대 점수는 가장 높은 점수를 가진 반환된 도큐먼트다. 내부 hits 객체는 결과(실제 도큐먼트)로 구성된다. 이는 관련성에 따라 내림차순으로 정렬된 모든 개별 도큐먼트의 배열이다. 쿼리가 쿼리 컨텍스트에서 실행되는 경우 각 도큐먼트는 이 _score 속성을 받는다.

앞에서 쿼리를 만들 수 있는 두 가지 요청 유형, 즉 URI 요청과 쿼리 DSL을 언급했다. 다음 두 절에서는 이에 대해 자세히 설명한다.

> |**노트**| 앞서 설명한 것처럼, 쿼리 DSL의 다양성과 기능 때문에 이 책에서는 이를 검색 메커니즘으로 사용한다. 그러나 다음 절에서 URI 요청 검색에 대해서도 간략하게 설명한다. 이렇게 하면 다기능 검색 쿼리를 만들려는 경우 동등한 URI 요청 메서드를 생성해 실험할 수 있다.

8.6 URI 요청 검색

URI 요청 방법은 간단한 쿼리를 검색하기에 쉬운 방법이다. 필수 매개변수를 전달해 _ search 엔드포인트를 호출한다. 다음 구문은 이 검색을 구현하는 방법을 보여준다.

```
GET|POST <your_index_name>/_search?q=<name:value> AND|OR <name:value>
```

_search 엔드포인트는 q=<name:value> 형식의 쿼리를 사용해 인덱스(또는 다수의 인덱스)에서 호출된다. 쿼리는 물음표(?) 구분 기호와 함께 _search 엔드포인트 뒤에 추가된다. 이 방법을 사용하면 URL에 첨부된 쿼리 매개변수를 name:value 쌍으로 전달할 수 있다. 이 방법을 사용해 몇 가지 검색어를 발행해 보자.

8.6.1 제목으로 영화 검색하기

title 필드에서 단어("Godfather")를 검색해 영화를 찾고 싶다고 가정해 보자. 쿼리 매개변수 Godfather를 title 속성으로 사용해 movies 인덱스의 _search 엔드포인트를 사용한다.

목록 8.5 "Godfather"와 일치하는 영화를 가져오는 검색 쿼리

```
GET movies/_search?q=title:Godfather
```

URL은 _search 엔드포인트와 문자 q로 표시되는 쿼리로 구성된다. 이 쿼리는 제목이 "Godfather"라는 단어와 일치하는 모든 영화를 반환한다(The Godfather Part I과 The Godfather Part II라는 응답으로 두 편의 영화가 출력돼야 한다).

여러 단어와 일치하는 영화를 검색하려면 제목 사이에 공백을 두고 제목을 검색 키워드로 추가할 수 있다. 다음 쿼리는 "Godfather", "Knight", "Shawshank"라는 단어와 일치하는 모든 영화를 검색한다.

목록 8.6 여러 단어로 영화 검색

```
GET movies/_search?q=title:Godfather Knight Shawshank
```

이 쿼리는 The Shawshank Redemption, The Dark Knight, The Godfather Part I 및 The Godfather Part II의 네 가지 영화 제목을 반환한다. 기본적으로 일래스틱서치는 쿼리 입력 사이에 OR 연산자를 사용하므로 이를 지정할 필요가 없다(암묵적으로 존재한다고 가정한다).

관련성 점수를 확인해 보면 The Shawshank Redemption과 The Dark Knight가 같은 점수(3.085904)를 받았고, The Godfather Part I이 The Godfather Part II보다 조금 더 높은 점수를 받았다. explain 플래그를 전달해 어떻게 이 점수를 도출했는지 설명하도록 일래스틱서치에 요청할 수 있다.

```
GET movies/_search?q=title:Godfather Knight Shawshank&explain=true
```

explain 플래그에 대해서는 8.8.3절에서 논의한다.

cURL 형식

목록 8.6의 코드에 해당하는 cURL은 다음과 같다.

```
curl -XGET "http://localhost:9200/movies/_search?q=title:
            Godfather Knight Shawshank"
```

그림처럼 개발자 도구 UI의 재생 버튼 옆에 있는 렌치 아이콘을 클릭하면
cURL 명령을 자동으로 생성할 수 있다.

8.6.2 특정 영화 검색하기

특정 영화를 가져오려면 조건을 AND 연산자와 결합하면 된다. 다음 쿼리는 title 및 actors
필드와 일치하는 단일 영화 The Dark Knight를 반환한다.

목록 8.7 제목과 배우별로 영화 가져오기

```
GET movies/_search?q=title:Knight AND actors:Bale
```

AND 연산자는 결과 범위를 좁히는 데 도움된다. AND 연산자를 생략하고 다음 목록과 같이 쿼
리를 실행하면 두 편의 영화(Godfather와 The Dark Knight 모두)가 더 출력된다.

목록 8.8 제목이나 배우 가져오기

```
GET movies/_search?q=title:Godfather actors:Bale
```

여기서는 "Godfather"와 일치하는 영화 또는 배우 Christian Bale과 일치하는 영화를 검색
한다(일래스틱서치는 기본적으로 OR 연산자를 사용한다는 점을 기억하자). 또는 다중 필드 검색에서
AND 연산자를 지정하려면 간단히 쿼리에 default_operator 매개변수를 추가하면 된다.

목록 8.9 default_operator를 AND로 설정하기

```
GET movies/_search?q=title:Godfather actors:Bale&default_operator=AND
```

Christian Bale이 출연한 Godfather 영화가 없기 때문에(적어도 지금까지는 없다) 이 쿼리는
어떤 결과도 반환하지 않는다. 목록 8.9에 표시된 것처럼 default_operator 매개변수 앞에 앰

퍼샌드(&)가 붙어 있는지 확인하자. 그러나 키바나는 &와 default_operator 속성 사이에 공백을 두는 것을 원하지 않기 때문에 & 뒤에 공백이 있으면 안 된다.

8.6.3 추가 매개변수

URL을 사용해 더 많은 매개변수를 전달하고 쿼리에 여러 조건을 추가할 수 있다. 예를 들어 페이지가 매겨진 결과를 가져오기 위해 from과 size라는 두 가지 속성을 설정할 수 있다(8장의 뒷부분에서 페이지 매김을 살펴본다). 예를 들어 영화 평점별로 정렬하려면 rating을 사용해 결과를 정렬할 수도 있다. 이번에도 일래스틱서치에 explain 매개변수를 사용해 점수를 계산하는 방식을 설명해 달라고 요청할 수 있다. 이러한 모든 요구 사항과 몇 가지 추가적인 요구 사항을 포함하는 쿼리를 작성해보자.

목록 8.10 추가적인 매개변수로 쿼리 확장

```
GET movies/_search?q=title:Godfather actors:
  (Brando OR Pacino) rating:(>=9.0 AND <=9.5)&from=0&size=10
  &explain=true&sort=rating&default_operator=AND
```

이 쿼리는 여러 매개변수의 조합이지만, 요점은 다음과 같다. 평점이 9~9.5 사이인 Marlon Brando 또는 Al Pacino 주연(actors)의 Godfather 영화(title)를 검색하고 있다. 또한 페이지 매김(from, size)을 추가하고 평점(rating)별로 정렬하고 일래스틱서치에 설명을 요청한다. Brando는 The Godfather Part II에 없지만 두 편의 영화(모두 Godfathers)를 검색한다(actors 필드에 Brando OR Pacino를 지정한다).

　쿼리를 작성하는 URL 요청 방법은 조잡하고 오류가 발생하기 쉽다. 쿼리 DSL을 사용해 쿼리를 작성하는 것이 이상적이다. 다행히도 쿼리 DSL에서 URL 요청을 래핑해 두 가지 장점을 모두 활용할 수 있다.

8.6.4 쿼리 DSL로 URI 요청 지원

쿼리 DSL에는 URI 요청 호출을 래핑할 수 있는 query_string 메서드가 있다(다음 절에서 쿼리 DSL을 살펴본다). 요청 본문에 여러 제목 키워드가 있는 영화를 검색하기 위해 URI 쿼리 매개변수를 query_string으로 보낼 수 있다.

```
GET movies/_search
{
  "query": {
    "query_string": {
      "default_field": "title",
      "query": "Knight Redemption Lord Pulp",
      "default_operator": "OR"
    }
  }
}
```

query_string은 이전에 URI 검색 방법에서 사용한 q 매개변수와 동일하다. URI 요청 방식보다 훨씬 낫지만, query_string 메서드는 구문에 엄격하며 다소 까다로운 특성을 가지고 있다. 특별한 이유가 없다면 query_string 대신 쿼리 DSL 쿼리를 사용하자. 빠른 테스트를 위해 query_string을 사용할 수 있지만, 복잡하고 심층적인 쿼리에 이를 사용하면 문제가 발생할 수 있다.

이제 강력한 쿼리 DSL 왕국으로 모험을 떠날 시간이다. 쿼리 DSL은 검색을 위한 스위스 아미 나이프와 같아서 별도의 절에서 쿼리 DSL을 설명할 필요가 있다.

8.7 쿼리 DSL

일래스틱서치 팀은 쿼리 DSL이라는 검색 전용 다목적 언어 및 구문을 개발했다. 이는 중첩되고 더 복잡한 쿼리 외에도 기본 쿼리부터 복잡한 쿼리까지 다양한 쿼리를 생성할 수 있는 정교하고 강력하며 표현력이 풍부한 언어다. 분석 쿼리를 위해 확장할 수도 있다. 검색 및 분석을 위한 쿼리로 구성할 수 있는 JSON 기반 쿼리 언어다. 구문과 형식은 다음과 같다.

```
GET books/_search     ◀──── books 인덱스에서 _search
{                            엔드포인트를 호출
  "query": {        ◀──── 모든 쿼리는
                         이 객체에 포함된다.
```

```
쿼리 유형 ┌──► "match": {
            ...   ◄────── 여기에는 쿼리 조건이
          }                포함돼 있다.
        }
      }
```

요청 본문으로 전달된 쿼리 객체를 사용해 _search 엔드포인트를 호출한다. 쿼리 객체는 필수 조건을 생성하기 위한 로직으로 구성된다.

8.7.1 샘플 쿼리

쿼리 DSL 형식을 사용해 작성된 몇 가지 쿼리로 작업했다. 완성도를 높이기 위해 synopsis와 title이라는 두 필드에서 "Lord" 키워드를 검색하는 multi_match 쿼리를 작성해 보자.

목록 8.12 쿼리 DSL 샘플 쿼리

```
GET movies/_search
{
  "query": {
    "multi_match": {
      "query": "Lord",
      "fields": [ "synopsis", "title" ]
    }
  }
}
```

GET movies/_search는 클라이언트가 일래스틱서치 서버로 보내는 간소화된 검색 요청이다. 완전한 요청은 다음과 같다.

```
GET http://localhost:9200/movies/_search
```

물론 쿼리를 실행할 일래스틱서치 서버는 로컬에서 실행 중이므로 서버 주소가 localhost다. 이 요청에는 쿼리로 구성된 JSON 형식의 본문이 필요하다.

8.7.2 cURL에 대한 DSL 쿼리

cURL을 통해 동일한 쿼리를 호출할 수 있다. 다음 목록은 이 호출을 보여준다.

목록 8.13 cURL을 통한 DSL 쿼리

```
curl -XGET "http://localhost:9200/movies/_search" -H
'Content-Type: application/json' -d'
{
  "query": {
    "multi_match": {
      "query": "Lord",
      "fields": [ "synopsis", "title" ]
    }
  }
}'
```

쿼리는 -d 매개변수에 대한 인수로 제공한다. cURL을 통해 요청을 보낼 때 전체 쿼리 (Content-Type으로 시작)는 작은따옴표로 묶는다.

8.7.3 집계를 위한 쿼리 DSL

아직 일래스틱서치의 분석 부분을 소개하지 않았지만, 여기서는 간단한 개요를 제공한다. 쿼리 DSL에서는 쿼리 객체 대신 aggs(집계의 약자) 객체를 통해 집계(분석)와 유사한 형식을 사용한다. 다음 목록에서는 이 형식을 보여준다.

목록 8.14 쿼리 DSL 형식으로 작성된 집계 쿼리

```
GET movies/_search
{
  "size": 0,
  "aggs": {
    "average_movie_rating": {
      "avg": {
        "field": "rating"
      }
    }
```

```
  }
}
```

이 쿼리는 avg(평균의 줄임말)라는 메트릭 집계를 사용해 모든 영화의 평균 평점을 가져온다. 이제 쿼리 DSL의 전체 형식을 이해했으므로 앞서 다룬 리프 및 복합 쿼리에 대해 더 자세히 살펴본다.

8.7.4 리프 및 복합 쿼리

쿼리 DSL은 리프 쿼리[leaf query]와 복합 쿼리[complex query]를 모두 지원한다. 검색 쿼리 본문에는 단순하거나 복잡한 쿼리 조건이 포함될 수 있다.

리프 쿼리는 절[clause]이 없어 간단하다. 이러한 쿼리는 특정 조건(예를 들어 최고 평점의 영화, 특정 연도에 개봉된 영화, 영화의 총 수입 등)을 기반으로 결과를 가져온다.

리프 쿼리를 사용하면 특정 필드 조건으로 결과를 얻을 수 있다. 다음 목록은 예를 보여준다(쿼리 내용에 대해 걱정하지 말자. 다음 몇 장에서 이러한 쿼리에 대해 자세히 설명한다).

목록 8.15 문구와 일치하는 리프 쿼리

```
GET movies/_search
{
  "query": {
    "match_phrase": {
      "synopsis": "A meek hobbit from the shire and eight companions"
    }
  }
}
```

리프 쿼리는 여러 쿼리 절을 가져올 수 없다. 예를 들어 제목은 일치하지만 특정 배우와 일치해서는 안 되고 특정 연도에 개봉됐으며 평점이 특정 수치 이하가 아닌 영화를 검색하도록 설계되지 않았다. 복잡한 쿼리를 제공하기 위해 특정 절을 논리적으로 결합해야 하는 고급 요구 사항은 리프 쿼리에서는 불가능하기 때문에 복합 쿼리가 도입됐다.

복합 쿼리를 사용하면 리프 쿼리와 논리 연산자를 사용하는 다른 복합 쿼리를 결합해 복잡한 쿼리를 만들 수 있다. 예를 들어 bool 쿼리는 must, must_not, should, filter 같은 절을 지원하는 널리 사용되는 복합 쿼리다. 이 예와 같이 복합 쿼리를 사용해 상당히 복잡한 쿼리를 작성할 수 있다.

목록 8.16 복합 쿼리

```
GET movies/_search
{
  "query": {
    "bool": {
      "must": [{"match": {"title": "Godfather"}}],
      "must_not": [{"range": {"rating": {"lt": 9.0}}}],
      "should": [{"match": {"actors": "Pacino"}}],
      "filter": [{"match": {"actors": "Brando"}}]
    }
  }
}
```

이 복합 쿼리는 논리 연산자로 결합된 소수의 리프 쿼리를 결합한다. Godfather라는 제목과 일치해야 하고 평점이 9보다 낮아서는 안 되는 모든 영화를 가져온다. 쿼리에서는 Pacino 배우가 출연하는 영화도 고려해야 한다. 마지막으로 Brando 배우가 출연한 영화를 제외한 모든 항목을 필터링한다. 항목이 정말 많다! 하지만 두려워하지 말자. 9장에서는 복합 쿼리를 사용한 고급 쿼리를 다룬다.

리프 쿼리(및 고급 쿼리)는 검색 요청의 쿼리 객체에 래핑된다. 고급 쿼리의 로직(때때로 너무 복잡할 수 있다)을 구현하는 것 외에는 복합 쿼리를 작성할 때 큰 차이가 없어야 한다.

모든 유형의 검색 쿼리에 사용할 수 있는 정렬, 페이지 매김^{pagination}, 강조 표시^{highlighting} 등 다양한 기능이 있다. 이는 텀^{term} 또는 매치 수준$^{match-level}$ 쿼리, 복합 쿼리 또는 리프 쿼리에만 국한되지 않는다. 다음 절에서 이러한 기능에 대해 자세히 설명한다. 또한 검색 및 집계 중에도 이러한 기능을 가끔 사용한다.

8.8 검색 기능

일래스틱서치는 쿼리 및 결과에 기능을 추가하는 능력을 제공한다. 일래스틱서치에 전체 도큐먼트 또는 특정 필드만 반환하도록 요청해 응답에서 소스 도큐먼트를 조작할 수 있다. 도큐먼트의 관련성 점수를 기준으로 정렬하는 것 외에도 하나 이상의 필드를 기준으로 도큐먼트를 정렬할 수 있다. 일래스틱서치를 사용하면 결과 페이지를 매길 수 있다. 예를 들어 일래스틱서치가 반환하는 기본 10개 도큐먼트 대신 모든 페이지가 100개 도큐먼트로 구성되도록 지정할 수 있다. 결과에서 검색 일치 단어로 결과를 강조 표시하는 기능도 있다. 샤드 라우팅shard routing 기능을 사용해 특정 샤드 세트에서만 결과를 가져오도록 엔진에 요청할 수도 있다.

또한 대부분의 검색 쿼리는 쿼리 유형(텀 수준, 풀텍스트, 지리 공간 쿼리 등)에 관계없이 다양한 기능을 지원한다. 일부는 특정 유형의 쿼리와 관련이 없다. 예를 들어 text 필드에서는 정렬이 권장되지 않으므로 텀 수준term-level 쿼리로 제한된다. 다음 몇 개의 절에서는 이러한 기능을 탐색해 해당 애플리케이션을 자세히 이해한다.

8.8.1 페이지 매김

쿼리를 통해 수백 또는 수천 개의 결과가 나오는 경우가 많다. 쿼리에 대한 모든 결과를 동시에 보내는 것은 서버 측과 클라이언트 측 모두 데이터 로드를 처리하기 위해 충분한 메모리와 처리 용량이 필요하기 때문에 문제가 된다.

기본적으로 일래스틱서치는 상위 10개의 결과를 보내지만, 쿼리에서 크기 매개변수를 설정해 이 숫자를 변경할 수 있다. 최댓값은 10,000이지만 앞서 설명한 대로 이 제한을 변경할 수도 있다. 다음 목록의 쿼리는 크기를 20으로 설정해 상위 20개 결과를 한 번에 반환한다.

목록 8.17 특정 개수의 결과를 가져오는 쿼리

```
GET movies/_search
{
  "size": 20,
  "query": {
    "match_all": {}
  }
}
```

size를 20으로 설정하면 상위 20개의 결과가 반환된다. 100만 개의 도큐먼트가 포함된 인덱스가 있는 경우 크기를 10,000으로 설정하면 그만큼 많은 도큐먼트가 검색된다(성능에 대한 고려 사항은 잠시 무시하자!).

10,000개 도큐먼트 크기 제한 재설정

size 속성을 설정해 가져올 수 있는 최대 결과 수는 10,000개다. size를 10001로 설정하고 다음 쿼리를 실행한다고 가정한다.

```
GET movies/_search
{
  "size": 10001,
  "query": {
    "match_all": {}
  }
}
```

다음과 같은 예외가 발생한다.

"The result window is too large, from + size must be less than or equal to: [10000] but was [10001]."

대부분의 검색에서는 10,000이면 충분하지만 그보다 더 많은 도큐먼트를 가져와야 하는 경우 인덱스에서 max_result_window를 재설정해야 한다. max_result_window는 동적 설정이므로 필요한 변경 사항이 포함된 라이브 인덱스에서 다음 쿼리를 실행해 변경할 수 있다.

```
PUT movies/_settings
{
  "max_result_window":20000   ◀──┐ 최대 반환 결과 크기를
}                                 └ 20000으로 설정
```

하지만 대규모 데이터 세트를 가져올 때 이러한 검색 형식을 사용하는 것은 바람직하지 않다. 대신 이 절의 뒷부분에서 설명하는 search_after 기능을 사용하는 것이 가장 좋다. 일래스틱서치는 대규모 데이터 세트를 가져올 수 있는 스크롤 API를 제공하지만 스크롤 API보다 search_after 기능을 사용하는 것이 좋다.

배치[batch] 결과를 돕는 size 매개변수 외에도 일래스틱서치에는 결과를 오프셋하기 위해 호출되는 또 다른 매개변수가 있다. from 설정은 오프셋으로 지정된 수의 결과를 건너뛰는 데 도움된다. 예를 들어 from이 200으로 설정된 경우 처음 200개의 결과는 무시되고 결과는 201

부터 시작해 반환된다. 다음 목록에서는 size 및 from 속성을 설정해 결과에 페이지를 매기는 방법을 보여준다.

목록 8.18 size와 from을 사용한 페이지 매김 결과

```
GET movies/_search
{
  "size": 100,
  "from": 3,
  "query": {
    "match_all": {}
  }
}
```

- "size": 100 ← 100개의 결과가 있는 모든 페이지를 가져온다.
- "from": 3 ← 처음 두 페이지를 무시하고 세 번째 페이지(결과 100개 중)부터 가져온다.

목록에서 size를 100으로 설정하면 모든 페이지에서 100개의 도큐먼트를 가져온다. 또한 네 번째 페이지(from이 3으로 설정됨)에서 결과를 가져온다.

결과 집합이 너무 큰 경우(10,000개 이상) size 및 from 속성을 사용해 페이지 매김 작업을 수행하는 대신 search_after 속성을 사용해야 한다. 이에 대한 예(deep pagination)는 9장에서 볼 수 있다. 지금은 또 다른 일반적인 검색 기능인 강조 표시를 살펴본다.

8.8.2 강조 표시

인터넷 브라우저에서 Ctrl+F를 사용해 웹사이트의 키워드를 검색하면 해당 결과가 강조 표시돼 눈에 띈다. 예를 들어 그림 8.4에서는 dummy라는 단어가 강조 표시돼 있다. 고객을 위한 결과에서 키워드를 강조하는 것은 매력적이고 시각적으로 보기 좋다.

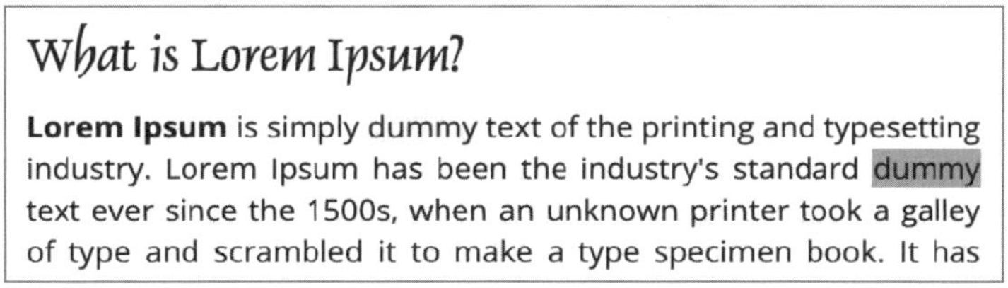
What is Lorem Ipsum?
Lorem Ipsum is simply dummy text of the printing and typesetting industry. Lorem Ipsum has been the industry's standard dummy text ever since the 1500s, when an unknown printer took a galley of type and scrambled it to make a type specimen book. It has

▲ **그림 8.4** 강조 표시된 텍스트의 예

쿼리 DSL에서는 최상위 쿼리 객체와 동일한 수준에 highlight 객체를 추가할 수 있다.

```
GET books/_search
{
  "query": { ... },
  "highlight": { ... }
}
```

highlight 객체에는 결과에서 강조할 개별 필드를 제공하는 fields 블록이 필요하다.

```
GET books/_search
{
  "query": { ... },
  "highlight": {
    "fields": {
      "field1": {},
      "field2": {}
    }
  }
}
```

서버에서 결과가 반환되면 일치하는 텍스트를 강조 태그(match)로 묶어 기본 설정으로 일치 항목을 강조 표시하도록 일래스틱서치에 요청할 수 있다. 다음 목록의 코드는 결과의 title 필드에서 강조 표시할 텍스트를 나타내는 highlight 객체를 만든다.

목록 8.19 일치 시 결과 강조 표시

```
GET movies/_search
{
  "_source": false,        ◀── 소스를 반환하지
  "query": {                    않는다.
    "term": {
      "title": {
        "value": "godfather"
      }
    }
  },
  "highlight": {           ◀── 강조할 필드와 함께
    "fields": {                highlight 객체를 포함
```

```
      "title": {}      ◀─── 강조하려는
    }                        필드
  }
}
```

다음 코드는 `<em>` 태그로 Godfather라는 단어를 강조 표시한다. 쿼리에서 _source를 false로 설정했기 때문에 소스는 결과에서 표시되지 않는다.

```
{
  ...
  "highlight" : { "title" : ["The <em>Godfather</em>"] }
},
{
  ...
  "highlight" : { "title" : ["The <em>Godfather</em> II"]}
}
```

HTML 기반 브라우저에서 글꼴을 강조하기 위해 `<em>` 태그를 사용한다. 사용자 정의 태그를 사용할 수도 있다. 예를 들어 다음 코드는 중괄호 쌍(｛｛ 및 ｝｝)을 태그로 생성한다.

```
...
"highlight": {
  "pre_tags": "{{",
  "post_tags": "}}",
  "fields": {
    "title": {}
  }
}
```

결과는 "The {{Godfather}}"다(중괄호가 강조 표시된다). 이제 검색 결과를 강조 표시하는 방법을 알았으므로 데이터의 관련성 점수에 주목해 보자.

8.8.3 관련성 점수 설명

일래스틱서치는 엔진이 관련성 점수를 계산하는 방법을 정확하게 알려주는 메커니즘을 제공한다. 이는 _search 엔드포인트 또는 explain API의 explain 플래그를 사용하면 된다. explain

API는 도큐먼트가 쿼리와 일치하거나 일치하지 않는 이유를 확인하는 데도 사용된다. 이 절에서는 두 가지 방법을 모두 살펴보고 공통점과 미묘한 차이점을 이해한다.

explain 플래그

이전 쿼리 결과 중 일부에서 양숫값(관련성 점수 값)을 발견했을 것이다. 해당 값은 엔진에 의해 계산되고 설정됐지만, 그 방법은 설명하지 않았다. 계산이 궁금할 경우를 위해 일래스틱서치는 쿼리 본문에 설정할 수 있는 explain이라는 플래그를 제공한다. explain 속성을 true로 설정하면 일래스틱서치는 해당 점수에 어떻게 도달했는지에 대한 세부 정보와 함께 결과를 반환한다. 즉, 엔진이 뒤에서 수행하는 로직과 계산을 설명한다.

다음 목록은 match 쿼리를 보여준다. 점수가 어떻게 계산되는지 알고 싶기 때문에 explain을 true로 설정했다.

목록 8.20 엔진에 점수 설명 요청

```
GET movies/_search
{
  "explain": true,
  "_source": false,
  "query": {
    "match": {
      "title": "Lord"
    }
  }
}
```

explain 속성은 쿼리 객체와 동일한 수준으로 설정된다. 이 쿼리의 결과는 그림 8.5에서 볼 수 있듯이 흥미롭다.

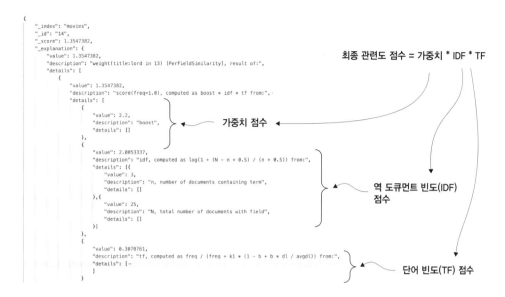

```
{
    "_index": "movies",
    "_id": "14",
    "_score": 1.3547382,
    "_explanation": {
        "value": 1.3547382,
        "description": "weight(title:lord in 13) [PerFieldSimilarity], result of:",
        "details": [
            {
                "value": 1.3547382,
                "description": "score(freq=1.0), computed as boost * idf * tf from:",
                "details": [
                    {
                        "value": 2.2,
                        "description": "boost",
                        "details": []
                    },
                    {
                        "value": 2.0053337,
                        "description": "idf, computed as log(1 + (N - n + 0.5) / (n + 0.5)) from:",
                        "details": [{
                            "value": 3,
                            "description": "n, number of documents containing term",
                            "details": []
                        },{
                            "value": 25,
                            "description": "N, total number of documents with field",
                            "details": []
                        }]
                    },
                    {
                        "value": 0.3070761,
                        "description": "tf, computed as freq / (freq + k1 * (1 - b + b * dl / avgdl)) from:",
                        "details": [–
                        ]
                    }
                ]
```

최종 관련도 점수 = 가중치 * IDF * TF

가중치 점수

역 도큐먼트 빈도(IDF) 점수

단어 빈도(TF) 점수

▲ **그림 8.5** 일래스틱서치가 관련성 점수를 계산하는 방법에 대한 설명

관련성 점수는 IDF$^{역도큐먼트\ 빈도}$, TF$^{단어\ 빈도}$, 가중치$^{boost\ factor}$의 세 가지 구성 요소를 곱해 계산된다. 일래스틱서치는 이러한 각 구성 요소를 어떻게 평가하고 측정하는지 자세히 설명한다. 예를 들어 반환된 응답의 설명 필드는 IDF가 다음과 같이 계산되는 것을 보여준다.

```
log(1 + (N - n + 0.5) / (n + 0.5))
```

- n은 텀을 포함하는 총 도큐먼트 수다(그림 8.5에서 3개의 도큐먼트에는 lord라는 단어가 포함돼 있다).
- N은 총 도큐먼트 수다(그림 8.5에서는 인덱스에 있는 25개의 도큐먼트를 보여준다).

마찬가지로 TF는 다음 공식을 사용해 계산된다.

```
freq / (freq + k1 * (1 - b + b * dl / avgdl))
```

각 변수가 계산되는 방법에 대한 설명은 결과의 `details` 부분에 제공된다. 이 `details` 부분을 살펴보고 엔진이 점수를 생성하는 공식을 적용을 확인하는 것이 좋다.

explain API

관련성 점수의 메커니즘을 이해하기 위해 explain 속성을 사용하지만 점수 계산을 제공하는 것 외에도 도큐먼트가 일치하는 이유(또는 일치하지 않는 이유)에 대한 통찰력을 제공하는 _explain API도 있다. 다음 목록의 쿼리는 이 접근 방식을 보여주기 위해 도큐먼트 ID가 있는 _explain 엔드포인트를 매개변수로 사용한다.

목록 8.21 _explain 엔드포인트를 사용해 점수 설명

```
GET movies/_explain/14
{
  "query": {
    "match": {
      "title": "Lord"
    }
  }
}
```

이 쿼리는 목록 8.20의 쿼리와 동일하지만 이번에는 점수를 설명하기 위해 _search 엔드포인트에 explain 플래그를 설정하는 대신 _explain 엔드포인트를 호출한다.

마지막으로 목록 8.21의 match 속성에서 Lord 대신 Lords라는 단어의 철자를 잘못 입력하고 쿼리를 다시 실행해 보자. 예상한 대로 동일한 결과를 얻지 못한다. 대신 다음과 같은 단서를 얻는다.

```
{
  "_index" : "movies",
  "_type" : "_doc",
  "_id" : "14",
  "matched" : false,
  "explanation" : {
    "value" : 0.0,
```

```
    "description" : "no matching term",
    "details" : [ ]
  }
}
```

explanation 객체의 설명에서 알 수 있듯이 Lords는 인덱싱된 데이터와 일치하지 않는다. 일
치하는 이유(또는 일치하지 않는 이유)를 이해하는 것은 쿼리 상태를 문제 해결하는 데 도움된
다. 예를 들어 이 예제에서는 일치하는 단어가 인덱스에 존재하지 않는다는 것을 알 수 있다.
explain 플래그를 사용해 목록 8.21의 쿼리를 다시 시도하면 빈 배열 외에는 엔진에서 어떤
정보도 얻지 못한다.

　　_search API의 explain 플래그를 사용해 작성된 검색 쿼리는 많은 결과를 생성할 수 있
다. 쿼리 수준에서 모든 도큐먼트 점수에 대한 설명을 요구하는 것은 컴퓨팅 자원의 낭비라
고 생각한다. 대신 하나의 도큐먼트를 선택하고 _explain API를 사용해 설명을 요청하자.

8.8.4 정렬

엔진에서 반환된 결과는 기본적으로 관련성 점수(_score)에 따라 정렬된다. 점수가 높을수록
결과 목록에서 더 높아진다. 그러나 일래스틱서치를 사용하면 관련성 점수의 정렬 순서(오름
차순 또는 내림차순)를 관리할 수 있으며 여러 필드를 포함한 다른 필드를 정렬할 수도 있다.

결과 정렬

결과를 정렬하려면 쿼리와 동일한 수준에 정렬 객체를 제공해야 한다. 정렬 객체는 필드 배
열로 구성되며, 각 필드에는 조정 가능한 몇 가지 매개변수가 포함돼 있다.

```
GET movies/_search
{
  "query": {
    "match": {
      "genre": "crime"
    }
  },
  "sort": [
```

```
    { "rating": { "order": "desc" } }
  ]
}
```

여기서는 범죄crime 장르의 모든 영화를 검색하는 match 쿼리 결과를 영화 평점별로 정렬한다. sort 객체는 필드(rating)와 결과가 정렬될 것으로 예상되는 순서(여기서는 내림차순)를 정의한다.

관련성 점수에 따른 정렬

관련성 점수가 있는 도큐먼트는 쿼리에 정렬이 지정되지 않은 경우 기본적으로 _score에 내림차순으로 정렬된다. 예를 들어 다음 목록의 쿼리는 정렬 순서가 언급되지 않았기 때문에 결과를 내림차순으로 정렬한다.

목록 8.22 기본적으로 점수에 따라 내림차순으로 정렬

```
GET movies/_search
{
  "size": 10,
  "query": {
    "match": {
      "title": "Godfather"
    }
  }
}
```

이는 다음 목록에 표시된 것처럼 쿼리에서 sort 블록을 실행하는 것과 동일하다.

목록 8.23 _score로 정렬하기

```
GET movies/_search
{
  "size": 10,
  "query": {
    "match": {
      "title": "Godfather"
    }
```

```
    },
    "sort": [          ◀──── sort 블록을 query 블록과 동일한
      "_score"  ◀────         수준으로 설정해 정렬 가능
    ]                       정렬 순서가 지정되지 않아 기본적으로
}                           내림차순으로 정렬된다.
```

오름차순 정렬로 순서를 바꿔 점수가 낮은 도큐먼트가 목록의 맨 위에 오도록 하려면 _score 필드를 추가해 순서를 지정하면 된다. 다음 목록에서는 이를 수행하는 방법을 보여준다.

목록 8.24 점수에 따라 오름차순으로 결과 정렬

```
GET movies/_search
{
  "size": 10,
  "query": {
    "match": {
      "title": "Godfather"
    }
  },
  "sort": [
    { "_score": { "order": "asc" } }
  ]
}
```

점수가 없는 도큐먼트 필드를 정렬하는 쿼리도 고려하고 있을 것이다. 다음 목록에서는 평점 (rating)을 기준으로 데이터를 가장 높은 것부터 가장 낮은 것까지 정렬한다.

목록 8.25 필드별로 결과 정렬하기

```
GET movies/_search
{
  "size": 10,
  "query": {
    "match": {
      "genre": "crime"
    }
  },
  "sort": [
    { "rating": {  "order": "desc" } }
```

```
    ]
}
```

이 쿼리를 실행하면 결과(간결성을 위해 생략)가 목록 상단에 가장 높은 평가를 받은 영화로 정렬된다. 결과를 자세히 살펴보면 점수가 null로 설정돼 있음을 알 수 있다. 정렬을 위해 필드를 사용할 때 일래스틱서치는 점수를 계산하지 않는다. 그러나 _score로 정렬하지 않더라도 일래스틱서치에 점수 계산을 요청할 수 있다. 이를 위해 track_scores 부울 필드를 사용할 수 있다. 다음 목록은 엔진이 점수를 계산하도록 track_scores를 설정하는 방법을 보여준다.

목록 8.26 필드 정렬 시 점수 매기기 활성화

```
GET movies/_search
{
  "track_scores": true,
  "size": 10,
  "query": {
    "match": {
      "genre": "crime"
    }
  },
  "sort": [
    { "rating": { "order": "asc" } }
  ]
}
```

목록에서 강조 표시된 track_scores 속성은 엔진에 도큐먼트의 관련성 점수를 계산하도록 지시한다. 그러나 정렬에는 사용자 정의 필드가 사용되므로 도큐먼트는 _score 속성에 따라 정렬되지 않는다.

여러 필드에 대한 정렬을 활성화할 수도 있다. 다음 쿼리는 rating 및 release_date 필드에 대한 정렬을 활성화한다.

목록 8.27 여러 필드를 기준으로 오름차순 정렬

```
GET movies/_search
{
  "size": 10,
```

```
  "query": {
    "match": {
      "genre": "crime"
    }
  },
  "sort": [
    {"rating":{"order":"asc"}},
    {"release_date":{"order":"asc"}}
  ]
}
```

여러 필드를 정렬할 때는 정렬 순서가 중요하다! 이 쿼리의 결과는 먼저 rating 필드에서 오름차순으로 정렬된다. 다수의 영화 평점이 동일한 경우 두 번째 필드(release_date)를 사용해 동점을 해소하므로 평점이 동일한 결과는 release_date를 기준으로 오름차순 정렬된다.

> |**노트**| 12장에서 지오소팅(geosorting)을 살펴본다. 지오쿼리(geoquery) 이해와 지오포인트(geopoint) 정렬은 해당 장에서 설명한다.

8.8.5 결과 조작

검색 쿼리가 _source 필드에 지정된 원본 도큐먼트의 결과를 반환하는 것을 관찰했다. 때로는 필드의 하위 집합만 가져오고 싶을 수도 있다. 예를 들어 사용자가 특정 평점 유형을 검색할 때 영화의 제목과 평점만 필요할 수도 있고, 엔진 응답에 도큐먼트가 포함되지 않을 수도 있다. 일래스틱서치를 사용하면 선택한 필드를 가져오거나 전체 도큐먼트를 숨기는 등 응답을 조작할 수 있다.

도큐먼트 억제

검색 응답에 반환된 도큐먼트를 표시하지 않으려면 쿼리에서 _source 플래그를 false로 설정한다. 다음 목록은 메타데이터만 포함된 응답을 반환한다.

```
GET movies/_search
{
  "_source": false,     ◄──── _source 플래그를 false로 설정하면
  "query": {                   결과에서 소스 도큐먼트가 제외된다.
    "match": {
      "certificate": "R"
    }
  }
}
```

응답에는 원본 도큐먼트가 포함되지 않는다.

```
"hits": [ {
    "_index": "movies",
    "_type": "_doc",
    "_id": "1",
    "_score": 0.58394784
  }, {
    "_index": "movies",
    "_type": "_doc",
    "_id": "2",
    "_score": 0.58394784
  },
  ...
]
```

선택한 필드 가져오기

전체 도큐먼트가 아닌 선택된 몇 개의 필드만 가져올 수 있다. 일래스틱서치는 어떤 필드가 반환돼야 하는지 나타내는 fields 객체를 제공한다. 이 객체에서 필드를 명시적으로 정의한다. 예를 들어 다음 쿼리는 응답에서 title 및 rating 필드만 가져온다.

```
GET movies/_search
{
  "_source": false,
  "query": {
    "match": {
```

```
      "certificate": "R"
    }
  },
  "fields": [
    "title",
    "rating"
  ]
}
```

다음 코드 조각은 이에 대한 응답을 보여준다. 예상대로 도큐먼트는 title과 rating 필드가 포함된다.

```
{
  "_index": "movies",
  "_type": "_doc",
  "_id": "1",
  "_score": 0.58394784,
  "fields": {
    "rating": [
      9.296875
    ],
    "title": [
      "The Shawshank Redemption"
    ]
  }
}
```

각 필드는 단일 필드가 아닌 배열로 반환된다. 잠재적으로 여러 값을 가질 수 있으므로 결과는 json 배열로 표시된다(일래스틱서치에는 배열 타입이 없다).

  필드 매핑에 와일드카드를 사용할 수도 있다. 예를 들어 title*을 설정하면 title, title.original, title_long_descripion, title_code 및 title 접두어가 있는 필드를 검색한다(우리 매핑에는 title 및 title.original 이외의 다른 필드가 없으므로 매핑에 추가해 와일드카드 설정을 실험할 수 있다).

스크립트 필드

가끔 필드를 실시간으로 계산해 응답에 추가해야 하는 경우가 있다. 예를 들어 영화가 받은 최고 평점 범위 내에 있는 경우(평점이 9보다 높음) 최고 평점으로 설정한다고 가정해 보자. 요청 시 이러한 임시 필드를 추가할 때 스크립팅 기능을 사용할 수 있다.

스크립팅 기능을 사용하려면 쿼리에 script_fields 객체를 추가하고, 새로운 동적 필드의 이름과 해당 필드를 채우기 위한 로직을 작성한다. 다음 목록은 영화가 받은 평점을 기반으로 top_rated_movie라는 새 필드를 만들어 플래그를 설정한다.

목록 8.29 스크립트 필드를 사용한 소스 필터링

```
GET movies/_search
{
  "_source": [
    "title*",
    "synopsis",
    "rating"
  ],
  "query": {
    "match": {
      "certificate": "R"
    }
  },
  "script_fields": {
    "top_rated_movie": {
      "script": {
        "lang": "painless",
        "source": "if (doc['rating'].value > 9.0) 'true'; else 'false'"
      }
    }
  }
}
```

스크립트는 새 필드(top_rated_movie)를 채우는 로직이 정의된 source 속성으로 구성된다. 평점이 9보다 크면 영화를 최고 평점으로 선별한다. 새로운 top_rated_movie 필드와 함께 출력(필요한 내용만 포함)을 살펴보자.

```
"hits": [{
  ...
  "_source": {
    "rating": "9.3",
    "synopsis": "Two imprisoned men bond ...",
    "title": "The Shawshank Redemption"
  },
  "fields": {
    "top_rated_movie": ["true"]
  }
}
...
```

소스 필터링

이전에는 도큐먼트가 응답으로 반환되지 않도록 _source 플래그를 false로 설정했다. 전부 아니면 전무에 대한 시나리오를 보여줬지만, _source 옵션을 구현해 응답을 추가로 조정할 수 있는 몇 가지 사용 사례가 있다. 예를 들어 다음 목록에서는 _source를 ["title*", "synopsis", "rating"]으로 설정해 결과에서 title이 접두어인 모든 필드와 함께 synopsis 및 rating 필드를 반환한다.

목록 8.30 _source 태그를 사용해 맞춤형 필드 가져오기

```
GET movies/_search
{
  "_source": [
    "title*",
    "synopsis",
    "rating"
  ],
  "query": {
    "match": {
      "certificate": "R"
    }
  }
}
```

반환 필드를 제어하기 위해 includes 및 excludes 목록을 설정해 _source 옵션을 더욱 발전시킬 수 있다.

```
GET movies/_search
{
  "_source": {
    "includes": ["title*","synopsis","genre"],
    "excludes": ["title.original"]
  }, "query": {
    "match": {
      "certificate": "R"
    }
  }
}
```

_source 객체에는 배열 2개가 필요하다.

- includes: 결과에 반환돼야 하는 모든 필드
- excludes: includes 목록으로 반환된 필드에서 제외해야 하는 필드

목록 8.31에서는 모든 title 필드(title 및 title.original)는 물론 synopsis 및 genre 필드도 쿼리에서 반환될 것으로 예상된다. 그러나 title.original을 excludes 배열에 포함시켜 제외할 수 있다. includes 및 excludes 배열을 사용해 어떤 필드가 반환되고 제외되는지 더 세밀하게 제어할 수 있다. 예를 들어 "excludes": ["synopsis","actors"] 배열을 _source 객체에 추가하면 synopsis 및 actors를 제외한 모든 필드가 반환된다.

8.8.6 인덱스 및 데이터 스트림 검색

데이터는 일반적으로 인덱스와 데이터 스트림에 분산된다. 다행히도 일래스틱서치를 사용하면 검색 요청에 필요한 인덱스를 추가해 다수 인덱스와 데이터 스트림에서 데이터를 검색할 수 있다. 예를 들어 검색 요청에서 인덱스 이름을 생략하면 엔진이 모든 인덱스를 검색하도록 지시한다.

```
GET _search
{
  "query": {
    "match": {
      "actors": "Pacino"
    }
  }
}
```

이전 쿼리와 동일한 GET */_search 또는 GET _all/_search를 사용할 수도 있다. 이러한 모든
양식은 클러스터의 모든 인덱스를 검색한다.

다수 인덱스를 검색할 때 한 인덱스에서 찾은 도큐먼트가 다른 인덱스에서 찾은 동일한
도큐먼트보다 우선하도록 할 수 있다. 즉, 여러 인덱스에 걸쳐 검색을 수행할 때 특정 인덱
스를 다른 인덱스보다 순서를 높이기를 원할 수 있다. 이를 위해 쿼리 객체와 동일한 수준에
indices_boost 객체를 연결할 수 있다. 이 indices_boost 객체에 설정된 적절한 부스트 평점
을 사용해 여러 인덱스를 입력할 수 있다.

시연을 위해 2개의 새로운 인덱스(index_top 및 index_new)를 생성하고 그 안에 The
Shawshank Redemption 영화를 인덱싱할 수 있다(코드는 책 파일에 있다). 이제 3개의 인덱
스에 걸쳐 동일한 영화가 있으므로 movies_top에서 얻은 도큐먼트 점수를 높여서 The
Shawshank Redemption이 최상위 결과가 되도록 쿼리를 만들어 보자.

목록 8.32 도큐먼트 점수 높이기

```
GET movies*/_search
{
  "indices_boost": [          ← indices_boost를
    { "movies": 0.1},            0.1로 내린다.
                                              ← indices_boost를
    { "movies_new": 0},                         0으로 내린다.
    { "movies_top": 2.0}     ←
  ], "query": {                 indices_boost를
    "match": {                  2.0으로 올린다.
      "title": "Redemption"
    }
  }
}
```

쿼리 DSL의 movie_top에서 도큐먼트를 찾으면 쿼리는 점수를 2배로 올리고 movies 인덱스에서 가져온 도큐먼트 원래 값의 10%(0.1)를 내린다. 마지막으로 movie_new 도큐먼트에 대해 indices_boost를 0으로 설정했는데, 이는 사실상 부스트가 적용되지 않음을 의미한다. 예를 들어 movies_top에서 도큐먼트의 원래 점수가 0.2876821인 경우 새 점수는 0.5753642 (2*0.2876821)이다. 다른 도큐먼트의 점수는 indices_boost 객체의 설정에 따라 계산된다.

이제 마무리할 시간이다! 쿼리 DSL 및 URI 검색 기능을 더 잘 이해하게 된 지금, 9장에서는 텀 수준 쿼리에 대해 설명한다.

요약

- 검색은 구조화 검색 유형과 비구조화 검색 유형으로 분류될 수 있다.
- 구조화된 데이터는 숫자 및 날짜 필드와 같은 비텍스트 필드 또는 인덱싱 시간 동안 분석되지 않고 이진 결과(존재 여부)를 생성하는 필드와 함께 작동한다.
- 구조화되지 않은 데이터는 관련성 점수가 있을 것으로 예상되는 텍스트 필드를 처리한다. 엔진은 결과 도큐먼트가 조건과 얼마나 일치하는지에 따라 결과의 점수를 매긴다.
- 구조화된 쿼리에는 텀 수준 검색을 사용하고 구조화되지 않은 데이터에는 풀텍스트 검색을 사용한다.
- 모든 검색 요청은 코디네이터 노드에 의해 처리된다. 코디네이터 노드는 다른 노드에게 쿼리를 실행하고, 부분 데이터를 반환하고, 집계하고, 최종 결과로 클라이언트에 응답하도록 요청하는 일을 담당한다.
- 일래스틱서치는 쿼리 및 집계를 위해 _search 엔드포인트를 제공한다. 매개변수가 포함된 URI 요청을 사용하거나 쿼리 DSL이라는 특수 구문을 사용해 전체 요청을 작성해 _search 엔드포인트를 호출할 수 있다.
- 쿼리 DSL은 검색 쿼리 작성에 선호되는 선택이다. 쿼리 DSL을 사용하면 고급 쿼리를 포함한 수많은 쿼리를 구성할 수 있다.
- 쿼리 DSL을 사용하면 리프 및 복합 쿼리를 만들 수 있다. 리프 쿼리는 단일 조건을 사용하는 간단한 검색 쿼리다. 복합 쿼리는 조건절로 작성된 고급 쿼리에 사용된다.

- 페이지 매김, 강조 표시, 점수 매김, 결과 조작 등 대부분의 쿼리 유형에 공통적인 기능을 사용할 수 있다.

9

텀 수준 검색

9장에서 다루는 내용

- 텀 수준 쿼리 이해
- 실제 텀 수준 쿼리

텀 수준 검색은 숫자, 날짜, IP 주소, 열거형, 키워드 타입 등과 같은 구조화된 데이터를 사용하도록 설계됐다. 이는 답을 찾는 데 도움을 주지만, 관련성은 고려하지 않는다. 즉, 도큐먼트가 쿼리와 얼마나 잘 일치하는지가 아니라 정확히 일치하는 항목을 검색한다. 이러한 쿼리와 풀텍스트 검색 간의 근본적인 차이점 중 하나는 텀 수준 쿼리는 텍스트 분석을 거치지 않는다는 점이다.

9장에서는 텀 수준 검색에 대해 자세히 설명하고 예제를 통해 다양한 쿼리 유형을 살펴본다. 개요부터 소개한 다음 특정 쿼리를 살펴본다.

|**노트**| 9장의 코드는 깃허브(http://mng.bz/Gyw8) 및 책 웹사이트(https://www.manning.com/books/elasticsearch-in-action-second-edition)에 있다.

9.1 텀 수준 검색 개요

텀 수준 검색은 구조화돼 있다. 쿼리는 정확히 일치하는 결과를 반환한다. 날짜, 숫자, 범위와 같은 구조화된 데이터를 검색한다. 이러한 유형의 검색에서는 결과가 얼마나 잘 일치하는지(도큐먼트가 쿼리에 얼마나 잘 대응하는지)는 중요하지 않으며 쿼리가 일치하면 쿼리가 데이터를 반환한다는 점만 중요하다. 따라서 텀 수준 검색 결과는 연관된 관련성 점수를 기대하지 않는다.

텀 수준 검색은 데이터베이스의 WHERE 절과 유사한 예 또는 아니요라는 이진 옵션을 만드는데, 조건이 충족되면 쿼리 결과를 가져오고 그렇지 않으면 쿼리가 결과를 반환하지 않는다.

도큐먼트에는 관련성 점수가 있지만 점수는 중요하지 않다. 쿼리와 일치하는 경우 도큐먼트가 반환되지만 관련성은 없다. 실제로 일정한 점수를 사용해 텀 수준 쿼리를 실행할 수 있다. 서버에서 캐시할 수 있으므로 동일한 쿼리가 다시 실행되면 성능 이점이 있다. 이러한 쿼리는 기존 데이터베이스 검색과 유사하다.

9.1.1 텀 수준 쿼리는 분석되지 않는다

텀 수준 쿼리의 한 가지 중요한 특징은 풀텍스트 쿼리와 달리 분석 및 토큰화되지 않는다는 점이다. 이 규칙의 예외는 노멀라이저를 사용할 때다. 텀은 인덱싱 패턴과 일치하는 분석기를 적용하지 않고 역인덱스에 저장된 단어와 일치된다. 이는 검색 단어가 역인덱스에 인덱스된 필드와 일치해야 함을 의미한다.

예를 들어 텀 수준 쿼리를 사용해 title 필드에서 "Java"를 검색하는 경우 도큐먼트가 일치하지 않을 가능성이 있다. 이는 인덱싱 중에 standard 분석기를 사용한다고 가정할 때 Java라는 단어가 소문자(java)로 변환돼 title의 역인덱스에 삽입되기 때문이다. 텀 수준 쿼리는 분석되지 않기 때문에 엔진은 검색어 "Java"를 역인덱스의 "java"라는 단어와 일치시키려고 시도하므로 일치가 실패한다. 대신 keyword 타입을 사용하면 쿼리에서 동일한 결과("Java" 첫 글자를 대문자로 표시)를 반환할 수 있다(여기서는 간단하게 설명하고 상세한 설명은 나중에 한다).

텀 수준 쿼리는 텍스트 필드 검색이 아닌 키워드 검색에 적합하다. 키워드로 식별된 모든 필드가 인덱싱 프로세스 중에 분석되지 않고 역인덱스에 추가된다는 것을 알고 있기 때문이다. 키워드와 마찬가지로 숫자, 부울, 범위 등은 분석되지 않고 해당 역인덱스에 직접 추가된다.

9.1.2 텀 수준 쿼리 예

The Godfather 영화로 간단한 예를 들어보자. 그림 9.1은 인덱싱과 텀 수준 검색을 보여준다. standard 분석기는 "The Godfather"가 역인덱스에 저장된 단일 토큰(분석기에 의해 2개의 토큰으로 분할된다)으로 존재하지 않기 때문에 도큐먼트를 찾지 못한다. 마찬가지로 텀 수준 쿼리에서 검색어로 "Godfather"만 사용하면 Godfather라는 단어가 소문자 godfather와 일치하지 않기 때문에 결과가 반환되지 않는다.

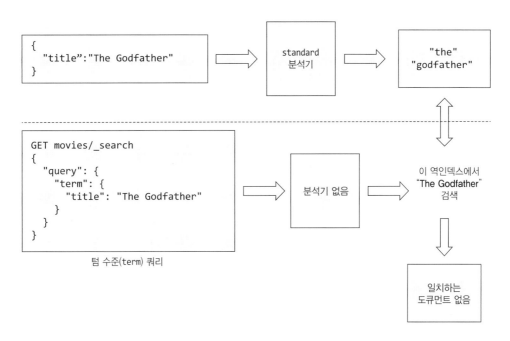

▲ **그림 9.1** The Godfather 영화에 대한 인덱싱 및 텀 수준 검색

그림에서 볼 수 있듯이 도큐먼트 인덱싱과 도큐먼트 검색이라는 두 가지 프로세스가 있다. 필드가 텍스트 필드인 경우 standard 분석기가 적용된다고 가정하면 title은 인덱싱 프로세

스 중에 2개의 토큰으로 구분되고 소문자 ["the" "godfather"]로 표시된다.

반면 텀 수준 검색에서는 검색어가 텍스트 분석 없이 그대로 전달된다. 텀 수준 쿼리가 "The Godfather"를 검색하는 경우 엔진은 역인덱스에서 정확한 문자열 "The Godfather"를 검색하려고 시도한다.

긴 텍스트가 있는 필드에서는 권장되지 않지만, text 필드에서는 텀 수준 쿼리를 계속 실행할 수 있다. 텍스트에 요일, 영화 평점, 성별 등과 같은 열거형이 있는 경우 텀 수준 쿼리를 사용할 수도 있다. 남성과 여성과 같은 성별을 인덱싱하는 경우 인덱싱 프로세스 중 standard 분석기의 활동으로 인해 결과를 성공적으로 반환하려면 텀 수준 쿼리에서 "male"과 "female"을 사용해야 한다. 중요한 점은 텀 수준 쿼리가 정확한 단어를 검색한다는 점이다.

일래스틱서치는 term, terms, ids, fuzzy, exists, range 등을 포함한 여러 텀 수준 쿼리를 제공한다. 다음 절에서는 몇 가지 중요한 사항을 검토한 후 실제 사례를 제시한다.

> |노트| 8장에서 샘플 영화 데이터를 인덱싱하고 해당 데이터를 기반으로 모든 쿼리를 작성했다. 9장의 소스 코드에는 영화 매핑과 샘플 데이터를 인덱싱하는 방법이 포함돼 있다.

9.2 term 쿼리

term(텀) 쿼리는 특정 필드와 정확히 일치하는 도큐먼트를 가져온다. 해당 필드는 분석되지 않는다. 대신 인덱싱 중에 역인덱스에 그대로 저장된 값과 일치한다. 예를 들어 영화 데이터 세트를 사용해 R 등급 영화를 검색하는 term 쿼리를 작성할 수 있다.

목록 9.1 주어진 등급의 영화 가져오기

```
GET movies/_search
{
  "query": {
    "term": {     ◀── term 쿼리 선언
      "certificate": "R"
    }
  }
}
```

쿼리 이름(여기서는 term)은 텀 수준 검색을 의미한다. 객체에는 필드(여기서는 certificate)와 검색 값이 필요하다. certificate(등급)는 keyword 데이터 타입이므로 인덱싱 프로세스 중에 "R" 값은 어떤 분석기에서도 처리되지 않았다(실제로 대소문자를 변경하지 않는 keyword 분석기다). 따라서 그대로 저장된다.

이 쿼리를 실행하면 모든 R 등급 영화를 얻을 수 있다(샘플 데이터 세트의 14개는 R 등급이다). 이는 반환될 JSON 응답에 포함된다. 다음 절에서는 (keyword 타입 대신) text 필드에서 텀 수준 검색을 실행하는 효과를 관찰한다.

9.2.1 텍스트 필드에 대한 term 쿼리

검색 조건(예를 들어 "certificate": "r")을 소문자로 바꿔 등급 값이 있는 쿼리를 "R"에서 "r"로 변경하면 어떻게 되는지 살펴보자. 놀랍게도 이 쿼리는 결과를 얻지 못한다. 그 이유를 짐작할 수 있는가?

일래스틱서치가 인덱싱 및 검색 중에 텍스트 필드를 분석한다는 7장을 상기해 보자. certificate 필드는 keyword 타입이므로 해당 필드는 분석 과정을 거치지 않는다. 이는 항상 역인덱스의 내용과 일치한다는 것을 의미한다. 도큐먼트를 인덱싱할 때 certificate 값 "R"은 토큰화되거나 필터를 통해 전달되지 않는다. 역인덱스에 그대로 삽입된다.

동전의 다른 면은 검색이다. term 검색어도 분석되지 않는다. query 필드를 여러 토큰으로 토큰화하고 소문자로 바꾸는 standard 토크나이저와 달리 query 필드는 그대로 유지된다. "R"을 검색하면 (standard 토크나이저를 통한) 소문자 변환이 배후에서 적용되지 않기 때문에 대문자로 간주된다. 따라서 소문자 certificate("r"과 같은)를 검색하면 일치하는 항목이 없으므로 ("r"이 아닌 "R"이 인덱싱되므로) 결과가 없다.

이는 term 쿼리 작업에 대한 중요한 점을 제시한다. 즉, term 쿼리는 text 필드 작업에 적합하지 않다. 사용에 방해되는 것은 없지만 키워드, 숫자 및 날짜와 같은 text가 아닌 필드에 사용된다. term 쿼리는 쿼리 컨텍스트에서 호출될 때 여전히 점수를 생성한다.

text 필드에서 term 쿼리를 사용하려면 text 필드가 열거형이나 상수처럼 인덱싱돼 있는지 확인하자. 예를 들어 CREATED, CANCELLED, FULFILLED 상태가 있는 주문 상태 필드는 텍스트 필드이더라도 term 쿼리를 사용하기에 좋은 후보다.

그러나 text 필드가 비열거 스타일 값과 같은 구조화되지 않은 텍스트로 채워지면 term 쿼리를 실행할 때 기대한 결과를 얻을 수 없다. text 필드에서 term 쿼리를 실행할 때 어떤 일이 발생하는지에 대한 예를 확인해 보자.

9.2.2 term 쿼리 예시

term 쿼리를 사용해 title이라는 text 필드를 검색하면 어떤 일이 발생하는지 살펴본다. 다음 목록은 term 쿼리를 사용해 영화 제목에서 "The Godfather"를 검색한다(영화 매핑에서 title 필드에는 명시적인 text 필드 매핑 세트가 있다는 점을 기억하자).

목록 9.2 text 필드에 텀 수준 쿼리 사용

```
GET movies/_search
{
  "query": {
    "term": {
      "title": "The Godfather"
    }
  }
}
```

이 코드를 실행하면 아무런 결과도 얻지 못한다(그림 9.1 참조). 이는 title 필드가 text 필드이므로 검색 전 분석 과정을 거쳐 인덱스에 저장됐기 때문이다. Godfather는 분해돼 역인덱스에 소문자 토큰(["the", "godfather"])으로 저장됐다(기본적으로 standard 분석기를 사용하기 때문이다). 검색어는 term 쿼리에 대해 분석되지 않는다. 대신 각 단어를 있는 그대로 가져와 역인덱스와 비교한다. 이 경우 쿼리 조건 "The Godfather"는 title 필드의 토큰("the" 및 "godfather")과 일치하지 않는다.

"the godfather"를 사용해 쿼리를 다시 실행해도 결과가 반환되지 않는다(title을 소문자로 사용해 쿼리를 실행해 보자). term 쿼리는 역인덱스에 없는 정확한 값 "the godfather"를 일치시키려고 한다(title은 토큰화돼 "the"와 "godfather"라는 두 단어로 저장됐다). 그러나 "godfather"를 검색하면 데이터 인덱싱 중에 godfather라는 단어가 분석돼 역인덱스에 삽입돼 일치하는 항목이 발견됐기 때문에 결과가 반환된다.

요점은 term 쿼리는 text 타입이 아닌 필드에 대해 실행해야 한다는 점이다. term 쿼리를 사용해 text 필드를 검색하려면 text 필드에 열거형 또는 상수 형식의 데이터가 포함돼 있는지 확인하자.

9.2.3 간소화된 텀 수준 쿼리

목록 9.1과 9.2의 term 쿼리는 간소화된 버전이다. 간소화된 버전을 작성하는 것이 편리하지만 잠시 시간을 내 목록 9.1의 쿼리 완전한 버전도 살펴보자.

목록 9.3 완전한 쿼리 버전의 구문

```
GET movies/_search
{
  "query": {
    "term": {
      "certificate": {          certificate 필드에는
                                객체 안에 값이 포함돼 있다.      certificate
        "value": "R",                                         검색 조건
        "boost": 2              값 외에도 boost 같은
      }                         매개변수를 제공할 수 있다.
    }
  }
}
```

certificate 필드에는 값과 함께 추가적인 매개변수가 있는 객체가 있다. 간소화 버전의 필드와 동일한 수준에 나타나는 값은 해당 필드보다 한 수준 아래에 위치한다. 이 예에서처럼 포함된 객체에는 boost 같은 다른 속성도 사용할 수 있다.

완전한 버전은 쿼리에 기능을 추가할 수 있는 반면, 간소화 버전은 간단하기 때문에 쿼리가 단순하고 조정할 필요가 없을 때 광범위하게 사용된다. 다른 매개변수를 사용하는 데 관심이 없는 한 책 전체에서 간소화 버전을 사용한다.

지금까지 term 쿼리를 사용해 단일 필드에 대해 단어를 검색했다. term 쿼리는 "certificate":"R"과 같은 단일 단어에 대해 정확히 일치하는 항목을 찾는다. 하지만 단일 필드에서 여러 값을 검색하려면 어떻게 해야 할까? 예를 들어 certificate 필드에서 R 등급 및 PG-13 영화를 어떻게 검색할 수 있을까? 여기서 terms 쿼리라는 용어가 등장한다.

9.3 terms 쿼리

이름에서 알 수 있듯이 terms(복수형) 쿼리는 단일 필드에 대해 여러 조건을 검색한다. 검색하려는 필드의 가능한 모든 값을 입력할 수 있다. PG-13 및 R과 같이 다양한 콘텐츠 등급을 가진 모든 영화를 검색한다고 가정해 보자. 이러한 목적으로 terms 쿼리를 사용한다.

목록 9.4 한 필드에서 여러 검색 조건으로 검색하기

```
GET movies/_search
{
  "query": {                        terms 쿼리에는
    "terms": {          ◀───────    일련의 검색 조건이 필요
      "certificate": [ "PG-13", "R" ]  ◀───  단일 필드에 대한
    }                                         여러 검색 조건
  }
}
```

terms 쿼리에서는 필드에 대해 쿼리할 검색어 목록이 terms 객체에 배열로 전달된다. 일치하는 항목을 가져오기 위해 기존 도큐먼트에 대해 배열 값을 하나씩 검색하며, 각 단어가 정확히 일치해야 한다. 이 목록에서는 certificate 필드에 PG-13 또는 R 등급이 있는 모든 영화를 검색한다. 결과 도큐먼트는 모든 PG-13 및 R 영화 결과가 결합된다.

배열에 설정할 수 있는 텀의 개수에는 제한이 있으나 무려 65,536개다. 이 제한을 수정해야 하는 경우(증가 또는 감소) 인덱스의 index.max_terms_count 동적 속성 설정을 사용해 제한을 변경할 수 있다. 다음 쿼리는 max_terms_count를 10으로 설정한다.

목록 9.5 최대 term 개수 재설정

```
PUT movies/_settings
{
  "index": {
    "max_terms_count": 10
  }
}
```

이 설정은 terms 배열에서 사용자 설정을 10개 이하의 값으로 제한한다. 이는 인덱스의 동적 설정이므로 실시간 인덱스에서 변경할 수 있다는 점을 기억하자.

terms 쿼리에는 약간 다른 버전인 terms 룩업[lookup] 쿼리가 있다. 구체적으로 term을 지정하는 대신 기존 도큐먼트의 값에서 term 배열을 만드는 것이 아이디어다. 다음 절에서는 예제를 통해 이에 대해 설명한다.

9.3.1 terms 쿼리의 예

지금까지 terms 쿼리에 대한 검색 조건으로 배열의 값 목록을 제공했다. terms 룩업 쿼리는 기존 도큐먼트의 필드 값을 읽어 term을 설정할 수 있는 terms 쿼리의 변형이다. 예를 들어 보면 가장 잘 이해된다.

이 기능을 설명하려면 영화 데이터 집합에서 벗어나 적절한 스키마를 사용해 새 인덱스를 생성하고 몇 가지 도큐먼트를 인덱싱해야 한다. 다음 목록은 title과 director라는 두 가지 속성을 가진 classic_movies 인덱스를 생성한다.

목록 9.6 새 인덱스 생성하기

```
PUT classic_movies
{
  "mappings": {
    "properties": {
      "title": {              ◀──  title 필드는
        "type": "text"             text 필드
      },
      "director": {           ◀──  director 필드를
        "type": "keyword"          keyword 타입으로 선언
      }
    }
  }
}
```

복잡성을 피하기 위해 director 필드를 keyword 타입으로 정의한다는 점을 제외하면 이 인덱스에는 특별할 것이 없다. 이제 영화 몇 편을 인덱싱해 보자.

```
PUT classic_movies/_doc/1
{
  "title":"Jaws",
  "director":"Steven Spielberg"
}

PUT classic_movies/_doc/2
{
  "title":"Jaws II",
  "director":"Jeannot Szwarc"
}

PUT classic_movies/_doc/3
{
  "title":"Ready Player One",
  "director":"Steven Spielberg"
}
```

위 코드 조각은 자명하기 때문에 별도로 설명하진 않겠다.

9.3.2 terms 룩업 쿼리

이제 이 세 가지 도큐먼트를 인덱싱했으므로 term 룩업 쿼리 논의로 돌아가자. Spielberg가 감독한 모든 영화를 가져오고 싶다고 가정해 보자. 하지만 terms 쿼리를 구성하고 term을 직접 제공하고 싶진 않다. 대신 도큐먼트에서 term 값을 가져오도록 term 쿼리에 알린다. 다음 목록은 바로 이를 수행한다.

목록 9.8 terms 룩업 검색

```
GET classic_movies/_search
{
  "query": {
    "terms": {           terms 검색어
                         (약간 변경했다!)      검색하려는
      "director": {                           필드
        "index": "classic_movies",      index 필드는 해당 도큐먼트가 위치한
        "id": "3",                      인덱스의 이름을 입력한다.
                               이 쿼리를 위한 다수의 텀이
                               포함된 필드의 이름
```

```
            "path": "director"  ◄───┐
        }                            │
    }                                │   현재 도큐먼트에서
  }                                  │   검색 필드
}
```

이 코드에는 약간의 설명이 필요하다. 다수의 검색어를 찾으려는 필드로 director를 사용해 terms 쿼리를 만든다. 일반 terms 쿼리에서는 name 목록이 포함된 배열을 제공한다. 하지만 여기서는 다른 도큐먼트(id 값이 3인 도큐먼트)에서 director 값을 조회하도록 쿼리를 요청한다.

이 ID가 있는 도큐먼트는 classic_movies 인덱스에서 선택해야 한다. index 필드가 쿼리에서 해당 ID를 언급하기 때문이다. 물론 값을 가져올 필드는 path 필드로 선언된 director다. 이 쿼리를 실행하면 Spielberg가 감독한 두 편의 영화를 가져온다.

terms 룩업 쿼리는 쿼리에 전달된 값 집합이 아닌 다른 도큐먼트에서 얻은 값을 기반으로 쿼리를 작성할 때 도움된다. 이는 쿼리 term을 구성할 때 더 큰 유연성을 제공한다. 즉, 도큐먼트를 얻을 수 있는 다른 인덱스와 인덱스를 쉽게 교환할 수 있다. 예를 들어 다수의 검색어 도큐먼트를 포함하는 movie_search_terms_index라는 인덱스가 있다고 가정한다(도큐먼트 1에는 director라는 term이 포함되고 도큐먼트 2에는 actors라는 term이 포함되는 등). 주요 쿼리에서 movie_search_terms_index의 director term을 참조해 이 도큐먼트를 조회하고 결과를 가져올 수 있다. 이렇게 하면 필요에 따라 조회 도큐먼트가 변경되는 동안 주요 쿼리가 일정하게 유지될 수 있다. 이제 terms 쿼리를 이해했으므로 일련의 ID가 지정된 도큐먼트를 가져오는 쿼리 유형으로 넘어가자.

9.4 ids 쿼리

가끔 일래스틱서치에서 해당 ID를 가진 도큐먼트를 얻고 싶을 때가 있다. 이름에서 알 수 있듯이 ids 쿼리는 도큐먼트 ID 집합이 주어지면 일치하는 도큐먼트를 가져온다. 다수의 도큐먼트를 동시에 가져오는 훨씬 간단한 방법이다. 다음 목록은 도큐먼트 ID 목록을 사용해 도큐먼트를 검색하는 방법을 보여준다.

```
{
  "query": {
    "ids": {          ◄──── 쿼리 이름
      "values": [10,4,6,8]  ◄─┐  도큐먼트 ID를
    }                          │  배열로 제공
  }
}
```

이 쿼리는 해당하는 4개의 ID를 가진 4개의 도큐먼트를 반환한다. 인덱싱된 각 도큐먼트에는 필수 _id 필드가 있다.

> |**노트**| 메타데이터 필드는 스키마 정의의 일부가 될 수 없다. _id 필드는 _source, _size, _routing 등과 같은 다른 필드와 함께 메타데이터 필드이므로 인덱스 매핑 실행에 포함될 수 없다.

목록 9.4에서 본 것처럼 ID 쿼리를 사용하는 대신 terms 쿼리를 사용해 도큐먼트 ID 집합이 있는 도큐먼트를 가져올 수도 있다. 다음 목록에서는 또 다른 예를 보여준다.

```
GET movies/_search
{
  "query": {
    "terms": {
      "_id": [10,4,6,8]
    }
  }
}
```

여기서는 terms 쿼리를 사용하고 _id 필드에 도큐먼트 ID 배열을 검색 조건으로 설정한다. 이제 또 다른 텀 수준 쿼리 유형인 exists 쿼리를 살펴본다.

9.5 exists 쿼리

때로는 프로젝트 도큐먼트에 수백 개의 필드가 있는 경우도 있다. 응답의 모든 필드를 가져오는 것은 대역폭 낭비이며, 가져오기를 시도하기 전에 필드가 존재하는지 여부를 아는 것은 좋은 사전 검사 과정이다. exists 쿼리는 필드가 존재하는 경우 해당 필드에 대한 도큐먼트를 가져온다. 예를 들어 다음 쿼리를 실행하면 title 필드가 있는 도큐먼트가 존재하므로 도큐먼트가 포함된 응답을 받는다.

목록 9.11 필드가 존재하는지 확인을 위해 exists 쿼리 실행

```
GET movies/_search
{
  "query": {
    "exists": {          ◄──  exists 쿼리 유형을
      "field": "title"        정의
    }                ◄──  도큐먼트에 있는 확인하고
  }                        싶은 필드를 제공
}
```

필드가 없으면 쿼리는 빈 hits 배열(hits[])을 반환한다. 궁금한 경우 title2와 같이 존재하지 않는 필드를 사용해 이 쿼리를 시도하면 빈 배열이 표시된다.

exists 쿼리의 또 다른 미묘한 사용 사례가 있다. 즉, 특정 필드(존재하지 않는 필드)가 없는 모든 도큐먼트를 검색하는 것이다. 예를 들어 다음 목록에서는 기밀로 분류되지 않은 모든 도큐먼트를 확인한다(기밀 도큐먼트에 confidential 필드가 true로 설정돼 있다고 가정).

목록 9.12 기밀이 아닌 도큐먼트 찾기

```
PUT top_secret_files/_doc/1     ◄─
{
  "code":"Flying Bird",             도큐먼트 2개를 추가,
  "confidential":true               하나는 confidential 플래그가 있다.
}

PUT top_secret_files/_doc/2     ◄─
{
  "code":"Cold Rock"
```

```
}

GET top_secret_files/_search  ◀───── confidential 필드 없는 도큐먼트를
{                                     가져오는 복합 쿼리
  "query": {
    "bool": {
      "must_not": [
        {
          "exists": {
            "field": "confidential"
          }
        }
      ]
    }
  }
}
```

top_secret_files 인덱스에 2개의 도큐먼트를 추가한다. 도큐먼트 중 하나에는 confidential 이라는 추가 필드가 있다. 그런 다음, bool 쿼리의 must_not 절에 exists 쿼리를 작성해 confidential로 분류되지 않은 모든 도큐먼트를 가져온다(11장에서 복합 쿼리에 대해 알아본다).

때로는 지난달의 영화 가져오기, 분기별 매출, 최고 수익 등 미리 정의된 특정 범위에 속하는 데이터로 작업하고 싶을 때가 있다. 이러한 쿼리는 다음에 살펴보게 될 range 쿼리에 해당된다.

9.6 range 쿼리

특정 날짜 사이에 연착된 항공편, 특정 날짜의 판매 수익, 학급 내 평균 신장의 학생 등 범위 내에 속하는 데이터 세트가 필요한 경우가 많다. 일래스틱서치는 이러한 유형의 문의에 대한 range(범위) 쿼리를 제공한다.

range 쿼리는 필드의 범위에 대한 도큐먼트를 반환한다. 쿼리는 필드의 하한 및 상한을 정의한다. 예를 들어 평점이 9.0~9.5 사이인 모든 영화를 가져오려면 다음 range 쿼리를 실행한다.

```
GET movies/_search
{
  "query": {
    "range": {
      "rating": {
        "gte": 9.0,
        "lte": 9.5
      }
    }
  }
}
```

이 range 쿼리는 지정된 평점 제한 내에서 영화를 가져온다. 평점(rating) 필드는 연산자로 정의된 범위를 허용하는 객체다. 표 9.1은 범위를 지정하는 데 사용할 수 있는 연산자를 보여준다.

▼ 표 9.1 range 쿼리의 연산자

연산자	의미
gt	초과
gte	크거나 같음
lt	미만
lte	작거나 같음

날짜나 숫자 범위를 검색하기 위해 range 쿼리를 사용한다. 예를 들어 1970년 이후에 제작된 모든 영화를 가져오려면 간단히 다음 쿼리를 실행하면 된다.

```
GET movies/_search
{
  "query": {
    "range": {
      "release_date": {
        "gte": "01-01-1970"
```

```
        }
      }
    },
    "sort": [
      {
        "release_date": {
          "order": "asc"
        }
      }
    ]
}
```

release_date 필드는 검색 요구 사항(이 경우 1970년)과 함께 gte 연산자를 선언한다. 또한 쿼리의 sort 속성을 사용해 release_date에 따라 오름차순으로 영화를 정렬한다. 따라서 반환된 영화는 가장 오래된 영화부터 최신 영화순으로 정렬된다.

range 쿼리에 대해 논의하고 있으므로 이번 기회에 range 쿼리의 날짜 계산을 검토해 보자. 이에 대해서는 다음 절에서 알아본다.

---

range 쿼리의 데이터 수학

일래스틱서치는 쿼리에서 정교한 데이터 수학(data math)[1]을 지원한다. 예를 들어 엔진에 다음과 같은 작업을 수행하도록 요청할 수 있다.

- 이틀 전(현재 날짜에서 2일을 뺀 날짜)의 도서 판매량을 가져온다.
- 지난 10분(현재 시간 – 10분) 동안의 접근 거부 오류를 찾는다.
- 작년의 특정 검색 조건에 대한 트윗을 가져온다.

일래스틱서치는 데이터 수학을 다루는 특정 데이터 표현을 지원한다. 표현식의 첫 번째 부분을 앵커 날짜(anchor date)라고 하며 그 뒤에는 특정 시간 단위(분, 초, 연도, 일 등)를 더하거나 빼서 앵커 날짜가 조작되고 있음을 나타내는 2개의 수직 막대(||)가 온다. 그리고 앵커 날짜에 더하거나 빼려는 시간을 입력한다.

이틀 전에 개봉한 영화를 가져오고 싶다고 가정해 보자. 앵커 날짜를 오늘(작성 당시 2023년 5월 22일)로 설정하고 2일을 뺀다.

---

1 원서에는 data math로 표현됐는데, 날짜 계산 표현식은 date math라는 용어를 일반적으로 사용한다. 날짜 계산식 정도로 이해하면 되겠다. – 옮긴이

```
GET movies/_search
{
  "query": {
    "range": {
      "release_date": {
        "lte": "22-05-2023||-2d"      ◄─────  앵커 날짜 다음에
      }                                        || 마이너스 2일
    }
  }
}
```

범위 쿼리의 lte 연산자는 날짜 수학으로 표현된 날짜 값을 사용한다. 이 경우 2023년 5월 22일이 앵커 날짜이며 여기서 2일을 뺀다(-2d). 일래스틱서치에는 날짜 계산을 위한 문자 사전이 있다. Y는 연도, M은 월, w는 주, d는 일, h는 시간, m은 분, s는 초 등이다.

현재 날짜를 지정하는 대신 일래스틱서치에서는 now라는 키워드를 사용할 수 있다. now 키워드는 현재 날짜를 나타낸다. 예를 들어 now-1y를 사용하면 날짜가 1년 전으로 설정된다.

```
GET movies/_search
{
  "query": {
    "range": {
      "release_date": {
        "gte": "now-1y"      ◄─────  작년의 모든 영화를 가져온다.
      }                              현재 날짜(now로 표시됨) − 1년
    }
  }
}
```

now를 사용하고 여기에서 1년을 빼서 release_date 표현식을 작성한다.

일래스틱서치에는 날짜를 조작할 수 있는 옵션이 많이 있다. 자세한 내용은 설명서를 참조하는 것이 좋다. 일래스틱서치는 날짜 계산이 포함된 쿼리를 캐시하지 않으므로 범위 쿼리에서 날짜 계산을 사용할 때 성능에 영향을 미친다.

다음 절에서는 wildcard 쿼리를 살펴본다. 이 쿼리의 검색 조건이 불완전해도 와일드카드를 사용하는 표현식이 있으니 실망하지 않아도 된다.

9.7 wildcard 쿼리

이름에서 알 수 있듯이 wildcard(와일드카드) 쿼리를 사용하면 문자, 접미어, 접두어가 누락된 단어를 검색할 수 있다. 예를 들어 god?ather와 같은 단일 문자가 누락된 경우에도 제목이 father 또는 god로 끝나는 영화의 가능한 모든 조합을 검색한다고 가정해 보자. 여기에서 whildcard 쿼리를 사용할 수 있다. whildcard 쿼리는 표 9.2에 설명된 대로 검색어에 별표(*) 또는 물음표(?)를 허용한다.

▼ **표 9.2** 와일드카드 유형

문자	설명
* (별표)	0개 이상의 문자를 검색한다.
? (물음표)	단일 문자를 검색한다.

영화 제목에 god으로 시작하는 단어가 포함된 도큐먼트를 검색해 보자.

목록 9.15 wildcard 검색 실행

```
GET movies/_search
{
  "query": {
    "wildcard": {          ◀── 와일드카드
                                쿼리 유형
      "title": {
        "value": "god*"    ◀── 와일드카드 연산자를 사용해
      }                         값 필드를 검색
    }
  }
}
```

이 whildcard 쿼리에는 세 편의 영화(The Godfather, The Godfather II, City of God)가 반환돼야 한다. 물론 모든 영화(Godzilla, God's Waiting List 등)도 가져올 수 있다. 그 이유는 접두어 god이 있는 모든 타이틀을 예상하기 때문이다(해당 영화는 인덱스에 없지만 인덱스에 있었다면 쿼리도 해당 항목을 반환한다).

텍스트 필드에 대한 whildcard 쿼리

목록 9.15의 쿼리는 텍스트 데이터 타입인 title 필드에서 실행된다. 텀 수준 쿼리는 분석되지 않으므로 소문자 "god"을 사용한다. 또한 title 필드는 기본적으로 단어를 소문자로 표시하는 standard 분석기를 사용해 인덱싱됐다.

text 필드 대신 keyword 필드를 사용하려면 title을 title.original로 변경하고(title.original 필드는 영화 스키마에서 keyword로 정의) "The God*" 값을 사용해 쿼리를 실행한다. 하지만 "The God*"에서 "The"를 생략하고 쿼리를 실행하면 아무런 결과도 얻을 수 없다. title.original은 keyword 타입 필드이므로 인덱싱 과정에서 텍스트 분석 없이 값이 그대로 유지된다.

단어의 아무 곳에나 와일드카드를 배치해 쿼리를 조정할 수 있다. 예를 들어 "g*d"라는 쿼리는 저장소에서 The Good, the Bad, and the Ugly and City of God이라는 두 편의 영화를 가져온다. 반환될 도큐먼트에서 주어진 쿼리 조건과 일치하는 항목을 찾으려면 강조 표시 highlighting를 사용할 수 있다(8장에서 설명). 다음 목록에서는 이 접근 방식을 보여준다.

목록 9.16 단어에서 와일드카드 연산자를 사용해 검색

```
GET movies/_search
{
  "_source": false,
  "query": {
    "wildcard": {
      "title": {
        "value": "g*d"          ← 단어 문자 사이의
      }                           와일드카드 연산자
    }
  },
  "highlight": {    ← highlight 블록을 사용하면
    "fields": {        결과를 시각화할 수 있다.
      "title": {}
    }
  }
}
```

출력에서는 두 영화가 일치함을 보여준다.

```
"title": [ "The <em>Good</em>, the Bad and the Ugly" ]
"title": [ "City of <em>God</em>"]
```

하나의 문자와 일치시키려는 경우에 ? 와일드카드를 사용하자. 예를 들어 "value": "go?ather"
는 와일드카드 위치의 세 번째 문자와 일치하는 모든 단어를 검색한다. "g???ather"처럼 여
러 개를 결합할 수도 있다.

비용이 많이 드는 쿼리

일부 쿼리는 구현 방식으로 인해 엔진을 실행하는 데 비용이 많이 든다. 와일드카드 쿼리는 range,
prefix, fuzzy, regex, join 쿼리와 함께 사용되는 쿼리 중 하나다. 때때로 이러한 쿼리를 사용하면 서
버 성능에 영향을 미치지 않을 수 있지만, 이러한 비용이 많이 드는 쿼리를 과도하게 사용하면 클러스
터가 불안정해져 사용자 경험이 저하될 수 있다.

일래스틱서치를 사용하면 재량에 따라 클러스터에서 값비싼 쿼리를 실행할 수 있다. 그러나 클러스터에
서 이러한 쿼리 실행을 방지하려면 클러스터 설정에서 allow_expensive_queries 속성을 false로 설
정한다.

```
PUT _cluster/settings
{
  "transient": {
    "search.allow_expensive_queries": "false"
  }
}
```

allow_expensive_queries를 꺼서 클러스터가 과부하되지 않도록 보호한다.

allow_expensive_queries를 false로 설정하면 와일드카드 쿼리가 실행되지 않는다. 시도하면 다음
오류가 발생한다.

```
"[wildcard] queries cannot be executed when 'search.allow_expensive_queries' is set
to false."
```

와일드카드는 단어나 문장에서 누락된 문자가 있는 결과를 가져온다. 가끔 접두어가 있는 단
어를 쿼리하고 싶을 때가 있다. 이때 다음에 설명하는 것처럼 prefix 쿼리가 등장한다.

9.8 prefix 쿼리

Leonardo의 경우 Leo, Marlon Brando, Mark Hamill, Martin Balsam의 경우 Mar와 같이 단어의 시작 부분(접두어)을 사용해 단어를 쿼리할 수 있다. 다음 목록에 표시된 것처럼 prefix 쿼리를 사용해 접두어와 일치하는 레코드를 가져올 수 있다.

목록 9.17 prefix 쿼리 사용

```
GET movies/_search
{
  "query": {                    ◄─┐ prefix 유형 쿼리를
    "prefix": {     ◄───────────┘   지정
      "actors.original": {
        "value": "Mar"    ◄───  "Mar"로 시작하는
      }                          단어로 쿼리
    }
  }
}
```

이 쿼리는 접두어 "Mar"를 검색할 때 Marlon, Mark, Martin이라는 배우가 포함된 세 편의 영화를 가져온다. keyword 데이터 타입인 actor.original 필드에서 prefix 쿼리를 실행하고 있다.

> |노트| prefix 쿼리는 비용이 많이 들고 클러스터를 불안정하게 만들 수 있다. 클러스터 과부하를 방지하는 방법은 9.7절의 '비용이 많이 드는 쿼리' 항목을 참조하고, prefix 쿼리 속도를 높이는 방법은 9.8.2절을 참조하자.

9.8.1 간소화 버전 쿼리

9장의 시작 부분에서 논의한 것처럼 필드 블록 수준에서 value 필드로 구성된 객체를 추가할 필요가 없다. 대신 간결함을 위해 간소화 버전을 만들 수 있다.

```
GET movies/_search
{
  "query": {
    "prefix": {
      "actors.original": "Leo"
    }
  }
}
```

결과에서 일치하는 필드를 찾으려면 쿼리에 highlight를 추가한다. prefix 쿼리에 highlight 블록을 추가하면 일치하는 하나 이상의 필드가 강조된다.

```
GET movies/_search
{
  "_source": false,
  "query": {
    "prefix": {
      "actors.original": {
        "value": "Mar"
      }
    }
  },
  "highlight": {          ◀── 결과에서 일치하는
    "fields": {                배우를 강조 표시
      "actors.original": {}
    }
  }
}
```

응답에 소스가 반환("_source": false)되는 것을 원치 않기 때문에 다음 결과에서는 접두어 가 단어와 일치하는 위치를 강조 표시한다.

```
"hits": [{
  ..
  "highlight": {
```

```
      "actors.original": ["<em>Marlon Brando</em>"]
    }
  },
  {
    ..
    "highlight": {
      "actors.original": ["<em>Martin Balsam</em>"]
    }
  },
  {
    ..
    "highlight": {
      "actors.original": ["<em>Mark Hamill</em>"]
    }
  }]
```

앞에서 prefix 쿼리를 실행하면 계산 부담이 생긴다고 언급했다. 다행히도 이렇게 성능이 떨어지는 쿼리의 속도를 높일 수 있는 방법이 있다.

9.8.2 prefix 쿼리 속도 향상

prefix 쿼리는 엔진이 접두어(문자로 된 단어)를 기반으로 결과를 파생해야 하기 때문에 실행 속도가 느리다. 하지만 속도를 높이는 메커니즘이 있다. 필드에서 index_prefixes 매개변수를 사용하는 것이다.

매핑 스키마를 개발할 때 index_prefixes를 설정할 수 있다. 예를 들어 다음 목록의 매핑 정의는 이 연습을 위해 생성하는 새 인덱스(boxoffice_hit_movies)에 추가 매개변수 index_prefixes를 사용해 title 필드(title은 text 데이터 타입)를 설정한다.

목록 9.20 index_prefixes 매개변수를 사용한 새 인덱스

```
PUT boxoffice_hit_movies          ◀─────  title이라는 속성 하나만으로
{                                         새 인덱스를 생성
  "mappings": {
    "properties": {
      "title": {
        "type": "text",
```

```
          "index_prefixes": {}  ◄────┐  title 필드에 index_prefixes
        }                            │  매개변수를 설정
      }
    }
  }
}
```

유일한 `title` 속성에는 `index_prefixes`라는 추가 속성이 포함돼 있다. 이는 인덱싱 과정 중에 미리 작성된 접두어가 있는 필드를 생성하고 해당 값을 저장해야 함을 엔진에 알려준다. 예를 들어 새 도큐먼트를 인덱싱한다고 가정해 보자.

```
PUT boxoffice_hit_movies/_doc/1
{
  "title":"Gladiator"
}
```

목록 9.20의 `title` 필드에 `index_prefixes`를 설정했기 때문에 일래스틱서치는 기본적으로 최소 문자 크기 2, 최대 문자 크기 5로 접두어를 인덱싱한다. 이렇게 하면 `prefix` 쿼리를 실행할 때 접두어를 계산할 필요가 없이 저장소에서 가져온다.

　또한 인덱싱 중에 일래스틱서치가 생성하는 접두어의 기본 `min` 및 `max` 크기를 변경할 수도 있다. 이는 `index_prefixes` 객체의 크기를 조정해 수행된다.

목록 9.21 index_prefixes에 대한 맞춤형 문자 길이

```
PUT boxoffice_hit_movies_custom_prefix_sizes
{
  "mappings": {
    "properties": {
      "title": {
        "type": "text",
        "index_prefixes": {    ┐  접두어의 최소 문자 수를
          "min_chars": 4,  ◄──┘  설정
          "max_chars": 10  ◄──┐  접두어의 최대 문자 수를
        }                     ┘  설정
      }
    }
  }
}
```

478

목록에서 엔진에 최소 및 최대 문자 길이가 각각 4자와 10자인 접두어를 미리 생성하도록 요청한다. min_chars는 0보다 커야 하고 max_chars는 20자 미만이어야 한다. 이렇게 하면 일래스틱서치가 인덱싱 중에 미리 생성해야 하는 접두어를 사용자 정의할 수 있다.

9.9 fuzzy 쿼리

검색할 때 철자 실수가 자주 발생한다. 잘못된 문자가 포함된 단어를 검색할 수 있다. 예를 들어 "drama" 영화 대신 "rama" 영화를 검색한다. 검색에서는 이 쿼리가 실패해 아무것도 반환하지 못하는 대신 "drama" 영화를 반환하게 수정할 수 있다. 이러한 유형의 쿼리 뒤에 숨어 있는 방식을 퍼지^{fuzziness}라고 하며, 일래스틱서치는 철자 오류를 허용하기 위해 fuzzy 쿼리를 사용한다.

fuzzy는 레벤슈타인 거리 알고리듬(편집 거리라고도 부른다)을 기반으로 유사한 텀^{term}을 검색하는 프로세스다. 레벤슈타인 거리는 비슷한 단어를 가져오기 위해 바꿔야 하는 문자 개수다. 예를 들어 fuzziness(편집 거리)가 1로 설정된 fuzzy 쿼리를 사용하는 경우 "cake"를 검색하면 "take", "bake", "lake", "make" 등을 가져올 수 있다. 다음 쿼리는 "rama"에 fuzziness: 1을 적용하면 "drama"가 되기 때문에 모든 드라마 영화를 반환해야 한다.

목록 9.22 실제 fuzzy 쿼리

```
GET movies/_search
{
  "query": {
    "fuzzy": {
      "genre": {
        "value": "rama",
        "fuzziness": 1
      }
    }
  },
  "highlight": {
    "fields": {
      "genre": {}
    }
  }
```

```
  }
}
```

이 예에서는 유사한 단어를 가져오기 위해 편집 거리 1(한 문자)을 사용한다. "dama" 또는
"dram"과 같이 단어 중간에 있는 문자를 제거해 볼 수도 있다. 이러한 쿼리는 fuzziness가 1
로 설정된 경우에도 긍정적인 결과를 가져온다.

> |**노트**| 와일드카드 연산자(* 또는 ?)를 사용하는 wildcard 쿼리와 달리 fuzzy 쿼리는 연산자를 사용하
> 지 않는다. 대신 레벤슈타인 편집 거리 알고리듬을 사용해 유사한 단어를 가져온다.

문자를 하나 더 삭제하면(예를 들어 fuzziness가 1로 설정된 "value": "ama") 목록 9.22의 fuzzy
쿼리는 어떤 결과도 반환하지 않는다. 두 글자가 누락됐기 때문에 이 문제를 해결하려면 편
집 거리를 2로 설정해야 한다.

목록 9.23 한 단어에 두 글자가 누락된 fuzzy 쿼리

```
GET movies/_search
{
  "query": {
    "fuzzy": {
      "genre": {
        "value": "ama",        ◄─── 한 글자가
                                    더 누락된 단어
        "fuzziness": 2         ◄─── fuzziness를 2로 설정하면
      }                            두 글자 대체/수정이 허용된다.
    }
  }
}
```

이는 사용자가 한 글자를 잘못 입력했는지 아니면 몇 글자를 잘못 입력했는지 알 수 없기 때
문에 처리하기에는 서투른 방법일 수 있다. 이것이 일래스틱서치가 fuzziness에 대한 기본
설정인 AUTO 설정을 제공하는 이유다. fuzziness 속성이 제공되지 않으면 기본 설정인 AUTO가
가정된다. AUTO 설정은 표 9.3에 표시된 것처럼 단어 길이에 따라 편집 거리를 결정한다. 현
재 정확한 사용 사례를 알지 못하는 한 fuzziness 속성에 대해 기본 설정인 AUTO를 고수하는

것이 좋다.

▼ 표 9.3 ▼ 표 9.3 AUTO fuzziness 설정 사용

문자 길이	Fuzziness(편집 거리)	설명
0~2	0	단어가 2자 미만이면 fuzzy가 적용되지 않는다. 이는 철자가 틀린 단어를 수정할 수 없음을 의미한다.
3~5	1	단어 길이가 3~5자이면 편집 거리 1이 적용된다.
5개 이상	2	단어 길이가 5자를 초과하는 경우 편집 거리 2가 적용된다.

여기서 마무리한다. 9장에서 텀 수준 검색에 대해 많은 것을 배웠다. 텀 수준 검색은 구조화된 데이터에서 답을 찾는 데 도움이 되지만, 검색엔진의 진정한 힘은 구조화되지 않은 데이터를 검색하는 능력에 있다. 일래스틱서치에서 구조화되지 않은 데이터는 풀텍스트 검색 즉, text 필드를 검색하고 관련성 점수가 있는 결과를 산출하는 것과 연결된다. 10장에서 풀텍스트 쿼리를 자세히 살펴본다.

요약

- 텀 수준 검색은 숫자, 키워드, 부울, 날짜 등 구조화된 데이터에 대해 수행된다.
- 텀 수준 검색은 이진 결과를 생성한다. 검색 결과가 나오거나 또는 나오지 않는다. 일치할 가능성에 대한 시나리오는 해당 사항이 없다.
- 텀 수준 쿼리는 분석되지 않는다. 즉, 인덱싱 중에 텍스트 분석을 받는 텍스트 필드에 적용하면 결과가 잘못되거나 결과가 없을 수 있다.
- term, terms, prefix, range, fuzzy 등 다양한 텀 수준 검색이 있다.
- term 쿼리는 필드에 대해 단일 텀(term)을 검색하는 반면, terms(복수) 쿼리는 단일 필드에 대해 다수의 값을 검색한다.
- range 쿼리는 일련의 범위 내에서 데이터를 검색하는 데 도움된다. 예를 들어 지난달 런던에서 발생한 범죄를 검색한다.
- wildcard 쿼리는 쿼리 결과를 가져오기 위해 * 및 ? 연산자를 사용한다.

- fuzziness는 유사해 보이는 단어를 가져오기 위해 레벤슈타인의 편집 거리를 사용한다. 일래스틱서치는 사용자의 철자 불일치를 지원하기 위해 fuzzy 쿼리를 사용한다.
- prefix 쿼리는 접두어가 지정된 결과를 검색한다(wildcard 연산자를 지정할 필요가 없다). 접두어 작업은 라이브 인덱스에서 실행하는 데 비용이 많이 들기 때문에 일래스틱서치에 인덱스 시간에 미리 생성해 라이브 쿼리 단계에서 해당 작업을 수행하지 않도록 요청할 수 있다.

10

풀텍스트 검색

9장에서는 구조화된 데이터를 검색하는 데 사용하는 메커니즘인 텀^{term} 수준 검색을 살펴봤다. 구조화된 데이터 검색이 중요하지만 현대 검색엔진의 성능은 구조화되지 않은 데이터를 검색할 때 효율적이고 효과적으로 실행된다. 일래스틱서치는 구조화되지 않은 데이터를 관련성을 바탕으로 검색하는 데 있어서 선두 주자로 자리 잡은 최신 검색엔진 중 하나다.

일래스틱서치는 풀텍스트 검색 쿼리를 통해 구조화되지 않은 데이터를 검색하는 기능을 제공한다. 풀텍스트 검색은 관련성에 관한 것이다. 즉, 사용자의 검색과 관련된 도큐먼트를 가져오는 것이다. 예를 들어 온라인 서점에서 Java라는 단어를 검색할 때 인도네시아의 자바 섬이나 이 섬에서 재배되는 습식 압착 커피$^{wet-pressed\ coffee}$에 대한 정보가 검색돼서는 안 된다.

10장에서는 풀텍스트 검색 API를 사용해 구조화되지 않은 데이터를 검색하는 메커니즘을 살펴본다. 일래스틱서치는 match, query_string 등의 형태로 몇 가지 풀텍스트 쿼리를 제공한다. match^{매치} 쿼리는 풀텍스트 작업 시 가장 일반적으로 사용되는 쿼리이므로 10장의 상당 부분을 다양한 match 쿼리에 할애했다. 또한 URI 요청 검색을 사용하는 것과 동일하지만 쿼리 DSL과 유사한 요청 본문을 사용하는 query_string^{쿼리 스트링} 검색을 통해 작업한다.

10.1 개요

아마존이나 이베이 같은 소매 웹사이트에서 검색하면 찾고 있는 것과 가까운 결과가 표시된다. 기대하는 것과 결과가 다를 경우, 실망하고 해당 사이트나 애플리케이션은 다시 사용하려 들지 않는다. 그렇지 않은가? 사용자의 검색 경험은 행복한 고객을 유지하는 데 매우 중요하다.

관련성은 검색 결과가 얼마나 적절한지, 사용자가 검색하는 내용과 얼마나 밀접하게 관련돼 있는지에 관한 것이다. 일래스틱서치는 정교한 관련성 알고리듬을 사용해 빠르고 정확하게 관련성 있는 결과를 생성하는 데 성공했다.

관련성에 대해 이야기할 때 일반적으로 정밀도^{precision}와 재현율^{recall}이라는 두 가지 측정값이 떠오른다. 관련성은 이 두 가지 요소를 사용해 측정되며, 이를 대략적으로 이해할 필요가 있지만 필수는 아니다.

10.1.1 정밀도

정밀도는 반환된 전체 도큐먼트 수 중 관련 도큐먼트가 차지하는 비율이다. 쿼리가 결과를 반환할 때 모든 결과가 쿼리와 직접적으로 관련되는 것은 아니다. 결과와 관련 없는 도큐먼트가 일부 있을 수 있다.

특정 제조업체(예를 들어 LG)의 4K TV를 검색하고 10개의 결과를 얻었다고 가정해 보자. 이러한 결과가 모두 관련된 것은 아니다. 일부는 4K 카메라(그림 10.1 참조)이고 두 대는 프로젝터다. 그 이유는 LG도 프로젝터를 생산하기 때문이다.

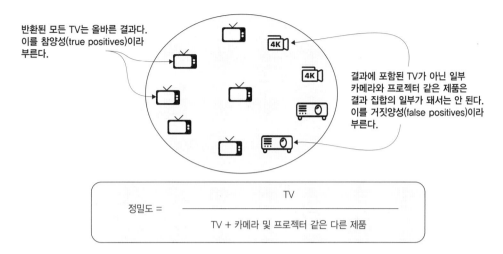

반환된 모든 TV는 올바른 결과다.
이를 참양성(true positives)이라
부른다.

결과에 포함된 TV가 아닌 일부
카메라와 프로젝터 같은 제품은
결과 집합의 일부가 돼서는 안 된다.
이를 거짓양성(false positives)이라
부른다.

$$정밀도 = \frac{TV}{TV + 카메라\ 및\ 프로젝터\ 같은\ 다른\ 제품}$$

▲ **그림 10.1** 4K TV에 대한 검색 결과를 반환하는 실제 정밀도의 예

그림에서 결과는 참양성(관련 도큐먼트)과 거짓양성(관련 없는 도큐먼트)으로 구성된다. 정밀도
는 검색된 도큐먼트 중 얼마나 많은 관련성이 있는지에 관한 것이다. 이 경우 결과 도큐먼트
10개 중 6개가 TV라는 것을 알고 있으므로 6개는 관련이 있고 나머지 4개는 관련이 없다.
따라서 정밀도는 다음과 같다.

정밀도(precision) = 6/10×100%=60%

이는 반환된 도큐먼트 중 60%만 관련성이 있음을 나타낸다. 다양한 이유로 쿼리와 직접적으
로 관련되지 않은 일부 도큐먼트(관련 없는 도큐먼트)도 결과에 나타난다.

10.1.2 재현율

재현율은 동전의 다른 면이다. 반환된 도큐먼트 중 관련이 있는 도큐먼트의 수를 측정한다.
예를 들어 결과 세트의 일부로 반환되지 않은(생략된) 관련 결과(TV)가 몇 개 더 있을 수 있다.
검색된 관련 도큐먼트의 비율을 재현율이라고 한다(그림 10.2 참조).

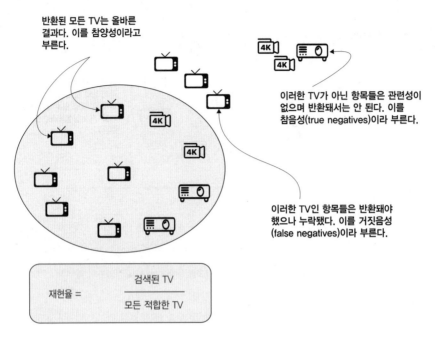

반환된 모든 TV는 올바른 결과다. 이를 참양성이라고 부른다.

이러한 TV가 아닌 항목들은 관련성이 없으며 반환돼서는 안 된다. 이를 참음성(true negatives)이라 부른다.

이러한 TV인 항목들은 반환돼야 했으나 누락됐다. 이를 거짓음성 (false negatives)이라 부른다.

$$재현율 = \frac{검색된\ TV}{모든\ 적합한\ TV}$$

▲ **그림 10.2** 4K TV 예시 검색에 적용되는 재현율 측정

그림에서 알 수 있듯이 TV 세 대가 검색 버킷에 빠져 반환되지 않았다. 이를 거짓음성이라고 한다. 반면, 실제로 관련이 없어 결과에 포함되지 않을 것으로 예상되는 카메라 및 프로젝터와 같은 일부 제품은 반환되지 않았다. 이것은 참음성이다. 현재 시나리오에서 재현율은 다음과 같이 계산된다.

재현율(recall) = 6/(6+3)×100%=66.6%

이상적으로는 정밀도와 재현율이 누락 없이(관련 도큐먼트 생략 없이) 완벽하게 일치하는 것을 원한다. 그러나 이러한 조치는 항상 서로 반대되기 때문에 거의 불가능하며 반비례한다. 정밀도(가장 일치하는 도큐먼트 수)가 높을수록 재현율(반환된 도큐먼트 수)은 낮아진다. 그림 10.3은 이 두 요소 사이의 역관계를 보여준다.

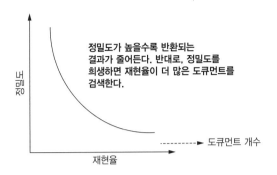

정밀도가 높을수록 반환되는 결과가 줄어든다. 반대로, 정밀도를 희생하면 재현율이 더 많은 도큐먼트를 검색한다.

▲ **그림 10.3** 정밀도와 재현율은 항상 서로 상충된다.

반환된 결과가 정밀도와 재현율 전략 간의 균형을 유지하는지 확인해야 한다. 그림 10.4에는 정밀도와 재현율이 요약돼 있다.

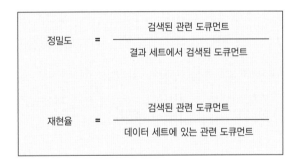

$$정밀도 = \frac{검색된\ 관련\ 도큐먼트}{결과\ 세트에서\ 검색된\ 도큐먼트}$$

$$재현율 = \frac{검색된\ 관련\ 도큐먼트}{데이터\ 세트에\ 있는\ 관련\ 도큐먼트}$$

▲ **그림 10.4** 정밀도와 재현율 공식

쿼리를 설계하고 실행할 때 정확성과 재현율을 위해 결과를 조정할 수 있다. 매치 쿼리, 필터 및 부스트를 사용해 정밀도를 조정하고 재현율을 통해 균형을 미세 조정할 수도 있다. 10장에서는 이러한 매개변수를 직접 조정하지 않고 쿼리 작업을 통해 결과가 어떻게 영향을 받는지 확인한다. 정보 검색 맥락에서 정밀도와 재현율에 대해 더 자세히 알아보고 싶다면 Google for Developers의 글(http://mng.bz/a1eo)을 확인해 본다.

이제 관련성 개념과 제어 요소(정밀도 및 재현율)를 이해했으므로 10장의 나머지 부분에서는 풀텍스트 쿼리 작업을 다룬다. 샘플 데이터를 얻는 것부터 시작한다.

10.2 샘플 데이터

10장에서는 가상의 서점으로 진행한다. _bulk API를 호출해 50권의 기술 서적 세트를 books 라는 인덱스로 인덱싱한다. 샘플 데이터의 이 부분에 대한 매핑을 조정하지 않으므로 books 를 있는 그대로 인덱싱할 수 있다. books에 대한 데이터는 깃허브(http://mng.bz/zX2g)에 있으며, books 인덱스를 생성하는 스크립트는 다음 웹사이트(http://mng.bz/0KzW)에 있다. 파일은 책의 웹사이트(https://www.manning.com/books/elasticsearch-in-action-second-edition)에서도 구할 수 있다.

일래스틱서치는 다양한 풀텍스트 쿼리를 제공한다. 각 쿼리 유형에는 많은 구현 세부 정보가 있으므로 흐름의 편의를 위해 별도의 절에서 설명한다. 알아볼 첫 번째 쿼리는 모든 것을 반환하는 match_all 쿼리다.

10.3 match_all 쿼리

이름에서 알 수 있듯이 match_all 쿼리는 인덱스의 모든 도큐먼트를 가져온다. 이 쿼리는 사용 가능한 모든 도큐먼트를 반환할 것으로 예상되므로 100% 재현율을 보장하는 완벽한 파트너다.

10.3.1 match_all 쿼리 작성

match_all 객체를 사용해 쿼리를 구성하고 매개변수를 전달하지 않는다. 다음 목록의 코드는 match_all 쿼리를 작성하는 방법을 보여준다.

> **목록 10.1 match_all을 사용해 모든 도큐먼트 가져오기**

```
GET books/_search
{
  "query": {
    "match_all": {}    ◀── 매개변수가 없는
  }                         match_all 쿼리
}
```

이 쿼리는 books 인덱스에서 사용 가능한 모든 도큐먼트를 반환한다. 주목할 만한 점은 응답에서 각 책의 기본 점수가 1.0이라는 사실이다.

```
{
  "max_score" : 1.0,
  ...
  "hits" : [{
    "_index" : "books",
    "_type" : "_doc",
    "_id" : "2",
    "_score" : 1.0,
    "_source" : {
      "title" : "Effective Java",
      ...
    }
  },
  {
    ...
    "_score" : 1.0,
    "_source" : {
      "title" : "Java: A Beginner's Guide",
      ...
    },
    ...
  }]
}
```

필요한 경우 간단히 쿼리를 수정해 점수를 높일 수 있다. 다음 목록에서는 방법을 보여준다.

목록 10.2 미리 정의된 점수로 쿼리 부스팅

```
GET books/_search
{
  "query": {
    "match_all": {          ◀── match_all 쿼리는 반환된 모든 도큐먼트에
      "boost": 2               대해 점수를 2로 설정한다.
    }
  }
}
```

부스트(boost) 점수가 있는 모든 도큐먼트를 반환하는 쿼리에 boost 매개변수를 추가한다.

10.3.2 match_all 쿼리의 간소화 버전

목록 10.1의 쿼리 본문을 사용해 match_all 쿼리를 작성했다. 그러나 본문을 제공하는 것은 중복이다. 동일한 쿼리를 다음과 같이 더 짧은 형식으로 다시 작성할 수 있다.

```
GET books/_search
```

쿼리 본문이 제공되지 않으면 일래스틱서치는 배후에서 기본 boost: 1을 사용해 match_all 쿼리를 실행한다. boost 값을 변경하려는 경우가 아니면 본문 없이 검색 엔드포인트를 호출할 수 있다.

10.4 match_none 쿼리

match_all 쿼리는 인덱스 또는 여러 인덱스의 모든 결과를 반환하지만 반대 쿼리인 match_none은 결과를 반환하지 않는다. 다음 목록에서는 구문을 보여준다.

목록 10.3 match_none 쿼리

```
GET books/_search
{
  "query": {
    "match_none": {}    ◀─┤ 아무것도 일치하지 않는
  }                         쿼리
}
```

match_none 쿼리는 애플리케이션의 일부 외부 논리를 기반으로 모든 도큐먼트를 조건부로 제외하려는 시나리오에서 더 유용하다. 예를 들어 애플리케이션의 특정 조건이 충족되면 bool 쿼리의 must 절에 match_none 쿼리를 삽입해 도큐먼트가 반환되지 않도록 할 수 있다.

관리자가 유지 관리나 업그레이드를 위해 영화 데이터베이스를 "잠글" 수 있는 애플리케이션 기능이 있다고 가정해 보자. 데이터베이스가 잠겨 있으면 잘못된 결과를 발생시키는 대

신 모든 검색 쿼리가 결과를 반환하지 않기를 원한다. 이 경우 애플리케이션의 잠금 조건을 기반으로 match_none 쿼리를 삽입할 수 있다. 아래 코드 조각에 작성된 bool 쿼리는 이러한 사용 사례를 보여준다.

```
{
  "query": {
    "bool": {
      "must": [
        {
          "match_none": {}
        }
      ]
    }
  }
}
```

쿼리는 특정 조건(데이터베이스 업그레이드 중)에서 match_none을 삽입한다. 즉, 어떤 쿼리도 결과를 반환하지 않는다.

다음 절에서는 match 쿼리에 대해 알아본다. 일래스틱서치로 작업할 때 사용하는 대부분의 쿼리는 어떤 형태로든 match 쿼리다.

10.5 match 쿼리

match 쿼리는 여러 사용 사례에 대한 가장 일반적이고 강력한 쿼리다. 지정된 조건과 일치하는 도큐먼트를 반환하는 풀텍스트 검색 쿼리다. 다양한 옵션을 포함하도록 match 쿼리를 수정할 수 있다.

10.5.1 match 쿼리의 형식

먼저 match 쿼리의 형식을 살펴본다.

```
GET books/_search
{
  "query": {
```

```
    "match": {    ◄─── 쿼리 유형이 match다.
      "FIELD": "SEARCH TEXT"   ◄─── 쿼리에서는 조건이 이름-값 쌍으로
    }                              지정돼야 한다.
  }
}
```

match 쿼리에서는 검색 조건이 필드 값으로 정의돼야 한다. 필드는 값이 일치할 도큐먼트의 모든 텍스트 필드일 수 있다. 값은 한 단어 또는 여러 단어일 수 있으며 대문자, 소문자 또는 카멜케이스^{CamelCase}일 수 있다.

match 쿼리의 전체 형식으로 여러 추가 매개변수를 전달할 수도 있다. 지금까지 match 쿼리의 축약된 형식에 대해 설명했다. 다음은 전체 형식의 예다.

```
GET books/_search
{
  "query": {
    "match": {
      "FIELD": {    ◄─── FIELD라는 추가 매개변수가
        "query": "<SEARCH TEXT>",    있는 객체로 선언        query 속성은
        "<parameter>": "<MY_PARAM>"  ◄───                   검색 텍스트를 가진다.
      }                                      매개변수(analyzer, operator, prefix_length,
    }                                        fuzziness 등)에는 값이 설정될 수 있다.
  }
}
```

검색 URL에 쉼표로 구분된 인덱스를 제공해 다수의 인덱스를 검색할 수 있다.

```
GET new_books,classics,top_sellers,crime* /_search
{
  ...
}
```

_search 엔드포인트를 호출할 때 와일드카드를 포함해 원하는 수의 인덱스를 제공할 수 있다.

> **|노트|** 검색 요청에서 인덱스를 생략하면 전체 인덱스를 효과적으로 검색한다. 예를 들어 GET _search {
> ... }는 클러스터의 모든 인덱스를 검색한다.

10.5.2 match 쿼리를 사용해 검색

이제 match 쿼리의 형식을 알았으므로 title 필드에 Java가 포함된 Java 서적을 검색하려는 예를 살펴본다. 다음 목록에서는 match 필드를 검색할 텍스트로 "Java"라는 단어로 설정한다.

목록 10.4 Java 서적 검색

```
GET books/_search
{
  "query": {
    "match": {          ◀── match 쿼리 실행
      "title": "Java"   ◀── title 필드에 "Java"라는 단어를
    }                        검색해 검색 조건을 설정한다.
  }
}
```

title 필드에 있는 단어를 검색하는 조건으로 match 쿼리를 생성한다. 일래스틱서치는 예상대로 title 필드에 Java라는 단어와 일치하는 모든 도큐먼트를 가져온다.

10.5.3 match 쿼리 분석

9장에서는 텀 수준 쿼리가 분석되지 않음을 확인했다. 반면에 text 필드에서 작동하는 match 쿼리는 분석된다. 인덱싱 프로세스 중에 사용된 동일한 분석기는(검색 쿼리가 다른 분석기로 명시적으로 정의되지 않은 경우) match 쿼리의 검색어를 처리한다. 도큐먼트 인덱싱 시 standard 분석기(기본 분석기)를 사용하는 경우, 검색을 수행하기 전에 동일한 standard 분석기를 사용해 검색어를 분석한다.

또한 standard 분석기는 검색어에 동일한 lowercase 토큰 필터를 적용한다(인덱싱 중에 lowercase 토큰 필터가 적용된다는 점을 기억하자). 따라서 대문자 검색 키워드를 제공하면 해당 키워드는 소문자로 변환돼 역인덱스로 검색된다. 예를 들어 "title": "JAVA"와 같은 대문자 조건을 사용하도록 title 값을 변경하고 쿼리를 다시 실행하면 결과는 목록 10.4의 검색 쿼리와 동일하다. title 값을 소문자로 변경하거나 다른 방법(java, jaVA 등)으로 수정해도 쿼리는 여전히 동일한 결과를 반환한다.

10.5.4 여러 단어 검색

목록 10.4에서는 title 필드에 대한 검색 조건으로 단일 단어("Java")를 사용한다. 단일 필드에서 여러 단어나 문장을 검색할 수 있도록 이 조건을 확장할 수 있다. 예를 들어 title 필드에서 "Java Complete Guide"라는 단어를 검색하고 synopsis 필드에서 "Concurrency and Multithreading" 등을 검색할 수 있다. 실제로 한 단어를 검색하는 것보다 일련의 단어(예를 들어 끊어진 문장)를 검색하는 것이 더 일반적이다. 다음 목록의 쿼리가 바로 그 작업을 수행한다.

목록 10.5 단어 집합에 대한 match 쿼리

```
GET books/_search
{
  "query": {
    "match": {
      "title": {
        "query": "Java Complete Guide"
      }
    }
  },
  "highlight": {
    "fields": {
      "title": {}
    }
  }
}
```

여기서는 특정 제목(Java Complete Guide)을 검색하려고 한다. 즉, 가능한 경우 Java Complete Guide라는 제목의 책을 가져오고 그 외에는 아무것도 반환하지 않으려는 것이다. 하지만 이 쿼리를 실행하면 검색 쿼리와 정확히 일치하는 도큐먼트보다 더 많은 도큐먼트가 반환되는 것을 보고 놀랄 수 있다.

이는 일래스틱서치가 이 쿼리에 대해 기본적으로 OR 부울 연산자를 사용해 검색 단어와 일치하는 모든 도큐먼트를 가져오기 때문이다. 단어는 구문이 아닌 개별적으로 일치된다. 이 예에서 일래스틱서치는 "Java"를 검색해 관련 도큐먼트를 반환한 다음 해당 결과를 목록에 추가하는 "Complete"를 다시 검색하는 식으로 진행된다. 쿼리는 단어 조합을 포함해 "Java", "Complete" 또는 "Guide"를 결과로 반환한다. 다음 목록에 표시된 것처럼 동일한 검색을 다시 작성할 수 있다(OR 연산자가 중복됨에도 불구하고).

목록 10.6 OR 연산자를 명시적으로 지정

```
GET books/_search
{
  "query": {
    "match": {
      "title": {
        "query": "Java Complete Guide",
        "operator": "OR"        ◄──── OR 연산자를 명시적으로 지정
      }                               (기본적으로 설정돼 있음)
    }
  }
}
```

title에 세 단어가 모두 포함된 도큐먼트를 찾기 위해 이 동작을 변경하려면 AND 연산자를 활성화해야 한다.

목록 10.7 AND 연산자를 명시적으로 지정

```
GET books/_search
{
  "query": {
    "match": {
      "title": {
        "query": "Java Complete Guide",
        "operator": "AND"       ◄──── AND 절을
      }                               명시적으로 지정
    }
  }
}
```

이 쿼리는 세 단어 모두와 일치하는 책을 찾으려고 시도한다(제목에는 "Java", "Complete" 및 "Guide"가 포함돼야 함). 그러나 데이터 세트에는 Java Complete Guide라는 책이 포함돼 있

지 않으므로 결과가 반환되지 않는다.

10.5.5 최소한 몇 단어 일치

OR 및 AND 연산자는 정반대의 조건이다. OR 조건은 검색 단어 중 하나를 가져오고 AND 조건은
정확히 모든 단어에 대해 일치하는 도큐먼트를 가져온다. 주어진 집합에서 최소한 몇 단어와
일치하는 도큐먼트를 찾으려면 어떻게 해야 할까? 이전 예에서는 세 단어 중 최소한 두 단어
가 일치해야 한다고 가정한다(예를 들어 Java 및 Guide). 이것이 바로 maximum_should_match 속
성이 필요한 곳이다.

    maximum_should_match 속성은 도큐먼트를 일치시키는 데 사용해야 하는 최소 단어 수를
나타낸다. 다음 목록에서는 이것이 실제로 실행되는 모습을 보여준다.

목록 10.8 최소 두 단어 일치

```
GET books/_search
{
  "query": {
    "match": {
      "title": {
        "query": "Java Complete Guide",
        "operator": "OR",
        "minimum_should_match": 2    ◀─── 일치해야 하는
      }                                   최소 단어 수를 설정
    }
  }
}
```

이 쿼리는 최소 두 단어(minimum_should_match 속성은 2로 설정됨)와 일치하고 주어진 세 단어
중 두 단어의 조합으로 도큐먼트를 가져온다. OR 연산자는 기본적으로 적용되므로 여기서는
중복된다.

> |노트| 목록 10.8에서 값을 3으로 설정하는 것은 모든 단어가 일치해야 하므로 연산자를 AND로 변경하
> 는 것과 같다.

10.5.6 fuzziness 키워드를 사용한 오타 수정

검색할 때 검색 조건을 잘못 입력하는 경우가 있다(우리 모두 그런 적이 있다). 예를 들어 Java 서적을 검색하는 대신 검색 조건으로 "Kava"를 입력해 검색어를 게시할 수 있다. 우리는 Java 서적을 검색하려는 의도를 갖고 있으며 일래스틱서치도 마찬가지다.

fuzziness는 입력 문자열의 문자를 변경해 인덱스에 존재할 수 있는 문자열과 동일하게 만든다. 잘못된 철자를 수정하기 위해 레벤슈타인 거리 알고리듬을 사용한다. 10.12절에서 fuzziness에 대해 더 자세히 살펴보고 match 쿼리와 함께 사용하는 방법을 살펴본다.

match 쿼리를 사용하면 fuzziness 매개변수를 추가해 철자 오류를 수정할 수 있다. 이를 숫자 값으로 설정할 수 있다. 여기서 예상 값은 각각 0, 1 또는 2개의 문자 변경(삽입, 삭제, 수정)을 의미하는 0, 1 또는 2이다. 이러한 값을 설정하는 것 외에도 AUTO 설정을 사용해 엔진이 변경 사항을 처리하도록 할 수 있다. 다음 목록은 fuzziness(값으로 1을 사용)를 사용해 "Kava" 오타를 처리하는 방법을 보여준다.

> **목록 10.9** fuzziness 매개변수의 철자 오류 수정

```
GET books/_search
{
  "query": {
    "match": {
      "title": {
        "query": "Kava",
        "fuzziness": 1      ◀──  fuzziness를 1로 설정하면 한 문자가
      }                          다른 모든 조합으로 대체된다.
    }
  }
}
```

"Java Complete Guide"라는 텍스트 문자열을 검색할 때 단어 집합을 사용해 책(또는 다수의 책)을 검색하며 일반적으로 해당 단어가 개별적으로(검색 단어 집합처럼) 처리될 것으로 기대한다. 그러나 때로는 문구나 문장을 검색하고 싶을 때가 있다. 그럴 때 match_phrase 쿼리가 유용하다.

10.6 match_phrase 쿼리

match_phrase 쿼리는 주어진 구문과 정확히 일치하는 도큐먼트를 찾는다. 주어진 필드에서 주어진 순서에 따라 구문(단어 그룹)을 검색하는 것이다. 예를 들어 책의 synopsis에서 "book for every Java programmer"이라는 문구를 찾는 경우 해당 단어가 해당 순서대로 포함된 도큐먼트가 검색된다.

match 쿼리에 관한 10.5절에서 match 쿼리를 사용할 때 단어를 개별적으로 분할하고 AND/OR 연산자로 검색할 수 있음을 확인했다. match_phrase 쿼리는 그 반대다. 검색 문구와 정확히 일치하는 결과를 반환한다. 다음 목록은 실제 match_phrase 쿼리를 보여준다.

목록 10.10 match_phrase 쿼리 실행

```
GET books/_search
{
  "query": {
    "match_phrase": {          ◀──┤ match_phrase
                                   │ 쿼리를 지정
      "synopsis": "book for every Java programmer"   ◀──── 일치시킬 문구(단어 그룹)를
    }                                                       지정
  }
}
```

match_phrase 쿼리에는 문구(phrase)가 필요하다. books 인덱스 중 하나만 synopsis 필드에 해당 문구가 있으므로 정확히 하나의 도큐먼트를 반환한다.

검색 문구에 한두 단어를 넣으면 어떻게 될까? "book for every Java programmer"라는 문구에서 for 또는 all(또는 둘 다)을 제거하고 쿼리를 다시 실행한다고 가정하자. 안타깝게도 쿼리는 어떤 결과도 반환하지 않는다! 이는 match_phrase가 검색 문구의 단어가 단어별로 정확한 문구와 일치할 것으로 기대하기 때문이다. "book Java programmer"를 검색하면 결과가 반환되지 않는다. 하지만 이 문제에 대한 해결책이 있다. slop 매개변수를 사용하는 것이다.

slop 매개변수를 사용하면 구문의 단어 사이에 있는 단어 수를 무시할 수 있다. 중간에 있는 단어를 삭제할 수 있지만 삭제를 허용할 단어 수를 엔진에 알려야 한다. 이는 slop 매개변수의 값을 설정해 수행된다. slop 속성은 match_phrase 검색 중 구문에서 무시할 수 있는

498

단어 수를 나타내는 정숫값이다. 예를 들어 값이 1인 slop은 구문에서 누락된 단어 하나를 무시하고, 값이 2인 slop은 두 단어를 허용하는 식이다. slop의 기본값은 0이다. 이는 누락된 단어가 있는 구문을 제공하는 것이 허용되지 않음을 의미한다.

이전 예로 돌아가서 "book for every Java programmer" 대신 "book every Java programmer"를 검색하도록 주어진 구문에서 for라는 단어를 건너뛰어 보자. 단어 하나를 건너뛰므로 slop 매개변수를 1로 설정해야 한다. 또한 synopsis 필드에 대한 쿼리 및 slop 객체에 2개의 추가 매개변수를 제공해 쿼리를 확장해야 한다.

목록 10.11 한 단어를 건너뛰는 slop이 포함된 match_phrase 쿼리

```
GET books/_search
{
  "query": {
    "match_phrase": {          추가 매개변수가 있는 객체를
      "synopsis": {            포함하도록 이 필드를 확장한다.    한 단어가 누락된
        "query": "book every Java programmer",  ◀──     구문: for
        "slop": 1  ◀──
      }              쿼리가 누락된 단어가 하나 있는
    }                구문을 찾는다는 의미로 slop을
  }                  1로 설정
}
```

slop 매개변수를 사용하려면 목록 10.11(완전한 쿼리 버전)에 표시된 것처럼 쿼리와 slop이 모두 필드 객체와 함께 제공돼야 한다. slop이 1로 설정돼 있으므로 synopsis 필드의 전체 구문에서 한 단어가 누락된 경우 쿼리가 일치할 수 있다. 이 쿼리는 전체 구문과 일치하는 책을 반환한다. 중요한 점은 match_phrase 쿼리가 정확한 구문을 찾는다는 것이다. 하지만 검색 내용이 확실하지 않은 경우 slop 매개변수를 사용해 쿼리가 얼마나 관대해야 하는지 표시할 수 있다.

match_phrase 쿼리에는 match_phrase_prefix 쿼리라는 약간의 변형이 있다. 정확한 구문을 일치시키는 것 외에도 마지막 단어를 접두어로 일치시킬 수 있다. 다음 절에서 이에 대해 예를 들며 살펴보자.

10.7 match_phrase_prefix 쿼리

match_phrase_prefix 쿼리는 정확한 구문을 일치시키는 것 외에도 검색 구문의 마지막 단어를 접두어로 사용해 모든 단어를 일치시킨다는 점에서 match_phrase 쿼리와 같다. 이는 예를 사용하면 이해하기가 더 쉽다. 다음 목록은 태그에서 "foundation", "founded" 등에 적용될 수 있는 접두어 "found"를 검색한다.

목록 10.12 match_phrase_prefix 쿼리 사용

```
GET books/_search
{
  "query": {
    "match_phrase_prefix": {          ◀──  match_phrase_prefix
      "tags": {                             쿼리를 지정
        "query": "concepts and found"
      }
    }
  },
  "highlight": {
    "fields": {
      "tags": {}
    }
  }
}
```

검색할 접두어를 지정 (화살표, "query": "concepts and found" 행을 가리킴)

이 쿼리는 태그가 "found"와 일치하는 모든 책을 가져온다. 이는 books 인덱스에서 "foundational"과 일치한다.

match_phrase 쿼리와 마찬가지로 match_phrase_prefix 쿼리에서도 단어 순서가 중요하다. 그리고 다시 slop이 해결책이 된다. 예를 들어 태그 필드에 concepts and foundations라는 문구가 포함된 책을 검색하려면 slop 키워드를 추가해 단어를 생략할 수 있다.

목록 10.13 slop과 함께 match_phrase_prefix 쿼리 사용

```
# Match phrase prefix
GET books/_search
{
```

```
    "query": {
      "match_phrase_prefix": {         이 구문에는 한 단어("and")가
                                       생략돼 있고 접두어("found")가
        "tags": {                      있다.
          "query": "concepts found",
          "slop": 1        ◄──── 문구에서 한 단어를
        }                         건너뛰었으므로
      }                           slop을 1로 설정
    }
}
```

slop 키워드를 1로 설정하면 태그가 concepts and found*인 책을 검색하지만 and라는 단어
는 무시된다. 쿼리는 태그 필드의 "Kotlin concepts and foundational APIs" 문구와 일치
하므로 쿼리는 Kotlin 프로그래밍 책을 결과로 반환해야 한다.

지금까지 단일 필드에 대해 검색 조건을 쿼리했다. 그러나 title, synopsis, tags 필드에
서 "Software Development"라는 단어를 찾고 싶다고 가정해 보자. 다음 절에서 설명할
multi_match 쿼리를 사용할 때 발생할 일이다.

10.8 multi_match 쿼리

이름에서 알 수 있듯이 multi_match(다중 일치) 쿼리는 여러 필드를 검색한다. 예를 들어
title, synopsis 및 tags 필드에서 "Java"라는 단어를 검색하려면 multi_match 쿼리가 답이다.
다음 목록은 이 세 가지 필드에서 "Java"를 검색하는 쿼리를 보여준다.

목록 10.14 multi_match를 사용해 여러 필드 검색

```
GET books/_search
{                                원본 도큐먼트가 결과에
  "_source": false,     ◄──────  표시되지 않도록 제외
  "query": {                     multi_match
    "multi_match": {   ◄──────   쿼리를 지정
      "query": "Java",      ◄────        "Java" 단어로
      "fields": [      ◄──────           검색 조건을 정의
        "title",              배열로 제공되는
        "synopsis",           여러 필드 검색
```

```
          "tags"
        ]
      }
    },
    "highlight": {  ◄────    결과에 반환된
      "fields": {           일치 항목을 강조 표시
        "title": {},
        "tags": {}
      }
    }
  }
}
```

multi_match 쿼리에는 검색 조건과 함께 필드 배열이 필요하다. 개별 필드의 모든 결과를 결합해 집계된 결과를 얻는다.

10.8.1 베스트 필드

여러 필드를 검색할 때 도큐먼트의 관련성이 무엇인지 궁금할 수 있다. 더 많은 단어가 일치하는 필드는 점수가 더 높다. 여러 필드에서 "Java Collections"를 검색하는 경우 두 단어가 일치하는 필드(예를 들어 synopsis)가 일치하는 단어가 하나(또는 없음)인 필드보다 더 관련성이 높다. 이 경우 synopsis 필드가 있는 도큐먼트에 더 높은 관련성 점수가 부여된다.

모든 검색 조건과 일치하는 필드를 베스트 필드[best field]라고 한다. 이전 예에서 synopsis에 Java and Collections이라는 단어가 모두 포함돼 있다고 가정하면, synopsis가 가장 적합한 필드라고 말할 수 있다. 다중 일치는 쿼리를 실행할 때 내부적으로 best_fields 유형을 사용한다. 이 유형은 multi_match 쿼리의 기본값이다. 곧 살펴보겠지만 다른 분야도 있다.

목록 10.14의 쿼리를 다시 작성해 보자. 이번에는 일래스틱서치가 기본 설정(best_fields 유형)을 사용하도록 하는 대신 특별히 type 필드를 재정의한다.

목록 10.15 best_fields 유형을 명시적으로 지정

```
GET books/_search
{
  "_source": false,
  "query": {
```

```
      "multi_match": {
        "query": "Design Patterns",
        "type": "best_fields",          ◄——  multi_match 쿼리 유형을
        "fields": [                            best_fields로 설정
          "title",
          "synopsis"
        ]
      }
    },
    "highlight": {          ◄——  소스를 제외하고
      "fields": {                  하이라이트만 표시
        "tags": {},
        "title": {}
      }
    }
  }
}
```

title 및 synopsis 필드 전체에서 "Design Patterns"를 쿼리한다. 이번에는 best_fields 유형
을 사용하도록 multi_match 쿼리에 명시적으로 지시한다.

|**노트**| multi_match 쿼리의 기본 유형은 best_fields이다. best_fields 알고리듬은 가장 적은 단어
가 포함된 필드보다 가장 많은 단어가 포함된 필드의 우선순위를 매긴다.

응답과 점수(다음 코드 조각 참조)를 보면 Head First Design Patterns 책의 점수가 6.9938974
인 반면, Head First Object-Oriented Analysis Design의 점수는 2.9220228이다.

```
"hits": [{
  "_index": "books",
  "_id": "10",
  "_score": 6.9938974,
  "highlight": {
    "title": [
      "Head First <em>Design</em> <em>Patterns</em>"
    ]
  }
},
```

```
{
  "_index": "books",
  "_id": "8",
  "_score": 2.9220228,
  "highlight": {
    "title": [
      "Head First Object-Oriented Analysis <em>Design</em>"
    ]
  }
}
...]
```

cross_fields, most_fields, phrase, phrase_prefix를 포함한 다른 유형의 multi_match 쿼리가 있다. type 매개변수를 사용해 여러 필드 중에서 가장 일치하는 항목을 검색하도록 쿼리 유형을 설정할 수 있다. 그러나 여기서는 이러한 유형을 모두 다루진 않는다. 자세한 내용은 일래스틱서치 설명서를 참조한다.

일래스틱서치는 어떻게 multi_match 쿼리를 수행할까? 내부적으로 dis_max(디스정션 맥스, disjunction max) 쿼리를 사용해 다시 작성한다. 다음에서는 이 쿼리 유형을 논의한다.

10.8.2 dis_max 쿼리

이전 절에서는 여러 필드에서 조건을 검색하는 multi_match 쿼리를 살펴봤다. 이 쿼리 유형을 내부에서 실행하기 위해 일래스틱서치는 dis_max 쿼리(디스정션 맥스)를 사용해 multi_match 쿼리를 다시 작성한다. dis_max 쿼리는 다음 목록에 표시된 것처럼 각 필드를 별도의 match 쿼리로 분할한다.

목록 10.16 dis_max(디스정션 맥스) 쿼리 예시

```
GET books/_search
{
  "_source": false,
  "query": {                          dis_max 쿼리 유형을
    "dis_max": {    ◀────────         지정
      "queries": [                             dis_max 쿼리 블록에 포함할
                              ◀────────        쿼리 집합을 정의
        {"match": {"title": "Design Patterns"}},    ◀──── match 쿼리를 지정
```

```
        {"match": {"synopsis": "Design Patterns"}}
      ]
    }
  }
}
```

다중 필드는 dis_max 쿼리 아래에서 2개의 match 쿼리로 분할된다. 쿼리는 개별 필드에 대해 관련성 _score가 높은 도큐먼트를 반환한다.

> |**노트**| dis_max 쿼리는 복합 쿼리로 분류되며, 다른 쿼리를 감싸는 쿼리를 의미한다. 11장에서 복합 쿼리에 대해 알아본다.

어떤 상황에서는 multi_match 쿼리에 있는 필드의 관련성 점수가 동일하다. 이 경우 점수는 동점이 된다. 동점을 깨기 위해 타이브레이커tiebreaker를 사용한다.

10.8.3 타이브레이커

관련성 점수는 단일 필드의 점수를 기반으로 하지만 점수가 동점인 경우 tie_breaker를 지정해 동점을 해결할 수 있다. 곧 살펴보겠지만 일래스틱서치는 tie_breaker를 사용하면 전체 점수를 약간 다르게 계산한다. 먼저 예시를 확인해 보자.

다음 목록은 title과 tags라는 두 필드에 대해 두 단어를 쿼리한다. 그러나 코드는 tie_breaker 매개변수도 추가한다.

목록 10.17 tiebreaker가 포함된 multi_match 쿼리

```
GET books/_search
{
  "query": {
    "multi_match": {                          ◀── multi_match 쿼리를 지정
      "query": "Design Patterns",             ◀── "Design Patterns"에 대한 쿼리
      "type": "best_fields",                  ◀── 쿼리 유형을 best_fields로 설정
      "fields": [ "title", "tags" ],          ◀── 검색할 필드 집합을 정의
      "tie_breaker": 0.9                       ◀── tiebreaker 설정
```

```
      }
    }
}
```

best_fields 유형을 사용해 "Design Patterns"를 검색하고 다수의 필드(title, tags)를 지정할 때 동점을 극복하기 위해 tie_breaker 값을 제공할 수 있다. 타이브레이커를 제공할 때 전체 점수는 다음과 같이 계산된다.

종합 점수 = 베스트 매치(best match)된 필드의 점수 + 일치하는 다른 필드의 점수 * tie_breaker

이전에는 dis_max 쿼리를 사용해 작업했다. 일래스틱서치는 모든 multi_match 쿼리를 dis_max 쿼리로 변환한다. 예를 들어 목록 10.17의 multi_match 쿼리는 dis_max 쿼리로 다시 작성할 수 있다.

목록 10.18 tie_breaker가 포함된 dis_max 쿼리

```
GET books/_search
{
  "_source": false,
  "query": {
    "dis_max": {
      "queries": [
       {"match": {"title": "Design Patterns"}},
       {"match": {"synopsis": "Design Patterns"}}
      ],
      "tie_breaker": 0.5     ◄── 타이브레이커
    }
  },
  "highlight": {
    "fields": {
      "title": {},
      "synopsis": {},
      "tags": {}
    }
  }
}
```

이제 multi_match 쿼리가 dis_max 쿼리로 작성됐다. 이것이 바로 일래스틱서치가 내부에서 하는 일이다.

여러 필드를 검색할 때 특정 필드에 추가 가중치를 부여하고 싶을 때가 있다(예를 들어 title에서 검색 단어를 찾는 것이 긴 synopsis 또는 tags 필드에 나타나는 동일한 검색 단어보다 더 관련성이 높다). title 필드에 추가 가중치를 부여하도록 일래스틱서치에게 어떻게 알릴 수 있을까? 다음 절에서 설명하는 것처럼 개별 쿼리를 강화할 수 있다.

10.8.4 개별 필드 부스팅

웹사이트와 애플리케이션은 일반적으로 사용자가 제품, 도서, 리뷰 등을 검색할 수 있는 검색창을 제공한다. 사용자가 몇 개의 단어를 입력한다고 해서 특정 필드에서 해당 단어만 검색하는 데 관심이 있다는 의미는 아니다. 예를 들어 아마존에서 "C# book"을 검색할 때 제목이나 개요와 같은 특정 카테고리에서만 검색하도록 아마존에 요청하진 않는다. 우리는 텍스트 상자에 단순히 문자열을 입력하고 결과는 아마존이 알아서 처리한다. 이것이 개별 필드 부스트를 사용해 수행할 수 있는 작업이다!

multi_match 쿼리에서는 특정 필드에 대한 조건을 강화할 수 있다. "C# Guide"를 검색할 때 태그에서 단어를 찾는 것보다 제목에서 단어를 찾는 것이 더 중요하다고 결정했다고 가정해 보자. 이 경우 캐럿과 숫자(title^2)를 사용해 필드의 중요도 필드를 높일 수 있다. 다음 목록은 이 시나리오에 대한 전체 쿼리를 보여준다.

목록 10.19 multi_match 쿼리에서 필드 점수 높이기

```
GET books/_search
{
  "query": {
    "multi_match": {
      "query": "C# Guide",
      "fields": ["title^2", "tags"]        ◀──  title 필드의 중요성이
    }                                           2배로 증가
  }
}
```

이 목록에서는 title 필드의 중요성을 두 배로 증가시켰다. 따라서 title 필드에 "C# Guide"라는 텍스트가 있으면 해당 도큐먼트는 tags 필드에 텍스트가 있는 도큐먼트보다 점수가 더 높다.

다음으로 query_string 쿼리를 살펴본다. 이러한 유형의 쿼리는 쿼리 DSL 형식의 KQL(키바나 쿼리 언어)을 모방해 요청 URL 검색을 구축하는 데 도움된다. query_string 쿼리의 필요성을 검토하고 다음 절에서 이에 대해 작업한다.

쿼리 스트링 및 KQL

8장에서는 URI 검색 방법(쿼리 DSL에 추가된 검색 쿼리 접근 방식)을 살펴봤다. 요청 본문이 아닌 검색어와 해당 매개변수를 URL에 전달해 요청을 생성했다. 또한 URI 방식은 단순하지만 쿼리 조건이 복잡해질수록 오류가 발생하기 쉽다는 사실도 확인했다.

키바나의 Discover 탭에서는 일반적으로 KQL을 사용해 연산자를 사용해 검색 조건을 만든다. 예를 들어 "2010년 이후에 출시된 Bert의 Java 책 2판"을 검색하려면 Discover 탭의 KQL 상자에 작성된 해당 쿼리는 다음과 같다.

```
title:Java and author:Bert and edition:2 and release_date>=2000-01-01
```

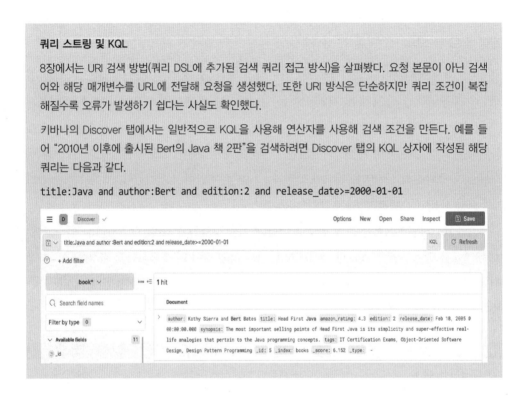

10.9 query_string 쿼리

query_string 유형을 사용하면 AND 또는 OR와 같은 연산자는 물론 >(보다 큼), <=(작거나 같음), *(포함) 등과 같은 논리 연산자를 사용해 쿼리를 구성할 수 있다. 이는 예제를 통해 쉽게 이해할 수 있으므로 바로 코드로 넘어가자.

이전 절에서 키바나의 Discover 탭에 대한 긴 쿼리 title:Java and author:Bert and edition:2 and release_date>=2000-01-01을 사용해 Bert의 책을 가져왔다. query_string 쿼리를 작성해 이를 달성할 수 있다.

목록 10.20 연산자를 사용해 쿼리 스트링 작성

```
GET books/_search
{
  "query": {
    "query_string": {          ◄── query_string 쿼리를 지정
      "query": "author:Bert AND edition:2 AND release_date>=2000-01-01"    ◄── 쿼리에 검색 조건 제공
    }
  }
}
```

query_string 쿼리에는 검색 조건을 제공하는 쿼리 매개변수가 필요하다. 쿼리는 이름-값 쌍으로 구성되는데, 이 예에서 author는 필드이고 Bert는 값이다. 코드를 살펴보고 다음 사항에 유의하자.

- 검색 쿼리는 쿼리 DSL 구문(GET 요청에 본문이 있음)을 사용해 작성된다.
- 검색 조건은 연산자를 사용해 필드를 연결하도록 작성된다.

쿼리는 일반적인 영어 문장으로 질문을 작성하는 것만큼 간단하다. 이러한 연산자(일반적인 영어 문장)를 사용해 복잡한 검색 조건을 생성하고 이를 엔진에 제공해 결과를 얻을 수 있다.

때로는 사용자가 어떤 필드를 검색하고 싶어 하는지 알 수 없다. title, synopsis, tags 필드 또는 이들 모두에 초점을 맞춘 쿼리를 원할 수도 있다. 다음 절에서는 필드를 지정하는 방법을 살펴본다.

10.9.1 query_string 쿼리의 필드

사용자가 무언가를 검색할 때 일반적인 검색 입력창에서 필드를 지정할 필요는 없다. 예를 들어 다음 쿼리를 살펴보자.

목록 10.21 필드가 지정되지 않은 쿼리 스트링

```
GET books/_search
{
  "query": {
    "query_string": {
      "query": "Patterns"      ◀──── 쿼리 검색어
    }                                 (필드는 언급되지 않음)
  },
  "highlight": {               ◀──── highlight
    "fields": {                       응답
      "title": {},
      "synopsis": {},
      "tags": {}
    }
  }
}
```

510

이 쿼리에서 "Patterns"라는 키워드를 검색하려 한다. 쿼리에서는 필드 검색을 요청하지 않았다. 모든 필드에서 실행돼야 하는 일반 쿼리다. 응답에서는 개별 도큐먼트의 다른 필드에 일부 결과가 강조 표시돼 있음을 보여준다.

```
"highlight" : {
  "synopsis" : ["Head First Design <em>Patterns</em> is one of ..."],
  "title" : ["Head First Design <em>Patterns</em>"]
},
...
"highlight" : {
  "synopsis" : [ "create .. using modern application <em>patterns</em>"]
},
...
```

사용 가능한 모든 필드에 대해 엔진의 검색 쿼리를 수행하는 대신 검색을 실행할 필드를 제공해 일래스틱서치를 지원할 수 있다. 다음 목록에서는 이를 수행하는 방법을 보여준다.

목록 10.22 query_string 쿼리에서 필드를 명시적으로 지정

```
GET books/_search
{
  "query": {
    "query_string": {
      "query": "Patterns",          ◄── 필드가 언급되지 않은
      "fields": [ "title", "synopsis", "tags" ]  ◄── 문자열 배열로 필드를
    }                                   명시적으로 선언
  }
}
```

여기서는 fields 매개변수의 배열에서 이 검색 조건을 검색해야 하는 필드를 명시적으로 지정한다. 쿼리를 생성할 때 필드가 확실하지 않은 경우 다른 매개변수인 default_field를 사용할 수 있다.

```
GET books/_search
{
  "query": {
    "query_string": {
      "query": "Patterns",
      "default_field": "title"        ◀── 기본 필드 선언
    }
  }
}
```

title 필드가 default_field로 선언됐기 때문에 쿼리에 필드가 언급되지 않은 경우 title 필드에 대해 검색이 수행된다.

10.9.2 기본 연산자

목록 10.23에서 "Patterns"라는 한 단어를 검색했다. "Design"과 같은 추가 단어를 포함하도록 검색을 확장하면 올바른 책인 Head First Design Patterns 대신 여러 권의 책(현재 데이터 집합에 있는 2권의 책)을 얻을 수 있다. 그 이유는 일래스틱서치가 검색할 때 기본적으로 OR 연산자를 사용하기 때문이다. 따라서 title 필드에 "Design" 또는 "Patterns"라는 단어가 모두 포함된 책을 찾는다.

의도적이 아니라면 (예를 들어 title에 Design Patterns라는 문구가 정확히 포함된 책을 가져오려는 경우) AND 연산자를 사용할 수 있다. 다음 query_string 쿼리에는 연산자를 AND로 설정할 수 있는 default_operator라는 추가 매개변수가 있다.

목록 10.24 AND 연산자가 포함된 쿼리 스트링

```
GET books/_search
{
  "query": {
    "query_string": {
      "query": "Design Patterns",
      "default_field": "title",              OR에서 AND로
      "default_operator": "AND"        ◀── 연산자 변경
```

```
      }
    }
}
```

이 query_string 쿼리는 AND 연산자를 사용해 선언된다. 따라서 Design Patterns가 하나의 단어로 취급될 것으로 기대한다.

10.9.3 구문이 포함된 query_string 쿼리

query_string이 구문^{phrase} 검색도 지원하는지 궁금할 수 있는데 실제로 지원한다. 연산자를 변경하는 대신 구문을 사용해 목록 10.24의 코드를 다시 작성할 수 있다. 주목해야 할 유일한 점은 구문을 따옴표로 묶어야 한다는 점이다. 이는 문구에 해당하는 따옴표를 이스케이프해야 함을 의미한다(예를 들어 "query": "\"Design Patterns\""). 다음 쿼리는 구문을 검색한다.

목록 10.25 구문이 포함된 query_string 쿼리

```
GET books/_search
{
  "query": {
    "query_string": {
      "query": "\"making the code better\"",      ◄──  문장 주위에 따옴표가 있으면
      "default_field": "synopsis"                        구문 검색이 된다.
    }
  }
}
```

이 코드는 synopsis 필드에서 "making the code better"이라는 구문을 검색하고 Effective Java라는 책을 가져온다. 구문에서 하나 또는 2개의 단어가 누락된 경우 slop 매개변수(10장의 앞부분 10.5.2절 및 8장에서 설명)를 사용할 수도 있다. 예를 들어 다음 목록은 phrase_slop 매개변수가 구문에서 누락된 단어를 허용해(구문에서 the가 누락) 여전히 성공적인 결과를 얻는 방법을 보여준다.

```
GET books/_search
{
  "query": {
    "query_string": {
      "query": "\"making code better\"",        ◄────   한 단어가
                                                          삭제된 구문
      "default_field": "synopsis",
      "phrase_slop": 1    ◄────   하나의 누락된 단어가 있는 구문을
    }                             허용하기 위해 phrase_slop을 1로 설정
  }
}
```

쿼리에 단어가 누락됐지만 phrase_slop 설정으로 누락이 허용돼 원하는 결과를 얻을 수 있다.

검색 서비스를 구축할 때 철자 오류 지원을 고려해야 한다. 애플리케이션은 이러한 실수
를 적절하게 처리해야 하며, 잘못된 결과를 반환하거나 결과가 없는 대신 철자 오류를 식별
해 결과를 향상하고 수용해야 한다. 이를 통해 사용자 검색 경험이 향상된다. 일래스틱서치
는 fuzzy 쿼리를 통해 철자 오류를 처리하는 기능을 지원한다.

10.10 fuzzy 쿼리

query_string 쿼리가 포함된 fuzzy 쿼리를 사용해 철자 오류를 허용하도록 일래스틱서치에
요청할 수 있다. 쿼리 조건에 물결표(~) 연산자를 붙이는 것 외에 해야 할 일은 없다. 예를 보
면 이해가 쉽다.

```
GET books/_search
{
  "query": {
    "query_string": {
      "query": "Pattenrs~",        ◄────   검색어에 "Pattenrs"라는
      "default_field": "title"             철자가 잘못 입력됐다
    }
  }
}
```

~ 연산자로 접미어를 설정함으로써 엔진이 쿼리를 퍼지fuzzy로 간주하도록 요청한다. 기본적으로 fuzzy 쿼리 작업 시 편집 거리로 2가 사용된다. 편집 거리는 문자열을 다른 문자열로 변환하는 데 필요한 변이mutation 횟수다. 예를 들어 cat과 cap이라는 단어는 문자 하나만 다르다. 따라서 cat을 cap으로 변환하려면 편집 거리 1이 필요하다.

9장에서는 레벤슈타인 거리 알고리듬을 활용하는 텀 수준 컨텍스트의 fuzzy 쿼리에 대해 배웠다. 편집 거리 알고리듬의 또 다른 유형은 풀텍스트 컨텍스트에서 fuzzy 쿼리를 지원하는 데 사용되는 다메라우-레벤슈타인Damerau-Levenshtein 거리 알고리듬이다. 최대 2문자의 삽입, 삭제, 대체는 물론 인접 문자의 전환도 지원한다.

> |**노트**| 레벤슈타인 거리 알고리듬은 문자열을 다른 문자열로 변환하는 데 필요한 최소 변형 횟수를 정의한다. 이러한 변형에는 삽입, 삭제 및 대체가 포함된다. 다메라우-레벤슈타인 거리 알고리듬은 한 단계 더 발전했다. 레벤슈타인에 의해 정의된 모든 변형을 갖는 것 외에도 다메라우-레벤슈타인 알고리듬은 인접한 문자의 전환(예를 들어 TB > BT > BAT)을 고려한다.

기본적으로 query_string 쿼리의 편집 거리는 2이지만, 필요한 경우 물결표 뒤에 "Pattenrs~1"을 1로 설정해 이를 줄일 수 있다. 다음 두 절에서 몇 가지 간단한 쿼리를 살펴본다.

10.11 간단한 문자열 쿼리

query_string 쿼리는 구문이 엄격하며 입력 오류가 허용되지 않는다. 예를 들어 다음 쿼리는 입력에 구문 분석 문제가 있기 때문에 오류를 발생시킨다(의도적으로 입력 조건에 인용문을 추가했다).

목록 10.28 잘못된 따옴표 문자가 포함된 query_string 쿼리

```
GET books/_search
{
  "query": {
    "query_string": {
      "query": "title:Java\""      ◀── 구문 오류가 있는 쿼리
    }                                 (대응되는 따옴표가 없음)
```

```
    }
}
```

이 쿼리는 구문 분석되지 않는다. 일래스틱서치는 구문을 위반했다는 예외를 발생시킨다 ("reason": "Cannot parse 'title:Java\"'": Lexical error at line 1, column 12. Encountered: <EOF> after : \"\""). 사용자에 대한 이 JSON 구문 분석 예외는 query_string 쿼리에 대해 더 엄격한 구문을 검증한다. 그러나 일래스틱서치가 구문 오류를 무시하고 작업을 계속하도록 하려면 다음 절에서 설명하는 simple_query_string 쿼리라는 대안이 있다.

10.12 simple_query_string 쿼리

이름에서 알 수 있듯이 simple_query_string 쿼리는 단순하고 제한된 구문을 사용하는 query_string 쿼리의 변형이다. +, -, |, *, ~와 같은 연산자를 사용해 쿼리를 구성할 수 있다. 예를 들어 "Java + Cay"를 검색하면 다음 목록과 같이 Cay가 작성한 Java 책이 검색된다.

목록 10.29 simple_query_string 쿼리

```
GET books/_search
{
  "query": {
    "simple_query_string": {       ◄─── 쿼리 유형을 simple_query_
      "query": "Java + Cay"          string으로 지정
    }                              ◄─── AND 연산자를 사용한
  }                                    검색어로 검색
}
```

쿼리의 + 연산자를 사용하면 쿼리가 모든 필드에서 "Java" 및 "Cay"를 검색할 수 있다. fields 배열을 설정하면 모든 필드 대신 특정 필드 집합만 확인하도록 지정할 수 있다. 표 10.1에는 simple_query_string에서 사용할 수 있는 연산자가 설명돼 있다.

▼ **표 10.1** simple_query_string 쿼리의 연산자

연산자	설명
|	OR
+	AND
-	NOT
~	fuzzy 쿼리
*	prefix 쿼리
"	phrase 쿼리

query_string 쿼리와 달리 simple_query_string 쿼리는 입력 조건에 구문 오류가 있는 경우 오류로 응답하지 않는다. 다음 목록에서 볼 수 있듯이 쿼리에 구문 오류가 있는 경우 아무것도 반환하지 않는, 보다 조용한 접근 방식을 취한다.

목록 10.30 잘못된 문법에 대한 문제가 없다

```
GET books/_search
{
  "query": {
    "simple_query_string": {          ◀── simple_query_string
                                          쿼리
      "query": "title:Java\""         ◀── 문법이 잘못된
    }                                     쿼리
  }
}
```

잘못된 문법(끝에 추가적인 따옴표)을 사용해 동일한 쿼리를 실행하더라도 도큐먼트가 반환되지 않는 것 외에는 사용자에게 오류가 반환되지 않는다. simple_query_string 쿼리는 이러한 상황에서 유용하다.

이제 마무리할 시간이다! 10장은 풀텍스트 쿼리, 즉 구조화되지 않은 데이터에 대한 쿼리에 관한 것이다. 11장에서는 복합 쿼리에 대해 자세히 살펴본다. 복합 쿼리는 텀 수준 및 풀텍스트 쿼리와 같은 리프leaf 쿼리를 래핑하는 고급 검색 쿼리다.

요약

- 일래스틱서치는 풀텍스트 쿼리를 사용해 구조화되지 않은 데이터를 검색하는 데 큰 도움이 된다. 풀텍스트 쿼리는 관련성을 산출하는데, 일치해 반환된 도큐먼트는 양수 값으로 된 관련성 점수를 갖는다.

- 일래스틱서치는 쿼리 목적으로 _search API를 제공한다.

- 관련성으로 풀텍스트를 검색할 때 다양한 사용 사례에 대해 여러 종류의 매치 쿼리를 사용할 수 있다. 가장 일반적인 쿼리는 match 쿼리다.

- match 쿼리는 text 필드에서 검색 조건으로 검색하고 관련성 알고리듬을 사용해 도큐 먼트 점수를 매긴다.

- match_all 쿼리는 모든 인덱스를 검색하며 본문이 필요 없다.

- 문구를 검색하려면 match_phrase 쿼리나 그 변형인 match_phrase_prefix를 사용한다. 두 가지 쿼리 유형을 모두 사용하면 정의된 순서로 특정 단어를 검색할 수 있다. 또한 문구에 단어가 누락된 경우 phrase_slop 매개변수를 사용할 수 있다.

- multi_match 쿼리를 사용하면 여러 필드에서 사용자가 정의한 조건을 검색할 수 있다.

- query_string 쿼리는 AND, OR, NOT 등의 논리 연산자를 사용한다. 그러나 query_string 쿼리는 구문이 엄격하므로 입력 구문이 올바르지 않으면 예외가 발생한다.

- 일래스틱서치가 쿼리 스트링 구문에 대해 덜 엄격하게 해야 한다면, query_string 쿼 리를 사용하는 대신 simple_query_string 쿼리를 사용할 수 있다. 해당 쿼리 유형을 사용하면 엔진에서 모든 구문 오류가 억제된다.

11

복합 쿼리

지난 9장과 10장에서는 팀 수준 쿼리와 풀텍스트 쿼리를 살펴봤다. 쿼리를 사용해 구조화된 데이터와 구조화되지 않은 데이터를 검색하는 방법에 대해 알아봤다. 일부는 관련성 점수를 생성하고 다른 일부는 점수와 관련 없는 필터 컨텍스트에서 작동한다. 대부분의 쿼리를 사용하면 간단한 검색 조건을 설정하고 작가가 쓴 책을 찾거나 베스트셀러를 검색하는 등 제한된 필드 집합에 대해 작업할 수 있다.

복잡한 검색 조건에 대한 쿼리를 제공하는 것 외에도 때때로 특정 조건에 따라 점수를 높이는 동시에 부정적인 일치에 대한 점수를 무효화해야 한다(예를 들어 교육 프로그램 중에 출시된 모든 책은 긍정적인 향상을 얻는 동시에 값비싼 책은 억제된다[부정적]). 아니면 일래스틱서치에 내장된 관련성 알고리듬을 사용하는 대신 맞춤형 요구 사항을 기반으로 점수를 설정하고 싶을 수도 있다.

지금까지 작업한 개별 리프 쿼리는 하나 이상의 조건을 기반으로 검색할 수 있지만, 더 복잡한 요구 사항을 기반으로 검색할 수 없다는 점에서 제한된다(예를 들어 특정 저자가 쓴 책을 검색할 때, 특정 날짜 사이에 출판되고 베스트셀러로 등록되며 5점 만점에 4.5점으로 평가되고 특정 페이지 수를 가진 책을 찾는 경우다). 이러한 고급 쿼리에는 고급 검색 쿼리 기능이 필요하다. 11장에서는 이러한 복합 쿼리를 살펴본다.

복합 쿼리compound query는 일래스틱서치에서 복잡한 검색 조건을 쿼리하는 고급 검색 구성이다. 사용자가 사전 정의된 함수를 사용해 맞춤형 점수를 설정하도록 허용하고, 부정 절을 억제하면서 긍정적 검색 매치를 강화하고, 스크립트를 사용해 점수를 만드는 등의 기능을 제공하기 위해 조건 절 및 기타 구성으로 래핑된 개별 리프 쿼리로 구성된다. 이를 통해 개별 리프 쿼리를 사용해 다양한 유형의 본격적인 고급 쿼리를 개발할 수 있다.

11장에서는 복합 쿼리가 충족하는 요구 사항과 그 의미 및 사용법을 살펴본다. 고급 검색 쿼리를 설계하기 위해 여러 개의 리프 쿼리가 몇 가지 조건절에 캐스팅되는 bool 쿼리를 살펴보고, must, must_not, should 및 filter와 같은 절을 사용해 리프 쿼리를 복합 쿼리로 처리한다. 긍정적인 일치가 발생할 때 쿼리 점수를 향상시키는 동시에 부정에 대한 점수를 낮추기 위해 쿼리를 부스팅하는 방법을 살펴본다. 그런 다음 반환된 결과에 정적 점수를 설정하는 데 도움이 되는 constant_score라는 사전 정의된 정적 점수 쿼리에 대해 알아본다.

또한 일련의 함수를 사용해 맞춤형 점수 알고리듬을 설정하는 데 도움이 되는 함수 점수 쿼리function score query를 실행한다. 도큐먼트에 있는 다른 필드 값과 난수를 기반으로 스크립트와 가중치를 사용해 점수를 설정하는 메커니즘을 살펴본다. 우선 샘플 데이터를 가져와 보자.

11.1 제품 데이터 샘플

11장의 예에서는 TV, 노트북, 휴대폰, 냉장고 등과 같은 전기 및 전자 제품의 데이터 세트를 사용해 작업한다. 제품 데이터는 깃허브(http://mng.bz/Rxwa)와 책 웹사이트(https://www.manning.com/books/elasticsearch-in-action-second-edition)에서 확인할 수 있다. 이 절에서는 정의 및 인덱스 프로세스를 살펴본다.

11.1.1 products 스키마

products 인덱스 구축의 첫 번째 단계는 필드와 해당 데이터 타입을 정의하는 데이터 스키마를 만드는 것이다. 다음 목록은 스키마를 한눈에 보여준다(전체 스키마는 책의 파일에 함께 제공된다).

목록 11.1 products 스키마 정의

```
PUT products
{
  "mappings": {
    "properties": {
      "brand": {
        "type": "text"
      },
      "colour": {
        "type": "text"
      },
      "energy_rating": {
        "type": "text"
      },
      ...
      "user_ratings": {
        "type": "double"
      },
      "price": {
        "type": "double"
      }
    }
  }
}
```

몇 가지 속성(price 및 user_ ratings)이 double로 정의되고 나머지는 text 필드로 선언된다는 점을 제외하면 제품 정의에는 놀랄 일이 없다. 대부분의 필드는 데이터(예를 들어 energy_ rating 또는 colour)에 대한 팀 수준 쿼리 작업을 수용하기 위해 여러 데이터 타입(예를 들어 text와 keyword)으로 선언된다.

목록 11.1의 매핑은 인덱싱하려는 전자상거래 전기 제품에 대한 관련 스키마를 사용해 빈 products 인덱스를 생성한다. 다음으로 샘플 제품 집합을 인덱싱한다.

11.1.2 products 인덱싱

이제 스키마가 준비됐으므로 책의 파일과 함께 사용할 수 있는 일래스틱서치용 products 데이터 세트를 인덱싱해 보겠다. products.txt의 내용을 복사해 키바나에 붙여넣는다. 이 데이터를 인덱싱하기 위해 _bulk API를 사용한다. 다음 코드 조각은 데이터 샘플을 보여준다.

```
PUT _bulk
{"index":{"_index":"products","_id":"1"}}
{"product": "TV", "brand": "Samsung", "model": "UE75TU7020", "size": "75",
"resolution": "4k", "type": "smart tv", "price": 799, "colour": "silver",
"energy_rating": "A+", "overview": "Settle in for an epic..",
"user_ratings": 4.5, "images": ""}
{"index":{"_index":"products","_id":"2"}}
{"product": "TV", "brand": "Samsung", "model": "QE65Q700TA", "size": "65",
"resolution": "8k", "type": "QLED", "price": 1799, "colour": "black",
"energy_rating": "A+", "overview": "This outstanding 65-inch ..",
"user_ratings": 5, "images": ""}
{"index":{"_index":"products","_id":"3"}}
...
```

이제 products 데이터 세트를 인덱싱했으므로 복합 쿼리의 필요성과 이것이 고급 쿼리 작성에 도움되는 이유와 그 방법을 알아보자.

11.2 복합 쿼리

지난 두 장(팀 수준 및 풀텍스트 쿼리)에서는 단일(개별) 필드에서 작동하는 리프 쿼리를 사용해 작업했다. 특정 기간 동안 가장 많이 팔린 책을 찾는 것이 요구 사항인 경우 리프 쿼리를 사용해 해당 결과를 가져올 수 있다. 리프 쿼리는 조건절을 지원하지 않고도 간단한 질문에 대한 답변을 찾는 데 도움이 된다. 그러나 실제 세계에서는 간단한 쿼리 요구 사항이 거의 포함되지 않는다.

대부분의 요구 사항에서는 여러 절과 조건이 포함된 복잡한 쿼리를 개발해야 한다. 예를 들어 복잡한 쿼리는 특정 작가가 집필하고 특정 기간 또는 특정 판에 출판된 베스트셀러 책을 찾는 것으로 구성될 수 있다. 또는 특정 국가를 제외한 다양한 지리적 영역으로 분류된 모든 도서를 가장 높은 수익을 올린 순서대로 반환한다.

복합 쿼리가 빛나는 곳은 바로 여기다. 하나 이상의 리프 쿼리를 결합해 복잡한 검색 쿼리를 개발하는 데 도움된다. 다행히도 쿼리 DSL(8장에서 설명)을 사용해 복합 쿼리를 작성할 수 있다. query 객체로 구성된 요청 본문과 함께 동일한 _search 엔드포인트를 사용한다. 그림 11.1은 복합 쿼리의 구문을 보여준다.

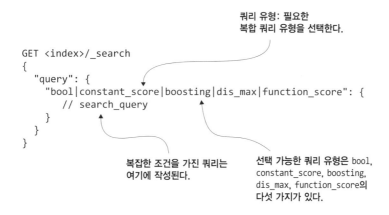

▲ **그림 11.1** 복합 쿼리 구문

복합 쿼리의 기본 구문은 다른 쿼리와 다르지 않다. 그러나 query 객체의 본문은 사용하려는 복합 쿼리 유형에 따라 다양한 구성 요소로 구성된다.

일래스틱서치는 다양한 검색 요구 사항에 대해 부울^{bool}, 상수 점수$^{constant\ score}$, 함수 점수$^{function\ score}$, 부스팅^{boosting} 및 디스정션 맥스$^{disjunction\ max}$와 같은 다섯 가지 쿼리를 제공한

다. 표 11.1에서는 이러한 다섯 가지 복합 쿼리에 대해 간략하게 설명한다. 예를 들어 조건절을 사용해 고급 쿼리를 개발해야 하는 경우 AND, OR 및 기타 조건을 사용해 여러 리프 쿼리를 포함하는 bool 쿼리를 사용할 수 있다. 마찬가지로 모든 결과에 대해 정적 점수를 설정해야 하는 경우에는 상수 점수 쿼리가 필요하다. 11장에서는 이러한 다섯 가지 유형의 쿼리를 다양한 사용 사례에 적용한다.

▼ **표 11.1** 복합 쿼리 유형

복합 쿼리	설명
부울(bool) 쿼리	개별 리프(텀 및 풀텍스트) 쿼리를 래핑하는 조건절의 조합이다. AND, OR, NOT 연산자와 유사하게 작동한다. 예: products = TV AND color = silver NOT rating 〈 4.5 AND brand = Samsung OR LG
상수 점수(constant_score) 쿼리	결과에 일정한 점수를 설정하기 위해 fitter 쿼리를 래핑한다. 점수 부스트(boost)에도 도움된다. 예: 사용자 평가가 5보다 높은 모든 TV를 검색하지만 검색엔진의 계산된 점수에 관계없이 각 결과에 대해 일정한 점수를 5로 설정한다.
함수 점수(function_score) 쿼리	결과 도큐먼트에 사용자 정의 점수를 할당하는 사용자 정의 기능 예: 제품을 검색하고 해당 제품이 LG 제품이고 TV인 경우 점수를 3만큼 높인다(스크립트 또는 가중치 기능을 통해).
부스팅(boosting) 쿼리	일치하지 않는 점수를 무효화하면서 긍정적인 일치의 점수를 높인다. 예: 모든 TV를 가져오되 높은 가격의 TV 점수는 낮춘다.
디스정션 맥스(dis_max) 쿼리	다수의 필드에서 다수의 단어를 검색하기 위해 다수의 쿼리를 래핑한다(multi_match 쿼리와 유사). 예: 두 가지 필드(예를 들어 overview 및 description)에서 스마트 TV를 검색하고 가장 일치하는 항목을 반환한다.

이러한 유형 중에서 bool 쿼리는 유연성과 다수의 조건절 지원으로 인해 가장 일반적으로 사용되는 복합 쿼리다. bool 쿼리를 살펴볼 때 다뤄야 할 내용이 많기 때문에 별도의 절이 필요하다. 하지만 11장의 나머지 부분을 진행하기 전에 복합 쿼리를 실험할 수 있도록 샌드박스를 설정해야 한다.

11.3 bool 쿼리

bool[부울] 쿼리는 데이터 검색을 위한 복잡한 조건을 만드는 가장 널리 사용되고 유연한 복합 쿼리다. 이름에서 알 수 있듯이 각각 텀 수준 또는 풀텍스트 쿼리로 구성된 리프 쿼리와 부울 절로 결합한다. 각 절에는 표 11.2에 간략하게 설명된 must, must_not, should, filter 절과 같은 유형이 있다.

▼ 표 11.2 bool 절

절	설명
must	모든 도큐먼트가 쿼리 조건과 일치해야 하는 AND 쿼리 예: 특정 가격대에 해당하는 TV(product = TV) 가져온다.
must_not	쿼리 조건과 일치하는 도큐먼트가 없는 NOT 쿼리 예: 특정 가격대에 속하지만 특정 색상이 아닌 등 예외가 있는 TV(product = TV)를 가져온다.
should	도큐먼트 중 하나가 쿼리 조건과 일치해야 하는 OR 쿼리 예: 성에가 없거나 에너지 등급이 C 등급 이상인 냉장고를 검색한다.
filter	도큐먼트가 쿼리 조건(must 절과 유사)과 일치해야 하지만 필터 절이 매치 항목에 점수를 매기지 않는 필터 쿼리 예: 특정 가격대에 속하는 TV(product = TV)를 가져온다(단, 반환되는 도큐먼트의 점수는 0이 된다).

이러한 절로 구성된 복합 쿼리에는 여러 리프 쿼리 또는 추가 복합 쿼리가 포함될 수 있다. 리프 쿼리와 복합 쿼리를 결합해 고급스럽고 복잡한 검색 쿼리를 만들 수 있다. bool 쿼리 구문과 구조에 대해 알아보자.

11.3.1 bool 쿼리 구조

앞서 언급했듯이 bool 쿼리는 통합된 출력을 생성하는 부울 절의 조합이다. 그림 11.2는 빈 절이 있는 bool 쿼리의 기본 구조를 보여준다.

```
                    GET <index>/_search
                    {
                                                            ┌─────────────────────┐
                        "query": {                          │ 개별 리프(또는 추가적인 │
                        "bool": {                           │ 복합) 쿼리는 절에 포함된다. │
                            "must": [{}],                   └─────────────────────┘
                            "must_not": [{}],
                            "should": [{}],                            조건절
                            "filter": [{}]
        부울(bool) 쿼리 선언   }
                        }
                    }
```

▲ **그림 11.2** 조건절 4개가 있는 샘플 부울(bool) 쿼리 구문

bool 쿼리는 조건 집합 절로 구성된다. bool 쿼리는 절에 포함된 쿼리 중 하나 이상을 허용할
수 있다. 그러면, 각 절은 하나 이상의 리프 또는 복합 쿼리를 쿼리 배열로 호스팅할 수 있
다. 다음 코드 조각에서 볼 수 있듯이 모든 절(이탤릭체) 안에 여러 텀 수준 및 풀텍스트 쿼리
(볼드체)를 제공할 수 있다.

```
GET books/_search
{
  "query": {
    "bool": {
      "must": [
        { "match": {"FIELD": "TEXT"}},
        { "term": {"FIELD": {"value": "VALUE"}}}
      ],
      "must_not": [
        {"bool": { "must": [{}]}}
      ],
      "should": [
        { "range": { "FIELD": {"gte": 10,"lte": 20}}},
        { "terms": { "FIELD": [ "VALUE1", "VALUE2" ]}}
      ]
    }
  }
}
```

526

여기에는 3개의 절이 있으며 각 절에는 match, term, range 등과 같은 리프 쿼리가 포함된다. 또한 must_not 절에 복합 절이 있는데, 여기서 동일한 절 세트를 사용해 조건을 더 확장할 수 있다. 절로 결합된 이러한 개별 쿼리를 사용하면 고급 쿼리 요구 사항을 충족하는 검색 쿼리를 작성할 수 있다.

이 쿼리를 이론적으로는 이해할 수 있겠지만, 쿼리를 작성하고 실행하지 않으면 쿼리의 잠재력을 모두 이해할 수는 없다. bool 쿼리를 처음부터 검토해 한 번에 하나의 절씩 쿼리를 작성하고 진행하면서 발전시켜 보자. must절 부터 시작해보자.

11.3.2 must 절

bool 쿼리의 must 절에서 선언한 조건은 (절) 블록에 정의된 쿼리가 조건을 충족할 때 긍정적인 결과를 생성한다. 즉, 출력에는 must 절의 조건과 일치하는 모든 도큐먼트가 포함된다.

간단한 쿼리부터 살펴본다. products 인덱스에서 모든 TV를 찾는 것이라고 요구 사항을 가정해 본다. 이를 위해 must 절이 포함된 bool 쿼리를 작성한다. TV만 찾고 있기 때문에 TV인 제품과 일치하는 match 쿼리에 검색 조건을 넣을 수 있다. 다음 목록은 이와 관련된 코드다.

목록 11.2 match 쿼리가 포함된 bool 쿼리의 must 절

```
GET products/_search
{
  "query": {
    "bool": {          ◄── bool 쿼리
      "must": [        ◄── must 절
        {
          "match": {              ◄── 작성자별로 쿼리하는
            "product": "TV"          match 쿼리
          }                  검색 조건
        }
      ]
    }
  }
}
```

이 쿼리를 분석해보자. 쿼리 객체 내부의 bool 선언은 이것이 bool 쿼리임을 나타낸다. 그런 다음, bool 객체는 주어진 검색어 TV와 일치하는 조건이 포함된 must 절로 래핑된다. 이 쿼리를 실행하면 예상대로 몇 대의 TV가 반환된다(간결함을 위해 여기서는 출력이 생략됐다).

---

match 쿼리는 bool 쿼리다.

지금까지 작업한 match 쿼리는 bool 쿼리 유형이다. 예를 들어 목록 11.2의 bool 쿼리는 TV를 가져오기 위한 match(풀텍스트) 쿼리로 다시 작성될 수 있다. 다음 리프 쿼리는 이전 bool 쿼리에서 반환된 것과 동일한 TV를 반환한다.

```
GET books/_search
{
  "query": {
    "match": {
      "author": "Joshua"
    }
  }
}
```

단순한(단일) 조건에 대해 match 쿼리를 사용하고 싶을 수도 있지만, 아쉽게도 현실 세계에는 더 복잡한 문제가 있다. 따라서 bool 쿼리에 의존해야 할 수도 있다.

11.3.3 must 절 강화

TV를 가져오는 일은 그다지 흥미롭지 않지 않은가? 쿼리를 좀 더 흥미롭게 만들어 보자. TV를 가져오는 것 외에도 특정 가격대에 해당하는 TV만 가져오는 조건을 추가해 보자. 원하는 것을 달성하려면 2개의 쿼리를 결합해야 한다.

이 요구 사항은 2개의 match 쿼리(product 필드에서 일치하는 쿼리와 price에서 일치하는 쿼리)와 함께 must 절을 사용하도록 요구한다. must 절은 리프 수준 쿼리 배열을 허용한다는 점을 기억하자. 제품 유형을 검색하는 데는 match 쿼리만으로 충분하지만, bool 쿼리에 range 쿼리를 추가해 특정 가격대의 모든 TV를 가져올 수 있다.

```
GET products/_search
{
  "query": {
    "bool": {
      "must": [          ◄──┤ 2개의 개별 리프 쿼리가 있는
                              must 쿼리
        {
          "match": {    ◄──┤ TV를 찾기 위한
            "product": "TV"    match 쿼리
          }
        },
        {
          "range": {    ◄──┤ 가격대가 포함된
            "price": {       range 쿼리
              "gte": 700,
              "lte": 800
            }
          }
        }
      ]
    }
  }
}
```

여기서는 match 쿼리와 match 쿼리 사이에 조건부 AND를 사용해 2개의 리프 쿼리를 만든다. 쿼리는 TV를 검색하고 지정된 가격대의 TV를 가져온다. 데이터 세트에는 가격이 $799 범위에 있는 TV 한 대만 포함돼 있으므로 결과는 TV 한 대다.

물론 쿼리에 더 많은 조건을 추가할 수 있다. 예를 들어 다음 쿼리 목록은 4K 해상도를 갖춘 모든 은색 또는 검정색 TV를 검색한다.

목록 11.4 must 절로 묶인 3개의 리프 쿼리

```
GET products/_search
{
  "query": {
    "bool": {
      "must": [      ◄──┤ 3개의 리프 쿼리가 있는
                          must 쿼리
```

```
      {
        "match": {          ◄──── TV 검색을 위한
          "product": "TV"   │     match 쿼리
        }
      },
      {
        "term": {           ◄──── 4K 해상도의
          "resolution": "4k" │    TV를 찾는 term 쿼리
        }
      },
      {
        "terms": {          ◄──── 실버 또는 블랙 TV를
          "colour": [       │     가져오는 terms 쿼리
            "silver",
            "black"
          ]
        }
      }
    ]
  }
 }
}
```

여러 풀텍스트 및 텀 수준 쿼리(또는 기타 리프 쿼리)를 결합해 bool 쿼리를 사용해 복잡한 조건에 대한 검색 솔루션을 개발할 수 있는데, 이는 bool 쿼리 사용의 일부분일 뿐이다. 다른 절을 사용해 훨씬 더 고급 쿼리를 작성할 수도 있다. 다음으로 must_not 절에 대해 알아본다.

11.3.4 must_not 절

must의 반대는 must_not 쿼리 절이다. 예를 들어 쇼핑 사이트에서 특정 세부 정보가 포함된 제품을 검색하고 소매업체에서 구매할 수 없는 제품은 무시하도록 요청할 수 있다. 그림 11.3은 영국 소매업체인 존 루이스[John Lewis]의 예를 보여준다.

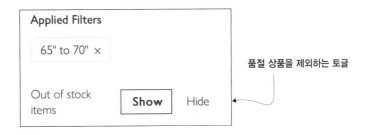

Applied Filters

65" to 70" ×

Out of stock items　　|Show| Hide

품절 상품을 제외하는 토글

▲ **그림 11.3** 검색 중 품절 상품 숨기기

검색엔진은 검색 결과를 표시하기 전에 품절된 모든 항목을 숨긴다. 이는 must_not 절이 충족할 수 있는 일종의 기능이다.

　　must 절과 마찬가지로 must_not은 고급 검색 조건을 작성하기 위해 리프 쿼리 배열을 허용한다. 쿼리의 유일한 목적은 지정된 조건을 충족하지 않는 일치 항목을 필터링하는 것이다. 이를 이해하는 가장 좋은 방법은 예제를 이용하는 것이다. 다음 목록의 쿼리는 특정 브랜드(이 경우 삼성^{Samsung} 또는 필립스^{Philips})가 아닌 모든 TV를 검색한다.

> **목록 11.5 특정 브랜드를 제외하기 위해 must_not을 사용해 TV 가져오기**

```
GET products/_search
{
  "query": {
    "bool": {
      "must_not": [              terms 쿼리를 호스팅하는
                                 must_not 절
        {
          "terms": {                        특정 브랜드를 검색하는
            "brand.keyword": [ "Samsung", "Philips" ]   terms 쿼리
          }
        }
      ]
    }
  }
}
```

이 목록은 terms 쿼리가 있는 must_not 절과 함께 제공되는 bool 쿼리를 보여준다. 처음에는 예상한 대로 terms 쿼리가 Samsung 또는 Philips 제품을 가져온다. 이 terms 쿼리는 must_ not 절 아래에 존재하므로 그 효과는 쿼리가 수행하는 작업을 무효화하는 것이다. 즉, 결과는 "절의 쿼리와 일치하는 것과 일치하지 않아야 한다". 따라서 terms 쿼리가 must_not 절로 래핑되므로 결과는 반대가 된다. 즉, Samsung 및 Philips에서 제조하지 않은 모든 제품을 가져온다.

이 쿼리의 문제점은 모든 제품(TV, 냉장고, 모니터 등)을 가져온다는 것이다. 하지만 삼성이나 필립스가 제조하지 않은 TV만 구입하는 것이 우리 요구 사항이다. 특정 브랜드를 생략하고 TV를 가져오도록 쿼리를 수정해야 한다.

목록 11.5의 must_not 절에 must 절을 추가해야 한다고 생각한다면 정답이다. must 절로 래핑된 term 쿼리를 생성해 모든 TV를 가져온 다음 must_not을 사용해 결과에서 특정 브랜드를 제거(필터링)할 수 있다. 이를 반영하도록 쿼리를 업데이트해보자.

목록 11.6 특정 브랜드 필터링

```
GET products/_search
{
  "query": {
    "bool": {
      "must_not": [          ◀──── 일련의 브랜드를 무시하는
        {                          must_not 절
          "terms": {
            "brand.keyword": [
              "Philips",
              "Samsung"
            ]
          }
        }
      ],
      "must": [          ◀──── TV를 찾는(일치하는)
        {                       must 절
          "match": {
            "product": "TV"
          }
        }
      ]
    }
```

```
      }
}
```

2개의 쿼리 절(must 및 must_not)이 있으며 둘 다 단일 bool 복합 쿼리로 래핑된다. 이제 두 가지 특정 브랜드가 아닌 TV를 검색하고 있다. must_not 절에 조건을 더 추가할 수 있을까? 그렇다. 다음 절에서 설명하는 것처럼 다중 리프 쿼리로 강화할 수 있다.

11.3.5 must_not 절 개선

must 절에 대한 쿼리를 강화한 방법(11.3.3 절)과 유사하게 must_not 절 내부에 여러 쿼리 조건을 제공하는 것은 당연한 일이다. 예를 들어 Philips 및 Samsung이 제조하지 않은 제품을 가져오는 것 외에도 별점 4개 이상인 TV만 쿼리할 수 있다(must_not 쿼리는 사용자 평점이 4.0 미만인 TV를 필터링하는 range 쿼리를 사용한다).

목록 11.7 must_not 쿼리 개선

```
GET products/_search
{
  "query": {
    "bool": {                       2개의 개별 쿼리가 포함된
      "must_not": [    ◀━━━━━━━     must_not 절
        {
          "terms": {      ◀━━━━━    brand 필드에 주어진 값과
            "brand.keyword": [      일치하는 terms 쿼리
              "Philips",
              "Samsung"
            ]
          }
        },
        {
          "range": {    ◀━━━━━      별 4개 이하 등급의 TV를 가져오는
            "user_ratings": {       range 쿼리
              "lte": 4.0
            }
          }
        }
```

```
    ],
    "must": [          ◄───┐ 몇 개의 리프 쿼리가 포함된
      {                       must 절
        "match": {
          "product": "TV"
        }
      },
      {
        "term": {
          "resolution": {
            "value": "4k"
          }
        }
      },
      {
        "range": {
          "price": {
            "gte": 500,
            "lte": 700
          }
        }
      }
    ]
  }
 }
}
```

목록 11.7의 쿼리는 장황하지만 이를 분석하면 핵심을 이해하는 데 도움된다. 이 bool 쿼리는 must와 must_not라는 2개의 절로 구성된다. must 절은 가격이 $500에서 $700 사이인 모든 4K 해상도 TV를 검색한다. 그런 다음 이 목록은 must 절에 의해 생성된 TV 목록에 대해 작동하는 2개의 리프 쿼리가 있는 must_not 절에 제공된다. 첫 번째 쿼리는 모든 Philips 또는 Samsung TV를 필터링한다(다른 모든 브랜드의 TV는 유지). 두 번째 리프 쿼리는 등급이 4.0 미만인 모든 TV를 제외하는 range 쿼리를 사용해 이 목록을 추가로 필터링한다.

|**노트**| must_not 절은 반환된 결과의 관련성 점수에 영향을 주지 않는다. 이는 must_not 쿼리가 필터 컨텍스트에서 실행되기 때문이다. 필터 컨텍스트에서 실행된 쿼리는 점수를 생성하지 않는다. 이진 결과(예 또는 아니요)를 제공한다. 따라서 must 및 should와 같은 다른 절에 의해 생성된 점수는 must_not 절에 선언된 쿼리에 의해 수정되지 않는다.

지금까지 복합 쿼리를 구성하기 위해 must 및 must_not 절을 살펴봤다. 이러한 절의 쿼리는 척도의 양쪽에 위치한다. must 절은 정확히 일치하는 조건에 대해 특별한 반면, must_not 절은 그 반대다. 즉, 어떤 조건과도 일치하지 않는 결과를 제공한다.

이 예에서는 특정 브랜드를 제외하면서 특정 조건과 일치하는 모든 TV를 가져왔다. 85인치보다 크거나 특정 회사에서 제조한 TV를 가져오는 것처럼 부분 일치에 대한 결과를 가져오고 싶다고 가정해 보자. 이러한 유형의 쿼리는 bool 쿼리의 세 번째 절인 should 절에서 지원된다.

11.3.6 should 절

간단히 말해서, should 절은 OR 조건을 기반으로 검색을 평가하는 OR 절이다(반면 must 절은 AND 연산자를 기반으로 한다). 예를 들어 다음 쿼리를 살펴보자.

목록 11.8 TV를 가져오기 위해 몇 가지 조건과 함께 should 쿼리 사용

```
GET products/_search
{
  "_source": [
    "product",
    "brand",
    "overview",
    "price"
  ],
  "query": {
    "bool": {
      "should": [          ◀── 2개의 개별 쿼리가 포함된
        {                      should 절
          "range": {       ◀── 특정 가격대의 상품 검색을
            "price": {          위한 쿼리
```

```
          "gte": 500,
          "lte": 1000
        }
      }
    },
    {
      "match_phrase_prefix": {   ◀────  overview 필드의 구문과 일치하는
        "overview": "4K Ultra HD"        상품 검색 쿼리
      }
    }
  ]
  }
 }
}
```

should 절은 $500~$1,000 가격대의 제품이나 overview 필드에 "4K Ultra HD"라는 문구가
있는 제품을 검색하는 2개의 쿼리로 구성된다. 예상보다 더 많은 결과를 얻는다(OR 조건을 기
억하자).

```
{
  ...
  "_score" : 12.059638,
  "_source" : {
    "overview" : ".. 4K Ultra HD display ...",
    "product" : "TV",
    "price" : 799,
    "brand" : "Samsung"
  }
},
{
  ...
  "_score" : 11.199882,
  "_source" : {
    "overview" : ".. 4K Ultra HD ...",,
    "product" : "TV",
    "price" : 639,
    "brand" : "Panasonic"
  }
},
```

```
{
  ...
  "_score" : 10.471219,
  "_source" : {
    "overview" : ".. 4K Ultra HD screen.. ",
    "product" : "TV",
    "price" : 1599,
    "brand" : "LG"
  }
}
...
```

결과에는 지정된 가격대에 속하지 않는 제품이 포함된다(예를 들어 반환된 결과의 세 번째 제품은 $1,599인데, 요청한 금액보다 훨씬 높다). 그러나 두 번째 조건인 4K Ultra HD가 일치하므로 결과에 포함됐다. 이는 should 절이 OR 조건에 따라 작동함을 나타낸다.

should 절에 대한 검색을 실행할 때 쿼리에 OR 조건을 사용하는 것 이상의 기능이 있다. should 쿼리만 실행했지만 일반적으로 must 및 must_not과 같은 다른 절과 결합된다. must 절과 함께 should 절을 사용하면 should 절의 쿼리와 일치하는 결과의 점수가 높아진다는 이점이 있다. 이에 대해서는 다음 절에서 예제를 사용해 자세히 알아보자.

should 절을 사용해 점수 부스팅

목록 11.8의 쿼리에는 OR 조건을 사용해 긍정적인 결과를 반환하는 should 절이 있다. must 절과 함께 사용하면 should 절은 관련성 점수에 가중치를 부여한다. LG TV와 일치하는 must 조건을 사용한다고 가정해 보자.

목록 11.9 must 쿼리를 사용해 TV 가져오기

```
GET products/_search
{
  "_source": [
    "product",
    "brand"
  ],
  "query": {
```

```
    "bool": {
      "must": [  ◄───┐ 2개의 개별 match 쿼리가 포함된
        {           │ must 절
          "match": {
            "product": "TV"
          }
        },
        {
          "match": {
            "brand": "LG"
          }
        }
      ]
    }
  }
}
```

결과에 언급된 _score(4.4325914)를 제외하고 이 쿼리에는 분석할 내용이 많지 않다.

```
"hits": [
  {
    "_index": "products",
    "_id": "5",
    "_score": 4.4325914,
    "_ignored": [
      "overview.keyword"
    ],
    "_source": {
      "product": "TV",
      "brand": "LG"
    }
  }
]
```

이제 이 쿼리에 should 절을 추가해 보자. 다음 목록은 점수에 미치는 영향을 보여준다.

```
GET products/_search
{
  "_source": [
    "product",
    "brand"
  ],
  "query": {
    "bool": {
      "must": [              ◄──┐ LG TV를 검색하는
                                 │ must 절
        {
          "match": {
            "product": "TV"
          }
        },
        {
          "match": {
            "brand": "LG"
          }
        }
      ],
      "should": [           ◄──┐ TV 결과의 가격대나 문구 일치를
                                │ 확인하는 should 절
        {
          "range": {
            "price": {
              "gte": 500,
              "lte": 1000
            }
          }
        },
        {
          "match_phrase_prefix": {
            "overview": "4K Ultra HD"
          }
        }
      ]
    }
  }
}
```

should 절과 함께 must 절을 사용하는 이 쿼리는 일치하는 도큐먼트의 점수를 올린다(boost).
이전 점수인 4.4325914는 이제 무려 14.9038105로 뛰었다.

```
"hits" : [
  {
    "_index" : "products",
    "_id" : "5",
    "_score" : 14.9038105,
    "_ignored" : [
      "overview.keyword"
    ],
    "_source" : {
      "product" : "TV",
      "brand" : "LG"
    }
  }
]
```

쿼리가 must 절에서 성공했고 should 절에서도 일치했기 때문에 점수가 높아졌다. 중요한 점
은 should 절의 쿼리가 일치하면(must 절의 긍정적인 일치 외에도) 점수가 높아진다는 점이다. 그
러면 얼마나 많은 쿼리가 일치해야 할까? should 절에는 여러 개의 리프 쿼리가 있을 수 있
다. 그렇지 않은가? 모든 리프 쿼리가 일치해야 할까? 아니면 일래스틱서치에 리프 쿼리 중
하나 이상이 일치하는지 확인하도록 요청할 수 있을까? 이는 다음에 설명할 minimum_should_
match 속성을 사용해 달성할 수 있다.

minimum_should_match 설정

should 절의 쿼리와 함께 must 절의 쿼리 집합을 실행할 때 암묵적으로 다음 규칙이 적용
된다.

- 모든 결과는 must 절에 선언된 쿼리 조건과 일치해야 한다. must 쿼리 중 하나가 조건
  과 일치하지 않으면 쿼리는 긍정적인 검색 결과를 반환하지 않는다.
- 결과가 should 절에 선언된 조건과 일치할 필요는 없다. 일치하면 _score가 올라가며
  반대의 경우에는 점수에 영향이 없다.

그러나 때로는 결과를 클라이언트에 보내기 전에 일치해야 하는 조건 중 하나 이상이 필요할 수도 있다. 이러한 should 쿼리 일치를 기반으로 점수를 높이기를 원한다. minimum_should_match 속성을 사용해 이를 수행할 수 있다.

예를 들어 일치 항목 중 하나 이상이 긍정적인 경우에만 목록 11.10의 쿼리를 성공으로 선언할 수 있다. 많은 쿼리 중 하나가 일치하는 경우에만 긍정적인 결과(점수가 높아짐)를 반환한다. 다음 목록은 이를 보여준다.

목록 11.11 minimum_should_match 매개변수 사용하기

```
GET products/_search
{
  "_source": [ "product", "brand", "overview", "price", "colour" ],
  "query": {
    "bool": {
      "must": [
        {
          "match": {
            "product": "TV"
          }
        },
        {
          "match": {
            "brand": "LG"
          }
        }
      ],
      "should": [
        {
          "range": {
            "price": {
              "gte": 500,
              "lte": 2000
            }
          }
        },
        {
          "match": {
```

```
            "colour": "silver"
          }
        },
        {
          "match_phrase_prefix": {
            "overview": "4K Ultra HD"
          }
        }
      ],
      "minimum_should_match": 1   ◄───   should 절에 있는 하나 이상의
    }                                     리프 쿼리와 일치
  }
}
```

목록에서 minimum_should_match를 1로 설정했다. 이는 쿼리가 should 절의 리프 쿼리에 정의
된 조건과 일치하려고 시도하지만 쿼리 중 적어도 하나가 긍정적인 일치여야 한다는 조건을
사용함을 의미한다. 제품 색상이 은색이거나 4K Ultra HD이거나 가격이 $500~$2,000 사
이이다. 그러나 should 절의 조건 중 어느 것도 일치하지 않으면 쿼리가 minumum_should_
match 매개변수를 충족하도록 요청하므로 쿼리가 실패한다.

　　bool 쿼리는 자체적으로 should 절을 사용해, 즉 must 절 없이 선언할 수 있다. bool 쿼리
가 should 절과 함께 must 절로 구성돼 있는지 여부에 따라 minumum_should_match의 기본값이
달라진다. bool 쿼리가 must 절과 should로 구성된 경우 minumum_should_match의 기본값은
0으로 설정된다. should 절만 사용하면 1로 설정된다(표 11.3 참조).

▼ 표 11.3 minumum_should_match 속성의 기본값

절	minumum_should_match 기본값
should 절만(must 절 없음)	1
must 절이 있는 should 절	0

지금까지 must, must_not, should 절을 살펴봤다. must_not은 필터 컨텍스트에서 실행되지만,
must 및 should는 쿼리 컨텍스트에서 실행된다. 쿼리 컨텍스트와 필터 컨텍스트는 8장에서
알아봤지만, 이러한 개념을 여기서 다시 짚고 넘어가자. 쿼리 컨텍스트에서 실행되는 쿼리

는 적절한 관련성 알고리듬을 실행하므로 결과 도큐먼트와 관련된 관련성 점수를 기대할 수 있다. 필터 컨텍스트의 쿼리는 점수를 출력하지 않으며 점수 알고리듬 실행이 필요하지 않기 때문에 성능이 뛰어나다. 이는 관련성 점수를 사용하지 않지만 필터 컨텍스트에서 작동하는 절인 filter 절로 이어진다.

11.3.7 filter 절

filter 절은 must 절과 유사하게 조건과 일치하는 모든 도큐먼트를 가져온다. 유일한 차이점은 filter 절이 필터 컨텍스트에서 실행되므로 결과에 점수가 매겨지지 않는다는 점이다. 필터 컨텍스트에서 쿼리를 실행하면 일래스틱서치에서 반환된 쿼리 결과가 캐시되므로 쿼리 성능이 향상된다는 점을 기억하자. 다음 목록은 filter 쿼리가 실행되는 모습을 보여준다.

목록 11.12 filter 절

```
GET products/_search
{
  "query": {
    "bool": {
      "filter": [          ◀── 쿼리를 암묵적으로
        {                      필터 컨텍스트에서 실행
          "term": {
            "product.keyword": "TV"
          }
        },
        {
          "range": {
            "price": {
              "gte": 500,
              "lte": 1000
            }
          }
        }
      ]
    }
  }
}
```

다음 코드 조각은 이 쿼리의 결과를 보여준다. 결과 점수는 0이다.

```
"hits" : [{
    ...
    "_score" : 0.0,
    "_source" : {
      "product" : "TV",
      "colour" : "silver",
      "brand" : "Samsung"
    }
  },
  {
    ...
    "_score" : 0.0,
    "_source" : {
      "product" : "TV",
      "colour" : "black",
      "brand" : "Samsung"
    }
  }
  ...
]
```

filter 절은 점수를 제공하지 않는다. 출력에는 점수 매기기가 필요하지 않기 때문에 일래스틱서치는 쿼리/결과를 캐시할 수 있으며 이는 애플리케이션 성능에 도움된다.

일반적으로 filter 절과 must 절을 결합한다. must 절의 결과는 적합하지 않은 데이터를 필터링하는 filter 절을 통해 제공된다. 다음 예에서는 이 접근 방식을 보여준다.

목록 11.13 must 절이 있는 filter 절

```
GET products/_search
{
  "_source": [
    "brand",
    "product",
    "colour",
    "price"
  ],
```

```
    "query": {
      "bool": {
        "must": [
          {
            "match": {
              "brand": "LG"
            }
          }
        ],
        "filter": [
          {
            "range": {
              "price": {
                "gte": 500,
                "lte": 1000
              }
            }
          }
        ]
      }
    }
}
```

여기서는 모든 LG 제품을 가져온다(저장소에는 LG에서 제조한 TV 1개와 냉장고 3개가 있다). 그런 다음 가격별로 필터링해 가격대에 해당하는 냉장고 2개만 남긴다(둘 다 $900).

```
"hits" : [{
    ..
    "_score" : 2.6820748,
    "_source" : {
      "product" : "Fridge",
      "colour" : "Matte Black",
      "price" : 900,
      "brand" : "LG"
    }
},{
    ..
    "_score" : 2.6820748,
    "_source" : {
```

```
      "product" : "Fridge",
      "colour" : "Matte Black",
      "price" : 900,
      "brand" : "LG"
    }
  }]
```

반환된 두 도큐먼트 모두 이제 점수를 갖고 있다. 이는 쿼리 컨텍스트에서 쿼리가 실행됐음을 의미한다. 앞서 설명한 대로 filter 쿼리는 쿼리 컨텍스트에서 실행되지 않는다는 점을 제외하면 must 쿼리와 유사하다(filter 쿼리는 필터 컨텍스트에서 실행된다). 따라서 filter를 추가해도 도큐먼트 점수 계산에는 영향을 미치지 않는다.

지금까지 리프 쿼리와 함께 개별 절을 사용하는 bool 쿼리로 작업했다. 이러한 모든 절을 결합해 복잡한 고급 쿼리를 구성할 수 있다. 다음 절에서 이에 대해 살펴본다.

11.3.8 모든 절 결합

must, must_not, should, filter 절을 결합해 보자. 요구 사항은 은색이 아닌 LG에서 제조한 제품, 냉장고 겸용 냉동고 또는 에너지 등급이 A++이고 특정 가격대에 있는 제품을 찾는 것이다.

목록 11.14의 쿼리는 must 절의 match 쿼리로 LG 제품을 가져오고, must_not 절의 은색을 무시하며, should 절을 사용해 냉장고 겸용 냉동고나 특정 에너지 등급을 쿼리한다. 마지막으로 filter 절을 사용해 제품 가격을 확인해 특정 가격 범위에 맞는지 확인한다.

목록 11.14 모든 절을 결합

```
GET products/_search
{
  "query": {
    "bool": {
      "must": [
        {
          "match": {
            "brand": "LG"
          }
```

```
              }
            ],
        "must_not": [
          {
            "term": {
              "colour": "silver"
            }
          }
        ],
        "should": [
          {
            "match": {
              "energy_rating": "A++"
            }
          },
          {
            "term": {
              "type": "Fridge Freezer"
            }
          }
        ],
        "filter": [
          {
            "range": {
              "price": {
                "gte": 500,
                "lte": 1000
              }
            }
          }
        ]
      }
    }
}
```

이 목록은 must 쿼리를 사용해 LG TV와 일치하지만 must_not절에서 은색 TV와 일치하지 않으며 제품이 A++ 에너지 등급을 받았거나 냉장고 겸용 냉동고(should 절)인 네 가지 절을 결합한다. 마지막으로 가격을 조건으로 제품을 필터링한다(filter 절).

더 복잡한 요구 사항이 목록에 추가됨에 따라 추가 절과 리프 쿼리를 사용해 쿼리를 향상시킬 수 있다. 절에 포함될 수 있는 쿼리 수에는 제한이 없으며 전적으로 사용자 재량에 달려 있다. 그러나 결과를 얻기 위해 일치하는 다양한 절의 리프 쿼리를 어떻게 알 수 있을까? 요구 사항에 따라 쿼리가 생략됐을까? 최종 결과를 얻은 정확한 리프 쿼리를 아는 것은 실행돼 결과를 생성한 쿼리를 식별하는 좋은 방법이다. 모든 쿼리에 이름을 지정하면 이를 수행할 수 있다.

11.3.9 명명된 쿼리

복잡한 쿼리에 대해 수십 개의 쿼리를 작성할 수 있으나 최종 결과를 얻기 위해 몇 개가 일치되는지 알 수 없다. 일래스틱서치가 쿼리 일치 중에 사용된 쿼리 이름과 함께 결과를 출력하도록 쿼리 이름을 지정할 수 있다. 예를 살펴보자. 다음 목록은 모든 절과 몇 개의 리프 쿼리가 포함된 복잡한 쿼리를 보여준다.

목록 11.15 개별 이름이 지정된 복잡한 쿼리

```
GET products/_search
{
  "_source": [
    "product",
    "brand"
  ],
  "query": {
    "bool": {
      "must": [
        {
          "match": {
            "brand": {
              "query": "LG",
              "_name": "must_match_brand_query"    ◀── must 절의 brand와 일치하는
            }                                           쿼리의 이름
          }
        }
      ],
      "must_not": [
```

```
                  {
                    "match": {
                      "colour.keyword": {
                        "query": "black",
                        "_name": "must_not_colour_query"    ◄─── 특정 색상과 일치하지 않는
                      }                                          쿼리의 이름
                    }
                  }
                ],
                "should": [
                  {
                    "term": {
                      "type.keyword": {
                        "value": "Frost Free Fridge Freezer",
                        "_name": "should_term_type_query"   ◄─── should 절의 type과
                      }                                          일치하는 쿼리의 이름
                    }
                  },
                  {
                    "match": {
                      "energy_rating": {
                        "query": "A++",
                        "_name": "should_match_energy_rating_query"  ◄─── should 절의 에너지 등급과
                      }                                                   일치하는 쿼리의 이름
                    }
                  }
                ],
                "filter": [
                  {
                    "range": {
                      "price": {
                        "gte": 500,
                        "lte": 1000,
                        "_name": "filter_range_price_query"   ◄─── filter 절의 가격 범위와
                      }                                            일치하는 쿼리의 이름
                    }
                  }
                ]
              }
            }
          }
        }
```

개별 리프 쿼리에는 선택한 값이 포함된 _name 속성 태그가 지정된다. 쿼리가 실행되면 응답에는 각 결과에 연결된 matched_queries 객체가 포함된다. 이 matched_queries에는 도큐먼트를 가져오기 위해 일치하는 쿼리 집합이 포함돼 있다.

```
"hits" : [
    {
      ...
      "_source" : {
        "product" : "Fridge",
        "brand" : "LG"
      },
      "matched_queries" : [
        "filter_range_price_query",
        "should_match_energy_rating_query",
        "must_match_brand_query",
        "should_term_type_query"
      ]
    },
    {
      ...
      "_source" : {
        "product" : "Fridge",
        "brand" : "LG"
      },
      "matched_queries" : [
        "filter_range_price_query",
        "should_match_energy_rating_query",
        "must_match_brand_query",
        "should_term_type_query"
      ]
    }
  ]
```

결과는 matched_queries 블록에 언급된 4개의 쿼리에서 일치된다. 쿼리 이름 지정의 실제 이점은 결과와 관련되지 않은 중복 쿼리를 제거하는 것이다. 이렇게 하면 쿼리 크기를 줄이고 결과 가져오기의 일부인 쿼리를 조정하는 데 집중할 수 있다.

이것으로 가장 중요하고 정교한 복합 쿼리 중 하나인 bool 쿼리에 대한 살펴보기를 마친다. 다음 몇 개의 절에서는 상수 점수부터 시작해 다른 복합 쿼리를 살펴본다.

11.4 상수 점수

이전에는 bool 절 내의 filter 쿼리를 살펴봤다. 완전성을 위해 샘플 filter 쿼리를 다시 실행해 사용자 평점이 4~5 사이인 제품을 가져온다.

목록 11.16 bool 쿼리에 선언된 filter 절

```
GET products/_search
{
  "query": {
    "bool": {
      "filter": [
        {
          "range": {
            "user_ratings": {
              "gte": 4,
              "lte": 5
            }
          }
        }
      ]
    }
  }
}
```

쿼리 결과는 고객 평점(user_ratings) 조건과 일치하는 모든 제품이다. 유일한 관심 사항은 쿼리가 필터 컨텍스트에서 실행된다는 것이다. 따라서 결과와 연관된 점수(0)가 없다. 그러나 특히 특정 검색 조건을 강화하려는 경우 0이 아닌 점수를 설정해야 할 수도 있다. 여기에 새로운 쿼리 유형인 constant_score가 등장한다.

이름에서 알 수 있듯이 constant_score는 filter 쿼리를 래핑하고 사전 정의된(부스트된) 점수로 결과를 생성한다. 다음 목록의 쿼리는 이를 실제로 보여준다.

```
GET products/_search
{
  "query": {
    "constant_score": {          constant_score
                                 쿼리 선언
      "filter": {          ◀     filter 쿼리
        "range": {               래핑
          "user_ratings": {
            "gte": 4,
            "lte": 5
          }
        }
      },
      "boost": 5.0    ◀          미리 정의된 점수를 사용해
    }                            결과를 부스트한다.
  }
}
```

이 목록의 constant_score 쿼리는 filter 쿼리를 래핑한다. 또한 주어진 값으로 점수를 올리는 또 다른 속성인 boost도 있다. 따라서 모든 결과 도큐먼트에는 0이 아닌 5점의 점수가 찍혀 있다.

constant_score의 실제 사용에 대해 궁금하다면, 더 이상 찾아볼 필요가 없다. 다음 목록은 match 쿼리와 함께 constant_score 함수를 must 쿼리로 래핑하는 bool 쿼리를 보여준다.

```
GET products/_search
{
  "query": {
    "bool": {                    2개의 쿼리가 포함된 must 절:
      "must": [   ◀              match 및 constant_score
        {
          "match": {    ◀        TV를 검색하는
            "product": "TV"      match 쿼리
          }
        },
        {
```

```
        "constant_score": {            ◀──── TV 색상이 검은색인 경우 점수를
          "filter": {                         3.5만큼 높이는 constant_score
            "term": {
              "colour": "black"
            }
          },
          "boost": 3.5
        }
      }
    ]
  }
}
```

이 bool 쿼리의 must 절에는 match와 constant_score라는 두 가지 쿼리가 포함돼 있다. constant_score 쿼리는 색상을 기준으로 모든 TV를 필터링하지만 약간의 조정을 통해 모든 검은색 TV의 점수를 3.5만큼 높인다. 여기서는 constant_score로 래핑된 필터링 쿼리에서 boost 값을 원하는 대로 설정해 결과에 대한 점수 계산 시 입력을 가져오도록 일래스틱서치 엔진에 요청한다.

이 절에서는 constant_score 함수를 사용해 고정 점수$^{static\ score}$가 할당된 쿼리 결과를 확인했다. 하지만 일부 결과는 더 높은 점수를 받고 다른 결과는 결과 페이지 하단에 표시되도록 하려면 어떻게 해야 할까? 이것이 바로 다음에 논의할 부스팅 쿼리의 역할이다.

11.5 부스팅 쿼리

때때로 편향된 답변을 원한다. 예를 들어 결과 목록의 상단에는 LG TV가, 하단에는 소니^{Sony}가 표시되도록 할 수 있다. 목록의 선호 항목이 상위에 있도록 이러한 유형의 편향된 점수를 이용한 정렬은 부스팅 쿼리를 통해 수행된다. 부스팅 쿼리는 임의 개수의 쿼리가 긍정적인 일치를 생성하는 positive 부분과, 부정적인 부스트로 점수를 부정하는 쿼리와 일치하는 negative 부분, 이 두 가지 쿼리 세트로 작동한다.

예를 생각해보자. LG TV를 검색하고 싶지만 가격이 \$2,500보다 높으면 negative 쿼리의 부정적인 부스트로 지정된 값으로 계산된 점수를 사용해 목록 맨 아래로 떨어뜨린다. 이것이

어떻게 수행되는지 보자.

```
GET products/_search
{
  "size": 50,
  "_source": [
    "product",
    "price",
    "colour"
  ],
  "query": {
    "boosting": {          ◄──  부스팅 쿼리의
      "positive": {    ◄──────  positive 부분
        "term": {
          "product": "tv"
        }
      },
      "negative": {   ◄──────  부스팅 쿼리의
        "range": {            negative 부분
          "price": {
            "gte": 2500
          }
        }
      },
      "negative_boost": 0.5   ◄── negative
    }                              부스트
  }
}
```

실제 부스팅 쿼리 (← "boosting")

표시된 대로 부스팅 쿼리는 positive와 negative의 두 부분으로 구성된다. positive 부분에서는 단순히 TV를 가져오는 쿼리(이 경우 term 쿼리)를 만든다. 반면에 너무 비싼 TV를 원하지 않기 때문에 쿼리의 negative 부분에서 일치하는 점수를 부정해 결과에서 값비싼 TV를 제외(목록의 맨 아래로 이동)한다. negative_boost 속성에 설정된 값은 negative 부분에서 일치하는 점수를 다시 계산하는 데 사용된다. 그러면, negative 부분의 결과가 목록 아래로 내려간다.

목록 11.19의 부스팅 쿼리는 간단하다. positive 부분과 negative 부분에 리프 쿼리를 사

용한다. 그러나 다른 복합 쿼리를 사용해 부스팅 쿼리와 같은 복합 쿼리를 스크립팅할 수도 있다. bool, constant_score 또는 최상위 리프 쿼리를 포함한 기타 복합 쿼리를 사용해 부스팅 쿼리를 선언할 수 있다. 다음 목록의 쿼리는 부스팅 쿼리에 포함된 bool 쿼리를 보여준다.

목록 11.20 상수 점수가 있는 bool 쿼리

```
GET products/_search
{
  "size": 40,
  "_source": [ "product", "price", "colour", "brand" ],
  "query": {
    "boosting": {              ◀─── 부스팅 쿼리
                                    선언
      "positive": {
        "bool": {              ◀─── match 쿼리 내에 must 절이
          "must": [                 있는 bool 쿼리에서 부스팅
            {                       쿼리의 positive 부분을 정의
              "match": {
                "product": "TV"
              }
            }
          ]
        }
      },
      "negative": {            ◀─── 내장된 bool 쿼리로
        "bool": {                   쿼리의 negative 부분을
          "must": [                 정의
            {
              "match": {
                "brand": "Sony"
              }
            }
          ]
        }
      },
      "negative_boost": 0.5    ◀─── negative 부분의 쿼리에 대해
                                    성공적으로 일치하면 negative_
                                    boost를 0.5로 설정
    }
  }
}
```

이 부스팅 쿼리는 예상대로 positive 부분과 negative 부분으로 구성되며, negative 부분의 negative_boost 값은 0.5로 설정된다. 쿼리는 다음과 같이 작동한다. TV를 검색하고(positive 블록에 표시됨) TV 브랜드가 Sony인 경우 점수가 0.5만큼 감소한다. Sony TV는 훌륭할 수 있지만 negative_boost 설정을 사용해 점수를 조작했기 때문에 결과 집합의 맨 아래로 내려 간다.

따라서 부스팅 쿼리는 negative 점수를 사용해 특정 유형의 도큐먼트 중요도를 낮추는 데 도움된다. negative 쿼리와 negative 부스트를 기반으로 점수를 조작해 결과를 준비할 수 있 다. 이제 또 다른 복합 쿼리인 디스정션 맥스(dis_max)로 넘어가자.

11.6 디스정션 맥스(dis_max) 쿼리

10장에서는 여러 필드에 걸쳐 단어를 검색하는 multi_match라는 쿼리를 사용했다. type과 overview라는 두 가지 필드에서 스마트 TV를 검색하려면 multi_match를 사용할 수 있다. multi_match 쿼리는 다음과 같다.

목록 11.21 multi_match 쿼리를 사용해 여러 필드 검색

```
GET products/_search
{
  "query": {
    "multi_match": {
      "query": "smart tv",
      "fields": ["type","overview"]
    }
  }
}
```

디스정션 맥스(disjunction max, dis_max) 쿼리의 항목 아래에서 multi_match 쿼리를 언급하는 이유는 multi_match가 내부적으로 dis_max 쿼리를 사용하기 때문이다. 둘 이상의 쿼리가 일 치하는 경우 dis_max 쿼리는 관련성 점수가 가장 높은 도큐먼트를 반환한다. 목록 11.21의 쿼리를 다시 살펴본다. 하지만 이번에는 dis_max를 사용해 type 및 overview 필드에서 "smart tv"라는 단어를 검색한다.

```
GET products/_search
{
  "_source": [
    "type",
    "overview"
  ],
  "query": {
    "dis_max": {                    ← 일련의 쿼리를 래핑하는
      "queries": [                    dis_max 쿼리를 선언
        {                         ← 매치 조건이 포함된
          "match": {                  쿼리 집합을 선언
            "type": "smart tv"
          }
        },
        {
          "match": {
            "overview": "smart tv"
          }
        }
      ]
    }
  }
}
```

dis_max 쿼리는 queries 객체에 정의된 여러 개의 리프 쿼리를 기대하는 복합 쿼리다. 여기서
는 2개의 서로 다른 필드인 type과 overview에서 여러 단어를 검색하는 2개의 match 쿼리를
선언한다.

　　여러 필드에서 여러 단어를 검색할 때 일래스틱서치는 지정된 필드의 모든 단어가 포함
된 도큐먼트를 선호하는 최적 필드 전략을 사용한다. 예를 들어 overview와 type이라는 두 필
드에서 "smart TV"를 검색한다고 가정해 보자. 두 필드 모두에 이 문구가 있는 도큐먼트는
overview 필드에 "smart"가 있고 type 필드에 "TV"가 있는 도큐먼트보다 더 관련성이 높다고
기대할 수 있다.

　　여러 필드에서 dis_max 쿼리를 실행할 때 다른 match 쿼리의 점수도 고려할 수 있다. 이
경우, 타이브레이커[tiebreaker]를 사용해 최고 필드뿐만 아니라 다른 필드의 점수를 추가한다.

다음 쿼리에 tie_breaker 속성을 추가해 보자.

목록 11.23 tiebreaker가 포함된 dis_max 쿼리

```
GET products/_search
{
  "_source": [
    "type",
    "overview"
  ],
  "query": {
    "dis_max": {
      "queries": [
        {
          "match": {
            "type": "smart tv"
          }
        },
        {
          "match": {
            "overview": "smart TV"
          }
        },
        {
          "match": {
            "product": "smart TV"
          }
        }
      ],
      "tie_breaker": 0.5
    }
  }
}
```

tie_breaker 값은 0.0과 1.0 사이의 양수 부동 소수점 숫자다(기본값은 0.0). 이 경우 최고가 아닌 필드의 점수에 순위 결정을 곱하고 그 결과를 여러 필드와 일치하는 각 도큐먼트의 점수에 추가한다.

11장에서 살펴볼 마지막 복합 쿼리는 함수 점수 쿼리다. 사전 정의된 함수를 사용해 필요에 따라 점수를 할당할 때 훨씬 더 많은 유연성을 제공한다.

11.7 function_score 쿼리

때로는 특정 필드에 가중치를 부여하거나 임의의 관련성 점수를 기반으로 스폰서의 광고를 표시하는 등 내부 요구 사항을 기반으로 검색 쿼리에서 반환된 도큐먼트에 점수를 할당하려고 한다. function_score^{함수 점수} 쿼리는 무작위, 스크립트 기반 또는 감쇠 함수(Gauss, linear 등)를 포함한 사용자 정의 함수를 기반으로 점수를 생성하는 데 도움된다.

function_score 쿼리 작업을 시작하기 전에 다음 목록의 쿼리를 실행해 보자. 도큐먼트를 반환하는 간단한 term 쿼리다.

목록 11.24 표준 term 쿼리를 사용한 term 검색

```
GET products/_search
{
  "query": {
    "term": {
      "product": {
        "value": "TV"
      }
    }
  }
}
```

쿼리는 표준 term 쿼리를 사용해 TV를 검색하는 것 외에는 많은 작업을 수행하지 않는다. 주목해야 할 유일한 점은 이 쿼리에서 반환된 최상위 도큐먼트의 점수인 1.6376086이다.

이 쿼리는 의도적으로 간단하게 작성됐지만, 일부 쿼리에는 관련성 점수를 계산하기 위해 많은 처리를 필요로 한다. 어쩌면 자체 요구 사항에 따라 점수를 생성하기를 원하기 때문에 일래스틱서치의 BM25(Best Match 25) 관련성 알고리듬(또는 사용자 정의 알고리듬)으로 계산된 점수를 가져오는 데 관심이 없을 수도 있다. 이러한 경우 맞춤형 함수를 기반으로 점수를 생성하기 위해 function_score 구문에 쿼리를 래핑할 수 있다.

```
{
  "query": {
  "function_score": {          ◄──┐ function_score는 쿼리를 래핑해
    "query": {                      │ 맞춤형 점수를 생성한다.
      "term": {
        "product": "tv"
      }
    }
  }
  }
}
```

function_score 쿼리에는 쿼리, 함수, 도큐먼트에 점수를 적용하는 방법 등 몇 가지 속성이 필요하다. 이론적으로 학습하기 보다는 이 절의 실습 예제를 통해 이러한 내용을 확인할 수 있다.

맞춤형 함수를 사용하면 점수를 수정하고 맞춤형 점수로 바꿀 수 있다. 요구 사항에 따라 점수를 조정하는 기능을 연결하려면 그렇게 할 수 있다. 예를 들어 무작위로 생성된 점수를 원하는 경우 해당 목적을 위한 간단한 random_score 함수 쿼리가 있다. 또는 필드 값과 매개 변수를 기반으로 점수를 계산할 수도 있다. 이 경우 script_score 함수 쿼리를 사용할 수 있다. 이 절에서는 몇 가지 다른 함수도 살펴보지만, random_score부터 시작하자.

11.7.1 random_score 함수

이름에서 알 수 있듯이 random_score 함수는 결과 도큐먼트에 대해 무작위로 생성된 점수를 생성한다. function_score 쿼리로 래핑된 목록 11.25에서 쿼리를 실행할 수 있지만 이번에는 특별히 쿼리에 random_score 함수를 할당한다.

목록 11.26 random_score 함수에 포함된 term 검색

```
GET products/_search
{
  "query": {
    "function_score": {    ◄──┐ term 쿼리와 함수가 포함된
                                │ function_score
```

```
      "query": {
        "term": {
          "product": "TV"
        }
      },
      "random_score": {}  ◄─────  각 호출에 대해 무작위 점수를
    }                             생성하고 할당하는 random_
  }                               score 함수
}
```

이 function_score 쿼리는 term 쿼리와 random_score 함수로 구성된다. 이 쿼리를 실행할 때마다 반환된 동일한 도큐먼트에 대해 다른 점수를 얻는다. 무작위 점수는 무작위이므로 재현할 수 없다. 쿼리를 다시 실행하면 점수가 변경될 것이다.

동일한 쿼리를 몇 번 실행하더라도 무작위로 생성된 점수가 항상 동일하도록 무작위 점수를 재현해야 하는 경우 어떻게 해야 할까? 이를 위해 seed 및 field 값으로 random_score 함수를 조정할 수 있다. 다음 목록은 seed로 초기화된 random_score 함수가 포함된 쿼리를 보여준다.

목록 11.27 seed를 설정해 무작위 점수 조정

```
GET products/_search
{
  "query": {
    "function_score": {
      "query": {
        "term": {
          "product": "TV"
        }
      },
      "random_score": {          맞춤형 random_score를
        "seed": 10,        ◄─────  seed로 초기화
        "field": "user_ratings"  ◄─────  무작위 점수를
      }                                  계산
    }
  }
}
```

random_score는 seed 값과 user_ratings 필드 값으로 초기화된다. 이 쿼리를 두 번 이상 실행하면 동일한 (임의이기는 하지만) 점수를 얻을 수 있다. 무작위 점수를 결정하는 알고리듬과 메커니즘은 이 책의 범위를 벗어난다. 무작위 채점 메커니즘에 대해 더 자세히 알고 싶다면 일래스틱서치 설명서를 참조한다.

random_score 함수는 무작위 점수를 생성하는 한 가지 방법이지만, 스크립팅 함수를 사용해 고정 점수static score를 생성하는 것도 흥미로울 것이다. 다음 절에서는 script_score 함수를 어떻게 사용할 수 있는지 살펴본다.

11.7.2 script_score 함수

필드 값(예를 들어 제품의 user_rating)을 기준으로 도큐먼트 점수를 3배 높이려고 한다고 가정한다(필드 값에 3을 곱한다). 이 경우 script_score 함수를 사용해 도큐먼트의 다른 필드(예를 들어 user_ratings) 값을 기반으로 점수를 계산할 수 있다.

목록 11.28 필드 값에 외부 매개변수 곱하기

```
GET products/_search
{
  "query": {
    "function_score": {
      "query": {
        "term": {
          "product": "tv"
        }
      },
      "script_score": {        ◀── script_score 함수는 정의된
                                   스크립트를 기반으로 점수를
                                   생성하는 열쇠를 갖고 있다.
        "script": {            ◀── 스크립트 객체
          "source": "_score * doc['user_ratings'].value * params['factor']",   ◀── source는 로직을
                                                                                    정의하는 위치
          "params": {          ◀── 외부 매개변수를
            "factor": 3            스크립트에 전달
          }
        }
      }
    }
  }
}
```

script_score 함수는 점수를 생성하며, 이 예에서는 간단한 스크립트 계산을 기반으로 해당 점수를 계산한다. user_ratings를 찾아 해당 값에 원래 점수 및 factor(외부 params를 통해 전달)를 곱한다. 필요한 경우 완전한 기능을 갖춘 스크립트를 기반으로 복잡한 쿼리를 구성할 수 있다.

스크립트는 매개변수, 필드 값 및 수학 함수(예를 들어 평균 고객 평가의 제곱근에 지정된 부스팅 요인을 곱함)를 사용해 복잡한 시나리오를 생성할 수 있다. 그러나 모든 요구 사항에 이렇게 복잡한 스크립트가 필요한 것은 아니다. 요구 사항이 단지 필드 값을 사용하는 것이라면 결과를 얻는 간단한 방법은 field_value_factor라는 함수를 사용하는 것이다.

11.7.3 field_value_factor 함수

field_value_factor 함수는 복잡한 스크립팅 없이 필드를 사용해 점수를 매기는 데 도움된다. 다음 목록은 메커니즘을 보여준다.

목록 11.29 스크립팅 없이 필드에서 점수 도출

```
GET products/_search
{
  "query": {
    "function_score": {
      "query": {
        "term": {
          "product": "tv"
        }
      },
      "field_value_factor": {     ◄────  필드(여기서는 user_ratings)를
        "field": "user_ratings"          선언하는 field_value_factor
      }                                   객체
    }
  }
}
```

스크립트는 field_value_factor 함수가 필드(이 목록의 user_ratings)에서 작동해 새로운 관련성 점수를 생성함을 보여준다.

field_value_score 함수에 속성을 추가할 수 있다. 예를 들어 factor 속성을 사용하고 제곱근이나 로그 계산과 같은 수학 함수를 적용해 점수를 곱할 수 있다. 다음 목록에서는 이것이 실제로 실행되는 모습을 보여준다.

목록 11.30 field_value_factor에 대한 추가 속성

```
GET products/_search
{
  "query": {
    "function_score": {
      "query": {
        "term": {
          "product": "tv"
        }
      },
      "field_value_factor": {
        "field": "user_ratings",
        "factor": 2,
        "modifier": "square"
      }
    }
  }
}
```

이 스크립트는 도큐먼트에서 user_ratings 값을 가져온다. 그런 다음 해당 값에 2배를 곱하고 제곱한다.

11.7.4 함수 점수의 결합

지난 몇 개의 절에서 개별 함수를 살펴봤지만, 함수를 결합해 더 나은 점수를 생성할 수도 있다. 예를 들어 다음 목록은 weight와 field_value_factor라는 두 가지 함수를 사용해 점수를 생성하는 function_score 쿼리를 보여준다.

```
GET products/_search
{
  "query": {
    "function_score": {
      "query": {
        "term": {
          "product": "TV"
        }
      },
      "functions": [          ◄──── 리프 함수의 배열을 기대하는
        {                           functions 객체
          "filter": {
            "term": {
              "brand": "LG"
            }
          },
          "weight": 3    ◄──── 가중치 함수
        },
        {
          "filter": {
            "range": {
              "user_ratings": {
                "gte": 4.5,
                "lte": 5
              }
            }
          },
          "field_value_factor": {    ◄──── field_value_factor는 user_ratings
            "field": "user_ratings",        필드를 기준으로 한다.
            "factor": 5,
            "modifier": "square"
          }
        }
      ],
      "score_mode": "avg",
      "boost_mode": "sum"
    }
  }
}
```

이 쿼리의 functions 객체는 통합 점수를 생성하기 위해 결합되는 여러 함수(예를 들어 weight 및 field_value_factor)를 기대한다. weight 필드(가중치 함수)에는 추가 계산에 사용되는 양의 정수가 필요하다. term 쿼리를 사용해 TV를 가져오는 원래 점수는 다음에 의해 보완된다.

- 브랜드가 LG인 경우 가중치^{weight}를 3만큼 증가시킨다.
- 사용자 평점이 4.5~5 범위에 있는 경우 user_ratings 필드의 값을 5로 곱하고 제곱한다.

더 많은 함수가 일치할수록 점수의 최종 값이 증가한다. 따라서 도큐먼트가 목록의 맨 위에 나타날 수 있다.

함수 스코어링 모드

스크립트 끝에 있는 score_mode와 boost_mode 필드를 봤는가? function_score 쿼리의 이러한 두 가지 속성을 사용하면 원래 쿼리의 점수와 단일 또는 여러 함수에서 내보낸 점수를 결합해 점수를 얻을 수 있다.

기본적으로 이러한 함수로 생성된 점수는 모두 곱해져 단일 최종 점수를 얻는다. 그러나 function_score 쿼리에서 score_mode 속성을 설정해 해당 동작을 변경할 수 있다. score_mode 속성은 개별 점수가 계산되는 방식을 정의한다. 예를 들어 쿼리의 score_mode가 sum으로 설정된 경우, 개별 함수에서 생성된 점수들이 모두 합산된다. score_mode 속성은 multiply(기본값), sum, avg, max, min, first 등 어떤 모드든 될 수 있다.

그런 다음 이러한 함수의 점수는 boost_mode 매개변수를 기반으로 도큐먼트의 쿼리(예를 들어 TV를 찾는 term 쿼리)의 원래 점수에 추가(또는 곱하거나 평균값 등)된다. boost_mode 매개변수는 multiply(기본값), min, max, replace, avg, sum일 수 있다. 함수 스코어링과 관련된 모드 및 메커니즘에 대해 자세히 알아보려면 일래스틱서치의 공식 도큐먼트를 참조한다.

이제 마무리할 시간이다! 11장에서는 고급스럽고 유용하며 실용적인 복합 쿼리를 소개했다. bool 쿼리는 모든 쿼리의 무기이며 복잡한 검색 쿼리를 작성하는 데 도움된다. 12장에서는 지리 공간 검색, 조인 쿼리 등 기타 고급 검색을 살펴본다.

요약

- 복합 쿼리는 리프 쿼리를 결합해 여러 검색 조건을 충족하는 고급 쿼리를 만든다.
- bool 쿼리는 must, must_not, should, filter의 네 가지 절로 구성된 가장 널리 사용되는 복합 쿼리다.
- must_not과 filter 절 쿼리는 전체 관련성 점수에 영향을 미치지 않는다. 반면에 must와 should 절 쿼리는 항상 점수를 증가시킨다.
- constant_score 쿼리는 filter 쿼리를 래핑하고 사용자가 설정한 상수 점수를 생성한다.
- boosting 쿼리는 일치하지 않는 쿼리(negative 절)에 대한 점수를 억제하면서 positive 절의 점수를 높인다.
- multi_match 쿼리가 사용하는 dis_max 쿼리는 쿼리를 래핑하고 개별적으로 실행한다.
- function_score 쿼리는 필드 값, weight 또는 random과 같은 맞춤형 함수를 기반으로 사용자 정의 점수를 설정한다.

12

고급 검색

12장에서 다루는 내용

- 지오 데이터 타입
- 지오 쿼리를 사용해 위치 및 주소 검색
- geo_shape를 사용해 2D 셰이프 검색
- span 쿼리를 사용해 하위 수준 위치 토큰 작업
- 퍼콜레이터(percolator)와 같은 특수 쿼리

11장에서는 텀 수준 및 풀텍스트 쿼리를 사용해 데이터 검색을 다뤘다. 또한 bool, boosting 등과 같은 고급 쿼리도 살펴봤다. 지금까지 알아본 내용을 바탕으로 쿼리 환경을 발전시키기 위해, 12장에서는 여러 가지 특화된 쿼리들을 소개한다.

지리적 위치를 겨냥한 검색부터 살펴본다. 지오 쿼리^{geoqueries}와 관련된 일반적인 사용 사례에는 근처 레스토랑에서 배달 주문을 검색하고, 친구 집으로 가는 길을 찾고, 10km 범위 내에서 인기 있는 학교를 찾는 사용 사례 등이 포함된다. 일래스틱서치는 이러한 위치 관련 검색을 만족시키기 위한 최고 수준의 지원을 제공한다. 또한 geo_bounding_box, geo_distance, geo_shape와 같은 여러 지리 공간 쿼리도 제공한다.

다음으로 셰이프 쿼리^{shape queries}를 사용해 2차원^{2D} 셰이프를 검색하는 방법을 살펴본다. 디자인 엔지니어, 게임 개발자 등은 2D 모양의 인덱스를 검색할 수 있다. 그런 다음, 스팬^{span} 쿼리라고 하는 하위 수준 위치 쿼리를 살펴본다. 풀텍스트 및 텀 수준 리프 쿼리는 데이터 검색에 도움이 되지만 특정 순서, 위치, 단어 사이의 정확한 (또는 대략적인) 거리 등의 단어를 찾을 순 없다. 이것이 바로 span 쿼리가 작동하는 곳이다.

마지막으로 distance_feature, percolator, more_like_this, pinned와 같은 특수 쿼리를 살펴보며 12장을 마무리한다. distance_feature 쿼리는 특정 위치에 더 가까운 결과를 부스트한다. 예를 들어 반경 10km 내의 학교를 검색하지만 인근 공원이 있는 학교에 더 높은 우선순위를 부여한다. 유기적으로 발견된 검색 결과를 스폰서 결과 목록에 추가하기 위해 고정된 쿼리를 사용한다. more_like_this 쿼리는 유사해 보이는 도큐먼트를 찾는다. 알아볼 마지막 특수 쿼리는 과거에 결과를 얻지 못한 쿼리에 대해 데이터를 사용할 수 있을 때 사용자에게 알리는 데 도움이 되는 percolator 쿼리다.

먼저 지리 공간 쿼리의 필요성과 이를 지원하는 데이터 타입에 대해 논의해 보자. 그런 다음 그러한 검색 조건에 대해 일래스틱서치가 기본적으로 제공하는 쿼리를 살펴본다.

> |**노트**| 12장의 코드는 깃허브(http://mng.bz/2D6w) 및 책 웹사이트(https://www.manning.com/books/elasticsearch-in-action-second-edition)에 있다.

> |**노트**| 다른 장과 달리 12장에서는 지리 공간, 셰이프, 스팬 및 특수 쿼리를 포함한 여러 쿼리 유형을 살펴본다. 이러한 쿼리의 특성으로 인해 요구 사항을 충족하기 위해 여러 데이터 세트를 준비했다. 따라서 12장에서는 예제가 데이터 세트(인덱스)를 서로 오가며 사용할 것이다.

12.1 위치 검색 소개

오늘날 인터넷 시대에는 앱과 애플리케이션에서 위치 기반 검색을 활성화하는 것이 일반적인 요구 사항이다. 위치 기반 검색은 인근 레스토랑, 반경 1km 내 매매 주택 등 근접성을 기반으로 장소를 검색한다. 또한 위치 기반 검색을 사용해 관심 있는 장소로 가는 길을 찾는다.

좋은 소식은 지리 공간 지원이 일래스틱서치의 최우선 요소라는 것이다. 전용 데이터 타입을 사용하면 지리 공간 데이터를 인덱싱하기 위한 스키마를 정의해 집중 검색이 가능해진다. 지리 공간 데이터를 지원하는 기본 데이터 타입은 geo_point 및 geo_shape다.

일래스틱서치는 또한 bounding_box, geo_distance, geo_shape와 같은 대부분의 사용 사례에 충분한 지리 공간 검색 쿼리를 제공한다. 12장의 뒷부분에서 자세히 알아볼 일련의 요구 사항을 충족하는 이러한 쿼리를 각각 이 절에서 간략하게 살펴본다.

12.1.1 bounding_box 쿼리

때때로 정사각형이나 직사각형 범위 내에서 주변 지역에 있는 레스토랑, 학교, 대학 등의 위치 목록을 찾고 싶을 때가 있다. 왼쪽 위 모서리와 오른쪽 아래 모서리의 좌표를 사용해 종종 지리적 직사각형georectangle이라고 하는 직사각형을 만들 수 있다. 이러한 좌표는 모서리를 나타내는 한 쌍의 경도 및 위도 측정값으로 구성된다.

일래스틱서치는 지리적 직사각형에서 필요한 주소를 검색할 수 있는 bounding_box 쿼리를 제공한다. 이 쿼리는 좌표 집합으로 구성된 지리적 직사각형 내부의 관심 지점(쿼리 조건)을 가져온다. 예를 들어 그림 12.1은 지리적 직사각형으로 둘러싸인 런던 중심부의 주소를 보여준다. 이 직사각형과 교차하는 주소는 일치하는 결과로 반환된다. 곧 일부 bounding_box 쿼리를 자세히 살펴본다.

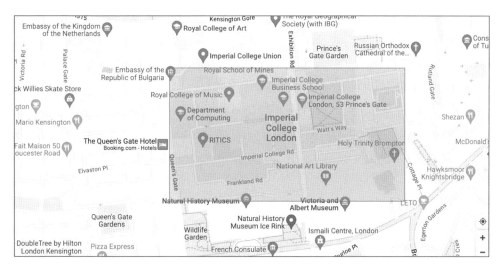

▲ 그림 12.1 경도 및 위도 좌표 세트로 구성된 지리적 직사각형

12.1.2 geo_distance 쿼리

FBI 요원이 중앙 초점을 중심으로 원으로 그려진 영역에서 도망자를 체포하려고 하는 할리우드 영화를 본 적이 있을 것이다. 이것이 geo_distance 쿼리가 수행하는 작업이다!

일래스틱서치는 원으로 둘러싸인 영역의 주소를 가져오는 geo_distance 쿼리를 제공한다. 중심은 경도, 위도, 반경은 거리로 정의한다. 그림 12.2에는 중앙 위치(지도에 핀으로 표시됨)와 우리가 찾고 있는 주소를 포함하는 원형 영역이 있다. 초점(또는 중앙 위치)은 위도 및 경도 좌표에 따라 결정되는 지도의 한 지점이다.

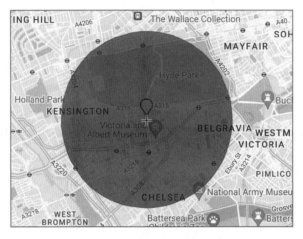

▲ **그림 12.2** geo_distance 쿼리로 구성된 원형 영역으로 둘러싸인 주소

12.1.3 geo_shape 쿼리

geo_shape 쿼리는 기하학적으로 구성된 지오-엔벨로프geo-envelope에서 지리적 지점(주소) 목록을 가져온다. 이 엔벨로프는 3면 삼각형 또는 다면 다각형일 수 있다(그러나 엔벨로프는 끝이 열려 있으면 안 된다). 그림 12.3은 6쌍의 좌표(각 쌍은 위도와 경도가 있는 지오포인트)가 있는 지도에 구성된 육각형 엔벨로프를 보여준다. geo_shape 검색은 이 다각형 내부의 위치를 찾는다.

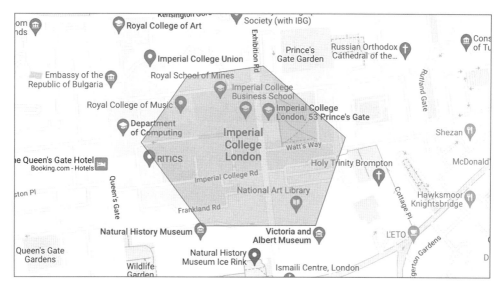

▲ **그림 12.3** geo_shape 쿼리를 사용해 다각형 모양의 주소 찾기

지리 공간 쿼리를 실험하기 전에 지리 공간 데이터의 매핑 스키마, 즉 지리 데이터를 지원하는 데이터 타입과 해당 데이터를 인덱싱하는 메커니즘을 이해해야 한다. 다음 절에서는 먼저 geo_point 타입을 살펴본 다음 geo_shape를 살펴본다.

12.2 지리 공간 데이터 타입

텍스트 데이터 타입이 text 데이터를 나타내는 방식과 유사하게 일래스틱서치는 공간 데이터[spatial data] 작업을 위한 두 가지 전용 데이터 타입인 geo_point와 geo_shape를 제공한다. geo_point 데이터 타입은 경도[longitude]와 위도[latitude]를 표현하고 위치 기반 쿼리에 작동한다. 반면 geo_shape 타입을 사용하면 점, 다중 선, 다각형 및 기타 몇 가지 지리 모양을 인덱싱할 수 있다. 이러한 공간 데이터 타입을 살펴본다.

12.2.1 geo_point 데이터 타입

지도 위의 위치는 보편적으로 경도와 위도로 표현된다. 일래스틱서치는 전용 geo_point 데이터 타입을 사용해 이러한 위치 데이터 표시를 지원한다. 4장에서 geo_point 데이터 타입을 간략하게 살펴봤다. 매핑 스키마에서 필드를 geo_point로 정의하는 방법을 다시 정리해 보자. 매핑이 준비되면 도큐먼트를 인덱싱할 수 있다. 다음 목록은 필드 몇 개가 있는 bus_stops 인 덱스에 대한 데이터 스키마를 생성한다.

목록 12.1 geo_point를 사용해 매핑 만들기

```
PUT bus_stops
{
  "mappings": {
    "properties": {
      "name": {
        "type": "text"
      },
      "location": {
        "type": "geo_point"        ◀─── location 속성을 geo_point
      }                                   데이터 타입으로 정의
    }
  }
}
```

bus_stops 인덱스는 name과 location이라는 두 가지 속성으로 정의된다. location 속성은 geo_point 데이터 타입으로 표시된다. 즉, 도큐먼트를 인덱싱할 때 위도 및 경도 값으로 설정돼 야 함을 의미한다. 다음 쿼리는 London Bridge Station 버스 정류장을 인덱싱한다.

목록 12.2 문자열로 정의된 위치로 버스 정류장 인덱싱

```
POST bus_stops/_doc
{
  "name":"London Bridge Station",        위치를 위도, 경도 값이 포함된
  "location":"51.07, 0.08"          ◀──  문자열로 입력
}
```

쿼리에서 볼 수 있듯이 위치 필드에는 쉼표로 구분된 문자열화된 위도 및 경도 값(예를 들어 "51.07, 0.08")이 있다. 이 문자열 형식으로 좌표를 제공하는 것이 위치 필드를 설정하는 유 일한 방법은 아니다. 배열, Well-Known-Text[WKT] 포인트 또는 지오해시[geohash]와 같은 여 러 가지 다른 형식을 사용해 위치 지리 좌표를 입력할 수 있다.

```
POST bus_stops/_doc
{
  "text": "London Victoria Station",
  "location" : "POINT (51.49 0.14)"        ◄───  geo_point를 WKT 지점
}                                                 (lat, lon)으로 입력


POST bus_stops/_doc
{
  "text": "Leicester Square Station",
  "location" : {            ◄───  geo_point를 위치 객체로
    "lon":-0.12,                   입력
    "lat":51.50
  }
}


POST bus_stops/_doc
{
  "text": "Westminster Station",
  "location" : [51.54, 0.23]     ◄───  geo_point를 배열(lon, lat)로
}                                       입력


POST bus_stops/_doc
{
  "text": "Hyde Park Station",          geo_point를
  "location" : "gcpvh2bg7sff"    ◄───   지오해시로 입력
}
```

이러한 쿼리는 여러 형식을 사용해 다양한 버스 정류장 위치를 인덱싱한다. 목록 12.2에서 처럼 위도와 경도가 있는 문자열을 사용할 수도 있고, 목록 12.3에서처럼 객체, 배열, 지오해시, WKT 형식의 POINT 모양을 사용할 수도 있다.

이제 geo_shape 데이터 타입에 대해 알아볼 차례다. 이름에서 알 수 있듯이 geo_shape 타입은 특정 모양(예를 들어 다각형)을 사용해 데이터를 인덱스화하고 검색하는 데 도움된다. 지오셰이프에 대한 데이터를 인덱스화하는 방법을 살펴본다.

12.2.2 geo_shape 데이터 타입

지도의 한 지점을 나타내는 geo_point 타입과 마찬가지로 일래스틱서치는 점, 다중 지점, 선 및 다각형과 같은 모양을 나타내는 geo_shape 데이터 타입을 제공한다. 도형은 GeoJSON (http://geojson.org)이라는 개방형 표준으로 표현되며 JSON 형식으로 작성된다. 기하학적 모양은 geo_shape 데이터 타입에 매핑된다.

2개의 필드를 사용해 cafes 인덱스에 대한 매핑을 만들어 보자. 그중 하나는 geo_shape 타입으로 표현되는 카페의 위치를 가리키는 주소 필드다.

목록 12.4 geo_shape 필드 타입을 사용해 매핑 만들기

```
PUT cafes
{
  "mappings": {
    "properties": {
      "name": {
        "type": "text"
      },
      "address": {
        "type": "geo_shape"    ◀──┐  address 유형을 geo_shape
      }                           │  타입으로 설정
    }
  }
}
```

코드는 지역 레스토랑을 수용할 cafes라는 인덱스를 생성한다. 주목할 만한 필드는 geo_shape 타입으로 정의된 address다. 이제 이 타입에는 GeoJSON 또는 WKT의 모양 입력이 필요하다. 예를 들어 지도에 지점을 표시하려면 GeoJSON의 Point 또는 WKT의 POINT를 사용해 필드를 입력할 수 있다.

목록 12.5 WKT 및 GeoJSON 형식을 사용해 geo_shape 입력

```
PUT cafes/_doc/1    ◀──┐  GeoJSON 형식으로 주소를
{                      │  입력
  "name":"Costa Coffee",
  "address" : {
```

576

```
    "type" : "Point",        ◄── 주소 유형을 geo_shape로 설정
    "coordinates" : [0.17, 51.57] ◄─┐ 해당 지점을 나타내는
  }                                  └ 좌표(경도, 위도)
}

                        ┌── WKT 형식으로
                        │   주소를 입력
PUT /cafes/_doc/2    ◄──┘
{                                    ┌── 주소 유형을 WKT 형식의
  "address" : "POINT (0.17 51.57)"  ◄┘   POINT로 설정
}
```

이 코드는 geo_shape 필드를 입력하는 두 가지 방법인 GeoJSON과 WKT를 선언한다. GeoJSON은 첫 번째 예에서와 같이 적절한 모양("type":"Point")과 해당 좌표("coordinates": [0.17, 51.57])의 type 속성을 기대한다. 목록 12.5의 두 번째 예는 WKT 형식("address": "POINT (0.17 51.57)")을 사용해 포인트를 생성하는 메커니즘을 보여준다.

> |노트| 문자열 형식과 다른 형식을 사용해 좌표를 표시할 때 미묘한 차이가 있다. 문자열 형식에서는 위도와 경도 순으로 쉼표로 구분된 값을 예상한다(예를 들어 "(51.57, 0.17)"). 그러나 GeoJSON 및 WKT 형식의 경우 좌표는 경도 다음에 위도 순으로 바뀐다(예를 들어 "POINT (0.17 51.57)").

이러한 형식을 사용해 다양한 모양을 만들 수 있다. 표 12.1에는 그중 몇 가지에 대한 간략한 설명이 나와 있다. 개념과 예를 자세히 이해하려면 도큐먼트를 인덱싱하고 검색하는 방법에 대한 일래스틱서치 문서를 참조한다.

▼ 표 12.1 geo_shape 데이터 타입이 지원하는 셰이프

셰이프	설명	GeoJSON 표현	WKT 표현
Point	위도와 경도로 표현되는 점	Point	Point
Multipoint	포인트 배열	MultiPoint	MultiPoint
Polygon	다중 모서리를 가진 셰이프	Polygon	Polygon
Multipolygon	여러 다각형 목록	MultiPolygon	MultiPolygon
Line string	두 점 사이의 선	LineString	LineString
Multiline string	여러 줄 문자열 목록	MultiLineString	MultiLineString

이제 geo_point 및 geo_shape 필드를 사용해 지리 데이터의 인덱싱 측면으로 작업하는 방법을 알았으므로 도큐먼트를 검색할 준비가 됐다. 이에 대해서는 다음 절에서 알아본다.

12.3 지리 공간 쿼리

이 절에서 사용할 예를 위해 런던 레스토랑 데이터를 인덱싱해야 한다. 데이터는 깃허브 (http://mng.bz/1q5R)의 datasets 폴더와 책 웹사이트에 있다.

지리 공간 데이터를 찾기 위한 다음 작업은 주어진 지리 조건에 대한 도큐먼트를 검색하는 것이다. 예를 들어 커피를 마시는 장소는 경도와 위도로 표시되며, 이를 지도상의 포인트 point라고 한다.

또 다른 예로 집에서 가장 가까운 레스토랑을 검색하면 일치하는 각 카페가 포인트로 표시된다. 또는 지도의 땅은 국가나 지역 학교 운동장을 나타내는 모양으로 표시될 수 있다.

일래스틱서치는 이러한 사용 사례를 검색하는 데 특히 적합한 지리 공간 쿼리 세트를 제공한다(예를 들어 가까운 주소 찾기 또는 특정 지역의 모든 흥미로운 장소 검색). 다음 절에서는 다음과 같은 쿼리를 알아본다.

- geo_bounding_box 쿼리: 지오포인트로 구성돼 직사각형으로 둘러싸인 도큐먼트를 찾는다. 예를 들어 지리적 직사각형 내부에 위치한 모든 레스토랑
- geo_distance 쿼리: 한 포인트에서 특정 거리 내에 있는 주소를 찾는다. 예를 들어 런던 브리지에서 1km 이내에 있는 모든 ATM
- geo_shape 쿼리: 좌표 집합으로 구성된 어떤 셰이프 내에 있는 셰이프로 표현된 주소를 찾는다. 예를 들어 그린벨트에 포함된 농업용 농장은 그린벨트뿐만 아니라 농장도 개별 모양으로 표현된다.

다음 절에서는 지오포인트와 지오셰이프 모두에 대한 쿼리를 자세히 알아본다. geo_point 필드에서 실행되는 쿼리부터 시작해 보자.

12.4 geo_bounding_box 쿼리

주소 목록을 검색할 때 관심 지역을 사용할 수 있다. 이 영역은 일정 반경의 원, 직사각형 등의 도형으로 둘러싸인 영역, 중심점(랜드마크)을 조건으로 한 다각형으로 표현될 수 있다.

일래스틱서치는 이러한 영역 내부의 위치를 검색할 수 있는 geo_bounding_box 쿼리를 제공한다. 예를 들어 그림 12.4에서 볼 수 있듯이 위도와 경도 좌표를 사용해 직사각형을 구성하고 해당 지역에 주소가 있는지 검색할 수 있다.

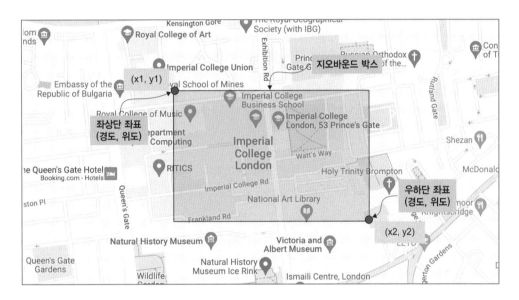

▲ **그림 12.4** 위도와 경도 좌표의 지리적 직사각형

top_left 및 bottom_right 필드는 지리적 직사각형을 구성하는 위도와 경도의 좌표다. 지리적 직사각형을 정의하면 관심 지점(예를 들어 Imperial College London)이 이 직사각형 내에 있는지 확인할 수 있다.

geo_bounding_box 쿼리를 자세히 논의하기 전에 쿼리를 작성하고 분석해 보자. 다음 쿼리는 top_left 및 bottom_right 좌표로 구성된 직사각형에 맞는 모든 도큐먼트(위치)를 검색한다.

```
GET restaurants/_search
{
  "query": {
    "geo_bounding_box": {          ← 지리적 직사각형을
      "location": {                   구성
        "top_left": {              ← 도큐먼트의 geo_point
          "lat": 52,                  필드를 설정
          "lon": 0.2              ← 위도/경도 쌍으로 구성된
        },                           top_left 지점을 정의
        "bottom_right": {         ← 위도/경도 쌍으로 구성된
          "lat": 49,                  bottom_right 지점을 정의
          "lon": 0.1
        }
      }
    }
  }
}
```

이 쿼리는 그림 12.4와 같이 top_left와 bottom_right 두 좌표로 만들어진 지리적 직사각형과 교차(포함)하는 모든 도큐먼트를 검색한다. 사용자는 이 두 좌표를 제공해 직사각형 모양을 구성할 수 있다. 이 직사각형 내부의 레스토랑은 검색 결과로 반환되고 나머지는 제외된다.

|**노트**| 경계가 있는 직사각형의 꼭지점을 top_right 및 bottom_left(top_left 및 bottom_right와 반대)로 나타낼 수도 있다. 또는 top, left, bottom, right라는 좌표를 사용해 더욱 세분화할 수도 있다.

지오셰이프 데이터로 작업

geo_point 데이터 타입으로 선언된 필드가 있는 스키마에 대해 목록 12.6의 geo_bounding_box 쿼리를 실행했다. 하지만 도큐먼트가 geo_shape로 정의된 필드로 구성된 경우 동일한 쿼리를 대신 사용할 수 있을까? 12.3.3절에서 지리 공간 데이터가 geo_shape 데이터 타입을 사용해 표현될 수도 있다는 것을 배웠다. 기억하는가?

적절한 인덱스를 가리키는 URL로 바꿔야 한다는 점을 제외하면 지리형 데이터에 대해 목록 12.6의 쿼리를 사용할 수 있다. 예를 들어 cafes 인덱스와 지오셰이프 데이터가 있으면 동일한 geo_bounding_box 쿼리를 생성하고 지오셰이프 인덱스(cafes)를 반영하도록 URL을 변경하기만 하면 된다.

```
GET cafes/_search          ◀——— geo_shape 데이터 타입
{                                 필드가 있는 cafes 인덱스
  "query": {
    "geo_bounding_box": {
      "address": {         ◀——— address 필드는 geo_shape
        "top_left": {             데이터 타입으로 정의된다.
          "lat": 52,
          "lon": 0.04
        },
        "bottom_right": {
          "lat": 49,
          "lon": 0.2
        }
      }
    }
  }
}
```

이 쿼리는 top_left 및 bottom_right 매개변수로 구성된 특정 지리적 직사각형에서 카페를 검색한다. 여기서는 geo_bounding_box 쿼리를 호출할 때 URL(GET)에 cafes 인덱스를 사용한다. 지오포인트 인덱스(restaurants)를 지오셰이프(cafes)로 구성된 인덱스로 바꾸는 것 외에는 쿼리에 차이가 없다!

목록 12.6에서는 경도와 위도 값을 객체로 제공한다. 그러나 위도와 경도는 배열이나 WKT 값 등 다양한 형식으로 설정할 수 있다. 예를 들어 이전 geo_bounding_box 쿼리는 top_left 및 bottom_right 속성을 "lat" 및 "lon" 객체로 제공했다.

```
"top_left": {
  "lat": 52.00,
  "lon": 0.20
}
```

대신 경도와 위도를 배열로 설정할 수 있다. 하지만 고려해야 할 한 가지 문제가 있다. 배열의 값이 반전돼야 한다는 것이다. lon 다음에 lat를 입력해야 한다(이전 예에서는 lat와 lon을

차례로 입력해야 했다).

다음 목록은 동일한 geo_bounding_box 쿼리를 보여주지만 이번에는 경도와 위도(굵게 강조 표시됨)가 배열로 제공된다.

목록 12.7 배열로 지정된 지오포인트를 사용한 지오쿼리

```
GET restaurants/_search
{
  "query": {
    "bool": {
      "must": [
        {
          "match_all": {}
        }
      ],
      "filter": [
        {
          "geo_bounding_box": {
            "location": {
              "top_left": [ 0, 52.00 ],        ◄──  lon 및 lat 값이 포함된
              "bottom_right": [ 0.10, 49 ]     ◄──  top_left 속성
            }                                       lon 및 lat 값이 포함된
          }                                         bottom_right 속성
        }
      ]
    }
  }
}
```

top_left 및 bottom_right 속성을 경도와 위도라는 2개의 지리점 배열로 정의한다.

경도와 위도를 벡터 객체로 제공할 수도 있다. WKT는 지도에 벡터 객체를 표현하기 위한 표준 텍스트 마크업 언어다. 예를 들어 WKT에서 한 지점을 나타내기 위해 POINT(10, 20)

582

을 작성한다. 이는 x 좌표와 y 좌표가 각각 10과 20인 지도의 지점을 나타낸다. 일래스틱서치는 bounding-box 쿼리에 대한 WKT 마크업을 해당 값이 있는 BBOX로 제공한다. 다음 쿼리는 이를 보여준다.

목록 12.8 WKT로 표시되는 위치를 사용한 지오쿼리

```
GET restaurants/_search
{
  "query": {
    "bool": {
      "must": [
        {
          "match_all": {}
        }
      ],
      "filter": [
        {
          "geo_bounding_box": {
            "location": {
              "wkt": "BBOX(0.08, 0.04, 52.00, 49.00)"    ◄─── WKT 형식으로
            }                                                   좌표를 설정
          }
        }
      ]
    }
  }
}
```

geo_bounding_box 필터의 위치 필드는 해당 경도 및 위도 값이 있는 BBOX로 좌표를 허용한다. BBOX는 쌍으로부터 지리적 직사각형을 생성해 top-left와 bottom-right 지점을 만든다.

자신이 선호하는 것 외에는 WKT와 배열 형식 간에 차이가 없다. 지리 데이터에 WKT 표준을 사용하는 애플리케이션을 구축하는 경우 일래스틱서치에서 WKT 기반 인덱싱 및 검색을 사용하는 것이 좋다.

이 절에서는 geo_bounding_box 쿼리를 사용해 지리적 직사각형 내부의 위치를 찾는 방법을 배웠다. 때로는 중앙 위치 근처의 레스토랑을 찾고 싶을 수도 있다. 예를 들어 모든 레스

토랑은 시내 중심에서 10km 떨어져 있다. 여기서 geo_distance 쿼리를 사용할 수 있다. 이 쿼리는 중심 초점이 있는 원 내에서 사용 가능한 모든 위치를 가져온다. 다음에는 geo_distance 쿼리에 대해 자세히 설명한다.

12.5 geo_distance 쿼리

중심점 주변의 주소 목록을 찾으려면 geo_distance 쿼리가 유용하다. 초점으로부터 주어진 거리의 반경을 가진 영역을 원을 그리며 작동한다. 예를 들어 그림 12.5에서 볼 수 있듯이 반경 10km 내의 인근 학교를 찾고 싶을 수 있다.

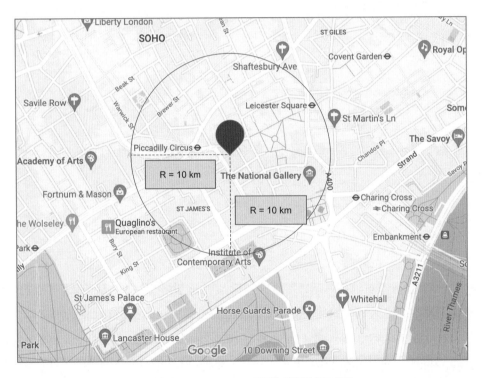

▲ **그림 12.5** geo_distance 쿼리를 사용해 학교 반환

실제로 실행되는 geo_distance 쿼리를 살펴본다. 다음 목록은 지정된 중앙 좌표에서 175km 이내에 있는 모든 레스토랑을 가져오는 geo_distance 쿼리를 정의한다.

```
GET restaurants/_search
{
  "query": {
    "geo_distance": {
      "distance": "175 km",
      "location": {
        "lat": 50.00,
        "lon": 0.10
      }
    }
  }
}
```

geo_distance
쿼리 선언

검색할 지역 주변(중심점으로부터의
거리)을 설정

지도상의 한 지점으로 정의된
중심 위치를 설정

목록에서 볼 수 있듯이 geo_distance 쿼리에는 지오서클^{geocircle}의 반경을 제공하는 distance
와 지오서클의 중심점을 정의하는 location이라는 두 가지 속성이 필요하다. 쿼리는 정의된
지점에서 175km 이내에 있는 모든 레스토랑을 반환한다.

> |노트| distance 필드는 킬로미터 또는 마일로 측정된 거리를 각각 km 또는 mi로 받아들인다. 일래스
> 틱서치는 또한 "350mi"뿐만 아니라 "350mi"(공백이 제거됨)로 지정된 값도 허용한다.

중심점을 정의하는 필드는 위도와 경도를 사용해 문자열, 배열, WKT 등의 형식으로 입력할
수 있다는 점은 놀랄 일이 아니다. 쿼리는 지오셰이프에서도 실행될 수 있지만 실험은 여러
분의 몫이다.

geo_bounding_box 및 geo_distance 쿼리를 사용하면 직사각형 모양과 원의 점 기반 위치로
표시되는 주소를 검색할 수 있다. 그러나 종종 다른 도형, 특히 다각형 안에 정의된 도형으
로서의 주소를 검색할 필요가 있다. 여기서는 geo_shape 쿼리를 사용한다.

12.6 geo_shape 쿼리

모든 위치가 포인트 기반(위도 및 경도 값의 좌표)인 것은 아니다. 때때로 모양이 다른 셰이프의 경계 내부(또는 외부)에 있는지 또는 경계와 교차하는지 여부를 확인하고 싶다. 예를 들어 그림 12.6은 런던 지도의 일부 토지를 보여준다.

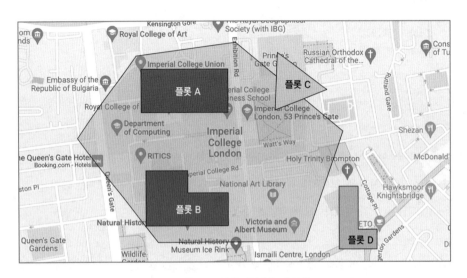

▲ **그림 12.6** 런던 지역의 농지 구획

그림에서 지오셰이프geoshape는 육각형으로 표시된다. 플롯 A와 B는 이 도형의 경계 내에 있고, 플롯 C는 육각형과 교차하며, 플롯 D는 지오셰이프의 경계 외부에 있다. 일래스틱서치는 좌표로 구성된 엔벨로프에서 다양한 모양의 플롯을 검색하기 위해 geo_shape 쿼리를 제공한다.

geo_shape 쿼리는 그림 12.6의 육각형과 같은 다른 모양으로 표현된 위치나 주소를 검색한다. 좌표를 envelope 필드에 값으로 제공해 이 육각형 모양을 구성한다.

cafes 인덱스에는 포인트 기반 도형이 포함된 도큐먼트 몇 개가 포함돼 있으므로 이 데이터를 검색하는 방법을 알아보기 위한 쿼리를 작성해 보자(궁금하면 다른 모양으로 도큐먼트 몇 개를 더 인덱싱해 보자). 다음 목록의 쿼리는 경도 및 위도 쌍이 포함된 envelope 필드로 정의된 셰이프 내의 모든 카페를 검색한다.

```
GET cafes/_search
{
  "query": {
    "geo_shape": {                    ◀── 필드와 shape를 예상하는
      "address": {                          geo_shape 쿼리를 정의
        "shape": {
          "type": "envelope",         ◀── shape 속성의 type으로 좌표(coordinates)를
          "coordinates": [                  사용해 입력할 envelope를 정의
            [ 0.1, 55 ],
            [ 1, 45 ]
          ]
        },
        "relation": "within"          ◀── envelope와 결과
      }                                     지오셰이프 사이의 관계를 정의
    }
  }
}
```

쿼리는 주어진 경도 및 위도 값 쌍으로 구성된 봉투 내에 있는 도큐먼트(cafes)를 가져온다. 이 경우 검색에서는 envelope에 있는 Costa Coffee 카페가 반환된다.

마지막으로 이해해야 할 것은 relation 속성이다. relation 속성은 주어진 모양에 대해 찾을 도큐먼트의 관계를 정의한다. relation의 기본값은 intersects다. 이는 쿼리가 지정된 모양과 교차하는 도큐먼트를 반환함을 의미한다. 표 12.2에서는 관계 속성에 가능한 값을 설명한다.

▼ 표 12.2 도큐먼트와 엔벨로프 셰이프의 관계

relation 값	설명
intersects(기본값)	주어진 기하학적 셰이프와 교차하는 도큐먼트를 반환
within	주어진 기하학적 셰이프의 경계 내에 도큐먼트가 존재하는 경우 일치
contains	주어진 기하학적 셰이프가 도큐먼트를 포함하는 경우 도큐먼트를 반환
disjoint	주어진 기하학적 셰이프에 존재하지 않는 도큐먼트를 반환

그림 12.6에서 relation=intersects를 설정하면 예상되는 플롯은 A, B, C다(C가 기본 엔벨로프와 교차하므로). relation=within으로 설정하면 플롯 A와 B가 경계 엔벨로프 내에 있기 때문에 반환된다. relation=contains은 엔벨로프에 포함돼 있기 때문에 플롯 A와 B가 반환된다. 그리고 플롯 D가 relation=disjoint로부터 나온다는 것은 놀라운 일이 아니다.

지금까지 지리 공간 쿼리, 즉 geo_point 및 geo_shape 필드로 표현되는 지리 데이터에 대한 쿼리를 살펴봤다. 이러한 쿼리를 통해 다양한 사용 사례에 대해 지도에서 데이터를 검색할 수 있다. 이제 방향을 바꿔 2차원^{2D} 모양을 검색하는 쿼리에 대해 논의해 보자. 다음 절에서는 shape 쿼리를 자세히 살펴보자.

12.7 shape 쿼리

x 및 y 직교 좌표를 사용해 선, 점, 다각형과 같은 2D 셰이프를 만든다. 일래스틱서치는 shape 쿼리를 사용해 2D 객체의 인덱싱 및 검색을 제공한다. 예를 들어 토목 기술자의 청사진 데이터, 기계 운영자의 CAD(컴퓨터 지원 설계) 설계 등이 이 기준에 맞다. 이 절에서는 지오셰이프를 간략하게 인덱스화하고 검색한다.

2D 데이터로 작업할 때 전용 shape 데이터 타입을 사용한다. 2D 데이터를 인덱싱하고 검색하기 위해 이 shape 타입의 필드를 만든다. 다음 예를 살펴보면 쉽게 이해할 수 있다.

다음 쿼리는 name 및 myshape라는 두 가지 속성이 있는 myshapes 인덱스에 대한 매핑을 보여준다. 알 수 있듯이 myshape 속성은 shape 데이터 타입으로 정의된다.

목록 12.11 shape 타입을 사용한 인덱스 매핑

```
PUT myshapes
{
  "mappings": {
    "properties": {
      "name": {
        "type": "text"
      },
      "myshape": {
        "type": "shape"
```

```
      }
    }
  }
}
```

이제 매핑이 완료됐으므로 다음 단계는 다양한 모양의 도큐먼트를 인덱싱하는 것이다. 다음 쿼리는 점 모양과 선 모양으로 두 도큐먼트를 인덱싱한다.

목록 12.12 포인트와 다중포인트 셰이프 인덱싱

```
PUT myshapes/_doc/1        ◀──  포인트를
{                                인덱싱
  "name":"A point shape",
  "myshape":{
    "type":"point",
    "coordinates":[12,14]
  }
}


PUT myshapes/_doc/2        ◀──  다중 포인트를
{                                인덱싱
  "name":"A multipoint shape",
  "myshape":{
    "type":"multipoint",
    "coordinates":[[10,13],[13,16]]
  }
}
```

코드는 점과 다중 포인트(모두 2D 모양)를 myshapes 인덱스에 배치한다. 그림 12.7은 선과 점이라는 두 가지 모양을 보여준다.

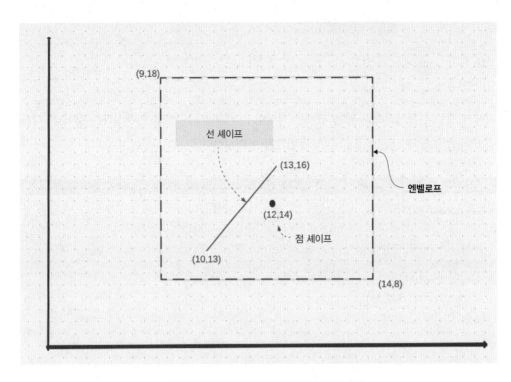

▲ **그림 12.7** 제한된 엔벨로프에서 2D 셰이프 검색

모든 도큐먼트에서 엔벨로프에 들어있는 지오셰이프에 해당하는 셰이프를 검색할 수 있다.
다음 쿼리는 이 검색에 대한 코드를 보여준다.

```
GET myshapes/_search
{
    "query": {
        "shape": {               shape 쿼리를
                                 지정
            "myshape": {                      쿼리가 실행되는
                                              필드
                "shape": {
                    "type": "envelope",          주어진 좌표로
                    "coordinates": [             구성된 envelope
                        [ 10, 16 ],
                        [ 14, 10 ]
                    ]
```

구성하려는
셰이프

```
          }
        }
      }
    }
}
```

목록에 정의된 shape 쿼리는 주어진 좌표 [10,16], [14,10]에서 생성된 엔벨로프에 포함된 도
큐먼트를 검색한다(이 쿼리에 의해 생성된 제한된 엔벨로프와 그 안에 포함된 셰이프를 보려면 그림
12.7을 참조한다).

목록 12.13의 쿼리에서 볼 수 있듯이 필요한 좌표를 사용해 다각형 엔벨로프를 만들 수
있다(열린 다각형은 일래스틱서치에서 지원되지 않으므로 끝 좌표가 충족되는지 확인하자). shape 쿼리
는 도면 및 설계를 위한 2D 데카르트 좌표를 사용할 때 유용하다는 점을 명심하자.

이제 특수 쿼리라는 우산 아래 완전히 다른 쿼리 집합인 span 쿼리로 이동한다. 이러한
쿼리는 토큰의 위치가 무시되는 일반 검색 쿼리와 달리 도큐먼트의 특정 위치에서 term 검색
을 지원한다. 몇 가지 쿼리를 실행해 보면 가장 잘 이해할 수 있다. 이제 그 작업을 진행한다.

12.8 span 쿼리

텀 수준 및 풀텍스트 쿼리는 토큰(단어) 수준에서 검색하는 마법을 작동한다. 토큰(단어)의 위
치나 순서에 초점을 맞추지 않는다. 아이작 뉴턴[Isaac Newton]의 명언인 다음 텍스트를 보자.

> Plato is my friend. Aristotle is my friend. But my greatest friend is truth.

플라톤[Plato]과 아리스토텔레스[Aristotle]가 모두 같은 순서(아리스토텔레스와 플라톤이 아님)로 언급
되고 아리스토텔레스라는 단어가 플라톤으로부터 적어도 네 자리 떨어져 있어야 하는 도큐
먼트(quotes)를 찾고 싶다고 가정해 보자. 그림 12.8은 이 관계를 보여준다. 플라톤은 위치 1,
아리스토텔레스는 위치 5, 범위는 5다. 플라톤과 아리스토텔레스가 이 사양을 충족하는 모
든 명언을 가져오는 것이 요구 사항이다. 풀텍스트(또는 텀 수준) 쿼리로는 이 요구 사항을 충
족할 수 없다. prefix 쿼리는 이 요구 사항을 어느 정도 정의할 수 있지만, 다음 절에서 살펴
볼 다른 정교한 조건을 충족할 수는 없다.

Plato is my friend. Aristotle is my friend. But my greatest friend is truth

아이작 뉴턴

| Plato | ~~is my friend~~ | Aristotle |

위치 1 ——————— Span = 5 ——————— 위치 5

▲ **그림 12.8** 위치 쿼리를 사용해 명언 찾기

이 예에서는 span 쿼리가 유용한 이유를 보여준다. 위치별로 지정된 토큰이 있는 도큐먼트를 찾는 데 도움이 되는 저수준[low-level] 쿼리다. 단어의 정확한 위치가 포함된 문장이 필요한 법률 도큐먼트, 연구 기사 또는 기술 서적을 작업할 때 span 쿼리를 사용할 수 있다. 여러 종류의 span 쿼리(span_first, span_within, span_near 등)가 있으며 여기서는 그중 몇 가지를 살펴본다. 언제나 그렇듯이 자세한 내용은 설명서를 참조한다.

12.8.1 샘플 데이터

범위 쿼리를 사용하기 전에 quotes 인덱스와 몇 가지 도큐먼트로 일래스틱서치를 준비하자.

목록 12.14 span 쿼리를 위한 일래스틱서치 준비

```
PUT quotes          ◀── 몇 가지 속성을 사용해
{                        quotes 인덱스를 생성
  "mappings": {
    "properties": {
      "author": {
        "type": "text"
      },
      "quote": {
        "type": "text"
      }
    }
  }
}

                    ┌── 뉴턴의 명언
PUT quotes/_doc/1 ◀─┘   인덱싱
```

```
{
  "author":"Isaac Newton",
  "quote":"Plato is my friend. Aristotle is my friend.
➥ But my greatest friend is the truth."
}
```

두 가지 속성(author 및 quote)을 사용해 quotes 인덱스를 생성한다. 두 속성은 모두 텍스트 필드("type": "text")다. 또한 목록에 정의된 대로 Isaac Newton(아이작 뉴턴)의 명언을 인덱싱한다. 이제 quotes 인덱스를 준비했으므로 span_first 쿼리부터 시작해 실행 중인 일부 span 쿼리를 살펴본다.

12.8.2 span_first 쿼리

처음 n개의 토큰에서 특정 단어를 찾고 싶다고 가정해 본다. 예를 들어 도큐먼트의 처음 다섯째 위치에 아리스토텔레스가 존재하는지 알고 싶다(그림 12.9 참조).

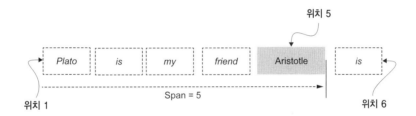

▲ **그림 12.9** 처음 n개의 토큰에서 텀이 포함된 도큐먼트 검색

그림에서 추론할 수 있듯이 아리스토텔레스는 다섯 번째 위치에 있으므로 처음 다섯 번째 위치에 존재한다. 이러한 종류의 사용 사례는 span_first 쿼리로 충족될 수 있다. 다음 목록에서 쿼리가 실행되는 모습을 볼 수 있다.

목록 12.15 처음 다섯 번째 위치에서 주어진 텀 검색

```
GET quotes/_search
{
  "query": {
    "span_first": {          처음 n개 span의 도큐먼트를
                       ◀──   가져온다.
```

```
      "match": {
        "span_term": {          ◄────── 검색하려는
          "quote": "aristotle"         │       텀
        }
      },
      "end": 5  ◄──────── 일치하는 위치를 찾는
    }                     n개 위치 중 첫 번째 위치
  }
}
```

span_first 쿼리는 다른 span 쿼리를 제공하는 match 쿼리를 기대한다. 여기서는 span_term 쿼리가 span_first 쿼리로 래핑된다. span_term 쿼리는 term 쿼리와 동일하지만 일반적으로 다른 span 쿼리 블록에 래핑된다. end 속성은 필드 시작 부분에서 일치 텀을 검색할 때 허용되는 최대 위치 수를 나타낸다(여기서는 end는 5다).

> |**노트**| end 속성 이름은 약간 혼란스럽다. 텀 일치시 허용되는 토큰의 끝 위치다. 개인적으로 n_position _from_beginning이라는 이름이 더 적합할 것 같다.

목록 12.15에서는 명언 시작 부분의 처음 다섯 번째 위치에서 Aristotle를 검색한다(그림 12.9 참조). 아리스토텔레스의 순서가 5이므로 명언으로 구성된 도큐먼트가 성공적으로 반환된다. end 속성을 5보다 작은 값으로 변경하면 쿼리는 검색 텀을 반환하지 않는다. end 속성 값이 5(6, 7, 10 등등)보다 큰 경우 쿼리는 성공적으로 반환된다.

12.8.3 span_near 쿼리

span_first 쿼리에서는 쿼리 단어가 항상 시작 위치(위치 1)부터 계산된다. 처음 n 위치에 단어가 존재하는 경우 이를 찾는 대신 때로는 서로 더 가까운 단어를 찾고 싶을 때가 있다. 예를 들어 뉴턴의 명언을 계속 사용해 플라톤과 아리스토텔레스라는 단어가 서로 근처에 있는지 아니면 세 자리나 네 자리만큼 떨어져 있는지 확인하고 싶다고 가정해 보자. 그림 12.10에서 알 수 있듯이 플라톤과 아리스토텔레스가 세 가지 입장이 다른 명언을 검색하면 일치하는 결과를 얻는다.

위치상 차이 = 3

| Plato | *is* | *my* | *friend* | Aristotle |

위치 1   위치 5

▲ **그림 12.10** 지정된 거리만큼 떨어져 있을 것으로 예상되는 단어

이 단어들 사이의 거리 차이를 찾는 것 외에도 그들이 같은 순서로 존재하기를 원할 수 있다. 다음 목록은 플라톤과 아리스토텔레스가 서로 가까이 있는지(서로 약 세 자리) 확인하기 위한 쿼리를 보여준다.

목록 12.16 서로 가까운 텀을 가진 도큐먼트 검색

```
GET quotes/_search
{
  "query": {
    "span_near": {              ← 몇 개의 절이 포함된
                                   span_near 쿼리 정의
      "clauses": [              ← 개별 단어를 검색하기 위한
                                   2개의 독립적인 span_terms로
                                   구성된 절
        {
          "span_term": {
            "quote": "plato"
          }
        },
        {
          "span_term": {
            "quote": "aristotle"
          }
        }
      ],
      "slop": 3,               ← slop 속성은 단어 사이에
                                  허용되는 위치 수를 제공
      "in_order": true         ← in_order 속성은 속성의
                                  순서를 설정
    }
  }
}
```

span_near 쿼리는 다수의 절을 허용한다. 텀과 일치시키려는 span_term 쿼리도 있다. 또한 이 두 단어가 세 위치 떨어져 있다는 것을 알고 있으므로 이 차이를 slop 속성의 형태로 제공할

수 있다. slop 속성은 단어 사이에 허용 가능한 최대 위치 차이를 허용한다. 예를 들어 쿼리는 두 단어가 최대 세 위치로 구분될 수 있음을 지정한다. 엄격한 제약 조건을 줄이기 위해 slop(예를 들어 "slop": 10)을 늘려 쿼리의 성공 가능성을 높일 수 있다. 그러나 span 쿼리는 정확한 위치에서 정확한 단어를 찾는 데 능숙하므로 slop 속성을 신중하게 늘려야 한다.

slop 속성을 사용하는 것 외에도 단어의 순서를 정의할 수 있다. 순서가 중요하지 않으면 같은 예를 계속해서(플라톤과 아리스토텔레스 대신) 아리스토텔레스와 플라톤 사이에 span_near를 요청하더라도 일치하는 결과를 반환할 수 있다. 순서가 중요한 경우 in_order 플래그에 부울을 설정할 수 있다. in_order 속성은 true 또는 false로 설정할 수 있다. 목록 12.16에서와 같이 true로 설정되면 단어가 인덱싱되는 순서가 고려된다.

12.8.4 span_within 쿼리

span 쿼리의 다음 사용 사례는 두 단어 사이의 단어를 찾으려는 경우이다. 예를 들어 그림 12.11에서 볼 수 있듯이 Aristotle가 friend와 friend라는 두 단어 사이에 있는 도큐먼트를 찾고 싶다고 가정해 보자.

Plato is my **friend**. <u>Aristotle</u> is my **friend**. But my greatest friend is truth

▲ **그림 12.11** 다른 단어 사이에 단어가 있으면 찾기

이 목적으로 span_within 쿼리 유형을 사용할 수 있다. 다음 목록의 쿼리를 살펴보고 분석해 보자.

목록 12.17 다른 단어 사이에서 단어 검색하기

```
GET quotes/_search
{
  "query": {
    "span_within": {          little과 big의 두 블록으로
                              구성된 span_within 쿼리
      "little": {             검색어
        "span_term": {        정의
```

```
              "quote": "aristotle"
          }
        },
        "big": {                      ◄─── little 블록을
          "span_near": {                   둘러싼다
            "clauses": [
              {
                "span_term": {
                  "quote": "friend"
                }
              },
              {
                "span_term": {
                  "quote": "friend"
                }
              }
            ],
            "slop": 4,
            "in_order": true
          }
        }
      }
    }
  }
}
```

이 span_within 쿼리는 little과 big의 두 블록으로 구성된다. 검색 내의 little 블록은 big 블록에 포함될 것으로 예상된다. 이 쿼리에서 big 블록에 정의된 friend와 friend라는 두 단어 사이에 Aristotle가 포함된 도큐먼트를 찾고 싶다.

big 블록은 단지 span_near 쿼리(이전 절에서 이 쿼리에 대해 알아봤다)일 뿐이라는 점을 기억하자. big 블록에 포함할 수 있는 절 수에는 제한이 없다. 예를 들어 목록 12.17의 쿼리를 다음 목록으로 확장할 수 있다. 이 목록에는 각각 friend라는 단어를 찾는 3개의 절이 있다.

목록 12.18 단어 집합에 단어가 존재하는지 확인

```
GET quotes/_search
{
  "query": {
```

```
    "span_within": {
      "little": {
        "span_term": {
          "quote": "aristotle"
        }
      },
      "big": {
        "span_near": {
          "clauses": [
            {
              "span_term": {
                "quote": "friend"
              }
            },
            {
              "span_term": {
                "quote": "friend"
              }
            },
            {
              "span_term": {
                "quote": "friend"
              }
            }
          ],
          "slop": 10,          ◀─┐ slop 속성 값을
          "in_order": true       │ 증가
        }
      }
    }
  }
}
```

이제 이 쿼리는 Aristotle와 big 블록에 정의된 단어 집합(모두 friend) 사이에 있는지 확인하
려고 시도한다. 눈에 띄는 변화는 slop 값을 높인 것이다. 따라서 span_within 쿼리는 다른 쿼
리 내의 쿼리를 식별하는 데 도움된다.

12.8.5 span_or 쿼리

살펴볼 마지막 span 쿼리는 OR 조건을 충족해 하나 이상의 입력 조건과 일치하는 결과를 반환한다. 일래스틱서치는 이에 대한 span_or 쿼리를 제공한다. 주어진 절 세트에서 하나 이상의 span 쿼리와 일치하는 도큐먼트를 찾는다. 예를 들어 다음 쿼리는 Plato 또는 Aristotle와 일치하는 도큐먼트를 찾지만 friends라는 단어는 무시한다(복수형에 유의하자. quotes의 도큐먼트는 friends가 아니라 friend라는 단어가 포함돼 있다).

목록 12.19 일치하는 단어 검색

```
GET quotes/_search
{
  "query": {
    "span_or": {          ◀──┤ span_or
      "clauses": [        ◀──┤ 쿼리 정의
        {                      여러 절을
          "span_term": {       나열
            "quote": "plato"
          }
        },
        {
          "span_term": {
            "quote": "friends"
          }
        },
        {
          "span_term": {
            "quote": "aristotle"
          }
        }
      ]
    }
  }
}
```

이 span_or 쿼리는 플라톤과 아리스토텔레스 모두와 일치하므로 뉴턴의 명언이 포함된 도큐먼트를 가져온다. friends 쿼리는 일치하지 않지만 연산자가 OR이므로 쿼리된 단어 중 하나

이상이 일치하므로 쿼리가 계속 진행된다. friends라는 단어가 일치하지 않더라도 쿼리는 실패하지 않는다.

일래스틱서치에는 span_not, span_containing, span_multi_term 등과 같은 다른 span 쿼리가 있지만, 안타깝게도 여기서 이러한 유형을 모두 논의할 수는 없다. 이러한 쿼리를 더 잘이해하려면 설명서를 참조하는 것이 좋다. 문서는 다음 링크(http://mng.bz/QPa4)에 있다.

다음 절에서는 distance_feature, percolator 등과 같은 특수 쿼리를 다룬다. 이제 우리의 관심을 이들로 돌려보자.

12.9 특수 쿼리

지금까지 본 쿼리 유형 외에도 일래스틱서치에는 특수 기능을 제공하는 몇 가지 고급 쿼리가 있다. 예를 들어 특정 위치에서 냉음료를 제공하는 카페의 점수를 올리는 것(distance_feature 쿼리), 품절된 상품이 다시 입고되면 사용자에게 알림을 보내는 것(percolate 쿼리), 유사한 도큐먼트를 찾는 것(more_like_this 쿼리), 도큐먼트의 중요도를 높이는 것(pinned 쿼리) 등을 할 수 있다. 12장의 마지막 절에서는 이러한 특수 쿼리를 자세히 살펴본다.

12.9.1 distance_feature 쿼리

고전 문학을 검색할 때 1813년에 출판된 책을 찾는 절을 추가한다고 가정해 보자. 모든 문학 고전을 반환함과 동시에, 제인 오스틴의 고전인 『오만과 편견Pride and Prejudice』도 찾기를 기대한다. 하지만 오만과 편견은 1813년에 출판됐기 때문에 목록의 맨 위에 놓고 싶다. 목록의 1위를 차지한다는 것은 특정 절을 기반으로 쿼리 결과의 관련성 점수를 높이는 것을 의미한다. 특히 이 경우 1813년에 출판된 책에 더 높은 중요성을 부여하기를 원한다. 이 기능은 일래스틱서치에서 distance_feature 쿼리로 가능하다. 쿼리는 결과를 가져와서 원본 날짜(여기서는 1813)에 가까울수록 더 높은 관련성 점수로 표시한다.

distance_feature 쿼리는 위치에 대해 유사한 지원을 제공한다. 원하는 경우 특정 주소에 더 가까운 위치를 강조 표시하고 목록의 맨 위로 올릴 수 있다. 피쉬 앤 칩스를 제공하는 모든 레스토랑을 찾고 싶지만 목록의 1위를 차지한 레스토랑은 런던 브릿지 옆 버러 마켓 근처에 있어야 한다고 가정해 보자(버러 마켓^{Borough Market}은 세계적으로 유명한 13세기의 전통 음식 시장이다. 다음 링크(https://boroughmarket.org.uk)를 참조한다).

이러한 사용 사례에서는 distance_feature 쿼리를 사용해 원래 위치나 날짜에 가까운 결과를 찾을 수 있다. 날짜와 위치는 각각 날짜(또는 date_nanos) 및 geo_point 데이터 타입으로 선언된 필드다. 특정 날짜나 위치에 더 가까운 결과는 관련성 점수가 더 높게 평가된다. 개념을 자세히 이해하기 위해 몇 가지 예를 살펴본다.

지리적 위치를 사용해 인근 대학의 점수 부스팅

영국에 있는 대학을 검색한다고 가정해 보자. 검색하는 동안 런던 브리지에서 반경 10km 이내에 있는 대학을 우선적으로 찾고 싶다. 이를 위해 점수를 올린다.

이 시나리오를 시도하기 위해 geo_point 필드로 선언된 위치를 사용해 universities 인덱스에 대한 매핑을 생성한다. 다음 목록은 4개 대학(런던에 2개, 영국 내 다른 2개)에 대한 매핑과 인덱스를 생성한다.

목록 12.20 universities 인덱스 생성

```
PUT universities
{
  "mappings": {
    "properties": {
      "name":{
        "type": "text"
      },
      "location":{
        "type": "geo_point"
      }
    }
  }
}

PUT universities/_doc/1
{
  "name":"London School of Economics (LSE)",
  "location":[0.1165, 51.5144]
```

```
}

PUT universities/_doc/2
{
  "name":"Imperial College London",
  "location":[0.1749, 51.4988]
}

PUT universities/_doc/3
{
  "name":"University of Oxford",
  "location":[1.2544, 51.7548]
}

PUT universities/_doc/4
{
  "name":"University of Cambridge",
  "location":[0.1132, 52.2054]
}
```

이제 인덱스와 데이터가 준비됐으므로 대학을 가져와 관련성 점수를 높여 London Bridge
에 더 가까운 대학이 목록의 최상위에 오도록 해 보자. 그림 12.12의 런던 지도는 런던 브리
지^{London Bridge}와 나이츠브리지^{Knightsbridge}에서 이들 대학까지의 대략적인 거리를 보여준다.
이 목적을 위해 distance_feature 쿼리를 사용한다. 이 쿼리는 쿼리 조건과 일치하지만 제공
된 추가 매개변수에 따라 관련성 점수를 올려준다.

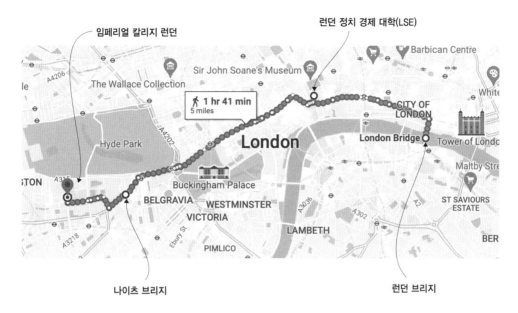

임페리얼 칼리지 런던

런던 정치 경제 대학(LSE)

나이츠 브리지

런던 브리지

▲ **그림 12.12** 런던 브리지 근처의 대학을 보여주는 런던 지도

쿼리를 작성한 다음 자세히 알아보기 위해 상세히 살펴본다. 다음 목록은 bool 쿼리 내에서 distance_feature 쿼리를 사용해 대학을 가져온다.

목록 12.21 런던 브리지에 가까운 대학의 점수 올리기

```
GET universities/_search
{
  "query": {
    "distance_feature": {          ◀── distance_feature
                                       쿼리 선언
검색할 ──▶ "field": "location",
위치         "origin": [-0.0860, 51.5048],   ◀── 원점으로부터 거리를
            "pivot": "10 km"    ◀── 중심점으로부터의    측정하는 중심점
    }                              거리
  }
}
```

이 쿼리는 모든 대학을 검색하고 London School of Economics(런던 정치 경제 대학)과 Imperial College London(임페리얼 칼리지 런던)이라는 두 대학을 반환한다. 또한 원점을 기

준으로 10km 부근(-0.0860. 51.5048은 영국의 런던 브리지를 나타낸다)에 대학이 있으면 다른 대학보다 높은 점수를 받는다.

목록에 정의된 distance_feature 쿼리는 다음 속성이 필요하다.

- field: 도큐먼트의 geo_point 필드
- origin: 거리를 측정할 초점(경도 및 위도)
- pivot: 초점으로부터의 거리

목록 12.21에서 London School of Economics는 Imperial College보다 London Bridge에 더 가깝기 때문에 London School of Economics가 더 높은 점수로 결과의 맨 위에 반환된다. 이제 날짜와 함께 distance_feature 쿼리를 사용하는 방법을 살펴본다.

날짜를 사용해 점수 올리기

이전 절에서는 distance_feature 쿼리를 통해 대학을 검색해 특정 지리적 위치에 더 가까운 대학의 점수를 높일 수 있었다. 비슷한 요구 사항을 distance_feature로도 충족할 수 있다. 결과가 날짜에 가까울 경우 결과 점수를 높인다.

모든 iPhone 출시 날짜를 검색해 2020년 12월 1일을 기준으로 30일 이내에 출시된 iPhone으로 목록 1위를 차지한다고 가정한다(개념을 시험해 보는 것 외에 특별한 이유는 없다). 필드 속성이 날짜를 기반으로 한다는 점을 제외하면 목록 12.21과 유사한 쿼리를 작성할 수 있다. 먼저 iPhone 매핑을 만들고 몇 대의 iPhone을 인덱싱한다.

목록 12.22 iPhone 인덱스 생성 및 도큐먼트 준비

```
PUT iphones
{
  "mappings": {
    "properties": {
      "name":{
        "type": "text"
      },
      "release_date":{
        "type": "date",
```

```
          "format": "dd-MM-yyyy"
      }
    }
  }
}
```

PUT iphones/_doc/1 ◄─── 몇몇 도큐먼트의
                        인덱스를 생성
```
{
  "name":"iPhone",
  "release_date":"29-06-2007"
}
```

PUT iphones/_doc/2
```
{
  "name":"iPhone 12",
  "release_date":"23-10-2020"
}
```

PUT iphones/_doc/3
```
{
  "name":"iPhone 13",
  "release_date":"24-09-2021"
}
```

PUT iphones/_doc/4
```
{
  "name":"iPhone 12 Mini",
  "release_date":"13-11-2020"
}
```

이제 여러 iPhone이 포함된 인덱스가 있으므로 요구 사항을 충족하는 쿼리를 개발한다. 모든 iPhone을 가져오되 2020년 12월 1일경 30일 동안 출시된 iPhone에 우선순위를 지정하려고 한다. 다음 목록의 쿼리가 이를 수행한다.

```
GET iphones/_search
{
  "query": {
    "bool": {
      "must": [
        {
          "match": {
            "name": "12"
          }
        }
      ],
      "should": [
        {
          "distance_feature": {            ← 쿼리가 실행되는
            "field": "release_date",          필드
            "origin": "1-12-2020",
  중심 날짜를 →  "pivot": "30 d"   ← 점수를 올리기 위해
  정의          }                        일수를 조정
        }
      ]
    }
  }
}
```

이 쿼리에서는 must 절과 should 절이 있는 bool 쿼리에 distance_feature를 래핑한다(11장에서 bool 쿼리에 대해 알아봤다). must 절은 name 필드에 12가 포함된 모든 도큐먼트를 검색하고 인덱스에서 iPhone 12 및 iPhone 12 mini 도큐먼트를 반환한다. 12월 1일경 30일 동안 출시된 휴대폰(잠재적으로 2020년 11월과 12월에 출시된 모든 휴대폰)에 우선순위를 두는 것이 요구 사항이다.

이 요구 사항을 충족하기 위해 should 절은 distance_feature 쿼리를 사용해 피벗pivot 날짜에 가장 가깝게 일치하는 도큐먼트의 점수를 올린다. 쿼리는 iPhone 인덱스에서 모든 도큐먼트를 가져온다. 2020년 12월 1일(원산지) 전후 30일 동안 출시된 모든 iPhone은 더 높은 관련성 점수와 함께 반환된다.

should 절이 반환하는 일치 항목이 전체 점수에 추가된다는 점을 기억하자. 따라서 이 iPhone 의 출시 날짜("release_date": "13-11-2020")가 피벗 날짜("origin":"01-12-2020" ± 30일)에 더 가깝기 때문에 iPhone 12 Mini가 목록의 1위를 차지해야 한다. 쿼리 결과를 여기에 표시했다.

```
"hits" : [
    {
      "_index" : "iphones",
      "_id" : "4",
      "_score" : 1.1876879,
      "_source" : {
        "name" : "iPhone 12 Mini",
        "release_date" : "13-11-2020"
      }
    },
    {
      "_index" : "iphones",
      "_id" : "2",
      "_score" : 1.1217185,
      "_source" : {
        "name" : "iPhone 12",
        "release_date" : "23-10-2020"
      }
    }
  ]
```

iPhone 12 Mini는 피벗 날짜 17일 전에 출시된 반면, iPhone 12는 거의 5주 일찍 출시됐기 때문에 iPhone 12보다 높은 점수를 받았다.

12.9.2 pinned 쿼리

아마존처럼 즐겨찾는 전자상거래 웹사이트에 쿼리할 때 결과 집합 상단에 스폰서 검색 결과 가 표시됐을 수 있다. 일래스틱서치를 사용해 애플리케이션에 이러한 기능을 구현하고 싶다 고 가정해 보자. pinned 쿼리가 있으니 걱정하지 말자.

pinned 쿼리는 선택한 도큐먼트를 결과 집합에 추가해 목록 맨 위에 표시되도록 한다. 이는 관련성 점수를 다른 것보다 높게 만들어서 그렇게 한다. 다음 목록의 예제 쿼리는 이 기능을 보여준다.

```
GET iphones/_search
{
  "query": {
    "pinned": {              ◄──┐ pinned 쿼리를
                                 │ 지정
      "ids": [ "1", "3" ],  ◄───┐ 나머지 결과보다 높은 점수를
                                 │ 받을 도큐먼트 ID 목록
      "organic": {
        "match": {          ◄─── iPhone 12를 검색하는
          "name": "iPhone 12"    match 쿼리
        }
      }
    }
  }
}
```

쿼리 검색을 수행 ──►

이 pinned 쿼리에는 무빙 파츠가 여러 개 있다. 먼저 organic 블록을 살펴보자. query 블록에는 검색 쿼리가 들어 있다. 이 경우에는 iphone 인덱스에서 iPhone 12를 검색한다. 이상적으로 이 쿼리는 iPhone 12 및 iPhone 12 Mini 도큐먼트를 반환해야 한다. 그러나 출력에는 iPhone 12 및 iPhone 12 Mini 외에 2개의 도큐먼트(iPhone 및 iPhone 13)가 포함된다. 그 이유는 ids 필드 때문이다. 이 필드에는 결과에 추가되고 목록 상단(스폰서 결과)에 표시돼야 하는 추가 도큐먼트가 포함되므로 종합적으로 더 높은 관련성 점수가 생성된다.

pinned 쿼리는 결과 집합에 우선순위가 높은 도큐먼트를 추가한다. 이러한 도큐먼트는 스폰서 결과를 생성하기 위해 목록 위치에 있는 다른 도큐먼트보다 우선한다.

pinned 결과에 점수가 있는지 궁금할 수 있다. 하나 이상의 pinned 결과가 다른 결과보다 우선순위를 가질 수 있을까? 불행히도 대답은 '아니요'다. 이러한 도큐먼트는 쿼리의 입력으로 ID 순서로 표시된다(예를 들어 "ids":["1","3"]).

12.9.3 more_like_this 쿼리

탐색할 때 넷플릭스^{Netflix}나 아마존 프라임 비디오 Amazon Prime Video(또는 즐겨 사용하는 스트리밍 앱)에서 유사한 영화가 표시되는 것을 본 적이 있을 것이다. 예를 들어 그림 12.13은 패딩턴 2^{Paddington 2}를 방문했을 때 More Like This movies^{비슷한 영화 더보기}를 보여준다.

사용자 요구 사항 중 하나는 도큐먼트에서 "유사한" 또는 "같은"을 검색하는 것이다. 예를 들어 뉴턴의 "Friends and Truth"와 유사한 명언 찾기, 코로나19 및 사스(SARS)에 대한 논문 조사, 〈대부 (The Godfather)〉와 같은 영화 쿼리 등이 있다. 사용 사례를 더 잘 이해하기 위해 예를 들어 보자.

다양한 사람들에 대한 프로필 목록을 수집한다

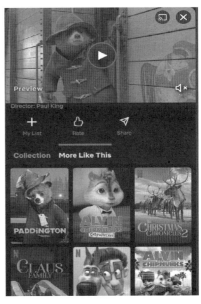

▲ **그림 12.13** 비슷한 영화 더보기

고 가정해 보자. 프로필을 생성하기 위해 샘플 도큐먼트를 profiles 인덱스로 인덱싱한다.

목록 12.25 샘플 profiles 인덱싱

```
PUT profiles/_doc/1
{
  "name":"John Smith",
  "profile":"John Smith is a capable carpenter"
}

PUT profiles/_doc/2
{
  "name":"John Smith Patterson",
  "profile":"John Smith Patterson is a pretty plumber"
}

PUT profiles/_doc/3
{
```

```
  "name":"Smith Sotherby",
  "profile":"Smith Sotherby is a gentle painter"
}

PUT profiles/_doc/4
{
  "name":"Frances Sotherby",
  "profile":"Frances Sotherby is a gentleman"
}
```

이 도큐먼트에는 놀라운 것이 없다. 단지 평범한 사람들의 프로필일 뿐이다. 이제 이러한 도큐먼트가 인덱싱됐으므로 일래스틱서치에 "gentle painter" 또는 "capable carpenter"라는 텍스트와 유사한 도큐먼트를 가져오도록 요청하거나 Sotherby와 유사한 이름을 가진 도큐먼트를 검색하는 방법을 알아본다. 이것이 바로 more_like_this 쿼리가 도움을 주는 부분이다. 다음 목록은 Sotherby와 더 유사한 프로필을 검색하는 쿼리를 생성한다.

목록 12.26 유사한 도큐먼트 검색

```
GET profiles/_search
{
  "query": {
    "more_like_this": {          ◀─── more_like_this 쿼리를
                                      정의
      "fields": [                  ◀── fields에 지정된
                                       입력을 검색
        "name",
        "profile"
      ],
      "like": "Sotherby",
      "min_term_freq": 1,
      "max_query_terms": 12,     ◀── 단어 빈도(term frequency)
                                      설정(기본값은 2)
      "min_doc_freq": 1
    }                             선택할 텀 개수를
  }                               설정
}
```

쿼리 조건 정의

more_like_this 쿼리는 like 매개변수의 텍스트를 받아들이고 이 입력 텍스트는 fields 매개변수에 포함된 필드와 일치된다. 쿼리는 최소 단어 및 도큐먼트 빈도(min_term) 및 쿼리가 선

610

택해야 하는 최대 텀 수(max_query_terms)와 같은 몇 가지 조정 매개변수를 허용한다. 유사한 도큐먼트를 표시할 때 사용자에게 더 나은 경험을 제공하려면 more_like_this 쿼리가 올바른 선택이다.

12.9.4 percolate 쿼리

입력된 도큐먼트를 검색하는 것은 간단하다. 우리가 해야 할 일은 주어진 조건과 일치하는 항목이 있는 경우 인덱스에서 검색 결과를 반환하는 것뿐이다. 이는 사용자의 조건을 검색해야 하는 요구 사항을 충족하며, 지금까지 결과를 쿼리할 때 수행한 작업이다.

일래스틱서치가 충족하는 또 다른 요구 사항이 있다. 현재 검색에서 부정적인 결과가 나오지만, 그 결과가 미래에 제공될 때 사용자에게 알리는 것이다. 예를 들어 사용자가 전자상거래 서점 사이트에서 Python in Action 책을 검색했지만 안타깝게도 해당 책의 재고가 없다고 가정해 보자. 불만족스러운 고객은 사이트를 떠난다. 하지만 하루 이틀 지나면 새로운 재고가 들어오고, 책이 재고에 추가된다. 이제 책이 인벤터리에 다시 표시되므로 사용자가 책을 구매할 수 있도록 알려야 한다.

일래스틱서치는 percolator 필드 타입을 사용하는 특수 percolator 쿼리를 제공해 이 사용 사례를 지원한다. percolator 쿼리는 도큐먼트에 대해 쿼리를 실행하는 대신 도큐먼트에 제공된 쿼리를 검색한다는 점에서 일반적인 검색 쿼리 메커니즘과 반대다. 언뜻 보기에는 이상한 개념이지만 이 절에서는 이에 대한 이해를 돕기 위해 설명한다. 그림 12.14는 일반 쿼리와 percolator 쿼리 간의 차이점을 보여준다.

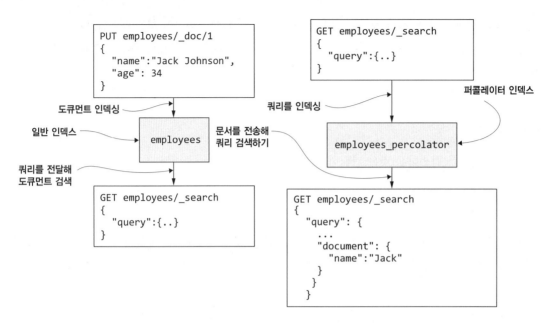

▲ **그림 12.14** 일반 쿼리와 퍼콜레이터 쿼리

먼저 일부 도큐먼트를 인덱싱해 percolator 쿼리가 작동하는 모습을 살펴본다. 다음 목록은
세 가지 기술 서적을 tech_books 인덱스로 인덱싱한다. 아직 Python 책은 포함돼 있지 않았다.

목록 12.27 기술 서적 인덱싱

```
PUT tech_books/_doc/1
{
  "name":"Effective Java",
  "tags":["Java","Software engineering", "Programming"]
}

PUT tech_books/_doc/2
{
  "name":"Elasticsearch crash course",
  "tags":["Elasticsearch","Software engineering", "Programming"]
}

PUT tech_books/_doc/3
{
```

```
  "name":"Java Core Fundamentals",
  "tags":["Java","Software"]
}
```

이제 책 인벤터리 인덱스를 준비했으므로 사용자는 간단한 match/term 쿼리를 사용해 도서를 검색할 수 있다(이러한 쿼리는 이미 마스터했기 때문에 여기서는 생략한다). 그러나 모든 사용자 쿼리가 결과를 생성하는 것은 아니다. 예를 들어 Python in Action을 검색하면 찾을 수 없다. 다음 목록은 이를 보여준다.

목록 12.28 존재하지 않는 책 검색

```
GET tech_books/_search
{
  "query": {
    "match": {
      "name": "Python"
    }
  }
}
```

사용자의 관점에서 검색은 실망스러운 결과로 끝난다. 즉, 검색한 책을 반환하지 않는 것이다. 품절된 Python 책을 사용할 수 있게 되면 사용자에게 알림을 보내 쿼리를 한 단계 더 발전시킬 수 있다. 여기가 percolator를 작동시킬 수 있는 곳이다.

도큐먼트를 인덱스로 인덱싱하는 것처럼 percolator는 일련의 쿼리에 대한 인덱스를 갖고 쿼리가 인덱싱될 것으로 예상할 수 있다. percolator 인덱스에 대한 스키마를 정의해야 한다. tech_books_percolator라고 부르자.

목록 12.29 percolator 인덱스 생성

```
PUT tech_books_percolator
{
  "mappings": {
    "properties": {                ┌── 쿼리할 필드 이름을
      "query": {        ◄──────────┘    설정
        "type": "percolator"    ◄── ┌── 쿼리 필드의 데이터 타입을
      },                             └── percolator로 설정
```

```
    "name": {                    ◄─────  tech_books 인덱스에 나타나는
      "type": "text"                     name 필드를 설정
    },
    "tags": {                    ◄─────  tech_books 인덱스에 나타나는
      "type": "text"                     대로 tags 필드를 설정
    }
   }
  }
}
```

이 목록은 percolator 쿼리를 보관하기 위한 인덱스를 정의한다. 다음 사항에 유의하자.

- 여기에는 사용자의 (실패한) 쿼리를 보관하는 query 필드가 포함돼 있다.
- query 필드의 데이터 타입은 percolator여야 한다.

스키마의 나머지 부분은 원래 tech_books 인덱스에서 빌린 정의로 구성된다.

text, long, double, keyword 등과 같은 데이터 타입으로 필드를 정의하는 것처럼 일래스틱서치는 percolator 타입을 제공한다. 목록 12.29에서 query 필드는 percolator로 정의돼 있으며 곧 볼 수 있는 필드 값으로 쿼리를 기대한다.

이제 percolator 인덱스(tech_books_percolator) 매핑이 준비됐으므로 다음 단계는 쿼리를 저장하는 것이다. 이러한 쿼리는 일반적으로 Python 예와 같이 사용자에게 결과를 반환하지 않는다.

실제 세계에서는 결과를 산출하지 않는 사용자 쿼리가 이 percolator 인덱스로 인덱싱된다. 사용자의 실패한 쿼리를 percolator 인덱스로 대조하는 프로세스는 검색 애플리케이션 내에서 수행할 수 있지만, 안타깝게도 이에 대한 논의는 범위를 벗어난다. 이제 목록 12.29의 쿼리가 결과를 산출하지 않고 저장하기 위해 percolator 인덱스로 전송된다고 상상해 보자. 다음 목록에서는 이 쿼리를 저장하는 코드를 제공한다.

목록 12.30 책 검색을 위한 쿼리 저장

```
PUT tech_books_percolator/_doc/1        사용자가 검색을 시도했지만
{                                       일치하는 결과를 얻지 못한
  "query": {              ◄─────        동일한 쿼리
```

```
    "match": {
      "name": "Python"
    }
  }
}
```

목록에는 일반 도큐먼트의 인덱스 생성과 달리 쿼리의 인덱스 생성이 표시된다. 11장의 도큐먼트/인덱싱 작업을 기억한다면 도큐먼트를 인덱싱할 때마다 이름-값 쌍이 있는 JSON 형식의 도큐먼트를 사용한다. 그러나 이 코드에는 match 쿼리가 있다.

목록 12.30의 쿼리는 도큐먼트 ID 1의 tech_books_percolator 인덱스에 저장된다. 상상할 수 있듯이 이 인덱스는 실패한 검색으로 인해 계속 증가한다. JSON 도큐먼트는 긍정적인 결과를 반환하지 않는 사용자가 실행한 쿼리로 구성된다.

퍼즐의 마지막 조각은 재고가 업데이트되면 tech_books_percolator 인덱스를 검색하는 것이다. 서점 주인으로서 재고를 확보할 것으로 예상된다. 다음에 새로운 재고를 받을 때 Python 책이 포함돼 있다고 가정해 보자. 이제 사용자가 검색하고 구매할 수 있도록 tech_books 인덱스에 인덱싱할 수 있다.

목록 12.31 Python 책 입고(인덱싱)

```
PUT tech_books/_doc/4
{
  "name":"Python in Action",
  "tags":["Python","Software Programming"]
}
```

이제 Python 책의 인덱스가 생성됐으므로 사용자가 실패한 쿼리를 다시 실행해야 한다. 하지만 이번에는 tech_books 인덱스에서 쿼리를 실행하는 대신 tech_books_percolator 인덱스에 대해 쿼리를 실행해본다. percolator 인덱스에 대한 쿼리에는 다음과 같은 특수 구문이 있다.

목록 12.32 percolator 인덱스에서 쿼리 검색

```
GET tech_books_percolator/_search
{                              ┌── percolate 쿼리를
  "query": {  ◄───────            지정
```

```
    "percolate": {        ◀── percolate 쿼리를 지정
      "field": "query",    ◀── 조회할 필드명을 설정
      "document": {        ◀── tech_books에 인덱싱된 원본
        "name": "Python in Action",   책으로 구성된 도큐먼트를 지정
        "tags": [
          "Python",
          "Software Programming"
        ]
      }
    }
  }
}
```

percolate 쿼리는 두 가지 입력 비트, 즉 query 값이 있는 field(목록 12.28의 percolator 매핑에 정의된 속성과 일치한다)와 tech_books 인덱스에서 인덱싱한 것과 동일한 도큐먼트인 도큐먼트를 기대한다. 우리가 해야 할 일은 주어진 도큐먼트와 일치하는 쿼리를 확인하는 것뿐이다. 다행스럽게도 Python in Action이 일치한다(이전에 percolator 인덱스에 쿼리를 인덱싱했다).

목록 12.31에 정의된 Python 도큐먼트가 주어지면 tech_books_percolator 인덱스에서 쿼리를 반환할 수 있다. 이를 통해 사용자에게 찾고 있던 책이 재입고됐음을 알릴 수 있다. 특정 사용자 ID를 사용해 tech_books_percolator 인덱스에 저장된 쿼리를 확장할 수 있다.

percolator는 이해하기가 약간 까다롭지만 일단 사용 사례를 이해하면 구현하기 어렵지 않다. percolator 인덱스에 저장된 데이터에 대해 사용자가 수행하는 작업을 동기화하려면 항상 자동화, 반자동 또는 수동 프로세스가 있어야 한다는 점을 명심한다.

이제 마무리할 시간이다! 12장에서는 고급 쿼리를 논의함으로써 일래스틱서치의 검색 부분을 다뤘다. 마지막 부분은 13장의 주제인 데이터 집계다. 다양한 수학적, 통계적 기능으로 데이터를 분석해 데이터에서 인텔리전스를 찾는 방법에 대해 자세히 알아본다.

요약

- 일래스틱서치는 지리 데이터 작업을 위해 geo_point 및 geo_shape 데이터 타입을 지원한다.

- 지리 공간 쿼리는 경도와 위도 값으로 구성된 좌표를 사용해 위치와 주소를 가져온다.

- geo_bounding_box 쿼리는 경도 및 위도 값 쌍을 top-left 및 bottom-right 좌표로 사용해 구성된 지리 직사각형의 주소를 가져온다.

- geo_distance 쿼리는 중심을 pivot으로, 반경을 pivot으로부터의 거리로 사용해 원형 영역 내부의 위치를 찾는다.

- geo_shape 쿼리는 좌표로 형성된 특정 엔벨로프 내부의 모든 적합한 위치를 가져온다.

- geo_shape 쿼리는 직각 좌표계(직교 평면)에서 2D 셰이프를 검색한다.

- span 쿼리는 개별 토큰이나 단어의 하위 수준 위치에서 작동하는 고급 쿼리다. 일래스틱서치는 다수의 범위 쿼리(span_first, span_within, span_near 등)를 지원한다.

- distance_feature 쿼리는 특정 초점에 대한 도큐먼트의 근접성이 관련성 점수를 높여 도큐먼트에 더 높은 우선순위를 부여하는 특수 쿼리다.

- pinned 쿼리를 사용하면 (일치하지 않는 경우에도) 추가적인 도큐먼트를 원래 결과 집합과 묶을 수 있어 잠재적으로 스폰서 검색 결과를 생성할 수 있다.

- more_like_this 쿼리는 관련되거나 유사해 보이는 결과를 찾는다.

- percolate 쿼리를 사용하면 향후 부정적인 검색어에 대해 사용자에게 알릴 수 있다.

13
집계

검색과 분석은 동전의 양면이며 일래스틱서치는 절대적인 세부 정보와 수많은 기능을 제공한다. 일래스틱서치는 데이터 쿼리 및 분석을 위한 풍부한 기능을 제공해 조직이 데이터에서 통찰력과 심층적인 인텔리전스를 찾을 수 있도록 지원하는 분석 시장의 선두주자다. 검색은 특정 조건에 대한 결과를 찾는 반면, 분석은 조직이 이를 통해 통계와 메트릭을 도출하는 데 도움을 준다. 지금까지는 주어진 도큐먼트 모음에서 도큐먼트를 검색하는 방법을 살펴봤다. 분석을 통해 한발 물러나 높은 수준에서 데이터를 조사해 결론을 도출한다.

13장에서는 일래스틱서치의 집계를 자세히 살펴본다. 일래스틱서치는 주로 메트릭, 버킷, 파이프라인 유형 중 하나로 분류되는 많은 집계를 자랑한다. 메트릭 집계를 사용하면 합계, 최소, 최대, 평균과 같은 분석 함수를 사용해 데이터 계산을 수행할 수 있다. 버킷 집계는 데이터를 버킷이나 범위로 분류하는 데 도움된다. 마지막으로 파이프라인 집계를 사용하면 집계를 연결할 수 있다. 즉, 메트릭 또는 버킷 집계를 가져와 새 집계를 생성한다.

일래스틱서치는 기본적으로 많은 집계를 제공한다. 몇 가지를 직접 다뤄보기 전에 각 유형에 대해 익숙해지는 것이 좋다. 공간 제한으로 인해 개별적으로 살펴보는 것은 비현실적이지만, 모든 집계를 문서화하는 것보다 개념을 배우고 이를 여러 일반적인 집계에 적용하는 것이 더 낫다. 그런 이유로, 이 책의 소스 코드에는 가능한 한 많은 집계, 특히 13장에서 논의되지 않은 집계를 포함했다.

> |**노트**| 13장의 코드는 깃허브(http://mng.bz/wvZg) 및 책 웹사이트(https://www.manning.com/books/elasticsearch-in-action-second-edition)에 있다.

13.1 개요

집계를 통해 기업은 축적된 데이터를 이해할 수 있다. 고객과 고객 관계를 이해하고, 제품 성능을 평가하고, 판매를 예측하고, 시간 경과에 따른 애플리케이션 성능, 보안 위협 등에 대한 광범위한 질문에 답하는 데 도움된다. 일래스틱서치의 집계는 주로 세 가지 범주로 분류된다.

- **메트릭 집계**metric aggregation : 합계, 평균, 최솟값, 최댓값, 톱 히트top hits, 모드mode 등과 같은 메트릭을 생성한다. 여기에는 다음과 같은 질문에 답해 대규모 도큐먼트 세트에 대한 데이터를 이해하는 데 도움되는 인기 있는 단일 값 메트릭이 포함돼 있다. 지난달의 모든 제품 판매 합계는 얼마인가? API 오류의 최소 개수는 얼마인가? 그리고 최고 검색어는 무엇인가?
- **버킷 집계**bucket aggregation : 버킷팅은 데이터를 간격interval 버킷으로 수집하는 프로세스다. 이러한 집계는 데이터를 지정된 집합으로 분할한다. 예를 들어 자동차를 등록 연도로, 학생을 다양한 등급으로 분할하는 등의 작업을 수행한다. 히스토그램, 범위, 텀, 필터 등이 이 범주에 속한다.

- **파이프라인 집계**^pipeline aggregation : 다른 집계의 출력에 대해 작동해 이동 평균^moving average , 도함수^derivative 등과 같은 복잡한 통계 분석 세트를 제공한다.

다음 절에서는 이러한 집계에 대해 예제를 통해 설명한다. 먼저 집계를 수행하는 데 사용되는 구문과 엔드포인트를 살펴본다.

13.1.1 엔드포인트와 구문

검색 쿼리 작업을 마친 후에는 _search 엔드포인트에 익숙해져야 한다. 좋은 소식은 동일한 _search 엔드포인트를 사용해 집계를 실행할 수 있다는 것이다. 그러나 요청 본문은 일반적인 쿼리 객체 대신 새로운 객체인 집계(줄여서 aggs)를 사용한다. 다음 조각은 집계 쿼리 구문을 보여준다.

```
GET <index_name>/_search
{
  "aggregations|aggs": {
    "NAME": {
      "AGG_TYPE": {}
    }
  }
}
```

aggs 객체는 일래스틱서치에 쿼리 호출이 집계 유형임을 알려준다. 사용자가 제공한 NAME 속성은 집계에 적합한 이름을 제공한다. 마지막으로 AGG_TYPE은 sum, min, max, range, terms, histogram 등 집계 유형이다.

13.1.2 검색 및 집계 결합

집계를 쿼리와 결합할 수도 있다. 예를 들어 쿼리를 실행해 결과를 가져온 다음 해당 결과 집합에 대해 집계를 실행할 수 있다. 입력이 쿼리의 결과이기 때문에 스코프 집계^scoped aggregation라고 한다. 구문은 이전 집계 쿼리에서 약간 확장됐다.

```
GET <index_name>/_search
{
  "query": {
    "QUERY_TYPE": {
      "FIELD": "TEXT"
    }
  },
  "aggs": {
    "NAME": {
      "AGG_TYPE": {}
    }
  }
}
```

집계 범위는 쿼리 결과에 따라 정해진다. 집계 요청에 쿼리를 지정하지 않으면 요청 URL에 정의된 인덱스(또는 인덱스들)의 모든 도큐먼트에서 작동된다.

13.1.3 다중 및 중첩 집계

단독 집계를 실행하는 것 외에도 지정된 데이터 집합에 대해 다수의 집계를 실행할 수 있다. 이 기능은 여러 조건이 있는 다양한 필드에 대한 분석을 추출해야 하는 경우 매우 유용하다. 예를 들어 하루 iPhone 14 판매량에 대한 히스토그램과 해당 월의 총 판매량 집계를 생성할 수 있다. 이를 위해 histogram 버킷팅 집계와 sum 메트릭 집계를 사용할 수 있다.

때로는 집계를 중첩해야 하는 경우도 있다. 예를 들어 히스토그램의 버킷화된 데이터는 날짜별로 또는 각 버킷의 최솟값과 최댓값을 찾아 데이터를 추가로 분류(버킷팅)해야 할 수 있다. 이 경우 각 최상위 버킷의 집계된 데이터는 추가적인 집계를 위해 다음 수준 버킷에 공급된다. 중첩 집계nested aggregation는 더 많은 버킷 또는 단일 값 메트릭(sum, avg 등)을 사용해 추가로 분류할 수 있다. 다음 절에서는 예제와 함께 중첩 집계를 살펴본다.

13.1.4 결과 무시

검색(또는 집계) 쿼리는 쿼리에서 원본 도큐먼트source document를 제외하도록 요청받지 않은 경우 기본적으로 응답으로 원본 도큐먼트를 반환한다. 8장에서 응답을 조작하는 방법을 살펴봤다. 여기서는 _source, _source_includes, _source_excludes 매개변수를 적절한 설정으로 구성했다.

집계 작업을 할 때 일반적으로 원본 도큐먼트보다 집계에 더 관심이 있기 때문에 응답에서의 원본 도큐먼트는 중요하지 않다. 안타깝게도 일반적인 상황에서는 집계 쿼리를 실행하는 경우에도 원본 도큐먼트에 집계와 함께 태그가 지정된다. 의도한 바가 아니라면 (일반적으로 집계를 실행할 때는 그렇지 않다) size 매개변수를 0으로 설정해 쿼리를 조정할 수 있다. 다음 코드 조각은 이 접근 방식을 보여준다.

```
GET tv_sales/_search
{
  "size": 0,      ◄──┐ size 매개변수를
                      │ 0으로 설정
  "aggs": {
      <<여기에 쿼리 입력>>
      }
    }
  }
}
```

집계 쿼리를 실행할 때 원본 도큐먼트를 제외하기 위해 13장 전체에서 이 편리한 매개변수 ("size": 0)를 사용한다.

앞서 지적했듯이 집계는 메트릭, 버킷, 파이프라인으로 광범위하게 분류된다. 다음 절에서는 메트릭 계산을 위해 특별하게 준비한 샘플 데이터를 사용해 메트릭 집계를 살펴본다. 후속절에서는 나머지 집계에 대해 설명한다.

13.2 메트릭 집계

메트릭 집계는 다음처럼 일상생활에서 자주 사용하는 간단한 집계다.

- 한 반 학생들의 평균 키와 몸무게는 얼마인가?
- 헤지 트레이드hedge trade 최소 거래액은 얼마인가?
- 베스트셀러 책의 총 수입은 얼마인가?

일래스틱서치는 대부분의 단일 값^{single-value} 및 다중 값^{multi-value} 메트릭을 계산하는 메트릭 함수를 제공한다. 단일 값 집계와 다중 값 집계의 의미가 궁금할 수 있는데, 이는 출력 수를 기반으로 한 간단한 개념이다.

단일 값 메트릭 집계는 min, max, average 같은 단일 값을 출력하는 데이터 집합에 대한 집계다. 이러한 집계는 입력 도큐먼트에서 작동해 단일 값 출력 데이터를 생성한다. 반면에 stats 및 extended_stats 집계는 여러 값을 출력으로 생성한다. 예를 들어 stats 집계의 출력은 동일한 도큐먼트 세트에 대한 min, max, sum, avg 및 몇 가지 추가 집계로 구성된다.

대부분의 메트릭 집계는 설명이 필요 없다. 예를 들어 sum 집계는 주어진 모든 값을 합산하고 avg는 값의 평균을 구한다. 13장에서 논의되지 않은 메트릭으로 작업해야 하는 경우 일래스틱서치 사이트(http://mng.bz/qrRz)의 설명서를 참조한다.

13.2.1 샘플 데이터

다음 몇 개의 절에서는 인기 있는 집계에 대해 알아본다. 그 전에 도큐먼트 몇 개로 일래스틱서치를 시작해 보자. 다음 목록은 새 인덱스인 tv_sales를 만들어 데이터 저장소에 TV 판매 목록을 준비한다. 깃허브(http://mng.bz/7DQ4) 또는 책 웹사이트에서 동일한 샘플 세트를 다운로드할 수 있다.

목록 13.1 TV 판매 데이터 인덱싱

```
PUT tv_sales/_bulk
{"index":{"_id":"1"}}
{"brand": "Samsung","name":"UHD TV","size_inches":65,"price_gbp":1400,
➥ "sales":17}
{"index":{"_id":"2"}}
{"brand":"Samsung","name":"UHD TV","size_inches":45,"price_gbp":1000,
➥ "sales":11}
{"index":{"_id":"3"}}
{"brand":"Samsung","name":"UHD TV","size_inches":23,"price_gbp":999,
➥ "sales":14}
{"index":{"_id":"4"}}
{"brand":"LG","name":"8K TV","size_inches":65,"price_gbp":1499,"sales":13}
{"index":{"_id":"5"}}
```

```
{ "brand":"LG","name":"4K TV","size_inches":55,"price_gbp":1100,"sales":31}
{"index":{"_id":"6"}}
{"brand":"Philips","name":"8K TV","size_inches":65,"price_gbp":1800,
➡ "sales":23}
{"index":{"_id":"7"}}
{"name":"8K TV","size_inches":65,"price_gbp":2000,"sales":23}
{"index":{"_id":"9"}}
{"name":"8K TV","size_inches":65,"price_gbp":2000,"sales":23,
➡ "best_seller":true}
{"index":{"_id":"10"}}
{"name":"4K TV","size_inches":75,"price_gbp":2200,"sales":14,
➡ "best_seller":false}
```

이 목록은 tv_sales 인덱스에 대한 다양한 속성을 가진 도큐먼트를 인덱싱한다. best_seller 필드에 특히 주의하자. 이 필드는 마지막 두 레코드에만 설정된다. 이제 샘플 데이터 세트가 있으므로 몇 가지 일반적인 메트릭 집계를 실행해 보자.

13.2.2 value_count 메트릭

value_count 메트릭은 도큐먼트 세트의 필드에 존재하는 값의 개수를 계산한다. 요구 사항이 특정 필드에 대해 일래스틱서치의 값 수를 가져오는 것이라면, value_count 집계가 필요한 작업을 수행한다. 예를 들어 다음 쿼리를 실행하면 best_seller 필드에 대한 값의 개수가 반환된다.

목록 13.2 필드의 값 개수 구하기

```
GET tv_sales/_search
{
  "size": 0,
  "aggs": {
    "total-number-of-values": {      ◀── 집계 결과의 이름을
                                          지정
      "value_count": {                ◀── 집계 이름 지정
        "field": "best_seller"    ◀──      (value_count)
      }
    }                            value_count가
  }                              수행되는 필드
}
```

value_count 집계는 best_seller 필드에서 수행된다. 기본적으로 집계는 텍스트 필드에서 실행되지 않는다. 샘플 데이터에서 best_seller 필드는 boolean 데이터 타입이며 value_count 메트릭 집계에 적합한 후보다. 목록 13.2의 쿼리를 실행하면 다음이 출력된다.

```
"aggregations" : {
  "total-values" : {
    "value" : 2
  }
}
```

best_seller 필드에는 2개의 값(2개의 도큐먼트)이 있다. value_count는 고유한 값을 선택하지 않는다. 도큐먼트 집합 전체에서 지정된 필드에 대한 중복 값은 제거되지 않는다.

텍스트 필드의 집계는 최적화되지 않는다

텍스트 필드는 정렬, 스크립팅 및 집계를 지원하지 않는다. 집계는 number, keyword, boolean 등과 같은 텍스트가 아닌 필드에서 이상적으로 수행된다. text 필드는 집계에 최적화돼 있지 않기 때문에 기본적으로 일래스틱서치는 해당 필드에 대한 집계 쿼리 생성을 중지한다. 궁금하다면 이름 필드와 같은 text 필드에서 집계를 시도하고 일래스틱서치에서 어떤 예외가 발생하는지 확인하자.

```
"root_cause" : [
{
  "type" : "illegal_argument_exception",
  "reason" : "Text fields are not optimised for operations that require
  ➥ per-document field data like aggregations and sorting, so these
  ➥ operations are disabled by default. Please use a keyword field
  ➥ instead. Alternatively, set fielddata=true on [name] in order to
  ➥ load field data by uninverting the inverted index. Note that this
  ➥ can use significant memory."
}
```

오류에서 알 수 있듯이 text 필드에서 집계 실행은 기본적으로 금지돼 있으므로 text 필드에서 집계를 수행하려면 해당 필드에서 필드 데이터를 활성화해야 한다. 매핑을 정의할 때 "fielddata": true를 설정할 수 있다.

```
PUT tv_sales_with_field_data
{
  "mappings": {
    "properties": {
      "name": {
        "type": "text",
        "fielddata": true
      }
    }
  }
}
```

fielddata를 활성화하면 데이터가 노드의 메모리에 저장되므로 성능 문제가 발생할 수 있다. fielddata
를 활성화해 성능 저하를 겪는 대신 keyword를 두 번째 타입으로 사용해 다중 필드 데이터 타입을 생성
할 수 있다. 이는 집계에 키워드 데이터 타입이 허용되기 때문에 작동한다.

숫자 집합의 평균을 찾는 것은 분석에서 자주 사용되는 작업이다. 예상한 대로 일래스틱서치
는 평균을 찾기 위해 avg라는 편리한 함수를 제공하는데, 이는 다음 절의 주제다.

13.2.3 avg 메트릭

숫자 집합의 평균을 구하는 것은 자주 요구하는 기본적인 통계 함수다. 일래스틱서치는 평균
계산 실행을 위해 즉시 사용 가능한 avg 메트릭 집계를 제공한다. 예를 들어 다음 쿼리는 avg
를 사용해 평균 TV 가격을 가져온다.

목록 13.3 모든 TV의 평균 가격

```
GET tv_sales/_search
{
  "size": 0,
  "aggs": {
    "tv_average_price": {        ◄─── 집계 이름
                                      지정
      "avg": {                   ◄─── 평균 가격을
        "field": "price_gbp"     ◄─── 계산
      }
    }                            ◄─── 평균이 계산되는
                                      필드
```

```
    }
  }
```

tv_average_price는 이 평균 집계에 부여된 사용자 정의 이름이다. 코드의 avg 선언은 평균 함수를 나타낸다. 단일 필드 avg 메트릭을 실행하려는 데이터 필드를 field라고 한다. 쿼리가 실행되면 다음과 같은 결과를 얻는다.

```
"aggregations" : {
  "tv_average_price" : {
    "value" : 1555.3333333333333
  }
}
```

이 엔진은 모든 TV의 평균 가격을 계산해 사용자에게 반환한다. 6개 도큐먼트 전체의 평균 TV 가격은 약 £1555다.

13.2.4 sum 메트릭

단일 값 합계 메트릭은 해당 필드의 값을 더하고 최종 결과를 생성한다. 예를 들어 판매된 모든 TV의 총 가격을 구하려면 다음 쿼리를 실행하면 된다.

목록 13.4 판매된 모든 TV의 총 합계

```
GET tv_sales/_search
{
  "size": 0,
  "aggs": {
    "tv_total_price": {
      "sum": {
        "field": "price_gbp"
      }
    }
  }
}
```

sum 메트릭은 쿼리를 실행할 때 모든 가격을 더해 £13,998라는 단일 수치를 만든다. 마찬가지로 다음에는 최소 및 최대 메트릭 함수를 살펴본다.

13.2.5 min 및 max 메트릭

때로는 회의에서 가능한 최소 발언자 수 또는 참석자가 가장 많은 세션과 같은 일련의 값에서 최소 및 최대 수량을 찾아야 하는 경우가 있다. 일래스틱서치는 이러한 극단적인 데이터 세트를 생성하기 위해 해당 메트릭을 min 및 max 형태로 제공한다. 이들 메트릭은 이름만으로 설명이 되지만 이해를 돕기 위해 간단히 살펴본다.

min 메트릭

재고에서 가장 저렴한 TV를 찾고 싶다고 가정해 보자. 이는 분명히 데이터 값에 대한 min 메트릭을 사용하기 위한 후보다.

목록 13.5 가장 저렴한 TV 가격

```
GET tv_sales/_search
{
  "size": 0,
  "aggs": {
    "cheapest_tv_price": {          최솟값을
      "min": {          ◄────────  계산
        "field": "price_gbp"  ◄──┬── 이 필드에 min 함수를
      }                          │   적용
    }
  }
}
```

---

min 키워드는 price_gbp 필드에서 작동해 예상 결과인 모든 도큐먼트에서 파생된 필드의 최솟값을 생성하는 메트릭을 가져온다. 쿼리를 실행해 재고에서 가장 저렴한 TV(£999)를 가져온다.

max 메트릭

비슷한 로직을 사용해 가장 잘 팔리는 TV, 즉 판매량이 가장 많은 TV를 가져올 수 있다.

```
GET tv_sales/_search
{
  "size": 0,
  "aggs": {
    "best_seller_tv_by_sales": {
      "max": {
        "field": "sales"
      }
    }
  }
}
```

쿼리를 실행하면 매우 빠르게 판매되는(최대 판매량) TV가 반환된다. 결과적으로 보면 48대가 판매된 LG의 8K TV다.

13.2.6 stats 메트릭

이전 메트릭은 단일 값(단일 필드에서만 작동한다)인 반면, stats 메트릭은 모든 일반적인 통계 함수를 가져온다. 여러 메트릭(avg, min, max, count, sum)을 동시에 가져오는 다중 값 집계다. 다음 목록의 쿼리는 통계 집계를 price_gbp 필드에 적용한다.

```
GET tv_sales/_search
{
  "size": 0,
  "aggs": {
    "common_stats": {          ┐ stats
      "stats": {        ◄──────┘ 함수
        "field": "price_gbp"  ◄──── 이 필드에
      }                              통계를 적용
    }
  }
}
```

이 쿼리가 실행되면 다음 결과가 반환된다.

```
"aggregations" : {
  "common_stats" : {
    "count" : 6,
    "min" : 999.0,
    "max" : 1800.0,
    "avg" : 1299.6666666666667,
    "sum" : 7798.0
  }
}
```

stats 메트릭은 5개 메트릭을 모두 동시에 반환한다. 이는 기본 집계를 모두 한곳에서 보고자 할 때 편리하다.

13.2.7 extended_stats 메트릭

stats는 유용하고 일반적인 지표지만 분산, 표준편차, 기타 통계 함수와 같은 고급 분석을 제공하지 않는다. 일래스틱서치에는 기본적으로 extended_stats라는 또 다른 메트릭이 포함돼 있다. 이는 stats의 사촌이자 고급 통계 메트릭을 처리한다.

extended_stats 메트릭은 표준 통계 메트릭 외에도 sum_of_squares, variance, standard_deviation이라는 세 가지 통계를 제공한다. 다음 목록은 이를 보여준다.

목록 13.8 price_gbp 필드의 고급(확장) 통계

```
GET tv_sales/_search
{
  "size": 0,
  "aggs": {
    "additional_stats": {          ← extended_stats 함수를
      "extended_stats": {            적용하면 고급 통계 측정값을
        "field": "price_gbp"         가져온다.
      }                            ← 이 필드에 extended_stats를
    }                                사용한다.
  }
}
```

price_gbp 필드에서 extended_stats 함수를 호출한다. 이렇게 하면 그림 13.1에 표시된 모든 통계 데이터가 검색된다. 쿼리는 일반적인 메트릭(avg, min, max 등)과 다양한 차이 및 표준편차뿐만 아니라 price_gbp에 대한 많은 고급 통계 정보를 계산한다.

```
"aggregations" : {
  "extended_stats" : {
    "count" : 6,
    "min" : 999.0,
    "max" : 1800.0,
    "avg" : 1299.6666666666667,
    "sum" : 7798.0,
    "sum_of_squares" : 1.0655002E7,
    "variance" : 86700.22222222232,
    "variance_population" : 86700.22222222232,
    "variance_sampling" : 104040.2666666668,
    "std_deviation" : 294.4490146395846,
    "std_deviation_population" : 294.4490146395846,
    "std_deviation_sampling" : 322.5527347065388,
    "std_deviation_bounds" : {
      "upper" : 1888.5646959458359,
      "lower" : 710.7686373874975,
      "upper_population" : 1888.5646959458359,
      "lower_population" : 710.7686373874975,
      "upper_sampling" : 1944.7721360797443,
      "lower_sampling" : 654.5611972535892
    }
  }
}
```

▲ **그림 13.1** price_gbp 필드에 대한 확장된 통계

13.2.8 cardinality 메트릭

cardinality(카디널리티) 메트릭은 지정된 도큐먼트 집합에 대해 고유한 값을 반환한다. 단일 값 메트릭은 데이터에서 고유한 값의 발생을 가져온다. 예를 들어 다음 목록의 쿼리는 tv_sales 메트릭에서 고유한 TV 브랜드 수를 검색한다.

목록 13.9 고유한 TV 브랜드 가져오기

```
GET tv_sales/_search
{
  "size": 0,
  "aggs": {
    "unique_tvs": {                    cardinality 메트릭은
      "cardinality": {      ◀━━━━━━    고유한 값을 가져온다.
```

```
            "field": "brand.keyword"  ◄────  brand.keyword 필드에
        }                                     cardinality를 적용
      }
    }
}
```

4개의 고유 브랜드(Samsung, LG, Philips, Panasonic)가 있으므로 쿼리 결과의 unique_tvs 집계
는 4가 있다.

```
"aggregations" : {
  "unique_tvs" : {
    "value" : 4
  }
}
```

데이터는 일래스틱서치에 분산돼 있으므로 정확한 카디널리티 수를 가져오려고 하면 성능
문제가 발생할 수 있다. 정확한 숫자를 가져오려면 데이터를 검색해 메모리 내 캐시^{cache}의
해시세트^{hashset}에 로드해야 하며, 이는 비용이 많이 드는 작업이기 때문에 카디널리티는 근
사치로 실행된다. 따라서 고윳값의 개수는 정확하지 않을 수 있지만 거의 비슷하다.

　여기서 알아본 메트릭 집계 외에도 일래스틱서치는 몇 가지 다른 메트릭도 제공한다. 13장
에서 모든 집계를 알아보는 것은 실용적이지 않으므로 여기에서 다루지 않은 집계에 대해 알
아보려면 일래스틱서치 설명서를 살펴보는 것이 좋다.

　다음 메트릭 유형은 모든 도큐먼트에 대한 메트릭을 생성하는 대신 도큐먼트 버킷을 생
성한다. 이를 버킷 집계라고 하며, 이에 대한 주제는 다음 절에서 설명한다.

13.3 버킷 집계

데이터에 대한 한 가지 요구 사항은 그룹화 작업을 실행하는 것이다. 일래스틱서치는 이러한
그룹화 작업을 버킷 집계라고 부른다. 유일한 목표는 데이터를 일반적으로 버킷이라고 하는
그룹으로 분류하는 것이다.

　버킷팅은 다음처럼 데이터를 간격 버킷으로 수집하는 프로세스다.

- 연령대(21~30세, 31~40세, 41~50세 등)에 따라 마라톤 주자를 그룹화한다.
- 검사 등급(좋음, 우수, 매우 우수)에 따라 학교를 분류한다.
- 매월 또는 매년 건설되는 새 주택 수를 계산한다.

버킷팅 집계를 다루기 위해 과거에 작업했던 데이터 집합인 책 데이터를 재사용한다. 깃허브 (http://mng.bz/mVZ0) 또는 책의 웹사이트에서 데이터 집합을 선택해 인덱스를 생성하자. 이 샘플 코드 조각은 지난 작업을 떠올리기 위한 목적이며 전체 데이터 집합은 아니다.

```
POST _bulk
{"index":{"_index":"books","_id":"1"}}
{"title": "Core Java Volume I â€" Fundamentals","author": "Cay S. Horstmann",
➥ "edition": 11, "synopsis": "Java reference book that offers a detailed
➥ explanation of various features of Core Java, including exception
➥ handling, interfaces, and lambda expressions. Significant highlights
➥ of the book include simple language, conciseness, and detailed
➥ examples.","amazon_rating": 4.6,"release_date": "2018-08-27",
➥ "tags": ["Programming Languages, Java Programming"]}
{"index":{"_index":"books","_id":"2"}}
{"title": "Effective Java","author": "Joshua Bloch", "edition": 3,"synopsis":
➥ "A must-have book for every Java programmer and Java aspirant,
➥ Effective Java makes up for an excellent complementary read with other
➥ Java books or learning material. The book offers 78 best practices to
➥ follow for making the code better.", "amazon_rating": 4.7,
➥ "release_date": "2017-12-27", "tags": ["Object Oriented Software Design"]}
```

이제 책 데이터로 서버를 준비했으므로 몇 가지 일반적인 버킷팅 집계를 실행해 보자. 기본적으로 최소 24개의 집계가 있으며 각 집계에는 고유한 버킷팅 전략이 있다. 앞서 언급했듯이 이 책에서 모든 집계를 문서화하는 것은 지루하고 반복적인 작업이다. 개념을 이해하고 예제에서 버킷팅 작업에 대한 아이디어를 얻은 후에는 설명서에 따라 다른 집계를 사용해 보는 것이 낫다. 일반적인 버킷 집계인 히스토그램부터 시작해 보자.

13.3.1 히스토그램

히스토그램histogram은 그룹화된 데이터를 나타내는 깔끔한 막대 차트다. 대부분의 분석 소프트웨어 도구는 히스토그램의 시각적 표현과 데이터 표현을 제공한다. 일래스틱서치는 기본적으로 histogram 버킷 집계를 내장하고 있다.

과거 적절한 간격을 기준으로 데이터가 여러 범주로 분할되는 히스토그램을 사용해 작업했을 수 있다. 일래스틱서치의 히스토그램은 이와 다르지 않다. 즉, 미리 결정된 간격으로 모든 도큐먼트에 대한 버킷 세트를 생성한다.

책을 평점별로 분류하는 예를 들어보자. 각 평가 범주(2~3권, 3~4권, 4~5권 등)의 책 수를 찾고 싶다. 설정된 interval 값 1을 사용해 histogram 집계를 만들면 책이 1단계 평점 버킷에 속하게 된다.

목록 13.10 책에 대한 histogram 집계

```
GET books/_search
{
  "size": 0,
  "aggs": {
    "ratings_histogram": {          집계 이름 지정
      "histogram": {                데이터를 버킷으로 분류
        "field": "amazon_rating",
        "interval": 1               버킷 간격 지정 (1단위)
      }
    }
  }
}
```

이 필드에 집계를 적용

이 histogram 집계에는 버킷을 집계하려는 필드와 버킷 간격이 필요하다. 이 목록에서는 amazon_rating 필드를 기준으로 1 간격으로 책을 분할한다. 이렇게 하면 3과 4, 4와 5 사이에 속하는 모든 책을 가져온다. 그림 13.2는 응답을 보여준다.

보는 바와 같이, 쿼리를 실행하면 평점 2~3 버킷에 속하는 책 2권, 3~4 평점인 책 35권 등을 가져온다. 그림 13.2의 응답은 버킷에 key와 doc_count라는 2개의 필드가 있음을 보여준다. key 필드는 버킷 분류를 나타내

```
"aggregations" : {
  "ratings_histogram" : {
    "buckets" : [
      {
        "key" : 3.5,
        "doc_count" : 2
      },
      {
        "key" : 4.0,
        "doc_count" : 9
      },
      {
        "key" : 4.5,
        "doc_count" : 26
      },
      {
        "key" : 5.0,
        "doc_count" : 2
      }
    ]
  }
```

▲ **그림 13.2** 히스토그램으로 나타낸 책 평점 집계

고, doc_count 필드는 버킷에 맞는 도큐먼트 수를 나타낸다.

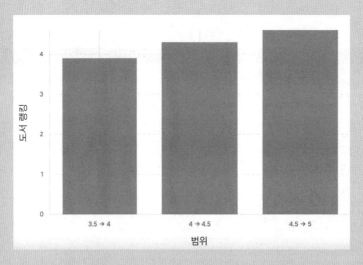
날짜 히스토그램

때로는 숫자가 아닌 날짜를 기준으로 데이터를 그룹화하고 싶을 때가 있다. 예를 들어 매년 출시되는 모든 책을 찾고, iPhone 제품의 주간 판매량을 확인하고, 매시간 서버 위협 시도 횟수를 확인하는 등의 작업을 수행할 수 있다. 이것이 바로 date_histogram 집계가 유용한 곳이다.

지난 절에서 살펴본 히스토그램 버킷팅 전략은 숫자 간격을 기반으로 하지만 일래스틱서치는 적절하게 date_histogram이라고 하는 날짜 기반 히스토그램도 제공한다. 출시 날짜를 기준으로 책을 분류하고 싶다고 가정해 보자. 이를 위해 버킷팅을 적용하는 쿼리는 다음과 같다.

목록 13.11 date_histogram 쿼리

```
GET books/_search
{
  "size": 0,
  "aggs": {
    "release_year_histogram": {          ◀── 히스토그램 유형
      "date_histogram": {          ◀──────  (date_histogram)을 선언        이 필드에 집계를
        "field": "release_date",   ◀──────────────────────────────      적용
        "calendar_interval": "year"  ◀──── 버킷 간격을
      }                                    정의
    }
  }
}
```

date_histogram 집계에는 집계가 실행돼야 하는 필드와 버킷 간격이 필요하다. 이 예에서는 year 간격이 있는 날짜 필드로 release_date를 사용한다.

> |**노트**| 요구 사항에 따라 버킷의 간격 값을 year, quarter, month, week, day, hour, minute, second, millisecond로 설정할 수 있다.

목록 13.11의 쿼리를 실행하면 각 연도에 대한 개별 버킷과 해당 버킷에 있는 도큐먼트 수가 생성된다. 다음 코드 조각은 결과를 한눈에 보여준다.

```
...
{
  "key_as_string" : "2020-01-01T00:00:00.000Z",
  "key" : 1577836800000,
  "doc_count" : 5
},
```

```
{
  "key_as_string" : "2021-01-01T00:00:00.000Z",
  "key" : 1609459200000,
  "doc_count" : 6
},
{
  "key_as_string" : "2022-01-01T00:00:00.000Z",
  "key" : 1640995200000,
  "doc_count" : 3
}
...
```

key_as_string으로 표현된 각 키는 2020년, 2021년, 2022년이라는 연도를 나타낸다. 결과에 따르면 2020년에 5권, 2021년에 6권, 2022년에 3권이 출시됐다.

날짜 히스토그램의 간격 설정

목록 13.11에서는 calendar_interval 속성에서 간격을 연도로 설정했다. calendar_interval 외에도 또 다른 유형의 간격인 fixed_interval이 있다. 캘린더calendar 간격 또는 고정fixed 간격으로 설정할 수 있다.

캘린더 간격(calendar_interval로 선언)은 달력을 인식한다. 즉, 한 달의 시간과 날짜는 달력의 일광daylight 설정에 따라 조정된다. 허용되는 값은 year, quarter, month, week, day, hour, minute, second, millisecond다. 또한 각각 1y, 1q, 1M, 1w, 1d, 1h, 1m과 같은 단일 단위로 표시될 수도 있다. 예를 들어 목록 13.11의 쿼리를 "year"를 사용하는 대신 "calendar_interval": "1y"로 작성할 수 있다.

calendar_interval을 사용해 간격을 설정할 때 5y(5년) 또는 4q(4분기)와 같은 배수를 사용할 수 없다. 예를 들어 간격을 "calendar_interval": "4q"로 설정하면 "The supplied interval [4q] can not be parsed as a calendar interval"이라는 구문 분석기 예외가 발생한다.

고정 간격fixed_interval을 사용하면 시간 간격을 365d(365일) 또는 12h(12시간)와 같이 고정된 단위 수로 설정할 수 있다. 달력 설정에 대해 걱정할 필요가 없을 때 이러한 고정 간격을 사용할 수 있다. 허용되는 값은 days (d), hours (h), minutes (m), seconds (s), milliseconds (ms)다.

fixed_interval은 달력에 대해 모르기 때문에 calendar_interval과 달리 월, 연도, 분기 등을 지원하는 단위가 없다. 이러한 속성은 달력에 따라 다르다(매월 특정 일수가 있다). 예를 들어 다음 목록은 730일(2년) 동안 모든 도큐먼트를 가져온다.

목록 13.12 2년(730일) 간격으로 고정된 히스토그램

```
GET books/_search
{
  "size": 0,
  "aggs": {
    "release_date_histogram": {
      "date_histogram": {
        "field": "release_date",
        "fixed_interval": "730d"          ◀──── 2년(730일)의
      }                                          고정 간격을 설정
    }
  }
}
```

쿼리에서는 730d(2년)의 고정 간격을 사용한다. 결과에는 정확히 730일 동안 버킷에 있는 모든 책이 표시된다.

```
{
  "key_as_string" : "2017-12-20T00:00:00.000Z",
  "key" : 1513728000000,
  "doc_count" : 11
},
{
  "key_as_string" : "2019-12-20T00:00:00.000Z",
  "key" : 1576800000000,
  "doc_count" : 11
},
{
  "key_as_string" : "2021-12-19T00:00:00.000Z",
  "key" : 1639872000000,
  "doc_count" : 3
}
```

궁금하다면 "calendar_interval": "1y" 및 "fixed_interval": "365d"라는 두 가지 다른 설정을 사용해 동일한 쿼리를 실행해 보자(이러한 설정을 시험해 보고 싶다면 책의 파일과 함께 실행 코드를 사용할 수 있다). 쿼리가 성공적으로 실행된 후 key를 확인한다. 첫 번째 결과 세트(fixed_interval: 730d)에서 키는 2005년 1월 1일에 시작된다("key_as_string" : "2005-01-01"). 후자(fixed_interval: 365d)에서는 첫 번째 릴리스 날짜인 2004년 12월 23일("key_as_string" : "2004-12-23")에 시작된다. 두 번째 버킷은 첫 번째 릴리스 날짜로부터 365일을 더해 2005년 12월 23일이 된다("key_as_string" : "2005-12-23").

|**노트**| fixed_interval을 사용하면 범위는 첫 번째 도큐먼트의 사용 가능한 날짜부터 시작된다. 앞으로는 여기에 fixed_interval이 추가된다. 예를 들어 도큐먼트의 게시 날짜가 2020년 12월 25일이고 간격을 "month"로 설정한 경우 범위는 2020년 12월 25일에서 시작해 2021년 1월 25일, 2021년 2월 25일로 이어진다.

13.3.2 자식 수준 집계

지난 절에서 데이터를 날짜 버킷으로 분류하는 방법을 살펴봤다. 각 범위로 버킷을 생성하는 것 외에도 해당 버킷 내부의 데이터를 집계할 수도 있다. 예를 들어 각 버킷에 대한 책의 평균 평점을 찾고 싶을 수 있다.

이러한 요구 사항을 충족하기 위해 버킷의 데이터에 대해 작동하는 집계인 하위 집계sub-aggregation를 사용할 수 있다. 버킷팅 집계를 사용하면 메트릭 집계와 버킷 집계 모두에 대한 지원이 자식 수준child level에서 적용된다. 다음 목록은 매년 출시되는 책과 각 버킷의 평균 평점을 가져온다.

목록 13.13 연간 분류된 책의 평균 메트릭

```
GET books/_search
{
  "size": 0,
  "aggs": {
    "release_date_histogram": {     ◀── 책을 연도별로 분류한
      "date_histogram": {               버킷팅 히스토그램
```

```
        "field": "release_date",
        "calendar_interval": "1y"
      },
      "aggs": {
        "avg_rating_per_bucket": {        ── 하위 집계 이름을 지정
          "avg": {                    ◀── 개별 버킷에 단일 값 메트릭을
            "field": "amazon_rating"         적용
          }
        }
      }
    }
  }
}
```

2개의 집계 블록이 있으며, 하나는 다른 블록 내부에 작성돼 있다. 외부 집계(release_date_histogram)는 1년의 캘린더 간격을 기반으로 하는 히스토그램으로 데이터를 생성한다. 그런 다음 이 집계의 결과는 다음 집계 수준인 내부 집계(avg_rated_per_bucket)에 제공된다. 내부 집계는 각 버킷을 해당 범위로 간주하고 해당 데이터에 대한 평균(avg) 집계를 실행한다. 이를 통해 버킷당 책의 평균 평점이 산출된다. 그림 13.3은 집계 실행의 예상 결과를 보여준다.

```
{
  "key_as_string" : "2013-01-01T00:00:00.000Z",
  "key" : 1356998400000,
  "doc_count" : 2,
  "avg_rating_per_bucket" : {
    "value" : 4.200000047683716
  }
},
{
  "key_as_string" : "2014-01-01T00:00:00.000Z",
  "key" : 1388534400000,
  "doc_count" : 6,
  "avg_rating_per_bucket" : {
    "value" : 4.383333285649617
  }
}
```

▲ **그림 13.3** 버킷별 평균 평점 구하기(하위 집계)

key는 해당 버킷에 있는 도큐먼트의 달력 연도에 해당하는 날짜다. 이 쿼리에서 주목할 만한 점은 버킷의 추가 객체인 avg_rated_per_bucket이 평균 책 평점으로 구성된다는 것이다.

13.3.3 사용자 정의 범위 집계

히스토그램은 주어진 간격에 대해 자동으로 범위를 설정해 준다. 때로는 엄격한 간격으로 지정되지 않은 범위로 데이터를 분리하고 싶을 때도 있다(예를 들어 사람들을 연령에 따라 18~21세, 22~49세, 50세 이상 세 그룹으로 분류). 표준화된 간격은 이 요구 사항을 충족하지 않는다. 필요한 것은 범위^{range}를 사용자 정의하는 메커니즘뿐이다. 이것이 range 집계를 사용하는 이유다.

range 집계는 사용자가 정의한 범위의 도큐먼트를 집계한다. 두 가지 평점 범주인 4 미만과 4 초과(1~4 및 4~5)에 속하는 책을 가져오는 쿼리를 작성해 실제로 살펴본다.

목록 13.14 책을 2개의 버킷으로 분류

```
GET books/_search
{
  "size": 0,
  "aggs": {
    "book_ratings_range": {          ┌── range 집계
      "range": {              ◀──────┘    선언
        "field": "amazon_rating",  ◀───── 이 필드에 집계를
        "ranges": [                        적용
          {
            "from": 1,
            "to": 4
          },
          {
            "from": 4,
            "to": 5
          }
        ]
      }
    }
  }
}
```

맞춤 범위 설정 →

쿼리는 1~4, 4~5라는 2개의 버킷만 있는 배열(ranges)로 정의된 사용자 지정 범위로 집계를 구성한다. 다음 응답은 두 권의 책이 1~4 평점에 속하고 나머지는 4~5 평점에 속함을 나타낸다.

```
"aggregations" : {
  "book_ratings_range": {
    "buckets": [
      {
        "key": "1.0-4.0",
        "from": 1.0,
        "to": 4.0,
        "doc_count": 2
      },
      {
        "key": "4.0-5.0",
        "from": 4.0,
        "to": 5.0,
        "doc_count": 35
      }
    ]
  }
}
```

range 집계는 histogram 집계를 약간 변형한 것으로, 사용자에게 필요할 수 있는 특수 또는 사용자 정의 범위에 매우 적합하다. 물론 시스템 제공 카테고리를 사용하고 맞춤형이 필요하지 않은 경우 히스토그램이 적합하다.

> |**노트**| range 집계는 from 및 to 속성으로 구성된다. 이 범위에 맞는 버킷 항목을 계산할 때 from 값이 포함되고 to 값은 제외된다.

동일한 원칙에 따라 ip_range 집계를 사용해 사용자 정의 범위에서 IP 주소를 분류할 수 있다. 다음 목록은 이를 보여준다(이 코드는 설명 목적으로만 사용됐으며, 예제 데이터에 localhost_ip_address 필드가 있는 networks 인덱스는 없다).

목록 13.15 IP 주소를 2개의 버킷으로 분류

```
GET networks/_search
{
  "aggs": {
```

```
          "my_ip_addresses_custom_range": {
            "ip_range": {
              "field": "localhost_ip_address",
              "ranges": [
                {
                  "to": "192.168.0.10",
                  "from": "192.168.0.20"
                },
                {
                  "to": "192.168.0.20",
                  "from": "192.168.0.100"
                }
              ]
            }
          }
        }
      }
```

ip_range
버킷팅은
특정 IP를
특정 버킷으로
분리

이 필드에 대해 범위 집계를
실행(ip 타입이어야 함)

분류될 것으로 예상되는 IP 주소의
사용자 정의 범위를 정의

이 샘플 집계에서 볼 수 있듯이 맞춤형 범위를 기반으로 IP 주소를 분리할 수 있다. 쿼리는 두 가지 범위를 생성한다. 하나는 192.168.0.10~192.168.0.20을 포함하고 두 번째는 192.168.0.20~192.168.0.100을 포함한다.

13.3.4 텀즈 집계

저자 및 책 수와 같은 특정 필드의 집계된 수를 검색하려는 경우 텀즈[terms] 집계가 유용하다. terms 집계는 해당 텀이 나타날 때마다 버킷에 데이터를 수집한다. 예를 들어 다음 쿼리에서 terms 집계는 각 저자와 그들이 쓴 책 개수에 대한 버킷을 만든다.

목록 13.16 저자별로 집계된 책 개수

```
GET books/_search?size=0
{
  "aggs": {
    "author_book_count": {
      "terms": {
        "field": "author.keyword"
      }
```

terms 집계 유형을
선언

이 필드에 집계를
적용

```
      }
    }
}
```

쿼리는 terms 집계를 사용해 books 인덱스의 저자 목록과 책 수를 가져온다. 응답은 key가 저자임을 나타내고 doc_count는 각 저자의 책 수를 표시한다.

```
"buckets" : [
  {
    "key" : "Herbert Schildt",
    "doc_count" : 2
  },
  {
    "key" : "Mike McGrath",
    "doc_count" : 2
  },
  {
    "key" : "Terry Norton",
    "doc_count" : 2
  },
  {
    "key" : "Adam Scott",
    "doc_count" : 1
  }
  ..
]}
```

각 버킷은 저자와 함께 저자가 쓴 책의 수를 나타낸다. 기본적으로 terms 집계는 상위 10개 집계만 반환하지만 다음 목록과 같이 size 매개변수를 설정해 이 반환 크기를 조정할 수 있다.

목록 13.17 맞춤형 크기를 사용한 terms 쿼리

```
GET books/_search?size=0
{
  "aggs": {
    "author_book_count": {
      "terms": {
        "field": "author.keyword",
        "size": 25  ◀─── 집계 크기 설정
```

```
          }
        }
      }
    }
```

여기서 크기를 25로 설정하면 25개의 집계(저자 25명 및 책 수)를 가져온다.

13.3.5 다중 텀즈 집계

multi_terms(다중 텀즈) 집계는 여러 키를 기반으로 데이터를 집계하는 추가 기능이 있는 terms 집계라고 생각하면 된다. 예를 들어 단순히 작가가 쓴 책의 권 수만 찾는 것이 아니라, 특정 제목과 저자의 책 수를 알 수 있다. 다음 목록은 저자와 책 제목을 맵으로 가져온다.

목록 13.18 저자와 책 제목을 맵 형태로 집계

```
GET books/_search?size=0
{
  "aggs": {
    "author_title_map": {         ─┐ 집계 유형을
      "multi_terms": {      ◀────── ┘ 선언
        "terms": [          ◀────── author/title 맵을 구성하는
          {                          terms 집계
            "field": "author.keyword"
          },
          {
            "field": "title.keyword"
          }
        ]
      }
    }
  }
}
```

multi_terms는 일련의 텀[term]을 허용한다. 이 예에서는 일래스틱서치가 author/title 키를 사용해 책 수를 반환할 것으로 예상한다. 응답은 우리가 이 정보를 검색할 수 있음을 나타낸다.

```
{
  "key" : [
    "Adam Scott",
    "JavaScript Everywhere"
  ],
  "key_as_string" : "Adam Scott|JavaScript Everywhere",
  "doc_count" : 1
},
{
  "key" : [
    "Al Sweigart",
    "Automate The Boring Stuff With Python"
  ],
  "key_as_string" : "Al Sweigart|Automate The Boring Stuff With Python",
  "doc_count" : 1
},
...
```

이 응답은 key 표현의 두 가지 변형, 즉 필드 집합(author와 title 모두)과 문자열(key_as_string)을 보여준다. 이는 파이프(|) 구분 기호로 필드를 간단히 연결한다. doc_count는 해당 키에 대한 인덱스의 도큐먼트(books) 수를 나타낸다.

궁금하다면 목록 13.18의 쿼리를 다시 실행해 보자. 이번에는 태그와 제목을 텀으로 사용한다. 동일한 태그로 여러 권의 책을 받아야 한다(코드는 책 파일과 함께 제공된다).

세 번째 집계 유형인 파이프라인 집계에 대해 논의하기 전에 부모 및 형제 집계의 개념을 이해해야 한다. 이는 파이프라인 집계의 기초를 형성한다. 다음 절에서 부모parent 및 형제sibling 집계에 대해 논의한 다음 파이프라인 집계로 이동한다.

13.4 부모 및 형제 집계

광범위하게 말하면 집계를 부모 집계와 형제 집계라는 두 가지 유형으로 그룹화할 수 있다. 다소 혼란스러울 수 있으므로 이것이 무엇인지, 어떻게 사용할 수 있는지 살펴본다.

13.4.1 부모 집계

부모 집계[parent aggregation]는 자식 집계[child aggregation]의 입력에 대해 작업해 새 버킷을 생성한 다음 기존 버킷에 추가한다. 다음 코드 목록을 살펴보자.

목록 13.19 부모 집계

```
GET coffee_sales/_search
{
  "size": 0,
  "aggs": {
    "coffee_sales_by_day": {
      "date_histogram": {
        "field": "date",
        "calendar_interval": "1d"
      },
      "aggs": {
        "cappuccino_sales": {
          "sum": {
            "field": "sales.cappuccino"
          }
        }
      }
    }
  }
}
```

그림 13.4에서 볼 수 있듯이 cappuccino_sales 집계는 coffee_sales_by_day 부모[parent] 집계의 자식[child]으로 생성된다. date_histogram과 같은 수준이다.

```
GET coffee_sales/_search
{
  "size": 0,
  "aggs": {                        ← 부모 집계
    "coffee_sales_by_day": {
      "date_histogram": {⬚},
      "aggs": {
        "cappucino_sales": {⬚}
      }
    }                             ← 자식 집계
  }
}
```

▲ **그림 13.4** 부모 집계 시각화

이러한 집계는 기존 버킷 내부에 버킷을 생성한다. 그림 13.5는 이 결과를 보여준다.
cappuccino_sales 집계는 기본 date_histogram 버킷 아래에 있는 새 버킷을 만든다.

```
"aggregations" : {
  "coffee_sales_by_day" : {
    "buckets" : [
      {
        "key_as_string" : "2022-09-01T00:00:00.000Z",
        "key" : 1661990400000,
        "doc_count" : 1,
        "cappucino_sales" : {
          "value" : 23.0
        }
      },
      {
        "key_as_string" : "2022-09-02T00:00:00.000Z",
        "key" : 1662076800000,
        "doc_count" : 1,
        "cappucino_sales" : {
          "value" : 40.0
        }                          ← 새 버킷이 기존 버킷에
      }                               추가된다.
    ]
  }
}
```

▲ **그림 13.5** 기존 버킷 내부에 만든 새 버킷

13.4.2 형제 집계

형제 집계^{sibling aggregation}는 동일한 수준에서 새 집계를 만든다. 다음 목록은 동일한 수준의 두 쿼리로 집계를 생성한다(따라서 이를 형제라고 부른다).

목록 13.20 실행 중인 형제 집계

```
GET coffee_sales/_search
{
  "size": 0,
  "aggs": {
    "coffee_date_histogram": {
      "date_histogram": {
        "field": "date",
        "calendar_interval": "1d"
      }
    },
    "total_sale_of_americanos": {
      "sum": {
        "field": "sales.americano"
      }
    }
  }
}
```

coffee_date_histogram 및 total_sale_of_americanos 집계는 동일한 수준에서 정의된다. 집계가 축소된 쿼리의 스냅숏을 찍으면 그림 13.6과 같다.

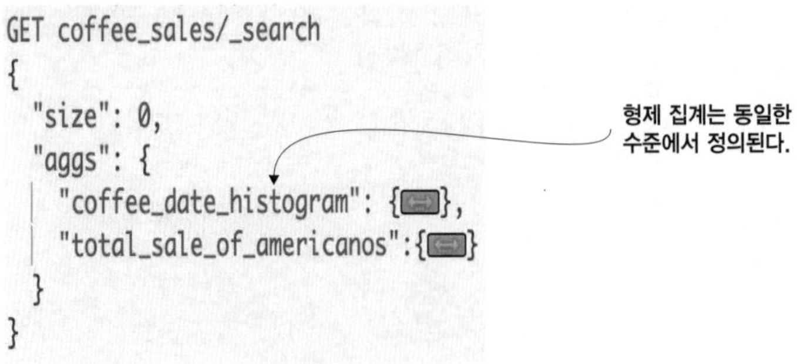

▲ 그림 13.6 쿼리 측면에서의 형제 집계

형제 쿼리를 실행하면 새 버킷이 만들어진다. 그러나 버킷이 생성돼 기존 버킷에 추가되는 부모 집계와 달리 형제 집계를 사용하면 새 집계 또는 새 버킷이 루트 집계 수준에서 생성된다. 목록 13.20의 쿼리는 각 형제 집계자에 대해 새로 생성된 버킷을 사용해 그림 13.7의 집계 결과를 생성한다.

```
"aggregations" : {
  "total_sale_of_americanos" : {
    "value" : 28.0
  },
  "coffee_date_histogram" : {
    "buckets" : [
      {...},                              두 집계는 동일한
      {...}                               수준에서 출력된다.
    ]
  }
}
```

▲ **그림 13.7** 동일한 수준의 형제 쿼리 집계의 출력

13.5 파이프라인 집계

지난 몇 개의 절에서는 데이터에 대한 메트릭을 생성하거나 데이터를 버킷팅하거나 둘 다를 통해 집계를 생성하는 방법을 살펴봤다. 하지만 때로는 여러 집계를 연결해 다른 메트릭 수준이나 버킷을 생성하고 싶을 때도 있다. 예를 들어 집계 중에 생성된 모든 버킷의 최댓값과 최솟값을 찾거나 사이버 먼데이 할인 중 시간당 평균 매출과 같은 데이터 슬라이딩 윈도우의 이동 평균을 찾고 싶다고 가정해 보자. 하지만 메트릭과 버킷 집계는 연결할 수 없다.

일래스틱서치는 집계 체인을 허용하는 파이프라인 집계라는 세 번째 집계 세트를 제공한다. 이러한 집계는 개별 도큐먼트나 도큐먼트 필드가 아닌 다른 집계의 출력에 대해 작동한다. 즉, 버킷 또는 메트릭 집계의 출력을 전달해 파이프라인 집계를 생성한다. 본격적으로 시작하기 전에 파이프라인 유형, 구문 및 기타 세부 사항을 살펴본다.

13.5.1 파이프라인 집계 유형

광범위하게 말하면 파이프라인 집계를 부모[parent] 유형과 형제[sibling] 유형의 두 가지 유형으로 그룹화할 수 있다. 13.4 절에 설명된 대로 부모 파이프라인 집계는 자식[child] 집계의 입력에 대해 작업해 새 버킷 또는 새 집계를 생성한 다음 기존 버킷에 추가한다. 형제 파이프라인 집계는 동일한 수준에서 새 집계를 생성한다.

13.5.2 샘플 데이터

이 절에서 몇 가지 예를 실행하면서 부모 및 형제 집계 유형을 자세히 살펴본다. 파이프라인 집계를 실행하기 위해 coffee_sales 데이터 집합을 사용한다. 다음 목록과 같이 _bulk API를 사용해 데이터를 인덱싱하는 일반적인 절차를 따른다. 깃허브(http://mng.bz/6D45)의 책 저장소나 책 웹사이트에서 샘플 데이터를 가져올 수 있다.

목록 13.21 _bulk API를 사용한 데이터 인덱싱

```
PUT coffee_sales/_bulk
{"index":{"_id":"1"}}
{"date":"2022-09-01","sales":{"cappuccino":23,"latte":12,"americano":9,
➥ "tea":7},"price":{"cappuccino":2.50,"latte":2.40,"americano":2.10,
➥ "tea":1.50}}
{"index":{"_id":"2"}}
{ "date":"2022-09-02","sales":{"cappuccino":40,"latte":16,"americano":19,
➥ "tea":15},"price":{"cappuccino":2.50,"latte":2.40,"americano":2.10,
➥ "tea":1.50}}
```

이 쿼리를 실행하면 2개의 판매 도큐먼트가 coffee_sales 인덱스로 인덱싱된다. 다음 단계는 상세한 이해를 위해 파이프라인 집계를 만드는 것이다.

13.5.3 파이프라인 집계 구문

앞서 언급했듯이 파이프라인 집계는 다른 집계의 입력에 대해 작동한다. 따라서 파이프라인을 선언할 때 해당 메트릭 또는 버킷 집계에 대한 참조를 제공해야 한다. 이 예에서는 쿼리에서 적절한 구분 기호가 있는 집계 이름으로 구성된 buckets_path로 참조를 설정할 수 있다. buckets_path 변수는 파이프라인 쿼리에 대한 입력을 식별하는 메커니즘이다.

그림 13.8은 cappuccino_sales 부모 집계를 보여준다. total_cappuccinos에 의해 정의된 파이프라인 집계 cumulative_sum은 부모 집계의 이름을 참조하는 값으로 설정된 buckets_path를 통해 부모 집계를 참조한다.

```
GET coffee_sales/_search
{
  "size": 0,
  "aggs": {
    "sales_by_coffee": {
      "date_histogram": {▭},
      "aggs": {
        "cappuccino_sales": {
          "sum": {▭}      ▲
        },                └────────┐
        "total_cappuccinos": {     │
          "cumulative_sum": {      │
            "buckets_path": "cappuccino_sales"
          }
        }
      }
    }
  }
}
```

cumulative_sum은 buckets_path를 cappuccino_sales로 설정해 부모 집계(cappuccino_sales로 정의)를 참조한다.

▲ **그림 13.8** 부모 파이프라인 집계 buckets_path 설정

buckets_path 설정은 실행 중인 집계가 형제 집계인 경우 좀 더 복잡해진다. 그림 13.9의 집계에 있는 max_bucket은 형제 파이프라인 집계(highest_cappuccino_sales_bucket 집계 아래에 정의된다)이며, buckets_path 변수에 의해 설정된 다른 집계에서 입력을 가져와 결과를 계산한다. 이 경우 sales_by_coffee 형제 집계 아래에 있는 cappuccino_sales라는 집계에 의해 공급된다.

```
GET coffee_sales/_search
{ ⟨⋯⟩ }

GET coffee_sales/_search
{
  "size": 0,                       형제 집계
  "aggs": {
    "sales_by_coffee": {
      "date_histogram": { ⟨⋯⟩ },
      "aggs": {
        "cappuccino_sales": { ⟨⋯⟩ }
      }
    },
    "highest_cappuccino_sales_bucket":{
      "max_bucket": {
        "buckets_path": "sales_by_coffee>cappuccino_sales"
      }
    }
  }
}
```

max_bucket(형제 집계)는 buckets_path를 sales_
by_coffee>cappuccino_sales로 설정해 형제 집계의
구성 요소(sales_by_coffee과 cappuccino_sales로
정의한)를 참조한다.

"〉" 연산자는 이 집계를 분리한다.

형제 파이프라인 집계를 위한
buckets_path

▲ **그림 13.9** 형제 파이프라인 집계 buckets_path 설정

buckets_path 또는 파이프라인 집계에 대해 의구심이 든다면 잠시 기다려 보자. 다음 몇 개의
절에서 실제로 이를 살펴본다.

13.5.4 사용 가능한 파이프라인 집계

파이프라인 집계가 부모 집계인지 형제 집계인지 알면 이러한 집계를 쉽게 개발하는 데 도움
된다. 표 13.1과 13.2에는 파이프라인 집계와 해당 정의가 나열돼 있다.

▼ **표 13.1** 부모 파이프라인 집계

이름	설명
버킷 스크립트(buckets_script)	다중 버킷 집계에서 스크립트를 실행한다.
버킷 선택기(bucket_selector)	다중 버킷 집계에서 해당 위치에 대한 현재 버킷을 선택하는 스크립트를 실행한다.
버킷 정렬(bucket_sort)	버킷을 정렬한다.
누적 카디널리티(cumulative_cardinality)	최근 추가된 고유(누적 카디널리티) 값을 확인한다.
누적 합계(cumulative_sum)	메트릭의 누적 합계를 찾는다.

이름	설명
도함수(derivative)	히스토그램 또는 날짜 히스토그램에서 메트릭의 derivative 항목을 찾는다.
추론(inference)	사전 학습된 모델에 대한 추론을 찾는다.
이동 함수(moving_function)	슬라이딩 윈도에서 사용자 정의 스크립트를 실행한다.
이동 퍼센타일(moving_percentiles)	백분위수로 계산한다는 점을 제외하면 moving_function과 유사하다.
정규화(normalize)	특정 버킷의 정규화된 값을 계산한다.
시리얼 디퍼런스(serial_diff)	메트릭의 시리얼 디퍼런스를 계산한다.

▼ 표 13.2 형제 파이프라인 집계

이름	설명
평균(avg_bucket)	형제 메트릭의 평균값을 계산한다.
버킷 카운트(bucket_count_ks_test)	분포에 대한 Kolmogorov-Smirnov(콜모고로프-스미르노프) 통계를 계산한다.
버킷 상관관계(bucket_correlation)	상관 함수를 실행한다.
변곡점(change_point)	메트릭의 감소와 변화를 감지한다.
확장 통계(extended_stats)	여러 통계 함수를 계산한다.
최대 버킷(max_bucket)	최댓값 버킷을 찾는다.
최소 버킷(min_bucket)	최솟값 버킷을 찾는다.
퍼센타일 버킷(percentiles_bucket)	메트릭의 백분위수를 계산한다.
통계 버킷(stats_bucket)	메트릭에 대한 일반적인 통계를 계산한다.
합계 버킷(sum_bucket)	메트릭의 합계를 계산한다.

이 절에서 파이프라인 집계 전체를 볼 수는 없지만 몇 가지 일반적인 집계를 통해 파이프라인 집계의 기본 사항을 검토할 수 있다. 먼저 누적 커피 판매량(예를 들어 매일 판매되는 카푸치노 잔 수)을 찾고 싶다고 가정해 보자. 일일 스코어 대신 운영 첫날부터 판매된 카푸치노의 총 개수를 매일 누적하기를 원한다. cumulative_sum 집계는 현재 날짜의 합계를 유지하고 다음 날의 합계를 추적하는 등의 편리한 부모 파이프라인 집계다. 이를 실제로 살펴보자.

13.5.5 cumulative_sum 부모 집계

판매된 커피의 누적 합계를 집계하기 위해 일별 커피 판매량을 연결하고 결과를 cumulative_sum 파이프라인 집계에 전달할 수 있다. 다음 목록은 판매된 카푸치노의 누적 합계를 가져온다.

목록 13.22 일일 판매된 카푸치노의 누적 판매량(sum)

```
GET coffee_sales/_search
{
  "size": 0,
  "aggs": {
    "sales_by_coffee": {
      "date_histogram": {
        "field": "date",
        "calendar_interval": "1d"
      },
      "aggs": {
        "cappuccino_sales": {
          "sum": {
            "field": "sales.cappuccino"
          }
        },
        "total_cappuccinos": {           ← 카푸치노 누적 판매량을
          "cumulative_sum": {              계산하는 부모 집계
            "buckets_path": "cappuccino_sales"
          }
        }
      }
    }
  }
}
```

sales_by_coffee 집계는 해당 날짜에 속하는 모든 날짜와 도큐먼트를 제공하는 date_histogram이다(지금까지는 날짜 2개만 있다). 또한 해당 버킷의 카푸치노 판매량을 합산하는 자식 집계(cappuccino_sales)도 있다.

코드의 굵은 부분은 부모 파이프라인 집계(total_cappuccinos)다. 하루 누적 카푸치노 판

매량을 가져온다. 이는 부모 파이프라인 집계인 cappuccino_sales 집계의 범위에 적용되기 때문에 부모 파이프라인 집계라고 한다. 집계 결과는 다음과 같다.

```
"aggregations" : {
  "sales_by_coffee": {
    "buckets": [
      {
        "key_as_string": "2022-09-01T00:00:00.000Z",
        "key": 1661990400000,
        "doc_count": 1,
        "cappuccino_sales": {
          "value": 23.0
        },
        "total_cappuccinos": {
          "value": 23.0
        }
      },
      {
        "key_as_string": "2022-09-02T00:00:00.000Z",
        "key": 1662076800000,
        "doc_count": 1,
        "cappuccino_sales": {
          "value": 40.0
        },
        "total_cappuccinos": {
          "value": 63.0
        }
      }
    ]
  }
}
```

잠시 결과를 살펴보자. 버킷은 쿼리 상단의 date_histogram 집계로 인해 날짜별로 분리된다(key_as_string). 또한 매일 판매되는 카푸치노 수(버킷당)를 가져오는 자식 집계(cappuccino_sales)도 만들었다. 결과의 마지막 부분은 기존 버킷에 추가된 카푸치노의 누적 합계(total_cappuccinos)다. 2일차에는 총 카푸치노가 63개였다(첫째 날에는 23개, 둘째 날에는 40개).

카푸치노의 누적 합계는 기존 상위 버킷 수준인 반면, 버킷에서 판매된 최대 또는 최소 커피를 찾는 것은 형제 수준이다. 이를 위해서는 기본 집계와 동일한 수준에서 집계를 만들어야 하며, 이것이 집계를 형제라고 부르는 이유다. 가장 많은 카푸치노가 판매된 날짜 또는 반대로 가장 적은 카푸치노가 판매된 날짜를 확인하고 싶다고 가정해 보자. 이를 수행하려면 다음 절에서 다룰 파이프라인 집계의 `max_bucket` 및 `min_bucket` 집계가 필요하다.

13.5.6 max_bucket 및 min_bucket 형제 파이프라인 집계

일래스틱서치는 다른 집계에서 가져온 버킷 세트에서 최상위 버킷을 가져오는 `max_bucket`이라는 파이프라인 집계를 제공한다. 파이프라인 집계는 다른 집계의 입력을 사용해 자체 집계를 계산한다는 점을 기억하자.

max_bucket 집계

다음 목록의 쿼리는 마지막 절에서 수행한 집계를 향상시킨다. 이는 `max_bucket` 함수를 추가해 수행된다.

목록 13.23 카푸치노 판매량을 구하기 위한 파이프라인 집계

```
GET coffee_sales/_search
{
  "size": 0,
  "aggs": {
    "sales_by_coffee": {
      "date_histogram": {
        "field": "date",
        "calendar_interval": "1d"
      },
      "aggs": {
        "cappuccino_sales": {
          "sum": {
            "field": "sales.cappuccino"
          }
        }
      }
    },
```

```
    "highest_cappuccino_sales_bucket": {
      "max_bucket": {
        "buckets_path": "sales_by_coffee>cappuccino_sales"
      }
    }
  }
}
```

굵게 표시된 코드에서 볼 수 있듯이, highest_cappuccino_sales_bucket은 수행하려는 형제 파
이프라인 집계에 지정된 맞춤형 이름이다. sales_by_coffee 집계와 동일한 수준에서 max_
bucket 집계를 선언하므로 형제 집계라고 한다. 여기에는 sales_by_coffee 및 cappuccino_
sales 집계를 결합하는 buckets_path가 필요하다(이 두 가지는 데이터에 대한 버킷 및 메트릭 집계
의 결과다). 쿼리가 실행되면 다음 응답을 얻는다.

```
"aggregations" : {
  "sales_by_coffee": {
    "buckets": [
      {
        "key_as_string": "2022-09-01T00:00:00.000Z",
        "key": 1661990400000,
        "doc_count": 1,
        "cappuccino_sales": {
          "value": 23.0
        }
      },
      {
        "key_as_string": "2022-09-02T00:00:00.000Z",
        "key": 1662076800000,
        "doc_count": 1,
        "cappuccino_sales": {
          "value": 40.0
        }
      }
    ]
  },
  "highest_cappuccino_sales_bucket": {
    "value": 40.0,
    "keys": [
```

```
      "2022-09-02T00:00:00.000Z"
    ]
  }
}
```

굵게 표시한 부분은 `maximum_cappuccino_sales_bucket` 정보를 담고 있다. `2022-09-02`(2022년 9월 2일)는 카푸치노가 가장 많이 판매된 날짜다.

min_bucket 집계

카푸치노가 더 적게 판매된 날짜도 가져올 수 있다. 이를 위해서는 min_bucket 파이프라인 집계를 사용해야 한다. 목록 13.23에서 강조 표시된 코드를 다음 코드 조각의 코드로 바꾼다.

```
..
"lowest_cappuccino_sales_bucket":{
  "min_bucket": {
    "buckets_path": "sales_by_coffee>cappuccino_sales"
  }
}
```

결과에 따르면 2022년 9월 1일에 카푸치노가 가장 적게 판매됐다.

```
"lowest_cappuccino_sales_bucket" : {
  "value" : 23.0,
  "keys" : [
    "2022-09-01T00:00:00.000Z"
  ]
}
```

메트릭 및 버킷 집계와 같은 몇 가지 다른 파이프라인 집계가 있다. 13장에서 이들 모두를 논의하는 것은 실용적이지 않으며 책의 코드 샘플에는 대부분의 집계가 포함돼 있다. 특정 집계로 작업할 때는 공식 문서를 확인하자. 파이프라인 집계에 대한 공식 문서는 다음 링크(http://mng.bz/XNzE)에 있다.

　　여기까지가 집계에 대한 설명이다! 여기서 마무리하자.

요약

- 검색은 검색 조건에 따라 축적된 데이터에서 답을 찾는 반면, 집계는 조직에서 수집한 데이터에 대한 패턴, 통찰력 및 정보를 수집한다.
- 일래스틱서치를 사용하면 데이터에 대해 중첩nested 및 형제sibling 집계를 수행할 수 있다.
- 일래스틱서치는 집계를 메트릭metric, 버킷bucket, 파이프라인pipeline의 세 가지 유형으로 분류한다.
- 메트릭 집계는 평균(avg), 최소(min), 최대(max), 합계(sum) 등과 같은 단일 값 메트릭을 가져온다.
- 버킷 집계는 버킷팅 전략에 따라 데이터를 다양한 버킷으로 분류한다. 버킷팅 전략을 사용하면 일래스틱서치에 필요에 따라 데이터를 버킷으로 분할하도록 요청할 수 있다.
- 일래스틱서치가 제공하는 간격interval에 따라 사전 정의된 버킷을 생성하도록 하거나 맞춤형 범위를 생성할 수 있다.
  - 예를 들어 연령 그룹의 간격이 10인 경우 일래스틱서치는 데이터를 10단계로 분할한다.
  - 간격이 다른 10~30 또는 30~100과 같은 범위를 만드려는 경우 맞춤형 범위를 생성할 수 있다.
- 파이프라인 집계는 다른 메트릭 및 버킷 집계의 출력에 대해 작업해 새 집계 또는 새 버킷을 만든다.

14

관리자

지금까지 탁월한 쿼리 및 기타 여러 기능을 포함해 일래스틱서치의 내부 작동 방식을 살펴봤다. 노드가 서로 통신하는 방법, 샤드 크기, 키바나 포트를 수정하기 위해 변경해야 하는 설정과 같은 고급 구성에 신경 쓰지는 않았다. 14장에서는 이러한 관리 기능에 대해 설명한다. 검색 서버를 운영하면서 생성한 쿼리를 사용해 일부 문제를 해결한다.

일래스틱서치의 강력한 기능 중 하나는 서버를 확장해 페타바이트 규모의 데이터를 제공하는 기능이다. 추가 노드를 조달하는 것 외에는 설정이 복잡하지 않다. 14장의 첫 번째 부분에서는 클러스터를 확장하는 방법을 다룬다. 또한 샤드 크기 조정을 실험하고 더 많은 복제본을 할당하면 읽기 성능 문제가 완화되는 이유를 알아본다.

그런 다음 노드가 내부적으로 통신하고 클러스터를 형성하는 방법에 대해 논의한다. 14장의 두 번째 절에서는 네트워크 설정과 그 중요성을 살펴본다.

예상치 못한 상황에서 데이터가 손실되는 것을 방지하려면 트랜잭션 및 구성 데이터가 있는 모든 서버를 정기적으로 백업해야 한다. 일래스틱서치는 언제든지 또는 원하는 만큼 정기적으로 데이터의 스냅숏을 찍고 필요에 따라 복원하는 기능을 제공한다. 정교한 스냅숏 및 복원 기능에 대해 자세히 설명한다.

또한 일래스틱서치 속성을 조정하기 위한 고급 구성도 살펴본다. 일반적으로 사용되는 elasticsearch.yml 구성 파일과 그 내용을 살펴보고, 네트워크 설정 변경, 힙 메모리 증가, 구성 요소의 로그를 추적 수준에서 확인하는 방법에 대해 논의한다.

마지막으로 클러스터 마스터의 역할과 클러스터가 쿼럼을 기반으로 결정을 내리는 방법 및 기타 세부 사항에 대해 논의한다. 정상적인 클러스터에 필요한 최소 마스터 자격이 있는 master-eligible 노드 수를 이해하기 위해 스플릿 브레인split-brain 시나리오를 살펴본다.

일래스틱서치를 프로덕션에 배포하는 것은 복잡하고 전문적인 작업이다. 일래스틱서치에는 무빙 파츠moving parts가 많이 있으며, 각 파트part를 처리하는 것은 엄청난 작업이지만 불가능하진 않다. 일래스틱서치의 기능 대부분은 기본적으로 잘 작동하지만 애플리케이션을 프로덕션으로 옮기는 것만으로는 충분하지 않다. 관리자 업무도 처리해야 한다. 일래스틱서치(또는 일래스틱 스택)를 프로덕션 상태로 만들려면 많은 옵션을 조정해야 한다. 이러한 모든 관리 작업을 하나의 장에서 다루는 것은 지루하고 비실용적이다. 그러나 대부분의 개발자와 관리자가 이해해야 하는 공통적이고 중요한 관리 기능을 포함시켰다. 14장에서 다루지 않은 기능에 대해 자세히 알아보려면 해당 도큐먼트를 참조한다. 클러스터 확장에 대해 알아보는 것부터 시작해 보자.

14.1 클러스터 확장

일래스틱서치 클러스터는 사용 사례, 데이터 및 비즈니스 요구 사항에 따라 단일 노드에서 수백 개의 노드까지 원하는 수의 노드로 확장할 수 있다. 일래스틱서치에 대해 배울 때 개인용 컴퓨터에서 단일 노드 클러스터로 작업할 수도 있지만 프로덕션 환경에서는 단일 노드 클러스터를 사용하는 경우가 거의 없다.

일래스틱서치를 선택한 이유 중 하나는 탄력성과 내결함성 기능이다. 노드가 실패할 때 데이터를 잃고 싶지 않다. 다행스럽게도 일래스틱서치는 하드웨어 오류에 대처하고 하드웨어가 다시 온라인 상태가 되는 즉시 복구할 수 있다.

클러스터 크기를 선택하는 것은 모든 조직에 중요한 IT 전략이며, 데이터 요구 사항에 맞게 일래스틱서치 클러스터 크기를 조정하는 데에는 여러 변수^{variable}, 요소^{factor}, 입력^{input}이 적용된다. 기존 클러스터에 리소스(메모리 또는 새 노드)를 추가할 수 있지만, 그러한 수요를 예측하는 것이 중요하다.

이 절에서는 클러스터의 크기를 조정하고 확장하는 방법을 알아본다. 읽기 처리량이나 인덱싱 성능을 높이기 위해 기존 클러스터에 노드를 추가할 수 있다. 또한 인덱싱이나 읽기 처리량에 대한 수요가 감소한다면 노드를 제거해 클러스터의 크기를 줄일 수도 있다.

14.1.1 클러스터에 노드 추가

클러스터의 각 노드는 기본적으로 전용 서버에서 일래스틱서치 인스턴스를 실행한다. 단일 서버에 여러 노드를 생성하는 것을 막을 순 없지만, 그렇게 하면 해당 서버가 실패하면 해당 서버의 모든 노드를 잃게 되므로 데이터 복원력의 목표를 상실한다.

> |노트| 일래스틱서치를 다른 애플리케이션, 특히 리소스를 많이 사용하는 애플리케이션과 함께 번들로 묶는 것보다는 요구 사항에 따라 컴퓨팅 성능이 뛰어난 전용 서버에서 일래스틱서치를 배포하고 실행하는 것이 좋다.

일래스틱서치 서버를 처음 실행하면 단일 노드로 클러스터가 구성된다. 이 단일 노드 클러스터는 제품을 테스트하고 시험해 보기 위한 개발 환경의 일반적인 설정이다. 그림 14.1은 단일 노드 클러스터를 보여준다.

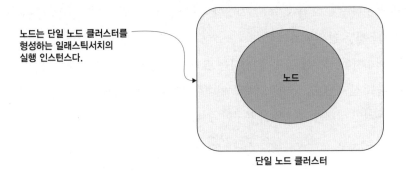

노드는 단일 노드 클러스터를
형성하는 일래스틱서치의
실행 인스턴스다.

노드

단일 노드 클러스터

▲ **그림 14.1** 단일 노드 클러스터

더 많은 노드를 가져오면(모든 노드가 동일한 클러스터 이름으로 명명된 경우) 모두 조인[join]해 다중 노드 클러스터를 구성한다. 단일 노드에서 노드 3개까지 노드를 계속 추가하면서 샤드가 클러스터 전체에 어떻게 생성되고 배포되는지 살펴본다.

각각 하나의 샤드와 하나의 복제본을 포함하는 chats라는 인덱스를 생성한다고 가정해보자. 이를 위해서는 인덱스 설정을 구성해 인덱스 생성 중에 샤드 및 복제본 수를 정의해야 한다.

목록 14.1 chats 인덱스 생성

```
PUT chats
{
  "settings": {
    "number_of_shards": 1,
    "number_of_replicas": 1
  }
}
```

이 스크립트는 단일 노드에 하나의 기본 샤드가 있는 chats 인덱스를 생성한다. 일래스틱서치는 기본 샤드가 존재하는 동일한 노드에 이 인덱스의 복제본을 생성하지 않는다. 실제로 기본 드라이브와 동일한 위치에 백업 드라이브를 만드는 것은 의미가 없다. 그림 14.2는 이를 보여준다(샤드는 생성되지만 복제본은 생성되지 않는다).

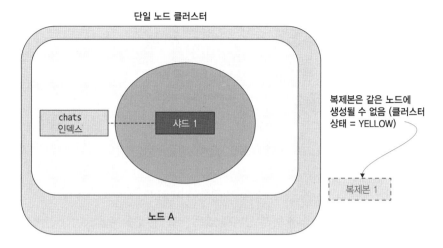

단일 노드 클러스터

chats
인덱스

샤드 1

복제본은 같은 노드에
생성될 수 없음 (클러스터
상태 = YELLOW)

복제본 1

노드 A

▲ **그림 14.2** 복제본이 생성되지 않은 단일 노드 클러스터

복제본이 생성되지 않으면 클러스터가 정상 상태로 분류되지 않는다. 클러스터 상태 API를 사용해 클러스터 상태에 대한 상위 수준 뷰를 얻을 수 있다. `GET _cluster/health` 호출은 클러스터 상태를 가져와 할당되지 않은 샤드, 클러스터 상태, 노드 및 데이터 노드 수 등을 자세히 설명하는 JSON 형식으로 출력한다. 그런데 클러스터 상태란 무엇을 의미하는 걸까?

14.1.2 클러스터 상태

3장에서 알아본 것처럼 일래스틱서치는 간단한 신호등 시스템을 사용해 클러스터의 상태(GREEN, RED, YELLOW)를 알려준다. 단일 노드 서버에서 인덱스를 처음 생성할 때 해당 인덱스의 상태는 YELLOW다. 이는 복제 샤드가 아직 할당되지 않았기 때문이다(이 노드의 모든 인덱스에 대해 replicas를 0으로 설정하지 않는 한 YELLOW로 표시된다. replicas를 0으로 설정하는 것은 가능하지만 안티 패턴이다). 필요한 경우 샤드 신호등 상태 시스템에 대한 정보를 다시 보려면 3.2.5절을 참조한다. 3장에서 설명했던 그림 14.3은 샤드 할당을 기반으로 클러스터의 상태를 정의한다.

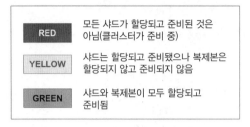

RED	모든 샤드가 할당되고 준비된 것은 아님(클러스터가 준비 중)
YELLOW	샤드는 할당되고 준비됐으나 복제본은 할당되지 않고 준비되지 않음
GREEN	샤드와 복제본이 모두 할당되고 준비됨

▲ **그림 14.3** 신호등을 사용해 클러스터 상태 표시

이를 이해하면 일래스틱서치에 클러스터가 비정상인 이유(또는 샤드가 할당되지 않은 이유)를 설명하도록 요청할 수 있다. 샤드가 현재 상태에 있는 이유에 대한 설명을 위해 클러스터 할당 API를 사용해 서버에 쿼리할 수 있다. 예를 들어 다음 쿼리는 chats 인덱스에 대한 설명을 요청한다.

목록 14.2 클러스터에 샤드 실패 설명 요청

```
GET _cluster/allocation/explain
{
  "index": "chats",
  "shard": 0,
  "primary": false
}
```

이 쿼리는 인덱스 상태에 대한 자세한 설명을 반환한다. 단일 노드 서버에서는 복제본이 생성되거나 할당되지 않는다는 것을 이미 알고 있다. 이를 확인받기 위해 클러스터에게 물어보자. 다음 코드 조각은 목록 14.2의 쿼리에 대한 서버의 요약된 응답을 보여준다.

```
{
  "index" : "chats",
  "shard" : 0,
  "primary" : false,
  "current_state" : "unassigned",
  "allocate_explanation" : "cannot allocate because
  ➥ allocation is not permitted to any of the nodes",
  "node_allocation_decisions" : [{
    ...
```

```
    "deciders" : [{
      "decider" : "same_shard",
      "explanation" : "a copy of this shard is already allocated to
      ➥ this node ..]"}
    ]
...
}
```

반환된 응답에 언급된 chats 인덱스의 current_state는 할당되지 않음을 나타낸다. 응답에서는 same_shard 결정자^{decider} 때문에 서버가 샤드 복사본을 할당할 수 없다고 설명한다(이전 코드 조각에서 deciders 배열 값을 확인한다).

클러스터의 노드는 기본적으로 master, ingest, data, ml, transform 등 다양한 역할을 수행해야 한다. 그러나 elasticsearch.yml 파일에서 적절한 역할로 node.roles 속성을 설정해 노드의 역할을 지정할 수 있다.

chats 인덱스에 데이터를 인덱싱하고 이 단일 노드 인스턴스에서 검색 쿼리를 수행할 수 있다. 복제본이 없기 때문에 데이터 손실 및 성능 병목 현상이 발생할 위험이 있다. 이러한 위험을 완화하기 위해 노드를 추가해 클러스터를 확장할 수 있다.

노드를 추가하는 것은 보안이 비활성화된 경우 다른 컴퓨터에서 동일한 cluster.name (elasticsearch.yml 파일의 속성)을 사용해 동일한 네트워크에서 일래스틱서치를 부팅하는 것만큼 간단하다.

> |주의| 버전 8.0부터 기본적으로 일래스틱서치 설치는 xpack.security.enabled가 true인 보안을 활성화한다. 처음으로 일래스틱서치 서버를 불러오면 필요한 키와 토큰이 생성되고 성공적인 키바나 연결을 얻기 위해 따라야 할 단계에 대해 알려준다. 로컬 컴퓨터에서 일래스틱서치를 실험하는 경우 보안을 비활성화할 수 있지만, elasticsearch.yml 파일에서 xpack.security.enabled 속성을 false로 설정해 보안이 활성화되지 않은 설정으로 프로덕션에 투입하지 않는 것이 좋다. 보안이 활성화되지 않은 설정은 매우 위험하며 문제가 발생한다.

두 번째 노드를 가져오면 일래스틱서치가 해당 노드에 복제본 샤드를 생성하는 데 도움된다. 그림 14.4에서 볼 수 있듯이 일래스틱서치는 두 번째 노드가 시작돼 클러스터에 합류할 때 샤드 1의 정확한 복사본인 복제본 1 샤드를 즉시 생성한다. 샤드 1의 콘텐츠는 즉시 복제본 1에 동기화되고, 일단 동기화되면 샤드 1의 모든 쓰기 작업은 앞으로 복제본 1에 복제된다. 여러 샤드와 여러 복제본에도 동일하게 적용된다.

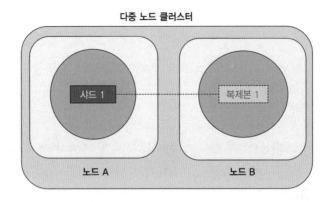

▲ **그림 14.4** 복제본 샤드는 두 번째 노드에 생성

클러스터에 더 많은 노드를 추가하면 일래스틱서치는 추가 노드를 사용해 클러스터를 우아하게 확장한다. 노드 추가(또는 제거)에 따라 샤드와 복제본을 자동으로 배포한다. 일래스틱서치는 일반 사용자나 관리자가 노드 간 통신 메커니즘, 샤드와 해당 데이터가 배포되는 방식 등에 대해 걱정할 필요가 없도록 모든 것을 내부에서 투명하게 관리한다. 그림 14.5에서는 샤드(샤드 2)가 새로 조인한 두 번째 노드로 이동해(따라서 다중 노드 클러스터 생성) 복제본이 생성되는 방법을 보여준다.

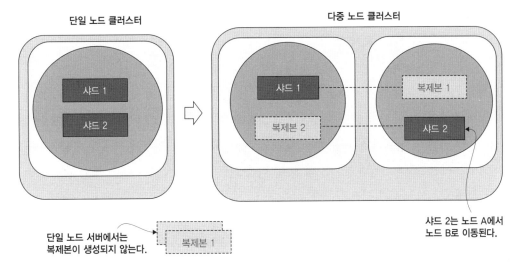

단일 노드 클러스터

다중 노드 클러스터

샤드 1

샤드 2

샤드 1

복제본 1

복제본 2

샤드 2

샤드 2는 노드 A에서
노드 B로 이동된다.

단일 노드 서버에서는
복제본이 생성되지 않는다.

복제본 1

▲ **그림 14.5** 새로 조인한 노드는 단일 노드 클러스터에서 새 샤드를 이동한다.

노드 A가 실패하면 노드 B의 복제본 1은 즉시 샤드 1로 승격돼 두 번째 노드가 다시 온라인
상태가 될 때까지 단일 노드 클러스터로 돌아간다. 필요한 경우 새 노드에서 일래스틱서치
서버를 가동해 클러스터에 새 노드를 계속 추가할 수 있다.

14.1.3 읽기 처리량 증가

복제본 수를 늘리면 성능상의 이점이 추가된다. 복제본은 읽기 처리량을 증가시킨다. 샤드
가 인덱싱 작업을 수행하는 동안 읽기(쿼리)는 복제본에서 제공될 수 있다. 애플리케이션이
읽기 중심인 경우(즉, 애플리케이션이 인덱싱하는 데이터 볼륨보다 더 많은 검색 쿼리 볼륨을 가져오는
경우(일반적으로 전자 상거래 애플리케이션) 복제본 수를 늘리면 애플리케이션의 부하가 완화
된다.

각 복제본은 샤드의 정확한 복사본이므로 애플리케이션의 샤드를 두 가지 범주로 나눌
수 있다. 기본 샤드는 데이터를 처리하고, 복제본 샤드는 데이터의 읽기 측면을 처리한다.
클라이언트에서 쿼리가 오면 코디네이터 노드는 응답을 위해 해당 요청을 읽기 노드로 전환
한다. 따라서 인덱스에 더 많은 복제본을 추가하면 읽기 처리량을 향상시키는 데 도움된다.

그러나 메모리에 미치는 영향에 유의하자. 각 복제본은 샤드의 정확한 복사본이므로 이에 따라 클러스터 크기를 조정해야 한다(14.3절 참조).

읽기 쿼리 성능 병목 현상에 대응하기 위해 복제본(및 읽기 처리량)을 늘리기 위한 한 가지 전략은 라이브 인덱스에서 number_of_replicas 설정을 업데이트하는 것이다. 이는 인덱스가 활성화돼 프로덕션에서 운영 중인 경우에도 조정할 수 있는 동적 설정이다. 예를 들어 서버를 마비시키는 읽기 쿼리 성능 문제에 대응하기 위해 5개의 샤드가 있는 5개 노드 클러스터에 10개의 노드를 추가한다고 가정해 보자. 다음 목록에서 볼 수 있듯이 복제본 수를 늘려 라이브 인덱스의 복제본 설정을 늘릴 수 있다.

목록 14.3 라이브 인덱스의 복제본 수 늘리기

```
PUT chats/_settings
{
  "number_of_replicas": 10
}
```

이러한 추가 복제본은 샤드별로 생성되며, 데이터가 복사된 상태로 새로 형성된 노드에 생성된다. 이제 추가 복제본이 있으므로 모든 읽기 쿼리를 효율적으로 처리한다. 클라이언트 요청을 복제본으로 라우팅해 애플리케이션의 검색 및 쿼리 성능을 향상시키는 것은 일래스틱서치의 책임이다.

> |**노트**| 기본 샤드 크기 조정에 대한 간략한 요약: 인덱스가 생성되고 활성화되면 number_of_shards가 인덱스의 정적 속성이기 때문에 크기를 조정할 수 없다. 이 설정을 변경해야 하는 경우 인덱스를 닫고 새 크기로 새 인덱스를 생성한 다음 이전 인덱스의 데이터를 새 인덱스로 다시 인덱싱해야 한다.

읽기 복제본을 늘리면 읽기 처리량이 늘어나지만, 클러스터의 메모리와 디스크 공간에 부담이 생긴다. 이는 각 복제본이 해당 복제본(기본 샤드)만큼 많은 리소스를 소비하기 때문이다.

14.2 노드 통신

일래스틱서치는 노드 시작부터 클러스터 생성, 데이터 인덱싱, 백업 및 스냅숏, 쿼리에 이르기까지 내부에서 일어나는 일에 대한 핵심적인 세부 정보를 숨긴다. 노드를 추가하면 클러스터가 확장되고 처음부터 복원력^{resilience}의 이점을 얻을 수 있다. 13장에서 많은 API를 다뤘으며 이러한 API는 클라이언트와 서버 간의 통신을 가능하게 한다. 이 경우 예상되는 통신 매체는 RESTful API를 통한 HTTP 인터페이스다. 동전의 다른 측면은 노드 간 통신이다. 즉, 각 노드가 다른 노드와 통신하는 방법, 마스터가 클러스터 전체에 대한 결정을 내리는 방법 등이 있다. 이를 위해 일래스틱서치는 두 가지 유형의 통신을 사용한다.

- RESTful API를 사용하는 클라이언트와 노드 간의 상호작용을 위한 HTTP 인터페이스다(쿼리를 실행할 때 이를 살펴봤다).
- 노드 간 통신을 위한 전송 계층 인터페이스다.

클러스터는 기본적으로 HTTP(또는 HTTPS) 통신을 위해 포트 9200를 노출하지만 구성 파일(elasticsearch.yml)을 조정해 이를 변경할 수 있다. 반면에 전송 계층은 포트 9300으로 설정된다. 이는 노드 간 통신이 해당 포트에서 발생함을 의미한다. 두 인터페이스 모두 네트워크 속성 아래 개별 노드에 대한 구성 파일에 설정돼 있지만, 요구 사항에 따라 이를 변경할 수 있다.

머신에서 일래스틱서치를 시작하면 기본적으로 localhost에 바인딩된다. 필요한 경우 network.host 및 network.port(노드 간 네트워킹의 경우 transport.port도 포함)를 변경해 이 바인딩을 특정 네트워크 주소로 변경할 수 있다.

컴퓨터 팜에서 이러한 설정을 변경하는 것은 어려운 작업이며, 특히 수백 개의 노드가 있는 클러스터를 설정해야 하는 경우에는 더욱 그렇다. 이러한 성가신 문제를 완화하기 위해 편리한 관리 스크립트를 준비하자. 이상적인 방법 중 하나는 중앙 폴더에 구성을 생성하고 ES_PATH_CONF 변수가 해당 설정을 가리키는 것이다(또한 이러한 목적으로 Ansible, Azure Pipelines, GitOps 등을 사용할 수도 있다). 이 변수를 내보내면 일래스틱서치가 이 디렉터리에서 구성을 선택할 수 있다.

네트워크 속성 설정으로 돌아가서 호스트를 수동으로 구성하는 대신 구성 파일의 특수 값을 사용해 네트워크 호스트를 설정할 수 있다. network.host 속성을 _local_로 설정하면 일래스틱서치가 주소를 자동으로 설정할 수 있다. 루프백 주소(127.0.0.1)를 네트워크 호스트로 설정한다. _local_ 특수 값은 network.host 속성의 기본값이다. 이 값은 그대로 두는 것을 제안한다.

network.host 속성을 사이트 로컬 주소(예를 들어 192.168.0.1)로 설정하는 _site_ 값도 있다. 구성에서 network.host: [_local_, _site_]를 설정해 network.host를 특수 값으로 기본값으로 설정할 수 있다.

14.3 샤드 크기 조정

샤드에 관해 이야기할 때 항상 제기되는 질문 중 하나는 크기 조정이다. 이 주제를 더 잘 이해하려면 샤드 크기 조정, 특히 고려해야 할 메모리 공간과 기타 변수를 자세히 살펴보자. 설명을 위해 노드 5개의 클러스터에 하나의 인덱스가 있는 사용 사례에 초점을 맞춘 다음 클러스터의 다중 인덱스를 사용해 샤드 크기를 찾을 것이다.

14.3.1 단일 인덱스 설정

10개의 기본 샤드와 2개의 복제본으로 구성된 하나의 인덱스가 있는 노드 5개의 클러스터가 있다고 가정해 보자. 즉, 각 샤드에는 2개의 복제본이 있고 기본 노드와 복제본 모두에 대한 총 샤드 수는 30개다. 그림 14.6은 이 구성을 보여준다.

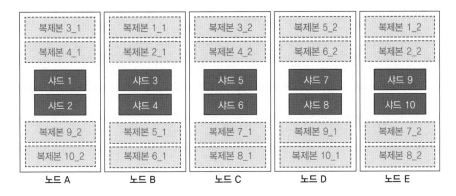

▲ **그림 14.6** 다중 노드 클러스터에 분산된 샤드와 복제본

또한 기본 샤드가 300GB의 메모리를 차지하는 수백만 개의 도큐먼트로 구성돼 있다고 가정해 보자. 따라서 각 샤드에 약 50GB의 메모리가 할당된 10개의 샤드 인덱스를 생성한다. 일 래스틱서치는 300GB의 데이터를 10개의 샤드에 분산하므로 각 샤드는 약 30GB의 도큐먼트를 가져온다. 또한 각 샤드마다 2개의 복제본이 있어 총 20개의 복제본이 있다.

복제본은 샤드의 복사본이므로 기본 샤드와 동일한 메모리로 설정해야 한다. 따라서 20개의 복제본은 50GB의 20배, 즉 1000GB를 소비한다. 기본 샤드에 할당된 메모리를 추가하는 것을 잊지 말자. 샤드 10개 × 50GB는 500GB다. 하나의 인덱스로 이 클러스터를 실행하려면 최소 1500GB(1.5TB)가 필요하다. 그림 14.7은 이러한 계산을 보여준다.

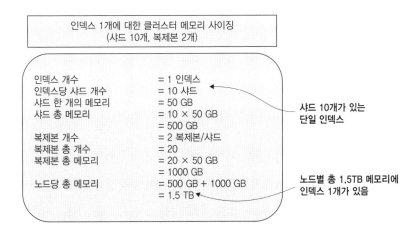

▲ **그림 14.7** 샤드 10개와 복제본 2개가 있는 단일 인덱스의 메모리 크기 조정

이 클러스터는 개별 노드로 구성된다. 이러한 노드에는 시스템 인덱스, 메모리 내 데이터 구조 및 기타 작업을 포함한 작업 목적으로 추가 메모리가 필요하다. 따라서 항상 샤드 크기 조정에 할당된 메모리 외에 메모리를 추가하는 것이 좋다. 앞서 언급했듯이 노드 5개의 클러스터를 구축하고 있으므로 400GB의 각 노드는 2000GB의 클러스터를 구성한다. 현재 사용 사례에서는 이 정도면 충분하다.

14.3.2 다중 인덱스 설정

이 예에서는 관리할 인덱스가 하나만 있으므로 해당 인덱스를 기준으로 메모리 비용을 계산하려고 한다. 현실 세계에서는 이런 경우가 거의 없다. 서버에는 인덱스가 얼마든지 존재할 수 있으며, 최소한 향후 여러 인덱스를 생성하려면 서버를 프로비저닝해야 한다. 각 인덱스에 10개의 샤드와 2개의 복제본이 있는 5개의 인덱스에 대한 비용 계산을 추정하면 그림 14.8은 총 메모리를 나타낸다.

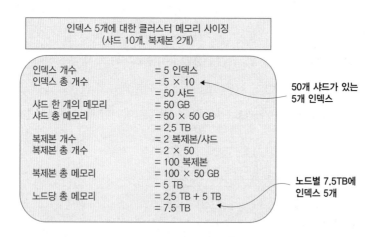

▲ **그림 14.8** 노드의 5개 인덱스에 대한 기하급수적인 메모리 사용량

추가 인덱스를 고려하면 메모리가 기하급수적으로 증가한다. 10개의 샤드와 20개의 복제본이 있는 하나의 인덱스의 이전 사례(그림 14.7)에서 2000GB의 공간 요구 사항을 처리하기 위해 노드 5개의 클러스터를 의뢰했다. 여러 인덱스가 있는 이 새로운 사례(그림 14.8)에는 약 10TB의 공간을 처리할 수 있는 대규모 클러스터가 필요하다. 수직 확장 또는 수평 확장이라

는 두 가지 방법으로 이를 처리할 수 있다.

수직 확장

2TB 메모리 요구 사항을 충족하는 동일한 클러스터를 사용하고 추가 메모리를 지원해 새로운 메모리 요구 사항을 처리할 수 있다. 예를 들어 각 서버를 2TB(2TB의 노드 5개 = 10TB)로 늘릴 수 있다. 이는 수직적 확장 활동이다. 기술적인 측면에서는 문제가 되지 않지만, 업그레이드를 위해 서버를 다운시켜야 할 수도 있다.

수평적 확장

대체(아마도 선호되는) 접근 방식은 클러스터에 노드를 추가하는 것이다. 예를 들어 서버에 20개의 노드를 더 추가해 총 25개의 노드를 만들 수 있다. 각 노드에 400GB의 메모리가 있는 25개의 노드로 구성된 클러스터가 새로 형성됐다. 총 메모리 요구 사항은 10TB이다.

모든 경우에 적용되는 일률적인 솔루션은 없지만, 검증된 접근 방식을 통해 미래 지향적인 전략을 수립하는 것이 대부분의 조직에 적합하다. 샤드 크기 조정은 지루한 작업이므로 적절한 크기를 지정하려면 극도로 주의를 기울여야 한다.

주요 관리 요구 사항은 때때로 인덱스 또는 전체 클러스터를 백업하는 것이므로 다음 절에서 이에 대해 설명한다. 또한 필요할 때 백업을 복원하는 방법도 살펴본다. 일래스틱서치는 백업 및 복원을 위한 매끄러운 메커니즘, 즉 스냅숏을 제공한다.

14.4 스냅숏

백업 및 복원 기능 없이 프로덕션 환경에서 애플리케이션을 실행하는 것은 위험하다. 클러스터의 데이터는 클러스터 외부 어딘가에 있는 내구성 있는 저장소에 저장돼야 한다. 다행히도 일래스틱서치는 데이터를 백업하고 필요할 때 복원할 수 있는 간편한 스냅숏 및 복원 기능을 제공한다.

스냅숏은 증분 백업을 정기적으로 저장하는 데 도움을 준다. 일반적으로 로컬 파일시스템이나 AWS S3, Microsoft Azure, Google Cloud Platform과 같은 클라우드 기반 서비스에 마운트되는 저장소에 스냅숏을 저장할 수 있다. 그림 14.9에서 볼 수 있듯이 관리자는 정기적으로 클러스터의 스냅숏을 저장 매체에 저장한 다음 요청 시 복원한다.

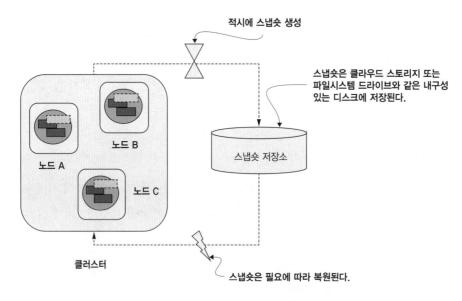

▲ **그림 14.9** 클러스터의 스냅숏 및 복원 메커니즘

정기적인 클러스터 스냅숏은 내부 스크립트나 편리한 도구를 사용해 이상적으로 자동화해야 하는 관리 작업이다. 그러나 스냅숏 백업을 시작하기 전에 스냅숏 저장소가 특정 유형이고 등록됐는지 확인해야 한다. 이 절에서는 저장소를 설정하는 메커니즘과 저장소의 데이터를 클러스터로 스냅숏하고 복원하는 방법에 대해 설명한다.

14.4.1 시작하기

스냅숏 및 복원 기능을 사용하려면 몇 가지 단계를 거쳐야 한다. 대체로 다음 세 가지 활동을 수행해야 한다.

- 스냅숏 저장소를 등록한다. 스냅숏은 파일시스템, HDFS(Hadoop 분산 파일시스템)와 같은 내구성 있는 스토리지 영역 또는 아마존 S3 버킷과 같은 클라우드 스토리지에 저장된다.

- 데이터의 스냅숏을 찍는다. 클러스터에 저장소를 등록하면 데이터의 스냅숏을 찍어 백업할 수 있다.
- 저장소로부터 복원한다. 데이터를 복원해야 할 경우 복원해야 하는 인덱스, 인덱스 세트 또는 클러스터를 선택하고 이전에 등록된 스냅숏 저장소에서 복원 작업을 시작하기만 하면 된다.

스냅숏 생성의 일부로 모든 인덱스, 모든 데이터 스트림 및 클러스터 상태가 백업된다. 첫 번째 스냅숏이 수행된 후 후속 백업은 전체 복사본이 아닌 증분 업데이트가 된다. 스냅숏으로 작업할 수 있는 방법엔 두 가지가 있다.

- RESTful API 스냅숏 및 복원
- 키바나 스냅숏 및 복원 기능

첫 번째 단계는 저장소 유형을 선택하고 등록하는 것이다. 다음 절에서 설명하는 대로 두 가지 접근 방식을 모두 사용해 스냅숏 저장소를 등록해 보자.

14.4.2 스냅숏 저장소 등록

작업을 단순하게 유지하기 위해 파일시스템을 저장소 유형으로 선택한다. 공유 파일시스템에 마운트된 디스크에 스냅숏을 저장하려고 한다. 클러스터의 모든 마스터 및 데이터 노드에 사용 가능한 메모리가 있는 파일시스템을 마운트하는 것부터 시작한다. 서버에 이 파일시스템이 마운트되면 구성 파일에 이를 지정해 일래스틱서치에 해당 위치를 알려야 한다.

elasticsearch.yml 구성 파일을 편집해 path.repo 속성을 수정해 마운트 위치를 가리키도록 한다. 예를 들어 마운트 경로가 /volumes/es_snapshots인 경우 path.repo는 `path.repo: /volumes/es_snapshots`와 같다. 마운트 경로를 추가한 후 노드에서 이 마운트를 사용할 수 있도록 하려면 해당 노드를 다시 시작해야 한다.

스냅숏 API를 사용해 저장소 등록

다시 시작한 후 노드가 다시 온라인 상태가 되면 마지막 단계는 스냅숏 저장소 API를 호출하는 것이다. 다음 목록은 코드를 보여준다.

목록 14.4 파일시스템 기반 스냅숏 저장소 등록

```
PUT _snapshot/es_cluster_snapshot_repository          ◀──── _snapshot API 엔드포인트에
{                                                            제공되는 저장소의 이름을 지정
  "type": "fs",              ◀──── 저장소 유형을
  "settings": {                    파일시스템("fs")으로 설정
    "location": "/volumes/es_snapshots"    ◀──── 마운트된 파일시스템으로
  }                                              저장소 위치를 정의
}
```

일래스틱서치는 스냅숏 및 복원과 관련된 작업을 수행하기 위한 _snapshot API를 제공한다.
목록 14.4에서는 es_cluster_snapshot_repository라는 스냅숏 저장소를 생성한다. 요청 본문
에는 생성 중인 저장소 유형과 저장소 유형을 설정하는 데 필요한 속성이 필요하다. 이 예에
서는 저장소 유형으로 "fs"(파일시스템용)를 설정하고 settings 객체에서 파일시스템 경로를
"location"으로 제공한다.

이미 구성 파일에 마운트 지점을 추가했고 노드를 다시 시작했기 때문에 목록 14.4의 코
드가 성공적으로 실행돼 첫 번째 저장소를 등록해야 한다. GET _snapshot 명령을 실행하면
등록된 스냅숏이 반환된다.

```
{
  "es_cluster_snapshot_repository": {
    "type": "fs",
    "settings": {
      "location": "/volumes/es_snapshots"
    }
  }
}
```

응답에는 하나의 스냅숏 저장소가 등록돼 스냅숏에 사용할 수 있음이 표시된다.

> |**노트**| 로컬 시스템에서 일래스틱서치를 실행하는 경우 임시 폴더를 저장소 위치로 설정할 수 있다. 예를 들
> 어 *nix 기반 운영체제의 경우 /tmp/es_snapshots를 사용하고 윈도우의 경우 c:/temp/es_snapshots
> 를 사용할 수 있다.

언급한 대로 키바나의 콘솔을 사용해 스냅숏 및 복원 기능을 사용할 수 있다. API에서 했던 것처럼 저장소도 등록할 수 있다. 키바나 작업에 대한 세부 사항은 이 책의 범위를 벗어나지만 키바나에서 스냅숏 및 복원 기능을 사용할 수 있도록 몇 가지 지침을 제공한다.

키바나에 스냅숏 저장소 등록

키바나는 스냅숏 등록, 실행, 복원을 포함해 스냅숏 및 복원 기능 작업에 대한 광범위한 지원을 제공한다. 키바나에 저장소를 등록하는 방법을 살펴본다.

키바나 콘솔^{Kibana Console}의 왼쪽 상단 메뉴로 이동해 Management(관리) 메뉴를 펼치면 Dev Tools(개발자 도구)와 함께 Stack Management(스택 관리) 탐색 링크가 표시된다(그림 14.10 참조). 링크를 클릭해 스택 관리 페이지로 이동한다. 그런 다음 Data > Snapshot and Restore 메뉴 항목을 선택한다. 결과 페이지에는 현재 저장소, 스냅숏 및 해당 상태가 제공된다.

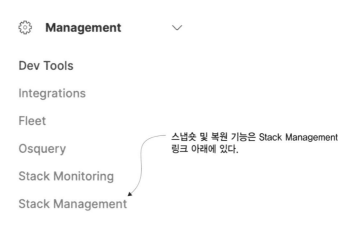

▲ **그림 14.10** 스냅숏 기능을 위한 스택 관리 페이지 접근

두 번째 탭인 Repositories로 이동해 Register a Repository를 클릭한다. 다음 페이지는 그림 14.11에 나와 있다.

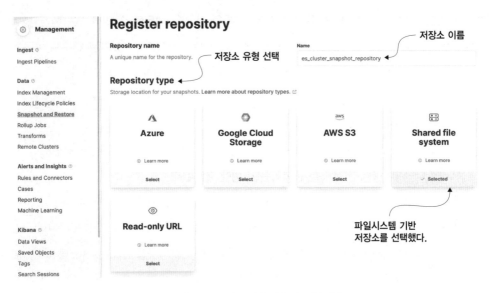

저장소 유형 선택

저장소 이름

파일시스템 기반
저장소를 선택했다.

▲ **그림 14.11** 저장소 이름 지정 및 유형 선택

저장소 이름Repository name 지정은 필수이며 공유 파일시스템fs, AWS S3, Azure의 blob 스토리지 등 유형을 선택해야 한다. 로컬 파일시스템을 리포지터리로 선택하는 예를 계속해서 공유 파일시스템을 클릭해 다음 페이지로 이동한다. 여기에서 파일시스템 위치와 기타 요청된 속성(스냅숏 및 복원을 위한 초당 최대 및 최소 바이트 수, 청크 크기 등)을 입력한다. 이 저장소를 생성하려면 페이지 하단의 등록 버튼을 클릭한다.

14.4.3 스냅숏 생성

이제 스냅숏 저장소 등록 과정을 마쳤으므로 다음 단계는 스냅숏을 생성해 방금 생성한 저장소에 데이터를 백업하는 것이다. 스냅숏을 생성하는 방법에는 몇 가지가 있다. _snapshot API를 사용하는 간단한 수작업 기술부터 시작해 보자.

목록 14.5 수작업으로 스냅숏 생성

```
PUT _snapshot/es_cluster_snapshot_repository/prod_snapshot_oct22
```

_snapshot API에 es_cluster_snapshot_repository 저장소 아래에 prod_snapshot_oct22라는 스냅숏을 생성하도록 요청한다. 이 일회성 수작업 스냅숏은 모든 데이터(인덱스, 데이터 스트림, 클러스터 정보)를 저장소 파일시스템의 디스크에 있는 스냅숏에 백업한다.

방금 했던 것처럼 모든 데이터가 아닌 몇 가지 인덱스의 맞춤형 스냅숏을 만들 수도 있다. 목록 14.5에 요청 본문을 첨부하면 인덱스 세트(예를 들어 모든 영화 및 모든 리뷰)가 지정된다.

목록 14.6 특정 인덱스를 사용해 스냅숏 만들기

```
PUT _snapshot/es_cluster_snapshot_repository/custom_prod_snapshots
{
  "indices": ["*movies*","*reviews*"]        모든 영화 및
}                                            리뷰 관련 인덱스를 백업
```

indices 속성은 백업하려는 특정 인덱스 집합을 나타내는 문자열 또는 문자열 배열을 사용한다. 이 예에서는 *movies* 및 *reviews*의 glob 패턴을 사용해 인덱스를 백업한다. 백업할 항목을 지정하지 않으면 기본적으로 모든 인덱스와 데이터 스트림이 포함된다([*]). 일부를 생략하려면 -*.old와 같이 빼기 기호(또는 대시)가 포함된 패턴을 사용할 수 있다. 여기서는 이 패턴은 .old로 끝나는 모든 인덱스를 생략한다.

metadata 속성에 맞춤형 속성을 연결할 수도 있다. 예를 들어 스냅숏을 찍을 때 사용자 요청에 대한 사건 세부 정보를 기록하고 싶다고 가정해 본다. 다음 목록에서는 이를 쿼리로 보여준다.

목록 14.7 스냅숏에 맞춤형 세부 정보 추가

```
PUT _snapshot/es_cluster_snapshot_repository/prod_snapshots_with_metadata
{
  "indices": [ "*movies*", "*reviews*", "-*.old" ],      스냅숏에 이러한 인덱스를
  "metadata": {                                          포함하거나 제외
    "reason": "user request",       metadata 객체 아래에
    "incident_id": "ID12345",       맞춤형 정보 블록을 정의
    "user": "mkonda"
  }
}
```

스냅숏 프로세스의 일부로 "old" 인덱스를 제거해 인덱스 목록을 강화한다. 또한 사용자 요청 정보와 함께 메타데이터를 추가하고 이 객체에서 가능한 한 많은 세부 정보를 생성할 수 있다. 일래스틱서치의 스냅숏 및 복원 기능 수명 주기의 마지막 단계는 다음 절에서 설명하는 것처럼 스냅숏을 복원하는 것이다.

14.4.4 스냅숏 복원

스냅숏을 복원하는 것은 비교적 간단하다. 우리가 해야 할 일은 _snapshot API에서 _restore 를 호출하는 것뿐이다.

목록 14.8 스냅숏에서 데이터 복원

```
PUT _snapshot/es_cluster_snapshot_repository/custom_prod_snapshots/_restore
```

_restore 엔드포인트는 리포지터리에서 클러스터로 데이터를 복사한다. 물론 복원하려는 인덱스 또는 데이터 스트림에 대한 추가 세부 정보를 지정하기 위해 JSON 객체를 연결할 수 있다. 다음 쿼리는 그러한 요청의 예를 제공한다.

목록 14.9 스냅숏에서 인덱스 복원하기

```
POST _snapshot/es_cluster_snapshot_repository/custom_prod_snapshots/_restore
{
  "indices":["new_movies"]   ◀──── 스냅숏에서 복원할
}                                   인덱스 목록을 나열
```

14.4.5 스냅숏 삭제

스냅숏을 항상 디스크에 보관할 필요는 없다. 대부분의 조직이 따르는 전략 중 하나는 사용자 요청에 따라 개별 인덱스에 대한 스냅숏을 생성하는 것이다. 매핑을 업데이트하거나 특정 인덱스의 기본 샤드를 변경해야 할 수도 있다. 안타깝게도 인덱스가 활성 상태인 동안에는 이 작업을 수행할 수 없다.

가장 좋은 접근 방식은 적절한 샤드와 매핑을 사용해 새 인덱스를 생성한 다음 현재 인덱스의 스냅숏을 만들고 이를 스냅숏에서 새로 생성된 인덱스로 복원한 다음 스냅숏을 삭제하

는 것이다. 그림 14.12는 이 활동을 보여준다.

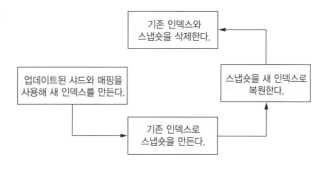

▲ **그림 14.12** 스냅숏 생성부터 삭제까지의 생명 주기

스냅숏 및 복원 기능을 사용해 이전 인덱스에서 새 인덱스로 데이터를 마이그레이션할 수 있다. 스냅숏을 사용한 후에는 이를 삭제해 저장 공간을 확보할 수 있다.

스냅숏 삭제는 매우 간단하다. HTTP DELETE 작업을 사용하며 스냅숏 ID를 제공한다. 다음 목록은 이전에 생성한 스냅숏을 삭제한다.

목록 14.10 스냅숏 삭제

```
DELETE _snapshot/es_cluster_snapshot_repository/custom_prod_snapshots
```

스냅숏이 진행되는 동안 HTTP DELETE 작업 명령을 실행하면 일래스틱서치는 즉시 활동을 중지하고 스냅숏을 삭제하며 저장소에서 콘텐츠를 제거한다.

14.4.6 스냅숏 자동화

방금 스냅숏 생성 메커니즘을 살펴봤지만 이는 임시 스냅숏이다. 요청 시 스냅숏을 생성한다 (예를 들어 데이터 마이그레이션, 프로덕션 핫픽스 릴리스에 대한 롤아웃 등). 하지만 스냅숏 수명 주기 관리[SLM] 기능을 사용하면 이 프로세스를 자동화해 정기적으로 스냅숏을 백업하고 만들 수 있다. 일래스틱서치는 스냅숏의 수명 주기를 관리하고 사전 정의된 일정에 따라 실행되는 수명 주기 정책을 생성하기 위한 _slm API를 제공한다.

이를 위해 _slm API를 사용해 정책을 생성할 수 있다. 이 정책에는 백업해야 하는 인덱스, 일정(크론 작업), 보존 기간 등과 같은 정보가 포함돼 있다. 스냅숏 수명 주기 관리를 위한 전제 조건이기 때문에 저장소를 등록해야 한다(14.3.2절 참조).

매일 밤 자정에 모든 영화 인덱스를 특정 저장소에 백업한다고 가정해 보자. 또한 이 스냅숏을 일주일 동안 보관도 해야 한다. _slm API를 사용해 정책을 작성하고 자동화를 생성할 수 있다.

목록 14.11 예약된 스냅숏에 대한 정책 생성

```
PUT _slm/policy/prod_cluster_daily_backups    ◀──  _slm API에는 정책 식별자가 필요
{
  "name": "<prod_daily_backups-{now/d}>",     ◀──  스냅숏에 부여되는
                                                    고유한 이름
  "schedule": "0 0 0 * * ?",                  ◀──  자정에 실행을 위한
  "repository": "es_cluster_snapshot_repository",    크론 작업 일정
  "config": {
    "indices": [
      "*movies*",
      "*reviews*"◀──  스냅숏 만들 인덱스
    ],
    "include_global_state": false             ◀──  스냅숏에 클러스터
  },                                               상태를 추가
  "retention": {
    "Expire_after": "7d"                      ◀──  일주일(7일) 동안
  }                                               스냅숏 보관
}
```

등록된 저장소

_slm API는 일정이 시작될 때 실행하기 위해 클러스터에 저장되는 정책^{policy}을 생성한다. 고유한 이름, 일정, 스냅숏을 저장하기 위해 이전에 등록한 저장소의 세 부분을 제공해야 한다. 이러한 내용을 자세히 살펴본다.

고유한 이름(목록 14.11의 <prod_daily_backups-{now/d}>)은 데이터 수학^{data math}을 사용해 구성된 이름이다. 이 경우 <prod_daily_backups-{now/d}>는 2022년 10월 5일에 실행되면 prod_daily_backups-5.10.2022로 구문 분석된다. {now/d}가 현재 날짜를 나타내기 때문이다. 일정이 시작될 때마다 현재 날짜를 사용해 prod_daily_backups-6.10.2022, prod_daily_backups-7.10.2022 등의 새로운 고유 이름이 생성된다. 이름에 날짜 계산을 사용하기 때문에 파서가 문제 없이 구문 분석할 수 있도록 꺾쇠괄호(< >)를 사용해 이름을 묶어야 한다. 이름

의 날짜 계산에 대한 자세한 내용은 일래스틱서치 문서(http://mng.bz/QPwe)를 참조한다.

목록 14.11에서 볼 수 있듯이 "schedule": 0 0 0 * * ?처럼 크론^{cron} 작업 형태로 일정을 제공했다. 이 크론 표현식은 작업이 정확히 자정에 실행돼야 함을 나타낸다. 따라서 스냅숏 프로세스는 매일 밤 자정에 시작될 것으로 예상할 수 있다.

목록 14.11의 config 블록은 백업하려는 인덱스와 클러스터 상태로 구성된다(이 예에서는 모든 영화 및 리뷰 관련 인덱스). config 블록을 포함하지 않으면 기본적으로 모든 인덱스와 데이터 스트림이 스냅숏 백업에 포함된다. include_global_state 속성은 스냅숏에 클러스터 상태를 포함하려고 함을 나타낸다. 목록에서는 스냅숏의 일부로 클러스터 상태(include_global_state를 false로 설정)를 무시한다.

마지막 부분은 저장소에 스냅숏을 보관할 기간을 지정하는 보존 정보("retention":)다. expire_after 속성을 7d로 설정해 현재 스냅숏의 수명을 일주일로 설정했다.

이 쿼리를 실행하면 정책을 삭제할 때까지 자동 스냅숏 기능이 그대로 유지되며 일정에 따라 실행된다. 이는 수동 개입 없이 전체 클러스터를 백업하는 더 쉽고 선호되는 방법이다.

키바나를 사용한 SLM

키바나를 사용해 SLM 정책을 생성할 수도 있다. 이를 수행하는 방법을 간단히 살펴본다.

1. 키바나에서 Management 〉 Snapshot and Restore 기능 링크로 이동한다.
2. Policies 탭을 클릭하고 creation of a new policy 버튼을 클릭해 새 정책 생성을 호출한다.
3. 그림 14.13과 같이 이 페이지에 있는 세부 사항을 입력한다.

Create policy

① ——————— 2 ——————— 3 ——————— 4
Logistics   Snapshot settings   Snapshot retention   Review

Logistics

◎ Logistics docs

Policy name
A unique identifier for this policy.

Name 정책 이름
prod-daily-backups

Snapshot name
The name for the snapshots. A unique identifier is automatically added to each name.

Snapshot name 스냅숏의 유니크 ID
<prod_daily_backups-{now/d}>
Supports date math expressions. **Learn more.** ☐

Repository
The repository where you want to store the snapshots.

Repository 스냅숏 저장소
es_cluster_snapshot_repository ⌄

Schedule
The frequency at which to take the snapshots.

Schedule 크론 표현식
0 0 0 * * ?
Use cron expression. **Learn more.** ☐

▲ **그림 14.13** 키바나 콘솔을 사용해 SLM 정책 생성

4. 다음 페이지로 이동하기 위해 Next 버튼을 클릭한다. 특정 인덱스 및 데이터 스트림 (또는 모두), 전역 클러스터 상태(또는 미포함) 등을 포함해 목록 14.11에 있는 쿼리의 `config` 블록과 관련된 세부 정보를 입력한다. 그림 14.14는 스냅숏 설정 구성을 보여 준다.

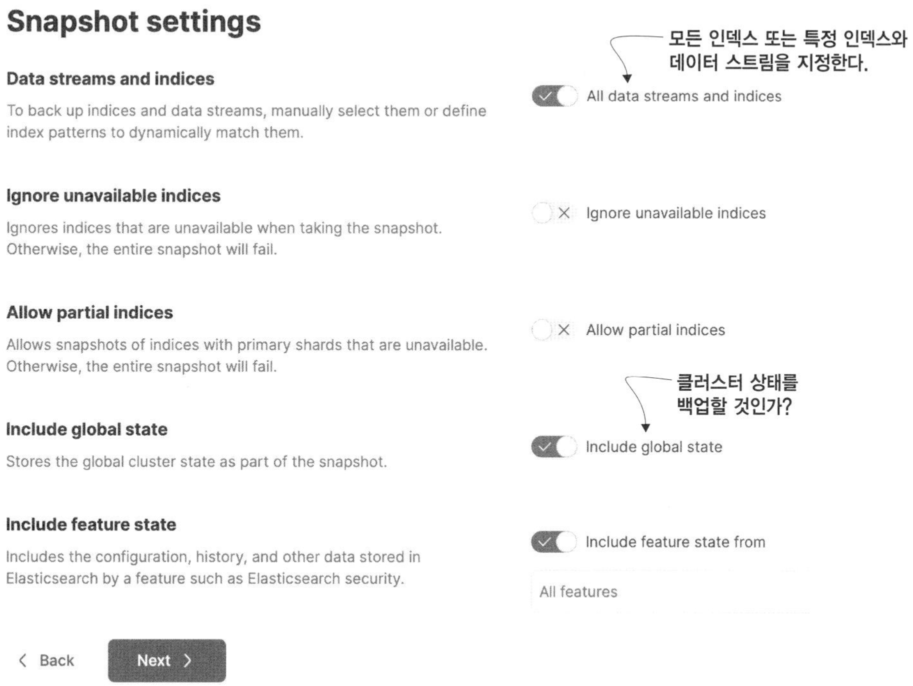

Snapshot settings

Data streams and indices

To back up indices and data streams, manually select them or define index patterns to dynamically match them.

모든 인덱스 또는 특정 인덱스와
데이터 스트림을 지정한다.

All data streams and indices

Ignore unavailable indices

Ignores indices that are unavailable when taking the snapshot. Otherwise, the entire snapshot will fail.

× Ignore unavailable indices

Allow partial indices

Allows snapshots of indices with primary shards that are unavailable. Otherwise, the entire snapshot will fail.

× Allow partial indices

클러스터 상태를
백업할 것인가?

Include global state

Stores the global cluster state as part of the snapshot.

Include global state

Include feature state

Includes the configuration, history, and other data stored in Elasticsearch by a feature such as Elasticsearch security.

Include feature state from

All features

< Back   Next >

▲ 그림 14.14 스냅숏 설정 구성

5. Next를 클릭하고 보존 세부 정보를 입력한다. 보존 정책retention policy에 따라 스냅숏을 정리하기 위해 세 가지(모두 선택 사항) 정보를 제공할 수 있다. 그림 14.15에서는 스냅숏 관리자에게 일주일(7일) 후에 이 스냅숏을 삭제하도록 요청한다. 또한 저장소에서 항상 최소 3개의 스냅숏을 사용할 수 있도록 지정해 모두 지워지지 않도록 한다. 이 maximum_count 설정을 사용하면 해당 3개의 스냅숏이 일주일 이상 경과한 경우에도 삭제되지 않는다. 마찬가지로 maximum_count 설정은 7일보다 오래되지 않은 경우에도 지정된 스냅숏 복사본 수(이 경우 6개)를 초과하지 않도록 한다.

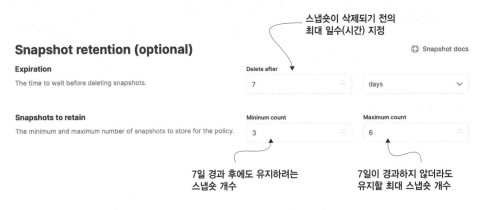

▲ 그림 14.15 스냅숏의 보존 설정 구성

6. 옵션을 검토하고 SLM 정책을 생성한다.

SLM 수동 실행

스냅숏 작업을 시작하기 위해 정책에 예약된 시간까지 기다릴 필요가 없다. 정책에 주간 스냅숏이 예약돼 있고 프로덕션 핫픽스로 인해 백업을 만들어야 하는 경우 수동 시작을 사용할 수 있다. 다음 목록은 API에서 _execute 엔드포인트를 호출해 SLM 정책을 수동으로 실행하는 방법을 보여준다.

목록 14.12 예약된 스냅숏을 수동으로 실행

```
POST _slm/policy/prod_cluster_daily_backups/_execute
```

이 명령을 실행하면 이전에 생성된 prod_cluster_daily_backups 정책이 즉시 시작된다. 예정된 시간을 기다릴 필요가 없다.

> **검색 가능한 스냅숏(엔터프라이즈 버전)**
>
> 버전 7.12에서 일래스틱서치는 검색 가능한 스냅숏이라는 새로운 기능을 도입했다. 이 기능은 스냅숏에 대한 검색 쿼리를 실행하는 데 도움된다. 특정 쿼리에 대해 백업을 인덱스로 사용하는 것이 아이디어다. 스냅숏은 저렴한 아카이브 저장소에 기록될 수 있으므로 이를 사용해 데이터를 복원하는 것뿐만 아니라 검색 쿼리를 실행하기 위한 인덱스로 효과적으로 마운트하는 것도 큰 이점이다.

클러스터에 복제본을 추가하는 것이 읽기 성능을 향상시키는 한 가지 방법이라는 것을 알고 있지만 관련 비용이 있다. 복제본에는 필요한 추가 공간으로 인해 시간과 비용이 소요된다. 스냅숏을 마운트 가능하게 만들면(_mount API 사용) 검색에 사용할 수 있어 복제본을 효과적으로 교체할 수 있으므로 비용이 거의 절반으로 절감된다.

검색 가능한 스냅숏 기능은 엔터프라이즈 라이선스에만 사용할 수 있으며 기본 라이선스에는 무료로 제공되지 않는다. 이러한 이유로 이 책에서는 이에 대해 다루지 않는다. 관심이 있다면 검색 가능한 스냅숏을 구현하는 방법에 대한 자세한 내용은 설명서(http://mng.bz/XN7M)를 확인한다.

일래스틱서치는 설정보다 관례(convention)에 따라 사용되는 기본값으로 작동하기 때문에 설정 작업이나 일래스틱서치 및 운영 측면을 실행할 때 내려야 할 결정이 더 적다. 그러나 기본값으로 시스템을 실행하면 문제가 발생한다. 추가 메모리를 제공하거나 성능을 향상시키기 위해 필요한 경우 구성을 조정해야 한다. 다음 절에서는 높은 수준의 설정과 그 의미, 설정 변경 방법에 대해 알아본다.

14.5 고급 구성

일래스틱서치에는 전문 엔지니어조차 당황하게 할 수 있는 많은 설정과 구성이 있다. 구성 패러다임에 대한 규칙을 사용하고 대부분의 경우 기본값으로 작동하지만 애플리케이션을 프로덕션으로 전환하기 전에 구성을 사용자 정의하는 것이 필수적이다.

이 절에서는 다양한 범주에 속하는 일부 속성을 살펴보고 해당 속성의 중요성과 조정 방법에 대해 논의한다. 세 가지 구성 파일을 수정할 수 있다.

- elasticsearch.yml: 클러스터 이름, 노드 정보, 데이터 및 로그 경로, 네트워크 및 보안 설정을 설정할 수 있는 가장 일반적으로 편집되는 구성 파일
- log4j2.properties: 일래스틱서치 노드의 로깅 수준을 설정할 수 있는 위치
- jvm.options: 실행 중인 노드의 힙 메모리를 설정할 수 있는 위치

이러한 파일은 일래스틱서치 설치 디렉터리 아래의 폴더인 config 디렉터리에서 일래스틱서치 노드로 읽혀진다. 바이너리(zip 또는 tar.gz) 설치의 경우 이 디렉터리의 기본값은 $ES_HOME/config다(ES_HOME 변수는 일래스틱서치의 설치 디렉터리를 가리킨다). 데비안^{Debian} 또는 RPM 배포판과 같은 패키지 관리자를 사용해 설치하는 경우 기본값은 /etc/elasticsearch/

config다.

다른 디렉터리에서 구성 파일에 접근하려는 경우 새 구성 파일 위치를 가리키는 `ES_PATH_`
`CONF`라는 경로 변수를 설정하고 내보낼 수 있다. 다음 몇 개의 하위절에서는 관리자와 개발
자 모두가 이해해야 하는 중요한 몇 가지 설정을 살펴본다.

14.5.1 기본 구성 파일

일래스틱 팀은 기본값으로 실행되도록 일래스틱서치를 개발했지만(구성보다는 관례를 중시),
노드를 프로덕션에 적용할 때 기본값에 의존할 가능성은 거의 없다. 특정 네트워크 정보, 데
이터 또는 로그 경로, 보안 측면 등을 설정하려면 속성을 조정해야 한다. 이를 위해 실행 중
인 애플리케이션에 필요한 대부분의 속성을 설정하도록 elasticsearch.yml 파일을 수정하면
된다.

14장의 앞부분에서 노드 통신을 논의할 때 네트워킹 속성에 대해 간략하게 다뤘다. 일래
스틱서치는 네트워크 속성을 `network.*` 속성으로 노출한다. 이 속성을 사용해 호스트 이름과
포트 번호를 설정할 수 있다. 예를 들어 기본 포트 9200을 유지하는 대신 일래스틱서치의 포
트 번호를 9900으로 변경할 수 있다(`http.port: 9900`). 또한 노드가 내부적으로 통신하는 포
트를 변경하기 위해 `transport.port`를 설정할 수도 있다.

요구 사항에 따라 많은 속성을 변경해야 할 수도 있다. 이러한 속성에 대해 자세히 알아
보려면 공식 문서(http://mng.bz/yQNE)를 참조한다.

14.5.2 로깅 옵션

일래스틱서치는 자바로 개발됐으며 대부분의 자바 애플리케이션과 마찬가지로 Log4j 2를
로깅 라이브러리로 사용한다. 실행 중인 노드는 INFO 수준의 로깅 정보를 콘솔과 파일(각각
키바나 콘솔과 롤링 파일 어펜더를 사용해)로 내보낸다.

Log4j 속성 파일(log4j2.properties)은 애플리케이션 런타임 시 확인되는 시스템 변수
(sys:es.logs.base_path, sys:es.logs.cluster_name 등)로 구성된다. 일래스틱서치는 이러한
속성을 노출하므로 Log4j에서 해당 속성을 사용할 수 있으며 이를 통해 Log4j는 로그 파일

디렉터리 위치, 로그 파일 패턴 및 기타 속성을 설정할 수 있다. 예를 들어 sys:es.logs.base_path는 일래스틱서치가 $ES_HOME/logs 디렉터리로 확인되는 로그를 쓰는 경로를 가리킨다.

기본적으로 대부분의 일래스틱서치는 INFO 수준에서 실행되지만 개별 패키지를 기반으로 설정을 사용자 정의할 수 있다. 예를 들어 다음 목록과 같이 log4j2.properties 파일을 편집하고 인덱스 패키지에 대한 로거를 추가할 수 있다.

목록 14.13 특정 패키지에 대한 로깅 수준 설정

```
logger.index.name = org.elasticsearch.index
logger.index.level = DEBUG
```

이렇게 하면 인덱스 패키지가 DEBUG 수준에서 로그를 출력할 수 있다. 특정 노드에서 이 파일을 편집하고 그 노드를 재시작하는 대신(팜 클러스터를 만들기 전에 이 작업을 하지 않았다면 모든 노드에 대해 이 작업을 해야 할 수도 있다), 클러스터 수준에서 이 패키지의 DEBUG 로그 레벨을 설정할 수 있다.

목록 14.14 임시 로그 수준을 전역적으로 설정

```
PUT _cluster/settings
{
  "transient": {     ◀── 임시 설정              해당 인덱스 패키지의
    "logger.org.elasticsearch.index": "DEBUG"  ◀── 로깅 수준을 DEBUG로 설정
  }
}
```

쿼리에서 볼 수 있듯이 임시 블록에서 index 패키지의 로거 수준 속성을 DEBUG로 설정했다. transient 블록은 속성은 영속성이 없다(클러스터가 실행 중인 동안에만 사용 가능). 설정이 디스크에 영구적으로 저장되지 않기 때문에 클러스터를 다시 시작하거나 실패하면 손실된다.

목록 14.14에서 볼 수 있듯이 클러스터 설정 API(_cluster/settings)를 호출해 이 속성을 설정할 수 있다. 이 속성이 설정되면 org.elasticsearch.index 소스 패키지의 인덱스와 관련된 추가 로깅 정보가 DEBUG 수준에서 출력된다.

일래스틱서치는 클러스터 속성을 지속적으로 저장하는 수단도 제공한다. 속성을 영구적으로 저장하려면 persistent 블록을 사용할 수 있다. 다음 목록은 transient 블록을 persistent 블록으로 대체한다.

목록 14.15 로그 수준을 영구적으로 설정

```
PUT _cluster/settings
{
  "persistent": {
    "logger.org.elasticsearch.index": "DEBUG",
    "logger.org.elasticsearch.http": "TRACE"
  }
}
```

이 코드는 org.elasticsearch.index 패키지의 DEBUG 수준과 org.elasticsearch.http 패키지의 TRACE 수준을 설정한다. 둘 다 영구 속성이므로 로거는 패키지에 설정된 수준에서 자세한 로그를 작성하며 속성은 클러스터를 다시 시작(또는 실패)해도 유지된다.

영구 속성을 사용해 이러한 속성을 영구적으로 설정할 때는 주의해야 한다. 문제를 해결하거나 디버깅 중에 DEBUG 또는 TRACE 로깅 수준을 활성화하는 것이 좋다. 디버깅을 마치면 레벨을 INFO로 재설정해 디스크에 요청이 많이 기록되는 것을 방지한다.

14.5.3 자바 가상 머신 옵션

일래스틱서치는 자바 프로그래밍 언어를 사용하기 때문에 JVM^Java Virtual Machine 수준에서 많은 최적화 조정을 수행할 수 있다. 이 책에서 이렇게 큰 주제를 논의하는 것은 충분하지 않을 것이 분명하다. 하지만 궁금하거나 JVM을 이해하고 싶거나 낮은 수준에서 성능을 미세 조정하고 싶다면 『Optimizing Java』(벤 에반스와 제임스 고프, 오라일리, 2018) 또는 『Java Performance』(스콧 오크스, 오라일리, 2020)와 같은 책을 참조한다. 운영 팁 및 요령과 함께 기본 사항을 제공하므로 적극 권장한다.

일래스틱서치는 JVM 설정과 함께 /config 디렉터리에 jvm.options 파일을 제공한다. 그러나 이 파일은 참조 목적(예를 들어 노드의 메모리 설정 확인)으로만 사용되며 편집할 수 없다. 힙 메모리는 노드의 사용 가능한 메모리를 기반으로 일래스틱서치 서버에 자동으로 설정된다.

> **|주의|** 어떤 상황에서도 jvm.options 파일을 편집하지 말자. 그렇게 하면 일래스틱서치의 내부 작동이 손상될 수 있다.

메모리를 업그레이드하거나 JVM 설정을 변경하려면 .options 파일 확장자를 가진 새 파일을 만들어야 한다. 적절한 튜닝 매개변수를 제공하고 이 파일을 config 폴더 아래 jvm.options.d 디렉터리에 배치해야 한다(tar 또는 zip 형식의 아카이브 설치인 경우). 사용자 정의 파일에 어떤 이름이든 지정할 수 있지만 고정된 .options 확장자를 포함해야 한다.

RPM/Debian 패키지 설치의 경우 이 파일은 /etc/elasticsearch/jvm.options.d/ 디렉터리 아래에 있어야 한다. 마찬가지로 Docker 설치를 위해 /usr/share/elasticsearch/config 폴더 아래에 옵션 파일을 탑재한다.

이 사용자 정의 JVM 옵션 파일에서 설정을 편집할 수 있다. 예를 들어 jvm_custom.options라는 파일에서 힙 메모리를 업그레이드하려면 다음 코드를 사용할 수 있다.

목록 14.16 힙 메모리 업그레이드

```
-Xms4g
-Xmx8g
```

-Xms 플래그는 초기 힙 메모리를 설정하고 -Xmx는 최대 힙 메모리를 조정한다. 암묵적인 규칙은 -Xms 및 -Xmx 설정이 노드 총 메모리 용량의 50%를 초과하지 않도록 하는 것이다. 내부적으로 실행되는 아파치 루씬은 분할, 캐싱 및 기타 프로세스에 남은 메모리를 사용하기 때문이다.

이미 알고 있듯이 일래스틱서치는 마스터 노드가 클러스터를 제어하고 나머지 노드는 개별 작업을 수행하는 분산 클러스터다. 마스터 노드와 그 기능을 설계하고 개발하는 데 많은 아이디어가 들어갔다. 이에 대해서는 다음 절에서 알아본다.

14.6 클러스터 마스터

클러스터의 모든 노드에는 마스터, 데이터, 수집, 머신러닝 등 여러 역할이 할당될 수 있다. 마스터 역할을 할당하면 이 노드가 마스터 자격master-eligible 노드임을 나타낸다. 마스터 자격에 대해 논의하기 전에 마스터 노드의 중요성을 살펴본다.

14.6.1 마스터 노드

마스터 노드는 노드에 샤드 할당, 인덱스 관리 및 기타 경량 작업과 같은 클러스터 전체 작업을 담당한다. 마스터 노드는 클러스터를 건강하게 유지하는 역할을 하는 중요한 구성 요소다. 클러스터와 노드 커뮤니티의 상태를 그대로 유지하기 위해 노력한다. 클러스터에는 마스터 노드가 하나만 존재하며 유일한 작업은 클러스터 작업을 관리하는 것이지 그 이상도 그 이하도 아니다.

마스터 자격 노드는 마스터 역할 태그가 지정된 노드다. 노드에 마스터 역할을 할당한다고 해서 노드가 클러스터 마스터가 되는 것은 아니지만, 선출된 마스터가 실패할 경우 클러스터 마스터가 되는 데 한 단계 더 가까워진다. 다른 마스터 자격을 갖춘 노드들 역시 기회가 주어지면 마스터가 되기 위한 줄을 서고 있어 그들 역시 마스터에 한 걸음 더 가까워진 셈이다.

마스터 자격 노드의 용도는 무엇일까? 모든 마스터 자격 노드는 투표를 통해 클러스터의 마스터를 선택한다. 클러스터를 형성하기 위해 처음으로 노드를 부팅하거나 마스터가 종료될 때 첫 번째 단계 중 하나는 마스터를 선택하는 것이다. 다음 절에서는 마스터 클러스터 선택을 검토한다.

14.6.2 마스터 선출

클러스터 마스터는 선출election을 통해 민주적으로 선출된다! 클러스터가 처음 형성되거나 현재 마스터가 실패할 때 마스터를 선출하기 위한 선출 절차가 진행된다. 어떤 이유로든 마스터가 실패하는 경우 마스터 자격 노드는 선출을 요청한다. 멤버들은 새로운 마스터를 선출하기 위해 투표를 한다. 마스터 노드가 선출되면 클러스터 관리 업무를 맡게 된다.

모든 날이 행복한 날은 아니듯 통제할 수 없는 상황에서는 마스터 노드가 중단될 수 있다. 따라서 마스터 자격 노드는 마스터 노드와 지속적으로 통신해 해당 노드가 살아 있는지 확인하고 상태를 마스터에 알린다. 마스터 노드가 사라지면 마스터 자격 노드의 즉각적인 임무는 새 마스터 선출 요청이다.

cluster.election.duration 및 cluster.election.initial_timeout과 같은 몇 가지 속성은 선출 빈도와 마스터 자격 노드가 선출 요청을 호출하기 전에 대기할 시간을 구성하는 데 도움을 준다. 예를 들어 initial_timeout 속성은 마스터 자격 노드가 선출 요청을 호출하기 전에 기다리는 시간이다. 기본적으로 이 값은 500ms로 설정된다. 예를 들어 마스터 자격 노드 A가 500ms 내에 마스터 노드로부터 하트비트를 수신하지 못한다고 가정해 보자. 이때, 마스터가 실패했다고 생각하기 때문에 선출을 요구한다.

마스터를 선출하는 것 외에도 마스터 자격 노드는 함께 작동해 클러스터 작업을 진행한다. 마스터가 클러스터의 왕이기는 하지만 마스터 자격 노드의 지원과 승인이 필요하다. 마스터의 임무는 다음에 볼 수 있듯이 클러스터 상태를 유지하고 관리하는 것이다.

14.6.3 클러스터 상태

클러스터 상태는 샤드, 복제본, 스키마, 매핑, 필드 정보 등에 대한 모든 메타데이터로 구성된다. 이러한 세부 정보는 클러스터에 전역 상태로 저장되며 각 노드에도 기록된다. 마스터는 클러스터 상태를 커밋할 수 있는 유일한 노드다. 최신 정보로 클러스터를 유지 관리하는 책임이 있다. 마스터 노드는 클러스터 데이터를 단계적으로 커밋한다(분산 아키텍처에서 2단계 커밋 트랜잭션과 유사하다).

1. 마스터는 클러스터 변경 사항을 계산하고 이를 개별 노드에 게시한 다음 승인을 기다린다.

2. 각 노드는 클러스터 업데이트를 수신하지만 업데이트는 아직 노드의 로컬 상태에 적용되지 않는다. 수신되면 마스터에게 확인 메시지를 보낸다.

3. 마스터가 마스터 자격 노드로부터 승인acknowledgment 쿼럼quorum을 수신하면 변경 사항을 커밋해 클러스터 상태를 업데이트한다(마스터는 모든 노드의 승인을 기다릴 필요가 없

고 마스터 자격 노드만 기다릴 필요가 있다).

4. 클러스터 변경 사항을 성공적으로 커밋한 후 마스터 노드는 이전에 수신한 클러스터 변경 사항을 커밋하도록 지시하는 최종 메시지를 개별 노드에 브로드캐스트한다.

5. 개별 노드는 클러스터 업데이트를 커밋한다.

cluster.publish.timeout 속성은 각 클러스터 업데이트 배치를 성공적으로 커밋하기 위한 시간 제한(기본적으로 30초)을 설정한다. 이 기간은 첫 번째 클러스터 업데이트 메시지가 노드에 게시된 시점부터 클러스터 상태가 커밋될 때까지 지속된다. 전역 클러스터 업데이트가 기본 30초 내에 성공적으로 커밋되면 마스터는 다음 클러스터 업데이트 배치를 시작하기 전에 이 시간이 경과할 때까지 기다린다. 그러나 이야기는 여기서 끝나지 않는다.

클러스터 업데이트가 30초 내에 커밋되지 않으면 마스터가 종료됐을 수 있다. 그 결과, 새로운 마스터를 선출하는 과정이 시작된다.

전역 클러스터 업데이트가 커밋됐지만 마스터는 여전히 승인을 반환하지 않은 노드를 기다린다. 승인을 받지 않으면 마스터는 이 클러스터 업데이트를 성공으로 표시할 수 없다. 이러한 경우 마스터는 이러한 노드를 추적하고 cluster.follower_lag.timeout 속성에 의해 설정된 유예 기간(기본값은 90초) 동안 기다린다. 이 90초의 유예 기간 내에 노드가 응답하지 않으면 해당 노드는 실패한 노드로 표시되고 마스터는 해당 노드를 클러스터에서 제거한다.

이와 같이 일래스틱서치 내부에는 많은 일이 일어나고 있다. 클러스터 업데이트는 자주 발생하며 마스터는 이 무빙 파츠를 유지 관리한다. 이전 클러스터 업데이트 시나리오에서 마스터는 나머지 노드를 기다리지 않고 상태를 커밋하기 전에 쿼럼이라는 마스터 자격 노드 그룹의 승인을 기다린다. 쿼럼은 다음 절에서 설명하는 것처럼 마스터가 효과적으로 작동하는 데 필요한 최소 마스터 노드 수다.

14.6.4 쿼럼

마스터는 클러스터 유지 및 관리를 제어한다. 그러나 클러스터 상태 업데이트 및 마스터 선출을 위해 마스터 자격 노드의 쿼럼을 참조한다. 쿼럼은 마스터가 클러스터를 효과적으로 운영하는 데 필요한 마스터 자격 노드 중 신중하게 선택된 하위 집합이다. 이는 클러스터 상태 및 기타 문제에 대한 합의에 도달하기 위해 마스터가 협의한 대부분의 노드다.

쿼럼에 대해 배우고 있지만 좋은 소식은 우리(사용자/관리자)가 쿼럼을 구성하는 방법에 대해 걱정할 필요가 없다는 것이다. 클러스터는 사용 가능한 마스터 자격 노드를 기반으로 쿼럼을 자동으로 구성한다. 주어진 마스터 자격 노드 세트에 따라 필요한 최소 마스터 자격 노드(쿼럼) 수를 찾는 간단한 공식은 다음과 같다.

```
최소 마스터 자격 노드 수 = (마스터 자격 노드 수 / 2) + 1
```

20개 노드로 구성된 클러스터와 8개 노드가 마스터 자격 노드로 할당됐다고 가정한다(노드 역할은 마스터로 설정됐다). 이 공식을 적용해 클러스터는 (신중하게 선택된) 5개의 마스터 자격 노드(8 / 2 + 1 = 5)로 구성된 쿼럼을 생성한다. 이는 쿼럼을 구성하기 위해 최소 5개의 마스터 자격 노드가 필요하다는 것이다.

경험상 모든 노드 클러스터에서 권장되는 최소 마스터 자격 구성원 수는 3개다. 마스터 자격 노드 3개를 최소로 설정하는 것이 클러스터를 관리하는 확실한 방법이다. 클러스터 쿼럼에 3개 이상의 노드가 있으면 또 다른 큰 이점은 스플릿 브레인 문제를 완화할 수 있다는 것이다. 이에 대해서는 다음 절에서 살펴본다.

14.6.5 스플릿 브레인 문제

일래스틱서치의 클러스터 상태는 네트워크, 메모리, JVM 가비지 수집 등 여러 요소에 크게 의존한다. 어떤 경우에는 클러스터가 한 클러스터에 일부 노드가 있고 다른 클러스터에 일부 노드가 있는 2개의 클러스터로 분할된다. 예를 들어 그림 14.16에서는 2개의 마스터 자격 노드가 있는 클러스터를 보여주지만, 그중 하나(노드 A)가 마스터 노드로 선출된다. 우리가 행복한 상태에 있는 한 클러스터는 건강하고 마스터는 자신의 책임을 부지런히 수행한다.

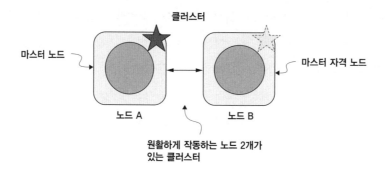

▲ 그림 14.16 하나의 마스터가 있는 노드 2개의 클러스터

이제 문제를 일으켜 보자. 노드 B가 하드웨어 문제로 인해 실패했다고 가정해 보자. 노드 A가 마스터이기 때문에 계속해서 하나의 노드로 쿼리를 서비스하기 위해 작업한다. 즉, 다른 노드 B가 부팅돼 클러스터에 조인될 때까지 기다리는 동안 효과적으로 단일 노드 클러스터를 갖게 된다.

여기서 상황이 까다로울 수 있다. 노드 B가 부팅되는 동안 네트워크 연결이 끊어져 노드 B가 노드 A의 존재를 볼 수 없게 됐다고 가정해 보자. 이로 인해 노드 A가 다음과 같이 존재하더라도 클러스터에 마스터가 없다고 생각하기 때문에 노드 B가 마스터 역할을 맡게 된다. 이로 인해 스플릿 브레인split-brain 상황이 발생한다(그림 14.17 참조).

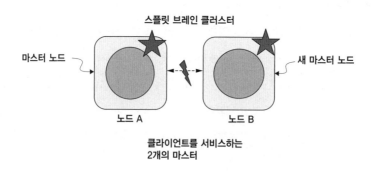

▲ 그림 14.17 스플릿 브레인 클러스터: 2개의 마스터가 있는 클러스터

두 노드는 네트워크 문제로 인해 통신하지 못하므로 클러스터의 일부로 원활하게 작동한다. 그러나 두 노드가 모두 마스터이기 때문에 둘 중 하나로 들어오는 모든 요청은 수신 노드에

서만 수행된다. 그러나 한 노드의 데이터는 다른 노드에 표시되지 않으므로 데이터 불일치가 발생한다. 이는 클러스터에 마스터 자격 노드가 3개 이상 있어야 하는 이유 중 하나다. 이러한 노드가 3개 있으면 스플릿 브레인 클러스터 형성이 방지된다.

14.6.6 전용 마스터 노드

노드에 여러 역할이 할당될 수 있으므로 모든 노드가 모든 역할을 수행하는 20개의 노드가 있는 클러스터를 보는 것은 놀라운 일이 아니다. 이러한 유형의 클러스터 아키텍처를 생성해도 아무런 해가 없다. 그러나 이러한 설정은 경량 클러스터 요구 사항에만 적용된다. 이미 살펴본 것처럼 마스터 노드는 클러스터의 중요한 노드이며 클러스터를 계속 작동시킨다.

데이터가 기하급수적인 증가율로 인덱싱되거나 검색되면 마스터 노드를 포함한 모든 노드가 성능 저하를 겪게 된다. 성능이 느린 마스터 노드는 문제를 요구한다. 클러스터 작업이 느리게 실행되거나 심지어 멈출 수도 있다. 이러한 이유로 항상 마스터 노드를 호스팅할 전용 머신을 생성하는 것이 좋다. 전용 마스터 노드가 있으면 클러스터가 원활하게 실행되고 데이터 손실 및 애플리케이션 다운타임이 완화된다.

앞서 언급했듯이 경험상 클러스터에는 최소 3개의 전용 마스터 자격 노드가 있어야 한다. 클러스터를 구성할 때 다음 스니펫과 같이 node.roles를 마스터로 설정해 노드 전용 마스터를 지정해야 한다.

```
node.roles: [ master ]
```

이렇게 하면 전용 마스터 역할이 데이터 또는 수집 관련 작업을 수행해 오버로드되지 않고 클러스터를 풀타임으로 관리하기만 한다.

이제 마무리할 시간이다! 14장에서는 일래스틱서치의 관리 부분을 살펴봤다. 15장에서는 성능 튜닝에 대해 살펴본다.

요약

- 일래스틱서치는 클러스터에 새 노드를 추가할 때 수평으로 확장된다. 새 노드는 동일한 클러스터 이름 및 네트워크 설정과 연결돼 있는 한 클러스터에 조인한다.

- 읽기 처리량을 올려 성능을 향상시키는 한 가지 방법은 클러스터에 복제본을 추가하는 것이다. 복제본은 읽기 히트hit를 받아 신속하게 데이터를 제공한다.

- 노드는 기본적으로 9300으로 설정된 전송 포트에서 서로 통신한다. 이는 elasticsearch.yml 파일의 transport.port 속성을 조정해 수정할 수 있다.

- HTTP 클라이언트는 RESTFul 엔드포인트를 사용해 http.port(기본적으로 9200으로 설정)에서 일래스틱서치와 통신한다.

- 노드는 여러 개의 인덱스로 구성될 수 있으며, 각 인덱스는 여러 개의 샤드로 구성될 수 있다. 샤드의 이상적인 크기는 메모리가 50GB를 넘지 않아야 한다.

- 샤드와 복제본은 공간을 차지하므로 조직 전략은 현재 요구 사항과 향후 사용에 따라 적절한 크기를 정의해야 한다.

- 복제본을 추가하면 클라이언트의 읽기/쿼리 성능이 향상되지만 비용이 발생한다. 각 샤드에 표준 크기를 할당하기 전에 적절하게 시험하고 급증spike을 관찰해야 한다.

- 일래스틱서치에서는 스냅숏 및 복원 기능을 사용해 데이터를 백업하고 복원할 수 있다. 스냅숏을 사용하면 클러스터를 저장소에 백업할 수 있다.

- 저장소는 로컬 파일시스템일 수도 있고 AWS S3와 같은 클라우드 기반 객체 저장소일 수도 있다.

- 스냅숏은 인덱스, 데이터 스트림(영구 또는 임시와 같은 클러스터 상태 포함), 인덱싱 템플릿, ILM(인덱스 수명 주기 관리) 정책 등으로 구성될 수 있다.

- _slm으로 선언된 스냅숏 수명 주기 관리(SLM) 엔드포인트는 해당 일정 및 기타 속성과 함께 스냅숏을 정의하는 정책을 생성한다.

- _restore API를 호출해 수동으로 스냅숏에서 데이터 복원을 시작할 수 있다.

- 키바나의 풍부한 인터페이스를 사용해 스냅숏과 정책을 정의하고 복원할 수 있다. 정책은 스택 관리 탐색 메뉴에서 사용할 수 있다.

- 일래스틱서치는 elasticsearch.yml, jvm.options, log4j2.properties 파일을 통해 다양한 설정을 노출한다.

- elasticsearch.yml 파일을 편집해 클러스터 이름 변경, 로그 및 데이터 경로 이동, 네트워크 설정 추가 등과 같은 많은 속성을 조정할 수 있다.

- config/jvm.options 파일은 노드에 대한 JVM 관련 데이터를 정의하지만 이 파일을 편집해서는 안 된다.

- JVM 옵션에 대한 설정을 사용자 정의하려면 *.options(예를 들어 custom_settings. options)로 끝나는 새 파일을 생성해 보관된 설치를 위한 config 폴더에 있어야 하는 jvm.options.d라는 폴더에 놓아야 한다(tar 또는 zip 버전의 경우).

- -Xms 및 -Xmx 플래그를 사용해 필요한 힙 메모리를 설정할 수 있다. 여기서 -Xms는 최대 힙을 설정하고 -Xmx는 최소 힙 크기를 설정한다. 경험상 힙 크기를 사용 가능한 RAM의 50% 이상으로 설정하지 않는다.

- 클러스터의 마스터 노드는 클러스터 관련 작업을 관리 및 유지하고 분산 클러스터 상태를 업데이트하는 중요한 노드다.

- 마스터 노드는 노드 쿼럼을 참조해 클러스터 상태를 커밋하거나 새 마스터를 선출한다.

- 쿼럼은 결정을 내릴 때 노드 실패를 완화하기 위해 클러스터에서 신중하게 선택한 마스터 자격 노드의 최소 수다.

- 스플릿 브레인 클러스터를 방지하려면 클러스터를 구성할 때 최소 3개의 마스터 자격 노드를 제공해야 한다.

15

성능 및 문제 해결

15장에서 다루는 내용

- 검색 속도가 느린 이유 및 쿼리 인덱싱에 관한 이해
- 느린 쿼리 및 인덱싱 성능 조정 및 개선
- 불안정한 클러스터의 문제 해결

프로덕션에 일래스틱서치 클러스터를 배포하면 사용자가 느린 검색에 대해 불평하는 것부터 불안정한 노드, 네트워크 문제, 과도한 샤딩 문제, 메모리 문제 등에 이르기까지 수많은 문제가 발생할 수 있다. 무엇보다 중요한 것은 클러스터 상태를 GREEN(정상) 상태로 유지하는 것이다. 클러스터의 상태와 성능을 지속적으로 감시하는 것은 관리자의 주요 업무 중 하나다.

불안정한 클러스터 문제를 해결하려면 일래스틱서치의 내부 작동, 네트워킹 개념, 노드 통신, 메모리 설정, 노드, 클러스터, 클러스터 할당 및 기타 사용 사례에 대한 수많은 API를 잘 이해해야 한다. 마찬가지로 도큐먼트 모델, 적절한 새로 고침 시간 등을 이해하며 설정을 조정하는 것은 성능 향상을 위해 클러스터를 조정하는 데에도 도움된다.

15장에서는 느린 쿼리 및 수집^{ingestion} 속도와 같은 일반적인 문제를 살펴보고 그 이유를 이해한다. 일래스틱서치는 복잡한 분산 아키텍처이므로 찾아서 수정해야 할 만한 부분이 많

다. 15장에서는 가장 명확하고 일반적으로 적용되는 솔루션에 대해 알아본다.

또한 불안정한 클러스터로 인해 발생하는 문제를 살펴보고 클러스터 상태, 클러스터 할당 및 노드 API를 통해 문제를 해결한다. 그런 다음 일래스틱서치가 클러스터를 활성 상태로 유지하기 위해 메모리와 디스크 사용 임곗값을 설정하는 방법에 대해 알아본다. 먼저 검색 쿼리가 더 빠른 결과를 제공하지 않는 이유와 사용 가능한 문제 해결을 위한 선택지를 살펴본다.

> |**노트**| 14장에서 언급했듯이 일래스틱서치 관리와 유사하게 성능 튜닝은 전문가의 손길이 필요한 고급 주제다. 성능을 위해 앱을 조정하기 전에 전문가와 상담하고, 문서를 읽고, 개발이나 테스트 환경에서 실험해 보자. 15장에서는 성능에 대한 큰 그림을 제공한다.

15.1 검색과 속도 문제

일래스틱서치는 실시간에 가까운$^{near-real-time}$ 검색엔진이지만, 다양한 시나리오에서 예상대로 작동하도록 주의 깊게 길들여야 한다. 향후 데이터 요구 사항을 염두에 두고 제대로 설계하지 않고 지속적으로 유지 관리하지 않으면 시간이 지남에 따라 일래스틱서치의 성능이 저하될 수 있다. 서버 성능 저하는 전체 클러스터 상태에 있어 결코 이롭지 않으며, 이는 검색 쿼리와 인덱싱 성능에 영향을 준다.

일래스틱서치 사용자가 가장 일반적으로 보고하는 주요 문제는 느린 검색 쿼리와 느린 인덱싱 속도다. 일래스틱서치의 독특한 세일즈 포인트는 엄청나게 빠른 쿼리다. 그러나 바로 사용 가능한 이러한 솔루션이 모든 요구 사항을 충족할 것이라고 기대할 수는 없다. 메모리 관리 및 하드웨어 가용성에 따른 합리적인 노드, 샤드, 복제본 분배 같은 다양한 변수를 통해 인프라와 애플리케이션을 준비하고 프로덕션 환경에 배치할 때 건강한 클러스터를 만들 수 있다.

일래스틱서치가 현재 검색 시나리오에 맞지 않게 잘못 설정되는 경우가 많다. 예를 들어 일부 애플리케이션은 검색이 빈번한 반면 다른 애플리케이션은 그렇지 않다.

15.1.1 최신 하드웨어

일래스틱서치는 데이터를 인덱싱하고 저장하기 위해 내부적으로 루씬을 사용한다. 데이터는 파일시스템에 저장되며 루씬이 이를 효율적으로 수행하더라도 하드 디스크 드라이브[HDD] 대신 솔리드 스테이트 드라이브[SSD] 제공, 풍부한 메모리 할당, 간헐적인 병합 지원 등과 같은 추가 지원이 큰 도움이 된다.

각 노드는 샤드와 복제본은 물론 일래스틱서치가 유지 관리하는 내부 데이터 구조를 포함한 기타 클러스터 데이터로 구성된다. 일래스틱서치는 자바로 개발됐기 때문에 전체적으로 상당한 양의 힙 메모리를 할당하면 애플리케이션이 원활하게 실행되는 데 도움된다. 힙은 Young Generation[영 제너레이션] 공간에서 새로운 객체가 저장되는 메모리 위치다. 이 공간이 가득 차면 마이너 가비지 수집기[Minor GC] 실행에서 살아남은 모든 객체는 Old Generation[올드 제너레이션] 공간으로 이동된다. 일래스틱서치에 더 큰 힙을 제공하면 Young Generation 공간을 빠르게 채우는 것을 방지하고 결과적으로 가비지 수집 실행을 줄이는 데 도움된다.

메모리의 절반 이상을 애플리케이션에 힙 메모리로 제공하는 것이 일반적이다. 예를 들어 컴퓨터가 16GB RAM으로 구성된 경우 힙이 8GB 이상으로 설정돼 있는지 확인한다. .options 파일에서 -Xmx 값으로 이를 설정할 수 있다(14.5.3절 참조).

로컬 스토리지 디스크를 연결하면 네트워크 기반 파일시스템 및 디스크를 사용하는 것보다 디스크에 쓸 때 더 나은 성능을 얻을 수도 있다. 궁극적으로 개별 노드를 로컬 볼륨으로 프로비저닝하는 것이 더 나은 전략이다.

초기 메모리를 할당하려면 인덱싱 및 샤드 요구 사항을 이해해야 한다는 점을 기억하자. 예를 들어 노드에 보관할 샤드와 복제본 수에 따라 물리적 디스크 메모리를 계산하고 제공해야 할 수도 있다.

최적의 샤드 수는 클러스터가 매우 많은 작은 샤드로 구축되는 것을 방지하는 데 도움된다. 샤드 수가 증가하면 노드 간 통신도 증가한다. 따라서 성능은 네트워크 용량과 대역폭에 따라 달라진다. 복제본을 추가하면 검색어 읽기 처리량이 증가하지만 복제본이 너무 많으면 메모리가 빨리 소비되고 관리하기도 어렵다.

15.1.2 도큐먼트 모델링

일래스틱서치는 NoSQL 데이터베이스다. 데이터가 정규화되는 관계형 데이터베이스와 달리 데이터는 비정규화돼야 한다. 예를 들어 직원 정보가 등록될 때 레코드는 해당 직원에 대한 전체 정보로 구성된다.

일래스틱서치의 모든 도큐먼트는 서로 독립적이기 때문에 데이터에 대한 조인이 필요하지 않다. 데이터가 주로 부모-자식parent-child 관계를 가진 데이터라면 일래스틱서치 사용을 재고해야 한다. 중첩nested과 부모-자식 데이터를 사용하는 작업은 속도가 느리고 시작부터 성능이 저하된다. 관계형 데이터베이스 분야에 종사하는 경우라면 NoSQL 데이터 모델링 원칙을 이해해야 한다.

여러 필드에 걸쳐 쿼리를 검색하면 쿼리 응답 시간이 느려지기 때문에 여러 필드 검색도 가급적 제한해야 한다. 대신 여러 필드를 단일 필드로 결합하고 이 단일 필드를 검색한다. 다행히 일래스틱서치는 이 시나리오에 도움이 되도록 필드에 copy_to 속성을 제공한다.

예를 살펴보자. book 도큐먼트에 2개의 필드(title과 synopsis)가 있고 이러한 필드가 programming_books1 인덱스에 인덱싱돼 있다고 가정한다. title과 synopsis를 검색하기 위한 쿼리를 작성할 때 일반적으로 이 두 개별 필드를 검색한다.

목록 15.1 여러 필드에 걸친 비효율적인 검색

```
PUT programming_books1/_doc/1          ◄──  검색을 실행하기 전에
{                                            샘플 도큐먼트를 인덱싱
  "title":"Elasticsearch in Action",
  "synopsis":"A straightforward, hands-on, example driven, action book"
}

GET programming_books1/_search         ◄──  multi_match 쿼리를 이용해
{                                            도큐먼트를 검색
  "query": {                      ┌── multi_match 쿼리를 호출해
    "multi_match": {         ◄────┘    여러 필드를 검색
      "query": "Elasticsearch hands-on example driven",
      "fields": [ "title", "synopsis" ]  ◄──┐ 검색할
    }                                        │ 필드
  }
}
```

708

이 쿼리는 여러 필드에서 조건을 검색한다. 필드와 도큐먼트의 수를 기준으로 하면 비용이 많이 드는 쿼리다(12개 이상의 필드를 수많은 책 데이터에서 검색한다고 상상해 보라). 이러한 문제를 완화하기 위해 개별 필드의 copy_to 속성을 사용해 결합된 필드 패턴을 실행할 수 있다.

다음 목록은 programming_books2 인덱스에 대한 매핑을 생성한다. 주목할 만한 점은 text 데이터 타입인 title_synopsis라는 별도의 필드가 추가됐다는 점이다.

목록 15.2 copy_to 속성을 사용한 향상된 스키마 정의

```
PUT programming_books2
{
  "mappings": {
    "properties": {
      "title": {
        "type": "text",
        "copy_to": "title_synopsis"        ◀── title 정보를 title_synopsis에
      },                                        복사
      "synopsis": {
        "type": "text",                        synopsis 정보를
        "copy_to": "title_synopsis"        ◀── title_synopsis에 복사
      },
      "title_synopsis": {      ◀──  title_synopsis를
        "type": "text"              text 필드로 정의
      }
    }
  }
}
```

목록 15.2의 스키마 정의에서 알 수 있듯이 두 개별 필드에는 세 번째 필드인 title_synopsis를 가리키는 값이 있는 추가적인 copy_to 속성이 있다. title과 synopsis 필드에 인덱싱된 모든 데이터는 뒤에서 title_synopsis에 복사된다. 다음 목록은 샘플 책 도큐먼트를 programming_books2 인덱스로 인덱싱하는 방법을 보여준다.

목록 15.3 샘플 도큐먼트 인덱싱

```
PUT programming_books2/_doc/1
{
  "title":"Elasticsearch in Action",
```

```
    "synopsis":"A straightforward, hands-on, example-driven, action book"
}
```

도큐먼트에서 title_synopsis 필드를 언급하지 않고 두 필드로 책을 인덱싱한다. 어떤 형태로 인덱스가 생성될까?

일래스틱서치는 인덱싱 프로세스 중에 title과 synopsis 필드를 결합해 세 번째 필드(title_synopsis)를 채운다(이 필드의 copy_to 속성을 기억하는가?). 따라서 title_synopsis라는 결합된 필드는 두 필드의 전체 데이터를 보유한다.

copy_to 기능으로 스키마를 향상시켰기 때문에 multi_match가 아닌 단순 match 쿼리가 되도록 검색 쿼리를 다시 작성할 수 있다.

목록 15.4 title_synopsis 필드에 대한 match 쿼리

```
GET programming_books2/_search
{
  "query": {
    "match": {                            match 쿼리에 대한
      "title_synopsis": {        ◄───     title_synopsis 필드를 지정
        "query": "Elasticsearch hands-on example driven",
        "operator": "OR"
      }
    }
  }
}
```

이제 (목록 15.1에 설명된 비용이 많이 드는 multi_match 쿼리와 비교되는) 간단한 match 쿼리를 사용해 결과를 가져온다. 결합된 필드에 데이터를 복사하는 번거로운 작업이 인덱싱 시 수행됐기 때문에 검색에서는 이미 사용 가능한 이 필드에 대해 쿼리만 수행한다.

multi_match(또는 9장에서 설명한 것처럼 query_string 쿼리)를 사용해 여러 필드를 검색하는 것은 비용이 많이 드는 작업이다. 대신에 copy_to 구문과 결합된 필드 방법을 사용했다. 수십 개의 필드를 검색하는 대신 몇 개의 필드만 매치하는 것이 성능 향상에 좋은 방법이다.

15.1.3 text 타입 대신 keyword 타입 선택

풀텍스트 검색은 텍스트 분석^{text analysis} 단계를 거친다. 결과를 가져오기에 앞서 인덱싱과 마찬가지로 정규화 및 토큰화된다. 이는 컴퓨팅 집약적인 작업이며 keyword 타입 필드에서는 이를 피할 수 있다. keyword 필드는 텍스트 분석을 거치지 않으므로 검색 시 시간과 노력을 절약할 수 있다.

keyword 검색을 허용하는 사용 사례에서는 텍스트 필드에 대해 keyword 타입을 선언하는 것이 좋다. 예를 들어 다중 필드 기능을 사용해 text 데이터 타입으로 정의된 title과 keyword 필드가 있는 책을 생성할 수 있다.

목록 15.5 keyword 타입을 사용한 다중 필드 쿼리

```
PUT programming_books3
{
  "mappings": {
    "properties": {
      "title": {
        "type": "text",
        "fields": {
          "raw": {
            "type": "keyword"          ◀── title.raw 필드를 keyword
          }                                 타입으로 정의
        }
      }
    }
  }
}
```

title 필드를 text 타입으로 선언하는 것 외에도 title.raw라는 이름으로 keyword 타입으로도 선언한다. 이런 방식으로 도큐먼트를 인덱싱할 때 title 필드는 text 타입(텍스트 분석 있음)과 keyword 타입(텍스트 분석 없음)으로 저장된다. 분석을 피하기 위해 title.raw 필드(keyword 타입)를 통해 검색을 수행할 수 있다. 다음 목록은 이를 보여준다. 또한 쿼리를 실행하기 전에 샘플 도큐먼트를 인덱싱한다.

```
PUT programming_books3/_doc/1        ◀──┐  샘플 책
{                                        │  인덱싱
  "title":"Elasticsearch in Action"
}

GET programming_books3/_search       ◀──┐  keyword 필드
{                                        │  검색
  "query": {
    "match": {
      "title.raw": "Elasticsearch in Action"
    }
  }
}
```

keyword 필드에 대해 검색을 실행하기 때문에 title.raw 값의 철자가 인덱싱된 것과 정확히 일치하는지 확인해야 한다. 단 한 글자라도 원본과 다른 경우(예를 들어 첫 글자가 소문자인 경우) 결과를 가져올 수 없다. 동일한 쿼리를 다시 시도하되 이번에는 소문자 "elasticsearch"를 사용한다. 어떤 결과도 받을 수 없다.

검색 필터 사용, 데이터 사전 인덱싱preindexing data, 와일드카드 쿼리 방지 등과 같은 몇 가지 일반적인 권장 사항이 있다. 자세한 내용은 공식 문서(http://mng.bz/MBwm)를 참조한다.

검색 속도가 느리면 검색 관련 성능에 영향을 미치는 반면, 수집 속도가 느리면 애플리케이션의 쓰기 부분에 영향을 미친다. 다음 절에서는 이러한 인덱싱 속도 문제를 알아본다.

15.2 인덱스 속도 문제

사용자가 데이터를 검색할 때 주로 검색 문제가 발생하지만 다른 측면은 데이터를 인덱싱하는 동안 문제가 발생한다는 것이다. 이 절에서는 인덱싱 작업의 성능이 저하될 수 있는 몇 가지 이유와 인덱싱 성능을 개선하기 위한 팁을 살펴본다.

15.2.1 시스템 생성 식별자

사용자 제공 ID를 사용할 때 일래스틱서치는 제공된 ID가 인덱스에 이미 존재하는지 확인하는 추가 단계를 수행해야 한다. 대답이 아니요라면 해당 ID로 도큐먼트 인덱싱이 진행된다. 이는 인덱스화할 도큐먼트가 수천 또는 수백만 개 있을 때 큰 타격을 주는 불필요한 네트워크 호출이다.

때로는 도큐먼트 ID에 대해 걱정할 필요가 없다. 일래스틱서치가 도큐먼트에 대해 무작위로 생성된 ID를 생성하도록 할 수 있다. 이런 방식으로 도큐먼트 인덱스 요청을 받은 노드는 전역적으로 고유한 ID를 생성하고 이를 도큐먼트에 즉시 할당한다.

조직에서 임의의 ID를 사용할 수 있는 경우 사용자 정의 ID 대신 이를 사용하면 성능이 향상된다. 하지만 단점도 있다. 기본 키 없이 도큐먼트를 인덱싱하면 중복이 발생한다.

15.2.2 벌크 요청

단일 도큐먼트 API를 사용해 도큐먼트를 인덱싱하는 것(하나씩 인덱싱)은 특히 많은 데이터 도큐먼트를 인덱싱해야 하는 경우 문제를 야기한다. 다행히 일래스틱서치는 도큐먼트를 일괄 인덱싱하는 데 도움주는 _bulk API를 제공한다(5장에서 _bulk API에 대해 살펴봤다). 정해진 배치 크기가 없기 때문에 최적의 크기를 찾기 위해 클러스터에서 성능을 시험해 보는 것이 좋다.

예를 들어 야간에 대량의 데이터를 수집해야 하는 경우, 디스크 접근 성능 관점에서 잠재적인 이점을 얻기 위해 새로 고침refresh 설정을 늘려본다. 인덱싱 작업, 특히 대량 삽입 중에 새로 고침 시간을 늘리는 것은 대부분의 관리자가 사용하는 또 하나의 조정 방법이다. 다음에는 새로 고침 시간을 늘리는 방법에 대해 알아본다.

15.2.3 새로 고침 빈도 조정

도큐먼트가 인덱싱되면 일반적으로 1초 안에 검색이 가능하지만 내부적으로는 다양한 작업이 수행된다. 처음에는 메모리 내 버퍼의 도큐먼트가 파일시스템 캐시에 저장되기 전에 세그먼트로 이동된다. 그런 다음 최종적으로 디스크에 플러시된다.

새로 고침이 호출되면 인덱스에서 수행된 모든 작업이 커밋된다. 인덱싱할 도큐먼트가 대량으로 유입되는 경우 새로 고침을 통해 해당 도큐먼트가 디스크에 기록될 뿐만 아니라 검색에도 사용할 수 있게 된다. 새로 인덱싱된 도큐먼트를 즉시 검색할 수 있는지 여부를 알아야 한다.

새로 고침을 일시 중지하면 최신 인덱스 도큐먼트가 제외돼 검색에 사용할 수 없으나 자원을 많이 사용하는 디스크 I/O 작업이 본질적으로 최소화된다. 예를 들어 새로 고침 작업을 1분 동안 일시 중지하면 잠재적으로 60라운드의 디스크 동기화가 중지된다. 단점은 이 기간 동안 검색 쿼리가 이 순간에 인덱싱된 새 도큐먼트를 제외한다는 것이다.

예를 들어 우리 사용 사례에서 어떤 정의된 기간 동안 새로 고침을 유지하는 것을 허용한다면, 인덱스 설정을 호출해 기본 새로 고침 기간을 재설정할 수 있다. 다음 목록은 그 코드를 보여준다.

목록 15.7 새로 고침 설정 사용자 정의

```
PUT programming_books3/_settings
{
  "index": {
    "refresh_interval": "1m"    ◀── 새로고침 주기에 대한
  }                                  사용자 정의 값(1분)을 설정
}
```

여기에서는 새로 고침 간격을 1분으로 설정하므로 이 시간 동안 추가된 책은 검색할 수 없다. 일반적인 방법은 인덱싱 전에 새로 고침 작업을 끄는 것이다. 다음 목록에서는 새로 고침을 완전히 해제하는 방법을 보여준다.

목록 15.8 새로 고침 비활성화

```
PUT programming_books3/_settings
{
  "index": {
    "refresh_interval": -1
  }
}
```

refresh_interval을 -1로 설정하면 기본적으로 새로 고침 작업이 비활성화된다. 새로 고침을 비활성화한 후 인덱싱된 도큐먼트는 검색에 사용할 수 없다. 이 설정의 부작용이 궁금하다면 다음 목록에 표시된 대로 도큐먼트를 인덱싱하고 검색을 실행한다. 이때 검색 결과가 나오지 않아야 한다.

목록 15.9 비활성화된 새로 고침 인덱스를 사용한 검색

```
PUT programming_books3/_doc/10                  ◀──── 샘플 도큐먼트
{                                                      인덱스 생성
  "title":"Elasticsearch for Java Developers",
  "synopsis":"Elasticsearch meets Java"
}


GET programming_books3/_search        ◀──── 새로 고침이 비활성화된 상태에서
{                                            검색하면 결과가 반환되지 않는다.
  "query": {
    "match": {
      "title": "Elasticsearch Java"
    }
  }
}
```

여기서는 몇 가지 일이 진행되고 있다. 도큐먼트를 동일한 인덱스(programming_books3)로 인덱싱한 다음 검색한다. 목록 15.8에서 새로 고침 활동을 취소했기 때문에 match 쿼리는 어떤 결과도 출력하지 않는다.

인덱싱이 완료되면 새로 고침을 켜 보자(새로 고침 활동이 비활성화된 경우 검색 쿼리는 해당 새로 고침 기간 동안 인덱싱된 도큐먼트를 가져오지 않는다). 인덱스를 강제로 새로 고치도록 다음 코드를 호출할 수 있다.

목록 15.10 인덱스를 강제로 새로 고치기

```
POST programming_books3/_refresh
```

인덱싱 작업이 끝날 때 (또는 주기적으로) _refresh 엔드포인트를 호출하면 인덱싱된 도큐먼트를 검색에 사용할 수 있다. 대량 요청 작업 시 추가 스레드를 할당할 수도 있다. 이를 위해 다

음 목록에서 볼 수 있듯이 elasticsearch.yml 파일에 추가 기록 스레드를 사용해 thread_pool 속성을 설정한다.

```
thread_pool:
  write:
    size: 50
    queue_size: 5000
```

일래스틱서치에는 요구 사항에 따라 변경하거나 수정할 수 있는 많은 스레드 풀이 있다. 예를 들어 목록 15.11에서 write(인덱스) 스레드 풀 크기는 50으로 설정된다. 이는 여러 스레드에서 데이터를 인덱싱하는 데 도움이 되는 50개의 스레드가 있음을 의미한다. queue_size 속성은 스레드가 다음 요청을 처리할 수 있을 때까지 요청을 대기열에 보관한다.

GET _nodes/thread_pool 명령을 호출해 현재 스레드 풀을 가져올 수 있다. 노드 구성의 일부로 생성된 다양한 스레드 풀을 가져온다. 다음 코드 조각은 이 명령을 실행할 때 search 및 write 스레드 풀 크기를 보여준다.

```
# GET _nodes/thread_pool
"thread_pool": {
  ....
  "search": {
    "type": "fixed",
    "size": 7,
    "queue_size": 1000
  },
  "write": {
    "type": "fixed",
    "size": 4,
    "queue_size": 10000
  },
..
}
```

이처럼 일래스틱서치는 컴퓨터의 사용 가능한 프로세서 수에 따라 검색 및 쓰기 작업을 위해 자동으로 7개, 4개의 스레드를 할당했다. 이러한 설정은 정적이므로 구성 파일을 편집하고

716

서버를 다시 시작해야 적용된다.

이전 권장 사항 외에도 인덱싱 버퍼 크기 늘리기, 인덱싱 중 복제본 끄기, 스왑 비활성화 등과 같은 몇 가지 다른 권장 사항이 있다. 다음 링크(http://mng.bz/a19Y)에서 인덱싱 작업 성능 향상을 위한 권장 사항 목록을 찾을 수 있다.

15.3 불안정한 클러스터

일래스틱서치로 작업할 때 흔히 발생하는 문제는 클러스터의 안정성이다. 클러스터를 정상 상태로 유지하면 클라이언트 요청을 처리하는 데 도움된다. 그러나 클러스터에는 많은 문제가 발생할 수 있다! 이 절에서는 가장 일반적인 우려 사항 중 일부를 살펴본다.

15.3.1 클러스터가 GREEN이 아니다

클러스터의 상태는 효과적인 상위 수준 신호등 상태로 표시된다. `GET _cluster/health`를 실행하면 클러스터의 실시간 상태(RED, YELLOW, GREEN)가 제공된다. 관리자의 주요 임무는 클러스터의 상태를 항상 GREEN으로 유지하는 것이다.

RED 상태인 경우, 클러스터의 일부가 제대로 작동하지 않거나 다운된 것이므로 어떠한 대가를 치르더라도 반드시 이 문제를 해결해야 한다. RED 상태 클러스터는 하드웨어 고장, 네트워크 장애, 파일시스템 손상 등 여러 문제로 인해 발생할 수 있으며, 클러스터 노드 손실로 이어진다. 이러한 상황에서는 DevOps 엔지니어들이 모든 작업을 중단하고 이 문제를 해결하는 데 집중한다.

YELLOW 상태는 클러스터가 비정상이지만 관리 가능한 위험을 안고 실행될 수 있음을 나타낸다. 이는 일부 노드의 손실, 할당되지 않은 샤드 및 복제본 등의 문제를 나타낼 수 있다. 이 상태의 클러스터는 아직은 비즈니스에 사용할 수는 있지만, 문제를 해결하지 않으면 곧 RED 상태가 될 수 있다. YELLOW 상태는 문제가 발생할 가능성이 있음을 의미한다.

마스터에서 노드로 또는 그 반대로 시작되는 일반 하트비트는 클러스터의 전반적인 상태를 설정한다. 마스터 노드에서 클러스터의 다른 노드로의 하트비트는 연결이 끊겼거나 응답하지 않는 노드를 찾는 메커니즘을 제공한다. 같은 방식으로 모든 노드는 마스터 노드에 정기적으로 핑ping을 보내 해당 노드가 살아 있고 실행 중인지 확인한다.

마스터 노드는 클러스터 구성원이 나타나거나 사라질 때 클러스터 데이터 재배포, 클러스터 간 복제, 인덱스 관리, 샤드 재배치 등 적절한 조치를 취한다. 현재 목적에 적합하지 않다고 판단되면 마스터는 노드를 클러스터에서 제거한다.

안정적인 마스터 노드는 정상적인 클러스터의 중요한 기능이다. 노드의 핑이 실패 응답을 반환하는 경우(마스터 노드가 다운됐을 수 있음을 의미) 노드는 또 다른 시간 제한timed 호출을 기다리지 않고 즉시 선출election을 호출한다. 마스터 노드는 마스터 자격 노드 목록에서 즉시 선출된다.

15.3.2 할당되지 않은 샤드

설정된 샤드 수로 인덱스를 생성하면 일래스틱서치는 사용 가능한 노드에 샤드를 할당하는 전략을 수립한다. 샤드 10개의 인덱스가 있는 노드 5개로 구성된 가상의 예에서는 샤드 할당의 균형을 맞추기 위해 샤드가 각 노드에 2개씩 할당된다. 복제본은 다른 여러 복제본과 동일한 노드에 할당되지 않지만 유사하게 균형이 유지된다.

샤드를 할당할 수 없는 경우도 있다. 예를 들어 노드가 5개인 클러스터에 샤드가 10개 있는 새로 생성된 인덱스가 있고 샤드 중 하나 또는 전부가 이러한 5개 노드 중 하나에 할당 해제된 경우 클러스터는 할당되지 않은 샤드에 대해 경고한다.

그러나 여기서 말하는 가정적인 상황은 하나 또는 모든 샤드가 어떤 노드에도 할당되지 않은 경우다. 할당되지 않은 샤드는 프로덕션 환경에서 장애에 해당한다. 이는 일반적으로 어떤 이유로든 하나의 노드(또는 몇 개의 노드) 장애로 인해 샤드를 재조정하는 동안 발생한다. 미할당 샤드는 새로 생성된 인덱스나 이미 사용 중인 기존 인덱스에 운영상의 영향을 미친다.

기존 인덱스에 대해 샤드가 할당 해제된 경우(대부분 하나 또는 몇 개의 노드가 종료된 후 재조정 단계에서) 해당 샤드의 도큐먼트 공유가 사라질 수 있으므로 읽기 작업(검색)이 중단된다. 할당되지 않은 샤드와 동일한 문제로 인해 쓰기 작업도 중단된다. 할당되지 않은 샤드가 있는 새로 생성된 인덱스의 경우 이것이 사실이라면 샤드 할당이 수정될 때까지 쓰기 작업이 일시 중지된다.

일래스틱서치는 샤드의 할당되지 않은 특성을 확인할 수 있는 편리한 allocation API를 제공한다. 다음 명령을 실행하면 일래스틱서치가 관련 노드에 샤드를 할당할 수 없는 이유에 대한 자세한 설명을 가져온다.

목록 15.12 할당되지 않은 샤드에 대한 설명 얻기

```
GET _cluster/allocation/explain
```

이 요청에 샤드를 지정하지 않았기 때문에 일래스틱서치는 할당되지 않은 샤드를 무작위로 선택하고 할당이 성공하지 못한 이유를 설명한다. 예를 들어 단일 노드 개발 클러스터에서 이 명령을 호출하면 그림 15.1에 표시된 응답이 생성된다.

```
{
    "note": "No shard was specified in the explain API request, so this
        response explains a randomly chosen unassigned shard. There may be other
        unassigned shards in this cluster which cannot be assigned for different
        reasons. It may not be possible to assign this shard until one of the
        other shards is assigned correctly. To explain the allocation of other
        shards (whether assigned or unassigned) you must specify the target shard
        in the request to this API.",
    "index": "programming_books2",
    "shard": 0,
    "primary": false,
    "current_state": "unassigned",
    "unassigned_info": {
      "reason": "CLUSTER_RECOVERED",
      "at": "2022-10-18T18:32:06.150Z",
      "last_allocation_status": "no_attempt"
    },
    "can_allocate": "no",
    "allocate_explanation": "Elasticsearch isn't allowed to allocate this shard
        to any of the nodes in the cluster. Choose a node to which you expect
        this shard to be allocated, find this node in the node-by-node
        explanation, and address the reasons which prevent Elasticsearch from
        allocating this shard there.",
    "node_allocation_decisions": [
      {
        "node_id": "x2rSvN03Sfm6mSUMaltTrA",
        "node_name": "mkmac.local",
        "transport_address": "127.0.0.1:9300",
        "node_attributes": {●●●},
        "node_decision": "no",
        "deciders": [●●●]
      }
```

할당되지 않은 인덱스

할당되지 않은 이유

할당과 관련한 상세 설명

▲ **그림 15.1** 샤드가 할당되지 않은 이유

이 API 호출의 출력에는 소화해야 할 정보가 많이 있다. 그림 15.1은 programming_books2 인덱스가 할당되지 않았음을 보여준다(current_state 속성 참조). allocate_explanation 속성은 이에 대한 이유를 설명하고, node_allocation_decisions에는 정확한 설명을 제공하는 deciders가 포함된다. 다음 코드 조각은 이러한 deciders를 보여준다.

```
"deciders": [{
  "decider": "same_shard",
  "decision": "NO",
  "explanation": "a copy of this shard is already
allocated to this node [[programming_books2][0],
    node[x2rSvN03Sfm6mSUMaltTrA],
[P], s[STARTED], a[id=eu1qh4I5THKRmD_7OcmWYw]]"
},
{
  "decider": "disk_threshold",
  "decision": "NO",
  "explanation": "the node is above the low watermark cluster
setting [cluster.routing.allocation.disk.watermark.low=85%],
having less than the minimum required [35gb] free space,
actual free: [24.9gb], actual used: [89.3%]"
}]
```

deciders 설명은 할당이 실패하는 이유를 알려준다. 동일한 API에 인덱스와 샤드를 제공하면 할당되지 않은 단일 샤드의 세부 정보도 가져올 수도 있다.

목록 15.13 미할당 단일 샤드에 대한 설명 얻기

```
GET _cluster/allocation/explain
{
  "index": "programming_books2",
  "shard": 0,
  "primary": true,
  "current_node": "mkmac.local"
}
```

이 쿼리는 지정된 인덱스에 대한 할당 설명을 가져온다. 설명을 바탕으로 문제 해결을 시작해 할당되지 않은 샤드를 해결하고 클러스터를 GREEN 상태로 되돌릴 수 있다.

15.3.3 디스크 사용량 임곗값

일래스틱서치는 클러스터에서 디스크 사용량 임곗값을 활성화해 디스크 공간 부족으로부터 클러스터를 보호한다. 이러한 임곗값은 노드의 디스크 공간 부족으로 인해 실패한 클러스터가 생성되는 것을 방지하기 위해 설정된다. 관리자가 그에 따라 사용할 수 있도록 세 가지 임곗값인 로우^{low}, 하이^{high}, 플러드 스테이지$^{flood-stage}$ 디스크 워터마크가 제공된다.

로우 디스크 워터마크

로우 디스크 워터마크는 노드 디스크 사용량이 노드 디스크 공간의 85%를 초과하면 작동하는 85% 베리어 임곗값이다. 특정 노드가 이 임곗값을 초과하면 일래스틱서치는 노드 디스크 사용량이 이 설정 아래로 떨어질 때까지 해당 노드에 새 샤드를 할당하지 않는다. 예를 들어 노드에 1TB의 디스크 메모리를 할당했는데 850GB가 이미 소비된 경우 일래스틱서치는 이 경고를 발생시키고 디스크 가용 공간 부족과 관련된 노드 오류를 방지하기 위한 조치를 취한다. 워터마크는 백분율로 표시되는 메모리 임곗값 대신 200GB를 설정하는 등 절댓값일 수도 있다.

이 워터마크 임곗값은 기본적으로 85%로 설정돼 있지만 필요한 경우 클러스터 설정 API를 사용해 변경할 수 있다. 다음 코드는 이를 변경하는 메커니즘을 보여준다. 디스크 공간이 부족한 워터마크를 기본값보다 약간 낮은 80%로 줄였다.

목록 15.14 클러스터에 디스크 부족 워터마크 설정

```
PUT _cluster/settings
{
  "transient": {
    "cluster.routing.allocation.disk.watermark.low": "80%"
  }
}
```

하이 디스크 워터마크

하이 디스크 워터마크 임곗값은 기본적으로 90%로 설정돼 노드 디스크 사용량이 노드 디스크 공간의 90%를 초과하지 않도록 보호한다. 이 워터마크에 도달하면 일래스틱서치는 해당 노드의 샤드를 디스크 가용 공간이 있는 다른 노드로 이동(재배치)하기 위해 모든 노력을 기울인다.

로우 디스크 워터마크와 유사하게 동적 설정이므로 클러스터 설정 API를 사용해 임곗값을 변경할 수 있다. 다음 목록에서는 경계선을 넘을 때 경고가 게시되도록 하기 위해 하이 디스크 워터마크를 기본값 90%에서 85%로 줄인다. 85%를 표현하는 다른 방법인 0.85를 사용한다는 점에 유의하자.[1]

목록 15.15 클러스터에 하이 디스크 워터마크 설정

```
PUT _cluster/settings
{
  "transient": {
    "cluster.routing.allocation.disk.watermark.high": "0.85"
  }
}
```

플러드 스테이지 디스크 워터마크

하이 디스크 워터마크를 초과하면 일래스틱서치는 패닉 모드로 들어가기 전에 하나 이상의 임곗값인 플러드 스테이지 디스크flood-stage-disk 워터마크를 기다린다. 기본 플러드 스테이지 워터마크는 95%다. 노드 디스크 사용량이 노드 디스크 공간의 95%을 초과하면 일래스틱서치는 경고를 발생시키고 이 노드의 모든 인덱스를 쓸 수 없게 만든다. 플러드 스테이지 워터마크가 활성화된 노드에 할당된 모든 샤드는 읽기 전용 샤드로 전환된다.

디스크 가용 공간이 있고 디스크 사용량이 워터마크 임곗값에서 떨어지는 즉시 플러드 스테이지 워터마크가 리셋된다. 다른 워터마크와 마찬가지로 요구 사항에 맞게 플러드 스테이지 워터마크의 기본 임곗값을 설정할 수 있다. 이 목록에서는 플러드 스테이지 워터마크 값을 낮췄다.

목록 15.16 클러스터에 플러드 스테이지 디스크 워터마크 설정

```
PUT _cluster/settings
```

---

1 워터마크 설정은 소수점 값과 백분율 모두 허용한다. – 옮긴이

```
{
  "transient": {
    "cluster.routing.allocation.disk.watermark.flood_stage": "90%"
  }
}
```

GET _cluster/settings를 호출해 모든 워터마크 설정을 가져와 클러스터에 설정돼 있는지 확인할 수 있다.

```
"transient": {
  "cluster": {
    "routing": {
      "allocation": {
        "disk": {
          "watermark": {
            "low": "80%",
            "flood_stage": "90%",
            "high": "85%"
          }
        }
      }
    }
  }
}
...
```

이러한 모든 설정을 동시에 제공할 수도 있다. 실험하는 것은 독자들께 맡길 것이다(솔루션에 대한 책의 파일도 참조한다).

응답하지 않는 서버 호출은 분산 시스템에서 항상 문제다. 사용자는 때때로 요청이 실패했음을 인지하기까지 불필요하게 오래 기다리게 되며, 서버가 이를 빠르게 알리지 못하는 경우가 있다. 이러한 오류 조건을 방지하기 위해 소프트웨어 시스템은 서킷 브레이커circuit breaker를 구현한다. 다음 절에서 설명하는 것처럼 일래스틱서치에도 이러한 기능이 있다.

15.4 서킷 브레이커

분산 아키텍처와 애플리케이션에서는 응답하지 않는 서비스에서 원격 호출이 실패하는 것이 당연한 일이지만, 그저 당연한 것으로 받아들여서는 안 된다. 클라이언트가 오류를 수신하기 위해 평소보다 오래 기다리는 것은 마이크로서비스 세계에서 흔히 발생하는 문제다. 다행히도 이 문제를 완화할 수 있는 서킷 브레이커^{circuit breaker} 패턴이 있다.

서킷 브레이커는 메모리 부족, 리소스 잠금 등과 같은 서버 측 문제로 인해 응답이 임계 시간을 초과할 때 트리거되는 대체 방법이다. 새 iPhone을 사기 위해 오랫동안 줄을 서서 기다리다 매장에 재고가 다 떨어지자 실망하지만 상품권을 받는 것과 같다.

일래스틱서치도 다르지 않다. 일래스틱서치는 다양한 이유로 오류와 예외가 발생 가능한 분산 애플리케이션이다. 일래스틱서치는 클라이언트의 진행을 방해하는 문제에 대응하기 위해 서킷 브레이커를 구현한다. 서킷 브레이커가 트리거되면 클라이언트에 의미 있는 오류가 발생시킨다.

일래스틱서치에는 상위 수준의 포괄적인 서킷 브레이커를 포함해 다양한 시나리오를 위한 6개의 서킷 브레이커가 있다. 예를 들어 현재 진행 중인 요청이 모든 리소스를 소비해 노드의 메모리 사용이 증가하는 경우, 서킷 브레이커를 작동시켜 오류로부터 노드를 보호할 수 있다. 다음 쿼리는 노드 API를 사용해 다양한 서킷 브레이커에 설정된 현재 메모리 제한을 가져온다.

목록 15.17 서킷 브레이커 메모리 설정 가져오기

```
GET _nodes/stats/breaker
```

일래스틱서치는 작업을 수행하는 데 필요한 메모리가 부족할 때 오류를 발생시키며, 이로 인해 서킷 브레이커가 트리거된다. 클라이언트는 이러한 서킷 브레이커에서 즉시 "메모리 부족^{Out of Memory}" 오류를 받는다. 표 15.1에는 다양한 유형의 서킷 브레이커, 해당 한계 및 관련 속성이 나열돼 있다.

▼ 표 15.1 서킷 브레이커 유형 및 메모리 설정

서킷 브레이커	설명 및 최소 메모리 제한	속성
부모(Parent)	다른 모든 서킷 브레이커에서 사용할 수 있는 총 메모리다. 실시간 메모리를 고려하는 경우 기본값은 JVM 힙 메모리의 70%다(indices. breaker.total.use_real_memory=true). 그렇지 않으면 JVM 힙 메모리의 95%다.	indices.breaker.total.limit
인플라이트 요청(Inflight requests)	진행 중인 모든 요청의 메모리 총계이며 임 곗값을 초과하지 않는다. 실제 백분율은 부모 (Parent) 서킷 브레이커에서 파생되지만 기본값은 JVM 힙 메모리의 100%다.	network.breaker.inflight_requests.limit
요청(Request)	단일 요청을 처리하기 위해 힙 메모리가 초과되는 것을 방지하는 데 도움을 준다. 기본값은 JVM 힙의 60%다.	indices.breaker.request.limit
필드 데이터(Field data)	필드를 필드 캐시에 로드할 때 메모리 초과를 방지하는 데 도움을 준다. 기본 제한은 힙 메모리의 40%다.	indices.breaker.fielddata.limit
어카운팅 요청(Accounting requests)	요청이 처리된 후 메모리가 축적되는 것을 방지한다. 기본값은 100%다. 이는 부모(Parent)로부터 임곗값을 상속함을 의미한다.	indices.breaker.accounting.limit
스크립트 컴파일(Script compilation)	다른 모든 서킷 브레이커는 메모리를 관리하지만 이 서킷 브레이커는 고정된 기간 동안 인라인 컴파일 수를 제한한다. 기본값은 150/5분(5분 동안 150개의 스크립트 컴파일)이다.	script.max_compilations_rate

서킷 브레이커는 자주 발생하는 몇 가지 작업에 과도한 메모리 사용을 방지하는 데 도움을 준다. 이는 안정적인 클러스터를 유지하는 데 도움된다.

15.5 마무리

프로덕션 클러스터에서는 다양한 문제가 발생할 수 있으므로, 15장에서 모든 성능 문제와 해결 방법을 다루는 것은 실용적이지 않을 뿐만 아니라 불가능하다. 지금까지 살펴본 것들은 수박 겉핥기에 불과하다. 대부분의 문제에는 세부 조사, 애플리케이션 프로파일링, 로그 선별, 몇 가지 옵션에 대한 시행착오 등이 필요하다. 조언하자면 건강하고 안정적인 클러스터를 유지하는 여정에서 침착함을 유지하고 체계적으로 진행하면 좋겠다.

일래스틱서치 클러스터를 철저히 이해할 수 있도록 실제로 사용해 볼 것을 권장한다. 개발이나 테스트 환경에서 (미래를 대비해) 더 큰 데이터 집합으로 실험해 보면 인프라 측면뿐만 아니라 검색 및 파일 I/O 성능 메트릭을 자세히 이해할 수 있다.

클러스터를 관리하고 모니터링하는 데 도움이 되는 공식 문서, 토론 포럼^{Stack Overflow} 및 엔지니어를 위한 블로그 게시물을 사용할 수 있다. 최적의 성능, 디스크 사용량 및 클러스터의 원활한 실행을 위해 지침에 따라 메모리 구성을 조정할 수 있다.

일래스틱서치를 배우고, 이해하고, 작업하는 지금까지의 여정을 15장에서 마무리한다. 일래스틱서치는 복잡한 시스템으로, 프로덕션 팜을 효과적으로 유지하고 운영하려면 전문적인 지식과 헌신적인 노력이 필요하다. 좋은 소식은 일래스틱 팀이 수년에 걸쳐 제품에 대한 풍부한 문서를 작성했다는 것이다(다소 딱딱하고 압도적으로 많은 문서지만). 이는 길을 잃었을 때 도움이 될 수 있다. 물론 이 책을 참조하는 것도 좋다!

요약

- 일래스틱서치는 복잡한 검색엔진이므로 클러스터를 정상적으로 유지하고 관리하려면 전문 지식이 필요하다.
- 느린 검색 속도는 일래스틱서치로 데이터를 검색할 때 클라이언트가 불평하는 일반적인 문제다. 메모리와 컴퓨팅 리소스를 적절하게 할당해 최신 하드웨어를 프로비저닝하면 속도 문제를 완화하는 데 도움된다. keyword 데이터 타입 선택 및 도큐먼트 데이터 모델 조정과 같은 선택도 검색 속도를 높이는 데 도움된다.
- 특히 시스템 수집이 많은 경우 인덱싱 속도도 문제가 된다. 허용된다면 도큐먼트에 대해 시스템 생성 ID를 사용하는 등의 조치를 통해 인덱싱 속도를 높일 수 있다. 단일 도큐먼트 API가 아닌 벌크 API를 사용해 데이터를 로드하는 것은 수집 성능을 향상시키는 확실한 방법이다.

- 인덱싱 중에 새로 고침 빈도를 끄거나 높일 수 있으며 인덱싱이 완료되면 다시 켤 수 있다. 이렇게 하면 도큐먼트를 즉시 검색할 수 없게 되지만, I/O 히트를 줄여 인덱싱 성능을 향상시킨다.

- 일래스틱서치의 분산 특성으로 인해 클러스터부터 파일시스템, 노드 통신, 메모리 등에 이르기까지 여러 영역에서 문제가 발생할 수 있다. 건강한 클러스터를 유지하는 것이 가장 중요하며 관리자는 클러스터가 GREEN 상태를 유지하기 위해 노력해야 한다. 신호등 관리 기반 클러스터 상태 시스템을 철저히 준수하는 것은 클러스터의 원활한 실행에 도움된다.

- 가끔 샤드가 할당되지 않는 경우가 있는데, 정확한 원인을 찾기 위한 문제 해결 과정을 통해 필요한 경우 노드를 다시 연결하거나 적절한 조치를 취할 수 있다.

- 일래스틱서치는 로우, 하이, 플러드 스테이지 디스크 워터마크를 포함해 사용 가능한 디스크 공간에 대한 임곗값을 제공한다. 로우 디스크 및 하이 디스크 워터마크를 통해 일래스틱서치는 샤드 재할당을 관리하고 향후 클러스터 문제에 대해 관리자에게 경고할 수 있다. 플러드 스테이지 워터마크는 노드의 디스크 공간 부족 문제에 대한 심각한 경고다. 이런 일이 발생하는 경우 클러스터를 활성 상태로 유지하기 위해 일래스틱서치는 모든 샤드를 읽기 전용으로 만들고 해당 노드의 샤드에 대한 인덱싱 작업을 허용하지 않는다.

- 일래스틱서치는 메모리를 많이 사용하는 애플리케이션이므로 오류가 클라이언트에 즉시 전파되도록 적절한 제어를 구현해야 한다. 서킷 브레이커 패턴을 사용해 서킷 브레이커를 생성하므로 클라이언트는 필요 이상으로 오래 기다릴 필요가 없다. 각 서킷 브레이커는 특정 작업에 대한 메모리가 예상보다 많은 메모리를 차지하는 경우 일래스틱서치를 트리거한다. 자식^{child} 서킷 브레이커는 부모^{parent} 서킷 브레이커로부터 메모리 임곗값을 상속받는다.

부록 A
설치

어떤 제품이든 사용을 시작하는 첫 번째 단계는 제품을 다운로드하고 설치하는 것이다. 이 부록에서는 일래스틱서치와 키바나를 다운로드, 설치, 구성 및 실행한다. 설치 지침은 책의 깃허브 저장소(http://mng.bz/gBmn)와 책의 웹사이트(https://www.manning.com/books/elasticsearch-in-action-second-edition)에서 확인할 수 있다.

일래스틱서치 8.x 버전에는 기본적으로 보안이 활성화돼 있다. 가볍게 실행하기 위해 보안이 방해가 되지 않도록 이 부록에서는 이 기능을 비활성화한다. 그러나 프로덕션 환경에서는 보안을 비활성화하지 않는다. config/elasticsearch.yml을 편집해 파일 끝에 다음 속성을 추가한다.

```
xpack.security.enabled: false
```

A.1 일래스틱서치 설치

일래스틱서치 설치는 매우 쉽다. 일래스틱 팀은 바이너리, 패키지 관리자, 도커, 클라우드를 사용해 사용자가 원하는 방식으로 제품을 설치할 수 있도록 많은 노력을 기울였다. 다음 몇 개의 절에서는 이러한 옵션을 자세히 설명한다. 이 책에서 선호하는 접근 방식은 바이너리를 다운로드해 소프트웨어를 설치하는 것이지만, 다른 옵션을 시도하지 못할 이유는 없다. 일 래스틱 사이트의 지침은 유익하다. 여기에 없는 설치 방법을 자세히 살펴보려면 웹사이트를 방문한다.

A.1.1 일래스틱서치 바이너리 다운로드

컴퓨터에 일래스틱서치 서버를 설정하는 가장 쉬운 방법은 압축된 아티팩트를 다운로드하고 압축을 풀고 스크립트를 실행하는 것이다. 일래스틱서치 다운로드 페이지(https://elastic.co/ downloads/elasticsearch)로 이동해 운영체제에 맞는 해당 바이너리를 다운로드한다. 이 웹사 이트에는 도커 지원을 포함해 거의 모든 운영체제에 대한 다운로드 가능한 아티팩트가 있다. 여기서는 윈도우와 맥OS를 사용해 보겠지만, 다른 운영체제에 대한 지침도 이와 동일한 패 턴을 따르며 간단하다.

> |노트| 바이너리로 설치하고 로컬 컴퓨터에서 실행하는 간단한 경로를 사용하지만 일반적으로 실제 환 경에서는 다르게 처리된다. 별도의 팀(아마도 DevOps)이 필요한 설정과 구성 작업을 맡아 개발자들에게 이미 구성된 인스턴스를 제공할 수 있다. 소프트웨어는 조직의 IT 인프라 전략에 따라 온프레미스 또는 클라우드에 있을 수 있다. AWS 및 Azure 같은 대부분의 클라우드 제공업체는 관리형 서비스를 제공한다. 일래스틱에는 AWS, Azure, Google Cloud에 소프트웨어를 배포하는 관리형 클라우드 서비스도 있다.

개인 개발 환경을 설정하려면 여기 지침을 따른다. 올바른 바이너리를 선택하고 컴퓨터에 다 운로드한다. 선택한 디렉터리에 다운로드할 수 있다. 예를 들어 편의상 주로 〈my_home〉/ DEV/platform의 platform 폴더에 소프트웨어를 다운로드한다. 이 책을 집필하는 일래스틱 서치의 최신 버전은 8.6이지만 일래스틱은 최신 버전이 매우 짧은 주기로 출시된다는 점에 유의하자.

> |노트| 일래스틱서치 바이너리는 자바 JDK와 함께 번들로 제공된다. 이렇게 하면 자바가 설치돼 있 지 않거나 호환되지 않는 경우에도 일래스틱서치는 이에 대해 불평하지 않는다. 패키지에 포함된 자바 JDK를 참조해 설치를 진행한다. 번들되지 않은 버전을 설치하려면 다운로드 페이지를 확인하고 non- JDK라고 표시된 해당 링크를 클릭한 다음, JAVA_HOME이 설정돼 있고 로컬 설치를 가리키는지 확인한다.

이제 바이너리를 다운로드했으므로 다음 단계는 바이너리의 압축을 풀어 로컬 컴퓨터의 선택한 폴더에 설치하는 것이다. 윈도우 및 맥OS 운영체제에 대한 다음 2개의 절(필요한 절을 선택하고 나머지는 건너 뛰자)에서 이에 대해 알아본다.

A.1.2 윈도우에서 시작

파일을 성공적으로 다운로드하면 설치 폴더에 zip 파일의 압축을 푼다. 표 A.1에서는 일래스틱서치가 준수하는 폴더 구조를 설명한다.

▼ 표 A.1 일래스틱서치 폴더 구조

폴더 이름	세부 사항
bin	서버를 시작하는 데 필요한 모든 스크립트와 기타 다양한 유틸리티가 들어 있는 바이너리 폴더다. 일반적으로 서버를 시작하는 실행 파일인 elasticsearch.bat(또는 OS에 따라 .sh)를 제외한 다른 실행 파일은 건드릴 필요가 없다.
config	서버 구성, 특히 elasticsearch.yml 파일이 있는 폴더다. 대부분의 속성은 기본값으로 설정돼 있어 서버가 적절한 기본 설정으로 시작된다.
plugins	플러그인 호스팅을 위한 디렉터리 – 새로운 텍스트 분석기 생성과 같은 새로운 일래스틱서치 기능을 가져오는 데 사용할 수 있는 추가 소프트웨어 모듈
modules	모듈을 포함
logs	실행 중인 일래스틱서치 인스턴스가 서버 및 가비지 수집 로그를 포함한 로깅 데이터를 생성하는 디렉터리
data	영구 저장소처럼 데이터가 기록되는 폴더. 모든 도큐먼트는 컴퓨터의 파일시스템에 저장된다.

바이너리가 폴더로 추출되면 관리자 권한으로 명령 프롬프트를 시작한다. 명령 프롬프트에서 디렉터리 변경(cd) 명령을 실행해 일래스틱서치의 bin 폴더로 이동한다.

```
cmd>cd <INSTALL_DIR>\elasticsearch\bin
```
elasticsearch.bat를 실행해 서버를 시작한다.
```
cmd> elasticsearch.bat
```

모든 것이 순조롭게 진행되면 콘솔에 "Server Started"와 같은 출력이 표시돼야 한다. 여기서는 서버를 단일 노드 인스턴스로 시작했다. 일단 시작되면 하나의 노드(그 자신)와 자동으로 클러스터에 연결된다. 서버는 기본적으로 http://localhost:9200(기본 설정)으로 사용할 수 있다.

웹 브라우저를 열고 http://localhost:9200에서 일래스틱서치 홈페이지를 방문한다. 서버가 정상적으로 실행되고 있으면 그림 A.1과 같이 JSON 응답이 서버에서 반환된다. 일래스틱서치의 이 간단한 "성공" 메시지는 서버가 살아 있고 실행 중임을 나타낸다.

```json
{
    "name": "mkmac.local",
    "cluster_name": "elasticsearch",
    "cluster_uuid": "h1KA7SGER-qKS31821YA1Q",
    "version": {
        "number": "8.4.2",
        "build_flavor": "default",
        "build_type": "tar",
        "build_hash": "89f8c6d8429db93b816403ee75e5c270b43a940a",
        "build_date": "2022-09-14T16:26:04.382547801Z",
        "build_snapshot": false,
        "lucene_version": "9.3.0",
        "minimum_wire_compatibility_version": "7.17.0",
        "minimum_index_compatibility_version": "7.0.0"
    },
    "tagline": "You Know, for Search"
}
```

▲ **그림 A.1** 일래스틱서치 서버의 홈페이지

몇 가지 속성에 주의가 필요할 수 있다. name은 인스턴스 이름이며, 기본값은 컴퓨터 이름이다. 구성을 조정해 변경할 수 있다(나중에 설명).

두 번째 중요한 속성은 이 노드가 조인할 클러스터의 이름을 나타내는 cluster_name이다. 이번에도 일래스틱서치는 기본값을 제공하므로 현재 클러스터의 이름은 기본적으로 설정된 elasticsearch다.

A.1.3 맥OS에서 시작

맥OS 바이너리(tar.gz)를 다운로드하고 /Users/⟨username⟩/DEV/platform과 같은 원하는 위치에 압축을 푼다. 터미널을 열고 설치 폴더의 bin 디렉터리로 이동한다.

```
$>cd ~/DEV/platform/elasticsearch/bin
```

elasticsearch 실행 스크립트를 실행한다.

```
$>./elasticsearch
```

그러면 단일 노드 클러스터에 일래스틱서치 서버가 나타난다. "Server Started" 메시지와 함께 콘솔에 출력되면 서버가 성공적으로 시작됐음을 나타낸다. 서버가 실행되면 즐겨 사용하는 브라우저에서 http://localhost:9200으로 이동한다. 그림 A.2에 표시된 응답을 볼 수 있다.

```
mkonda@mkmac bin % curl http://localhost:9200
{
  "name" : "mkmac.local",
  "cluster_name" : "elasticsearch",
  "cluster_uuid" : "0a_3154xTjW9m-NELJE4fA",
  "version" : {
    "number" : "7.11.2",
    "build_flavor" : "default",
    "build_type" : "tar",
    "build_hash" : "3e5a16cfec50876d20ea77b075070932c6464c7d",
    "build_date" : "2021-03-06T05:54:38.141101Z",
    "build_snapshot" : false,
    "lucene_version" : "8.7.0",
    "minimum_wire_compatibility_version" : "6.8.0",
    "minimum_index_compatibility_version" : "6.0.0-beta1"
  },
  "tagline" : "You Know, for Search"
}
```

▲ 그림 A.2 macOS에서 cURL을 사용한 서버 응답

cURL을 사용해 서버에 접근

브라우저를 통해 일래스틱서치의 URL에 접근하는 것 외에도 cURL(명령줄 URL 호출 유틸리티)을 사용해 서버와 상호작용할 수 있다. Unix 사용자는 HTTP URL을 접근하기 위해 cURL 사용을 선호한다. HTTP를 통해 서버와 통신하는 데 매우 널리 사용되고 유용한 명령줄 유틸리티다. 대부분의 Unix 기반 시스템에는 기본적으로 유틸리티가 설치돼 있다(또는 온라인으로 다운로드할 수 있다). https://curl.se/windows에서 윈도우 OS용 바이너리를 다운로드할 수도 있다.

새 터미널 창을 열고 다음을 입력한다.

```
$>curl http://localhost:9200
```

응답은 일래스틱서치 서버가 잘 작동하고 있음을 나타낸다(물론 로컬 환경에서 실행할 때 버전 번호는 다를 것이다). 가장 중요한 속성은 cluster_name이다. 기본값은 "elasticsearch"이다. 새 노드를 시작하고 이 클러스터에 가입하려는 경우(elasticsearch) 속성 파일에서 cluster_name을 첫 번째 서버의 cluster_name 속성과 일치하도록 설정하기만 하면 된다.

A.1.4 도커를 통한 설치

도커^{Docker}를 사용하려는 경우 여기에 설명된 대로 두 가지 방법을 사용할 수 있다.

도커 이미지 사용

일래스틱은 docker.elastic.co 저장소에 도커 이미지를 제공한다. 다음은 일래스틱의 도커 저장소에서 이미지를 가져온다.

```
docker pull docker.elastic.co/elasticsearch/elasticsearch:8.6.2
```

이렇게 하면 이미지(CentOS 기반)를 로컬 컴퓨터로 가져온다. 이미지가 다운로드되면 docker run 명령을 호출해 서버를 시작할 수 있다.

```
docker run -p 9200:9200 -p 9300:9300 -e "discovery.type=single-node"
        docker.elastic.co/elasticsearch/elasticsearch:8.6.2
```

이 명령은 단일 노드 모드에서 서버를 시작해 로컬 호스트의 9200에 서버를 노출한다.

명령이 성공적으로 실행된 후 브라우저에서 다음 링크(http://localhost:9200)를 방문하거나 curl 명령을 실행해 서버로부터 성공 응답을 받는다.

도커 컴포저 사용

책의 파일에는 다음 링크(http://mng.bz/5wvD) 또는 책 웹사이트의 docker 폴더에 있는 도커 파일이 포함돼 있다. elasticsearch-docker-8-6-2.yml 파일을 복사(또는 로컬 컴퓨터로 체크아웃)한다. 터미널에서 다음 명령을 실행한다.

```
docker-compose up -f elasticsearch-docker-8-6-2.yml
```

이 명령은 도커 컨테이너 형태로 일래스틱서치 및 키바나 서비스가 함께 시작한다.

A.1.5 _cat API를 사용해 서버 테스트

일래스틱서치는 RESTful 웹 서버이므로 통신이 매우 쉽다. 일래스틱서치는 _cat 엔드포인트 와 함께 cat(compact and aligned text의 약자)이라는 특수 API를 제공한다. JSON 형식은 컴퓨 터 친화적이며 사람이 해당 형식의 데이터를 읽는 것은 불편하다. _cat API는 프로그래밍 방 식으로 사용하기 위한 것이 아니라 사람의 눈에 쉬운 표 형식(칼럼 형식)으로 출력을 생성하도 록 설계됐다.

브라우저에서 다음 링크(http://localhost:9200/_cat)를 방문하거나 다음 curl 명령을 실행 해 _cat API에 의해 노출된 엔드포인트 목록을 찾을 수 있다.

```
curl 'localhost:9200/_cat'
```

그렇게 하면 36개가 넘는 엔드포인트가 반환된다(간단히 설명하기 위해 몇 개만 표시한다).

```
/_cat/shards
/_cat/shards/{index}
/_cat/nodes
/_cat/indices
/_cat/indices/{index}
/_cat/count
/_cat/count/{index}
/_cat/health
/_cat/aliases
...
```

_cat API를 사용해 클러스터의 상태를 확인하자. 다음 링크(http://localhost:9200/_cat/health) 를 방문하거나 다음 curl 명령을 실행한다.

```
curl 'localhost:9200/_cat/health'
```

/_cat/health 엔드포인트는 클러스터의 상태를 노출한다. 이 쿼리에 대한 응답은 다음과 같다.

```
1615669944 21:12:24 elasticsearch yellow 1 1 1 1 0 0 1 0 - 50.0%
```

이는 데이터를 열 형식으로 표현한 것이지만, 값을 식별하는 열 머리글이 없다. 쿼리 끝에 v(verbose)를 추가해 열 제목이 포함된 출력을 요청할 수 있다.

```
curl 'localhost:9200/_cat/health?v'
```

결과는 다음과 같다.

```
epoch       timestamp cluster       status node.total node.data shards pri
    relo init unassign pending_tasks max_task_wait_time
    active_shards_percent
1615669875 21:11:15  elasticsearch yellow          1         1      1   1
     0    0        1             0                 -            50.0%
```

응답은 클러스터 이름이 elasticsearch(세 번째 필드)이고 상태가 YELLOW(네 번째 필드) 등임을 나타낸다.

A.2 키바나 설치

이제 일래스틱서치를 설치해 실행되고 있으므로 키바나를 설치해야 한다. 설치는 일래스틱서치와 동일한 경로를 따르며, 윈도우 및 맥에 대한 프로세스를 간략하게 살펴본다.

A.2.1 키바나 바이너리 다운로드

키바나의 다운로드 페이지(https://elastic.co/downloads/kibana)를 방문해 선호하는 운영체제에 맞는 키바나의 최신 버전(이 책을 쓰는 시점에서는 8.6.2)을 다운로드한다. 설치 폴더에 아카이브를 추출한다.

A.2.2 윈도우에서 키바나

디렉터리 변경(cd) 명령을 실행해 bin 폴더로 이동하고 kibana.bat 파일을 실행(또는 두 번 클릭)한다.

```
cmd:>cd <KIBANA_INSTALL_DIR>\bin    ◄──── 설치한 경로의
                                           bin 디렉터리 변경

cmd:>kibana.bat    ◄──── 스크립트를 실행해
                         키바나 대시보드를 시작
```

키바나는 포트 5601의 로컬 머신에서 실행돼야 한다.

다른 명령 창에서 일래스틱서치 서버가 여전히 실행 중인지 확인한다(키바나가 시작되면 연결할 일래스틱서치 인스턴스를 찾는다. 따라서 이전 설치에서 일래스틱서치를 계속 실행하는 것이 중요하다). 그러면 로그에서 볼 수 있듯이 키바나 서버가 시작된다.

```
Status changed from yellow to green - Ready
log [23:17:16.980] [info][listening] Server running at http:/./localhost:5601
log [23:17:16.987] [info][server][Kibana][http] http server running at
http:/./localhost:5601
```

애플리케이션이 시작되고 일래스틱서치 서버에 연결된다. 명령 창에 성공 응답이 나타나면 웹 브라우저를 열고 http://localhost:5601을 방문한다. 여기에서 그림 A.3에 표시된 웹 애플리케이션을 볼 수 있다.

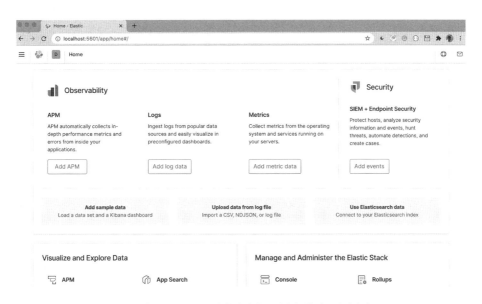

▲ **그림 A.3** localhost에서 실행되는 키바나 웹 애플리케이션

A.2.3 맥OS에서 키바나

바이너리를 추출하면 키바나 셸 스크립트를 실행한다.

```
$>cd <KIBANA_INSTALL_DIR>/bin          설치한 경로의
                                       bin 디렉터리 변경

$>./kibana          스크립트를 실행해
                    키바나 대시보드를 시작
```

그러면 기본 포트 5601에서 키바나 대시보드가 시작된다. 터미널에 다음 출력이 표시돼야
한다.

```
Status changed from yellow to green - Ready
log [23:17:16.980] [info][listening] Server running at http://.localhost:5601
log [23:17:16.987] [info][server][Kibana][http] http server running at
http://.localhost:5601
```

로그에 표시된 대로 http://localhost:5601을 방문하면 기본적으로 키바나의 홈페이지(그림
A.3 참조)가 표시된다.

A.2.4 도커를 통한 설치

일래스틱서치 설치와 유사하게, 여기에 설명된 대로 도커로 작업하는 두 가지 방법이 있다.

도커 이미지 사용

일래스틱은 다음 저장소(https://www.docker.elastic.co)에 도커 이미지를 제공한다. 일래스틱
의 도커 저장소에서 이미지를 가져온다.

```
docker pull docker.elastic.co/elasticsearch/elasticsearch:8.6.2
```

그러면 이미지를 로컬 컴퓨터로 가져온다. 이미지가 다운로드되면 다음 명령을 실행해 엔진
을 시작할 수 있다.

```
docker network create elastic          로컬 네트워크 생성
docker run --name es01-test --net elastic -p 9200:9200 -p 9300:9300 -e "discovery.
```

```
type=single-node"
        docker.elastic.co/elasticsearch/elasticsearch:7.14.0    ◄── 컨테이너 실행
```

이 명령은 포트 5601에서 웹 서버를 시작하고 9200의 일래스틱서치 검색에 연결한다. 명령이 성공적으로 실행되면 브라우저에서 다음 링크(http://localhost:5601)를 방문해 웹 애플리케이션이 작동하는 모습을 확인한다.

도커 컴포저 사용

책의 파일에는 다음 링크(http://mng.bz/5wvD) 또는 책 웹사이트의 docker 폴더에 있는 도커 파일이 포함돼 있다. elasticsearch-docker-8-6-2.yml 파일을 복사(또는 로컬 컴퓨터로 체크아웃)한다. 터미널에서 다음 명령을 실행한다.

```
docker-compose up -f elasticsearch-docker-8-6-2.yml
```

그러면 도커 컨테이너로 일래스틱서치와 키바나가 함께 시작된다.

부록 B
수집 파이프라인

일래스틱서치로 들어오는 데이터가 항상 클린한 상태는 아니다. 일반적으로 데이터에는 변환, 강화, 포매팅이 필요하다. 맞춤형 변환기 작성 또는 ETL(Extract, Transform, Load: 추출, 변환, 적재) 도구 사용과 같이 수집을 위해 데이터를 일래스틱서치로 가져오기 전에 데이터를 정리하는 옵션이 있다. 일래스틱서치는 데이터 조작을 위한 최고 수준의 지원을 제공하는 수집 파이프라인^{ingest pipeline}을 통해 이러한 기능을 허용한다. 즉, 데이터가 수집되기 전에 데이터를 분할, 제거, 수정 및 강화할 수 있다.

B.1 개요

일래스틱서치에 인덱싱할 데이터는 변환 및 조작을 거쳐야 할 수도 있다. 검색을 위해 PDF 파일로 표현된 수백만 개의 법률 도큐먼트를 일래스틱서치에 로드하는 예를 생각해 보자. 대량 적재^{bulk loading}는 하나의 접근 방식이지만, 부적절하고 번거로우며 오류가 발생하기 쉽다.

그러한 데이터 조작 작업에 ETL 도구를 사용할 수 있다고 생각하고 있다면, 절대적으로 옳은 생각이다. 로그스태시^{Logstash}를 포함해 이러한 도구가 많다. 로그스태시는 데이터가 일래스틱서치에 인덱싱되거나 데이터베이스 또는 기타 대상에 저장되기 전에 데이터를 조작한다. 그러나 가볍지 않으며 가급적이면 다른 시스템에서 정교한 설정이 필요하다.

쿼리 DSL을 사용해 검색 쿼리를 작성하는 것처럼 동일한 구문을 사용하는 프로세서로 수집 파이프라인을 개발하고 이를 수신 데이터에 적용해 ETL 작업을 수행할 수 있다. 작업 흐름은 간단하다.

1. 데이터에 대해 수행할 변환, 개선, 강화와 관련된 비즈니스 요구 사항을 기반으로 예상되는 로직을 사용해 하나 이상의 파이프라인을 생성한다.
2. 들어오는 데이터에 대해 파이프라인을 호출한다. 데이터는 파이프라인의 일련의 프로세서를 거치며 모든 단계에서 조작된다.
3. 처리된 데이터를 인덱싱한다.

그림 B.1은 서로 다른 프로세서 세트를 사용하는 2개의 독립적인 파이프라인의 작동을 보여준다. 이러한 파이프라인은 수집 노드에서 호스팅 및 생성된다. 인덱싱하기 전에 이러한 프로세서를 거치는 동안 데이터가 조정된다. 대량 적재할 때 또는 개별 도큐먼트를 인덱싱할 때 이러한 파이프라인을 호출할 수 있다.

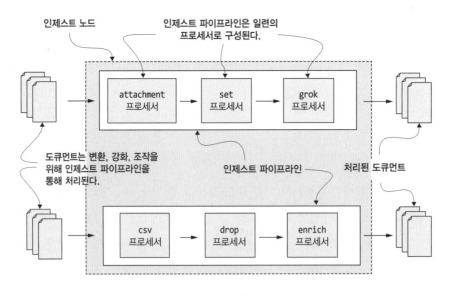

▲ **그림 B.1** 데이터를 처리하는 2개의 독립적인 파이프라인

프로세서는 들어오는 데이터에 대해 하나의 변환 활동을 수행하는 소프트웨어 구성 요소다. 파이프라인은 일련의 프로세서로 구성된다. 각 프로세서는 하나의 작업을 수행하는 데 전념한다. 로직에 따라 입력을 처리하고 다음 단계를 위해 처리된 데이터를 내보낸다. 요구 사항에 따라 많은 프로세서를 연결할 수 있다.

일래스틱서치는 즉시 사용 가능한 36개 이상의 프로세서를 제공한다. 이제 파이프라인을 생성하고 사용하는 메커니즘을 살펴보자.

B.2 수집 파이프라인의 메커니즘

수집 파이프라인은 비용이 많이 드는 설정을 최소화하거나 전혀 사용하지 않고 데이터를 변환하고 조작하는 데 도움을 준다. 파이프라인은 각각 들어오는 데이터에 대해 특정 작업을 수행하는 프로세서 체인으로 구성된다. 이러한 수집 프로세서는 수집(ingest) 역할이 할당된 노드에 로드된다. 14장에서 클러스터의 각 노드에 마스터(master), 데이터(data), 수집(ingest), ML 등의 역할을 할당할 수 있다는 점을 기억하자.

검색 기능을 통합하기 위해 데이터베이스에서 일래스틱서치로 로드되는 MI5의 일급 비밀 운영 데이터의 예를 들어보자. 데이터베이스에서 추출된 데이터는 일래스틱서치에 인덱싱하기 전에 카테고리 필드를 사용해 "confidential"이라는 스탬프를 찍어야 한다(나중에 추가 기능으로 이 예를 확장할 수 있다).

이 요구 사항을 충족하는 첫 번째 단계는 프로세서를 사용해 파이프라인을 만드는 것이다. set 프로세서를 사용해 값이 "confidential"인 카테고리라는 필드를 추가해야 한다. 일래스틱서치는 파이프라인을 생성하고 테스트하기 위해 _ingest API를 제공한다. _ingest/pipeline/⟨pipeline_name⟩ URL을 사용해 새 파이프라인을 생성할 수 있다. 다음 코드는 set이라는 프로세서 하나를 사용해 새 파이프라인을 생성한다.

목록 B.1 기밀 스탬프 파이프라인 생성

```
PUT _ingest/pipeline/confidential_files_pipeline
{
  "description": "Stamp confidential on the file (document)",
```

```
  "processors": [          ◀─── 다수의 프로세서를
    {                            체인으로 제공
      "set": {        ◀─────── set 프로세서는
        "field": "category",   │ 새로운 필드를 설정
        "value": "confidential"
      }
    }
  ]
}
```

단일 set 프로세서를 사용해 confidential_files_pipeline 파이프라인이라는 수집 파이프라인을 생성한다. set 프로세서의 작업은 "confidential" 값을 사용해 새 범주 필드를 만드는 것이다. 새 도큐먼트가 이 파이프라인을 통해 전달되면 set 프로세서는 즉시 도큐먼트에 카테고리라는 필드를 추가한다.

파이프라인 정의가 생성된 다음, 이를 실행하면 파이프라인 정의가 클러스터 상태로 저장된다. 이제 사용할 준비가 됐다. 그러나 데이터 인덱싱을 시작하기 전에 _simulate API 호출을 사용해 연습 실행을 수행할 수 있다.

목록 B.2 top-secret-stamper 파이프라인 생성

```
POST _ingest/pipeline/confidential_files_pipeline/_simulate    ◀─── _simulate API를 사용한
{                                                                   파이프라인 URL
  "docs": [        ◀─── 도큐먼트 배열은 도큐먼트
    {                    집합을 기대한다
      "_source": {        ◀─── _source 필드는
        "op_name": "Operation Cobra"  │ 추가 필드로 구성
      }
    }
  ]
}
```

이 코드는 파이프라인 실행을 시뮬레이션한다. confidential_files_pipeline 파이프라인에서 하나의 필드-값 쌍으로 도큐먼트를 실행한다. 코드를 실행해도 도큐먼트의 인덱스는 생성되지는 않는다. 대신 파이프라인의 로직을 테스트한다. 파이프라인을 시뮬레이션할 때의 응답은 다음과 같다.

```json
{
  "docs": [
    {
      "doc": {
        "_index": "_index",
        "_id": "_id",
        "_version": "-3",
        "_source": {
          "category": "confidential",
          "op_name": "Operation Cobra"
        },
        "_ingest": {
          "timestamp": "2022-11-03T23:42:33.379569Z"
        }
      }
    }
  ]
}
```

_source 객체는 수정된 도큐먼트로 구성된다. 파이프라인은 카테고리 필드를 추가한다. 이것이 바로 set 프로세서의 마법이다.

앞서 논의한 것처럼 프로세서를 연결할 수 있다. 스탬프를 대문자로 표시하고 싶다("CONFIDENTIAL"). 이제 해야 할 일은 파이프라인에 다른 프로세서(uppercase)를 추가하고 쿼리를 다시 실행하는 것뿐이다.

목록 B.3 필드를 대문자로 만들기 위해 두 번째 프로세서 연결

```
PUT _ingest/pipeline/confidential_files_pipeline
{
  "description": "Stamp confidential on the file (document)",
  "processors": [
    {
      "set": {
        "field": "category",
        "value": "confidential"
      },
      "uppercase": {          ◄──── uppercase 프로세서가
        "field": "category"         새로 추가됐다.
```

```
        }
      }
    ]
}
```

두 프로세서가 연결되도록 uppercase 프로세서를 추가했다. 즉, 첫 번째 프로세서의 출력이 두 번째 프로세서의 입력이 된다. 결과는 다음과 같다.

```
"_source": {
  "category": "CONFIDENTIAL",
  "op_name": "Operation Cobra"
}
```

set 프로세서에 의해 category 필드가 추가되고 그 필드는 uppercase 프로세서에 의해 대문자로 표시돼 최종 도큐먼트에 CONFIDENTIAL 스탬프가 생성된다. 다음 절에서는 수집 파이프라인을 사용해 PDF를 로드하는 실제 예를 살펴본다.

B.3   일래스틱서치에 PDF 로드

비즈니스 요구 사항이 PDF 파일(예를 들어 PDF 형식의 법률 도큐먼트 또는 의학 저널)을 일래스틱 서치에 적재해 클라이언트가 검색을 수행할 수 있도록 하는 것이라고 가정해 보자. 일래스틱 서치를 사용하면 attachment라는 전용 수집 프로세서를 사용해 PDF 파일을 인덱싱할 수 있다.

attachment 프로세서는 수집 파이프라인에서 PDF 파일, Word 도큐먼트, 이메일 등 첨부 파일을 적재하기 위해 사용된다. 아파치 티카^{Apache Tika}(https://tika.apache.org) 라이브러리를 사용해 파일 데이터를 추출한다. 소스 데이터는 파이프라인에 적재되기 전에 Base64 형식으로 변환돼야 한다. 실제로 이를 살펴본다.

MI5 예제를 계속하면 PDF 파일에 표시된 모든 비밀 데이터를 일래스틱서치에 적재해야 한다. 다음 단계는 프로세스를 시각화하는 데 도움된다.

1. attachment 프로세서로 파이프라인을 정의한다. 파일의 Base64 콘텐츠는 필드로 인덱싱된다(예를 들어 필드를 secret_file_data로 정의한다).

2. PDF 파일 콘텐츠를 바이트로 변환하고 이를 Base64 인코딩 유틸리티에 제공한다(원하는 도구를 사용해).

3. attachment 프로세서가 데이터를 처리할 수 있도록 수신 데이터에 대한 파이프라인을 호출한다.

다음 코드는 attachment 프로세서를 사용해 파이프라인을 생성한다.

목록 B.4 attachment 프로세서가 있는 파이프라인 나열

```
PUT _ingest/pipeline/confidential_pdf_files_pipeline
{
  "description": "Pipeline to load PDF documents",
  "processors": [
    {
      "set": {
        "field": "category",
        "value": "confidential"
      },
      "attachment": {          ◄──── secret_file_data 필드가
        "field": "secret_file_data"    있는 attachment 프로세서
      }
    }
  ]
}
```

이 코드를 실행하면 클러스터에 confidential_pdf_files_pipeline이 생성된다. 첨부 프로세서는 파이프라인 수집 중에 secret_file_data 필드에 설정된 파일에서 Base64로 인코딩된 데이터를 요구한다.

이제 파이프라인을 생성했으므로 테스트해 보자. 파일 데이터가 "Sunday Lunch at Konda's"(아마도 콘다님Mr. Konda을 제거하기 위한 코드일 수 있다)라고 가정하고 Base64 인코더를 실행해 Base64 인코딩 형식의 데이터를 생성한다(인코더 적용 여부는 여러분에게 맡기겠다. 자세한 내용은 다음 페이지의 'Base64 인코딩' 부분을 참조한다).

Base64 문자열을 전달하고 출력이 예상한 것과 같은지 확인해 파이프라인을 시뮬레이션할 수 있다("Sunday Lunch at Konda's"가 나와야 한다). 다음 코드는 실행 중인 파이프라인을 테

스트한다. U3VuZGF5IEx1bmNoIGF0IEtvbmRhJ3M=은 비밀 메시지("Sunday Lunch at Konda's")가 포함된 Base64로 인코딩된 PDF 파일이다.

목록 B.5 파이프라인 시뮬레이션

```
POST _ingest/pipeline/confidential_pdf_files_pipeline/_simulate
{
  "docs": [
    {
      "_source": {
        "op_name": "Op Konda",
        "secret_file_data": "U3VuZGF5IEx1bmNoIGF0IEtvbmRhJ3M="
      }
    }
  ]
}
```

secret_file_data 필드 값은 Base64로 인코딩된 문자열을 사용해 수동으로 설정한 다음 파이프라인에 공급된다.

Base64 인코딩

자바에는 java.util.Base64 인코더 클래스가 있다. 마찬가지로 파이썬에는 base64 모듈이 있다. 선택한 프로그래밍/스크립팅 언어에는 Base64가 지원될 가능성이 높다. Base64 인코딩을 적용하려면 먼저 입력을 바이트로 변환해야 한다.

모든 프로그래밍 언어나 스크립팅 프레임워크를 사용해 파일을 찾아 적재하고, 이를 바이트로 변환하고, 프로세서에 공급할 수 있다. 목록 B.5에는 자바 및 파이썬 언어에 대한 코드 조각이 포함돼 있다. 전체 코드는 책의 파일인 파이썬 언어(http://mng.bz/6D46)와 자바 언어(http://mng.bz/o1Zv)별로 각각 있다.

목록 B.4에 있는 파이프라인 정의에 따라 attachment 프로세서는 인코딩된 데이터가 있는 secret_file_data 필드를 필요로 하며 파이프라인을 시뮬레이션할 때 이를 제공했다. 테스트 응답은 다음과 같다.

```
...
"doc": {
  "_index": "_index",
  "_id": "_id",
  "_version": "-3",
  "_source": {
    "op_name": "Op Konda",
    "category": "confidential",
    "attachment": {
      "content_type": "text/plain; charset=ISO-8859-1",
      "language": "et",
      "content": "Sunday Lunch at Konda's",
      "content_length": 24
    },
    "secret_file_data": "U3VuZGF5IEx1bmNoIGF0IEtvbmRhJ3M="
  },
  "_ingest": {
    "timestamp": "2022-11-04T23:19:05.772094Z"
  }
}
...
```

응답은 몇 가지 필드가 포함된 attachment라는 추가 객체를 생성한다. 콘텐츠는 PDF 파일의 디코딩된 형식이다. attachment에 content_length, language 필드 등의 추가적인 메타데이터를 사용할 수 있다. 원래 인코딩된 데이터는 secret_file_data 필드에서 확인할 수 있다. 메타데이터의 일부로 유지할 필드를 선택할 수 있다. 예를 들어 다음 코드는 콘텐츠만 설정하고 다른 메타데이터 값은 삭제한다.

```
PUT _ingest/pipeline/only_content_pdf_files_pipeline
{
  "description": "Pipeline to load PDF documents",
  "processors": [
    {
      "set": {
        "field": "category",
        "value": "confidential"
      },
      "attachment": {
```

```
      "field": "secret_file_data",
      "properties": [ "content" ]   ◄─── 인덱싱할 content 필드만
    }                                     설정
  }
 ]
}
```

일래스틱서치는 다양한 수집 프로세서를 제공하며 수많은 요구 사항에도 적합하다. 이 부록
에서 모든 내용을 검토하는 것은 실용적이지 않다. 다음 문서(http://mng.bz/nWZ4)에서 확인
하고 코드를 실험해 보는 것을 추천한다.

부록 C
클라이언트

일래스틱서치의 강점 중 하나는 많은 클라이언트가 검색 및 집계를 수행할 수 있도록 기본으로 제공되는 풍부한 인터페이스 메커니즘이라는 것이다. 자바, 파이썬, C#, 자바스크립트를 사용하든 HTTP 프로토콜을 통한 RESTful API를 지원하는 기타 주요 프로그래밍 언어 클라이언트를 사용하든 항상 최고 수준의 지원이 제공된다.

RESTful 인터페이스를 통해 API를 노출하는 것은 언어에 구애받지 않는 제품을 만드는데 도움이 되는 현대적인 아키텍처를 위한 결정이다. 일래스틱은 다양한 프로그래밍 언어 환경과 통합될 수 있는 제품을 만들기 위해 이 방식을 채택했다.

현재 일래스틱서치는 자바, 파이썬, .NET, 루비Ruby, Go, 자바스크립트, 펄Perl, PHP 등의 클라이언트뿐만 아니라 C++, 코틀린Kotlin, 스칼라Scala, 스위프트Swift, 러스트Rust, 하스켈Haskell, 얼랭Erlang 같은 커뮤니티가 기여한 클라이언트와 통합될 수 있다. 필요가 생기면 일래스틱서치는 기꺼이 맞춤형 클라이언트를 고려할 것이다. 풀 리퀘스트pull request를 일래스틱서치 팀에 제출하고 진행하자.

이러한 모든 클라이언트에 대해 논의하는 것은 비실용적이다. 그리고 자바, 코틀린, 스칼라, 파이썬, Go, 자바스크립트 및 기타 언어 이외의 언어에 대한 경험이 충분하지 않다. 따라서 이 부록에서는 자바, 자바스크립트, 파이썬에 대한 높은 수준의 쿼리 메커니즘을 제공한다.

C.1 자바 클라이언트

일래스틱서치는 자바로 작성됐으며 예상할 수 있듯이 일래스틱서치는 자바 클라이언트 라이브러리를 사용해 일래스틱서치 API를 호출하기 위한 기본 지원을 제공한다. 이는 유연한 API 빌더 패턴을 사용해 구축됐으며 동기식 및 비동기식(블로킹 및 비 블로킹) API 호출을 모두 지원한다. 최소한 자바 8이 필요하므로 애플리케이션이 자바 8 이상인지 확인하자.

> **스프링 데이터 일래스틱서치**
>
> 스프링 프레임워크 기반 자바 애플리케이션을 작업하는 경우 이를 일래스틱서치와 통합할 수 있는 또 다른 경로인 스프링 데이터 일래스틱서치(Spring Data Elasticsearch)가 있다. 이 프로젝트는 템플릿 (template) 및 저장소(repository)와 같은 친숙하고 잘 입증된 스프링 패턴을 사용해 일래스틱서치를 연결하고 쿼리하는 데 도움을 준다. 데이터베이스 계층을 나타내기 위해 저장소를 생성한 것처럼 스프링 데이터 일래스틱서치를 사용하면 저장소 계층을 사용해 일래스틱서치를 쿼리할 수 있다. 스프링 데이터 일래스틱서치 프로젝트에 대한 자세한 내용은 다음 문서(https://spring.io/projects/spring-data-elasticsearch)를 참조한다.

다음 몇 개의 절에서는 메이븐^Maven/그래들^Gradle 자바 기반 애플리케이션과 스프링 기반 자바 애플리케이션에서의 일래스틱서치 통합을 살펴본다.

C.2 배경

일래스틱서치는 7.17 버전에서 새 자바 클라이언트인 자바 API 클라이언트를 출시했다. 자바 API 클라이언트는 강력한 유형의 요청 및 응답을 사용해 적절한 기능 클라이언트 패턴을 따르는 최신 클라이언트다. 클라이언트의 초기 버전은 자바 고급 REST 클라이언트(자바 고급 REST 클라이언트 참조)였다. 이는 상당한 비판을 받았을 뿐만 아니라 설계 방식의 고유한 특성으로 인해 일래스틱이 이를 유지하고 관리하는 데 골칫거리가 됐으며, 일래스틱서치 서버와 공유되는 공통 코드에 대한 의존성이 있었다.

일래스틱에서는 서버의 API 스키마를 기반으로 생성된 클라이언트 API 코드를 사용하고 "피처 클라이언트^feature client" 패턴을 제공하는(곧 작동 방식을 살펴본다) 서버의 코드 베이스와 독립적인 최신 클라이언트의 필요성을 인식했다. 이로 인해 자바 API 클라이언트가 만들어졌다. 플루언트fluent API 빌더 패턴을 지원하는 이 클라이언트는 코드의 거의 대부분(99%)이 자동으로 생성되며, 자바 객체와 JSON 사이를 자동으로 변환(마샬링 및 역마샬링)해 주는 경량 클라이언트다.

자바 고급 REST 클라이언트

일래스틱서치는 자바 고급 REST 클라이언트(나중에 더 쉽게 참조할 수 있도록 JHLRC 약어를 사용)를 사용하지 않도록 재설계됐으며, 자바 API 클라이언트라는 API 기반 클라이언트를 도입했다. JHLRC에는 몇 가지 문제가 있다. 특히 일래스틱서치 서버와 공통 코드를 공유하기 때문에 특정 버전의 일래스틱서치 서버와 결합된다. API는 모두 수동으로 작성되므로 시간이 지남에 따라 많은 유지 관리가 필요하므로 오류가 발생하기 쉽다. 서버 코드베이스에 대한 의존성은 백워드/포워드 버전 호환성이 손상됐음을 의미한다.

C.3 메이븐/그래들 프로젝트 설정

ElasticsearchClient 관련 클래스는 프로젝트 의존성의 일부로 다운로드할 수 있는 jar 아티팩트로 제공된다. 편의를 위해 깃허브(http://mng.bz/4Dmv)와 책 웹사이트에서 사용할 수 있는 메이븐 기반 프로젝트를 만들었다.

일반적으로 관련 클래스를 가져오려면 두 가지 의존성이 필요한데, pom 파일에 선언돼 있다.

목록 C.1 메이븐 의존성 나열

```
<dependencies>
  <dependency>
    <groupId>co.elastic.clients</groupId>
    <artifactId>elasticsearch-java</artifactId>
    <version>8.5.3</version>
  </dependency>
  <dependency>
    <groupId>com.fasterxml.jackson.core</groupId>
    <artifactId>jackson-databind</artifactId>
```

```
    <version>2.12.7</version>
  </dependency>
  ...
</dependencies>
```

이 절을 작성할 당시 가장 뛰어난 최신 라이브러리 버전, 즉 elasticsearch-java 클라이언트 아티팩트의 8.5.3 버전과 잭슨Jackson 코어 라이브러리의 2.12.7 버전을 사용하고 있다. 필요에 따라 이러한 라이브러리를 업그레이드해야 할 수도 있다.

그래들을 사용하는 경우 그래들 빌드 파일에 다음 아티팩트를 의존성 항목으로 추가하자.

목록 C.2 그래들 의존성 나열

```
dependencies {
  implementation 'co.elastic.clients:elasticsearch-java:8.5.3'
  implementation 'com.fasterxml.jackson.core:jackson-databind:2.12.7'
}
```

프로젝트를 설정한 후 다음 단계는 클라이언트를 초기화하고 작동하도록 하는 것이다.

C.4 초기화

클라이언트 초기화와 이를 작동시키는 방법을 살펴보자. 클라이언트 클래스는 `co.elastic.clients.elasticsearch.ElasticsearchClient`이며, 생성자에 전송 객체(`co.elastic.clients.transport.ElasticsearchTransport`)를 제공해 초기화된다. 이 전송 객체에는 나머지 클라이언트 및 JSON 매퍼 객체가 필요하다. 단계별로 살펴보자.

1. 일래스틱서치 서버의 URL을 가리키는 아파치의 HttpHost를 캡슐화하는 RestClient 객체를 만든다.

목록 C.3 RestClient 인스턴스화

```
RestClient restClient = RestClient.builder(
    new HttpHost("localhost", 9200)).build();
```

RestClient 빌더가 생성되고 포트 9200의 localhost에 노출된 일래스틱서치 엔드포인트를
받는다.

2. 목록 C.4 코드를 사용해 전송 객체를 생성한다. ElasticsearchTransport 객체는 이전
에 인스턴스화된 RestClient 인스턴스와 JSON 매퍼(이 인스턴스에서는 잭슨 JSON 매퍼
를 사용)로 구성된다.

목록 C.4 전송 객체 구성

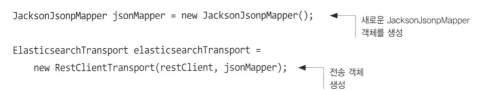

```
JacksonJsonpMapper jsonMapper = new JacksonJsonpMapper();    ◄───  새로운 JacksonJsonpMapper
                                                                   객체를 생성
ElasticsearchTransport elasticsearchTransport =
    new RestClientTransport(restClient, jsonMapper);    ◄───  전송 객체
                                                              생성
```

전송 객체를 생성하기 전에 인스턴스화된 RestClient 및 jsonMapper를 전달한다.

1. 다음 코드를 사용해 ElasticsearchClient를 활성화한다.

목록 C.5 클라이언트 구성

```
ElasticsearchClient elasticsearchClient =
    new ElasticsearchClient(elasticsearchTransport);
```

ElasticsearchClient에 필요한 것은 방금 생성된 전송 객체뿐이다. 이제 거의 다 됐다. 클라
이언트가 있고 이제 이를 사용해 일래스틱서치와 상호작용할 시간이다.

C.5 네임스페이스 클라이언트

앞서 자바 API 클라이언트가 요청, 응답 및 "피처feature" 클라이언트의 패턴을 따른다고 언급
했다. 일래스틱서치에는 노출되는 각 기능에 대한 패키지 이름과 네임스페이스 개념이 있
다. 예를 들어 클러스터 관련 API는 *.cluster 패키지에서 사용할 수 있고, 인덱싱 작업 관련
API는 *.index에서 사용할 수 있다. Java API 클라이언트는 동일한 패턴을 따른다. 즉, 그림
C.1에 표시된 것처럼 모든 기능에 대해 "클라이언트client"가 제공된다.

예를 들어 요청, 응답, 인덱싱 클라이언트 등 모든 인덱스 관련 클래스는 co.elastic.clients.elasticsearch.indices 패키지 아래에 존재한다. 이 네임스페이스의 클라이언트는 ElasticsearchClient이며, 기본 ElasticsearchIndicesClient에서 가져온다(잠시 후에 작동하는 모습을 볼 수 있다). 모든 인덱스 작업은 이 ElasticsearchIndicesClient에 의해 수행될 것으로 예상된다. 마찬가지로 다른 모든 기능도 기능(네임스페이스)별 "폴더folder"라는 동일한 패턴을 따르며, 각 기능에는 ElasticsearchFEATUREClient라는 클라이언트가 있다.

클래스 수만 봐도 압도될 수 있지만, 다음 예제는 자바 API 클라이언트를 사용해 기능/네임스페이스 클라이언트를 가져오는 방법을 보여준다. 이를 통해 클라이언트 사양의 나머지 부분도 동일한 접근 방식을 따른다는 것을 명확히 할 수 있다. 인덱스를 생성하는 방법을 살펴보자.

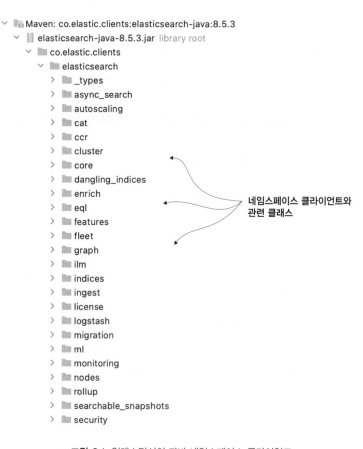

▲ 그림 C.1 일래스틱서치 자바 네임스페이스 클라이언트

756

C.6 인덱스 생성

이 자바 API 클라이언트를 사용해 항공편 인덱스를 만들어보자. 모든 인덱스 관련 작업은 indices라는 네임스페이스를 형성하므로 인덱스 작업과 관련된 클래스 및 클라이언트는 co.elastic.clients.elasticsearch.indices 패키지에 있다. 예상대로 인덱스 작업을 지원하는 클라이언트는 ElasticsearchIndicesClient다. 이 클라이언트를 얻으려면 기본 자바 API 클라이언트(ElasticsearchClient)에 클라이언트 인스턴스를 제공하도록 요청해야 한다.

```
ElasticsearchIndicesClient elasticsearchIndicesClient =
    this.elasticsearchClient.indices();
```

elasticsearchClient 인스턴스에서 indices() 함수를 호출하면 ElasticsearchIndicesClient가 반환된다. 클라이언트가 있으면 create() 메서드를 호출해 인덱스를 생성할 수 있다. create() 메서드에는 CreateIndexRequest 객체가 필요하다. 이 패턴은 다음 요청/응답 패턴으로 이어진다.

클라이언트의 모든 메서드는 요청 객체와 함께 전달돼야 한다. 많은 요청 클래스가 있으며 각 요청 객체는 빌더 패턴을 사용해 인스턴스화 된다.

인덱스를 생성해야 한다고 가정해 보자. 이를 위해서는 인덱스를 생성하는 데 필요한 인수를 사용해 CreateIndexRequest를 인스턴스화해야 한다. 다음 코드는 빌더를 사용해 CreateIndexRequest를 생성한다.

```
CreateIndexRequest createIndexRequest =
    new CreateIndexRequest.Builder().index("flights").build();
```

index() 메서드는 문자열을 인덱스 이름으로 받아들인다. 인덱스가 생성되면 다음 요청을 전달해 클라이언트에서 create() 메서드를 호출할 수 있다.

```
CreateIndexResponse createIndexResponse =
    elasticsearchIndicesClient.create(createIndexRequest);
```

이 호출은 elasticsearchIndicesClient에서 create() 메서드를 호출해 일래스틱서치 서버에 쿼리를 보내 인덱스를 생성한다.

이 호출의 결과는 응답 객체(CreateIndexResponse)에 캡처된다. 마찬가지로 모든 호출은 동일한 패턴에 따라 응답을 반환한다. 예를 들어 CreateIndexRequest의 응답은 CreateIndex Response 객체다. 응답 객체에는 새로 생성된 인덱스에 대한 모든 필수 정보가 있다.

전체 코드는 목록 C.6에 나와 있다. 이 프로젝트의 전체 클래스 소스 코드는 책의 파일과 함께 제공된다.

목록 C.6 ElasticsearchIndicesClient를 사용해 인덱스 생성

```
/**
 * Method to create an index using bog-standard ElasticsearchIndicesClient
 *
 * @param indexName
 * @throws IOException
 */
public void createIndexUsingClient(String indexName) throws IOException {
  ElasticsearchIndicesClient elasticsearchIndicesClient =
      this.elasticsearchClient.indices();
  CreateIndexRequest createIndexRequest =
      new CreateIndexRequest.Builder().index(indexName).build();

  CreateIndexResponse createIndexResponse =
      elasticsearchIndicesClient.create(createIndexRequest);

  System.out.println("Index created successfully: "+createIndexResponse);
}
```

이 코드를 개선할 수 있다. ElasticsearchIndicesClient를 별도로 인스턴스화하는 대신 다음 목록에 표시된 대로 빌더를 사용할 수 있다.

목록 C.7 빌더 패턴을 사용해 인덱스 생성

```
/**
 * A method to create the index using Builder pattern
 * @param indexName
 * @throws IOException
 */
public void createIndexUsingBuilder(String indexName) throws IOException {
```

```
CreateIndexResponse createIndexResponse = this.elasticsearchClient
    .indices().create(new CreateIndexRequest.Builder()
    .index(indexName)
    .build());

System.out.println("Index created successfully using
            Builder"+createIndexResponse);
}
```

이 메서드에서는 ElasticsearchIndicesClient를 직접 생성하지 않는다. 대신 요청 객체를 (빌더로서) create() 메서드에 전달한다(create() 메서드가 백그라운드에서 호출되는 indices() 메서드는 ElasticsearchIndicesClient에서 가져온다).

더 나아가 람다 함수를 사용해 코드를 더욱 간결하게 만들 수 있다.

목록 C.8 람다 표현식을 사용해 인덱스 생성

```
/**
* A method to create an index using Lambda expression
* @param indexName
* @throws IOException
*/
public void createIndexUsingLambda(String indexName) throws IOException {

  CreateIndexResponse createIndexResponse =
      this.elasticsearchClient.indices().create(
          request -> request.index(indexName)
      );

  System.out.println("Index created successfully using Lambda"
            +createIndexResponse);
}
```

코드에서 굵은 부분은 람다 표현식이다. 요청(CreateIndexRequest.Builder() 타입 객체)이 주어지면 ElasticsearchIndicesClient 클라이언트를 사용해 인덱스를 생성한다는 의미다.

설정과 별칭으로 스키마를 사용해 인덱스를 생성할 수 있는데, 요청에서 해당 메서드를 연결할 수 있다.

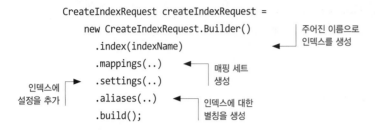

```
CreateIndexRequest createIndexRequest =
    new CreateIndexRequest.Builder()
        .index(indexName)                      ◀── 주어진 이름으로
                                                   인덱스를 생성
        .mappings(..)        ◀── 매핑 세트
        .settings(..)            생성
인덱스에 ──┐  .aliases(..)        ◀── 인덱스에 대한
설정을 추가 ┘  .build();               별칭을 생성
```

다음으로 flight 도큐먼트를 인덱싱하는 방법을 살펴보자.

C.7 도큐먼트 인덱싱

3장에서는 키바나 콘솔(또는 cURL)에서 쿼리 DSL을 사용해 도큐먼트 인덱싱에 대해 알아봤다. 예를 들어 이 코드는 임의의 ID를 기본 키로 사용해 flight 도큐먼트를 인덱싱한다.

목록 C.9 쿼리 DSL을 사용해 도큐먼트 인덱싱

```
POST flights/_doc
{
  "route":"London to New York",
  "name":"BA123",
  "airline":"British Airways",
  "duration_hours":5
}
```

여기서는 JSON 객체로 묶인 도큐먼트 세부 정보와 함께 POST 메서드를 사용해 _doc 엔드포인트를 호출한다. 도큐먼트 ID는 일래스틱서치에 의해 자동으로 생성된다. GET flights/_doc/_search를 실행해 이 도큐먼트를 검색할 수 있다.

　　동일한 도큐먼트를 인덱싱해 보자. 이번에는 자바 API 클라이언트를 사용한다. 이전 절에서 flights 인덱스를 만들었으므로 이제 해야 할 일은 플루언트 API를 사용해 쿼리를 작성하는 것뿐이다.

```
public void indexDocument(String indexName, Flight flight) throws IOException {

  IndexResponse indexResponse = this.elasticsearchClient.index(
      i -> i.index(indexName)
          .document(flight)
  );
  System.out.println("Document indexed successfully"+indexResponse);
}
```

이 쿼리를 실행하면 flight 도큐먼트가 flights 인덱스에 인덱싱된다. elasticsearchClient는 id 및 document와 같은 다른 메서드와 결합할 수 있는 index 메서드를 노출한다. 이 경우 시스템이 ID를 생성하도록 허용하므로 ID를 사용하지 않는다.

document 메서드는 flight 객체를 요구한다. flight 자바 객체를 JSON으로 변환하지 않았다는 사실을 알고 있었는가? 그 이유는 마샬링 및 역마샬링 책임을 이전에 전송 객체와 연결한 JacksonJasonpMapper 클래스에 위임했기 때문이다.

elasticsearchClient.index() 메서드는 IndexRequest 객체를 가져와 IndexResponse를 내보낸다(이는 요청 및 응답에 대해 논의한 내용과 일치한다).

C.8 검색

자바 API 클라이언트에서 쿼리를 사용해 데이터를 검색하는 것은 비슷한 경로를 따른다. 즉, 필요한 쿼리를 전달해 ElasticsearchClient 클래스의 search() 메서드를 호출한다. 하지만 한 가지 미묘한 차이점이 있다. 다른 기능은 네임스페이스별로 클라이언트를 노출하지만 검색 기능은 그렇지 않다. 실제로 이를 살펴보자.

런던에서 뉴욕까지의 경로를 검색한다고 가정해 보자. 키바나로 작업할 때 잘 구성된 DSL의 경로 필드에 대한 검색 조건으로 "London New York"을 제공하는 match 쿼리를 만든다.

```
GET flights/_search
{
  "query": {
    "match": {
      "route": "London New York"
    }
  }
}
```

이 간단한 match 쿼리는 "London New York"이라는 키워드가 포함된 경로를 확인한다. 인덱싱한 레코드 수에 따라 1~2개의 결과를 얻을 수 있다. 이 쿼리는 자바 API 클라이언트를 사용해 자바로 작성할 수도 있다.

```
this.elasticsearchClient.search(searchRequest -> searchRequest
    .index(indexName)
    .query(queryBuilder ->
        queryBuilder.match(matchQBuilder->
            matchQBuilder.field("route")
                .query(searchText)))
    , Flight.class
);
```

search() 메서드는 메서드에 람다 식으로 제공되는 검색 요청을 기대한다. 쿼리는 다른 람다 함수를 사용해 작성된다. 쿼리 요청(Query.Builder 객체)이 주어지면 MatchQuery.Builder 객체를 사용해 일치 함수를 호출한다. JSON은 Flight 자바 객체로 변환되므로 query 메서드에 대한 인수로 Flight.class가 제공된다.

search() 메서드의 응답은 SearchResponse이므로 다음과 같이 결과를 캡처할 수 있다.

```
SearchResponse searchResponse =
    this.elasticsearchClient.search(..)
```

searchResponse는 결과로 hits로 구성되며, 이를 반복해 반환된 항공편 목록을 얻을 수 있다.

다음 목록은 응답으로 반환된 항공편을 포함해 전체 검색 요청을 보여준다.

```java
public void search(String indexName, String field, String searchText) throws
    IOException {
  SearchResponse searchResponse =
    this.elasticsearchClient.search(searchRequest -> searchRequest
      .index(indexName)
      .query(queryBuilder -> queryBuilder
      .match(matchQueryBuilder ->
          matchQueryBuilder
            .field("route")
            .query(searchText)))
    , Flight.class
  );

List<Flight> flights =           ◄───┤ flights
                                      │ 캡처 …
  (List<Flight>) searchResponse.hits().hits()
    .stream().collect(Collectors.toList());

 searchResponse.hits().hits()                      ┤ … 또는 콘솔에
  .stream().forEach(System.out::println);  ◄───┘ 인쇄
}
```

searchResponse 객체는 hits 배열에 결과가 있다. 적절한 도메인 객체(Flight)에 이 hits를 캐스팅하기만 하면 된다. 이 예제의 전체 소스 코드는 책의 파일과 함께 제공된다. 다음 문서(http://mng.bz/QPMQ)에서 다른 클라이언트에 대해 알아볼 수 있다.

찾아보기

xpack.security.enabled 669, 729

Elasticsearch IN ACTION 2/e

강력하고 실용적인 검색 애플리케이션 구축

발 행 | 2025년 1월 31일

지은이 | 마두수단 콘다
옮긴이 | 최 중 연

펴낸이 | 옥 경 석
편집장 | 황 영 주
편 집 | 임 지 원
디자인 | 윤 서 빈

에이콘출판주식회사
서울특별시 양천구 국회대로 287 (목동)
전화 02-2653-7600, 팩스 02-2653-0433
www.acornpub.co.kr / editor@acornpub.co.kr